CB069663

A saga dos intelectuais franceses

François Dosse

A saga dos intelectuais franceses

VOLUME I
À prova da história
(1944-1968)

Tradução
Guilherme João de Freitas Teixeira

Estação Liberdade

Título original: *La Saga des intellectuels français* — I. À l'épreuve de l'histoire (1944-1968)
© Éditions Gallimard, 2018
© Editora Estação Liberdade, 2021, para esta tradução

PREPARAÇÃO Nina Schipper | REVISÃO Thaisa Burani | EDITORA ASSISTENTE Caroline Fernandes
SUPERVISÃO EDITORIAL Letícia Howes | EDIÇÃO DE ARTE Miguel Simon | EDITOR Angel Bojadsen

FOTO DA CAPA Jean-Paul Sartre em Saint-Germain-des-Près,
em 1967 © Janine Niepce/Roger-Viollet

INSTITUT FRANÇAIS

Cet ouvrage a bénéficé du soutien des Programmes d'aides à la publication de l'Institut Français. Publié dans le cadre des Programmes d'Aide à la Publication 2019 Carlos Drummond de Andrade de l'Ambassade de France au Brésil, il bénéficie du soutien du Ministère de l'Europe et des Affaires Etrangères.

AMBASSADE DE FRANCE AU BRÉSIL
Liberté
Égalité
Fraternité

Este livro contou com o apoio à publicação do Institut Français. Publicado no âmbito do Programa de Apoio à Publicação 2019 Carlos Drummond de Andrade da Embaixada da França no Brasil, contou com o apoio do Ministério da Europa e das Relações Exteriores.

CIP-BRASIL. CATALOGAÇÃO NA PUBLICAÇÃO
SINDICATO NACIONAL DOS EDITORES DE LIVROS, RJ

D762s

Dosse, François, 1950-
   A saga dos intelectuais franceses, volume 1 : à prova da história (1944-1968) / François Dosse ; tradução Guilherme João de Freitas Teixeira. - 1. ed. - São Paulo : Estação Liberdade, 2021.
   720 p. : il. ; 23 cm.

   Tradução de: La saga des intellectuels français, I : à l'épreuve de l'histoire (1944-1968)
   Apêndice
   ISBN 978-65-86068-23-8

   1. Intelectuais - França - História - Séc. XX. 2. França - Vida intelectual - Séc. XX. I. Teixeira, Guilherme João de Freitas. II. Título.

21-71136   CDD: 305.520944
                            CDU: 316.344.32(44)

Camila Donis Hartmann - Bibliotecária - CRB-7/6472
20/05/2021   21/05/2021

Todos os direitos reservados à Editora Estação Liberdade. Nenhuma parte da obra pode ser reproduzida, adaptada, multiplicada ou divulgada de nenhuma forma (em particular por meios de reprografia ou processos digitais) sem autorização expressa da editora, e em virtude da legislação em vigor.

Esta publicação segue as normas do Acordo Ortográfico da Língua Portuguesa, Decreto nº 6.583, de 29 de setembro de 2008.

EDITORA ESTAÇÃO LIBERDADE LTDA.
Rua Dona Elisa, 116 | Barra Funda
01155-030 São Paulo – SP | Tel.: (11) 3660 3180
www.estacaoliberdade.com.br

*Para Florence, minha esposa e estilista,
que tanto contribuiu para este livro.*

SUMÁRIO

Introdução VIDA E MORTE DO INTELECTUAL PROFÉTICO 11

Primeira parte O SOPRO DA HISTÓRIA 25

1 O PROFETISMO EXISTENCIAL DA LIBERTAÇÃO 29
   O momento Sartre, 30 — *A revolução sem a revolução*, 45 — *À esquerda do Cristo*, 58 — *O atrativo gaulliano*, 67

2 O EXPURGO, OU A IMPOSSÍVEL VIA DO QUE É JUSTO 77
   Drieu, Céline, Brasillach, 78 — *Rebuliço na imprensa e no setor editorial*, 81 — *A força dos intransigentes*, 91 — *A progressão dos indulgentes*, 100

3 AS FRATURAS DO SARTRISMO 113
   A ruptura Sartre-Aron, 113 — *A ruptura Sartre-Camus*, 122 — *A ruptura Sartre-Lefort*, 143 — *A ruptura Sartre-Merleau-Ponty*, 150

4 OS ANOS BEAUVOIR 161
   O segundo sexo, um livro-acontecimento, 162 — *Uma condição feminina em plena mutação*, 171

5 A GUERRA IDEOLÓGICA DOS COMUNISTAS 177
   A serviço do partido, 177 — *O realismo socialista nas letras*, 193 — *Os casos Tito, Lissenko, Kravchenko e Rajk*, 198 — *Em filas compactas*, 215 — *A Guerra da Coreia*, 224

6 O REPRESAMENTO 231
   O recurso ao homem do 18 de Junho, 231 — *Os hussardos oferecem resistência*, 245

7 A BUSCA POR UMA TERCEIRA VIA 257
   Emergência de um cotidiano acima dessa disputa, 257 — *A via personalista*, 264 — *Uma nova esquerda antistalinista*, 272

8 BUDAPESTE, 1956 289
   As ilusões perdidas, 289 — *O lançamento da revista* Arguments, 298 — *A onda de choque*, 302

9 O MOMENTO GAULLIANO 321
   Como interpretar o 13 de Maio de 1958?, 322 — *A adesão de François Mauriac*, 330 — *A conquista de um consenso*, 336

Segunda parte   O MOMENTO CRÍTICO, ERA DOURADA
DAS CIÊNCIAS HUMANAS   *347*

10 OS INTELECTUAIS NO CERNE DAS FRATURAS COLONIAIS   *351*

Um papel de motivadores, 351 — *O caso Henri Martin*, 358 — *François Mauriac em cruzada*, 364

11 A PROPÓSITO DE UMA GUERRA QUE NÃO DIZ SEU NOME   *371*

O protesto moral dos defensores de Dreyfus, 371 — *Uma guerra de textos*, 381 — *A batalha dos manifestos*, 392 — *Intelectuais comunistas, ex-comunistas e socialistas dissidentes*, 400 — *Os carregadores de malas*, 403 — *Partidários da Argélia Francesa*, 408 — *Os empecilhos de uma terceira via*, 413 — *Extirpar o abscesso*, 416

12 O MOMENTO ETNOLÓGICO   *421*

A recepção de Tristes trópicos, 427 — *Um trânsfuga*, 434 — *Relativismo cultural*, 437 — *Clio no exílio*, 440 — *A crise das escatologias*, 442 — *A descoberta de um invariante*, 444

13 O TRIUNFO DE UMA FILOSOFIA DA SUSPEITA   *449*

Sob a fala, a língua, 453 — *Sob a pena do escritor*, 464 — *Sob a consciência, o inconsciente*, 467 — *Sob o sujeito, o processo*, 476 — *Sob a história, a episteme*, 482 — *Sob a* doxa, *a desconstrução*, 494

14 A VIRADA CRÍTICA PROMOVIDA PELO CONCÍLIO VATICANO II   *505*

A saída da era glacial, 506 — *Michel de Certeau e a crise da Igreja católica*, 510 — *O terceiro homem*, 515

15 A CORRIDA DAS VANGUARDAS   *519*

"Deve-se queimar Barthes?", 520 — *O desejo de ruptura*, 527 — *O* must do *vanguardismo*, 535 — *A* nouvelle vague, 542 — *O* nouveau réalisme, 548 — *A cultura para todos, mas o campo musical para a elite*, 554

16 UMA JUVENTUDE ENTRE REVOLTA E REVOLUÇÃO   *561*

Do baby boom *ao* cultural boom, 562 — *Mal-estar entre os "novos intelectuais"*, 572 — *Novas vanguardas políticas*, 576 — *Uma nova conjuntura*, 588

17 O DESLOCAMENTO DO IMAGINÁRIO REVOLUCIONÁRIO   *595*

Uma nova frente de combate, 595 — *Contra a Guerra do Vietnã*, 612

Apêndices   *627*

FONTES CITADAS   *629*

ÍNDICE ONOMÁSTICO   *673*

Introdução

Vida e morte do intelectual profético

Um intervalo entre duas datas, 1944-1989, e um imenso contraste servem de limites temporais a este estudo: por um lado, o sentimento de ser impelido pelo movimento da história para o clima de saída da barbárie nazista; por outro, a impressão de desmoronamento da experiência histórica vivenciada no momento da queda do comunismo — o outro totalitarismo —, em 1989. Nesse entreato, é a própria crença no curso da história — a qual, supostamente, seria portadora de um mundo melhor — que acabou sendo desmentida. A ideia de um futuro, na condição de objetivo a ser atingido inexoravelmente pela marcha do mundo — cujos guias seriam os intelectuais —, desaparecia para ser substituída por um "presentismo" indeterminado. Como afirmou Jorge Semprún, ao participar do programa de rádio *Radioscopie*, apresentado por Jacques Chancel: "Nossa geração não está preparada para se recuperar do fracasso da URSS."[1] Foram os intelectuais de esquerda — muito mais que os militantes propriamente comunistas — que, de maneira cruel e duradoura, sofreram tal baque, acabando por ver a si mesmos, no decorrer no século XX, órfãos de um projeto de sociedade.

A marcha rumo a uma sociedade igualitária havia sido a mola propulsora dos movimentos emancipadores do século XIX, qualificado como

---

1. SEMPRÚN, [1976] 1977, p. 22. As referências completas das obras mencionadas encontram-se nas "Fontes citadas", na seção "Apêndices", ao final deste volume; a data entre colchetes refere-se à 1ª edição da obra. As citações foram traduzidas diretamente do original em francês para esta edição, exceto nos casos em que há indicação de edição brasileira ou em língua portuguesa. [N.T.]

o "século da história": eis que a sociedade perdia o que lhe dava sentido. Os intelectuais de esquerda não foram os únicos a resignar-se a ficar sem futuro durante o trágico século XX: os de direita tiveram de abandonar as próprias ilusões tanto de um retorno à tradição, preconizado pelo maurrasismo anterior à guerra, quanto de uma contemporização com um regime republicano que, durante muito tempo, havia sido objeto de repúdio. Para coroar essa crise de historicidade, a crença compartilhada amplamente, tanto à direita quanto à esquerda, em um progresso indefinido das forças produtivas veio esbarrar em uma realidade mais complexa com o fim das *Trente Glorieuses*[2] e a tomada de consciência quanto à ameaça pesando sobre o ecossistema planetário. Essa crise de historicidade, fenômeno que atinge todos os países, do Norte e do Sul, assumiu na França um caráter paroxístico, sem dúvida, associado a uma relação com a história particularmente intensa desde a Revolução Francesa.

Se foram, sobretudo, os filósofos alemães — Kant, Hegel, Marx — que atribuíram um sentido de finalidade à história no decorrer do século XIX, todas as especulações que visavam a divinizar a sua marcha enraizaram-se em uma reflexão sobre a dimensão universal da Grande Revolução e de seus valores, com a seguinte consequência: a nação francesa é, por essência, depositária da capacidade para encarnar a história. Basta pensar em Michelet, o qual considerava o povo francês como a pedra filosofal que confere sentido ao passado e prepara o futuro, ou em Ernest Lavisse, para quem a pátria francesa é portadora de uma missão universal. Essa convicção, vigente em numerosos historiadores franceses do século XIX, perpetuou-se, no século seguinte, naquilo que o general De Gaulle designou como *"une certaine idée de la France"*.[3]

No decorrer da segunda metade do século XX, essa visão da França como "filha primogênita da história" desmoronou-se por etapas. Traumatizado

---

2. A expressão "*Trente Glorieuses*" [Trinta gloriosos] foi cunhada pelo economista Jean Fourastié em seu livro de 1979 *Les Trente Glorieuses, ou la révolution invisible*, e se refere aos trinta anos de prosperidade que se observaram na França desde o fim da Segunda Guerra Mundial até a crise do petróleo de 1973. Cf. *infra*, capítulo 16, p. 526, nota 2.
3. Literalmente, "uma certa ideia da França". [N.T.]

pelo desastre de 1940, enfraquecido por quatro anos de Ocupação pelas tropas nazistas e pela perda de sua independência econômica, além de ter sido amputado de seu império colonial, o país despencou à categoria de nação modesta, mais ou menos reduzida ao Hexágono — configuração do território francês no continente europeu — e limitando-se a tocar uma partitura de menor alcance no concerto das nações, dominado de maneira duradoura pelo confronto entre as duas superpotências. Não é de admirar que esse desmoronamento tenha afetado, em primeiro lugar, os intelectuais neste "país que ama as ideias", para retomar a expressão forjada pelo historiador britânico Sudhir Hazareesingh.[4] A renúncia da França à sua grandeza de antanho exacerbou, certamente, a crise de historicidade geral da segunda metade do século XX, atiçando uma relação intensa com a história, nem que fosse ao preço da negação dos fatos.

✧

O percurso reconstituído aqui inscreve-se entre dois momentos: a irrupção e, em seguida, o desaparecimento do intelectual profético. Tendo aparecido no período do imediato pós-guerra, essa figura é carregada pela geração que atravessou a tragédia acalentando a expectativa de reencantar a história. Como sublinha René Char, em um célebre aforismo: "Nossa herança não foi precedida por nenhum testamento."[5] Este poeta, resistente à Ocupação nazista, pretende afirmar que, ao sair da guerra — considerando que o legado havia perdido toda a legibilidade —, foi necessário voltar-se para a construção do futuro. Independentemente de serem gaullistas, comunistas ou progressistas cristãos, todos têm a convicção de realizar ideais universalizáveis. Na outra extremidade do percurso, em 1989, constata-se o desaparecimento dessa figura do pensador advertido, capaz de dar um ponto de vista a respeito de tudo. Fala-se de "túmulo dos intelectuais".

Nesta obra, reconstitui-se precisamente a história de tal obscurecimento: não tanto o do ofício de intelectual, mas de determinada intelectualidade

---

4. HAZAREESINGH, 2015.
5. CHAR, [1946] 2007, § 62.

hegemônica. É significativo que, no exato momento em que essa figura desaparece, nos anos 1980, assiste-se à emergência da história dos intelectuais, abordados como objeto de estudo.[6] Afinal, não é verdade que Michel de Certeau observa que, no momento em que desaparece a cultura popular, empreende-se o seu recenseamento e a sua historicização para que seja valorizada integralmente "a beleza do morto"?[7]

A segunda grande mudança que marca esse período é o desaparecimento do sonho surgido no período do pós-guerra referente a um sistema global de inteligibilidade das sociedades humanas. Esse sonho conhece seu ponto culminante com o que se batizou como a "idade de ouro das ciências humanas", nos decênios de 1960 e 1970, quando se verifica o domínio absoluto do estruturalismo. Tomado em sentido amplo, o termo "estrutura" funciona, então, como palavra-valise para uma grande parte das ciências humanas. Seu triunfo é a tal ponto espetacular que chega a se identificar com toda a vida intelectual e, até mesmo, muito para além dela. À pergunta sobre a estratégia a ser utilizada pela equipe de futebol da França para aperfeiçoar seu desempenho, o treinador responde que pretende organizar o jogo de maneira... "estruturalista".

Período dominado pelo pensamento crítico, expressão de uma vontade emancipadora das incipientes ciências sociais em busca de legitimidade erudita e institucional, o estruturalismo acabou suscitando o entusiasmo coletivo da *intelligentsia* durante, no mínimo, duas décadas. Até que, subitamente, à beira dos anos 1980, verifica-se o desabamento do edifício: a maioria dos heróis franceses dessa aventura intelectual desaparece no intervalo de alguns anos. Aproveitando o embalo, a nova era se apressa a enterrar a obra desses autores, evitando o trabalho de luto necessário para fazer justiça àquilo que terá sido um dos períodos mais fecundos da história intelectual francesa. Milagre ou miragem?

Desempenhando um papel de cruzador de fronteiras a serviço de um programa unitário, o estruturalismo havia reunido um grande número de nomes de todos os quadrantes em torno de seu credo. Para Michel

---

6. ORY; SIRINELLI, [1986] 2004.
7. CERTEAU, Julia; REVEL, Jacques, [1970] 1993.

Foucault, "ele não é um método novo, mas a consciência acordada e inquieta do saber moderno". Segundo Jacques Derrida, trata-se de uma "aventura do olhar". Roland Barthes, por sua vez, vai considerá-lo como a passagem da consciência simbólica para a consciência paradigmática, ou seja, o advento da consciência do paradoxo. Nesta obra, trata-se de um movimento do pensamento, por um lado, e, por outro, de uma relação com o mundo muito mais amplos do que uma simples metodologia aplicada a este ou aquele campo de investigação. O estruturalismo apresenta-se como uma grade de leitura que privilegia o signo à custa do sentido, o espaço à custa do tempo, o objeto à custa do sujeito, a relação à custa do conteúdo, a cultura à custa da natureza.

Em primeiro lugar, ele opera como o paradigma de uma filosofia da suspeita e do desvelamento que visa desmitificar a *doxa*, revelando, por trás do dizer, a expressão da má-fé. Essa estratégia do desvelamento encontra-se em perfeita sintonia com a tradição epistemológica francesa, a qual postula um corte entre competência científica e senso comum. Sob o discurso libertador do Iluminismo revela-se a chamada à razão dos corpos e o confinamento do corpo social na lógica infernal do saber e do poder. Roland Barthes declara: "Recuso profundamente a minha civilização, até a náusea." Por sua vez, o ensaio de Claude Lévi-Strauss *O homem nu* (1971) termina com a palavra *"RIEN"* [nada], em maiúsculas, à maneira de réquiem.

✧

Nessas duas décadas de 1950 e 1960, os intelectuais franceses renunciam ao centralismo do Ocidente, descobrindo com entusiasmo as sociedades ameríndias, graças a Claude Lévi-Strauss. A irrupção do pensamento selvagem no âmago do Ocidente contribui para o abandono da concepção estreitamente evolucionista do modelo de sociedade ocidental. Lévi-Strauss rompe com essa visão em seu texto *Raça e história*, publicado em 1952[8], abrindo-se para uma consciência mais espacial que temporal da marcha da

---

8. Lévi-Strauss, [1952] 1973.

humanidade. A globalização, com os seus efeitos de desterritorialização, acentuará ainda esse reviramento para a espacialidade e para o presente, culminando em um tempo mundial "menos dependente da obsessão das origens, mais marcado pela transversalidade e, portanto, mais orientado para os períodos recentes".[9]

Ao mesmo tempo, a França debateu-se, entre 1954 e 1962, com uma guerra que não se atreve a dizer o seu nome — a Guerra da Argélia —, a qual irá assumir aspectos de batalha da escrita do lado da metrópole colonial: assim é que as tomadas de posição dos intelectuais são tanto mais solicitadas na medida em que o conflito adota, já em 1957, o caráter de um escândalo moral com a descoberta da prática da tortura, em nome da França. Daí em diante, o confronto ocorre claramente em duas frentes: militar, no terreno argelino, e intelectual, no campo da escrita com índole moral, na metrópole.

A segunda dimensão do paradigma estruturalista consiste na influência preponderante exercida pela filosofia sobre as três grandes ciências humanas — a saber, a linguística geral, encarnada por Roland Barthes; a antropologia, com Claude Lévi-Strauss; e a psicanálise, com Jacques Lacan —, as quais compartilham a valorização do inconsciente como lugar do verdadeiro. O estruturalismo apresenta-se como terceiro discurso, entre ciência e literatura, procurando institucionalizar-se ao socializar-se e contornar o polo da velha Sorbonne por toda espécie de expedientes, desde as universidades periféricas, a edição e a imprensa, até uma instituição tão venerável quanto o Collège de France: a partir de então, esse estabelecimento serve como espaço de refúgio para a pesquisa de ponta.

Esses anos são testemunhas de uma batalha acirrada entre os Antigos e os Modernos, na qual se operam rupturas em vários níveis. As ciências sociais procuram romper o cordão umbilical que as liga à filosofia ao erigirem a eficácia de um método científico. Em contrapartida, alguns filósofos, compreendendo a importância desses trabalhos, tentam açambarcá-los em seu proveito, redefinindo a função da filosofia como o próprio lugar do conceito. Uma das especificidades desse momento reside na intensidade

---

9. Rousso, 2012, p. 198.

da circulação interdisciplinar entre campos do saber e entre autores. Desencadeia-se uma verdadeira economia de intercâmbios intelectuais, baseada em incorporações, traduções e transformações dos operadores conceituais. A expectativa relativamente a um saber unitário sobre o indivíduo engendra numerosas descobertas que erigem, ao mais elevado grau, a fé na capacidade dos intelectuais em elucidar o funcionamento do vínculo social em qualquer ponto do globo. No entanto, será necessário desencantar e desconstruir, aos poucos, um programa cujo cientificismo ignorou praticamente o sujeito humano singular.

❖

A terceira grande mudança que afeta o lugar dos intelectuais na sociedade francesa entre 1945 e 1989 tem como origem a massificação das respectivas audiências e a sua midiatização cada vez mais acentuada. Uma concorrência acirrada trava-se entre os atores desse mercado crescente, que assiste ao aumento, de maneira exponencial, do número dos estudantes, incrementando no mesmo ímpeto um público leitor, daí em diante, ávido de atualidade literária e política. Os efetivos estudantis passam de 123 mil, em 1945, para 245 mil, em 1961; para 510 mil, em 1967; e para 811 mil, em 1975. Acompanhando esse movimento, o número de docentes na universidade é multiplicado por quatro, entre 1960 e 1973. Duas décadas mais tarde, o sociólogo especialista da mídia Rémi Rieffel escreve que "o aumento da demanda conduz, naturalmente, os editores a propor a esse público, ávido de conhecimento, obras a baixo preço e facilmente acessíveis".[10] O lançamento do formato de livro de bolso traduz perfeitamente essa revolução do mercado editorial, que impulsiona o período áureo das ciências humanas.

Essa idade de ouro é válida também para a imprensa, em um momento em que o diário parisiense *Le Monde* desempenha a função de voz da França nos meios diplomáticos e em que os semanários moldam a opinião pública, tais como *Le Nouvel Observateur*, de Jean Daniel, ou *L'Express*,

---

10. RIEFFEL, 1998, p. 95.

de Jean-Jacques Servan-Schreiber e Françoise Giroud. Nesse contexto de ampliação do público e de interpenetração crescente das esferas pública e intelectual, a progressão espetacular dos meios de comunicação social modifica radicalmente o modo de intervenção dos intelectuais, relegando o trabalho de elucidação dos mecanismos sociais aos cenáculos eruditos e servindo-se, por sua vez, de tribunas que privilegiam um pensamento simples e mais facilmente inteligível. O desenvolvimento da cultura e da mídia altera profundamente a relação com o tempo, dando a primazia ao instantâneo e contribuindo para comprimir a espessura temporal. Alguns intelectuais não hesitam em deixar a quietude da cátedra e das bibliotecas para enfrentar os holofotes; resulta daí uma nova figura, sob o nome de "intelectual midiático", de que os "novos filósofos" são, no fim dos anos 1970, a expressão mais espetacular.

Esse reinado do efêmero — e, muitas vezes, da insignificância — é denunciado por determinados intelectuais que pretendem preservar o espírito crítico do qual a sua função é tributária. Assim, Cornelius Castoriadis critica aqueles a quem atribui o qualificativo de *"divertisseurs"*, assim como a sucessão, cada vez mais rápida, de modas que, daí em diante, constituem o biótipo da vida intelectual: "Em vez de uma moda, a sucessão das modas é *o* modo mediante o qual a época, em particular na França, vive a sua relação com as 'ideias'."[11]

✧

O reviramento do regime de historicidade que se verifica no decorrer da segunda metade do século xx está marcado pela forclusão do futuro, pela dissipação dos projetos coletivos e pelo retraimento em um presente que se tornou imóvel, influenciado pela tirania da memória e pelo repisamento do passado. Um tempo desorientado tomou o lugar de um tempo devidamente balizado.

---

11. CASTORIADIS, [1977] 2013, p. 617. A palavra *"divertisseurs"* serve de título a seu artigo publicado na revista *Le Nouvel Observateur* (Les Débats du *Nouvel Observateur*: Objectif 1978), em 20 de junho de 1977, em que faz referência às manobras militares de diversão, portanto, "diversionistas". [N.T.]

Como vimos, as datas que servem de moldura a nosso percurso delimitam a queda dos dois grandes totalitarismos do século: o nazismo, em 1944-1945, e o comunismo, em 1989. É impressionante o contraste entre o sopro profético que impele o envolvimento apaixonado dos intelectuais no período imediato do pós-guerra, o senso penetrante da responsabilidade de que são incumbidos, além da desilusão generalizada que acaba por subjugá-los. Já vigorosamente abalados em 1956, eles são levados pelo ceticismo em 1989: ano vivenciado, por alguns, como um luto impossível e, por outros, como um degelo libertador. Entre esses dois momentos, são numerosas as rupturas que, à semelhança de outras tantas cadências, acabam fazendo com que o horizonte de expectativa se torne opaco. Segundo as diversas gerações que se sucedem e a singularidade dos percursos de cada uma, determinados acontecimentos, mais do que outros, constituem rupturas instauradoras que, aos poucos, alimentam o abalo da historicidade que redunda na anomia social e, às vezes, na afasia intelectual: os anos de 1956, 1968 e 1974 são alguns marcos que permitem compreender, em melhores condições, como se efetuou esse retraimento.

Para apreender sua evolução, convém precaver-se, por um lado, de qualquer reescrita da história à luz do que é possível saber a respeito do futuro, deixando de considerar a indeterminação dos atores; e, por outro, evitar a tentação de utilizar as categorias presentes como grades de leitura do passado. O historiador britânico Tony Judt negligencia tais precauções ao estigmatizar os repetidos equívocos dos intelectuais franceses a partir de uma leitura teleológica de seus engajamentos entre 1944 e 1956.[12] Com efeito, é fácil demais reler esse segundo século XX à bitola da clivagem que, aos poucos, se impôs entre os defensores da democracia e os partidários de um regime cujo caráter totalitário foi sendo descoberto gradualmente. Sem procurar, de modo algum, desculpar os desvios e os erros dos intelectuais dessa época, nem por isso deixaremos de buscar compreender suas razões. Judt, por sua vez, recusa qualquer forma de explicação contextual que vise a entender esse entusiasmo francês pelo comunismo após a guerra, limitando-se a considerar tal postura como uma adesão global a uma perversão

---

12. JUDT, 1992.

totalitária. Desqualificando, além disso, como historicista e insuficiente qualquer abordagem que dê ênfase à situação da Libertação para esclarecer o comportamento e as práticas, ele acredita encontrar neste período os "germes de nossa situação presente".[13] Se lhe dermos crédito, o contexto não passa de um cenário reduzido à insignificância; deste modo, a postura de Judt coincide com as teses do historiador israelense Zeev Sternhell, o qual atribui o qualificativo de fascista a qualquer busca de uma terceira via entre capitalismo e bolchevismo nos anos anteriores à guerra.[14]

Chegou-se a evocar, às vezes, uma singularidade da vida intelectual francesa por sua propensão à violência, à desmesura e, portanto, ao equívoco. Tal análise corre o risco de passar ao lado da negação da realidade de um grande número de intelectuais, durante esse longo período. A obcecação — às vezes voluntária — parece-nos ter como mola essencial a recusa a resignar-se a ficar sem a escatologia em um mundo moderno que se tornou pós-religioso por uma espécie de transferência de religiosidade para a história que, supostamente, promete, por falta de salvação individual, uma salvação coletiva. Para apreender esses evitamentos do real, convém levar os atores a sério e prestar uma atenção vigilante ao contexto de seus enunciados.

Parece-nos que, neste ponto, a noção de "momento intelectual" é essencial tanto mais que a época atual é marcada pelo desbotamento da experiência histórica. Em uma situação em que temos a impressão de que o passado é trágico e o futuro, opaco, a utopia da transparência da comunicação torna o presente a única entrada possível na história. Desde os anos 1980, a crise que resulta daí afeta todos os domínios do saber e da criação; segundo Olivier Mongin, diretor da revista *Esprit*, ela está em ação no repúdio do que é a política, no retraimento identitário, na falta de inspiração da ficção romanesca, na substituição da imagem pelo visual ou, ainda, na ocultação da informação em proveito da comunicação.

Os intelectuais reconciliam-se, progressivamente, com os valores democráticos ocidentais, considerados até então como mistificadores e

---

13. Ibidem, p. 16.
14. STERNHELL, 1983.

puramente ideológicos. A ironia a respeito desses valores torna-se mais difícil, de tal modo que a desconstrução dos aparelhos democráticos deve ser reconsiderada em relação à sua positividade. Privilegiar momentos diferentes exige o retorno aos contextos precisos das tomadas de posição e das controvérsias. A abordagem cronológica revela-se pertinente para conferir a determinadas "palavras-momentos" — que encarnam o espírito do tempo — a sua tonalidade específica. Passaremos assim, sucessivamente, no volume I, do pensamento existencialista inicial à tríade Marx, Nietzsche, Freud, a qual inaugura a era da suspeita; em seguida, no volume II, à tríade Montesquieu, Tocqueville, Aron — que inspira o momento liberal — e, por fim, à tríade Benjamin, Levinas, Ricœur, que marca o pensamento do mal.

Primeira parte

O sopro da história

O fim do pesadelo nazista marca, de maneira traumática, uma geração inteira de intelectuais franceses. A experiência trágica comum da vitória da barbárie no cerne da cultura ocidental acabou desestabilizando um grande número de certezas. Após o longo período da Ocupação alemã e o combate da Resistência à invasão nazista, ainda há quem acredite, apesar de Auschwitz, na capacidade emancipadora da história: é a hora de seu reencantamento, após esse aterrorizante parêntesis. Alguns intelectuais haviam combatido durante a guerra; para aqueles cuja resistência à barbárie tinha sido adiada, o engajamento pode ser percebido como um efeito defasado do sismo nazista. O traumatismo obriga a pensar, de maneira diferente, e a retomar, de novo, as tarefas do pensamento.

Como afirma Theodor Adorno, é impossível pensar, depois de Auschwitz, como antes dessa tragédia, o que não significa que os intelectuais tenham ficado desarmados e devam renunciar à sua função: "Não há razão para acreditar que deixamos de ser capazes de pensar após Auschwitz e que somos todos responsáveis pelo nazismo [...]."[1] Mas é um sentimento carregado, de maneira incandescente, por Primo Levi — "a vergonha de ser um homem" —, segundo o qual até mesmo os sobreviventes tiveram de transigir com a barbárie. Cada um de nós se acha, não responsável pelo nazismo, mas conspurcado por ele: "Há certamente catástrofe, mas esta consiste no fato de que a sociedade de irmãos ou amigos passou por uma

---

1. DELEUZE; GUATTARI, [1991] 1992, p. 137.

provação tal que eles já não conseguem olhar um para o outro, nem cada um para si mesmo, sem uma 'fadiga', talvez uma desconfiança [...]."[2]

Ainda não é hora, no entanto, para questionamentos radicais a respeito de uma esperança histórica portadora de um grau mais elevado de humanidade. Após a tragédia, os intelectuais desejam acreditar nas virtudes de uma história capaz de retomar seu percurso triunfal em direção a uma maior felicidade simplesmente interrompida pelas duas guerras mundiais. Os intelectuais comunistas consideram o acesso da URSS à categoria de superpotência como o sinal do próximo advento da sociedade sem classes, sonhada por eles. Os gaullistas, por sua vez, pretendem encarnar a voz da França eterna que nunca renunciará a seu papel de grande potência, nem à mensagem dotada de vocação universal. Quanto aos cristãos progressistas, retomam por conta própria a ideia personalista dos anos 1930 de uma terceira via entre os dois blocos e manifestam também sua confiança no futuro. Para todos, impõe-se ser digno do acontecimento ocorrido, da situação e de seus desafios. É o grande momento do compromisso em um contexto que nada tem de pacificado; com efeito, o que foi designado como guerra fria — e que estabelecerá uma divisão tão profunda no mundo intelectual francês —, por pouco não se transformou em guerra candente.

---

2. Ibidem, p. 139.

1
O profetismo existencial da Libertação

Na hora da recrudescência dos perigos, em 1938, e depois, em plena borrasca da tragédia, em 1942, aparecem dois romances reveladores de uma crise de historicidade: *A náusea*, de Jean-Paul Sartre; e *O estrangeiro*, de Albert Camus. Eles revelam uma filosofia, para o primeiro, do nada e, para o segundo, do absurdo. Sartre e Camus exprimem a própria angústia diante da marcha do mundo e da incapacidade do indivíduo frente às forças mortíferas, independentemente de emanarem da finitude da condição humana ou do destino trágico das nações. Essas duas joias literárias formulam, da maneira mais sensível, o questionamento do mito do progresso indefinido da humanidade: Roquentin, personagem de *A náusea*, sente-se em situação de exterioridade em relação a si mesmo, estranho a seu tempo. Tal sensação é formulada assim pelo ensaísta franco-canadense, Brian T. Fitch: "O passado e o futuro não podem existir para Roquentin; para levá-los em consideração, ele deveria desviar o olhar — ao menos, momentaneamente — do que está experimentando."[1] O futuro está bloqueado, e a esperança no porvir deixou de estar na moda. Eis o que sente Roquentin pelo fato de ser obrigado a viver grudado a um presente imóvel do qual se julga prisioneiro com a viva impressão de que será absorvido por ele. *A náusea*:

> Mas o tempo é largo demais, não se deixa encher. Tudo quanto mergulha nele amolece e dá de si [...]. Já não distingo o presente do futuro e, todavia,

---

1. Fitch, 1964, p. 113.

há uma duração, uma realização, que opera pouco a pouco [...]. É isso o tempo, o tempo inteiramente nu que acede lentamente à existência que faz esperar e que, ao chegar, nos enfastia, porque conhecemos então que já estava ali havia muito.[2]

O momento Sartre

Como livrar-se dessa enrascada? Roquentin encontra uma solução provisória, encadeando momentos de aventura que o obrigam a desprender-se da experiência concreta; mas acaba deparando-se apenas com distrações efêmeras e irrisórias, e "o tempo retoma sua moleza cotidiana".[3] Sob a influência ininterrupta do presente, ele recusa-se a passar ao lado de sua existência, e se tiver de escolher entre viver e limitar-se ao relato dos fatos, vai optar por viver com os dias sucedendo-se uns aos outros, sem deixar aparecer nenhum sentido. Então, ocorre o confronto com a náusea: "Aborreço-me, apenas isso. [...] É um aborrecimento profundo, o coração profundo da existência, a própria matéria de que sou feito."[4]

Roquentin metaboliza, na condição de personagem literário, a suspensão do tempo vivenciado pelas democracias ocidentais ao enfrentarem o nazismo ascendente, assim como a falta de reação e a atitude de espera das mesmas, reveladas com espalhafato nesse ano de 1938 pelos Acordos de Munique. "*A náusea*", escreve o jornalista e historiador Alain-Gérard Slama, "levou até as últimas consequências o absurdo da imediatidade. Considerando que o tempo é a dimensão da causalidade, o espaço da consciência e o alicerce do universo, o investimento absoluto do ser no presente é a expressão mais categórica do absurdo."[5] Essa crise coletiva da historicidade, essa catástrofe por vir — inevitáveis, na aparência — afetaram manifestamente Sartre, ciente de exprimir a experiência de sua

---

2. SARTRE, 1938, pp. 36 e 50.
3. Ibidem, p. 59.
4. Ibidem, pp. 221-222.
5. SLAMA, 1980, p. 303.

geração: "[...] por volta de 1938, vimos as novas gerações, preocupadas com os eventos internacionais então em fermentação, iluminar bruscamente com nova luz o período 1918-1938 e denominá-lo 'período entre duas guerras', antes mesmo que eclodisse a guerra de 1939."[6]

Alguns anos mais tarde, em 1942, o monstro nazista está no auge de sua dominação; nesse ano, é publicado *O estrangeiro*, que se torna rapidamente um best-seller. Camus radicaliza esse sentimento de estranheza. Com Meursault, "o homem é estranho a si mesmo em outro sentido: ele não se reconhece na imagem que apresenta aos outros".[7] O tema da morte, onipresente, encontra sua expressão pelo absurdo. À semelhança de Roquentin, Meursault vive em um presente eterno que aniquila passado e futuro. Seus atos estão realmente destituídos de sentido, e o assassinato cometido por ele permanece inexplicado. Ele não suscita nenhum remorso, visto que não consegue projetar-se no passado: Meursault explica ao juiz que ele nunca foi capaz de lamentar o que quer que seja. O reino do absurdo engendra o ato criminoso sem necessidade. Percebendo o mundo exterior como algo que se tornou perigoso, Meursault teme os outros, sente um constante mal-estar no contato com eles, e o desfecho desse medo dos outros é o assassinato, consequência de sua infinita solidão: "No limiar da vida" — comenta Fitch —, "o homem de Camus encontra-se sozinho na escuridão."[8]

O clima da Libertação, radicalmente diferente, presta-se a todas as esperanças. No século, deixou de haver meia-noite. Esse momento volta a abrir o horizonte de expectativa e, com ele, o futuro parece estar em condições de alimentar-se dos anseios dos resistentes à Ocupação nazista. Tanto Sartre quanto Camus exprimiram a perplexidade de uma geração que enfrenta a falta de recursos para reagir à situação; reencontram-se no momento da Libertação para enaltecer a existência, a liberdade, o sujeito e o compromisso. Com respeito ao primeiro, uma simbiose excepcional ocorre entre o clima da época, a liberdade reencontrada e o pensamento

---

6. SARTRE, [1943] 2016, p. 615.
7. FITCH, op. cit., p. 185.
8. Ibidem, p. 213.

existencialista; Sartre consegue levar a filosofia para a rua, para os bares e para as boates de jazz. O existencialismo torna-se a expressão da sede de viver. Na apresentação de *Les Temps modernes*, sua nova revista, ele convoca o escritor a abraçar sua época, a nada perder de seu tempo, a ficar em situação; sem renunciar à sua função, ele deve permanecer ciente de que é responsável pelo tempo que é o seu e por seus desafios.

Em 1945, se dermos crédito a Simone de Beauvoir, o existencialismo é uma palavra de uso corrente. O simples anúncio da conferência de Sartre, organizada pelo clube Maintenant e intitulada "O existencialismo é um humanismo", em 29 de outubro de 1945, desencadeia quase um motim. A bilheteria é invadida por uma multidão compacta que se acotovela para garantir um lugar dentro da sala. Sartre chega sozinho, de metrô, e tem a impressão de que se trata de uma manifestação de hostilidade por parte dos comunistas: o "partido dos 75 mil fuzilados" não aprecia, de modo algum, suas orientações filosóficas "burguesas", sem deixar de ofender diariamente sua reputação. O início da conferência procura dar-lhes uma resposta:

> Eu gostaria, aqui, de defender o existencialismo contra certo número de acusações que lhe têm sido dirigidas. Primeiramente, acusaram-no de incentivar as pessoas a permanecerem em certo quietismo desesperançado uma vez que, sendo as soluções inacessíveis, conviria considerar que a ação, neste mundo, é totalmente impossível, e de levar finalmente a uma filosofia contemplativa, algo que, sendo a contemplação um luxo, nos conduziria a uma filosofia burguesa. Essas são as críticas dos comunistas.[9]

Sartre está equivocado. Seus admiradores é que vieram festejar o novo guru dos tempos modernos, ávidos em conhecer o que ele entende por existencialismo: um modo de vida? Uma filosofia? A última moda de Saint-Germain-des-Prés?

A imprensa torna-se o eco amplificado do acontecimento, sem precedentes: um filósofo provoca, em Paris, "quinze desmaios" e "trinta cadeiras

---

9. SARTRE, [1946] 2014, p. 19.

quebradas". Nasce uma estrela. Como escreve a biógrafa de Sartre Annie Cohen-Solal, "a conferência do clube Maintenant se transforma, em retrospecto, no *must* supremo do ano de 1945".[10] Esse *must* é imortalizado, em 1947, por Boris Vian em *A espuma dos dias*, no qual "Jean-Sol Partre, abrindo o caminho a machadadas", avança lentamente para o estrado. Sartre encarna o desejo de rompimento não só com o período antes da guerra e suas transigências, mas também com os horrores da guerra, tornando-se o mentor de uma França entregue a si mesma. Como escreve o filósofo Paul Thibaud, "Sartre — que não havia sido homem (apesar de seu desejo) nem da Resistência, nem da Libertação — é o homem do fim da guerra".[11] Não sem humor, o professor e crítico literário Maurice Nadeau escreve, por sua vez, na revista *Combat*: "Uma angústia, não existencial, invadiu então os assistentes. Vamos morrer asfixiados."[12] Sartre exprime a necessidade radical de renascimento de uma França que deseja romper com o passado: "Deus morreu", — escreve ele, em 1949, "os direitos imprescritíveis e sagrados estão mortos, a guerra está morta e, com ela, desapareceram as justificativas e os álibis que ela oferecia às almas fracas."[13]

Espalha-se rapidamente o boato de que havia surgido, com o existencialismo, um fenômeno; alguns exegetas propõem, a seu respeito, uma versão comercial para acabar de convencer um público seduzido antecipadamente. Em 1948, Cristine Cronan publica um livro de vulgarização das teses de Sartre, transformando sua filosofia em uma nova religião.[14] O entusiasmo não é unânime, e algumas opiniões manifestam-se com uma particular violência, como é evocado pelo próprio Sartre:

> Leiam, por exemplo, um artigo publicado em *France au combat* e ficarão sabendo que "Os existencialistas são pusilânimes. O existencialismo é o triunfo da pusilanimidade, da sujeira. É o excrementicialismo". E o

---

10. COHEN-SOLAL, [1985] 1986, p. 332.
11. THIBAUD, [1980] 1988, p. 163.
12. NADEAU, 1945b.
13. SARTRE, [1949], citado in THIBAUD, op. cit., p. 164.
14. CRONAN, 1948.

gazetilhista, perito em jogos de palavras, acrescenta: "Tínhamos o movimento dadá, eis agora o movimento 'cacá'."[15]

Sartre recebe cartas injuriosas: "Senhor Paul Sartre, o senhor é um indivíduo ignóbil. Não compreendo como é que um tipo de sua laia ainda não foi apedrejado [...]. O senhor é um tolo, um nojento"; "Senhor Sartre, o senhor é um indivíduo ignóbil. Se os fornos crematórios da Alemanha ainda não foram demolidos, seria bom usá-los para nos desembaraçarmos de indivíduos de sua espécie".[16]

A imprensa de grande circulação faz eco dos boatos de depravação da tribo existencialista. Contando com cerca de meio milhão de leitores, o semanário *Samedi-Soir* publica um relato da vida noturna no Quartier Latin. Todos os foliões que erram de cabaré em cabaré, até o alvorecer, são apresentados aí como existencialistas, o que irá merecer este comentário de Sartre: "Mas aqueles que leram no *Samedi-Soir* o interessante testemunho de uma donzela que eu teria levado, segundo parece, ao meu quarto para lhe mostrar um *camembert*, não liam *Les Temps modernes*."[17] E eis como *France Dimanche*, cuja tiragem elevava-se, então, a mais de um milhão de exemplares, descreve Sartre entrando no Café de Flore:

> Com seu passo curto, a cabeça enfiada na gola imunda de lã de carneiro de um casacão todo manchado, os bolsos abarrotados de livros e jornais, um Balzac — pedido de empréstimo à biblioteca municipal — debaixo do braço [... para sentar-se a uma mesa], passear à sua volta um olhar úmido, afastar do pescoço a gola de lã e [...] reanimado por alguns conhaques, o cachimbo curto queimando o tabaco cinza na ponta de seus lábios sensuais [...] tirar da pasta uma caneta barata e [...] escrever umas quarenta páginas.[18]

---

15. Jean-Paul Sartre citado in AUDRY, 1948a, p. 187.
16. Cartas enviadas a Sartre, citadas in ibidem, pp. 182-185.
17. Jean-Paul Sartre, citado in LOTTMAN, 1981, p. 314.
18. *France Dimanche*, citado in ibidem.

Do lado dos marxistas revolucionários, à esquerda do Partido Comunista Francês (PCF), Sartre é também objeto de acirradas críticas, principalmente de Pierre Naville, amigo de Trótski, que tinha contribuído ativamente, antes da guerra, para a criação da Quarta Internacional e dirigia então *La Revue internationale*.[19] Seu ponto de vista é publicado pela Éditions Nagel, após a conferência de Sartre. "Naville era bastante ríspido com Sartre" — escreve o historiador marxista inglês Ian Birchall —, "acusando a sua filosofia de ser 'a ressurreição do radical-socialismo', adaptada aos novos tempos."[20] Naville defende a ideia de leis que presidem a ação, além de serem constitutivas da natureza humana, mas ambos reconhecem que a questão do indivíduo não encontra solução na teoria marxista.

O núcleo do existencialismo sartriano é o seguinte: "a existência precede a essência". Todo o mundo conhece a célebre anedota que ilustra esse postulado filosófico de um garçom de bar com um gesto bem expressivo, inclinado com solicitude em direção à mesa de consumidores. "O que estará ele representando?" — questiona-se Sartre. Ele representa o garçom nesse lugar de passagem. Seu ser escapa a seu estado, e essa inadequação força-o ainda mais a corresponder à sua função. Ele está representando, sob o olhar dos outros, desempenhando o seu papel social com afetação. O garçom tornar-se-á bem depressa a figura epônima da má-fé que se encontra no cerne da filosofia de Sartre. Ele produz, com efeito, o desconhecimento em relação ao que ele é verdadeiramente sob a facticidade afetada de seu papel; ao mesmo tempo, ele permanece livre porque não pode ser reduzido a essa facticidade. A liberdade, segundo Sartre, pode ser exercida apenas em situação, a partir de uma vivência singular da qual pode emergir um projeto de ser.[21] Essa história é relatada em *O ser e o nada*, obra publicada em 1943 e que se torna um best-seller, em 1945, no clima da Libertação. Sartre afirma que não há natureza humana, que o caráter próprio do homem — ao contrário dos objetos, tais como o cortador de papel — consiste em não ter tal natureza: "[...] o homem nada é além

---

19. O comitê de redação é composto por Pierre Naville, Charles Bettelheim, Gilles Martinet, Maurice Nadeau e, mais tarde, por David Rousset e Gérard Rosenthal.
20. BIRCHALL, 2011, pp. 104-105.
21. Ver MOUILLIÉ, 2000.

daquilo que faz de si. Esse é o primeiro princípio do existencialismo."²²
A partir desse postulado, o homem torna-se plenamente responsável pelo que ele é.

A ontologia sartriana opõe duas regiões do ser: o ser-para-si da consciência e o ser-em-si, opaco a si mesmo, do "prático-inerte". A tragédia do homem está em sua tentação permanente de reduzir o ser-para-si ao ser-em-si. Impõe-se, portanto, escapar a essa tentação, o que necessita um desprendimento que lhe é possível graças ao nada: "Seguindo os estoicos, Descartes deu um nome a essa possibilidade que a realidade humana tem de segregar um nada que a isole: liberdade."²³ Trata-se, portanto, de uma filosofia da liberdade: "Se, com efeito, a existência precede a essência, nunca será possível explicar isso recorrendo a uma natureza humana dada e fixa; ou, dito com outras palavras, não existe determinismo, o homem é livre, o homem é liberdade."²⁴ Sartre explica o uso precário, feito pelo homem, dessa liberdade pela influência da má-fé que o leva a renunciar a seu ser-para-si. Nem todos os homens têm coragem de se desprender da funcionalidade e do papel que se pretende que eles venham a desempenhar. Segundo Sartre, o existencialismo é um humanismo na medida em que dá ao homem a ambição de encontrar não sua verdadeira natureza — aliás, ele não tem nenhuma natureza —, mas sua liberdade, em vez de permanecer alienado e exterior a si mesmo. Ele tem de se projetar para fora de si mesmo a fim de alcançar um universo humano.

Com suas teses existencialistas, Sartre converte-se em um dos introdutores na França do programa fenomenológico de Edmund Husserl, cuja obra havia sido descoberta por ele, em 1933, em Berlin. A partir de 1939, ele acrescenta às teses husserlianas — como é testemunhado pelo *Diário de uma guerra estranha* — as de Martin Heidegger, cuja influência é confessada pelo próprio Sartre como providencial; o filósofo alemão, contudo, não reconhecerá em Sartre um discípulo. Desde 1946, Heidegger envia ao filósofo e germanista Jean Beaufret a sua *Carta sobre o*

---

22. SARTRE, [1946] 2014, p. 25.
23. Idem, [1943] 2016, p. 67.
24. Idem, [1946] 2014, pp. 32-33.

humanismo, na qual rejeita a interpretação humanista de seu pensamento, sublinhando um profundo desacordo entre os dois projetos filosóficos; com efeito, Sartre recusa-se a transferir as questões da "origem do nada" para fora da realidade humana. Por um lado, Heidegger esforça-se por pensar o homem não mais como sujeito, mas como *Dasein*,[25] ou "ser-aí", por construir uma arqueologia do *cogito* na qual o homem se encontra descentrado, submetido a uma história da qual já não é o sujeito; por outro, Sartre persegue o projeto cartesiano de pensar a partir do *cogito*, remodelando a concepção da consciência em um sentido que aprofunda a temática da liberdade do lado do sujeito prático.

A debilidade experimentada e manifestada, em 1938, em *A náusea*, é substituída por um sentimento de onipotência do sujeito plenamente responsável por conduzir a sua vida segundo as suas potencialidades: "Se, realmente, a existência precede a essência, o homem é responsável pelo que ele é. Então, o primeiro passo do existencialismo consiste em colocar o homem inteiro na posse do que ele é e em depositar nele a responsabilidade total por sua existência."[26] Assim, Sartre reabre, de fato, a marcha da história porque essa responsabilidade não se limita ao indivíduo, mas o compromete perante a humanidade inteira. No clima da Libertação, a construção de um futuro melhor torna-se, de novo, atual, e essa confiança no porvir é amplamente compartilhada. A qualificação de "quietismo" que lhe é impingida pelos comunistas parece, portanto, incongruente, e seria possível criticá-lo, de preferência, por seu voluntarismo extremado. Sartre rejeita tais acusações. "A doutrina que lhes apresento" — escreve ele — "é exatamente o contrário do quietismo visto que ela declara: só existe realidade na ação. Aliás, ela vai ainda mais longe ao acrescentar: o homem nada é além de seu projeto, ele existe apenas na medida em que se realiza [...]."[27] A doutrina de Sartre poderia ser — e será um pouco

---

25. Antes de Heidegger, essa noção era traduzida por "existência", oposta a "necessidade" ou "possibilidade". Com Heidegger, ela passa a significar o momento de abertura constitutivo do homem em sua relação imediata com as coisas, evocando uma ruptura com a ideia metafísica de uma oposição entre um sujeito (a consciência) e um objeto (o mundo).
26. SARTRE, [1946] 2014, p. 26.
27. Ibidem, p. 42.

mais tarde — criticada por ter passado por cima de todas as formas de condicionantes sociais em favor unicamente da capacidade do sujeito: "[...] não há doutrina mais otimista, visto que o destino do homem está nele mesmo."[28]

Essa filosofia é adotada por um círculo que há de tornar-se mítico, como espaço de memória sacralizado da *intelligentsia*, o Quartier Latin, e notadamente Saint-Germain-des-Prés. Sartre reside na rua Bonaparte, em um apartamento que dá para o cruzamento do bulevar Saint-Germain. Muito conhecido no Café de Flore, local em que trabalhou com Simone de Beauvoir durante toda a guerra, ele refugia-se para escrever com mais tranquilidade perto da editora Gallimard, no hotel Pont-Royal. Além disso, há os lugares da noite, os bares no subsolo em que é possível encontrar os amigos, escutar jazz, frequentados por Sartre e Simone de Beauvoir: o Méphisto, no bulevar Saint-Germain, assim como o novo Le Tabou, na rua Dauphine, apreciado por Sartre, que vem escutar a orquestra de jazz de Boris Vian. A França é, então, a terra escolhida pelo jazz, a ponto de serem numerosos os *jazzmen* que se estabelecem no país.[29] Entre os quinhentos que se deslocaram para participar de turnês em solo francês, um deles estará na origem de um jazz francês, o baterista Kenny Clarke, cuja primeira turnê remonta a outubro de 1945; em fevereiro de 1948, ele é um dos introdutores principais do *bebop* quando volta à França em companhia da grande orquestra de Dizzy Gillespie, cuja audição acabaria por constituir um acontecimento fundador para numerosos amantes do jazz.[30]

A doutrina existencialista abre-se para o compromisso: em *A náusea*, Sartre apresentava um personagem solitário, entregue a si mesmo; este filósofo, escritor e dramaturgo descobre agora o sentido da ação coletiva, os desafios da história. Em 1945, ele lança-se na arena política ao criar uma revista:

---

28. Ibidem, p. 45.
29. "Onze, pelo menos, instalaram-se permanentemente na França: Sidney Bechet, Aaron Bridgers, Arthur Briggs, Kenny Clarke, Bill Coleman, Harry Cooper, Fats Edwards, Jimmy Gourley, Mezz Mezzrow, Art Simmons e Bill Tramper." (TOURNÈS, 1999, p. 224)
30. TOURNÈS, op. cit., p. 225.

Andamos à procura de um título. Leiris, que havia conservado de sua juventude surrealista o gosto pelo escândalo, propôs um nome impactante: *Grabuge* [baderna]. Não o adotamos porque queríamos, certamente, incomodar, mas também o contrário. O título deveria indicar que estávamos comprometidos, positivamente, com a atualidade [...] chegamos a um acordo com *Les Temps modernes*; trata-se de algo insípido, mas agradava-nos a evocação do filme de Carlitos.[31]

A revista, *Les Temps modernes*, apresenta-se como a publicação do intelectual engajado. O comitê de redação, constituído em torno de Sartre, é composto por Simone de Beauvoir, Maurice Merleau-Ponty, Raymond Aron, Jean Paulhan, Albert Ollivier e Michel Leiris; este último, já na meia-idade, 45 anos, sendo ao mesmo tempo — como indica a historiadora Aliette Armel — uma "figura de referência incontestada em campos tão diversificados quanto a etnografia, a política, a crítica de arte e da literatura [...] aparece raramente no proscênio".[32] Em 1939, ele já tinha publicado uma autobiografia[33]; além disso, seu diário de viagem à África havia alcançado uma grande notoriedade.[34] A experiência tanto da guerra quanto da África levaram-no a sentir mais profundamente a urgência da ação: para ele, assim como para Sartre, "a escrita torna-se um compromisso, cujo desafio é proclamado publicamente".[35] Colaborador da primeira hora de *Les Temps modernes*, ele é tão bom apreciador quanto o casal Sartre-Beauvoir dos bares de subsolo de Saint-Germain-des-Prés:

> O grande período dos bares de subsolo durou pouco: inaugurado em 1947, o primeiro Le Tabou não funcionou além de pouco mais de um ano, enquanto o Club Saint-Germain manteve-se do verão de 1948 ao verão de 1949. Leiris mostrou sempre seu fascínio pelo jazz e pela vida

---

31. BEAUVOIR, [1963] 1982, pp. 24-25.
32. ARMEL, 1997, p. 9.
33. LEIRIS, 1939.
34. Idem, 1934.
35. ARMEL, op. cit., p. 449.

noturna; ele frequenta, portanto, todos esses locais de encontro, assim como *jam-sessions* excepcionais, com Charlie Parker e Max Roach.[36]

Em *Les Temps modernes*, Leiris publica "Dimanche" [Domingo], um texto que se assemelha a um balanço existencial, além de ser a contribuição principal de seu livro *Biffures (La Règle du jeu*, I) [Riscos (A regra do jogo, I)], em 1948, uma das expressões desse existencialismo do período pós--guerra que põe em prática a mistura dos gêneros entre poesia e trabalho de memória. Leiris afasta-se, no entanto, bem depressa da revista, criticando-a por não acolher de bom grado as inovações literárias:

> A natureza do engajamento artístico é, com efeito, fonte de desacordo entre Leiris e Sartre. Em "De la littérature comme une tauromachie" [A literatura como uma tauromaquia], primeira crônica de Michel Leiris para *Les Temps modernes*, a afirmação de que a literatura é uma práxis, um ato em relação a si mesmo e em relação a outrem, está em harmonia com as ideias de Sartre. Mas a posição de Leiris é desviante na medida em que, para ele, trata-se não tanto de produzir ação diretamente utilizável do ponto de vista político, mas de se engajar totalmente nesse ato literário.[37]

Ao pequeno cenáculo da revista, agrega-se um círculo mais amplo de amigos íntimos e de colaboradores regulares, de modo que a confecção da própria revista deve-se, sobretudo, a um trio composto por Sartre, Merleau-Ponty e Beauvoir. Segundo esta última, foi durante a guerra que Sartre sentiu a necessidade do engajamento, lamentando não ter tomado uma parte mais ativa nos combates que permitiram vencer o nazismo: "A guerra havia operado nele uma decisiva conversão. Ela havia começado por levá-lo a descobrir a sua historicidade [...]. Ele compreendeu que, vivendo não no absoluto, mas no transitório, deveria renunciar a *ser* e decidir *fazer*."[38] Desde então, a revista é concebida como um instrumento

---

36. Ibidem, p. 453.
37. Ibidem, p. 456.
38. BEAUVOIR, [1963] 1982, p. 15.

do desvendamento que visa a contribuir para a construção de um mundo melhor. O imperativo encontra-se na atualidade; aliás, a compreensão de seus desafios é convocada a guiar a ação. O escritor deve descer de sua torre de marfim e mergulhar nas lutas cotidianas. De acordo com a afirmação do próprio Sartre: "O escritor não é Vestal, nem Ariel, mas alguém que 'está imerso na ação', faça o que fizer, marcado, comprometido até em seu mais distante refúgio."[39]

Em 1948, Sartre definiu, em *Que é a literatura?*, o que ele entende por engajamento do escritor: "O escritor 'engajado' sabe que a palavra é ação: sabe que desvendar é mudar e que não se pode desvendar senão tencionando mudar."[40] O jornalista e escritor Michel-Antoine Burnier valorizou bem essa inscrição política do existencialismo sartriano: "A afirmação central de *Que é a literatura?* é a definição da escrita como ato, ato pluridimensional, certamente; no entanto, seu aspecto político não é menos relevante."[41] Sartre sente intensamente então o que lhe fez falta, em 1933, na Alemanha: o sopro da história, a intimação desta no sentido de que ele viesse a ocupar aí seu lugar e defender seus valores — "A historicidade refluiu sobre nós; [...] descobríamos algo como um gosto de história [...]."[42] Ele mostra-se, além disso, autocrítico em relação à maneira como considerava, antes da guerra, a literatura enquanto algo atemporal, desligada dos desafios da atualidade; agora, ele defende uma literatura à prova do concreto, mas sem aderir a nenhum realismo socialista. De acordo com a observação do filósofo suíço de língua francesa Étienne Barilier, "*Que é a literatura?* marca o começo de uma longa penitência, cujo término só ocorrerá com o fim da vida do flagelante".[43]

Alguns são mais circunspectos sobre essa noção de engajamento. Assim, em outubro de 1946, o ensaísta René Étiemble publica, em *Valeurs* — no exato momento em que começa a sua colaboração em *Les Temps modernes* —, um artigo intitulado "De l'engagement" [Sobre o engajamento]:

---

39. SARTRE, [1945] 1948, pp. 12-13.
40. Idem, [1948b] 2004, p. 20.
41. BURNIER, 1966, p. 29.
42. SARTRE, [1948b] 2004, p. 159.
43. BARILIER, 1987, pp. 74-75.

Se o engajamento é um testemunho em favor de quem o contrai, ele não poderia [...] substituir a elaboração e a escolha de valores. É tão válido aquilo a que alguém se dedica quanto o engajamento. E daí? Daí que "a palavra engajamento é bastante imprecisa; conviria realmente desembaraçar-nos desse termo" (Jean Wahl, filósofo).[44]

A conversão do mal-estar ao engajamento é comum em Sartre e em Camus. Mesmo que este último tenha sido membro do Partido Comunista antes da guerra, suas demonstrações sobre o absurdo, além de seu livro *O Mito de Sísifo* — publicado em 1942, mesmo ano do lançamento de *O estrangeiro* —, mantêm-no fundamentalmente distanciado de qualquer teleologia marxista. O efeito de sua aproximação com Sartre no pós-guerra, redobrada por um forte sentimento mútuo de amizade, foi considerar-se Camus como um adepto do existencialismo. Para evitar o equívoco sobre o que ele julga ser uma confusão inapropriada, Camus multiplica as oportunidades para se distanciar dessa filosofia:

Não, eu não sou existencialista. É sempre motivo de espanto, tanto para Sartre quanto para mim, ver nossos dois nomes associados [...]. Afinal, trata-se de uma brincadeira. Todos os nossos livros foram publicados, sem exceção, antes de nos conhecermos; ora, esse encontro serviu para constatar as nossas diferenças. Sartre é existencialista, e o único livro de reflexão que publiquei, *O Mito de Sísifo*, era dirigido contra os filósofos chamados existencialistas.[45]

Apesar desses esclarecimentos, Camus — por ocasião da viagem aos Estados Unidos, em 1946 — pode constatar que é unanimemente consagrado como um grande escritor, mas não pode deixar de manifestar sinais de exasperação quando, de maneira repetida, é questionado se é realmente existencialista: "Nada pode ser explicado unicamente por princípios ou

---

44. ÉTIEMBLE, [1946] 1955, p. 19.
45. CAMUS, [1945d] 2006, p. 656.

ideologias"⁴⁶, esta é a sua resposta aos interlocutores. Como atestam seus artigos na *Combat*, Camus exprime fundamentalmente no dia a dia o novo sopro da historicidade e fala de renascimento, de revolução, de manutenção do espírito da Resistência mediante um engajamento de todos os instantes; no entanto, mantém-se à distância de qualquer divinização da história, e é a respeito desse ponto que ocorre a ruptura com Sartre no momento da publicação de seu livro *O homem revoltado* (1951). Desde 1945, em uma entrevista, ele explica a própria recusa de se ver assimilado às teses existencialistas, que assumem, em sua opinião, duas formas:

> A primeira, com Kierkegaard e Jaspers, culmina na divindade pela crítica da razão, enquanto a outra — à qual atribuirei o qualificativo de existencialismo ateu —, com Husserl, Heidegger e, mais recentemente, Sartre, redunda também em uma divinização, mas que é simplesmente a da história, considerada como o único absoluto. Já não se acredita em Deus, mas na História [...]. Compreendo perfeitamente o interesse da solução religiosa e tenho uma percepção bastante particular da importância da história, mas não acredito em nenhuma das duas no sentido absoluto.⁴⁷

Camus sente-se mais atraído pelo posicionamento do poeta e amigo René Char, ao qual se une no projeto sobre a Grécia Antiga, que, para os dois, exprime o sucesso da harmonia estética e da reflexão filosófica. Em 1949, lançam juntos uma revista com o título evocador dessa Grécia dos sonhos de ambos, *Empédocle*, cujo comitê de redação, bastante restrito, é composto apenas por Albert Béguin, Guido Meister e Jean Vagne. De acordo com Laurent Greilsamer, a "revista presta homenagem, na abertura, ao romancista norte-americano Herman Melville, o autor de *Moby Dick* e de *Billy Bud, marin*, uma das paixões comuns a Char e a Camus".⁴⁸ Nessa revista efêmera, que durou menos de um ano, o escritor Julien Gracq

---

46. LOTTMAN, 2013, p. 624.
47. CAMUS, [1945e] 1985.
48. GREILSAMER, 2004, p. 261.

publicará seu célebre panfleto "La Littérature à l'estomac" [A literatura por impulso], em 1950.

Essa época coincide também com o período em que o surrealismo começa a ser assimilado em todos os seus componentes. Maurice Nadeau publica a história desse movimento, em 1945[49], aliás, ano em que é lançada a *Anthologie de l'humour noir* [Antologia do humor negro] de André Breton. Os marginais inovadores da literatura francesa não tardam a obter grande sucesso, tal como Antonin Artaud, que recebe o prêmio Sainte-Beuve, em 1948. No campo das artes plásticas, a tendência dominante orienta-se também para a busca da vanguarda. Verifica-se, então, a consagração dos incendiários célebres, desde o período entre as duas guerras: Pablo Picasso, Henri Matisse, Marc Chagall, Vassily Kandinsky ou Pierre Bonnard. Novas correntes envolvem-se na via da abstração com os artistas da École de Paris (Jean Bazaine, Alfred Manessier, Pierre Tal-Coat, etc.), cujas primeiras exposições pessoais se escalonam de 1947 a 1949. A esse respeito, eis o que o especialista em história cultural e política Pascal Ory escreve em sua obra *L'Aventure culturelle française (1945-1989)* [A aventura cultural francesa]:

> Desta vez, a abstração diversifica-se, os geométricos veem aparecer, a seu lado, os primeiros "abstratos líricos" (Georges Mathieu), os primeiros "informais" (exposição *Véhémences confrontées*, organizada por Mathieu e Michel Tapié) e outros inclassificáveis, ou seja, sem categoria determinada: primeiras exposições de Hans Hartung e de Pierre Soulages, na Galerie Lydia Conti, em Paris.[50]

Em junho de 1947, todos esses pintores ganham um lugar de exposição com a abertura do Museu de Arte Moderna, sob a direção do crítico de arte e poeta Jean Cassou. O Salão das Novas Realidades já tinha mostrado, em Paris, em 1946, um milhar de telas não figurativas:

---

49. Nadeau, 1945a.
50. Ory, 1989, pp. 135-136.

Alguns orientam-se para a pesquisa da cor e da expressão (Gruber, Marchand, Pignon). Outra tendência é representada pelos pintores "subjetivos", para os quais nada resta do real além da exploração de um sonho interior.[51]

A revolução sem a revolução

O período imediato pós-guerra representa o momento mais importante da hegemonia conquistada pelo PCF, o qual usufrui de uma dupla legitimidade: a resistência interior, graças à eficácia de sua organização armada, os FTP (Franco-atiradores e Guerrilheiros Franceses); e o capital de simpatia pela URSS, a mãe pátria, cuja abnegação lhe havia exigido um alto preço na vitória contra o nazismo. Stalingrado representa o sacrifício supremo de um Exército Vermelho que tinha conseguido libertar Berlim: "Stalingrado" — escreve Edgar Morin — "removeu, para mim e, sem dúvida, para milhares como eu, críticas, dúvidas, hesitações. Stalingrado expurgou todos os crimes do passado e, até mesmo, acabou por justificá-los."[52] Uma sondagem do IFOP (Instituto Francês de Opinião Pública) confirma tal sentimento: entre os parisienses interrogados sobre quem tinha dado maior contribuição para a derrota alemã, 61% inclinam-se para a URSS e apenas 29% para os Estados Unidos. Em novembro de 1946, o PCF conta com oitocentos mil filiados contra 208 mil, em 1937, além de conseguir 28,89% dos votos nas eleições de novembro de 1946.

O prestígio do poderio soviético, acrescentado ao pesado tributo que lhe havia sido exigido na guerra (23 milhões de mortos em suas fronteiras de 1939, dos quais oito a dez milhões de militares e doze a quatorze milhões de civis), repercute sobre os partidos irmãos. Pela primeira vez em sua história, o PCF possui ministros no governo e exerce influência na política francesa. Os comunistas encarnam não apenas a vontade de manter o espírito da Resistência, mas também a esperança revolucionária.

---

51. Rioux; Sirinelli (Orgs.), 1998, p. 219.
52. Morin, 1975, p. 47.

Entretanto, no contexto da partilha de Yalta, a França faz parte do campo ocidental; neste caso, não há a mínima possibilidade de tentar aí uma revolução comunista. A situação é paradoxal: o partido da revolução adota como princípio deixar de empreendê-la. O PCF fornece a ilusão de que a renovação passa por ele e de que, na França, irá construir uma sociedade de justiça e de emancipação social; para o partido, o futuro não deixa qualquer dúvida e avança no sentido da história. A filosofia marxista, portadora do projeto comunista, desenvolve uma teleologia que conduz, pelas superações dialéticas, a uma sociedade sem classes. Os intelectuais do partido vivem intensamente o encantamento da história: a historiadora Annie Kriegel (cujo nome de solteira é Becker e que, na época, adota o sobrenome de Besse em decorrência do casamento com Guy Besse) filia-se ao partido, em 1945, com a sensação de viver "uma etapa histórica que marcaria, na evolução das civilizações humanas, uma virada tão importante quanto aquela ocorrida com o advento do cristianismo".[53] Ela acrescenta: "Temos aí um dos elos da corrente de comportamentos e de razões que, em breve, deveriam levar à glaciação ponderada do stalinismo."[54]

A maior parte dos intelectuais é incapaz de escapar ao poder de atração comunista: para alguns, engajados em organizações do partido no seio da Resistência, trata-se do mesmo combate por meios diferentes, enquanto outros aderem com fervor, pensando assim unir-se à grande história coletiva.[55] A adesão às fileiras do PCF constitui, para numerosos militantes, uma ruptura social que acalenta a própria expectativa em abraçar a causa da classe operária, cuja missão histórica consiste em libertar o mundo de qualquer forma de exploração. Dominique Desanti — a qual, à semelhança de um grande número de outros militantes, viveu uma fase

---

53. KRIEGEL, 1991, p. 322.
54. Ibidem.
55. A influência do PCF sobre os intelectuais pode ser avaliada pela composição da célula comunista de Sant-Germain-des-Prés: além de dois ou três operários e alguns zeladores de prédio deslocados, ela compreende Robert Antelme, Jorge Semprún, Marguerite Duras, Simone Tery, Loleh Bellon, Steph Simon, Dionys Mascolo, Édith Thomas, Andrée Viollis, Claude Roy, Henri Lefebvre, Jean-Toussaint Desanti, Dominique Desanti, Edgar Morin, Jean-Pierre Vernant, Jean Baby, Clara Malraux, Victor Leduc e Jacques-Francis Rolland (lista reproduzida de ROY, C., 1972, p. 467).

de hiperstalinismo — chega a afirmar: "O proletariado, classe ascendente, cingia-se com um halo sagrado."⁵⁶ A classe operária beneficia-se de uma transferência de sacralidade. Por seu intermédio é que devem vir a redenção da humanidade e o advento de uma sociedade, enfim, transparente a si mesma: "Os operários estão no centro do legítimo combate pela paz que traz em seu bojo o futuro do mundo", escreve outra fervorosa stalinista, Annie Kriegel.⁵⁷

Alguns desses intelectuais são atraídos pelo PCF como poderiam ter sido fascinados por uma luz mística proveniente de uma misteriosa convocação a se juntarem às fileiras dos eleitos. Eis o que foi entendido perfeitamente por Claude Roy, um intelectual que passou brutalmente, em 1942, do engajamento na extrema direita (ele colaborou no semanário *Je suis partout*⁵⁸) para a adesão ao PCF na esperança de encontrar aí uma Igreja e uma fé:

> Aderi ao partido como alguém vai ao encontro da Grande Família. Uma verdadeira Santíssima Trindade: o Pai, calmo e ponderado, severo, mas bom, impregnado de experiências e de saber exemplar. O Irmão, com milhentas cabeças, a grande rede salvadora da fraternidade. E o Espírito Santo de um pensador, coletivo, de um professor de filosofia do ensino médio que dá o curso sobre a práxis.⁵⁹

Roy evoca a dimensão essencial do combate comunista: em vez de se limitar a um ato político, ele implica o ser integral de cada militante naquilo que é vivenciado como uma nova família de filiação, com suas obrigações e alegrias, sua sociabilidade singular e seus rituais. Círculo privilegiado de encontros entre eleitos, o partido, ao qual os militantes se dedicam de corpo e alma, oferece em contrapartida um status privilegiado

---

56. DESANTI, D., 1975, p. 19.
57. KRIEGEL (sob o nome de Annie BESSE), 1945.
58. Literalmente, *Estou por toda parte*. A partir de 1941, torna-se a principal publicação colaboracionista e antissemita francesa sob a Ocupação nazista. Cf. CHEBEL D'APPOLLONIA, 1988. [N.T.]
59. ROY, C., [1969], p. 434, citado in CHEBEL D'APPOLLONIA, 1999, p. 14.

aos "intelectuais orgânicos". Enquanto o intelectual isolado dispõe apenas de sua experiência e de sua cultura pessoais, o intelectual orgânico — de acordo com a definição de Gramsci, como alguém oriundo das classes populares ou que as encarna, tais como Pierre Daix, filho de uma professora primária e de um policial da comuna de Ivry, no subúrbio sudeste de Paris — beneficia-se da experiência coletiva do partido e da herança da história já longa do movimento internacionalista. Daí resulta um genuíno sentimento de fraternidade com camaradas prontos para se sacrificar por um ideal comum.

Escola de formação para um grande número de pessoas, o partido oferece também possíveis promoções aos militantes: eis o que é válido para as classes modestas que podem encontrar aí um trampolim de ascensão social, mas também para os intelectuais que ocupam posições de poder e aproveitam-se de vantagens substanciais, graças a um vasto leitorado cativo e a luxuosas viagens por conta dos partidos irmãos. Existe aí uma verdadeira panóplia de oportunidades para o intelectual stalinista nesse momento abençoado do período pós-guerra. Entretanto, como os intelectuais são considerados inferiores aos operários, os portadores por essência do peso da revolução em marcha, eles devem aderir a uma estrita disciplina e não se afastar da linha definida pelo partido, sob pena de serem mandados para casa e denunciados como parasitas, traidores e renegados. Sejam quais forem seus esforços, eles suscitam sempre a desconfiança da direção e nunca serão dignos da classe eleita; até mesmo para os mais fiéis, a suspeita de traição continua pairando de modo irrepressível.

Em troca de seu servilismo, os intelectuais orgânicos podem beneficiar-se de certo número de gratificações distribuídas em função do mérito de cada um: a primeira, concedida apenas àqueles em que é depositada a confiança total, é a viagem à URSS, que passa por ser como a exploração do paraíso terrestre. Graças a salvos-condutos, alguns "privilegiados" podem visitar as democracias populares, fechadas para o mundo inteiro. Em 1950, Pierre Daix dirige-se, assim, a Moscou e volta deslumbrado: "Ofereceram-me uma vida de palácio, as iguarias mais raras à vontade:

caviar, esturjão, salmão, carne de caça, vinhos finos da Geórgia."⁶⁰ É ainda melhor que a sociedade de abundância. Após uma experiência semelhante, quem se atreveria a questionar o desenvolvimento das forças produtivas na URSS? Esses viajantes da *impériale* — veículo de transporte coletivo com dois andares — têm a impressão de penetrar na Terra Santa. O poeta Paul Éluard, que percorreu toda a Europa Central e a URSS, manifesta seu encantamento com esta frase: "O homem na terra dá lugar ao homem sobre a terra."⁶¹ Além das vantagens de natureza material, os intelectuais devotados à causa usufruem — sobretudo, em termos simbólicos — de uma notoriedade considerável, legitimada pela pátria do comunismo.

Louis Aragon destaca-se indubitavelmente entre esses numerosos intelectuais comunistas e, ao lado da esposa, Elsa Triolet, constitui um "casal régio" incontestado e incontestável. "O comunismo contava então" — escreve Claude Roy — "com três forças na França: um ideal, um dispositivo em perfeito funcionamento e Aragon."⁶² Este último transformou seu talento de escritor em uma arma da Resistência: seus versos foram declamados para empreender o combate contra o nazismo antes de serem cantarolados, mais tarde, pelo poeta, anarquista e músico Léo Ferré. O sucesso conseguido por sua coletânea *Le Crève-cœur* [O coração dilacerado] é a tal ponto considerável que teve de ser reimpressa urgentemente no começo de 1942. Aragon visa a eficácia: "Tratava-se de se dirigir a todo o mundo, tornando mais fácil a aceitação desse poema, de modo que ele pudesse tocar o coração de todas as pessoas e emocioná--las."⁶³ Durante toda a guerra, seus poemas foram divulgados por meio de revistas, jornais e panfletos, fortalecendo o espírito da Resistência. "Até em Londres e Argel" — escreve seu biógrafo, Philippe Forest — "e também

---

60. Daix, 1976, p. 245.
61. Éluard, 1948, p. 52.
62. Roy, C., 1972, p. 452.
63. Aragon, [1969] 2013, p. 152.

nas fileiras da França livre⁶⁴, desde 1943, Aragon adquiriu um status de poeta nacional."⁶⁵

Aragon tornou-se também um herói atuante da Resistência através da ampla rede de intelectuais colocada sob sua responsabilidade na zona sul⁶⁶, tendo reunido umas cinquenta mil pessoas; no fim da guerra, ele pretende capitalizar essa influência com o projeto de uma "União Francesa dos Intelectuais". Após a libertação de Paris, ele retoma na companhia da mulher o domicílio parisiense e conhece o triunfo. A seu respeito, o sindicalista comunista Pierre Juquin dá o seguinte testemunho: "O casal Elsa & Louis passa no meio das autoridades, as pessoas afastam-se para dar-lhes passagem. Pierre Daix disse-me ter ficado fascinado ao voltar dos campos de concentração: eis 'o rei e a rainha', pensou ele."⁶⁷ Aragon, por si só, exerce um enorme poder: controla o diário comunista *Ce soir*, o prestigioso semanário cultural *Les Lettres françaises* e o mensal *Europe*; dirige duas editoras do partido; além disso, foi contratado pela editora Gallimard e, evidentemente, tem a possibilidade de escrever quando desejar no cotidiano comunista *L'Humanité*. Elsa, por sua vez, recebe em 1944 o prêmio Goncourt pela coletânea de contos *Le Premier accroc coûte 200 francs* [O primeiro rasgão custa 200 francos], tornando-se a primeira mulher laureada com essa distinção. A toda essa atividade, acrescente-se a insistência de Aragon sobre o caráter nacional da Resistência e do programa de reconstrução do país. O escritor está de acordo com a política adotada por Maurice Thorez, secretário-geral do PCF (1930-1964) que estava retornando de Moscou, a qual há de prevalecer até 1947.

---

64. Trata-se do governo francês no exílio, liderado pelo general De Gaulle. Criado em Londres, em junho de 1940, ele organizou e apoiou o movimento da Resistência na França ocupada pelas tropas nazistas. Cf. GAULLE [1954], 2007. [N.T.]

65. FOREST, 2015, p. 517.

66. Ou zona livre, em oposição à zona ocupada pelas tropas alemães, cuja linha de demarcação havia sido definida no armistício de 22 de junho de 1940; após a ocupação total do território francês, em novembro de 1942, a *zone occupée* é rebatizada *zone nord* [zona norte]. Cf. https://fr.wikipedia.org/wiki/Zone_occup%C3%A9e#/media/File:France_map_Lambert-93_with_regions_and_departments-occupation-fr.svg [N.T.]

67. JUQUIN, 2013, p. 229.

De 5 de dezembro de 1944 até 2 de janeiro de 1945, Aragon assina uma coluna diária em *Ce soir*, sob a rubrica "Parlons français" [Falemos francês]. Denunciando os quatro "anti" (antissemitismo, anticlericalismo, antimilitarismo e anticomunismo), que, em seu entender, solapam a nação, ele prega a união de todos em redor do estandarte do partido; nem por isso Aragon é cooptado pelo Comitê Central. Esse afastamento é significativo do medo que ele suscita na cúpula do aparelho: não tanto pelo receio de uma dissidência qualquer de sua parte, mas pela constatação de que sua notoriedade nada deve à direção do partido. O aparelho stalinista permanece discreto em relação às ações de resistência de Aragon a fim de evitar convertê-lo em um herói potencialmente incontrolável. O costume de enaltecer tais figuras pelo PCF ocorre, de preferência, após a morte das mesmas, se possível enquanto mártires, tal como Gabriel Péri; aliás, o próprio Aragon vai considerá-lo como a encarnação da nova espécie de homem produzida pelo comunismo.[68]

Não se brinca com a linha a seguir e seu valor sagrado: o grande irmão soviético. Aqueles que defendem posições independentes em relação ao partido expõem-se a saraivadas de insultos que visam desqualificá-los. Nesse ano de 1945, o grande confronto trava-se entre o aparelho comunista e Sartre, cujo existencialismo encarna uma visão do mundo totalmente diferente. Para Roger Garaudy, ele não passa de um "falso profeta" e sua obra é uma literatura de "coveiros", uma "patologia metafísica": "Essa doença chama-se hoje o existencialismo e [...] a grande burguesia deleita-se com as fornicações intelectuais de Jean-Paul Sartre."[69] Jean Kanapa, ex-aluno de Sartre, corrobora tal opinião ao publicar um artigo polêmico para denunciar a nova moda: "O animal é perigoso, tendo-se envolvido levianamente no flerte marxista [...], mas não leu Marx, se é que ele sabe, em traços gerais, o que é o marxismo."[70] Quanto ao grupo sartriano de *Les Temps modernes*, trata-se de "uma panelinha de burgueses desarvorados, o olhar sarcástico, a pluma abundante, os braços flácidos, desesperada e

---

68. ARAGON, 1946, p. 49.
69. GARAUDY, [1945] 1985, p. 381.
70. KANAPA, 1947.

lamentavelmente flácidos".[71] Henri Lefebvre, "o" filósofo do partido do momento, é enviado para a frente da batalha. No dia 8 de junho de 1945, ele escreve em *Action* um artigo satírico intitulado "Marxisme et existencialisme: réponse à une mise au point" [Marxismo e existencialismo: resposta a um esclarecimento].

A hora é de prestar homenagens a Stálin, o grande guia dos povos que é celebrado e enaltecido com paixão. Eis o panegírico do romancista e militante André Stil: "É verdade, pensam eles, sabe-se pertinamente que todos temos no fundo um pouco de Stálin, o qual olha para nós de dentro, sorridente e sério, inspirando-nos confiança. Para nós, comunistas, essa presença interior de Stálin é a nossa consciência."[72] O fato é que o qualificativo "stalinista" era, na época, elogioso. "O stalinismo é a nossa filosofia"[73], escreve, por sua vez, o jornalista e militante André Wurmser.

De imediato, Sartre havia assumido a ofensiva diante das calúnias espalhadas pelo PCF contra o seu amigo Paul Nizan, morto perto de Dunquerque, em 23 de maio de 1940. Militante do PCF, Nizan acabava de romper com o partido após a assinatura do pacto germano-soviético, considerado por ele uma aliança entre nazistas e comunistas; assim, ele se tinha convertido não apenas em um "traidor", mas também em um "cachorro pervertido, funcionário do Ministério do Interior", de acordo com as palavras do secretário-geral do PC em pessoa, Maurice Thorez.[74] Sartre — que havia sido recebido na família Nizan ao tornar-se o tutor dos dois filhos de Henriette, a viúva do filósofo — não deixa sem réplica os depoimentos e as atitudes contra este. No período pós-guerra, o nome de Nizan é impronunciável, de tal modo se havia tornado infamante: Aragon manda retirar seus livros de uma venda organizada pelo CNE (Comitê Nacional dos Escritores) a fim de homenagear os escritores "mortos pela França"; mais tarde, em seu romance *Les Communistes* [Os comunistas], ele chega a esboçá-lo com as características de um "poltrão" na pele de seu

---

71. Ibidem, p. 61.
72. STIL, 1950, p. 112.
73. WURMSER, 1949, p. 9.
74. Maurice Thorez, citado in CHEBEL D'APPOLLONIA, 1991, p. 165.

personagem Patrice Orfila. Henri Lefebvre, por sua vez, participa também da campanha de calúnias ao afirmar, em sua obra *L'Existentialisme* [O existencialismo][75], que o espírito de traição havia inspirado todos os livros de Nizan. Ao reiterar suas críticas em 1947, Sartre decide tomar a ofensiva ao encabeçar um movimento de intelectuais para exigir o término desse clima difamatório. Ele publica um comunicado de imprensa intimando o PCF a provar as acusações:

> De vez em quando, há quem nos faça lembrar que Jacques Decour e Jean Prévost morreram por nós [...]. No entanto, a respeito do nome de Nizan, um dos escritores mais brilhantes de sua geração [...] reina o silêncio [...] murmura-se que era um traidor [...]. Neste caso, apresentem provas. Se não obtivermos resposta, nem as provas solicitadas [...] publicaremos outro comunicado confirmando a inocência de Nizan.[76]

O PCF responde em *L'Humanité*, em texto assinado por Guy Leclerc, que ataca alguns signatários do comunicado de imprensa e reitera as mesmas acusações sem prova, atribuindo a Nizan os qualificativos de "traidor da França", "traidor de seu partido", aquele que "ajudou os agentes da quinta coluna a empreender sua política criminosa".[77] O CNE, controlado pelos comunistas, publica, por sua vez, uma declaração que, sem tomar partido em relação ao fundo da questão, estigmatiza os signatários do texto de Sartre: "Agindo desse modo, os ditos signatários acabam cometendo expressamente o mesmo delito que, de acordo com as próprias afirmações, pretendem denunciar."[78]

---

75. LEFEBVRE, 1946.
76. *Le Figaro littéraire*, 29 de março de 1947, e *Combat*, 4 de abril de 1947. O texto é assinado por Raymond Aron, Georges Adam, Simone de Beauvoir, Jacques-Laurent Bost, André Billy, André Breton, Julien Benda, Pierre Brisson, Pierre Bost, Roger Caillois, Albert Camus, Maurice Fombeure, Jean Guéhenno, Henri Jeanson, Michel Leiris, Jacques Lemarchand, Jean Lescure, René Malieu, François Mauriac, Maurice Merleau-Ponty, Jean Paulhan, Brice Parain, Jean-Paul Sartre, Jean Schlumberger, Philippe Soupault e Jacques Texier.
77. LECLERC, 1947.
78. "Déclaration do CNE", publicada em *Les Lettres françaises*, em 11 de abril de 1947, citada in SIRINELLI, 1990, p. 257.

André Gide — outra ovelha negra do PCF desde a publicação de seu livro *Retour de l'URSS* [Retorno da URSS] em 1936 — não tinha, de modo algum, a mínima intenção de escrever algo antissoviético. Segundo a explicação de seu biógrafo, Frank Lestringant, seus questionamentos e suas críticas tinham sido suficientes para ser considerado como tal:

> Ele declarava seu amor intacto pelo povo russo e a esperança de um socialismo ainda por vir, sem esconder a própria decepção: a uniformização das roupas e das consciências, a feiura dos objetos manufaturados, a penúria das mercadorias, a desigualdade restaurada e acentuada, a nulidade da arte e, sobretudo, o desaparecimento da liberdade.[79]

A obra, publicada pela editora Gallimard, conhecera imediatamente um amplo sucesso, com 146 mil exemplares esgotados em dez meses, ao cabo de nove tiragens. Figura de proa da esquerda intelectual e antigo companheiro de estrada dos comunistas, Gide era agora considerado pelo PCF como um dos mais temíveis inimigos. "O partido contava com Gide, e eis que Gide acabava de atraiçoá-lo", escreve Lestringant.[80] Ao receber o prêmio Nobel de Literatura, em 1947, ele é criticado por Jean Kanapa por ter se desviado dos bolcheviques porque estes não eram pederastas!

Nesses anos do imediato pós-guerra, Gide conhece o apogeu de sua carreira como escritor: "Gide reencontrou Paris, cidade que o recebeu com festa. Sua obra era celebrada em toda parte, depois de ter sido proibida nos últimos meses da Ocupação nazista."[81] Tendo recebido inúmeros convites enquanto emissário da cultura francesa, ele defende em Beirute uma literatura não comprometida e, apresentando Mallarmé como modelo, convida a fugir de qualquer forma de submissão. Gide não cessa de repetir que o mundo será salvo apenas por alguns. Idoso demais para ir a Estocolmo receber o prêmio, ele escreve uma carta — lida pelo embaixador da França

---

79. Lestringant, 2012, p. 763.
80. Ibidem, p. 774.
81. Ibidem, p. 1.087.

durante a cerimônia — para a Academia Sueca, na qual afirma seu apego à liberdade e sua rejeição do totalitarismo:

> Se realmente cheguei a representar algo, creio que é o espírito de livre exame, de independência e, até mesmo, de insubordinação, de protesto contra o que o coração e a razão se recusam a aprovar. Creio firmemente que esse espírito crítico está na origem de nossa cultura; aliás, atualmente, os regimes totalitários tentam reduzi-lo e amordaçá-lo.[82]

Nesse começo de guerra fria, a declaração de Gide, estigmatizando aqueles que se dedicam a amordaçar a expressão literária e artística, suscita uma forte repercussão. Os comunistas não têm nenhuma ilusão a esse respeito, e tal acontecimento passa quase em silêncio em *L'Humanité*, cuja notícia aparece apenas na terceira página com um título significativo: "Le prix Nobel de la servilité" [O prêmio Nobel do servilismo]. Na revista *Les Lettres françaises*, é Jean Kanapa que distorce o título de um romance de Gide — *Os moedeiros falsos* (1925) — para devolvê-lo ao autor, atribuindo-lhe o qualificativo de "o moedeiro falso da cultura".

O partido cuida com zelo de seus grandes intelectuais sob a condição de que estes não lhe façam sombra. Para se preservar de suas veleidades de independência, o partido toma sempre o cuidado de constituir um cordão sanitário em torno de si: "A direção" — comenta a socióloga e historiadora Jeannine Verdès-Leroux — "encontrou um apoio, mais ou menos sem falha, entre os intelectuais do partido. Ela soube explorar com habilidade a velha oposição entre os 'criadores' e os 'professores'."[83] Se o partido tem necessidade de grandes intelectuais para incrementar sua influência fora de suas fileiras, procura conter a ambição deles apoiando-se na massa desses "intelectuais do partido" ou "intelectuais proletaroides", como são designados por Jeannine Verdès-Leroux ao retomar uma palavra forjada por Max Weber: "[Os agentes do] intelectualismo proletaroide [...] são os pequenos funcionários e prebendados de todos os tempos à beira da

---

82. André Gide, carta citada in ibidem, p. 1143.
83. VERDÈS-LEROUX, 1983, p. 20.

existência mínima e dotados de uma educação considerada, quase sempre, como subalterna [...]."[84] Essa categoria social compõe-se de jornalistas e de escritores dotados de status precário. O partido pode contar com a fidelidade inabalável daqueles que, oriundos de uma condição social modesta, adquiriram por seu intermédio alguma formação intelectual e acabaram sendo contratados como funcionários permanentes: "Essas duas categorias constituíram uma massa considerável, dinâmica e ambiciosa (na ambiguidade e inconsciência), que deu o tom a essa fase histórica do PCF."[85] Esses batalhões de fiéis isolam bem rapidamente os eventuais rebeldes, franco-atiradores da *intelligentsia*, quando esta vem reclamar uma autonomia crítica, lembrando-a da autoridade dos mentores do comunismo.

Entre os que se sentem mais independentes, Jean Duvignaud distingue as matrizes daqueles a quem atribui o qualificativo de "inencaixáveis": existem, em primeiro lugar, os que gravitam em torno do hebdomadário *Action*[86], cujo primeiro número é lançado em 9 de setembro de 1944. Trata-se, na época, de uma equipe de obstinados, bastante politizados: "Pretendemos fazer uma publicação que não se afaste da linha seguida durante o período da Resistência."[87] Dedicados inteiramente à realização do jornal, eles cultivam uma sociabilidade que poderia se estender noite adentro: "A Revolução era muito comentada durante as noites e nas rodas de conversa, até que se fechassem as portas dos bistrôs."[88] *Action* difunde-se rapidamente para além dos círculos comunistas e acolhe prestigiosos colaboradores.[89] Em decorrência da autoridade e da autonomia destes em relação ao aparelho, *Action* converte-se em um órgão de imprensa que não se limita a transmitir as diretrizes do partido; assim, é nesta revista que Sartre responde a seus críticos, até

---

84. WEBER, [1972] 2000, p. 344.
85. VERDÈS-LEROUX, op. cit., p. 102.
86. A direção é confiada a Maurice Kriegel-Valrimont, enquanto o diretor de redação é Pierre Courtade, além de Pierre Hervé, Roger Vailland, Francis Ponge, Victor Leduc, Claude Roy, Jean Pronteau, Jacques-Francis Rolland e Robert Scipion.
87. LEDUC, 1985, p. 74.
88. ROY, C., 1972, p. 119.
89. Entre os quais, Pierre Emmanuel, Alexandre Astruc, Roger Stéphane, Gaëtan Picon, Jean Duché, Jean Dutourd, Pierre Dumayet, Pierre Desgraupes e Irène Allier.

mesmo comunistas, mediante um "esclarecimento" que é publicado em 29 de dezembro de 1944. O ex-comunista Victor Leduc, em sua autobiografia, dá este testemunho: "*Action* intervém em todos os pontos sensíveis. Essa publicação trava, sem tréguas, o combate contra a divisão da Resistência e das forças operárias, contra o desvio 'humanista' do socialismo inspirado em seu líder, Léon Blum. Essa é uma das minhas teses prediletas."[90]

Outro grupo[91] anima uma pequena editora de existência efêmera e consegue agregar uma verdadeira rede de intelectuais que se encontram no apartamento de Marguerite Duras, na rua Saint-Benoît, que permanece sempre aberto para eles, como é lembrado por Claude Roy, um dos frequentadores do local:

> Desde a Libertação, "a rua Saint-Benoît" converteu-se em uma dessas casas descritas nos romances russos dos tempos da *intelligentsia*: em cada instante, a elas chegam e delas saem três ideias, cinco amigos, vinte jornais, três manifestações de repulsa, duas piadas, dez livros e um samovar de água quente [...]. Marguerite era a rainha dessa colmeia exaltada, jansenista e excêntrica, borbulhante e irrequieta.[92]

Duras é então uma militante ativa e irrepreensível do partido, passando as manhãs de domingo vendendo *L'Humanité* nos mercados, colando cartazes e distribuindo panfletos. Ela não suporta que se fale mal do partido; recompensada por seus esforços e por sua disciplina, é promovida a secretária de célula. A editora que ela cria com Dionys Mascolo editará apenas três obras, a primeira das quais, em 1946, de autoria de Edgar Morin, intitula-se *O ano zero da Alemanha*. O apartamento da rua Saint-Benoît nunca fica vazio, escreve a ensaísta e produtora de rádio e TV Laure Adler, em sua biografia de Marguerite Duras: "Sua reputação como mestre-cuca começa a crescer entre os intelectuais do Quartier Latin. Ela adora receber visitas. De vez em quando Queneau, Merleau-Ponty, Audiberti passam

---

90. LEDUC, op. cit., p. 86.
91. Composto por Violette e Edgar Morin, Marguerite Duras, Robert Antelme e Dionys Mascolo.
92. ROY, C., 1972, p. 120.

por lá [...]. Bebe-se muito; às vezes, o pessoal põe-se a dançar. Edgar não desgruda daí, e o mesmo ocorre com Robert e Dionys."[93]

Em 1948, surge outro areópago com um número mais reduzido de membros: o grupo "Mortier" — constituído por Jean Duvignaud e Suzanne, além de Jacques Gaucheron — reúne-se todas as quintas-feiras e pretende suscitar uma visão globalizada do mundo que não exclua as dimensões éticas, estéticas e políticas. Se, em breve, todos esses intelectuais hão de ser capazes de voar com as próprias asas, ainda não é esse o caso no clima da Libertação; a recordação relatada por Duvignaud, então secretário de célula, é altamente significativa dos limites impostos à expressão. Em sua célula, um robusto operário da fábrica Renault, ao mesmo tempo generoso e implicante, desencadeia uma discussão sobre as contradições do PCF, o qual participa de um governo que trava uma guerra colonial na Indochina e é, portanto, cúmplice dos massacres perpetrados na Ásia. Duvignaud é incumbido de transmitir tal discussão a um responsável que ocupa uma posição mais elevada nas instâncias do partido:

> Este último mostra apreensão: "Temos de refletir sobre isso." E, no dia seguinte, vários indivíduos desconhecidos aparecem na célula. "Mas quem é o sujeito? De onde vem? Será um trotskista?" Não sei de nada. "Você tem de proceder a uma investigação, coletar informações e voltar com dados comprovados." [...] E volto sem ter obtido nenhuma informação. "Mas nós sabemos de quem se trata", diz o responsável: "Não passa de um provocador, e você tem de expulsá-lo." Expulsar? Mas baseado em quê? "Em sua provocação."[94]

À esquerda do Cristo

Entre os cristãos, a Libertação leva a crer que o mundo terrestre poderá aproximar-se dos princípios de justiça ensinados pela Igreja, seja ela

---

93. ADLER, 1998, p. 241.
94. DUVIGNAUD, 1976, pp. 34-35.

católica ou protestante. A voga existencialista é vivenciada aí também de maneira intensa, mas mediante uma filiação um tanto deslocada em relação à de Sartre, que não liga, de modo algum, para a pluralidade das filosofias que reivindicam a existência.[95] A revista *Esprit* participa dessa corrente de pensamento, e seu diretor, Emmanuel Mounier, publica em 1946 um livro com o título inequívoco: *Introduction aux existentialismes* [Introdução aos existencialismos].[96] O especialista em filosofia medieval e renascentista Maurice de Gandillac há de recordar-se desse clima de entusiasmo e de interesse por Søren Kierkegaard, Karl Jaspers, Gabriel Marcel ou Jean Wahl.

Segundo Paul Ricœur, a filosofia de Gabriel Marcel ilustra a ligação entre a dimensão transcendental da crença cristã e a travessia da experiência concreta: "Essa imantação pela Revelação é tão discreta que ela precedeu, no filósofo francês, a sua conversão ao cristianismo."[97] Filosofia existencial e fé cristã encontram-se em uma comum aspiração à universalidade do homem, como se fosse uma questão de vocação, de uma tarefa a realizar, e não de um dado objetivado. A maneira como essa promessa pode realizar-se deve respeitar os patamares, as descontinuidades entre os dois registros, mas prolongar o impulso da pregação "nas regiões em que a existência transcende a objetividade".[98] Ao *distinguo* sartriano entre existencialismo cristão e ateu, Ricœur opõe a mesma fonte de inspiração cristã das diversas modalidades do existencialismo: "É difícil não ver que todos os existencialismos ocorrem no terreno de uma problemática religiosa."[99]

Segundo Karl Jaspers, o existencialismo deve garantir simultaneamente a dupla atração do método dialético e da travessia da experiência: "Nenhum constitui uma zona de conforto"[100], insiste Ricœur. A filosofia existencial deve permanecer em tensão entre a acolhida de todos os grandes temas da literatura, correndo o risco de se perder nessa tarefa, e a

---

95. Ver GILSON, 1948.
96. MOUNIER, 1946.
97. RICŒUR, 1949, p. 54.
98. Ibidem, p. 58.
99. Ibidem, p. 150.
100. Ibidem, p. 341.

resistência a essa tentação graças a um procedimento dialético, sem se fossilizar na construção de um sistema. Esse caráter inacabado não revela nenhum desespero, mas exprime, ao contrário, a convicção de uma última luz por trás do crepúsculo da vida de cada um: "O fracasso de todas as coisas visíveis e da existência é o manto protetor da divindade oculta."[101] Essa caminhada exigente em direção ao fracasso virou-se para o lado da ação, da história e da paixão pelo compromisso, além de abrir-se para o indizível: "Só o silêncio permanece possível diante do silêncio que está no mundo"[102], escreve Jaspers.

No período do pós-guerra, uma verdadeira corrente de intelectuais católicos progressistas acompanha o engajamento dos padres operários. Em 1954, eles são uma centena na tentativa de reinventar a relação entre a Igreja e a classe operária, mas Roma põe brutalmente fim à experiência. Essa corrente cristã, próxima dos comunistas, adere então às organizações sindicais. A UCP (União dos Cristãos Progressistas), constituída em 1947 por intelectuais católicos, entre os quais André Mandouze, Marcel Moiroud e Jean Verlhac, compartilha as esperanças do PCF e pretende combater, a seu lado, a deriva direitista do MRP (Movimento Republicano Popular), fundado em 1944. Eles hão de tornar-se companheiros de estrada do PCF, e alguns deles, tais como Maurice Caveing, filiar-se-ão até mesmo ao partido: "O boletim deles, *Des chrétiens prennent position* — que, em pouco tempo, troca de título para *Positions* —, alinha-se no essencial ao PCF."[103]

Em 1944, o padre Pierre Chaillet, jesuíta, dá carta branca a André Mandouze para garantir a continuação de *Témoignage chrétien*; aliás, esta publicação é, em companhia de *L'Humanité* e de *Combat*, o primeiro diário vendido nas barricadas em toda a cidade de Paris em vias de se libertar. Ao sair da clandestinidade, o número inicial começa com um editorial do diretor que proclama: "*Peuple, te voilà libre!*" [Povo, eis que estás livre!]. Mandouze rodeia-se de companheiros da Resistência, responsáveis quase

---

101. Idem, 1947a, p. 430.
102. Jaspers, 1956, p. 233.
103. Pelletier; Schlegel, 2012, p. 32.

sempre pela JEC (Juventude Estudantil Cristã).[104] *Témoignage chrétien* pretende prosseguir o espírito da Resistência, e Mandouze procura dar uma imagem da instituição cristã totalmente diferente daquela que prevalece na Libertação, a saber, uma Igreja comprometida, mediante a colaboração de alguns de seus membros, com o governo de Vichy, liderado pelo marechal Pétain. O fervor de seus editoriais dá testemunho de uma mudança radical: "Pour un christianisme dans la rue" [Em favor de um cristianismo na rua], "Vive la Russie soviétique!" [Viva a Rússia Soviética!], "Le christianisme a-t-il dévirilisé l'homme?" [O cristianismo teria desvirilizado o homem?]. Em suas memórias, Mandouze escreve: "Como é que eu poderia dar a entender que, levando em conta a atitude de um grande número deles, os cristãos eram por natureza resignados?"[105]

Teólogos renomados, tais como os padres Marie-Dominique Chenu e Maurice Montuclard, ambos dominicanos, ou o jesuíta Jacques Sommet, envolvem-se em um diálogo filosófico com o marxismo, o qual se prolonga em revistas: por exemplo, *Économie et humanisme*, dirigida pelo dominicano Henri-Charles Desroches; *Esprit*, com o filósofo Jean Lacroix; além de *Cahiers de jeunesse de l'Église, Idées et forces* ou *Masses ouvrières*. Marx é considerado, pelos articulistas, como um pensador humanista próximo da esperança cristã por sua denúncia de todas as formas de alienação e por sua convocação ao despertar das consciências. Nesses anos da Libertação, o profetismo cristão procura seu caminho entre crítica da economia — a partir de uma grade de análise marxista — e retorno à pureza da mensagem evangélica, de acordo com esta observação de Frédéric Gugelot:

> O momento de utopia, de esperança quase milenarista da Libertação, permite uma "tomada da palavra" inovadora dos leigos e, apesar das ameaças vaticanas, de clérigos. Nostálgicos de um mundo no qual o religioso era percebido como se englobasse a parte profana porque o corpo social recebia o sentido último da religião, os intelectuais cristãos

---

104. Tais como Jean-Pierre Dubois-Dumée, Jean Baboulène, Françoise Chavet, Robert d'Harcourt ou Jean-Pierre Blum (sobrinho de Léon Blum).
105. MANDOUZE, 1998, p. 148.

constatam que as instituições religiosas tinham deixado de controlar o conjunto do universo simbólico.[106]

Iniciam-se diálogos entre cristãos e comunistas: no Centre Sèvres — faculdades jesuítas de Paris —, o padre Jean Daniélou participa de um debate público com Roger Garaudy. A controvérsia é muito aguardada pelos estudantes comunistas da ENS (École Normale Supérieure [Escola Normal Superior]) da rua d'Ulm, como é confirmado pelas anotações do diário de Annie Kriegel:

> Manhã bastante agitada na École. O padre se defendeu muito mal no sentido em que pretendeu atacar, no campo em que somos reis, o lado social do homem [...]. Garaudy definiu o homem comunista pelo sentido da infinitude: um comunista não coloca limites ao poder e às possibilidades humanas [...] o padre fez uma breve apresentação, mas, no momento da contradição, a cena foi monopolizada por Garaudy.[107]

Dez dias depois, no mesmo local, o confronto opõe André Mandouze ao comunista Pierre Hervé. "Grande afluência", comenta Kriegel, "uma plateia de quinhentos a seiscentos estudantes. Veio todo mundo da rua d'Ulm."[108]

Georges Montaron, outra figura do progressismo e do profetismo cristão do período do pós-guerra, vem de uma família humilde, expulsa em 1930 de sua moradia em uma das fortificações militares, em pleno bairro chique do 16º *arrondissement*, em Paris: "Fui expulso pela classe dirigente, é isso!"[109] Engajado na JOC (Juventude Operária Cristã), torna-se um dos responsáveis por esse movimento e organiza, em dezembro de 1944, um grande encontro parisiense que reúne vinte mil jovens. O MRP gostaria de se beneficiar de suas qualidades de organizador e de contratá-lo como funcionário permanente;

---

106. GUGELOT, 2012, p. 215.
107. KRIEGEL, 1991, p. 324.
108. Ibidem, p. 325.
109. Georges Montaron, citado in HAMY, 1996, p. 9.

assim, tendo assumido, durante seis meses, um posto de secretário, acaba rompendo com esse partido pelo fato de defender posições colonialistas. A pedido do padre Chaillet, que vem recrutá-lo na própria sede do MRP, junta-se à equipe de *Témoignage chrétien*.

Neste período do pós-guerra, o movimento missionário, particularmente ativo, associa leigos a alguns padres operários. A missão mais ativa encontra-se em Paris, no 13º *arrondissement*, que é então um bairro industrial, onde estão a fábrica de automóveis Panhard, a empresa aeroespacial Snecma e a refinaria de açúcar Say. Denis Pelletier e Jean-Louis Schlegel, em sua história dos cristãos de esquerda, evocam tal missão da seguinte maneira:

> A presença de padres operários (dominicanos e jesuítas), dos padres da Mission de France na paróquia Saint-Hippolyte, dos militantes de La Vie nouvelle do MPF (Movimento Popular das Famílias) ou, ainda, da UCP (União dos Cristãos Progressistas) esteve na origem de múltiplos intercâmbios e encontros nesse bairro.[110]

Montreuil, comuna do subúrbio leste de Paris, não fica de fora: com efeito, em um pequeno apartamento com sala e quarto, a personalidade do padre André Depierre[111] irradia sobre uma verdadeira comunidade de cristãos operários recém-convertidos.

Entre os protestantes, o espírito da Resistência e seu revezamento em um profetismo político permanecem também bem ativos, e o prestígio do teólogo suíço Karl Barth — o qual havia mostrado o caminho da rejeição da barbárie nazista — está em seu apogeu. Se este já havia conseguido alguns adeptos na França nos anos 1930, sua notoriedade só foi realmente conquistada a partir de 1945, especialmente entre os protestantes de esquerda, para quem ele encarna o combate contra o nazismo em nome do cristianismo. Para Barth, a dialetização do profético e da política passa pela ideia do Mal, dependendo, portanto, não só da moral individual,

---

110. PELLETIER; SCHLEGEL, op. cit., p. 125.
111. Ver ibidem, pp. 122-124.

mas também de instituições, o que convoca a uma vigilância coletiva. No pensamento barthiano, o fato de repensar a política e a economia implica, além disso, a reconstituição da convivência. Aliás, com o barthismo, o termo "paróquia" assumirá toda a sua extensão: a ideia de paróquia supõe uma concepção da convivência que significa, ao mesmo tempo, o lugar em que alguém habita e o lugar em que pratica o culto, na mesma perspectiva transformadora que engloba toda a população do território, e não somente a comunidade religiosa. No barthismo, a paróquia exprime a vontade de compromisso no mundo.

Paul Ricœur, à semelhança da maior parte dos protestantes de sua geração, está fortemente marcado por essas teses. Sua intervenção, em 1948, em nome de um "cristianismo profético" é reveladora dessa influência.[112] Ao definir o lugar do cristão na política, ele se apropria do duplo movimento de compromisso barthiano e de ruptura entre as duas ordens do mundo: "Por um lado, a fé cristã *implica* uma inserção no mundo e um projeto político; por outro, entre a fé cristã e *determinada* política, não há vínculo necessário, mas um hiato."[113] Esse compromisso pressupõe uma crítica da religião: o trabalho de decapagem, empreendido por Barth com uma veemência particular, é retomado por conta própria por Ricœur ao evocar uma vida religiosa que, muitas vezes, se refugia em idealizações celestes. Por outro lado, resistente à inocência, ele não traça uma linha de continuidade entre teologia e política: "Não há política cristã."[114]

Em 1950, Pierre Maury, introdutor de Barth na França, sucede Marc Bœgner na presidência do conselho da Igreja Reformada da França. Os estudantes da "Fedê" — termo para designar a FFACE (Federação Francesa das Associações Cristãs de Estudantes) — aderem em massa às teses do teólogo suíço: é o caso dos futuros pastores André Dumas, nascido em 1918, e Georges Casalis, nascido em 1917. Mais velho que eles, Roger Mehl, discípulo de Barth desde 1934, atribui-lhe a sua passagem da filosofia para a teologia. A Fedê e seu jornal, *Le Semeur*, identificam-se

---

112. Ricœur, 1948.
113. Ibidem, p. 82 (grifos do autor).
114. Ibidem, p. 85.

também com Karl Barth; o mesmo ocorre com Albert Finet, fundador do hebdomadário *Réforme*. O cristianismo social é a segunda corrente de pensamento a alimentar as esperanças sociais e políticas dos intelectuais protestantes, quase sempre conjugadas, no período do pós-guerra, com o barthismo. Tal movimento dotou-se de uma organização e de publicações: *Revue du christianisme social, Parole et société, Autres temps*. O historiador Patrick Cabanel explica: "A finalidade desses recursos consistia em difundir-se no ambiente operário e empreender a sua reconquista."[115] Acrescentemos que a corrente protestante, bastante minoritária na França, orgulha-se por não ter pactuado com o ocupante, nem com o petainismo; a proteção de crianças judias na comuna de Cambon-sur-Lignon — no departamento de Alto Loire —, pelos pastores André Trocmé e Édouard Theis, é significativa da resistência operacional dos protestantes, durante a guerra.

No prolongamento da Resistência, a revista *Esprit* agrupa um grande número de cristãos progressistas em torno de seu fundador, Emmanuel Mounier, o qual, após ter sido atraído por alguns temas da revolução nacional no começo da guerra, encontra-se na Libertação em situação de grande proximidade com os comunistas. Ao pretender "enxertar a esperança cristã nas zonas vivas da esperança comunista"[116], ele reforça suas convicções de filósofo personalista ao conectá-las ao marxismo, além de multiplicar as tomadas de posição pró-comunistas.

Um acordo decisivo é concluído entre a Éditions du Seuil e a revista *Esprit*. A simbiose entre as duas equipes é total: cristianismo laico, vontade indomável de preservar a independência de cada uma, abertura aos outros, desejo de exercer influência sobre a vida da sociedade e de participar nos grandes debates. No entanto, se Emmanuel Mounier vem instalar-se na rua Jacob, 27 — sede da Éditions du Seuil de 1945 a 2010 —, é após um acordo que acaba revendo para baixo suas previsões iniciais, como relata Paul Flamand: "Mounier apresentou-me, com bom humor, um plano de onze coleções sob a sigla de *Esprit*, ou seja, uma forma de arrasar com

---

115. CABANEL, 2012, p. 182.
116. MOUNIER, 1947.

um editor na força da idade. Chegamos a um acordo para a publicação de quatro."[117] Para Flamand, também está fora de questão restringir a orientação editorial de Seuil apenas ao personalismo reivindicado pela revista, embora ele compartilhe as mesmas orientações essenciais. Ao final do acordo, Mounier integra o organograma da editora (incumbindo-lhe uma parte importante da atividade editorial), enquanto Flamand e, em seguida Jean Bardet, têm assento no conselho de administração da revista.

Companheiros de estrada dos comunistas, os personalistas apresentam-se, entre 1945 e 1947, como portadores de uma revolução emancipadora. Essa esperança revolucionária apoia-se, em primeiro lugar — como sublinha o cientista político Goulven Boudic —, na certeza de viver uma "situação objetivamente revolucionária".[118] No seio de *Esprit*, pensa-se que a história tem um sentido e que convém garantir lugar em sua marcha em direção a "um futuro radioso": "O bom senso histórico, em vez de interromper o curso dos rios, dispõe-se a administrá-lo"[119], escreve Mounier. Eis o que implica a liquidação de tudo o que conduziu ao desastre, a começar pela burguesia enquanto classe dominante, além do questionamento da economia capitalista. Considerando que o reformismo é assimilado à incapacidade da democracia parlamentar, sob a Terceira República (1871--1940), os diretores de *Esprit* julgam que têm o dever de substituí-lo por um processo revolucionário. Para a nova equipe de redação do período do pós-guerra, os valores de igualdade estão acima do respeito pelas liberdades. Jean Lacroix, o filósofo do grupo, considera que a crítica marxista da democracia formal é "decisiva".[120]

Tais posições, bem próximas daquelas defendidas pelo PCF, levam *Esprit* a adotar uma atitude de apoio à União Soviética e a denunciar todas as variantes de antissovietismo: "A essa Europa ressecada, a Rússia

---

117. Paul Flamand, na época diretor da Éditions du Seuil, citado in LACOUTURE, 2010, p. 71. A revista publicará, sob a sua sigla, as coleções "La condition humaine" (estudos gerais), "La cité prochaine" (política), "Frontière ouverte" (problemas internacionais) e "La vie neuve" (pedagogia).
118. BOUDIC, 2005, p. 52.
119. MOUNIER, 1944.
120. LACROIX, 1945b.

é a única em condições de ensinar, por contágio, os caminhos do amor por trás do paradoxo de suas primeiras violências."[121] Bem rapidamente, opiniões discordantes erguem-se contra esse companheirismo. É o caso do cientista político François Goguel: no verão de 1946, ele exprime seu desacordo em relação à benevolência da revista para com o PCF; esse é também o caso do diplomata Jean Laloy, que a abandona pelo fato de julgá-la demasiado pró-soviética. Emmanuel Mounier consegue escapar dos questionamentos frontais ao pretextar a necessidade de pensar, simultaneamente, os dois polos de uma tensão — aliás, um discurso suscetível de ser reconhecido por todo o mundo, de acordo com a observação de G. Boudic: "Dessa posição mediana que se recusa a romper total e brutalmente com as tensões fundadoras, ele oferece a cada um a possibilidade de garantir um lugar na revista."[122]

O atrativo gaulliano

Tendo encarnado durante toda a guerra a figura do rebelde da França Livre, que rejeita a submissão, o general De Gaulle constitui outro polo de atração dos intelectuais na Libertação. O homem do "Apelo em Favor da Resistência" — no termo de um voluntarismo considerado insensato, à primeira vista, para um grande número de pessoas — assistiu à realização de sua profecia de 18 de junho de 1940, na rádio de Londres: a mundialização da guerra, a libertação da França e a derrota do inimigo. Mesmo que a legitimidade do poder se encontre em Vichy, ele consegue, contando com forças irrisórias e uma forte dose de heroísmo, reverter a situação e se impor às grandes potências aliadas; ao liderar o governo na cidade de Paris libertada, ele usufrui de uma popularidade por parte de todos os setores da Resistência.

Assim, De Gaulle vai suscitar o fascínio de um intelectual como André Malraux, que passou por todas as aventuras políticas, desde a sua

---

121. MOUNIER, 1945.
122. BOUDIC, op. cit., p. 67.

experiência indochinesa dos anos 1920 e de sua participação na Guerra Civil Espanhola dos anos 1930. Na condição de aviador que criou e comandou uma esquadrilha na Espanha, Malraux havia tentado transmitir a Londres uma oferta de serviço que nunca chegou a seu destinatário. Sem resposta, ele acreditou que De Gaulle o tinha descartado em razão de seus engajamentos, no passado, como simpatizante do comunismo; mais tarde, ficou sabendo que seu emissário, preso, tivera a presença de espírito de engolir a mensagem. Malraux refugiou-se, então, em sua casa de campo em Saint-Jean-Cap-Ferrat — comuna da Riviera Francesa — para dedicar-se à escrita, limitando-se a responder evasivamente às solicitações de Sartre, de Emmanuel d'Astier de la Vigerie ou de Claude Bourdet. Foi somente no começo de 1944 que tomou parte no combate contra os nazistas, tendo encontrado na Resistência quinze mil homens em armas, dispersos em um grande número de organizações; aliás, seu sonho consistia em agrupá-las em uma federação. Em 22 de julho de 1944, em uma Citroën bem desgastada, lotada com resistentes que arvoravam as insígnias da França Livre, cruza com uma coluna motorizada alemã; desencadeado o tiroteio, o carro resvala em um fosso. Malraux sai ileso dessa luta, mas é feito prisioneiro. Em 9 de agosto, uma quantia de quatro milhões de francos (cerca de setecentos mil euros, na atual cotação) é depositada para salvar o "coronel Berger".[123] Após a libertação, é encontrado na cumeada das Vosges, "nas proximidades dos píncaros que dominam a entrada para a Alsácia", escreve Jean Lacouture, que acrescenta: "Nada é mais aprazível para Malraux do que posicionar-se em um lugar elevado no momento do fogo nutrido."[124] Sua brigada, tendo atravessado o Baden-Wurtemberg, avança em passo estugado e chega a Stuttgart em março de 1945. A conclusão cabe a Olivier Todd: "Feitas as contas, a brigada não teve perdas excessivas: 63 mortos, cerca de 225 feridos e uns 60 prisioneiros."[125]

Aureolado por esses atos de bravura e por combates reais ou imaginários de seu passado, Malraux desempenha um papel essencial na reunião das

---

123. *Journal officiel*, 18 de dezembro de 1952, citado in LACOUTURE, [1976] 1996, p. 291.
124. Ibidem, pp. 297-298.
125. TODD, [2001] 2002, p. 520.

forças da Resistência não comunista promovida pelo MLN (Movimento de Libertação Nacional), na grande sala da Mutualité, em 26 de janeiro de 1945. Ele já tivera um antegosto na Espanha, nos anos 1930, de estratégias de infiltração dos stalinistas; valendo-se dessa experiência, opõe-se firmemente à fusão do MLN com a Frente Nacional, criada durante a guerra pelo PCF e que permanecia sob o controle do partido. Diante de dois mil delegados, representando um milhão de filiados, verifica-se o confronto entre as duas tendências: no clima eufórico da Libertação, os partidários da unidade têm chances de levar a melhor, mas tal presunção não contava com as qualidades de orador de Malraux, que sobe à tribuna, vocifera, os cabelos em desalinho, e proclama com uma voz tonitruante que, mesmo aceitando uma aliança, não deixará que "lhe passem a perna". Faz, então, um apelo em favor de uma nova Resistência. Contra qual adversário? Não chega a mencioná-lo, mas muitos compreendem que se trata da influência comunista. Tendo recebido o aplauso de uma grande parte dos delegados, a moção de recusa da fusão proposta por Philippe Viannay, Eugène Claudius-Petit e Jacques Baumel, além do apoio de Malraux, vence por 250 votos contra 119.

O encontro de cúpula entre De Gaulle e Malraux — "*compagnon de la Libération*" [companheiro da Libertação] e condecorado com a medalha da Resistência — ocorreu no começo de agosto de 1945. O primeiro escuta com atenção o segundo evocar a força histórica das nações, Hoche, Mirabeau, Marx, Nietzsche, as brigadas internacionais, etc., e os intelectuais a respeito de quem afirma, não sem ironia: "Na hora atual, eles não *entendem* o senhor."[126] Ele, Malraux, não só entende o General, mas o compreende. "Os dois homens" — escreve Todd — "apreciam-se reciprocamente, acalentando pensamentos e segundas intenções: sem isso, seriam eles De Gaulle e Malraux?"[127] De Gaulle, ao constituir seu governo tripartite, no mês de novembro, convida Malraux para o Ministério da Informação. Eis que o intelectual banido, sempre em revolta, o aventureiro de todas as causas, o revolucionário, o *maquisard* — membro da Resistência —,

---

126. André Malraux, citado in LACOUTURE, [1976] 1996, p. 323 (grifo do autor).
127. TODD, [2001] 2002, p. 539.

se dispõe a assumir um lugar de poder essencial, o da palavra. O ministro compartilha com o presidente a ideia de que o sopro da história deve animar a ação humana. Para secundá-lo em suas funções, Malraux nomeia Raymond Aron como chefe de gabinete e Jacques Chaban-Delmas para o posto de secretário-geral; aliás, ele concebe seu ministério como um órgão de propaganda a serviço do General. Incumbindo-lhe o dever de repor a ordem na imprensa após a fase colaboracionista com o ocupante nazista, ele pretende também controlar o instrumento moderno de difusão da informação que é o rádio: "Tornei-me ministro da Informação. Tarefa instrutiva: tratava-se, sobretudo, de impedir que cada partido puxasse a brasa para sua sardinha."[128]

Raymond Aron tinha viajado para Londres em 24 de junho de 1940. De acordo com a explicação do ensaísta e economista Nicolas Baverez, "ele estava ciente de sua vulnerabilidade devido à sua condição de judeu e de suas tomadas de posição inequívocas sobre a ameaça alemã".[129] Por conta das temporadas que passara em Colônia e, depois, em Berlim, ele havia tomado bem cedo consciência da escalada de riscos e do perigo representado por Hitler. Tendo abandonado, aos poucos, suas convicções pacifistas, inspiradas amplamente na filosofia de Alain, ele tinha escrito em um artigo de fevereiro de 1933, evocado em suas memórias, que "o problema político não é um problema moral".[130] Sem chegar a pressentir a "solução final", cuja amplitude descobriria apenas em 1945 — fato de que há de autocensurar-se mais tarde —, Aron já denunciava a lógica antissemita do hitlerismo. Antes mesmo da chegada de Hitler ao poder, ele considerava evidente que o novo regime totalitário não deixaria nenhum espaço aos judeus na sociedade alemã: "Depois de 31 de janeiro e, mais ainda, depois do incêndio do Reichstag, experimentei a sensação de uma fatalidade, de um movimento histórico, a curto prazo, irresistível."[131]

---

128. MALRAUX, 1967, p. 136.
129. BAVEREZ, 2006, p. 203.
130. ARON, 2010, p. 90. Sem outra indicação, ARON refere-se sempre a Raymond Aron. [N.T.]
131. Ibidem, p. 113.

De volta à França, Aron multiplica, em suas palestras, as advertências sobre a periculosidade do regime nazista. Tendo chegado a Londres após a derrota da campanha da França, ele se encontrava no Olympia Hall com a vontade de servir a Resistência armada. Nas vésperas de seu embarque para Dacar, mudou totalmente de destino ao ser convidado a dirigir-se ao quartel geral das Forças Francesas Livres por André Labarthe, o qual, ligado ao general De Gaulle, havia sido encarregado de preparar a edição de uma publicação mensal; assim, empenhou-se em demonstrar a Aron que sua colaboração seria mais útil nessa tarefa do que em uma expedição militar. Aron hesitou, mas acabou por deixar-se convencer.

Foi assim que surgiu a revista *La France libre*, realizada por quatro redatores permanentes, entre os quais, Aron. Criada por instigação de De Gaulle, a publicação, no entanto, não era gaullista: "O primeiro número" — escreve Aron — "decepcionou e, talvez, irritou um pouco o General, porque seu nome figurava aí apenas uma vez, dentro de um parêntesis. Essa observação foi feita por ele próprio, com um sorriso, a Labarthe."[132] Aron concordava, no essencial, com De Gaulle, mas conservava um olhar crítico, considerando que o chefe da França Livre poderia ter adotado um tom mais moderado em suas denúncias contra Vichy. Segundo Baverez, "Aron distinguia-se pela recusa de lançar o anátema sobre Vichy".[133] Dois de seus artigos de 1943 — "L'ombre des Bonaparte" [A sombra dos Bonaparte] e "Vive la République" — causaram até mesmo escândalo entre os gaullistas: nesses textos, ele colocava em paralelo bonapartismo, boulangismo e fascismo, além de sugerir a analogia entre a postura dos Bonaparte e a de De Gaulle. Tal comparação implícita causou ainda mais escândalo porque era publicada em pleno conflito de legitimidade com Henri Giraud, também general; esses artigos foram evidentemente utilizados pelos adversários de De Gaulle. Tendo-se tornado diretor de redação de *La France libre*, Aron publicou textos de escritores importantes, tanto de franceses no exílio, quanto de personalidades da Resistência

---

132. Ibidem, p. 243.
133. BAVEREZ, op. cit., p. 211.

interna.[134] A revista obteve um franco sucesso: a primeira tiragem de oito mil exemplares esgotou-se rapidamente e uma nova tiragem de urgência vendeu a totalidade de seus dez mil exemplares. Sua difusão não cessou de progredir até chegar a 76 mil assinantes no fim da guerra.

Ao sair do conflito, Aron fez a constatação amarga de que o entusiasmo, o júbilo popular e a unidade nacional, de que havia sido testemunha aos treze anos, no dia seguinte ao 11 de novembro de 1918, deixaram de estar na ordem do dia. A unidade da Resistência aparece-lhe como uma trapaça, enquanto a palavra "revolução" — evocada por todo o mundo, até mesmo por Georges Bidault ao proclamar a "revolução pela lei" — parece-lhe ser mais do que suspeita. Convencido de que os antigos partidos políticos voltarão ao trabalho à custa das organizações oriundas da Resistência e tendo sido inoculado pelo vírus da política e do comentário da atualidade, ele descarta a proposta de um posto universitário para se lançar no jornalismo em *Combat*, mas também — por ser impossível viver de ar — na revista semanal especializada na atualidade das famílias da realeza *Point de vue*; assim, distancia-se outra vez do gaullismo, precavendo-se contra qualquer espírito de desforra. Ele julga desde então, na contracorrente da época, que a construção da Europa não será possível sem uma sólida aliança com a parte ocidental da Alemanha.

Enquanto os intelectuais franceses, em sua maioria, deixavam-se seduzir pela União Soviética, Raymond Aron dirigia o olhar para uma necessária amizade com os Estados Unidos, potência capaz de contribuir para a recuperação dos países europeus: "Nesse sentido, dizia eu, a amizade norte-americana é decisiva para nós. Até mesmo na França arrasada, desencadeava-se a propaganda contra a 'invasão' americana."[135] De qualquer modo, no período do pós-guerra, a França submete-se a um processo de americanização acelerado fora de qualquer equiparação

---

134. "Os artigos foram fornecidos pelos escritores Georges Bernanos, Jules Romains, Romain Gary, Jules Roy, Albert Cohen; pelos poetas Louis Aragon, Paul Éluard e Pierre Emmanuel; pelo humorista Pierre Dac; pelo filósofo Jacques Maritain; pelos linguistas René Étiemble e Edmond Vermeil — membro da banca examinadora da tese de Aron; pelo historiador da arte Henri Focillon; pelo jurista René Cassin, e pelo economista Hervé Alphand." (BAVEREZ, op. cit., p. 220)

135. ARON, 2010, p. 275.

com as influências vindas do Leste; assim, no plano da distribuição de filmes, uma cláusula anexa do acordo Blum-Byrnes — assinado em 28 de maio de 1946, por Léon Blum e o secretário de Estado americano, James L. Byrnes — facilita a difusão de filmes hollywoodianos na França. No entanto, segundo Jean-Pierre Rioux e Jean-François Sirinelli, citando Patricia Hubert-Lacombe, "os fenômenos de aculturação não foram tão substanciais como se apregoou na época".[136] Ao tornar-se editorialista de *Combat*, em alternância com Albert Ollivier, Aron convoca a votar "não" ao primeiro projeto de Constituição submetido aos franceses pela Assembleia Constituinte, antes de sugerir um "sim" de resignação ao segundo projeto, no entanto distante da linha do discurso do General proferido em Bayeux, que denuncia a instituição de um regime parlamentar com um executivo fragilizado.

François Mauriac, escritor de predileção de De Gaulle — oriundo, como ele, de um círculo católico praticante e tradicionalista —, tinha rompido com sua família política de origem e feito a escolha pela Resistência. Sem ter escutado o apelo de 18 de junho, recorrera, em junho de 1940, ao que restou de orgulho dos franceses a fim de enfrentar a "horda dos invasores".[137] Suas primeiras reações foram, todavia, ambivalentes, à imagem daquelas manifestadas pela população francesa em geral: sensível aos primeiros discursos de Pétain, no verão de 1940, que haviam sido para ele como que o "apelo da grande nação humilhada"[138], ergueu-se com veemência contra Churchill por ocasião da destruição da frota francesa em Mers-el-Kébir. Em julho, reconsiderou sua postura e escreveu que impunha-se não se renegar, além de preservar o amor pela liberdade: "Em boa hora!" — escreve Lacouture — "Aí está de novo Mauriac. Seu desassossego psíquico-político durou apenas um mês."[139]

Convidado em agosto de 1940 pelo amigo Maurice Schumann, na Radio Londres, a juntar-se ao grupo da França Livre, Mauriac tornou-se

---

136. RIOUX; SIRINELLI, op. cit., p. 223.
137. MAURIAC, F., 1940a.
138. Idem, 1940b.
139. LACOUTURE, [1980] 1990, p. 117.

de imediato o alvo da extrema direita colaboracionista, que acusou seus romances de depravação, especialmente seu grande sucesso, *Thérèse Desqueyroux* (1927). A seu respeito, Lucien Rebatet, intelectual que tinha prestado lealdade ao nazismo, esboça este retrato:

> O homem de traje verde, o burguês rico com a cara suspeita de falso El Greco, suas condecorações de Paul Bourget maceradas no fodido ranço da água benta, essas oscilações entre a eucaristia e o bordel pederasta que formam o único drama de sua prosa, assim como de sua consciência, é um dos mais obscenos velhacos que brotaram nos estercos cristãos de nossa época.[140]

Ao tornar-se, de acordo com as próprias palavras, o alvo de zombaria dos colaboracionistas, ele não poderia deixar de escolher o campo oposto, o da Resistência: "Esse servilismo em relação aos vencedores, esse zelo para renegar tudo e, em seguida, essas medidas, em breve, racistas [...] tudo isso foi atroz."[141]

Além de ter resistido ao invasor colocando seu talento literário a serviço da Resistência, Mauriac empreende tal tarefa ao lado dos comunistas. Colaborando com *Les Lettres françaises* desde o primeiro número, no começo de 1942, ele assinou o manifesto pelo qual foi constituída, em setembro do mesmo ano, a Frente Nacional dos Escritores. Escreveu, sobretudo, sob o pseudônimo de Forez, um opúsculo publicado por Les Éditions de Minuit, em agosto de 1943, que circulou clandestinamente sob o título *Le Cahier noir* [O caderno preto]: "Elevação do tom, vibração da paixão, simples ardor da eloquência: exceto um ou dois textos de Éluard e o poema de Jean Tardieu sobre Oradour — comuna massacrada pelas Waffen-SS —, esse é um dos textos mais expressivos da Resistência francesa. *Le Cahier noir* é uma obra insubstituível, necessária, fidedigna"[142], comenta Lacouture.

---

140. REBATET, 1942, pp. 49-50.
141. François Mauriac, citado in DEBÛ-BRIDEL, 1970, p. 97.
142. LACOUTURE, [1980] 1990, p. 159.

No momento da Libertação, embora Mauriac não tivesse evocado, até então, o general De Gaulle em seus escritos, ele é imediatamente convocado por este para ficar a seu lado. Em 30 de agosto de 1944, dia da fuga dos ocupantes alemães de Vémars, o refúgio do departamento de Val-d'Oise no qual o escritor tinha passado os anos de guerra, um veículo da presidência vem buscá-lo para conduzi-lo a Paris, acompanhado pelos dois filhos. E em 1º de setembro, o novo chefe do governo convida-o, na hora do almoço, para uma conversa a sós, ao final da qual se estabelece uma relação de rara imanização. O ajudante de campo de De Gaulle, Claude Guy, descreverá assim o escritor diante do General: "Ele tinha o aspecto de alguém que se depara com Deus Nosso Senhor em carne e osso."[143] Tendo escolhido Claude Mauriac, filho de François, como secretário particular, De Gaulle convida o pai para todas as grandes celebrações da Resistência, notadamente aquela, faustosa, do Palácio de Chaillot, em 12 de setembro de 1944, transmitida por alto-falantes em todas as praças de Paris. No dia seguinte, ainda sob o fascínio dessa comemoração, François escreve este comentário: "Fico tão obnubilado ao olhar para esse homem, que se torna impossível para mim conectar meu pensamento às palavras que ele pronuncia. O que ele é vai além do que ele diz."[144]

Convidado a almoçar em Marly-le-Roi por De Gaulle pouco depois da demissão deste, apresentada em 20 de janeiro de 1946, François Mauriac fica sabendo que o General decidiu deixar suas funções de chefe do governo provisório da República porque o jogo dos partidos políticos torna o poder executivo inoperante. Na antessala, Mauriac filho capta apenas réstias da conversa, mas receberá rapidamente o relatório feito pelo pai: "Diante dele [...] a gente sente que se torna completamente idiota [...]. Ele não olha para você. A gente não existe para ele enquanto pessoa distinta. Ele julga *in abstracto* o que a gente lhe diz sem relacionar isso ao que a gente é, nem ao que a gente sabe."[145] Claude Mauriac, a serviço do General desde 27 de agosto de 1944, tem a incumbência de abrir as cartas

---

143. Claude Guy, citado in ibidem, p. 172.
144. François Mauriac, citado in ibidem, p. 175.
145. Depoimento relatado in MAURIAC, C., 1993, p. 124.

enviadas diariamente ao presidente a fim de responder à sua pergunta obsessiva, "O que é que se fala por aí?":

> Compreendi a importância que podia ter essa breve resenha da opinião pública, essa abertura diferente de que De Gaulle dispunha assim, graças a mim, por meu intermédio. Há realmente uma barreira entre ele e a França. Sou um zero à esquerda; mas leio os milhares de cartas que lhe são enviadas por desconhecidos.[146]

Em companhia de Mauriac e de Malraux, De Gaulle presta homenagem àqueles que encarnam a grandeza da literatura francesa; além das peripécias da política no dia a dia, ele vê com satisfação suas ações e a própria legitimidade respaldadas por dois dos maiores intelectuais da época.

---

146. Ibidem, p. 117.

2
O expurgo, ou a impossível via do que é justo

Ao deixar o pesadelo da guerra, os franceses estão entregues a si mesmos. Libertados do ocupante nazista, recuperam uma liberdade reconquistada com muita dificuldade. Deve-se liquidar o passado recente em nome da necessária reconciliação nacional, ou devem as forças vivas da libertação fazer justiça castigando aqueles que colaboraram com a barbárie nazista? Esse dilema coloca-se a cada cidadão, até mesmo aos intelectuais, que se põem a escrever e a debater mediante uma dessas numerosas discussões que marcam a vida das ideias, na França, pelo menos, desde o caso Dreyfus, meio século antes.

Alguns, ao tomarem consciência do próprio fracasso, escapam à justiça dos vencedores pondo fim a seus dias: tal é o caso de Pierre Drieu la Rochelle, eminente escritor e diretor de *La Nouvelle Revue française* (*NRF*), publicada pela editora Gallimard, de 1940 a 1943, tendo sido indefectível sua adesão ao fascismo durante toda a guerra: "Mato-me, o que não é proibido por nenhuma lei superior, antes pelo contrário. Minha morte é um sacrifício livremente consentido, de modo a evitar meu confronto com alguma desonra e fraqueza."[1] Tendo absorvido uma forte dose do sedativo Luminal, ainda assim foi salvo por sua governanta; ao despertar no hospital, encontra documentos — fornecidos pelo tenente Gerhard Heller, seu amigo da *PropagandastaffelI* — que lhe oferecem a possibilidade de fugir para a Espanha ou para a Suíça.[2] Negligenciando tal

---

1. Pierre Drieu la Rochelle, carta ao irmão, citada in ANDREU; GROVER, 1979, p. 545.
2. Cf. ASSOULINE, 1990, p. 25.

eventualidade, ele vai tentar até mesmo, pouco depois de ter recuperado a consciência, cortar as veias, mas é salvo desta vez por uma enfermeira.

Drieu, Céline, Brasillach

Drieu la Rochelle beneficia-se de apoios no mais alto nível da Resistência: Emmanuel d'Astier de La Vigerie, ministro do Interior do governo provisório, fornece-lhe as condições para tomar o caminho da Suíça; quanto a Emmanuel Berl, apesar de ter sido riscado da agenda de Drieu por ser judeu, pretende organizar uma rede de esconderijos na Corrèze para aquele que havia sido seu amigo. No entanto, o interessado recusa-se tanto a fugir quanto a dar explicações, correndo o risco de se retratar:

> Pretendo, sobretudo, livrar-me da trivialidade da política pela qual me deixei levar e que me ofuscaria tanto no momento americano: injúrias, grosserias de policiais ou de suas milícias, processos. Ou, então, esconder-me, ficar à mercê de fulano ou sicrano: tenho medo tanto da "indulgência" quanto da "severidade" desses tais. Todos esses agentes querem punir um agente: comédia insuportável.[3]

O autor do romance *Gilles* (1938) é bem-sucedido na terceira tentativa, em 15 de março de 1945, asfixiando-se com gás na cozinha de seu apartamento no 17º *arrondissement* de Paris. Escapa, assim, da justiça dos homens, evitando um grande número de casos de consciência a seus admiradores: no entanto, alguns deles, tais como Jean Paulhan ou Brice Parain, estarão presentes em seu sepultamento no antigo cemitério de Neuilly, ainda que tivessem escolhido claramente o campo da Resistência durante a guerra. Drieu sabia que, apesar de disfarçado sob uma falsa identidade, não teria escapado do pelotão de execução em caso de prisão: "Reconheço que sou um traidor. Reconheço meu conluio com o inimigo. Forneci informações da inteligência francesa ao inimigo. Não tenho culpa

---

3. Pierre Drieu la Rochelle, carta ao irmão, citada in ANDREU; GROVER, op. cit., p. 542.

se esse inimigo não foi inteligente", escreve ele em um "Exórdio" que será publicado postumamente.[4]

O que fazer com todos aqueles que, sem terem pegado em armas a serviço da colaboração com o ocupante nazista, colocaram à disposição deste seu talento como escritores, seja na imprensa ou em suas obras? Os escritores resistentes das duas zonas reuniram-se em 6 de setembro de 1944 para decidir a respeito de um dispositivo que visava a descartar as ovelhas negras, tendo estabelecido uma primeira lista de uma dezena de autores particularmente comprometidos.[5] Alguns dias mais tarde, o CNE (Comitê Nacional dos Escritores), arvorado em tribunal das letras, enuncia os princípios de expurgo a serem adotados e define os 44 autores proscritos[6], como é confirmado por Robert Aron:

> O Comitê Nacional dos Escritores tinha estabelecido o princípio segundo o qual seus membros comprometiam-se a rejeitar qualquer colaboração para jornais, revistas, coletâneas, coleções, etc., que publicassem um texto assinado por um escritor cuja atitude ou cujos escritos, durante a Ocupação, tivessem fornecido uma ajuda moral ou material ao opressor.[7]

Em 21 de outubro, o CNE publica a lista definitiva de 175 autores proscritos. Comitês de expurgo são implementados e procedem às detenções. Jacques Chardonne — participante da delegação de escritores franceses, no retorno de uma viagem à Alemanha — é preso em Cognac e, em seguida, colocado em residência vigiada, aguardando o processo.

---

4. Pierre Drieu la Rochelle, citado in LOTTMAN, 1981, p. 304
5. Trata-se de Robert Brasillach, Louis-Ferdinand Céline, Alphonse de Châteaubriant, Jacques Chardonne, Pierre Drieu la Rochelle, Jean Giono, Charles Maurras, Henry de Montherlant, Armand Petitjean e André Thérive.
6. A lista compreende, entre outros, René Benjamin, Jacques Benoist-Méchin, Henri Béraud, Georges Blond, Abel Bonnard, Robert Brasillach, André Castelot, Louis--Ferdinand Céline, Alphonse de Châteaubriant, Drieu la Rochelle, Alfred Fabre-Luce, Bernard Faÿ, Sacha Guitry, Abel Hermant, Maurice Martin du Gard, Charles Maurras, Henry de Montherlant e Georges Suarez.
7. ARON, R., 1975, p. 240.

Em abril de 1945, é expedido um mandado de prisão contra Louis-Ferdinand Céline, que havia acompanhado os mais extremistas até Sigmaringen e conseguiu refugiar-se na Dinamarca. Preso e encarcerado em Copenhague durante um ano, ao sair da prisão decidiu ficar no exílio. "No que me diz respeito" — escreve ele ao advogado Jacques Isorni —, "sei perfeitamente que, se tivesse ficado em Paris, teria sido assassinado de qualquer maneira."[8] Em última análise, ele não é acusado de colaboração com o inimigo, mas simplesmente de atos passíveis de prejudicar a defesa nacional. Graças a essa acusação atenuada e a um julgamento tardio por contumácia, em fevereiro de 1950, ele é condenado apenas a um ano de prisão, ao confisco da metade dos bens e à pena vitalícia de degradação nacional; aliás, a outras tantas decisões que não terão nenhum efeito. Desde 1951, Céline, anistiado, volta à França e declara com desdém a um amigo: "O primeiro que me importunar com *alusões*, lasco nele um processo e ponto final."[9]

Quanto a Robert Brasillach, escritor e diretor de *Je suis partout* até 1943, ele é encarcerado na prisão de Fresnes. Processado por crime de traição por causa de duas viagens à Alemanha para participar do Congresso Internacional dos Escritores, é julgado em janeiro de 1945. Seu caso cristaliza as paixões: "Apesar de ter sido marginal, essa colaboração contribuiu para acirrar os debates em torno do expurgo na medida em que os comprometimentos intelectuais trazem em seu bojo, por tradição, na França, uma forte carga simbólica."[10] O processo opõe o advogado de Brasillach, Jacques Isorni, ao comissário do governo Marcel Reboul, o qual indica com precisão:

> A traição de Brasillach é, antes de mais nada, uma traição de intelectual. Trata-se de uma traição de orgulho. Esse homem cansou-se da lide no

---

8. LOTTMAN, 1986, p. 411.
9. Céline, citado in ibidem (grifado por LOTTMAN).
10. ROUSSO, 1992, p. 79.

torneio aprazível das letras puras [...] e, por isso, avançou até os limites mais extremos da conivência com o inimigo.[11]

Brasillach é condenado à morte e executado em 6 de fevereiro de 1945. Essa pena capital é motivo de estupefação no mundo das letras e suscita dúvidas e divisões. Eis o comentário do escritor e ilustrador Vercors, cofundador da editora Les Éditions de Minuit: "Por si só, a execução de Brasillach provocou, entre nós, uma profunda emoção: não que ele não fosse o mais culpado, mas por pagar por todos os outros."[12]

Rebuliço na imprensa e no setor editorial

Entre os letrados em destaque, os jornalistas são os mais conhecidos da opinião pública e, portanto, também os mais odiados; o caso deles não suscita nenhuma contestação, visto que assinavam os respectivos artigos. De acordo com a observação do historiador norte-americano Peter Novick, "em Paris, os jornalistas e os propagandistas é que formaram uma grande parte da primeira leva de acusados".[13] Marcel Cachin denuncia, em *L'Humanité*, o conluio da imprensa colaboracionista com o mundo dos negócios:

> Será necessário citar exemplos? O Comitê das Siderúrgicas controlava *Le Temps*. O truste dos grãos possuía *L'Intransigeant*. O truste dos açúcares tinha *Paris-Soir*; as petroleiras, *Le Matin*, o mais venal de todos [...]. O dinheiro substituía a consciência no caso de um considerável círculo suspeito de jornalistas prostituídos. Era o regime desavergonhado da finança.[14]

---

11. Marcel Reboul, discurso de acusação contra Brasillach, citado in Assouline, 1990, p. 53.
12. Vercors, 1984, p. 66, citado in Chebel d'Appollonia, 1999, p. 612.
13. Novick [1985] 1991, p. 259.
14. Cachin, 1944.

Fora da capital, 107 diários devem desaparecer. Em matéria de imprensa, as regras do expurgo são fixadas por uma regulamentação de 30 de setembro de 1944. Em seu artigo primeiro, ela prevê a proibição de qualquer periódico

> cujo lançamento tenha a ver com as circunstâncias consecutivas à capitulação, ou tendo sido publicado em território ocupado, ou seja, por um lado, todos os periódicos criados após 25 de junho de 1940 e, por outro, todos os que foram publicados mais de quinze dias após o armistício [22 de junho de 1940] para a zona norte, e, para a zona sul, mais de quinze dias após o dia 11 de novembro de 1942, data da ocupação total do território.[15]

A regulamentação especifica que todos os jornalistas desses órgãos de imprensa perderão o direito de exercer a profissão em qualquer publicação, nas estações de rádio ou nas agências de notícias, a não ser que apresentem uma nova carteira de identidade profissional, concedida por um comitê de expurgo. Alguns são presos e julgados, tais como o polemista antissemita Henri Béraud, cronista no semanário político e literário de direita *Gringoire*, já bem conhecido antes mesmo da chegada dos alemães por ter acolhido a vitória da Frente Popular de Léon Blum com o seguinte título: "La France sous le juif" [A França sob o judeu]. Preso pelas FFI (Forças Francesas do Interior) em sua mansão particular na avenida Wagram, ele é condenado à morte em 30 de dezembro de 1944, mas escapa da execução graças a François Mauriac, o qual se ergue contra um veredicto pronunciado a respeito de um homem, certamente antissemita e anglófobo, mas que nunca teve contato com os alemães:

> Béraud não tem necessidade de protestar que é inocente do crime de inteligência com o inimigo, o que foi comprovado, com toda a evidência, pelos debates [...]. No entanto, o julgamento é o fruto envenenado

---

15. ARON, Robert, op. cit., p. 142.

desses dois anos [...] em que ele se submeteu a esse demônio frenético de que estava possuído, de polemista nato.¹⁶

Essa intervenção do membro da Academia Francesa salva a cabeça do jornalista, que obtém o indulto do general De Gaulle.

Quanto a Georges Suarez, ex-membro do PPF (Partido Popular Francês), que fora diretor de redação, a partir de fins de 1940, de *Aujourd'hui*, jornal diretamente financiado pelos alemães, ele é julgado pela centena de artigos pró-alemães atestando que havia sido, como escreve o semanário *Carrefour*, "*embauché et emboché au service du Reich*".¹⁷ Nessa função, ele manifestou-se em favor da intensificação das execuções de judeus e de comunistas, além de considerar a denúncia de qualquer atividade de resistência como um dever sagrado. Condenado à morte, ele é o primeiro jornalista da colaboração com o ocupante nazista a ser executado.

O oficial da Marinha Paul Chack, um jornalista colaboracionista que chegou a ordenar a franceses para se alistarem no Exército alemão, é também condenado à morte e executado. Outros articulistas bem conhecidos sofrem pesadas condenações: aos 31 anos, Lucien Combelle, o mais jovem diretor de um jornal, é acusado de colaboração com o inimigo; embora o comissário do governo reclame a pena de morte, ele obtém circunstâncias atenuantes e é condenado a quinze anos de trabalhos forçados. No fim de 1944, Stéphane Lauzanne, diretor de redação de *Le Matin* de 1901 a 1944, senta-se no banco dos réus: durante a Ocupação, ele assinava os editoriais do jornal, todos favoráveis à potência ocupante; graças ao advogado Robert Moureaux, que transfere a responsabilidade desses escritos para seu empregador, Maurice Bunau-Varilla, Lauzanne é condenado apenas a alguns anos de prisão na penitenciária da ilha de Ré. Já Charles Tardieu, diretor do *Grand Écho du Nord*, sofre pesada condenação.

---

16. MAURIAC, F., 1945a.
17. LONDON, [1944] 1990, p. 35. [Literalmente, "contratado e alemanizado a serviço do Reich". Na tradução de "*emboché*", perde-se o jogo de palavras formado a partir do termo pejorativo "*boche*", utilizado pelos franceses, desde a Primeira Grande Guerra, para designar os alemães. N.T.]

Em 1946, desenrola-se o processo de Jean Luchaire, homem de imprensa bem conhecido, que tinha lançado *Les Nouveaux Temps*, no fim de 1940. Por ocasião da Libertação, ele refugia-se com o primeiro grupo de colaboracionistas em Sigmaringen, tendo sido nomeado comissário para a Informação no seio do Comitê Governamental, que deveria supostamente encarnar a continuidade do regime de Vichy; além disso, ele é o responsável pelo jornal *La France*. Preso em sua fuga para a Itália, é condenado à morte e executado em 22 de fevereiro de 1946.

Alguns autores começam a considerar que todos esses cronistas e editorialistas pagam um tributo demasiado pesado, como é observado pelo polemista e jornalista Jean Galtier-Boissière:

> No expurgo, é o jornalista, esse sujeito desprezível, sarnento, que serve de bode expiatório. A gente se esquece de que, para alimentar a família, alguns tinham apenas esse recurso, limitando-se a escrever crônicas sem importância. Será que os operários da Renault são acusados por terem produzido tanques para a Wehrmacht? Não é mesmo que um tanque era muito mais útil aos *Fritz* [alemães] do que uma crônica no *Le Petit Parisien*?[18]

No entanto, se os jornalistas encontram-se assim na linha da frente, verificou-se a tendência para exagerar a severidade a seu respeito. Eles foram a grande manchete no momento de seus processos, tendo atraído a atenção para os próprios casos, tanto mais que a falta de papel e o número reduzido de páginas obrigavam a proceder a escolhas drásticas que deixavam na sombra numerosos processos referentes a outros círculos e a outras pessoas com menos notoriedade, de acordo com este comentário de Peter Novick: "Até mesmo em Paris, das 95 pessoas que foram executadas

---

18. GALTIER-BOISSIÈRE, 1945, p. 129. Fundado em 1876, o cotidiano *Le Petit Parisien* chegou a ter uma circulação de mais de dois milhões de exemplares no fim da Primeira Guerra Mundial, ou seja, a mais elevada no planeta; após ter sido um órgão de propaganda para o ocupante nazista, a publicação foi suspensa em agosto de 1944. [N.T.]

após a condenação pelo Tribunal de Justiça, havia apenas um punhado de jornalistas."[19]

Combat e a imprensa da Resistência

A eliminação da imprensa colaboracionista abre espaço para os novos jornais provenientes da Resistência, tais como *Combat, Action, Témoignage chrétien, Franc-Tireur* ou *Libération*. O jornal que encarna de maneira mais fidedigna o espírito da Resistência é, sem dúvida alguma, *Combat*, tendo deixado a clandestinidade enquanto os combates contra o ocupante prosseguiam nas ruas de Paris. Desde 19 de agosto de 1944, a equipe muda-se para as novas dependências da rua Réaumur, ao lado de *Franc-Tireur* e de *Défense de la France*: ela é animada pela dupla Pascal Pia e seu amigo Albert Camus.[20] Autodidata, Pia é um apaixonado por literatura, talentoso autor de pastiches dos maiores poetas, tendo conseguido até mesmo enganar Gaston Gallimard, que chegou a considerá-los como inéditos autênticos. Datado de 21 de agosto, o primeiro número não clandestino consta apenas de uma página, frente e verso. Foram vendidos mais de 180 mil exemplares, em algumas horas. Com o título "De la Résistance à la révolution" [Da Resistência à revolução], o editorial anuncia o advento de um novo mundo e reivindica uma democracia popular e operária, assim como a promulgação de uma nova Constituição, já nesse mês de agosto de 1944.

Camus faz vibrar o entusiasmo que emana da vitória em curso nas ruas de Paris:

> Paris queima até o último cartucho na noite de agosto. Nesse imenso cenário de pedra e de água, em redor desse rio de ondas prenhes de história, ergueram-se outra vez as barricadas da liberdade. Mais uma vez, a justiça deve ser feita com o sangue dos homens.[21]

---

19. NOVICK, op. cit., pp. 260-261.
20. Essa dupla é acompanhada por Marcel Gimont, Henri Cauquelin, Michel Hincker, Georges Altschler, Jean Bloch-Michel, Albert Ollivier, Marcel Paute e Alice Fano.
21. CAMUS, 1944a.

Em 25 de agosto de 1944, último dia de combates em Paris, o editorial de Camus torna-se o arauto da alegria coletiva sob o título "La nuit de la vérité" [A noite da verdade]:

> Enquanto as balas da liberdade ainda silvam na cidade, os canhões da Libertação transpõem as portas de Paris, no meio de aclamações e flores. Na mais bela e calorosa das noites de agosto, o céu de Paris mistura com as estrelas de sempre as balas traçantes, a fumaça das fogueiras e os foguetes multicoloridos da alegria popular.[22]

Combat atinge muito rapidamente a tiragem de trezentos mil e, em seguida, quatrocentos mil exemplares, distribuídos essencialmente na região parisiense, como é observado por Yves-Marc Ajchenbaum em sua história do jornal: "Aos poucos, os artigos são entregues no escritório de Pascal Pia. A redação está trabalhando, unida à volta de grandes ideias, de sonhos coloridos, em redor de dois homens: Pia e Camus [...]. Eles 'fazem' *Combat*."[23]

A maior parte dos editoriais é escrita por Camus, que fica extasiado diante do levante do povo de Paris: "O que é uma insurreição? É o povo armado. O que é o povo? É todo aquele que, em uma nação, amotina-se sempre para não ficar ajoelhado."[24] Totalmente envolvido em sua nova atividade de jornalista, Camus passa muito tempo na gráfica, a ler, reescrever e cortar, assumindo até o fim da cadeia suas responsabilidades enquanto diretor de redação e mantendo sólidas relações com os tipógrafos. Torna-se o defensor de uma deontologia profissional estrita, a fim de preservar a independência do jornal, recusando qualquer submissão à rentabilidade, à facilidade ou ao dinheiro: "Ele fazia menção" — escreve o jornalista norte-americano Herbert R. Lottman — "à expectativa dos jornalistas

---

22. Idem, 1944b.
23. AJCHENBAUM, 1994, p. 115.
24. CAMUS, 1944d.

clandestinos, segundo a qual a Resistência estaria em condições de dotar a França do período do pós-guerra com uma imprensa honesta."²⁵

Le Monde e Le Figaro

Entre os outros órgãos de imprensa, *Le Temps* havia obtido, antes da guerra, um prestígio excepcional, mas tinha contemporizado com o ocupante ao manter sua publicação até 29 de novembro de 1942. Para Gaston Palewski, diretor de gabinete do general De Gaulle, estava fora de questão conservar sua fórmula, ligada demais ao mundo dos negócios, especialmente os donos de siderúrgicas. Para o chefe do governo, impunha-se trocar o título e proceder a um remanejamento da equipe. De Gaulle dirige-se, então, ao ministro da Informação nestes termos: "Teitgen, trate de reformar *Le Temps*! Terá de escolher um diretor cujo passado de resistente e cuja competência de jornalista não possam ser alvo de nenhuma dúvida [...]. Como adjuntos, forneça-lhe um protestante liberal e um gaullista!"²⁶

O ex-diretor dessa publicação, Jacques Chastenet, abandona então a semiclandestinidade e protesta contra a decisão que visa seu jornal, tanto mais que este não se depreciou, nem colaborou com o ocupante. No entanto, prevalece o desejo de renovação de tal modo que, segundo as aspirações do General, o diário irá chamar-se, daí em diante, *Le Monde*, dirigido por uma troica composta pelo gaullista Christian Funck-Brentano, pelo protestante liberal e economista René Courtin e pelo jornalista profissional Hubert Beuve-Méry, o qual é realmente o diretor do novo cotidiano, que continua sendo vespertino e sediado, como seu predecessor, na rua des Italiens. Bem decidido a cumprir o anseio de Camus relativamente a uma imprensa ascética, rompendo com as potências financeiras, Beuve-Méry pretende realizar um jornal deliberadamente parcimonioso e voltado de maneira exclusiva para um processamento

---

25. Lottman, 2013, p. 541.
26. Charles de Gaulle, citado in Greilsamer, 2010, p. 262.

honesto da informação. A primeira edição do jornal exibe tal objetivo: "Nasce um novo jornal: *Le Monde*. A primeira ambição deste diário vespertino consiste em garantir que o leitor disponha de informações claras, verdadeiras e, na medida do possível, rápidas e completas."[27] A intenção do jornalista cristão — que chegou a exercer funções pedagógicas na escola dos quadros de Uriage — consiste em promover um jornal de referência para a elite intelectual. Devido à falta de papel, a primeira tiragem é limitada, de acordo com a lei, a 147 mil exemplares.

À direita, *Le Figaro* beneficia-se de um tratamento indulgente: apesar de seu apoio indefectível ao governo de Vichy enquanto foi publicado em zona não ocupada pelas tropas nazistas, o jornal consegue voltar a ser publicado, sem investigação, desde a Libertação de Paris com um formato semelhante ao de antes da guerra. O integrante da Academia Francesa Robert Aron, cujo parentesco com Raymond Aron é bem distante, apresenta a seguinte explicação:

> Essas medidas excepcionais têm a ver com a atitude do diretor, Pierre Brisson: no outono de 1943 [...], por intermédio de Louis Aragon, e em razão de suas relações de amizade com Louis Martin-Chauffier, ele tinha sido admitido a fazer parte, na clandestinidade, do Comitê Nacional dos Jornalistas.[28]

As editoras pisando em brasas

O expurgo atinge também algumas editoras que haviam contemporizado com o ocupante nazista: é o caso, notadamente, de Denoël e de Mercure de France. Esta última era dirigida por um partidário declarado do regime nazista, Jacques Bernard, que tinha colocado à venda livros de propaganda alemã; em uma correspondência de março de 1941, ele chegou a indicar com precisão que, nesse plano, tinha superado os pedidos dos ocupantes.

---

27. "À nos lecteurs", *Le Monde*, 19 de dezembro de 1944.
28. ARON, Robert, op. cit., p. 175.

Acaba condenado a cinco anos de trabalhos forçados, comutados em cinco anos de reclusão.

Quanto a Robert Denoël, ele tinha recebido um empréstimo de um editor alemão, Andermann; assim, entre os 113 títulos publicados pela editora de 1940 a 1944, "onze foram confiscados, após a Libertação, pelo Ministério da Informação, em razão de suas tendências favoráveis à Alemanha"[29]. Durante a guerra, o editor de Céline havia tornado o livro de Lucien Rebatet *Les Décombres* [Os escombros] no best-seller da Ocupação, cuja vendagem ultrapassou cem mil exemplares, além de ter lançado a coleção de livros antissemitas *Les Juifs en France* [Os judeus na França]. Aliás, ele atuava nos dois campos, visto que publicou também Elsa Triolet e Jean Genet. Suspenso de suas atividades na Libertação, Denoël compareceu ao tribunal em julho de 1945: a acusação de colaboração com o inimigo não foi comprovada, e sua inocência foi reconhecida graças a uma brilhante advogada, sua amante Jeanne Loviton, que usufruía de grande influência e despendeu enormes esforços para defender a causa. De qualquer modo, Denoël não resistiu às balas de um misterioso justiceiro, em plena rua, em 2 de dezembro de 1945.

Bernard Grasset, outro ícone da edição, optou claramente por uma política editorial de colaboração e não sai ileso desse período conturbado. Em suas cartas, em 1940, ele afirma compartilhar, na essência, a doutrina do ocupante, o antissemitismo e o antimaçonismo. Erigido em interlocutor legítimo dos nazistas para representar toda a edição francesa durante o período da Ocupação, ele participou da redação da lista de proscrição, a famosa lista "Otto" de obras francesas retiradas dos catálogos de venda por desagradarem aos nazistas. Detido em setembro de 1944 e conduzido a Drancy, é condenado em 20 de maio de 1948 à pena vitalícia de degradação nacional e à confiscação de seus bens; no entanto, a partir de 1949, mediante o indulto concedido pelo presidente da República, Vincent Auriol, Grasset recupera seus direitos e retoma a direção de sua editora. Essa curta suspensão de suas atividades aparece, com evidência, como uma punição particularmente benigna para aquele que havia sido

---

29. Ibidem, p. 188.

qualificado como o "*führer* da editoração", dando um evidente testemunho da consideração pela qualidade literária de seu catálogo. É possível ver também nesse gesto o sinal de que os editores, que haviam permanecido na sombra, são menos atingidos pelo rigor do expurgo do que os escritores e os jornalistas.

O caso mais ambivalente a este respeito é o de Gaston Gallimard. A editora não deixou de empreender, durante todo o período da guerra, dois projetos antagônicos: por um lado, com Paulhan, o qual participa da criação de *Les Lettres françaises* clandestinas, ele publica Gide e Malraux; e, por outro, Drieu de la Rochelle, diretor de uma revista abertamente colaboracionista, *La Nouvelle Revue française*. Gaston Gallimard não se sente realmente exposto porque, ao contrário dos outros, evitou publicar obras de propaganda alemã. A investigação conduzida sobre sua prestigiosa editora resulta em vantagem graças ao apoio ativo de numerosos autores da casa "que atestam sua boa conduta durante a guerra, seus serviços implicitamente prestados à Resistência, além de sua coragem sob a ameaça do ocupante".[30] Camus fornece ao comitê de expurgo a informação de que seu escritório na editora Gallimard serviu de lugar de encontro para os membros da Resistência, e que Gaston, além de estar ciente, lhe garantiu sempre cobertura para essa atividade.

Diretor de coleção na editora, mas sobretudo ministro da Informação, André Malraux apoia Gallimard por ter conseguido salvaguardar seu precioso acervo. Sartre, por sua vez, afirma que o editor compartilhava suas convicções hostis à Ocupação e que, por conseguinte, "qualquer censura que tivesse como alvo a editora Gallimard atingiria, por isso mesmo, Aragon, Paulhan, Camus, Valéry, eu próprio, etc., em suma, todos os escritores que, além de terem feito parte da Resistência intelectual, haviam sido publicados por ele".[31] Jean Paulhan — que se exprime em nome dos outros editores da casa, tais como Bernard Groethuysen e Raymond Queneau — assegura que havia uma total impermeabilidade entre a editora Gallimard e *La Nouvelle Revue française*. Quanto a Joë

---

30. Assouline, [1984] 2006, p. 516.
31. Jean-Paul Sartre, citado in Lottman, 1986, p. 403.

Bousquet, que havia acolhido a família e o pessoal da editora Gallimard, entre junho e outubro de 1940, ele foi também categórico: "Defendo com toda a certeza e fora de qualquer discussão que Gaston Gallimard prestou serviços relevantes à Resistência ao aceitar um papel muito ingrato que, devido à pressão constante exercida por nós, ele teve de desempenhar até o fim."[32] O caso foi arquivado em junho de 1948.

A força dos intransigentes

O expurgo foi empreendido essencialmente pelo CNE, o qual usufrui da legitimidade do CNR (Conselho Nacional da Resistência) no mundo das letras e impõe-se, portanto, sem contestação possível como a encarnação da moral na prática. Em seu seio, o PCF é totalmente hegemônico, beneficiando-se da aura de sua eficácia na Resistência interior, a dos FTP e do efeito "Stalingrado", esse heroísmo manifestado pelo povo soviético, que conseguiu levar o Exército nazista a bater em retirada, tornando, ao mesmo tempo, no pós-guerra, a nação soviética na potência que forneceu a maior contribuição para a derrocada de Hitler. Na França, é também o momento em que o PCF obtém mais de 25% dos votos válidos para seus candidatos. Com a revista *Les Lettres françaises*, o "partido dos 75 mil fuzilados" — como ele próprio se apresenta, não sem exagero, na época da Libertação — dispõe de uma publicação de prestígio que, de maneira bem abrangente, reúne os intelectuais em torno de seu escritor ídolo, Louis Aragon, defensor da pátria e da literatura nacional.

O clima político do imediato pós-guerra é caracterizado por uma total deslegitimação dos movimentos políticos de direita; com efeito, a maioria de seus representantes acomodou-se à presença do ocupante e envolveu-se, por razões ideológicas ou oportunistas, na colaboração com os nazistas. O manifesto dos escritores franceses — publicado no semanário cultural do PCF, em 9 de setembro de 1944, e assinado por

---

32. Joë Bousquet, citado in ASSOULINE, [1984] 2006, p. 519.

mais de sessenta intelectuais — pede "o justo castigo dos impostores e dos traidores".[33] Nesse número de *Les Lettres françaises*, é possível ler, além do editorial de Claude Morgan, artigos de François Mauriac, afirmando que "A nação francesa tem uma alma"; de Jean-Paul Sartre, sobre "A República do silêncio"; e de Jean Paulhan, que escreve um "Elogio de Jacques Decour". Louis Aragon é prestigiado por seu importante papel na Resistência, além de beneficiar-se da influência exercida pelo aparelho comunista em seu favor.

Em 30 de setembro de 1944, Aragon, que participa pela primeira vez de uma reunião do CNE, ameaça pedir demissão se não ficar claramente estabelecido que um escritor que tenha manifestado seu apoio a Pétain deverá figurar na lista negra dos proscritos. No momento da Libertação, ele publica em *L'Humanité*, sob o título "Parlons français", um pequeno artigo quase diário em que ataca os "indulgentes" e convoca um esforço pelo saneamento: terá sido ele, por isso, o mais importante saneador da Libertação? Sua atitude não deixa de revelar certa complexidade. Se, com efeito, ele compartilha totalmente as posições intransigentes do partido, não deixa de apelar, a partir de 1943, para o discernimento:

> A confusão serve aos traidores. Há algum tempo, na imprensa da Resistência, multiplicam-se as listas de escritores e jornalistas designados ao desagravo nacional. Infelizmente, elas colocam com demasiada frequência, no mesmo plano, traidores indiscutíveis e indivíduos cuja única culpa consiste em sua inconsciência; elas contêm inclusive erros difíceis de retificar sem perigo para as pessoas citadas.[34]

Aragon, que não participará da confecção da lista negra, há de empenhar-se pela existência de duas listas, em que uma delas limitar-se-á a mencionar os colaboracionistas devidamente comprovados; no entanto,

---

33. Entre os signatários, encontram-se os nomes prestigiosos de Louis Aragon, Julien Benda, Albert Camus, Jean Cassou, Georges Duhamel, Paul Éluard, Jean Guéhenno, Michel Leiris, André Malraux, Roger Martin du Gard, François Mauriac, Jean Paulhan, Raymond Queneau, Jean-Paul Sartre e Paul Valéry.
34. ARAGON, [1943] 2013, pp. 289-290.

em determinados casos que serão submetidos à sua apreciação, ele demonstrará mais clemência que suas petições de princípio deixam pensar.

A influência do PCF é, porém, decisiva na prática do expurgo. Embora o presidente do CNE, Jacques Debû-Bridel, não seja comunista, o poder encontra-se efetivamente nas mãos de seu secretário-geral, o comunista Claude Morgan, diretor de *Les Lettres françaises*. Na época da Libertação, o CNE é uma autoridade de prestígio que agrega tanto Aragon e Éluard, quanto Sartre, Camus, Mauriac ou Queneau. Usufruindo da aura da URSS e de sua importante participação, embora tardia, na Resistência interior, o PCF pretende encarnar, por si só, a voz dos intelectuais e não poupa elogios aos companheiros de estrada. O dossiê do expurgo é tanto mais essencial para afirmar sua intransigência pelo fato de saber que a partilha do mundo, em 1945, entre os dois Grandes não lhe deixa nenhuma esperança de ocupar um dia o poder na França; por isso, Georges Cogniot pode afirmar, no X Congresso do PCF, em junho de 1945, a adesão total do partido à tradição intelectual francesa e garantir que ele não defenderá nenhuma estética particular. Claude Morgan exige, portanto, o maior rigor para punir os culpados de traição: "Os intelectuais mais coniventes com o ocupante exibem-se com toda liberdade, enquanto milhões de patriotas continuam sofrendo [...]. Sem o expurgo, ou seja, sem a justiça aguardada e exigida pela França inteira, nada é, nem seria, possível."[35]

Cada tergiversação, cada atraso na condução do processo são denunciados com veemência pelos comunistas, que reclamam punições exemplares. Ao desenrolar-se, em janeiro de 1945, o processo daquele que terá sido o símbolo da direita antirrepublicana, o diretor de *L'Action française*, Charles Maurras — grande inspirador da política de revolução nacional de Vichy e considerado pelo júri do tribunal como alguém em estreita colaboração com o inimigo —, Claude Morgan escreve: "A influência exercida ainda por um Maurras e por um Brasillach, apesar de seus crimes, sobre uma reduzida parcela de nossa juventude, não irá desaparecer sem a morte deles."[36] Ainda que declarado culpado, Charles Maurras escapa da pena

---

35. MORGAN, 1994.
36. Idem, 1945a.

capital. Condenado à prisão perpétua e à pena de degradação nacional, ele exclama ao anúncio da sentença: "Essa é a desforra de Dreyfus!"

No decorrer de 1945, e notadamente após a capitulação do Terceiro Reich, em maio, os julgamentos tornam-se menos severos e as condenações, menos pesadas. O PCF fica vigilante, então, para manter intacto o espírito da resistência e da intransigência:

> Cada assassino agraciado é um golpe em pleno peito do inocente [...] um passo a mais e será possível abrir a porta a Montherlant e a Giono. Ainda outro passo e Georges Suarez irá converter-se em mártir. Contra esta conjuração, já é hora para as pessoas honestas se agruparem, recobrarem coragem e audácia, rejeitando o espírito da trégua para retomarem o do combate.[37]

O poeta Paul Éluard não deixa de reclamar a pena capital para os colaboracionistas e de erguer-se contra o clima de perdão que, em seu entender, é deletério:

> Aqueles que se esqueceram do mal em nome do bem
> Aqueles que não têm coração nos pregam o perdão. [...]
> Não há pedra mais preciosa
> Que o desejo de vingar o inocente.[38]

O CNE, com a ampliação progressiva de suas atribuições, já não se limita a descartar os escritores indesejáveis. Sempre sob a autoridade do PCF, chega a vez de Aragon, em 1946: ao tornar-se o secretário-geral do CNE, ele redefine suas finalidades a fim de se converter no agente cultural da França e garantir a sua influência internacional. Estamos, então, em plena fase de Maurice Thorez, o qual tenta aplicar uma linha comunista-nacional.[39] No campo dos intransigentes, a revista *Esprit* não fica atrás para

---

37. Idem, 1945b.
38. ÉLUARD, [1945] 1981, pp. 297-298.
39. KRIEGEL, 1991.

exigir que a justiça proceda ao saneamento necessário. Roger Secrétain considera que a política de expurgo é um fracasso flagrante devido a seu despreparo, a advogados desacreditados e a magistrados demasiado laxistas.

A revista cristã apoia-se em Charles Péguy para afirmar que se cometeu um erro ao considerar o expurgo como um debate sobre a caridade quando, afinal, ele tem a ver com um ato político e revolucionário:

> Os regimes que não começam por chamar à ordem os inimigos do interior, ou seja, mostrando a dedo alguns miseráveis intelectuais e políticos, acabam sempre massacrando o povo; os regimes que não começam por massacrar os maus pastores acabam sempre massacrando o próprio rebanho.[40]

Por ocasião do processo de Brasillach, Jean Lacroix especifica o ponto de vista da *Esprit*, a meio caminho entre Mauriac e Camus: assumindo a tensão entre caridade cristã e justiça política, ele redefine o que poderia ser uma caridade não insípida — "É o progresso da justiça, é a obrigação de aperfeiçoar incessantemente a nossa justiça"[41] — e reivindica um expurgo firme como expressão de uma justiça política indispensável. Jean-Marie Domenach [um dos representantes da corrente personalista], que acompanha o processo do superintendente regional, Alexandre Angeli, em Lyon, em janeiro de 1945, aprova sem escrúpulos a sua condenação à morte: "Certamente, Angeli não maculou as mãos com sangue francês, o que ocorreu também com Laval; no entanto, sob as ordens de Angeli, ou seja, sob as ordens de Pierre Laval, foram deportados dezenas de milhares de trabalhadores, além de todas as mortes perpetradas nas prisões e nas esquinas das ruas."[42] Pouco tempo depois, Domenach irá deplorar

---

40. Charles Péguy, citado in *Esprit*, junho de 1945.
41. LACROIX, 1945a.
42. DOMENACH, 1945.

o fracasso dessa política de expurgo: "Era como se todo o mundo tivesse medo da própria amplitude do crime."[43]

Em abril de 1947, valendo-se de uma autoridade que reina sobre o conjunto dos escritores franceses, o CNE instala-se em uma luxuosa mansão particular no número 2 da rua Élysée, 8º *arrondissement* de Paris. Nesse local, batizado com o qualificativo de "Maison de la Pensée" [Casa do pensamento], Aragon e Elsa Triolet são os oficiantes, organizando encontros: "O CNE — convém que isso seja dito — tornou-se um pouco coisa sua, e coisa de Elsa Triolet, a quem é entregue por Aragon, desde 1948, o secretariado-geral."[44]

O distanciamento progressivo da guerra não favorece, de modo algum, as posições intransigentes. O imperativo de reconciliação nacional engendra uma nova situação que leva a relativizar as fraturas do passado para se voltar em direção ao futuro. Condenados à morte recebem indulto: Henri Béraud, cuja pena é comutada em vinte anos de trabalhos forçados e, depois, em dez anos de reclusão, adquire finalmente a liberdade, em 1950, por motivos de saúde; Lucien Combelle, que havia escapado por pouco da pena de morte e tinha sido condenado a quinze anos de trabalhos forçados, encontra-se em liberdade a partir de 1951; Alphonse de Châteaubriant e Abel Bonnard têm a possibilidade de se exilar, ao passo que a sentença de pena capital proferida contra alguns responsáveis da imprensa — tais como André Algarron (*Le Petit Parisien*), Martin de Briey (*L'Écho de Nancy*), Pierre Brummel (*Le Petit Ardennais*), André Delion de Launois (*La Gerbe*) — acaba sendo comutada.[45]

Os intransigentes podem julgar-se insatisfeitos em relação às exigências do manifesto dos escritores franceses, publicado por *Les Lettres françaises* em 9 de setembro de 1944, cuja conclusão exibe alguma semelhança com o juramento do *jeu de paume*: "Permaneceremos unidos na vitória e na liberdade, como fizemos na dor e na opressão. Permaneceremos unidos para o ressurgimento da França e para a justa punição

---

43. Idem, 1947, p. 191.
44. FOREST, op. cit., p. 551.
45. Informações reproduzidas de ASSOULINE, 1990, p. 126.

dos impostores e dos traidores."[46] É verdade, porém, que a França estava, então, em guerra, a qual prolongar-se-ia até maio de 1945. Entre os intelectuais que iriam dissociar-se dessa exigência justiceira, François Mauriac e Jean Paulhan tinham participado, no domicílio do primeiro, da elaboração da lista negra. No primeiro número não clandestino de *Les Lettres françaises*, Mauriac ataca energicamente os agentes da colaboração: "Aos que cometeram tal delito, a República deverá impor, no mínimo, a aposentadoria e o silêncio."[47] Segundo Lottman, ele avisou ademais "os confrades da Academia Francesa que, se não expulsassem Charles Maurras depois de sua condenação por crimes de colaboração, ele mesmo deixaria de frequentá-la".[48]

No entanto, a venerável instituição atravessa a provação sem grandes danos: considerando-se fora do tempo, tendo chegado à eternidade, e um tanto em levitação, ela defende seus membros mais coniventes com o ocupante. O próprio general De Gaulle apresenta-se como protetor da Academia junto de seu secretário perpétuo, Georges Duhamel, oferecendo-lhe a oportunidade da renovação necessária: se é reconhecida a permanência de Philippe Pétain e de outros como membros, ele sugere que, excepcionalmente, seja atribuída uma cadeira a certo número de personalidades patrióticas. Uma lista — elaborada por Gaston Palewski e publicada por Claude Mauriac em seu *Journal* em 28 de outubro de 1945 — incluía André Gide, Paul Claudel, Jacques Maritain, Georges Bernanos, André Malraux, Paul Éluard, Roger Martin du Gard, Jules Romains, Louis Aragon, Jean Schlumberger, Wladimir d'Ormesson, Léon-Paul Fargue, Tristan Bernard e Julien Benda.[49] De Gaulle constata rapidamente que sua proposta está longe de suscitar o entusiasmo dos acadêmicos, que se contentam em descartar a presença de dois colegas, Abel Bonnard e Abel Hermant, colaboracionistas notórios. "Ao ver estes Abeis" — escreve Paulhan em um poema humorístico que circulava

---

46. *Les Lettres françaises*, 9 de setembro de 1944.
47. MAURIAC, F., 1944.
48. LOTTMAN, 1981, p. 301.
49. MAURIAC, C., [1978, 1988], p. 212, citado in CHEBEL D'APPOLLONIA, 1999, p. 640.

clandestinamente durante a Ocupação —, a gente questiona-se para saber [...] o que fazem os Cains."⁵⁰

Se a pena de degradação nacional aplicada a Pétain e a Maurras favorece o banimento de ambos, a fração vichysta no seio da Academia Francesa permanece bastante poderosa[51] para declarar a respectiva cadeira simplesmente como vaga, sem votar sua expulsão. Entre 1944 e 1946, dezenove novos imortais são eleitos ou cooptados, entre os quais algumas personalidades mais apresentáveis, como o político Édouard Herriot, o sociólogo André Siegfried, ou o advogado Maurice Garçon. Após um período durante o qual a instituição se esforça para permanecer discreta, a "direita acadêmica" — agrupada em torno de Pierre Benoit, diretor da *Revue des deux mondes*, ergue a cabeça e consegue eleger, em 29 de janeiro de 1953, o duque Antoine de Lévis-Mirepoix para a cadeira de Maurras, assim como o ex-secretário deste último e ex-diretor de redação de *Je suis partout*, Pierre Gaxotte.

Outros fiéis do marechal Pétain serão recebidos na Academia, até que Paul Morand, em 1958, considera que chegou a hora de tornar-se imortal. Mas, desta vez, é demais: onze acadêmicos manifestam desaprovação, que se torna rapidamente pública.[52] Entre eles, François Mauriac indigna-se com essa candidatura em *Le Figaro*: "Tratava-se realmente de literatura! Um verdadeiro clã antirresistente estava mobilizado e nem sequer procurava a mínima dissimulação."[53] A oposição acabou vencendo, por um voto, graças ao apoio do general De Gaulle, e Morand ingressará na Academia Francesa apenas em 1968, após a eleição de dois notórios partidários de Vichy, Henri Massis, em 1960, e Thierry Maulnier, em 1963.

A Académie Goncourt, por sua vez, sabe perfeitamente em que sentido sopra o vento no momento da Libertação. Ao conceder seu prêmio de 1944 a Elsa Triolet por *Le premier accroc coûte deux cents*

---

50. Ibidem, p. 308.
51. Cf. LOTTMAN, 1986, p. 421.
52. Trata-se de Georges Duhamel, François Mauriac, Jules Romains, André Chamson, Fernand Gregh, Robert Kemp, André Siegfried, Louis Pasteur Vallery-Radot, Maurice Garçon, Robert d'Harcourt e Wladimir d'Ormesson.
53. MAURIAC, F., 1958b.

francs — coletânea de contos dos quais dois tinham sido publicados na clandestinidade —, concretiza um duplo objetivo: conferir o prêmio a uma resistente comunista e, pela primeira vez em sua história, a uma mulher. Sinal dos novos tempos, as mulheres obtêm enfim, no mesmo momento, o direito de voto nas eleições nacionais. Essa Académie coopta ademais novos jurados irrepreensíveis: Francis Carco e Roland Dorgelès, ambos membros do CNE; Alexandre Arnoux, Armand Salacrou e Philippe Hériat, cuja personalidade atesta uma clara vontade de mudança. No entanto, o júri Goncourt não consegue expurgar-se. "Segundo os estatutos da associação" — indica a socióloga Gisèle Sapiro —, "a expulsão só pode ser pronunciada por uma maioria de oito membros, e quatro dos nove membros que a compõem, na época, encontram-se em situação crítica."[54]

Em escala internacional, espalham-se as alegações mais alarmistas a respeito da amplitude do acerto de contas na França: nos Estados Unidos, *The American Mercury* apresenta o número de cinquenta mil pessoas liquidadas pelos comunistas apenas na região sudeste. Nos anos 1950, o historiador do expurgo, Robert Aron, fornecerá o número bastante elevado de trinta mil a quarenta mil execuções sumárias em escala nacional. As pesquisas empreendidas, desde então, indicam cifras mais reduzidas: nove mil execuções sumárias, às quais são acrescentadas 767 execuções após veredicto dos tribunais de justiça. De acordo com a observação do especialista da história contemporânea da França Jean-Pierre Rioux, o expurgo atingiu um maior número de pessoas com poucos recursos, camponeses, em zonas em que se tornou difícil conservar o anonimato, e bodes expiatórios, poupando os citadinos e os círculos mais afortunados com condições de pagar pelo serviço de um advogado.

---

54. A saber, Sacha Guitry, René Benjamin, Jean Ajalbert e Jean de La Varende (SAPIRO, 1999, pp. 629-630).

A progressão dos indulgentes

No período imediato do pós-guerra, todos os intransigentes são comunistas. O essencial da corrente progressista da Resistência — seja ela de inspiração cristã, com *Esprit*, ou laica, com *Combat* — tem a convicção da necessidade de um expurgo severo, o que Albert Camus exprime sem rodeios nas colunas de *Combat*. Apesar de sua aversão à pena capital, em seus editoriais ele convoca ao combate frontal contra todas as formas de colaboração; diretor de redação do diário dirigido por Pascal Pia, ele encarna o advento de uma nova moral. *Combat* pretende tornar-se exemplar, rejeitando a demagogia da imprensa sensacionalista e mantendo-se distante dos círculos financeiros para preservar sua independência. Esses princípios espartanos hão de orientar as primeiras batalhas do jornal, que visam os coniventes com o ocupante nazista: "Quem ousaria falar de perdão?"[55] — escreve Camus em 30 de agosto de 1944. Procurando expurgar não em quantidade, mas de maneira seletiva, ele exige que seja aplicada a Pétain, responsável pela pena capital de tantas pessoas, "a justiça mais impiedosa e inequívoca possível".[56]

François Mauriac, que havia participado, entre 1942 e 1944, das reuniões do CNE e colaborava com a revista *Les Lettres françaises*, exibe diante do diretor de *Le Figaro* um artigo de Camus, exclamando: "Eis o meu parceiro!" Daí resultará uma longa e brilhante controvérsia entre os dois pensadores. Mauriac deixa esse período sombrio aureolado por sua resistência feroz ao ocupante atestada pela publicação, durante a guerra, do *Cahier noir* [Caderno negro], por Les Éditions de Minuit; com toda a certeza, ele não representa um número tão grande de divisões de combate, como é o caso do PCF, mas usufrui de prestígio em todos os círculos políticos e, para o general De Gaulle, encarna a honra da literatura francesa. Segundo Mauriac, a causa da Resistência carrega, por si só, a justiça, como é indicado pela última frase de *Cahier noir*: "Aprender como um povo

---

55. CAMUS, 1944c.
56. Idem, 1944f.

livre pode converter-se em um povo forte — e um povo forte continuar sendo um povo justo."[57]

A partir de outubro de 1944, na disputa travada entre Mauriac e Camus, o primeiro deplora os excessos do expurgo, opondo-lhe a caridade. Em 19 de outubro, ele pronuncia-se, na esteira de De Gaulle, em favor da reconciliação nacional e do perdão dos colaboracionistas. Camus responde que a justiça, diante dos traidores, deve "fazer calar a misericórdia". Quando Mauriac defende a indulgência no caso de Béraud, Camus manifesta sua indignação: "Um país que fracassa em seu expurgo prepara-se para fracassar em sua renovação. As nações têm a cara de sua justiça; quanto à nossa, ela deveria ter outra coisa a mostrar ao mundo além dessa face confusa."[58] Considerando que não paira a mínima suspeita de que ambos tenham sido tanto militantes da Resistência quanto obstinadamente moralistas, tais divergências teriam a ver com as respectivas convicções religiosas? É o que o ateu Camus deixa entender:

> Um cristão poderá pensar que a justiça humana é sempre complementada pela justiça divina e que, por conseguinte, a indulgência é preferível. O senhor Mauriac, porém, deveria levar em consideração o conflito em que se encontram os homens que ignoram a sentença divina sem deixarem, no entanto, de ter a paixão pelo ser humano e a esperança de sua grandeza. Eles têm de se calar para sempre ou de se converter à justiça dos homens [...]. Quanto a nós, optamos por assumir a justiça humana com suas terríveis imperfeições, preocupados apenas em corrigi-la por uma honestidade mantida desesperadamente.[59]

Esse tom respeitoso e comedido tende a tornar-se tenso quando, no começo de 1945, Mauriac estigmatiza em *Le Figaro* "nosso jovem mestre" pelo fato de ter atacado um escritor colaboracionista "de muito alto, do

---

57. MAURIAC, F. [1943] 1947.
58. CAMUS, 1945a.
59. Idem, 1944e.

alto, imagino, de sua obra futura".⁶⁰ Camus, bastante ressentido, não suporta esse ataque *ad hominem* e responde que Mauriac não foi "nem justo, nem caritativo",⁶¹ relançando o confronto com rispidez: "Na condição de homem, eu talvez admirasse o senhor Mauriac por saber apreciar os traidores, mas como cidadão eu teria de deplorá-lo porque esse apreço há de levar-nos justamente a uma nação de traidores e de medíocres, assim como a uma sociedade que não mais desejamos."⁶²

Nessa luta pela ascendência intelectual, cada um dispõe de trunfos: em relação a Camus, a juventude e *Combat*, cuja tiragem eleva-se acima de 180 mil exemplares, bem como o sucesso do existencialismo, do qual é considerado um dos pensadores; em relação a Mauriac, uma obra já consagrada e a aura que lhe confere a bênção do general De Gaulle, que o converteu no escritor quase oficial da França libertada, bem como os editoriais que ele assina em *Le Figaro*, mesmo que este cotidiano não usufrua, em 1945, da influência de seu concorrente. Mauriac, porém, é ainda membro das instâncias dirigentes da Frente Nacional, uma organização criada e animada pelo PCF, e não quer romper com seus companheiros de armas comunistas. Seu fascínio por De Gaulle, no entanto, fragiliza tal companheirismo, ao passo que sua fé cristã o equipara a certo número de dirigentes do MRP; suas tomadas de posição, conciliadoras sobre o dossiê do expurgo, acabaram suscitando, por acréscimo, as críticas acaloradas da imprensa comunista, além dos sarcasmos do semanário satírico *Canard enchaîné*, ao descrevê-lo como o "São Francisco *des assises*".⁶³

Jean Paulhan, na origem — em companhia de Mauriac, Jean Blanzat e Jean Guéhenno — da elaboração da "lista negra" tornada pública pelo CNE, evolui também para uma atitude reconciliadora. De seu observatório da editora Gallimard, ele viveu a Ocupação como partidário da Resistência, conhecendo de perto as ambivalências, ambiguidades e conivências de seu círculo de escritores reconhecidos. Com o término do conflito, ele

---

60. Mauriac, F., 1945b.
61. Camus, 1945b.
62. Ibidem.
63. Trocadilho com "*Cour d'assises*", ou seja, Vara Criminal. [N.T.]

envolve-se em uma polêmica com Julien Benda: à intransigência deste, que tinha denunciado, no período entre as duas guerras, a *"trahison des clercs"* [traição dos intelectuais], ele opõe o fato de que Rimbaud ou Romain Rolland teriam figurado na lista negra, "o primeiro por ter aplaudido a ocupação prussiana da França, em 1870, e o segundo por sua oposição à Primeira Guerra Mundial"[64]. Paulhan sublinha a tradição de oposição dos escritores, atitude passível de obcecá-los quando, afinal, em sua opinião, a tarefa deles não consiste em exercer a função de "policiais voluntários"[65]. Devido à grande repercussão de seu desacordo com o CNE, ele pede demissão no momento em que tal pedido é formulado também por Georges Duhamel, Jean Schlumberger e Gabriel Marcel. Além disso, mostra-se cada vez mais crítico em relação aos justiceiros do mundo literário: "Dá a impressão de que vocês consideram não só o criminoso menos culpado que o literato que o incita a cometer o crime, mas também o traidor mais digno de perdão que o ideólogo que o aconselha a praticar a traição. Vocês tomavam a decisão de atacar, sobretudo, o autor e não o ator, a causa e não o efeito."[66] Em 1946, ele anuncia assim sua demissão a Schlumberger:

> A exclusão de Lalou (culpado de ter incluído um poema de Maurras em sua antologia!) não passava de algo ridículo. Mas, parece-me que a última declaração do CNE vai muito mais longe que o ridículo. Assim, atualmente, damos sentenças eternas em nome da "consciência humana"! Detesto cada vez mais exercer a função de juiz (ou de policial) voluntário.[67]

---

64. LOTTMAN, 1981, p. 300.
65. Jean Paulhan, correspondência com François Mauriac, Claude Morgan, Vercors, 1944, Arquivos de *madame* J. Paulhan, citada in LOTTMAN, 1986, p. 408.
66. PAULHAN, 1948, p. 98.
67. Jean Paulhan, carta a Jean Schlumberger, 23 de novembro de 1946, Acervo de Jean Schlumberger, Arquivos de Jacques Doucet, citada in SAPIRO, op. cit., p. 657.

A demissão de Paulhan arrasta em sua esteira a de várias personalidades intelectuais.[68] A instituição, que podia tirar partido do fato de encarnar o tribunal das letras, perde de uma só vez a legitimidade literária e, simultaneamente, sua representatividade nacional. Daí resulta uma debilitação duradoura e uma atitude inflexível por parte do CNE; a pedido de Aragon, esta instituição acaba excluindo (aliás, esta será a última expulsão) François Mauriac por ter colaborado com a revista *La Table ronde* ao lado do ensaísta e autor de memórias autobiográficas Marcel Jouhandeau.[69]

Pouco depois da demissão de Paulhan, no começo de 1947, este torna pública sua oposição à política de expurgo nos círculos literários por uma série de cartas abertas que denunciam a ordem de soltura para os verdadeiros atores do colaboracionismo, em detrimento daqueles que nada têm além do talento para escrever:

> Os engenheiros, empresários e pedreiros que edificaram a Muralha do Atlântico [defesa marítima do Exército nazista] deambulam entre nós tranquilamente, empenhando-se em edificar novos muros. Edificam os muros das novas prisões, nas quais estão detidos os jornalistas que cometeram o erro de escrever que a Muralha do Atlântico estava bem construída.[70]

A posição moderantista de Paulhan há de ser relacionada com o papel de equilibrista que, durante a guerra, ele havia mantido na editora Gallimard, ficando em contato com as autoridades alemãs mediante a publicação de textos, em *Comœdia* — a única publicação que, durante muito tempo, colocava em destaque cotidianamente as artes e as letras, na França —, ao lado de colaboracionistas, tais como Ramon Fernandez e Jacques Chardonne, enquanto lançava *Les Lettres françaises*, o próprio órgão da resistência literária. Para compreender tal atitude, convém

---

68. Gabriel Marcel, Jean Schlumberger, Georges Duhamel, os irmãos Tharaud, Luc Estang, Dominique Aury, Denis Marion e René de Solier.
69. Cf. infra, p. 97.
70. PAULHAN, 1970, p. 328.

lembrar-se de que, segundo a observação de Pierre Assouline, sua única pátria "é a literatura".[71]

Contra todas as expectativas, Camus evolui e junta-se bastante rapidamente ao campo dos indulgentes. Os argumentos de Mauriac desempenharam um papel não negligenciável em sua conversão, como ele reconhecerá mais tarde.[72] Mas, segundo parece, o caso Robert Brasillach é que, sobretudo, terá modificado sua posição: no momento em que o escritor admirador do Terceiro Reich é condenado à morte, 59 intelectuais, entre os quais François Mauriac, Paul Claudel, Paul Valéry, Colette, Jean Cocteau e Paulhan, pedem o indulto ao general De Gaulle. Nessa petição, cuja primeira versão foi redigida por Claude Mauriac, os signatários manifestam-se em favor da indulgência:

> Os intelectuais abaixo assinados, todos eles pertencentes de diferentes maneiras à Resistência francesa, unânimes para condenar a política nefasta de Brasillach anterior à Ocupação e continuada na própria presença do inimigo, não deixam de estar de acordo para considerar que a execução da sentença proferida a seu respeito teria, em uma grande parte da opinião pública, tanto na França quanto no estrangeiro, graves repercussões [...]. Diante desse homem, nosso inimigo — atado ao pelourinho e em quem, de repente, sob o impacto da estupefação, reconhecemos um irmão —, pensamos apenas que as causas ruins não precisam de mártires e que o indulto pode ser, às vezes, a mais decisiva e, ao mesmo tempo, a mais sensata das punições.[73]

Marcel Aymé — encarregado de obter a assinatura de Camus, o qual nunca deixou de mostrar hostilidade à pena de morte — depara-se com alguém hesitante, debatendo-se com um verdadeiro caso de consciência. Ao responder-lhe — "o senhor fez-me passar uma noite péssima" —, ele acrescenta:

---

71. Assouline, 1990, p. 109.
72. Ver Guérin, 1993, pp. 59-60.
73. Mauriac, C., 1978, pp. 113-115, reproduzido in Sirinelli, [1990] 1996, pp. 241-243.

Para encerrar o assunto, enviei hoje mesmo a assinatura que me havia pedido [...]. Nunca deixei de ter horror pela condenação à morte; além disso, julguei que — ao menos, enquanto indivíduo — eu não podia participar dela, nem mesmo por abstenção [...]. É tudo o que tenho a dizer e é um escrúpulo que, suponho, levaria certamente a rir os amigos de Brasillach. [...] Não é por ele que acrescento a minha às outras assinaturas: não é pelo escritor que, para mim, não vale nada; nem pelo indivíduo que desprezo com todas as minhas forças. Mesmo que eu tivesse sido tentado a aceitar tal sentença, eu teria desistido de apoiá-la ao lembrar-me de dois ou três amigos mutilados ou abatidos pelos comparsas de Brasillach, enquanto seu jornal não deixava de incentivá-los.[74]

Camus está ciente de que sua assinatura vai dissociá-lo de sua família política, a dos sartrianos, que se recusam a vir em socorro desse colaboracionista. Simone de Beauvoir explicará sua posição, lembrando as denúncias e os apelos ao assassinato por parte de Brasillach:

Deste modo, caí das nuvens quando, poucos dias antes do processo de Brasillach, alguém — já não sei quem — me pediu para assinar meu nome em uma lista que seus advogados passavam de mão em mão: os signatários declaravam que, enquanto escritores, solidarizavam-se com ele e reivindicavam a indulgência do tribunal. De maneira alguma, sob nenhuma hipótese, eu era solidária com Brasillach; quantas vezes, ao ler seus artigos, eu tinha vertido lágrimas de raiva! "Nenhuma compaixão para com os assassinos da pátria", escrevia ele; além de ter reivindicado o direito "de indicar os traidores", ele o havia utilizado amplamente; [...] com esses amigos, mortos ou moribundos, é que eu era solidária; se eu tivesse movido uma palha em favor de Brasillach, eu teria merecido que eles me cuspissem na cara. Não hesitei um instante sequer; aliás, era algo que estava fora de questão.[75]

---

74. Albert Camus, carta a Marcel Aymé, 27 de janeiro de 1945, citada in Todd, [1996] 1999, pp. 513-514.
75. Beauvoir, 1963, pp. 31-32.

Por sua vez, François Mauriac multiplica os trâmites para salvar a cabeça do ex-diretor de redação de *Je suis partout* e até mesmo recebe a mãe dele, Marguerite Maugis-Brasillach, tendo sido afetado por essa entrevista. Em 3 de fevereiro, a convite do general, vai visitar De Gaulle na rua Saint-Dominique; sabendo do crédito que usufrui junto do chefe do governo, Mauriac espera livrar Brasillach da pena capital. O general confessa-lhe que ainda não havia consultado o dossiê de recurso de indulto, mas declara ter a impressão de que Brasillach não será fuzilado. Em 5 de fevereiro, no entanto, ele rejeita o indulto: a execução ocorreu na manhã seguinte, às nove horas e quarenta minutos, no sopé de uma colina da Fortaleza de Montrouge. Segundo parece, a decisão de De Gaulle foi tomada depois de descobrir no dossiê uma fotografia de Jacques Doriot em uniforme de oficial da Waffen-SS, na frente de combate Leste, rodeado por Brasillach e pelo jornalista Claude Jeantet.

Assim, Brasillach será o último escritor célebre a passar diante do pelotão de execução. A crise de consciência de Camus intensifica-se, tornando-o cada vez mais crítico em relação à política de expurgo. Depois de ter pregado a maior firmeza, ele acaba escrevendo no verão de 1945: "É certo que, daqui em diante, na França, o expurgo é não só uma operação fracassada, mas também desacreditada. A palavra expurgo, por si só, já era algo bastante molesto. A coisa tornou-se odiosa."[76]

Étiemble, por sua vez, exprime sua insatisfação diante do caráter temerário das decisões tomadas: "Ignoramos totalmente o critério adotado no tocante aos escritores e à colaboração com o ocupante nazista: mansidão excessiva em relação a Céline e a [Pierre] Bonardi; extrema rigidez relativamente a Béraud ou a Brasillach. Dá a impressão de que a justiça nunca soube servir-se da ponderação, ainda que, às vezes, tenha conseguido atuar com extremo rigor."[77] No entanto, ele indica com precisão que está fora do grupo que lastima a sorte de Brasillach:

---

76. CAMUS, 1945c.
77. ÉTIEMBLE, [1952] 1955, p. 162.

Julgo mais ou menos odiosos os cadernos de hagiografia em que é comemorada sua memória, atolada completamente em sangue judeu [...]. Quando havia motivos para esperar que ele pagasse *com* os outros, a vida de Brasillach tinha para mim pouco valor; desde o momento em que ele paga *pelos* outros, isso não tem sentido![78]

Entre os proscritos do período do pós-guerra, alguns escritores colaboracionistas têm melhor sorte, à imagem de um Paul Morand, amigo do general Von Stülpnagel, comandante militar da França, além de conselheiro particular, no pior momento, em 1942, do primeiro-ministro do regime colaboracionista de Vichy Pierre Laval; ele ainda foi embaixador na Romênia, em 1943, e em Berna, a partir de julho de 1944. Inscrito na lista negra, esconde-se em sua casa de campo em Montreux, na Suíça; tendo abandonado os próprios bens imobiliários e, como escreve François Dufay, "seu imóvel da avenida Charles-Floquet, em parte requisitado, e algumas de suas contas bancárias congeladas, não resta ao escritor-diplomata outra escolha, na idade das homenagens, além de contemplar a própria decadência".[79]

O mesmo ocorre em relação a Jacques Chardonne, que tinha viajado à Alemanha a convite de Goebbels, após ter saudado o comportamento ilibado das tropas ocupantes, às quais havia desejado, desde 1940, a vitória. Enquanto diretor da editora Stock, ele foi um colaboracionista bem ativo, tanto como autor quanto como editor. No texto "Le Ciel de Nieflheim" [O céu de Nieflheim], publicado em 1943, ele chegou até mesmo a fazer a apologia dos SS, apresentados como anjos caídos do céu para salvar a civilização. Sob a proteção de Mauriac, que dá crédito a sua sinceridade e ingenuidade, além de seu direito ao erro — aliás, reivindicação formulada, também, por Paulhan —, ele é condenado a seis semanas de detenção, entre setembro e novembro de 1944, antes de seu processo em Cognac: "Escapando da acusação de indignidade nacional" — resume Dufay —,

---

78. Ibidem, p. 163.
79. Dufay, [2006] 2010, p. 13.

Chardonne beneficiou-se de uma improcedência, em junho de 1946, e voltou a La Frette-sur-Seine, em 1947."[80]

Outro escritor que escapou do expurgo, Henry de Montherlant, apesar de sua estreita conivência com o ocupante nazista, retoma a atividade literária pouco após a guerra. Ele também tinha viajado à Alemanha e publicado, em 1941, uma ode ao marechal Pétain em *Solstice de juin* [Solstício de junho], mas não sofre sequer uma acusação; é verdade que, em maio de 1945, uma sindicância é empreendida contra ele pelo comissário do governo, mas é imediatamente arquivada. Montherlant tenta então passar despercebido, mas não pode assinar nenhum contrato de edição; será preciso a intervenção do editor Robert Laffont, que não suporta esse clima de ajuste de contas, junto a seu amigo Pierre Guillain de Bénouville para protegê-lo. Apesar da acolhida glacial reservada a cada uma de suas obras, Laffont decide publicá-las, mas Montherlant, ilibado de qualquer tipo de acusação, entregará, sem avisar Laffont, suas obras completas a um concorrente.

Robert Laffont conhece uma decepção semelhante com Bernard Grasset, que se tornou célebre pela colaboração indefectível com o ocupante, durante toda a guerra. Em 1945, a amizade deste editor com o secretário-geral do Palácio do Eliseu proporcionou-lhe um convite do presidente socialista Vincent Auriol para almoçar em companhia do ministro da Fazenda. Solicitado a dar uma opinião sobre a sorte a reservar a Bernard Grasset, que o ministro deseja sancionar exemplarmente, e a sua editora mantida sob sequestro, Laffont chama a atenção para o papel de primeiro plano desempenhado por Grasset nas letras francesas, e é incumbido de preparar um relatório. Grasset transmite-lhe, então, uma quantidade de elementos necessários a sua defesa, despertando-o no meio da noite durante quinze dias, sem deixar de testemunhar-lhe sua gratidão. Laffont obtém uma decisão favorável e o sequestro é suspenso. Grasset confessa a seu "advogado" que deve tudo a Laffont, não sem propagar pouco depois o boato de que ele teria tentado apropriar-se de sua editora.

---

80. Ibidem, p. 22.

Alphonse de Châteaubriant é outro colaboracionista notório que escapa do expurgo: diretor, de julho 1940 a maio 1941, de *La Gerbe* — hebdomadário que defende a ideia de uma Europa arianizada, desembaraçada do bolchevismo — e membro do Comitê França-Alemanha (1935-1939), ele cria oficiosamente, no outono de 1940 — como sequência a essa associação francesa, interessada em contribuir para a aproximação franco-alemã — o grupo Collaboration [Colaboração]; tendo sido perseguido por esses motivos pela justiça francesa, morre no exílio, em 1951, em um mosteiro do Tirol austríaco. Quanto a Marcel Jouhandeau, cuja editora Sorlot havia publicado, em 1937, *Le Péril juif* [O perigo judeu], coletânea de três panfletos antissemitas, ele exprimiu no artigo "Témoignage" [Testemunho — publicado, em dezembro de 1941, em *La Nouvelle Revue française*, aliás, a única revista autorizada, na época, por Hitler e dirigida por Drieu La Rochelle] — sua admiração pela Alemanha nazista após ter viajado, também, à Alemanha para o Congresso de Weimar de Goebbels. Seu processo foi arquivado.

Depois da guerra, René Char, o poeta da Resistência, não suporta nenhuma proximidade com os coniventes com o ocupante nazista. Ao descobrir em *84*, a revistinha de Marcel Bisiaux, que seu nome se encontra ao lado do nome de Marcel Jouhandeau, ele vocifera — "Olha que cafajestes! Crápulas! Perfeitos idiotas!" — e envia seu protesto ao diretor:

> Jouhandeau posicionou-se do lado dos corruptores e dos carrascos. Pouco importa que a psicanálise consiga elucidar seu caso. Não sou nem desejo ser procurador, mas não permito que me lembrem da existência desse cafajeste. Não faz muito tempo eu não teria hesitado em mandar fuzilar Jouhandeau ou em liquidá-lo pessoalmente. Lamento que o nome dele lhe pareça digno de figurar junto do seu. Daqui em diante, queira fazer desaparecer o meu de suas publicações.[81]

Esse confronto entre indulgentes e intransigentes no desfecho do trauma da guerra, mediante o qual uma fração da população francesa

---

81. CHAR, 2004, p. 338.

ergue-se contra a outra, enquanto a maioria adota uma prudente atitude de espera, tem a ver, em 1944-1945, com uma dupla tensão insuperável: aquela entre memória e esquecimento e aquela entre o exercício necessário da justiça e a não menos indispensável necessidade de recosturar os fios dispersos da unidade nacional.

A confusão agrava-se com a ausência de definição clara do que deve ser alvo de punição. Certamente, é visada a colaboração com o ocupante nazista, mas esta assumiu um grande número de formas, notadamente no plano individual, estatal e ideológico. Além disso, o auge do expurgo situa-se no outono de 1944, quando a França ainda está em guerra, acarretando amálgamas entre estado de direito e estado de guerra. A tudo isso, acrescenta-se uma batalha intestina de caráter mais político. Como é perfeitamente resumido por Henry Rousso, "o expurgo foi um desafio crucial a respeito da legitimidade entre comunistas e não comunistas, entre os resistentes do interior e o general De Gaulle".[82] Aquele que, em 1943, prometia punir os traidores, convoca em seu discurso de Évreux, em 8 de outubro de 1944, à união de todos para reconstruir o país.

A evolução de Camus sobre essa questão é suficientemente significativa dessa dupla condicionante e da impossibilidade de uma política de reparação satisfatória. O sentimento de incompletude, de injustiça e de amargura daí resultante parece inevitável, seja qual for a posição adotada. Eis o que é constatado por Jean-Pierre Rioux: "Entre a punição brutal e a indulgência que suscita o sentimento de culpa, seria, talvez, impossível aplicar qualquer justiça enquanto os franceses não consentissem em proceder a um autoexame e em questionar as próprias opiniões preconcebidas."[83] No momento da Libertação, os imperativos do presente, da reconstrução nacional e da afirmação voluntarista do poderio francês prevalecem no sentido de assegurar para o país um certo espaço entre as duas grandes potências. Será preciso esperar os meados dos anos 1970 para que a França se entregue a um verdadeiro exame de consciência coletivo.

---

82. Rousso, 1992, pp. 80-81.
83. Rioux, J.-P., [1978] 1985, p. 176.

3
As fraturas do sartrismo

Na década de 1950, o companheirismo de Sartre com o PCF rendeu-lhe rupturas irreversíveis com seus melhores amigos: ao abrir brechas no primeiro círculo de seus admiradores até isolá-lo e fragilizá-lo na década de 1960, elas acabaram por levá-lo progressivamente à marginalização. Antes de se tornar, durante algum tempo, a caução intelectual da política stalinista, Sartre afasta-se, desde o período do pós-guerra, daquele que havia sido seu cúmplice na década de 1920, seu *alter ego* e "coleguinha": Raymond Aron.

A ruptura Sartre-Aron

Do tempo em que eram "coleguinhas"...

Após a guerra, o brilhante professor Aron não envereda, perante a estupefação das pessoas à sua volta, pela via natural de uma carreira acadêmica: além de seu desinteresse pela perspectiva de uma cátedra de sociologia em Bordeaux, com a certeza de obtê-la, ele recusa-se a retomar seu posto na faculdade de Letras de Toulouse. Aliás, muito mais tarde, ele há de considerar tal comportamento como "perfeitamente despropositado".[1] Sem ter abandonado inteiramente o ensino — continua lecionando, seja no IEP (Instituto de Estudos Políticos), seja na ENA (Escola Nacional de

---

1. Aron, 1981, p. 114.

Administração) —, ele escolhe estar em sintonia com os acontecimentos e lança-se com entusiasmo no jornalismo: o que mais conta para Aron é o fato de desempenhar um papel na reconstrução do país enquanto comentarista advertido e espectador engajado nas grandes questões de seu tempo.

Ingressa em *Combat*, onde torna-se colega de Camus, e colabora não só com o magazine *Point de vue*, para garantir a sua subsistência financeira, mas também com várias revistas, incluindo a mais prestigiosa de todas, que é, inquestionavelmente, *Les Temps modernes*, tendo participado de sua fundação ao lado de Sartre, Simone de Beauvoir, Michel Leiris, Maurice Merleau-Ponty, Albert Ollivier e Jean Paulhan. Tendo conseguido exprimir nesse círculo sua curiosidade intelectual, envolve-se totalmente nessa revista, fornecendo-lhe não só seu talento como analista político, mas também os conhecimentos técnicos adquiridos na imprensa da Resistência; assim, ele faz parte, com grande satisfação, desse empreendimento comunitário, qualificado por Simone de Beauvoir como a "forma mais acabada da amizade".[2]

Em 1945, Aron revive a longa cumplicidade amigável que o liga a Sartre, desde o início dos estudos universitários de ambos, época em que eram alunos brilhantes. Aron é o primeiro da turma em todos os anos, no Lycée Hoche de Versalhes, e menção honrosa *"très bien"* no bacalaureado; Sartre, por sua vez, recebe o prêmio de excelência do penúltimo ano do ensino médio no Lycée Henri-IV, em Paris. O encontro entre eles ocorreu em outubro de 1922, no cursinho do Lycée Condorcet, o segundo melhor da França pelos resultados obtidos no concurso de acesso à ENS [École Normale Supérieure], da rua d'Ulm. Na época, Sartre não desgrudava de Paul Nizan e só depois de algum tempo é que travou amizade com Aron.

Os três, portanto, estudavam na ENS da rua d'Ulm, instituição na qual encontraram Georges Canguilhem. No momento em que Nizan viajou para Aden, Sartre e Aron aproximaram-se de Pierre Guille. A complementaridade entre eles era de tal ordem que Aron perguntou a Guille,

---

2. Beauvoir, 1963, p. 25.

o literário, o que Sartre pensava realmente de seus argumentos por ocasião das incessantes disputas filosóficas entre eles:

> Eu era, na época, o interlocutor que ele preferia. Todas as semanas, todos os meses, ele surgia com uma nova teoria, que vinha expor para ouvir a minha opinião: era *ele* quem desenvolvia as ideias e *eu* me limitava a discuti-las. Quanto a mim, não fazia o mesmo com ele porque eu simplesmente não tinha nenhuma teoria.[3]

Esse diálogo incessante no viveiro de alta cultura dessa *école* contribuiu para esboçar os contornos de uma dupla intelectual incomparável que deveria marcar todo o período do pós-guerra, e para além dele, em torno de uma série de oposições binárias perfeitamente resumidas por Annie Cohen-Solal:

> [...] Sartre, mais rígido e difícil; Aron, mais maleável e acessível; Sartre, construtor de visões magistrais da vida; Aron, promotor de instrumentos teóricos adequados; Sartre, inventor genial; Aron, a inteligência refinada; Sartre, a afirmação categórica; Aron, a ponderação elegante; Sartre convencendo, Aron sugerindo; Sartre ousando, Aron acalmando [...].[4]

Os dois amigos compartilhavam, então, o mesmo cômodo, seguiam o mesmo currículo, devoravam os mesmos livros, enquanto o caráter divergente de um em relação ao outro constituía a base de uma profunda complementaridade.

Sartre, muito mais agitado do que Aron e naturalmente piadista, assumiu a liderança do trote dos calouros, combinando uma fenomenal capacidade de trabalho com um violento desejo de sociabilidade. Em 1926, apesar do pesado programa da ENS, ele já tinha escrito não apenas poemas, canções, contos, romances, incluindo uma narração mítica sobre o ataque do Olimpo pelos Titãs, mas também ensaios literários e

---

3. ARON, [1980], in COHEN-SOLAL, op. cit., p. 101.
4. Ibidem.

filosóficos — por exemplo, uma tentativa de construção teórica do papel da imaginação no artista. Esses anos corresponderam àqueles da conquista de uma expressão pessoal: para retomar sua própria expressão, foram "quatro anos de felicidade".[5] De acordo com o jovem Sartre, não havia limites para o conhecimento e, inclusive, ao amigo Daniel Lagache — o qual se tornou um dos mais importantes psiquiatras do período do pós-guerra —, declarou não sem fanfarronice: "Quero ser o homem que entende da maior quantidade de assuntos."[6] Se ele já pretendia converter-se em um escritor reconhecido no plano não só literário, mas também filosófico, chegou a confessar ao amigo Aron que lhe parecia ser possível elevar-se ao nível de Hegel; no entanto, não tinha a certeza de conseguir superá-lo. Na época, ele sentia-se atraído ainda por anseios mais frívolos, como será mencionado por Aron:

> A ambição, dizia-me ele, exprime-se em mim por duas imagens: a primeira refere-se a um homem jovem, vestido com calças de flanela branca, o colarinho da camisa aberto, que desliza, feito um felino, de um grupo para outro em uma praia, no meio de moças cobertas de flores. A outra imagem é um escritor que levanta o copo para responder a um brinde de homens de *smoking*, de pé, em torno da mesa.[7]

Dos diálogos incessantes entabulados com o "coleguinha" brotavam novas ideias. Sobressai, assim, dessa troca de opiniões sobre a psicanálise, que Sartre havia manifestado bem cedo, sua relutância à noção de inconsciente, apesar de seu alinhamento com Lagache; parece inclusive que ele tenha aventado a hipótese da má-fé, conceito que havia de ocupar uma posição primordial em sua filosofia, marcada pelo desejo de não dissociar psique e consciência, sem deixar de levar em conta o domínio incompleto da razão. Bem mais tarde, Aron escreveria o seguinte:

---

5. SARTRE, 1960, p. 26.
6. Jean-Paul Sartre, citado in COHEN-SOLAL, op. cit., p. 108.
7. ARON, 2010, p. 61.

Outra concepção sartriana relaciona-se também, de alguma forma, com as nossas conversas. Meu diploma de estudos superiores incidia sobre *L'intemporel dans la philosophie de Kant* [O intemporal na filosofia de Kant]. Um tópico que continha, simultaneamente, a escolha do caráter inteligível e a conversão, possível em cada instante, que deixa à pessoa a liberdade de se redimir ou, melhor ainda, de transfigurar, de uma só vez, a existência vivida anteriormente. A morte elimina a liberdade e congela a existência em destino, daí em diante, acabado. Há algo desses temas em *O ser e o nada*, em suas peças de teatro. Verdade seja dita, ele combinou as duas ideias.[8]

Em meados da década de 1920, Aron era mais politizado do que Sartre, mais militante também, e já envolvido nos combates em curso, como é testemunhado por sua adesão à SFIO (Seção Francesa da Internacional Operária). Em 1925, ele engajou-se em uma associação que trabalhava para a Liga das Nações, passando duas semanas em Genebra para uma Assembleia Geral; ao mesmo tempo, Sartre mantinha-se à distância dos compromissos políticos e mostrava-se, de bom grado, sardônico em relação às veleidades reformistas do condiscípulo, que professava um genuíno anarquismo.

A cumplicidade e a troca de ideias entre eles não se limitavam, no entanto, à vida acadêmica comum na rua d'Ulm. Aron fez o serviço militar na Fortaleza de Saint-Cyr, na região parisiense, em um serviço de meteorologia da aeronáutica, local em que passou a ter a companhia de Sartre, em 1929: "Graças a minha intervenção é que Sartre prestou aí também seu serviço."[9] Uma vez livre de suas obrigações militares, em 1930, Aron mudou-se para Colônia, cidade em que havia sido nomeado professor-visitante na universidade; dezoito meses mais tarde, foi contratado pelo Institut français de Berlim. Apesar de ter mergulhado na leitura dos autores alemães, ele não deixou de ser testemunha da ascensão do nazismo, a qual lhe chamou imediatamente a atenção, a tal ponto que acabou por

---

8. Ibidem, p. 62 (grifos do autor).
9. Ibidem, p. 80.

romper com seu pacifismo da época em que era estudante na ENS. Nesse momento, ele descobriu com paixão toda a sociologia compreensiva alemã — Max Weber, Wilhelm Dilthey e Georg Simmel —, tão diferente da sociologia durkheimiana francesa, que nunca havia conseguido realmente convencê-lo; apaixonou-se também pela fenomenologia de Edmund Husserl. Aron sugeriu que Sartre passasse algum tempo na Alemanha, propondo-lhe substituí-lo, no ano letivo 1933-1934, no estabelecimento de ensino médio de Le Havre.

Foi ainda Aron quem iniciou Sartre na descoberta fundamental da fenomenologia:

> O enviado do céu, para mim, foi Raymond Aron. No retorno de Berlim, ele me falava, em um botequim, dos fenomenólogos: "Esses maganões", concluiu ele com um sorriso, "encontram um expediente de filosofar a respeito de tudo. Eles passariam a noite a descrever fenomenologicamente a essência de um poste de iluminação a gás." Fiquei empolgado: nada me pareceu mais importante do que a promoção dos lampiões de rua à dignidade de objeto filosófico.[10]

Durante esse reencontro, Aron convenceu o colega de que sua ambição em superar a tradicional oposição entre idealismo e realismo, entre a consciência e o mundo tal como ele é, poderia encontrar uma via nas soluções preconizadas pelos fenomenólogos.

No dia do concurso para professor de filosofia do ensino médio [*agrégation*], em 1928, Aron obteve o primeiro lugar da turma, enquanto Sartre foi reprovado. Aron, descobrindo o que ele considerava iníquo, não deixa de manifestar sua raiva, como é observado por seu biógrafo, Nicolas Baverez: "Passando rapidamente por seu nome, ele correu para o final da lista, deu um urro de raiva, atirou o chapéu no chão e começou a pisoteá-lo, gritando: 'Ah, que espécie de idiotas, de babacas, eles reprovaram Sartre!'"[11] Sartre não se deixou afetar, no entanto, pelo revés nesse concurso. Aron

---

10. SARTRE, 1985, p. 5.
11. BAVEREZ, 2006, p. 56; episódio reproduzido de BERTAUX, 1985, p. 14.

prodigalizou-lhe valiosos conselhos para o edital seguinte, convencendo-o a fornecer ao examinador apenas o que este esperava, sem procurar expor seu ponto de vista pessoal. Em 1929, Sartre obteve o primeiro lugar, à frente de... Simone de Beauvoir, em segundo, à época com apenas 21 anos, portanto três a menos do que ele.

... até a desavença irreversível

Apesar dessa antiga e excepcional cumplicidade amigável, a ruptura entre Sartre e Aron intervém por razões políticas, logo após a guerra. O primeiro incidente grave ocorre por ocasião da estreia de uma peça de Sartre, *Morts sans sépulture* [Mortos sem sepultura], em 8 de novembro de 1946. No intervalo, com dificuldade para suportar a violência da representação, a esposa de Aron, Suzanne, decide ir embora; ela é acompanhada pelo marido, que deixa o teatro, o que é vivenciado por Sartre como uma traição. No ano seguinte, quando Aron adere ao RPF (Rassemblement pour la France) e se torna editorialista de *Le Figaro*, isso acaba sendo demais para seu velho amigo.

No outono de 1947, em plena eclosão da guerra fria, Sartre recebe a proposta para apresentar um programa de rádio sob o título "La Tribune des *Temps modernes*". Nessa época, já havia um ano que o general De Gaulle tinha deixado suas responsabilidades como chefe de governo, tinha lançado o RPF e não cessava de denunciar os vícios de um sistema parlamentar condenado à inoperância. Sartre e sua equipe dispõem, desde então, de uma tribuna antigaullista radiofundida em um programa panfletário. Por ocasião do primeiro programa, em 20 de outubro de 1947, o psicanalista Alphonse Bonnafé estabelece assim um paralelo entre os cartazes do general De Gaulle no momento das eleições municipais de 1947, com a vitória maciça do partido gaullista, e o retrato de Hitler; tal comparação exagerada suscita uma tempestade de protestos entre os gaullistas, tendo sido anunciado para o dia seguinte, 21 de outubro, um debate contraditório na estação de rádio entre Sartre e os gaullistas Pierre de Bénouville e Henry Torrès, com Aron como mediador. Este encontra-se em uma situação impossível: "O que é que eu podia dizer? Não dava nem para apoiar Sartre: comparar De Gaulle com Pétain ainda se entende, mas com Hitler! Eu não podia defendê-lo; tampouco me aliar aos outros dois, massacrando Sartre com insultos."[12] Por seu turno, Sartre nega ter comparado De Gaulle a Hitler, mas admite ter sugerido uma analogia entre os cartazes gaullianos e os cartazes nazistas. Tal viés marca o início da desavença irreversível com Aron. Sartre fica baratinado com o que considera uma deserção por parte do amigo:

> Aron compareceu, creio que o havia escolhido para ser o árbitro entre nós, convencido, aliás, de que ele ficaria a meu favor; Aron fez que não me via; juntou-se aos outros; eu concebia que ficasse com os outros, mas não que me ignorasse. Foi a partir daí que compreendi que Aron estava contra mim; no campo político, considerei como uma ruptura essa sua solidariedade para com os gaullistas contra mim.[13]

Aron, por sua vez, não há de esquecer tal ocorrência:

> À minha chegada, Bénouville e Torrès multiplicavam as invectivas contra Sartre, declarando que não era possível argumentar com alguém que se tinha rebaixado a fazer semelhantes ataques. Às invectivas, Sartre não replicava: aliás, ele nunca apreciou o debate frente a frente. Com certeza, eu poderia ter adotado um comportamento diferente, testemunhando--lhe a minha amizade sem me solidarizar com seu programa da noite anterior. Lembro-me dessa breve cena como se tivesse sido um momento insuportável.[14]

Ao final desse programa, Aron e Sartre deixaram o estúdio sem se cumprimentar, abandonando a antiga cumplicidade. No entanto, cada um havia tomado a firme decisão de defender até o fim as próprias convicções: o

---

12. Depoimento de Raymond Aron, in COHEN-SOLAL, op. cit., p. 387.
13. Jean-Paul Sartre, citado in BEAUVOIR, [1981] 1982, p. 367.
14. ARON, 2010, p. 419.

primeiro, em seu compromisso com o RPF; e o segundo, criando o RDR (Rassemblement démocratique révolutionnaire).

Além desse conflito de opiniões, a postura de cada um tornou impossível o acordo entre eles, o que é explicado perfeitamente pelo romancista e ensaísta Étienne Barilier:

> A divergência não reside tanto nas ideias, mas na própria concepção das ideias: para Sartre, o pensamento e a fala não têm a tarefa de alcançar a objetividade, mas a de exacerbar uma verdade subjetiva. Para Aron, o respeito pelo comedimento e pela razão prevalece em relação a qualquer outra consideração; além disso, a polêmica desmedida é uma distorção do mundo.[15]

A situação de guerra fria, vivenciada intensamente na própria França, acaba impelindo as diferenças a seu paroxismo, transformando a amizade em uma batalha frontal de irmãos que se tornaram inimigos. Se cada um personifica a figura do intelectual comprometido, o talento de um e do outro está a serviço de polos opostos da vida política francesa. Por trás da divisão política, Barilier vê esboçar-se um confronto de natureza completamente diferente: "Sem dúvida, a disputa foi, em muitos aspectos, um mal-entendido. Ela não opunha o marxista ao liberal, ou o revolucionário ao reacionário, mas o criador ao cientista, o que não deixa de ser relevante."[16] De um lado, um escritor, Sartre, o qual pensou ter conseguido o controle do mundo, através de seu talento: "Durante muito tempo, tomei minha pena por uma espada [...]."[17] Do outro, um erudito, Aron, que vive para pensar sobre o mundo e compreendê-lo o melhor possível, enquanto o primeiro acalenta o único desejo da escrita por si mesma, correndo o risco de aniquilar o mundo.

---

15. BARILIER, 1987, p. 29.
16. Ibidem, p. 9.
17. SARTRE, [1964] 1984, p. 182.

A ruptura Sartre-Camus

À prova da amizade

Para Camus e Sartre, a origem social de um opõe-se diametralmente à do outro, o que irá desempenhar um papel inevitável no relacionamento entre eles. Sartre pertence à burguesia, enquanto a mãe de Camus é uma faxineira analfabeta: "Fui posto a meio caminho entre a miséria e o sol. A miséria impediu-me de acreditar que tudo vai bem sob o sol e na história; o sol ensinou-me que a história não é tudo."[18] O jovem Camus cresceu na ausência do pai, morto na guerra, entre uma mãe traumatizada por esse desaparecimento, tendo-se tornado uma pessoa enferma, e uma avó mandona:

> O hospital chegou a enviar à viúva um pequeno estilhaço de granada encontrado nos restos mortais. Que ela guardou. Há muito tempo, ela deixou de manifestar seu desgosto. Já esqueceu o marido, mas ainda fala do pai de seus filhos. Para criá-los, ela trabalha e entrega o dinheiro à mãe. Esta instrui as crianças com um chicote. Quando bate com muita força, a filha chega a comentar: "Não bata na cabeça." Com efeito, trata-se de seus filhos, a quem ama muito.[19]

O fosso entre Sartre e Camus nunca será preenchido porque há de acrescentar-se, ao chegar o dia dos desentendimentos, a suscetibilidade à flor da pele do segundo. Eles hão de vivenciar a era de ouro da amizade logo após o fim da guerra, quando o público plebiscitava o autor de *O estrangeiro* e o de *A náusea* como dois escritores existencialistas.

O primeiro vínculo entre eles era textual. Sartre tinha experimentado uma forte atração por *O estrangeiro* (1942): "O absurdo não está no homem, tampouco no mundo, se estes forem considerados isoladamente;

---

18. CAMUS, 1958, p. 14.
19. Ibidem, pp. 64-65.

mas, como o caráter essencial do homem é 'estar-no-mundo', o absurdo, para resumir, confunde-se com a condição humana."[20] Por seu turno, Camus tinha sentido uma grande afinidade com *A náusea* (1938): "Um grande escritor traz sempre, em seu bojo, seu mundo e sua predicação; a do senhor Sartre leva à conversão ao nada, mas também à lucidez."[21] O primeiro encontro entre eles não ocorreu antes de junho de 1943, quando Camus assiste à pré-estreia da peça *As moscas*. Logo depois, eles voltaram a encontrar-se no Café de Flore com Simone de Beauvoir e, ao discutirem a respeito das respectivas leituras, descobriram a admiração comum pelo livro *O partido das coisas* (1942), do poeta Francis Ponge.

A sedução mútua manifestou-se a tal ponto que a paixão comum pelo teatro levou Sartre a propor que Camus encenasse sua peça *Entre quatro paredes* (1944) e, até mesmo, que a representasse. Tal proposta não chegou a concretizar-se porque o projeto foi assumido pelo Théâtre du Vieux-Colombier, mas a paixão era mútua, para além do contraste psíquico e físico entre os dois homens, como afirma o jornalista norte-americano Herbert Lottman:

> Daí em diante, o casal Sartre-Beauvoir e seu círculo de amigos íntimos apareciam em toda parte ao lado de Camus: nos bares do bairro e, muitas vezes, por ocasião das festinhas organizadas por Michel Leiris em seu apartamento. Ou então Simone de Beauvoir convidava todos eles — o casal Leiris, o casal Queneau e Camus — para jantar em seu quarto [do hotel La] Louisiane.[22]

Beauvoir recordar-se-ia, também, desses momentos de amizade:

> Nossa afinidade passava por sua juventude e independência: nossa formação não estava vinculada a nenhuma escola, mas unicamente à nossa iniciativa. Não tínhamos um lar, nem o que designamos como um

---

20. SARTRE, [1947] 1993, p. 95.
21. CAMUS, 1984, p. 1422.
22. LOTTMAN, 2013, p. 481.

ambiente [...]. Ele aceitava com avidez o sucesso e a notoriedade, sem nenhum constrangimento [...]. De vez em quando, seu comportamento assemelhava-se ao de Rastignac, mas dava a impressão de não se levar a sério. Ele era simples e jovial.[23]

Sartre, oito anos mais velho do que Camus, e já bem enraizado na vida parisiense, desempenhava discretamente o papel de protetor, apresentando o novo companheiro nos círculos que frequentava. Sartre estava seduzido manifestamente pelo apetite de vida de Camus, um homem mulherengo, cujo sucesso no universo feminino se devia tanto a sua galhofa e a seu sotaque de francês nascido na Argélia, quanto a suas piadas picantes. Por seu turno, Camus ficou extasiado com a generosidade de Sartre e sua genialidade intelectual, além de estar, é claro, extremamente lisonjeado por sua integração imediata ao cenáculo sartriano, chegando até mesmo a ponto de suscitar algum ciúme em Beauvoir, a qual ocupava até então uma posição exclusiva: "Bem depressa" — relata Olivier Todd —, "Simone de Beauvoir e Camus, luvas de veludo e garras de ferro, manifestam ciúmes um em relação ao outro. Para a Castora[24], eles são 'parecidos a dois cães em torno de um osso [Sartre]'."[25]

Camus e Sartre eram ligados ao mundo das letras pela editora comum, a Gallimard. Havia a proposta de projetos comuns, tais como o de Gaston Gallimard relativo a uma enciclopédia para a qual ele contava com as contribuições de ambos. A partir de 1943, Camus ocupava as funções de leitor e diretor de coleção nessa editora, além de participar, na qualidade de editor, do sacrossanto comitê de leitura. Sartre e Camus estavam juntos também no novo júri literário do prêmio da Pléiade, criado nesse ano por Gaston Gallimard; além disso, Camus tinha travado uma profunda amizade com o sobrinho de Gaston, Michel Gallimard.

À fraternidade tecida rapidamente entre Sartre e Camus, acrescentava-se a admiração do primeiro pelo engajamento ativo do segundo na

---

23. Simone de Beauvoir, citada in LOTTMAN, op. cit., p. 482.
24. Apelido atribuído por Sartre a Simone, em referência à palavra inglesa para "castor" ("*beaver*"), foneticamente semelhante a "Beauvoir". [N.T.]
25. TODD, [1996] 1999, p. 462.

Resistência. Camus, em contato com o movimento de *Combat*, havia sido convocado efetivamente, no fim de 1943, por Claude Bourdet, membro do CNR (Conselho Nacional da Resistência); tendo recebido a incumbência de dirigir uma nova publicação intelectual, *La Revue noire*, Camus, com documentos falsos e um nome fictício, Albert Mathé, tornou-se membro de uma rede de resistência. Quanto a Sartre, as tentativas de resistência em diferentes momentos da Ocupação tinham fracassado. O compromisso de Camus alterava o jogo porque era ele, e não Sartre, quem encarnava a figura do resistente que havia conseguido estabelecer a adequação entre as próprias ideias e ações. Desse modo, no momento da Libertação, a assimetria da situação de um e do outro é invertida, e é assim que, em 21 de agosto de 1944, Sartre vai ao encontro de Camus em *Combat*, publicação da qual este se tornou o diretor de redação, para oferecer-lhe seus serviços, "nem que seja para escrever sobre cães atropelados". Camus confia-lhe uma reportagem sobre Paris que, naquele instante, estava vivenciando sua libertação do ocupante nazista.

A questão comunista

Nesse período imediato do pós-guerra, os dois homens perseguem obstinadamente a questão do compromisso, que passará a ser o tema central de *Les Temps modernes*, do teatro de Sartre e de *A peste* (1947) de Camus. Essa excepcional cumplicidade deixa entrever, no entanto, um ponto de discórdia que irá avolumar-se, a respeito dos comunistas e da URSS: para Sartre, convinha avançar junto com eles pelo fato de serem a voz dos trabalhadores, submetidos à exploração capitalista; por sua vez, Camus — que, tendo sido membro do PC em Argel de 1935 a 1937, vivenciara por dentro as maneiras de ser stalinistas — discorda dessa opinião. Em 1945, tal desacordo é relativizado por corresponder ao momento em que Sartre é vilipendiado pela imprensa comunista como portador de uma filosofia de vagabundos, além de ser denunciado como um desmoralizador público e uma "víbora lasciva".

O idílio entre os dois prossegue durante todo o período imediato do pós-guerra, e ainda é Camus quem envia Sartre aos Estados Unidos para entrevistar o público norte-americano e relatar em *Combat* suas impressões. Por ocasião de uma conferência em Nova York, Sartre indica com precisão o que Camus representa para ele, como evoca o historiador das ideias norte-americano Ronald Aronson:

> Sartre aprofunda uma série de temas que os dois homens haviam estudado juntos: o absurdo, um humanismo sem artifício, a necessidade da luta, a vontade de enfrentar situações extremas, a recusa de qualquer escapatória, a rejeição dos feitos heroicos, a recusa de qualquer esquema interpretativo não focalizado na experiência e na ação humana.[26]

Aronson indica com precisão que "ambos apreciam sobremaneira a autenticidade da existência".[27] Acontece que, às vezes, Camus — após a dupla jornada de trabalho em *Combat* e na editora Gallimard — vai juntar-se a Sartre e Beauvoir em um bar, em Saint-Germain-des-Prés, antes de encontrar amigos em comum nos cabarés Le Tabou, Le Méphisto ou no porão da rua de Saint-Benoît. Tais reuniões noturnas tendem a estender-se até altas horas da noite; considerando que Sartre e Camus bebem demais, além de terem dificuldade em suportar o álcool, tornando-se um tanto agressivos, a atmosfera chega a degenerar rapidamente. Certo dia, Camus aparece com um olho inchado depois de ter recebido um soco de um amigo de Sartre; de acordo com sua versão, o ferimento teria sido provocado ao abrir a porta de um táxi. Quanto a Simone de Beauvoir, suas pretensões em relação a Camus não se limitam à amizade; sob o domínio da sedução, ela teria apreciado encetar uma ligação duradoura com ele. Diante da rejeição, ela torna-se de certa forma sua confidente, aproveitando a viagem de Sartre aos Estados Unidos, no início de 1946, para jantar sozinha com ele e terminar o encontro às três horas da madrugada em seu hotel, La Louisiane. Camus ter-lhe-ia confessado que, um dia,

---

26. ARONSON, 2005, p. 91.
27. Ibidem, p. 31.

a verdade deveria ser conhecida, deixando pairar a dúvida sobre a natureza de tal verdade, o que Simone de Beauvoir interpretou como a expressão de uma profunda defasagem, em Camus, entre a vida e a obra. Comentário de Lottman: "Nas discussões sérias, ele continha-se, assumindo ares de superioridade, e enunciava sentenças nobres; com a caneta na mão, virava um moralista que ela era incapaz de reconhecer. O próprio Camus, na conclusão tirada por Beauvoir, estava consciente de que sua imagem pública não coincidia com sua verdade pessoal."[28] Camus toca, efetivamente, uma vida pessoal em total contraste com a imagem de moralista que havia adquirido.

A chegada de um novato no clã Sartre vai alterar a situação: Arthur Kœstler, de origem húngara, havia sido membro do PC alemão, passara pela URSS em 1932 e, em seguida, engajou-se nas brigadas internacionais. Antes de chegar a Londres, cidade onde denunciou com vigor os processos de Moscou e o sistema stalinista — em um romance com repercussão internacional, *O zero e o infinito* (1940) —, ele tinha sido encarcerado nas prisões franquistas.[29] Estabelece-se imediatamente uma excelente relação entre Camus e Kœstler, ambos desiludidos do comunismo. Se Sartre e os dois ex-comunistas concordam em defender os direitos humanos ao redor do mundo, resta a saber ao lado de quais interlocutores. Sartre opõe-se a uma organização internacional[30] — considerada por ele como anticomunista — liderada pelo ensaísta e psicólogo austro-francês Manès Sperber e apoiada por Camus. Este, por sua vez, em *Combat*, adere às posições de apoio à SFIO, defendidas também por Raymond Aron e Albert Ollivier, mas combatidas por Sartre.

O desacordo sobre a atitude a se adotar com a URSS estoura como um psicodrama por ocasião de uma festa noturna organizada por Boris Vian: Camus ataca acaloradamente Maurice Merleau-Ponty por um artigo de *Les Temps modernes*, intitulado "Le Yogi et le prolétaire" [O iogue e o proletário], que debocha do livro escrito pelo amigo Kœstler *Le Yogi et le*

---

28. LOTTMAN, 2013, p. 594.
29. KŒSTLER, 1945.
30. Trata-se do CLC (Congresso para a Liberdade da Cultura), do qual fazem parte Raymond Aron e Albert Camus.

commissaire [O iogue e o comissário] (1945). "Para ele" — relata Olivier Todd —, "a prosa alambicada de Merleau-Ponty justifica os processos de Moscou. Sartre defende 'Merleau'. Apesar das súplicas de Bost e de Sartre, Camus vai embora batendo a porta."[31]

O linchamento de *O homem revoltado*

Durante quase dez anos, Camus amadureceu um projeto de ensaio sobre a revolta, acalentando a ambição de mostrar a maneira e o motivo pelo qual o desejo de justiça, personificado pela figura do revoltado, não deixou de converter-se em confisco do poder por um Estado revolucionário que, sistematicamente, traiu os ideais defendidos inicialmente. Esse estudo meticuloso e demorado — os primeiros esboços de *O homem revoltado* remontam a 1943, e o livro só foi publicado em 18 de outubro de 1951 — concentra todos os distúrbios suscitados em Camus pela adesão coletiva a uma divinização da história que leva a justificar o injustificável. Tal como é testemunhado pelo amigo e colaborador em *Combat* Roger Grenier: "Ele coletou uma documentação muito importante com a ideia de incluir em seu livro um panorama completo da revolta, tanto no campo filosófico, quanto na literatura, na arte ou nos fatos históricos."[32] Exausto por esse trabalho ao qual se tinha dedicado com tanto empenho, Camus escreve a René Char, em fevereiro de 1951, que ele termina um labor que o havia confinado à solidão, grudado à escrivaninha dez horas por dia. A dedicatória ao amigo poeta confirma a força da ligação entre eles: "Para você, caro René, o primeiro estado deste livro que eu pretendia que fosse *nosso* e que, sem você, nunca chegaria a ser um livro de esperança. Fraternalmente."[33]

A revolta é defendida por Camus como o único recurso para enfrentar o absurdo. Em segundo plano desse ensaio de filosofia política, Camus pretende fornecer sua contribuição para uma crítica radical, nessa metade

---

31. TODD, [1996] 1999, p. 582. Bost refere-se a Jacques-Laurent Bost, membro fundador de *Les Temps Modernes*. [N.T.]
32. GRENIER, [1987] 1991, p. 243.
33. Dedicatória de Albert Camus a René Char, citada in GRENIER, op. cit., p. 247.

do século, do sistema stalinista. Em conversa com René Char, ele chega a confessar: "O fato de eu ter expulsado este livro deixa-me completamente vazio e em determinado estado de depressão 'aérea'."[34] Com esse ensaio, Camus retoma a questão que o atormenta desde sempre: como é possível arrogar-se o direito de suicidar-se, ou de matar o outro por assassinato ou pena capital? Camus estabelece um nexo entre a tomada de consciência das injustiças deste mundo e a expressão da revolta, avançando mais longe do que a simples recusa de sua condição de escravo, de explorado: "Na revolta, o homem transcende-se no outro e, desse ponto de vista, a solidariedade humana é metafísica."[35] Muito mais do que o ressentimento, a revolta impulsiona um movimento, aquele que o compromete. Camus circunscreve esse ato de revolta à sociedade ocidental que reivindica o princípio da igualdade, mas acaba engendrando desigualdades cada vez maiores. Ao ato de revolta, ele atribui uma dimensão fundamental:

> Em nossa provação cotidiana, a revolta desempenha um papel semelhante ao *cogito* na ordem do pensamento: ela é a primeira evidência. Mas esta tira o indivíduo de sua solidão. Ela é um território comum que serve de fundamento ao primeiro valor de todos os homens. Eu me revolto, logo existimos.[36]

Enquanto o mundo intelectual parisiense apaixona-se por Sade como figura do revoltado, Camus vai considerá-lo, pelo contrário, como a matriz da sociedade totalitária em nome de uma liberdade frenética não reivindicada pela revolta. A outra grande figura da revolta, Baudelaire, tornou-se "o mais profundo teórico do dandismo, fornecendo fórmulas definitivas a uma das conclusões da revolta romântica. O romantismo demonstra efetivamente que a revolta está associada ao dandismo; um de seus rumos é o aparecer".[37] Camus opõe-lhe Dostoiévski para apresentar uma figura

---

34. Albert Camus, citado in LOTTMAN, 2013, p. 775.
35. CAMUS, [1951] 2011, p. 21.
36. Ibidem, p. 27.
37. Ibidem, p. 62.

do revoltado, emancipada de qualquer divindade, falando com Deus em pé de igualdade. Em sua opinião, Nietzsche não é um filósofo da revolta, mas um pensador que edificou uma filosofia sobre a revolta com a ideia de que o revoltado se torna Deus apenas ao renunciar à revolta. Ocorre que, para Camus, Nietzsche anuncia o século XX enquanto consciência mais penetrante do niilismo:

> Ele leva o espírito da revolta a dar este passo decisivo: saltar da negação do ideal para a secularização deste. Uma vez que a salvação do homem não se realiza em Deus, ela deve fazer-se na terra. Uma vez que o mundo já não tem rumo, o homem, a partir do momento em que o aceita, deve imprimir-lhe um rumo que culmine em um tipo superior de humanidade.[38]

Nessa reflexão sobre a revolta, Camus volta a encontrar sua angústia perante a finitude da existência, sua luta não só contra a pena de morte, mas contra a própria morte, o que exige dar sentido à existência. Ele estigmatiza a transferência de sacralidade efetuada por seu século para a história, em que a única justificação para a aventura da espécie humana consiste em apostar todas as fichas na ideia de revolução: "A revolução, mesmo e sobretudo aquela que pretende ser materialista, não passa de uma cruzada desmesurada."[39] Segundo ele, a revolução está enraizada historicamente no assassinato e vira-se para um futuro que serve como transcendência para homens que deixaram de acreditar em Deus. A conjunção de Nietzsche e de Marx acarreta, na Rússia, a vitória do totalitarismo. Camus atribui ao bolchevismo o qualificativo de socialismo "cesariano" e, se ele condena o terrorismo individual, é para transportar as forças da morte a uma escala bem superior, a de um Estado legitimado para exercer um terror de massa.

Além do caso soviético, Camus constata que todas as revoluções modernas redundaram em um fortalecimento do Estado. No marxismo, ele

---

38. Ibidem, p. 89-90.
39. Ibidem, p. 121.

denuncia uma forma de revezamento da morte de Deus, de subproduto da secularização que, para a política, transfere os sonhos messiânicos e confunde os componentes apocalípticos do cristianismo com seu horizonte profético. Dotada, assim, de uma função religiosa, a história é divinizada. Já no século XVIII, a ideia de progresso se tinha imposto, servindo de intermediária à concepção cristã de um tempo teleológico. Tal avanço havia sido retomado pelo marxismo, cuja profecia livra, supostamente, o homem de qualquer coação moral: "O que importa se isso tenha ocorrido pela ditadura e pela violência? Nessa Jerusalém estrepitante de máquinas maravilhosas, quem ainda há de lembrar-se do grito do degolado? A idade de ouro adiada para o fim da história — e, coincidindo, por uma dupla atração, com um apocalipse — serve de justificação a tudo."[40]

Em nome dos interesses superiores da revolução, é permitido amordaçar todas as formas de revolta, esta considerada como um primeiro estágio para se chegar ao da revolução. Em vez disso, de acordo com Camus, o revoltado opõe-se ao revolucionário porque este traz em seu bojo o totalitarismo, à semelhança da nuvem que anuncia a tempestade. Ao conjugar determinismo e profetismo, o socialismo autoritário deu origem a um sistema implacável. Por uma dialética funesta, a revolução virou-se contra as próprias origens, que se encontram na expressão da revolta:

> O revolucionário é, ao mesmo tempo, revoltado ou, então, já não é revolucionário, mas policial e funcionário que se ergue contra a revolta. Mas, se ele é revoltado, acaba por insurgir-se contra a revolução. De tal modo que não há progresso de uma atitude para a outra, mas simultaneidade e contradição que não cessa de crescer. Qualquer revolucionário converte-se em opressor ou herege.[41]

Tal demonstração destina-se, evidentemente, a Sartre em pessoa, mesmo que este não seja nomeado, pelo fato de encarnar, segundo Camus, o culto da história e a escolha inconsequente da revolução contra

---

40. Ibidem, p. 229.
41. Ibidem, p. 273.

a revolta. De acordo com Ronald Aronson, Camus apresenta "um estudo codificado da peça de Sartre *O diabo e o bom Deus* (1951), que Camus conhece bem, e especialmente a refutação da ideia central da peça segundo a qual Goetz, no decorrer de seu crescimento, passa da revolta para a revolução".⁴² Ao concluir a demonstração, Camus opõe um pensamento do Norte, marcado pela ideologia alemã, qualificada por ele como "pensamento da meia-noite", a um pensamento do Sul, a que ele atribui o qualificativo de "pensamento do meio-dia" e que é o seu preferido por alimentar-se de fontes libertárias e do espírito de revolta. De acordo com ele, a Europa de 1950 encontra-se na encruzilhada entre "pensamento do meio-dia" e "pensamento da meia-noite". É um eufemismo afirmar que o mundo intelectual não parece estar preparado para escutar o elogio da "medida"⁴³ que lhe é, assim, oferecida por Camus.

Tal tese, apresentada em plena guerra fria por um grande escritor de esquerda — em uma época que incentiva a refletir em termos maniqueístas e a estabelecer a oposição entre o campo do bem, situado no lado do proletariado mundial e da URSS, e o campo do mal, o do capitalismo e do imperialismo norte-americano — provoca surpresa. Naquele ano de 1951, raros são os que estão cientes da existência de campos de concentração na URSS, que continua sendo um território reverenciado; estamos ainda longe do sismo desencadeado pelos acontecimentos de 1956. O mérito de Camus é ainda maior, mas, à frente de seu tempo, assume o risco de pagar por isso um preço elevado: o da solidão. Ao tomar conhecimento de suas intenções, o filósofo e escritor Jean Grenier — que havia sido seu professor na Argélia — dirigiu-lhe a seguinte advertência: "Você vai fazer muitos inimigos."⁴⁴ Mas, para Camus, está na hora de dizer a verdade e de quebrar a conspiração do silêncio. Antes do lançamento desse livro, o futuro Nobel almoça com o escritor Jean-Claude Brisville no restaurante do hotel Lutétia. Antes de se despedir, ele solta este comentário: "Vamos nos dar um aperto de mãos. Com efeito, daqui a poucos dias, já não haverá

---

42. ARONSON, op. cit., p. 208.
43. Cf. TODD, [1996] 1998, p. 589.
44. Jean Grenier, citado in ibidem, p. 556.

muitas pessoas para me estenderem a mão."⁴⁵ Em uma carta escrita entre 1950 e 1952, ele explicará com a máxima clareza a mola propulsora desse texto incendiário:

> Tenho ódio, às vezes, de minha época. Não sou um idealista. E meu ódio não é contra essas realidades, por mais abjetas e cruéis que sejam, mas contra as mentiras em que elas chafurdam. [A Rússia é] hoje uma terra de escravos, juncada de torres de vigilância [...]. Combaterei até o fim o fato de que esse regime de campos de concentração seja adorado como instrumento da libertação e como uma escola da felicidade futura [...]. Uma única coisa no mundo parece-me ser maior do que a justiça: é, se não a própria verdade, ao menos, o esforço despendido para alcançá-la. Temos necessidade não de esperança, mas simplesmente de verdade.⁴⁶

A recepção ao livro, naquele outono de 1951, é no mínimo contrastada. Por um lado, como escreve Roger Grenier, "Camus, que nunca teve falta de inimigos, teria em seu encalço uma matilha oriunda de todos os horizontes intelectuais e políticos, desde os surrealistas até os sartrianos, desde a direita até os comunistas".⁴⁷ André Breton é o primeiro a reagir à pré-publicação, pela revista literária *Les Cahiers du Sud*, do capítulo sobre Lautréamont, acusando Camus por desabonar "a maior obra dos tempos modernos" e atribuindo-lhe o qualificativo de "conformista". Em contrapartida, o livro é elogiado em toda a imprensa não comunista. O cotidiano *Le Monde* considera que se trata do mais importante lançamento desde o fim da guerra. Em *Le Figaro littéraire*, o filósofo e crítico literário Jean Guéhenno estima que é não só o principal livro de Camus, mas, de maneira mais ampla, da era moderna. Em seu elogio, além de associar Camus a Malraux, o crítico reconhece o primeiro como o autor de um tema importante: "Ele o deve a sua sinceridade, a um sofrimento autêntico, a um profundo sentimento

---

45. Depoimento de Jean-Claude Brisville, citado in ibidem, p. 568.
46. Albert Camus, carta a um correspondente não identificado, Acervo de Jean e de Catherine Camus, citada in TODD, op. cit., p. 557.
47. GRENIER, op. cit., p. 251.

das indignidades e da grandeza deste tempo."[48] Em *Combat*, o professor e crítico literário Maurice Nadeau refere-se elogiosamente também a esse grande livro, prevendo um enorme impacto na medida em que propõe uma leitura de nossa contemporaneidade, embora ele não compartilhe de suas conclusões, que reforçam o ceticismo e a inação. Em *L'Observateur*, o próprio diretor desse semanário, Claude Bourdet, é que pega a caneta para elogiar *O homem revoltado* em dois artigos sucessivos. Na imprensa comunista, em compensação, que representa na época uma força poderosa, Camus passa por renegado. O livro não deixa de encontrar rapidamente seu público e é reimpresso no próprio mês de publicação; em menos de um ano, sua vendagem eleva-se a setenta mil exemplares.

Camus está ansioso para ler a resenha da única revista que usufrui de uma verdadeira autoridade no mundo intelectual de esquerda, a do amigo Sartre, *Les Temps modernes*, que havia recebido, antes do lançamento, as provas desse texto e permanecia curiosamente silenciosa. Este silêncio não reside de fato na diferença de ritmo entre a imprensa e as revistas, mas no desassossego experimentado por Sartre diante do novo livro de Camus, pelo qual não manifesta o mínimo interesse. Não pretendendo melindrar aquele que permaneceu, apesar de suas divergências, um amigo e autor de uma obra literária que apreciava, Sartre evita escrever tal resenha e convoca um voluntário para essa tarefa delicada; no entanto, o comitê de redação não tem urgência em executá-la. Em 22 de fevereiro de 1952, no momento em que o livro já é um sucesso, Camus encontra Sartre na sala Wagram durante uma manifestação de apoio a sindicalistas espanhóis condenados à morte pelos tribunais do general Franco. Eles aproveitam a ocasião para uma conversa no bar, cuja cena é descrita assim por Olivier Todd: "Constrangido, 'chateado' — conforme diz aos amigos —, Sartre informa Camus: a crítica de *Les Temps modernes* não será favorável."[49]

Sartre decide confiar a resenha ao filósofo — e exegeta de seu pensamento — Francis Jeanson, pedindo-lhe um artigo que, sem ocultar a discordância, permaneça mesmo assim cortês. O artigo — "Albert Camus

---

48. Guéhenno, 1951.
49. Todd, [1996] 1998, p. 572.

ou l'âme révoltée" [Albert Camus ou a alma revoltada] — será publicado no número de maio de 1952, seis meses após o lançamento de *O homem revoltado*.⁵⁰ Sem deixar de referir-se à boa recepção do livro, Jeanson convida Camus a questionar-se e, até mesmo, a preocupar-se com essa quase unanimidade, indagando se isso não se deve a certa inconsistência de seu pensamento. Além disso, irá criticá-lo por um olhar puramente abstrato que, por exigência de sua demonstração, não leva em consideração a singularidade das situações históricas e dos conceitos, tais como o de "revolução", incorrendo em imponderabilidade histórica: "Com toda a evidência, Camus não acredita nas infraestruturas."⁵¹ Ao estigmatizar um pensamento fundamentalmente idealista, Jeanson denuncia a visão que faz derivar o regime stalinista do pensamento de Marx. Segundo ele, a máquina de Camus para remontar o tempo acaba por incriminar o próprio Hegel, sem ser capaz de identificar o verdadeiro culpado. E a principal acusação dirigida a Camus consiste na tentativa de acabar com a história através da denúncia de sua divinização:

> A [história] não parece ter contado muito no pensamento de Camus: o legado mediterrânico, sem dúvida, não constituía, de modo algum, uma predisposição nesse sentido. Vista das praias africanas, a história propriamente dita confunde-se com "a história do orgulho europeu" que não passa de um interminável delírio noturno.⁵²

Se Camus havia criticado a transferência de sacralidade para a história, Jeanson responde-lhe que ele está enredado em um pensamento maniqueísta que opõe o Bem ao Mal, em que este último tem a ver com a história. Para concluir, ele apresenta sua posição como portadora de todas as características da "alma bela", fonte de ilusões: "A pior ilusão não estaria no projeto de uma revolta *pura e baseando-se unicamente em si*?"⁵³

---

50. JEANSON, 1952a, pp. 2.072-2.090.
51. Ibidem, p. 2.077.
52. Ibidem, p. 2.084.
53. Ibidem, p. 2.089 (grifos do autor).

A crítica é severa, mas evita, tal como havia sido combinado com Sartre, qualquer polêmica. O artigo termina inclusive com um vibrante elogio da obra de Camus, qualificado como "insubstituível", e com um apelo no sentido de que ele recupere seu tom pessoal.

Apesar dessas precauções, Camus fica irritado pelo fato de não ter sido o próprio Sartre a contestá-lo; assim, de maneira bem afetada, ele escreve ao "Senhor diretor" da revista uma carta publicada no número de agosto de 1952. À afronta de que havia sido alvo, ele replica com outra afronta, aquela de nunca mencionar o nome de Jeanson, contentando-se em fazer alusão, não sem arrogância, a "seu colaborador". Refutando rispidamente a ideia de que não teria levado em conta as contingências econômicas e históricas na gênese do fenômeno revolucionário, ele considera indecente que seja possível desinteressar-se pelo destino dos esfomeados. Dirigindo-se a Sartre como se tivesse sido este o autor do texto, ele escreve: "Afinal de contas, creio que seu artigo não se referia realmente a meu método. Ele pretendia simplesmente colocar-me, uma vez mais, fora do circuito e demonstrar que meus próprios preconceitos me afastavam da realidade."[54] Camus considera as críticas da revista a seu respeito como uma defesa implícita do marxismo enquanto dogma intangível. Ele fica pasmo diante do silêncio sobre o destino daqueles que estão sob o jugo do socialismo autoritário quando, afinal, por trás dessa pseudolibertação, descobre-se uma fábrica de escravos. E visa Sartre ao atacar aqueles que, durante a guerra, nunca fizeram outra coisa além de virar "sua poltrona no sentido da história".[55]

Nesse mesmo número 82 de *Les Temps modernes*, Sartre contesta Camus em um texto com mais de vinte páginas. Ele constata o fim de uma amizade, lamentando o que não deixa de ser deplorável: "Nossa amizade não era fácil, mas vou sentir a falta dela. Se você a rompe hoje, é, sem dúvida, porque ela deveria um dia ser rompida. Tínhamos muitos

---

54. Camus, [1952] 2008, pp. 417-418.
55. Ibidem, p. 429. Comentário de O. Todd: "Mensagem codificada: nem mesmo um leitor em cada cem mil sabe que se trata de uma alusão à Libertação da Comédie--Française por um Sartre adormecido na orquestra, em 1944" ([1996] 1998, p. 576). [N.T.]

pontos de vista em comum e um pequeno número de divergências. Apesar de serem poucas, estas eram demasiado relevantes: a amizade também tende a tornar-se totalitária [...]."⁵⁶ Sartre adverte o ex-cúmplice que não há de poupá-lo, mesmo que tivesse desejado ficar de fora da polêmica. A virulência de Sartre confirma a grande distância entre as respectivas posições políticas, tanto mais que, naquele ano de 1952, marcado pela Guerra da Coreia, Sartre inicia um longo companheirismo com o PCF.

Para além das divergências, Sartre mostra-se claramente afetado, em relação à amizade que nutria por Camus. Ao dirigir sua carta ao "Senhor diretor", ele desdenha uma amizade de quase dez anos; Sartre reprova Camus no terreno da moralidade. Em seu entender, o fato de não mencionar Jeanson é a prova de um menosprezo inaceitável:

> [...] você dirige-se a mim, ao passo que seu intuito evidente consiste em refutar Jeanson: trata-se de um mau procedimento. Seu objetivo não consistirá em transformar seu crítico em *objeto*, em morto? Fala a respeito *dele* como de uma sopeira ou de um bandolim; *com ele*, nunca. Isso significa que ele se posicionou fora do humano: em você, os resistentes, os prisioneiros, os militantes e os pobres o metamorfoseiam em pedregulho [...]. Mas pergunto-lhe, Camus: Camus, quem é você para assumir tais distâncias? E o que lhe dá o direito de ostentar, em relação a Jeanson, uma superioridade que *ninguém* lhe reconhece? [...] A superioridade que você se atribui e que lhe dá o direito de não tratar Jeanson como um ser humano deve ser uma superioridade de *raça*.⁵⁷

A decepção de Sartre equipara-se à admiração que ele havia experimentado por Camus no fim da guerra:

> Você foi para nós — amanhã pode voltar a ser — a admirável conjunção de uma pessoa, de uma ação e de uma obra. Estávamos em 1945: descobríamos Camus, o resistente, tal como havíamos descoberto Camus,

---

56. SARTRE, 1952b, p. 334.
57. Ibidem, p. 338.

o autor de *O estrangeiro*. [...] você não estava longe de ser exemplar. Uma vez que você resumia em si os conflitos da época, além de superá-los por seu ardor em vivenciá-los.[58]

E prosseguindo no mesmo registro:

> Como o apreciávamos, então. Por nossa parte, éramos também neófitos da história [...]. Você foi, durante alguns anos, o que poderia ser designado como o símbolo e a prova da solidariedade entre classes.[59]

Sartre raramente confessa semelhantes sentimentos, tanto mais que, nesse momento, em 1945, ele estava no auge da glória pela consagração do existencialismo.

Magoado pelo Camus de 1952, ele reage com pugnacidade, dando vazão a um intenso ataque mediante críticas pessoais, visando nocautear aquele que, de amigo, se tornou um adversário a ser liquidado. Nenhuma restrição para as investidas de um apaixonado ressentido que pisoteia aquele que havia lisonjeado. Ele questiona Camus por que mistério não se pode discutir a respeito de sua obra "sem despojar a humanidade de suas razões para viver". Nega-lhe o direito de falar em nome dos sem qualificação, oprimidos e miseráveis. Com efeito, mesmo reconhecendo que ele tenha compartilhado o destino dos pobres, Sartre julga que ele se juntou à burguesia: "Você é um burguês, como Jeanson e como eu." Além disso, critica o estilo: "O que me deixa perplexo em sua carta é o fato de ser por demais *escrita*; não o reprovo por sua pompa, que lhe é natural."

Sartre converte Camus no promotor público da República das belas almas: ao repreender todo o mundo, tanto os povos quanto os governos, por não terem denunciado suficientemente os campos soviéticos, ele não teria outra escolha além de refugiar-se nas ilhas Galápagos. Sartre nega ter mantido o silêncio em relação à existência dos campos na URSS: "Alguns dias após as declarações de [David] Rousset, dedicamos aos campos um

---

58. Ibidem, p. 345.
59. Ibidem, pp. 348 e 349.

editorial em que eu tomava uma posição frontal, além de vários artigos."[60] Para concluir, ele ridiculariza a postura de Camus, assimilando-a à ingenuidade de uma criança que age irrefletidamente: "À semelhança da garota que toca a água com o dedo do pé e pergunta 'Será que ela está quente?', você olha para a história e se questiona: 'Será que ela tem sentido?'"[61] Sartre responde-lhe que a história, fora do homem que a faz, não passa de um conceito abstrato a respeito do qual nada pode ser dito. A estocada final denuncia o método utilizado por Camus em relação a Jeanson, ampliando-a a uma questão de ética: "Sua moral começou por transformar-se em moralismo, hoje ela nada é além de literatura e amanhã será talvez imoralidade."[62] E acrescenta que ele pretende guardar silêncio: mesmo que Camus decida responder, ele recusa-se a combatê-lo. No mesmo número de *Les Temps modernes*, Francis Jeanson fornece sua própria resposta para Camus em um artigo não menos longo, com trinta páginas, que evita o terreno do afeto para situar-se no registro do confronto argumentativo; ele aproveita a oportunidade para desenvolver os pontos de discordância já explicitados a propósito de *O homem revoltado*.[63]

Se Camus recebe o apoio indefectível de René Char — para quem *O homem revoltado* é sua melhor obra —, ele fica bastante ressentido por essa arremetida de Sartre: o amigo havia atingido seus pontos fracos e, como bom boxeador, assestou os golpes de modo a provocarem-lhe o maior sofrimento possível. De maneira mais profunda, Camus sente a atitude de Sartre como uma rejeição de classe. Acuado na situação de miséria vivenciada em sua infância, ele nunca conseguirá recuperar-se totalmente, confiando à amiga Jeanne Terracini: "O que você quer que eu lhe faça? Que eu vá lhe quebrar a cara? Ele é baixinho demais!"[64]

A imprensa repercute a disputa entre os dois amigos, que chega a tomar o aspecto de um psicodrama e torna-se matéria para as manchetes: *Samedi-Soir* (6 de setembro de 1952): "Consuma-se a ruptura Sartre-Camus."

---

60. Ibidem, p. 341.
61. Ibidem, p. 352.
62. Ibidem, p. 353.
63. JEANSON, 1952b.
64. Albert Camus, citado in TODD, [1996] 1998, p. 586.

France-Illustration (21 de setembro): "Sartre contra Camus." De acordo com a observação de Aronson: "Para Camus, a atenção prestada a esse caso só contribui para agravar a situação. Nessa badalação publicitária, Sartre está à vontade, mas Camus, corroído de dúvidas, passa vários meses com os nervos à flor da pele."[65] Independentemente dos lugares frequentados por Camus, até mesmo a editora Gallimard, ele suscita reações constrangidas que manifestam seu isolamento nesse conflito: "No dia seguinte à réplica de Sartre, Camus percorre as salas [da editora], em busca de apoio. Com resultado pífio. Gaston [Gallimard] parece entediado; está acostumado com discussões entre seus autores mais importantes e omite-se."[66] Camus escreve sua consternação para a esposa, Francine:

> Paris deixa-me angustiado como sempre quando retorno à cidade. *Les Temps modernes* saiu com vinte páginas de resposta de Sartre e trinta de Jeanson. Antes mesmo da entrega da revista nas livrarias, alguns excertos foram publicados no *L'Observateur*. O assunto teve bom destaque, embora sem elegância. Quanto às respostas, uma é maldosa, enquanto a outra é estúpida. Nenhuma responde às minhas perguntas, exceto Sartre em um ponto. Mas as cinquenta páginas são deliberadamente insultuosas; assim, tive o prazer de ser chamado de policial e de cabotino, entre outras coisas. Em geral, trata-se de uma longa dissertação sobre meu orgulho, que não deixa de ser atingido, como você pode ver, em cheio.[67]

Desta vez, o grande vencedor da disputa é Sartre porque a situação política é mais propícia ao sucesso de sua visão maniqueísta dos conflitos. Se a sequência da história intelectual irá fazer justiça a Camus, sua intervenção estava à frente de seu tempo, de acordo com a observação de Éric Werner: "O ponto de vista camusiano é, no sentido estrito da palavra, um ponto de vista *excêntrico*. Camus está 'fora de jogo'. Diante de Kojève e

---

65. Aronson, op. cit., p. 253.
66. Todd, op. cit., p. 587.
67. Albert Camus, carta a Francine Camus, 5 de setembro de 1952, citada in ibidem, p. 585.

de Merleau-Ponty, ele passa por ser *estrangeiro*."[68] Este ensaísta considera Camus como um precursor de Merleau-Ponty, o qual há de exprimir as mesmas teses, quatro anos mais tarde, ao preconizar — em seu livro *As aventuras da dialética* — o "a-comunismo".

Camus não responderá diretamente à investida de Sartre. De qualquer modo, acaba por abordar a divergência entre eles em seu livro *A queda*, em 1956, mediante a construção do personagem de Jean-Baptiste Clamence, um "juiz-penitente"[69]: "Clamence" — escreve Aronson — "começa por assumir as características do Camus descrito por Sartre e Jeanson; em seguida, assume os caracteres da própria subjetividade de Camus, antes de se transformar na pessoa de Sartre!"[70] O tema do livro é o julgamento; aliás, Camus havia pensado, inicialmente, intitular esse texto *Le Jugement dernier* [O juízo final]. A ambivalência encontra-se no cerne da questão com a ideia de que a criatura é naturalmente dupla. O sonho do homem consiste em reinar sobre a sociedade através da violência; ora, esse sonho havia sido recalcado, durante muito tempo, por Clamence. No entanto, chega o momento em que ele toma consciência disso e empenha-se em eliminá-lo por uma série de recursos que vão desde o álcool até a devassidão, passando pelas paixões românticas. Mas nada adianta: "A solução de Clamence é simples: fazer das tripas coração."[71]

Com esse texto, Camus consegue sua desforra literária. Sartre está ciente disso a ponto de julgar o livro como o melhor de seu ex-amigo, uma obra prima em que, ao mesmo tempo ele se revelou e se dissimulou. Entretanto, ao final do romance, Clamence — que se tornara Sartre — não merece a própria reputação:

> [...] estou diante da humanidade inteira, recapitulando minhas vergonhas, sem perder de vista o efeito que produzo, e dizendo: "Eu era o

---

68. WERNER, 1972, p. 30.
69. CAMUS, [1956] 2007, p. 7.
70. ARONSON, op. cit., p. 317.
71. WERNER, op. cit., p. 247.

último dos últimos." Então, passo insensivelmente, em meu discurso, do "eu" para o "nós". Quando chego ao "eis o que nós somos", a sorte está lançada, posso dizer-lhes as suas verdades. Sou como eles, é certo, estamos no mesmo barco. Tenho, no entanto, uma superioridade, a de sabê-lo, o que me dá o direito de falar. O senhor vê a vantagem; disso, tenho a certeza. Quanto mais me acuso, tanto maior é meu direito de julgá-lo. Melhor ainda, eu o provoco no sentido de julgar-se a si próprio, o que me consola igualmente.[72]

O livro obtém um enorme sucesso: 125 mil exemplares vendidos em seis semanas. Um ano mais tarde, Camus é laureado com o Nobel de literatura.

No momento em que, na segunda década do século XXI, está em curso uma mudança em nosso regime de historicidade e o questionamento da teleologia que havia marcado os séculos XIX e XX, o confronto Sartre-Camus continua tendo uma atualidade extraordinária. A questão em debate foi formulada por Éric Werner da seguinte maneira: "Em que medida a história se deixa definir legitimamente como *sentido*?"[73] O absurdo, a finitude da existência e a morte constituem desafios de tal modo insuperáveis para a humanidade que determinadas escapatórias, tais como a crença no sentido da história, parecem irrisórias. Werner analisa a oposição entre Camus e Sartre como uma reprodução do confronto entre Rousseau e Hobbes:

> O caráter próprio na relação a outrem é, originalmente, para Camus, *positivo* e, para Sartre, *negativo*. Camus é o herdeiro do otimismo rousseauísta (o homem é naturalmente *sociável*), enquanto Sartre herdou o pessimismo hobbesiano (o que é natural é a *luta até a morte*).[74]

---

72. Camus, [1956] 2007, pp. 51-52.
73. Werner, op. cit., p. 235 (grifo do autor).
74. Ibidem, p. 242.

A ruptura Sartre-Lefort

Em 1952, a aproximação de Sartre com o PCF implicou novas grandes rupturas para o filósofo. Étiemble — colaborador regular de *Les Temps modernes* e responsável pela rubrica literária — recebeu, em fevereiro de 1953, uma missiva de Sartre comunicando-lhe que ele próprio se posicionou fora do círculo sartriano à semelhança de outros que se opõem ao partido:

> Meu caro Étiemble, em sua resenha sobre *Les Deux Étendards* [Os dois estandartes] (*La Nouvelle NRF*, 1º de março), copio a seguinte frase, na página 528: "Para falar com franqueza, aos stalinistas-nazistas, prefiro os francos-canalhas, os canalhas-francos, os nazistas-nazistas." Ou dito por outras palavras: ao fim e ao cabo, você prefere os hitlerianos aos comunistas. Um dia destes, você me perguntou se havia alguma restrição à liberdade de nossos colaboradores. Eu pensava que não houvesse. Mas eu estava equivocado: eis aí um limite; ao transpô-lo, você levou-me a descobri-lo. Esse é também o de meu apreço. Interpreto, portanto, seu artigo como um aviso de mudança de endereço; assim, toda a correspondência que recebermos em seu nome passará a ser encaminhada para a rua Sébastien-Bottin.[75]

Outro colaborador importante de *Les Temps modernes*, Claude Lefort, discípulo de Merleau-Ponty, é uma estrela em ascensão da revista; aliás, é também o criador de uma revista, *Socialisme ou barbarie*, e de um grupo epônimo que ele anima, desde 1949, em companhia de Cornelius Castoriadis. De novo, o companheirismo de Sartre com os comunistas e a caução fornecida por este ao regime soviético irão provocar uma ruptura radical. Claude Lefort reage, em *Les Temps modernes*, à publicação por Sartre de seu longo estudo sobre "Les communistes et la paix" [Os comunistas e a paz], repartido em três números — n. 81, julho de

---

75. Jean-Paul Sartre, carta a Étiemble, citada in COHEN-SOLAL, op. cit., p. 446. Esse é o endereço da editora Gallimard, que publica *La Nouvelle NRF*. [N.T.]

1952, n. 84-85, outubro-novembro de 1952, e n. 101, abril de 1954[76] —, no qual Sartre exprime a convicção de que os comunistas representam o único polo de agrupamento possível para todos aqueles que desejam evitar uma extensão da guerra, já perceptível na Coreia. Outro argumento de Sartre consiste em considerar que, para todos aqueles que aspiram a uma transformação revolucionária da sociedade que seja favorável aos operários, o único instrumento é o PCF: "Sem este, não há unidade, nem ação, tampouco classe."[77]

Sartre teria sido marxista?

Tal postura é insuportável para Lefort, que rompeu não só com o stalinismo, mas também com o trotskismo, criando a revista *Socialisme ou barbarie*. Ao responder a Sartre sob a rubrica "Discussions" de *Les Temps modernes*[78], ele contesta sua concepção unitária da classe operária, atribuindo-a a uma forma de idealismo kantiano separado de seu substrato sociológico; como tal, a classe operária não existiria segundo Sartre porque, existindo unicamente "em ação, ela é ato".[79] Ele vai criticá-lo também por uma abordagem transcendental da atividade revolucionária que o conduz a desistoricizá-la: "A obstinação de Sartre em desarraigar a classe de sua existência social e histórica é ainda mais infeliz quando ele fala da produção operária."[80] Em termos de produção e de sua prevalência na teoria marxista do capital, Lefort pretende demonstrar que a posição defendida por Sartre não é marxista.

Segundo ele, a singularidade do proletariado, em vez de encarnar o não-ser, reside em seu lugar nas relações sociais de produção. Sartre, que parece ignorar essa característica decisiva, absolutiza a oposição binária entre o em-si e o para-si a ponto de perder o contato com a realidade

---

76. SARTRE, [1952a-1954] 1964.
77. Ibidem, p. 760.
78. LEFORT, 1953.
79. SARTRE, [1952a-1954] 1964, p. 732.
80. LEFORT, 1953, p. 1.547.

social. A Sartre, Lefort opõe as análises do grupo Socialismo ou Barbárie: com efeito, desde 1949, esses textos consideram que a organização stalinista nacional e internacional não tem estritamente nada a ver com os interesses dos operários e defende os interesses de uma classe burocrática disciplinada e solidamente hierarquizada. Se Lefort não procura a polêmica e nunca ataca a pessoa, a lógica de sua demonstração equivale a afirmar que Sartre, acreditando juntar-se à classe operária no paraíso, limita-se a aliar-se à burocracia, apoiando de fato suas prerrogativas e seu poder de opressão.

O artigo de Lefort implica quase imediatamente uma resposta de Sartre. Em um artigo muito longo[81], ele refuta a acusação de negar o enraizamento social dos trabalhadores, mas mantém que a unidade operária só pode obter-se por um agir. Se Lefort evita a polêmica, Sartre, pelo contrário, faz brilhar seu temperamento combativo assimilando a posição de Lefort àquela de um "patrão jovem":

> Se eu fosse um "patrão jovem", eu teria sido lefortista: com sua interpretação, você lança as bases de um marxismo para todos [...]. O patrão lefortista sacrifica a própria honra à revolução e defende o regime, se necessário, pela força: a única forma de prestar ajuda a seus camaradas operários consiste em forçá-los a produzir as condições da própria emancipação.[82]

Se Lefort não confere nenhum certificado de marxismo a Sartre, este contesta, em sua resposta, o marxismo de Lefort, situando-o de preferência do lado de um economicismo inspirado pelas teses de Engels, no tocante aos patrões, e de Hegel, em relação aos operários. Ele vai acusá-lo, em sua crítica mais relevante, de evitar um ponto central do marxismo: a luta de classes. Em seguida, vem um questionamento pessoal de rara violência: "Mas você, Lefort, quem é você? *Onde* você está? E como pode falar-nos

---

81. SARTRE, 1953, pp. 1571-1629.
82. Ibidem, p. 1575.

sobre a experiência dessa classe operária?"[83] Sartre devolve, portanto, Lefort à sua classe de origem, a burguesia, com a qual ele não rompeu, tendo permanecido na condição de professor universitário, o que, no entender de Sartre, não o autoriza a falar em nome da classe operária. A única maneira de romper com a burguesia é, para Sartre, a da adesão ao partido que permite "trocar de classe". Segundo ele, os representantes do PCF são os únicos que podem falar *em nome* dos trabalhadores; quanto a Lefort, ele nada pode exprimir além de uma opinião *sobre* a classe operária.

Esse argumento havia sido utilizado tantas vezes pelos stalinistas que causa surpresa o fato de ter sido retomado por Sartre; e a surpresa é tanto maior porque ele não pode ignorar a existência do grupo Socialismo ou Barbárie. Como é que ele consegue escrever a sério que, na monadologia lefortiana,

> é, no mínimo, paradoxal [que] você, tendo-se declarado hostil ao "stalinismo", [se tenha] despojado dos meios para condená-lo, enquanto por minha parte [...], não escondo minhas simpatias em relação a numerosos aspectos da empreitada comunista e, no entanto, mantenho o direito e a capacidade de apreciá-la?[84]

Para Sartre, algumas afirmações de Lefort são "odiosas", sua argumentação demonstra "esquematismo" e "falso rigor", enquanto suas conclusões são "doutorais e simplistas". Lefort não é Hegel, nem Marx; além disso, suas ideias a respeito deste último "assemelham-se àquelas que eram formuladas sobre a mulher em 1890".[85] Quanto à autonomia operária preconizada por Lefort, Sartre replica que esta ainda terá de ser mostrada em ação, ao passo que Sartre, por sua vez, pode evocar o partido visto que este existe: "A classe sem os comunistas, as organizações sem a classe em liberdade, é a Índia sem os ingleses; aliás, o latim sem lamúrias e a

---

83. Ibidem, p. 1.579 (grifo do autor).
84. Ibidem, p. 1.615.
85. Ibidem, p. 1.589.

revolução sem lágrimas é a natureza sem os homens."[86] Por fim, Lefort é culpado de tudo o que acontece em decorrência de uma análise equivocada da situação, visto que ele defenderia posições atinentes, ao mesmo tempo, a um "organicismo secreto", a um retorno ao "idealismo de Hegel", a uma retomada de *O contrato social*, de Rousseau, e a uma descrição platônica da situação da URSS na década de 1920, tudo isso redundando em um catastrofismo terminal, acoplado a uma forma de "quietismo" e a um simples ensimesmamento: "A única preocupação de Lefort é com ele mesmo, com a própria atividade e com os problemas suscitados por sua situação na classe burguesa."[87]

Escusado será dizer que, depois de semelhante saraivada de críticas, consuma-se a ruptura entre Sartre e Lefort; aliás, os esforços deste último no sentido de colocar em destaque determinadas teses que haviam permanecido confidenciais na revista *Socialisme ou barbarie* não chegaram a concretizar-se. Até 1956, esta publicação continuará a pregar no deserto apesar da lucidez — que lhe será reconhecida muito mais tarde — de sua análise do sistema burocrático. Através de Lefort, Sartre visa o grupo Socialismo ou Barbárie, perdendo assim uma potencial tribuna.

A resposta a seu acusador não será dada pessoalmente por Lefort, mas pelo amigo Cornelius Castoriadis, em quem Sartre encontra um combatente à sua medida pelo fato de não ter relutância pela polêmica. Em agosto de 1953, ele publica em *Socialisme ou barbarie*, sob o título "Sartre, le stalinisme et les ouvriers" [Sartre, o stalinismo e os operários], o artigo mais virulento de sua volumosa produção labiríntica. Para ele,

> [...] o inesperado, ou se preferimos, o irracional, chegou sob a forma de uma série de artigos de Sartre. Tendo esgotado o conhecimento como Fausto e dissipado sua juventude como César, ele sente-se cada vez mais agitado pelo demônio da ação e decidido, à semelhança de Platão, a deixar os prados de Saint-Germain para dirigir-se à Sicília sempre que há um Congresso em Viena. Uma primeira "solicitação para ser inserido

---

86. Ibidem, p. 1.598.
87. Ibidem, p. 1.629.

na história" por intermédio do RDR tendo sido recusada há quatro anos, Sartre havia aprendido imediatamente a lição disso: na política, de "esquerda" e não menos de "direita", o que conta não são as ideias, mas o sucesso. Como ele irá escrever com elegância: "A ideia verdadeira é a ação eficaz". [88]

Castoriadis sugere a Sartre que faça um melhor uso de seu tempo recostando-se em uma cama, além de aconselhar os eventuais compradores de sua revista para não desperdiçarem o dinheiro e adquirirem guloseimas. Enquanto Sartre argumenta que é ao lado do PCF que se encontram as amplas massas de trabalhadores, Castoriadis lembra em sua investida que só a determinação inabalável contra o stalinismo é capaz de libertar os operários da rotina.

Castoriadis defende o amigo Lefort. Ele denuncia o pedantismo de Sartre a seu respeito, ataca acirradamente seu critério de eficácia prática e considera tal comportamento como a expressão do mais cínico oportunismo:

> Lefort tinha mostrado que Sartre não conseguia defender nem justificar o stalinismo a não ser distorcendo constantemente o marxismo e rebaixando-o ao nível de um empirismo racionalista. A resposta de Sartre, duas vezes mais longa que a crítica, está repleta de inépcias, de contrassenso, de grosserias de índole pessoal, de erros de vocabulário e aparece sobretudo como um surto de histeria; com efeito, ao acompanhar as "demonstrações" de Sartre, percebe-se que, invadido por uma curiosa ataxia silogística, ele acaba apresentando provas, seja em demasia ou insuficientes.[89]

Segundo Castoriadis, Sartre vai mais longe do que muitos outros companheiros de estrada ao afirmar que a questão formulada por Lefort a respeito da exploração dos operários na URSS limitava-se ao nível

---

88. CASTORIADIS (sob o pseudônimo de Pierre Chaulieu), [1953] 2012, p. 58.
89. Ibidem, p. 63.

econômico, deixando intacta a apreciação que pode ser feita, em outros aspectos, sobre a natureza social do sistema:

> Assim, o fato de que o operário *seja* explorado na URSS visa *sobretudo* o sistema econômico! Esse sobretudo vale o próprio peso em barbeiragem de existência. Será que isso visa, portanto, um pouco também outra coisa? No contexto, deve-se entender que não é esse o caso. Para Sartre, que o sistema econômico esteja baseado na exploração dos operários nada tem a ver com o resto. A exploração não determina uma sociedade, nem esclarece sua natureza de classe. Na Alemanha, os operários são loiros; em Toulon, eles apreciam a anisete; e, na Rússia, são explorados. E eu com isso? Liguem para um antropólogo, um higienista, um economista, diz Sartre; isso não é da minha conta.[90]

Como golpe de misericórdia, Castoriadis devolve Sartre a suas próprias categorias filosóficas do em-si e do para-si para definir sua condição de burguês:

> Sartre é burguês (fartou-se de dizer isso!). Não, conforme sua crença, pelo fato de "viver dos juros do capital". Isso é a exterioridade burguesa, ser burguês por acidente, como alguém é alto ou baixo, moreno ou loiro. Sartre é burguês por ter interiorizado a *burguesia*, por ter escolhido ser burguês, e ele escolheu o dia em que aceitou definitivamente essa convicção constitutiva da burguesia: a incapacidade dos operários para realizar o comunismo. Ele lamenta, à semelhança de uma senhora que organiza festas beneficentes, o destino deles; em seu entender, eles mereceriam coisa melhor, inclusive o poder. Mas o que pretendem vocês? Os sentimentos são algo lindo, mas não há nada a fazer: eles são incapazes disso. Alguém deve fazer o bem em favor deles.[91]

---

90. Ibidem, pp. 83-84.
91. Ibidem, p. 91.

A ruptura Sartre-Merleau-Ponty

Um quase irmão

Companheiro de Sartre desde que se conheceram na École Normale Supérieure, em 1926, Maurice Merleau-Ponty nasceu em Rochefort em 14 de março de 1908, filho de um oficial de artilharia colonial que morreu na guerra e de uma enfermeira com recursos modestos. Prosseguiu os estudos secundários em Le Havre e depois em Paris, no Lycée Jeanson-de-Sailly, estabelecimento de ensino em que ganhou o prêmio de excelência em filosofia, antes de matricular-se no Lycée Louis-le-Grand. Na ENS, um incidente contribuiu para aproximá-lo de Sartre. Os estudantes tinham o costume de interpretar canções sujas detestadas por Merleau-Ponty, o qual na época fazia parte do grupo "tala": aqueles *"qui vont-à-la messe"* [que vão à missa]. Uma noite, ele começa a vaiar o que considera obsceno, desencadeando uma briga geral; para desapartar, ele vê surgir um "rapaz franzino, vigoroso, ativo e, mais tarde, fiquei sabendo de que se tratava de Sartre".[92] Tendo obtido o segundo lugar no concurso para professor de filosofia, em 1930, lecionou no nível secundário na cidade de Beauvais (1931-1933) e depois em Chartres (1934-1935), antes de ser nomeado professor na ENS da rua d'Ulm de 1935 a 1939. Ao mesmo tempo, beneficia-se, a partir de 1933, de uma bolsa de estudos para continuar sua pesquisa sobre a percepção: é este tema que o leva à fenomenologia de Husserl, de quem se torna um dos propagadores essenciais na França, alimentando sua crítica contra a escola de psicologia da forma alemã (Wolfgang Köhler, Kurt Goldstein) em nome de uma análise da percepção que implica uma ontologia.

Em 1939, Merleau-Ponty viaja para Louvain, universidade em que estão depositados os arquivos de Husserl, a fim de estudar a parte inédita de sua obra. A eclosão da guerra interrompeu essa pesquisa. Recrutado como oficial no Estado-Maior da 59ª Divisão Ligeira de Infantaria do

---

92. Merleau-Ponty, 1948, p. 73.

5º Regimento, ele foi desmobilizado no outono, após a estranha derrota de 1940, e voltou a dar aulas no ensino secundário, no Lycée Carnot, até 1944, e depois na turma de preparação para o acesso ao ensino superior, no Lycée Condorcet, em 1944-1945. Durante a guerra, Merleau-Ponty reencontrou Sartre, tendo criado, em parceria, um pequeno grupo de resistentes à Ocupação nazista, Socialismo e Liberdade, que incluirá uns cinquenta membros: professores, estudantes e engenheiros. Apesar da fervorosa determinação dos aderentes, o grupo não conseguirá desbravar seu caminho de terceira via entre gaullistas e comunistas. A partir daí, o trio Sartre, Merleau-Ponty e Beauvoir planeja lançar uma revista de intelectuais engajados, que será lançada, em 1945, com o título *Les Temps modernes*. Merleau-Ponty recusa a proposta de Sartre para assumir a codireção, mas acaba sendo, efetivamente, o diretor: numerosos editoriais assinados com as iniciais TM são indiferentemente escritos por Sartre ou por ele, nessa época praticamente intercambiáveis. Tendo obtido o doutorado em Letras, em 1945, Merleau-Ponty foi nomeado professor na Universidade de Lyon, cidade em que permanecerá até 1948, ano em que é recebido na Sorbonne na condição de professor de psicologia infantil e pedagogia. Em 1952, atinge o topo de sua carreira ao ser eleito para o Collège de France; nesse momento é que intervém a ruptura com Sartre, que escolhe ficar ao lado do PCF.

Ao publicar sua obra *Humanisme et terreur* [Humanismo e terror], em 1947, Merleau-Ponty demonstra uma lucidez precoce em relação ao fenômeno totalitário. Esse livro excepcional contrasta radicalmente com as várias tentativas de salvar o marxismo, apresentando-o de acordo com as vicissitudes do momento. Merleau-Ponty considera os processos de Moscou dos anos 1936-1938 e os livros de Arthur Kœstler *O zero e o infinito* (1940) e *Le Yogi et le commissaire* (1945) como os pontos de partida para uma reflexão global sobre o marxismo e o terror. No entanto, ele contesta o dilema entre o iogue (personificação da moral) e o comissário (encarnação de eficácia), tal como apresentado por Kœstler: "Será verdade que temos de optar por ser comissário — ou seja, agir de fora em relação aos homens, tratando-os como instrumentos — ou por ser iogue, ou seja, convidar os homens a uma reforma totalmente interior?"[93] Ao recusar o que ele considera uma falsa alternativa, Merleau-Ponty concebe a filosofia marxista da história como um meio de superá-la: para ele, o marxismo é portador de uma dialética viva que coloca em evidência a figura do proletário como realização possível dos valores humanos, enquanto o existencialismo protege o marxismo de suas caricaturas mecanicistas e cientificistas. Tanto para Merleau-Ponty quanto para Sartre, "o marxismo é o horizonte insuperável de nosso tempo"; em vez de uma filosofia da história, entre outras, ele é "*a* filosofia da história, e renunciar a isso equivale a esquecer a razão histórica; caso contrário, nada sobra além de devaneios ou aventuras".[94]

Merleau-Ponty leva-nos a uma compreensão do interior do comunismo e, ao mesmo tempo, preserva sua capacidade de livre exame, sem espírito de menosprezo. O livro é atacado violentamente pelos stalinistas, que não aceitam a advertência contra o eventual deslize do proletário em comissário no interior do comunismo real de Stálin. Para Merleau-Ponty, a patologia reconhecida do marxismo aplicado deve levar ao questionamento sobre os seus vínculos com o marxismo teórico; além disso, o marxismo devolve o cristão que é Merleau-Ponty aos equívocos históricos de sua própria Igreja, que se perdeu ao transformar-se gradualmente em ópio do povo, deixando aos pobres a esperança de uma condição melhor em uma hipotética vida em outro mundo.

No início da década de 1950, no momento em que a concordância entre Sartre e Merleau-Ponty parece total, é que surgem os primeiros desentendimentos. A eclosão da Guerra da Coreia é um novo choque para Merleau-Ponty, que chega a confessar a Sartre que seria preferível a revista não tomar partido. Enquanto o segundo está prestes a assumir a postura de denúncia do imperialismo norte-americano, o primeiro considera essa guerra como a vontade da União Soviética para compensar sua inferioridade, alargando sua esfera de influência: "Para Merleau-Ponty, à semelhança de um grande número de outros autores, 1950 foi o ano

---

93. MERLEAU-PONTY, 1947, p. 28.
94. Ibidem, p. 165.

crucial: ele pensou ver, sem nenhum disfarce, a doutrina stalinista."[95] A URSS passa, desde então, do status de potência progressista para o de superpotência em busca de novas presas para consolidar o seu império. De acordo com Sartre, o amigo desiludido deixa aos poucos as orlas da política para se voltar em direção a questões mais interiores e ontológicas. Sob tal impulso, aos poucos a revista também se distancia dos desafios políticos, a ponto de inquietar numerosos leitores: "Será que Merleau se dava conta de que nos *impunha* seu silêncio? E então, dei-me conta de que, afinal, a revista era dele."[96]

Na década de 1950, a posição crítica de Merleau-Ponty sobre o que estava acontecendo no Leste radicaliza-se ao ritmo das revelações, cada vez mais impressionantes, sobre o mundo concentracionário que predomina nesses territórios. Em seu editorial em *Les Temps modernes* de janeiro de 1950, em plena guerra fria, ele empreende uma denúncia dos campos de trabalho soviéticos: "Se os concentracionários são dez milhões enquanto, no outro extremo da hierarquia soviética, salários e nível de vida são quinze a vinte vezes superiores aos dos trabalhadores livres, então [...] é todo o sistema que fica de ponta-cabeça e muda de sentido."[97] No entanto, Merleau-Ponty ainda considera que a URSS continua sendo incomparável às outras nações e só pode ser julgada a partir do interior de seu projeto. Como já vimos, com a Guerra da Coreia, em 1952, é que a posição irá evoluir a ponto de entrar em conflito aberto com Sartre, que, nesse verão, publica seu longo artigo sobre "Les Communistes et la paix", mediante o qual exprime seu apoio indefectível ao PCF.

Merleau-Ponty telefona para Sartre, dando-lhe a informação de que vai publicar em *Les Temps modernes* um artigo bem distante de suas posições. Após duas horas de discussão, Sartre rejeita frontalmente tal proposta; Merleau-Ponty ameaça pedir demissão se seu texto for censurado, mas tenta chegar a um acordo, sugerindo que sua contribuição seja publicada na rubrica "Chronique". Sartre opõe-se e aconselha o amigo a limitar-se

---

95. SARTRE, 1961a, p. 338.
96. Ibidem, p. 344.
97. MERLEAU-PONTY, 1950.

à filosofia e a abandonar o campo político; Merleau-Ponty retruca que não pode haver separação entre essas duas áreas. Considerando ter sido vítima de um ato de censura, ele abandona a revista: "Até agora, tínhamos imposto silêncio apenas aos colaboracionistas e aos acusados de indignidade nacional."[98] Assim, termina o capítulo sobre a auspiciosa amizade entre esses dois filósofos.

Merleau-Ponty, impedido de se expressar em *Les Temps modernes*, envereda pela via da edição para criticar publicamente "Sartre et l'ultra-bolchevisme" [Sartre e o ultrabolchevismo], em 1955.[99] Esse momento do ultrabolchevismo é caracterizado pelo fato de que o comunismo já não se justifica pela verdade, nem pela filosofia da história, tampouco pelo próprio movimento da dialética, mas pela negação de princípio desses três parâmetros. Merleau-Ponty reconhece com Sartre que, nessa década de 1950, o PCF e a CGT representam a parte mais engajada da classe operária e que a debilitação do partido e do sindicato afetaria o peso dos operários nas relações de força no plano social e político. Mas ele não consegue acompanhá-lo em sua concepção de um partido como ordem religiosa mediante a imposição de decisões incontestáveis. Sartre escreve, com efeito, esse elogio de um centralismo bem pouco democrático: "O organismo de ligação deve ser um ato puro; se houver o menor germe de divisão, se ainda conservar em si alguma passividade — por atavismo, interesses e opiniões divergentes — quem, por conseguinte, unificará o aparelho unificador?"[100]

A partir desse pressuposto, justifica-se o mais rígido sistema stalinista: o importante é ser capaz de dar ordens e mandar executá-las. Há, sublinha Merleau-Ponty, como que um deslize semântico entre Marx e essa concepção da relação da vanguarda com a massa: "Sartre escreve que o partido dá 'ordens' aos proletários. Os marxistas diziam: 'palavras de ordem', e aí está toda a diferença."[101] Retomando os termos da controvérsia Sartre-Lefort,

---

98. MERLEAU-PONTY, 2000, p. 156.
99. Idem, [1955] 1977.
100. SARTRE, [1952a-1954] 1964, p. 766.
101. MERLEAU-PONTY, [1955] 1977, p. 169.

Merleau-Ponty vê aí em ação os três grandes princípios ausentes em Sartre: a verdade, a revolução e a história. Merleau-Ponty lembra que até mesmo Lênin, que havia insistido sobre a necessidade de um partido centralizado e eficaz, nunca chegou a vislumbrar suas relações com o proletariado a partir do modelo das relações entre um Estado-Maior e tropas: ora, esse é o caso de Sartre, convertendo-o não em um bolchevique, mas em um ultrabolchevique. À semelhança de Lefort, Merleau-Ponty pensa que o marxismo de Sartre não tem muito a ver com a teoria marxista pelo fato de eludir suas dimensões social e histórica: "O que estabelece a distinção entre Sartre e o marxismo, até mesmo no período recente, é, portanto, sempre a filosofia do *cogito*."[102] Para Sartre, que não concebe uma realidade histórica sem contato com a consciência, a história nada é além da trama que resulta de um choque das consciências. Sartre renunciaria, deste modo, a um postulado fundamental de suas teses existencialistas do período do pós-guerra ao afirmar que a existência precede a essência. Sua concepção do proletariado como uma categoria desarraigada, cuja existência depende da ação pura do partido, atribui ao proletariado uma verdadeira essência a ser encontrada.

Em 1955, Merleau-Ponty retoma por conta própria o questionamento formulado por Camus em 1952 sobre a constatação da degenerescência sistemática das revoluções. Tal postura leva-o a estabelecer a dissociação entre o instituinte — o processo revolucionário ao qual Camus teria atribuído o qualificativo de revolta — e o instituído, ou seja, o regime que é implementado com a missão de perdurar e de interromper o que está em movimento, concluindo por este paradoxo: "As revoluções são verdadeiras enquanto movimentos e falsas enquanto regimes."[103] Merleau-Ponty preconiza, em plena guerra fria, não a adesão ao comunismo, nem ao anticomunismo, mas o que ele designa como a posição a-comunista, a única que permite uma melhor apresentação da URSS,

---

102. Ibidem, p. 221.
103. Ibidem, p. 287.

confrontando a realidade com sua ideologia, sem deixar de manter um olhar crítico em relação ao capitalismo.

Ao associar essa intervenção de 1955 ao que ele havia escrito, em 1947, em *Humanisme et terreur*, Merleau-Ponty lembra-se de que tinha tentado, desde o período imediato do pós-guerra, formular uma "atitude de aguardo marxista".[104] Na época, ele esperava evoluções positivas ao contar com novos fluxos revolucionários; mas isso foi antes de a Guerra da Coreia transformar, de fato, o aguardar em ação comunista. O desaparecimento progressivo das zonas neutras entre os dois blocos convertia, nesse momento, o aguardo em um agradável devaneio cúmplice. De acordo com Merleau-Ponty, a recusa da escolha deveria ter levado a uma dupla rejeição: nos antípodas da posição de Sartre, ele adere à postura do grupo Socialismo ou Barbárie, evocando "um dos meus amigos que é marxista" — que deve ser certamente Castoriadis — e para o qual o bolchevismo já causara a ruína da revolução. A essas críticas, não há resposta de Sartre; é Simone de Beauvoir quem redige um contra-ataque violento, intitulado "Merleau-Ponty et le pseudo-sartrisme"[105] [Merleau-Ponty e o pseudossartrismo].

Essa ruptura é penosa para os dois amigos. Quando Sartre vai prestar homenagem, em *Les Temps modernes*, ao amigo falecido prematuramente em 1961, aos 53 anos, o exercício será particularmente doloroso. Seu artigo de 72 páginas sobre "Merleau-Ponty vivant" [Merleau-Ponty vivo], cuja redação prolonga-se indefinidamente — levando-o a consumir uma grande quantidade de corydrane, um estimulante anfetamínico —, será publicado nessa revista cinco meses após a morte. A intensidade emocional do texto mostra a força dos sentimentos que continuam ligando Sartre a Merleau-Ponty e, ao mesmo tempo, uma atenção excepcional ao outro e a sua singularidade:

> Ele teve de morrer para que eu o perdesse. Éramos iguais, amigos, e não semelhantes: eis o que havíamos compreendido imediatamente e nossas

---

104. Ibidem, p. 316.
105. Beauvoir, 1955.

divergências começaram por nos divertir; e depois, por volta de 1950, o barômetro caiu [...]. Cada um tentou permanecer fiel a si mesmo e ao outro; nesse aspecto, fomos quase bem-sucedidos.[106]

Eles tinham encontrado suas afinidades, na época da guerra, ao descobrirem a fenomenologia de Husserl, além de seu desejo de resistir ao ocupante nazista. Ambos tomaram consciência da dimensão trágica da história, tendo tirado a lição dessa constatação ao criarem *Les Temps modernes*: "Em suma, aprendemos a história e afirmamos que ela não deve ser esquecida."[107] Sartre descreve o amigo como alguém em busca permanente da imanência perdida. Responder à dimensão trágica consistiu em fazer com que o atual se torne mais legível, em desvendar suas áreas de opacidade e, assim, em estar presente a seu tempo, envolvido o máximo possível em seus desafios essenciais. Na narrativa reconstruída por Sartre sobre a evolução do relacionamento com o amigo, ele vê Merleau-Ponty como mais marxista do que ele após a guerra — mais bem relacionado com comunistas notórios, que apreciam sua companhia, tais como Pierre Courtade, Pierre Hervé ou Jean-Toussaint Desanti —, chegando até mesmo a desconfiar de Sartre, por temer que este viesse a dar uma virada à direita. Ele lembra um episódio significativo desse receio. Ao tomar conhecimento das provas de *Qu'est-ce que la littérature?* [O que é a literatura?], Merleau-Ponty encontra no texto uma frase ambígua que parece equiparar fascismo e stalinismo sob o nome genérico de "regimes totalitários". Além de mostrar sua irritação, ele afirma estar pronto a pedir demissão da revista; retoma rapidamente sua tranquilidade ao ser informado por Sartre de que se trata de um erro tipográfico. Sartre exprime sua dívida em relação a Merleau-Ponty por considerá-lo mais capaz do que ele para orientar-se no plano político; por seu intermédio é que ele consegue abandonar o anarquismo e levar em consideração a força irruptiva do acontecimento e da história em via de se fazer. Em 1961, ele reconhece que Merleau-Ponty o havia precedido na tomada de consciência da natureza do stalinismo:

---

106. SARTRE, 1961a, p. 304.
107. MERLEAU-PONTY, 1945a.

"Ele foi meu guia: seu texto *Humanisme et terreur* é que me impeliu a dar esse passo. Esse opúsculo tão denso levou-me a descobrir o método e o objeto: ele me deu o piparote de que eu precisava para me desprender do imobilismo."[108] Sartre propõe uma fórmula para exprimir a complementaridade entre eles, desde o início de 1945, data da fundação da revista de ambos: "Posso dizer que ele foi, para mim, o filósofo de sua política."[109]

A visita do general norte-americano Ridgway a Paris, em plena Guerra da Coreia, em 28 de maio de 1952, marca a mudança de sua postura: invadido por uma violenta irritação, Sartre mostra-se indignado diante da repressão à passeata comunista e da detenção de seu líder, Jacques Duclos, ponto de partida de seu artigo sobre "Les communistes et la paix" e de seu companheirismo com o partido. Sartre pretende assumir o grito de indignação e sente-se pressionado por sua equipe: "Apercebo-me agora de que eu tinha certa aversão por Merleau pelo fato de ele me ter imposto, em 1950, seu silêncio. A revista havia flutuado nos últimos dois anos."[110] Segue-se uma espécie de retomada de controle por Sartre, que reúne os colaboradores da revista em sua casa, aos domingos, de quinze em quinze dias. Merleau-Ponty permanece em silêncio, enquanto Sartre reconhece que ele poderia ter liderado uma vigorosa oposição antissartriana porque suas posições eram apoiadas por um grande número de membros de *Les Temps modernes*, incluindo Claude Lefort, como já vimos, além de J.-B. Pontalis, Colette Audry e François Erval. O que Sartre designa como "o trabalho de ruptura" estava, na verdade, bem encaminhado subterraneamente: a rivalidade com Lefort quase havia provocado sua demissão, tamanha a violência das palavras de Sartre, o que ele reconhece agora, em 1961, embora afirme que o rancor afetava ambos os lados. A maneira como Sartre relata o incidente que suscitou a ruptura tende a diminuir seu papel, já mencionado, de censor: trata-se de uma história fútil, sobre um cabeçalho a ser adicionado a um artigo, que ele teria suprimido sem o acordo de Merleau-Ponty. Futilidade "lamentável", de acordo com Sartre,

---

108. SARTRE, 1961a, p. 322.
109. Ibidem, p. 325.
110. Ibidem, p. 349.

esse incidente teve o mérito de interromper de imediato o "trabalho de ruptura" e de preservar a amizade entre ambos, com a condição de evitar qualquer polêmica. Da cumplicidade filosófica entre eles, nada há a concluir — escreve Sartre —, "além do fato de que essa longa amizade, nem feita nem desfeita, abolida quando ia renascer ou se romper, permanece em mim como uma ferida aberta".[111]

---

111. Ibidem, p. 376.

4
Os anos Beauvoir

Em 1949, Simone de Beauvoir publica *O segundo sexo*[1], um livro que irá marcar uma geração inteira de mulheres. Na época, a França estava empenhada em uma política de natalidade — consensual para gaullistas, democratas-cristãos e comunistas —, visando ao repovoamento do país, mortificado pela guerra. As medidas tomadas para incentivar famílias numerosas e manter a mulher no lar engendram o famoso *baby boom*; nesse contexto, a obra de Simone de Beauvoir cai como um aerólito, tornando-se imediatamente objeto de opróbrio e, até mesmo, de escândalo.

No entanto, o movimento feminista não viu o dia com esse livro, e a luta das mulheres já se inscreve em uma longa história: em 1944, as francesas haviam obtido o direito de votar nas eleições. Se essa vitória cívica constitui um grande passo, o caminho é ainda longo para alcançar a equidade com o "sexo forte". Em 1949, a luta feminista está passando por um declínio, de tal modo que o mérito de Simone de Beauvoir só pode ser ainda mais relevante. À semelhança do companheiro, Sartre, ela vai pagar um preço alto, suscitando os mais abjetos insultos, mas também ganhar credenciais de ícone para os anos vindouros, a tal ponto que o jornalista e escritor François Nourissier irá escrever, em 1968, que ela encarna "uma espécie de prêmio Nobel da mulher" e exerce "uma suprema magistratura político-literária e moral".[2] Sinal tangível desse status de egéria das lutas feministas é o lugar que ela ocupa na pesquisa

---

1. Beauvoir, 1949a.
2. Nourissier, [1968] 2004, p. 116.

empreendida pela animadora de rádio Ménie Grégoire, em 1964, junto a mulheres jovens de todas as origens sociais sobre o seu modelo feminino predileto: as duas figuras mais citadas são Irène Joliot-Curie — laureada, em companhia do marido, com o prêmio Nobel de química, em 1935 — e Simone de Beauvoir.[3]

O segundo sexo, um livro-acontecimento

Tamanha é a curiosidade suscitada por esse livro que ele se torna de imediato um sucesso editorial: na primeira semana, a disputa para obter o volume 1 elevou a vendagem a 22 mil exemplares[4], tendo atingido o terceiro lugar na lista dos mais vendidos. A publicação em *Les Temps modernes* das provas de prelo relativas aos capítulos sobre "A maternidade" e "A lésbica" desencadeia uma campanha de ódio. De acordo com a lembrança da autora: "Eu desconhecia radicalmente essa 'cachorrada francesa' referida pelo escritor Julien Gracq, em um artigo no qual — apesar de me ter comparado com [o ex-presidente da República Raymond] Poincaré discursando em cemitérios — me felicitou por minha 'coragem'."[5] O livro é incluído no Index pelo Vaticano e retirado de alguns pontos de venda. "Os livreiros do Norte", escreve Deirdre Bair, a biógrafa norte-americana de Beauvoir, "decretaram que o livro era obsceno e se recusaram a vendê-lo. A editora Gallimard planejava denunciá-los à justiça, processo considerado por ela como uma boa ideia 'para a publicidade'."[6] O livro é proibido em alguns países, incluindo a URSS, as democracias populares e Portugal. Já nos referimos à violência dos ataques contra Sartre, em 1945. Simone de Beauvoir consegue atrair para si mesma uma saraivada de insultos, cuja violência não é menos extrema. Entre os católicos, François Mauriac — que, em outras situações, havia sido mais ponderado —, promove a

---

3. GRÉGOIRE, 1964.
4. BEAUVOIR, 1963, p. 204. A tiragem total, incluindo as edições de bolso, elevar-se-á a 513.418 exemplares para o volume 1, e a 459.237 para o volume 2.
5. Ibidem.
6. BAIR, 1990, p. 482.

cruzada ao escrever, em manchete de *Le Figaro*, que foram "atingidos os limites do abjeto".[7] Ele chegará até mesmo a escrever para um colaborador de *Les Temps modernes*: "Aprendi tudo sobre a vagina de sua patroa."[8] Ele ficou de tal modo escandalizado que lançou um inquérito em *Le Figaro littéraire* para demonstrar a inutilidade da tese de Simone de Beauvoir à luz da experiência das leitoras desse caderno. A autora de *O segundo sexo* fica submersa em cartas vingativas, mordazes e, até mesmo, lascivas:

> Que festival de obscenidade, sob o pretexto de castigar minha falta de pudor! O bom velho espírito gaulês fluiu em borbotões. Recebi, assinadas ou anônimas, epigramas, epístolas, sátiras, admoestações e exortações dirigidas, por exemplo, por "membros muito ativos do primeiro sexo". Insatisfeita, glacial, priápica, ninfomaníaca, lésbica, provocadora de uma centena de abortos, fui tratada de tudo e, até mesmo, de mãe clandestina. Chegaram a oferecer-me a cura para minha frigidez, a satisfação para meu apetite de papa-fígado; prometiam-me revelações, em termos obscenos, mas em nome do verdadeiro, do belo, do bem, da saúde e, até mesmo, da poesia, deteriorados indignamente por mim.[9]

Em suas memórias, Beauvoir confessa ter ficado surpreendida com a violência das reações. A campanha recrudesce com a publicação do volume 2, que esbarra em um novo protesto:

> No livro *Liberté de l'esprit* [Liberdade de espírito], Boisdeffre e Nimier foram inigualáveis em seu desdém: eu era uma "coitada" neurótica, reprimida, frustrada, desvalida, virago, mal-fodida, mal-humorada abarrotada de complexos de inferioridade em relação aos homens.[10]

---

7. François Mauriac, citado in CHAPERON, 2000, p. 171.
8. BEAUVOIR, 1963, p. 205.
9. Ibidem.
10. Ibidem, p. 206.

Tal reação não se limita à direita: o PCF, que apoia a campanha de natalidade a fim de aumentar as fileiras da classe operária, tampouco se serviu de meias palavras. Para os comunistas, *O segundo sexo* é um subproduto da degenerescência burguesa, resultado de importação oriundo de uma América decadente que, em sua esteira, pretende arrastar a classe operária francesa. Jean Kanapa, alto dignitário do partido e diretor de *La Nouvelle Critique*, ataca os "escritores de meia-tigela da reação, existencialistas e outros que enaltecem o que há de mais sórdido no ser humano: os instintos bestiais, a depravação sexual e a covardia".[11] No mesmo órgão de imprensa implicado na luta ideológica, a filósofa Jeannette Colombel — filha do único biólogo do Comitê Central, Marcel Prenant — estigmatiza as teses de Beauvoir como a expressão de uma "suprema diversão" inventada pelo campo reacionário para desviar as mulheres do verdadeiro combate, ou seja, o da classe operária.[12]

Simone de Beauvoir beneficia-se, no entanto, da subida às barricadas de alguns fervorosos defensores; e, em primeiro lugar, ela pode contar com a rede de *Les Temps modernes* — encontrando-se na primeira fila Francis Jeanson, Maurice Nadeau, Colette Audry, Jean Cau ou Jean Pouillon —, que se manifesta com firmeza proporcional à severidade das críticas. Audry posiciona-se junto à amiga com paixão; ela está indiretamente na origem desse texto incendiário pelo fato de ter acalentado o projeto — explicitado em várias oportunidades a Simone de Beauvoir — de escrever uma obra sobre as mulheres. "Semelhantes reações não podem induzir em erro" — escreve ela —, "elas querem dizer que essa obra tem uma atualidade candente no sentido em que, abordando um amplo tema histórico e social, ela questiona, para cada leitor ou leitora, a vida pessoal no cotidiano."[13] Colocando seu status de mulher de letras e militante a serviço da causa beauvoiriana, ela multiplica artigos e palestras para se tornar a advogada de *O segundo sexo*. Audry tornou-se ciente, bem cedo, da situação de inferioridade das mulheres, empenhando-se em trabalhar para garantir sua

---

11. Kanapa, [1949a] 2000, p. 175.
12. Prenant, J., 1951.
13. Audry, 1949.

independência, integrando a ENS de Sèvres: "Sendo uma mulher jovem e titular do concurso para professora de letras" — comenta a historiadora Séverine Liatard —, "o confronto com uma diversidade intelectual, por ocasião de sua participação nos debates pluridisciplinares das Décades de Pontigny, em 1931, é que a submerge na incerteza."[14] Ela julgava ser tratada em igualdade de condições com os homens e, de repente, percebe que continua sendo tributária de um sentimento de inferioridade em relação a eles; concebe, então, o projeto de escrever um livro "que introduziria a raiva no coração das mulheres, levando-as a se unirem para pôr fim à injustiça de que eram vítimas".[15] Com a publicação do livro da amiga Simone de Beauvoir, ela vai adotá-lo como se se tratasse da realização de um projeto pessoal, e torna-se porta-voz dele:

> De diferentes quadrantes, solicitaram-me palestras sobre esse livro. Palestras bem diversas. Círculos de discussão na província. Reuniões organizadas por sindicatos [...]. Lembro-me perfeitamente de que havia sempre um monte de gente e um interesse apaixonado. Em geral, homens em maior número do que mulheres, e as intervenções masculinas mais numerosas do que as femininas. E uma série de dificuldades para chegar a um entendimento.[16]

Com Audry, é uma geração inteira de mulheres jornalistas ou escritoras que se encontram em uma luta comum: entre outras, Évelyne Sullerot, Ménie Grégoire, Andrée Michel e Françoise d'Eaubonne. Esta última acaba de obter o prêmio dos leitores para seu romance, publicado pela editora Julliard em 1947, *Comme un vol de gerfauts* [Como um voo de gerifaltes]: "Depois de ler *O segundo sexo*, sou incapaz de conter meu entusiasmo; finalmente, uma mulher que entendeu nossa condição! [...] Todas nós estamos vingadas."[17] Pretendendo conhecê-la e ficar a seu lado

---

14. Liatard, 2010, p. 322.
15. Bair, op. cit., p. 438.
16. Colette Audry, citada in Liatard, op. cit., p. 325.
17. Françoise d'Eaubonne, *Journal intime* [Diário pessoal], citada in Chaperon, 2000, p. 192.

nesse combate, ela manifesta-lhe por escrito sua admiração e defende o livro nas colunas de *Le Figaro littéraire*, como resposta à pesquisa empreendida por Mauriac. Mas não fica por aí. Em 1951, Eaubonne publica pela editora Julliard *Le Complexe de Diane* [O complexo de Diana], um livro que apoia as teses de Beauvoir, mas com esta diferença considerável: a partir de um ponto de vista explicitamente feminista. Nesse texto, Eaubonne anuncia o principal desafio da onda feminista no fim da década de 1960: suscitar os problemas entre mulheres em agrupamentos não mistos.

Beauvoir recebe também o apoio, mais ponderado, da revista *Esprit*, na qual o filósofo Emmanuel Mounier publica um de seus últimos artigos, manifestando-se contra a hipócrita oposição ao livro: "Haverá quem profira clamores grandiloquentes pelo fato de que os objetos, os atos e as situações são nomeados sem rodeios? Eliminemos desses gritos os de Tartufo e os frágeis pudores cultivados com o medo da verdade."[18] O diretor de redação da revista, Jean-Marie Domenach, elogia a coragem de Beauvoir, que é confortada por um grande número de cartas de mulheres que lhe exprimem gratidão e, no caso de algumas, um caloroso reconhecimento: "'Seu livro ajudou-me muito. Seu livro foi a minha salvação', eis o teor dos textos que me foram enviados por mulheres de todas as idades e de diversas condições."[19] Paradoxalmente, no entanto, o livro — que será considerado a bíblia do feminismo — não consegue convencer as associações feministas da época: ele ataca pelos flancos na batalha do momento, que visa a glorificar e proteger o status da função materna da mãe de família.

Como salienta a historiadora Sylvie Chaperon, a maioria das mulheres, *suscetíveis* de aderir às teses de Beauvoir, assumirá tal postura somente mais tarde, ao longo da década de 1960: o caso de Ménie Grégoire é significativo a este respeito. Tendo começado por se rebelar contra *O segundo sexo*, apesar de reconhecer seu efeito de balão de oxigênio, acabará por manifestar sua dívida em suas memórias: "A importância de Simone de Beauvoir para as mulheres da minha geração nunca será suficientemente enaltecida

---

18. Mounier, 1949b.
19. Beauvoir, 1963, p. 211.

pelos historiadores. Sem ela, que havia desencadeado todo esse processo, teríamos perdido talvez uma geração."[20] Ainda mais revelador é o caso de Yvette Roudy — em 1981, no governo do presidente socialista François Mitterrand, ela será a primeira ministra dos Direitos da Mulher —, que, em 1949, então ainda muito jovem, não se sente à altura intelectual da demonstração: "Comprei, li o livro e reconheci determinadas coisas, mas não cheguei a tirar partido disso. É possível que o acervo cultural fosse insuficiente [...], há coisas que não se consegue entender."[21]

A ambição de Simone de Beauvoir — tal como ela revela em seu livro *A força das coisas* — não havia sido, de modo algum, publicar um texto provocador, tampouco uma tese feminista. Sua ideia inicial consistia em escrever a respeito de si mesma: "Eu falei da maneira como esse livro foi concebido: quase por acaso; pretendendo falar de mim, percebi que eu tinha de descrever a condição feminina."[22] Ao aprofundar esse tema, ela embarcou em dois anos de trabalho, de exploração da literatura psicológica, psicanalítica e sociológica para desconstruir o mito masculino a respeito da mulher. Seu projeto inicial, modesto, foi adquirindo aos poucos uma espessura cada vez maior até alcançar uma ambição não postulada de início.

Além de suas numerosas leituras, Beauvoir encontrou na sociedade norte-americana um campo de investigação privilegiado. Em duas oportunidades, em 1947 e em 1948, em plena redação de *O segundo sexo*, ela viaja para os Estados Unidos a fim de prosseguir suas pesquisas e realizar entrevistas. "Em seu *Journal de voyage* [Diário de viagem]" — escreve a professora universitária alemã Ingrid Galster —, "ela observa que, em relação aos homens, as norte-americanas têm uma atitude de desafio; ora, seria uma perda de tempo procurar semelhante postura nas francesas."[23] Tendo viajado para o Novo Mundo com o objetivo de empreender sua pesquisa, ela pensava estar em condições de opor a mulher livre norte-americana

---

20. GRÉGOIRE, 1976, p. 184.
21. Yvette Roudy, entrevista concedida a Sylvie Chaperon (1994), in CHAPERON, 2000, p. 196.
22. BEAUVOIR, 1963, p. 203.
23. GALSTER, 2004, p. 246.

à mulher confinada do Velho Mundo, mas retorna um tanto desiludida, concluindo, finalmente, que a dependência das mulheres é semelhante na América e na França.

A mensagem proposta por Beauvoir reside nesta famosa frase segundo a qual "ninguém nasce mulher: torna-se mulher".[24] Inscreve-se, assim, em uma lógica construtivista, antinaturalista e antiessencialista; no fundo, ela defende logicamente uma posição existencialista inscrita no interior da filosofia sartriana da liberdade, em que a existência precede a essência. Para as mulheres, as coações são mais fortes do que aquelas identificadas por Sartre em *O ser e o nada*, mas todas têm a possibilidade de escolher, além da liberdade de se rebelar. Elas devem partir à conquista da igualdade dos direitos que lhes são recusados pela sociedade. Em Beauvoir, portanto, encontramos efetivamente uma apropriação dos postulados do existencialismo, hostil a qualquer imobilismo: "As condutas denunciadas não são ditadas à mulher por seus hormônios, nem prefiguradas nos compartimentos de seu cérebro, mas são indicadas, em negativo, por sua situação."[25] Ela não nega, certamente, as diferenças biológicas, mas o importante é a maneira como estas são incorporadas pelos indivíduos. Nesse plano, a explicação social prevalece: "A mulher não se define por seus hormônios, nem por misteriosos instintos, e sim pela maneira como ela reassume, através de consciências alheias, o próprio corpo e sua relação ao mundo [...]."[26] Beauvoir, bastante crítica para com Freud, rejeita a teoria da inveja do pênis nas mulheres, a qual retoma com a maior facilidade os valores do tempo que enaltecem a virilidade; da mesma forma, ela rejeita a oposição entre atividade masculina e passividade feminina em nome da igualdade entre os sexos.

Buscando entender as remotas raízes históricas do falocratismo, ela vai remontá-las até a pré-história. Desde aquela época, a maternidade teria sido desvalorizada culturalmente, rebaixando a mulher à condição de animal, enquanto o homem teria conquistado, graças à função de

---

24. Beauvoir, [1949a] 2019, vol. II, p. 11.
25. Ibidem, p. 407.
26. Ibidem, p. 550.

guerreiro, uma postura de superioridade: "Não é dando a vida, e sim ao arriscá-la, que o homem se ergue acima do animal [...]."²⁷ Mais tarde, o movimento feminista vai criticá-la por sua insistência nas deficiências do corpo feminino e o seu implícito, que continua sendo, apesar de sua crítica de Freud, o modelo masculino, o qual a mulher só é capaz de atingir com a condição de obliterar o que a singulariza. A geração seguinte irá considerar que Beauvoir não se libertou dessa valorização da genitalidade masculina. A revolução a ser empreendida pelas mulheres equivale a subestimar o que nelas tem a ver com a feminilidade. "Essa disputa [entre os sexos]" — escreve Beauvoir — "irá perdurar enquanto os homens e as mulheres não se reconhecerem como semelhantes, isto é, enquanto se perpetuar a feminilidade como tal [...]."²⁸ É nesse aspecto que irá ocorrer a ruptura com a nova geração.

Nas décadas de 1940 e de 1950, ainda não se defendem princípios diferencialistas, nem se enaltece a diferença, o diferendo ou ainda a *différance*. Pelo contrário, estamos em plena voga existencialista e, nesse plano, Beauvoir transpõe, para o campo de investigação feminino, os princípios de Sartre segundo os quais se deve romper com qualquer essencialismo e favorecer o que tem a ver com o universal: "Para Beauvoir, assim como para Sartre" — escreve a professora universitária norueguesa Toril Moi —, "a existência precede a essência; segue-se que os problemas que afetam a identidade permanecem secundários em relação aos da ação ou da escolha."²⁹ Simone de Beauvoir é comemorada nos Estados Unidos como a musa do existencialismo, e seu projeto visa prosseguir as linhas diretrizes da filosofia sartriana; nem por isso ela deixa de distanciar-se, conquistando com as mulheres um terreno alheio ao companheiro e escapando, assim, à sempiterna necessidade de comparar as contribuições de cada um para saber quem, no casal, é o melhor.

Em vez de defender realmente uma identidade, ela procura atacar, de preferência, as bases do poder patriarcal em favor da emancipação das

---

27. Ibidem, vol. I, p. 98.
28. Ibidem, t. II, p. 486.
29. Moi, 1995, p. 295.

mulheres: "surgida da crítica da opressão, a visão libertadora de Beauvoir permanece, no entanto, prisioneira de seu próprio momento histórico à semelhança de qualquer outra utopia."[30] Esse poder dispõe de uma parte tangível: até 1965, as mulheres não podem abrir uma conta bancária em seu nome ou exercer uma profissão sem a autorização dos maridos, tendo o dever de curvar-se diante das decisões do "chefe de família". Esse poder é baseado no mito da feminilidade, construído a partir de determinado número de essências que parecem imutáveis. É esse mito que Beauvoir desconstrói, tomando como alvo tudo o que singularizaria a mulher para justificar sua inferioridade social: "O sexismo, para Beauvoir, consiste em recusar às mulheres — e às meninas — o acesso ao universal."[31] Nem por isso ela negligencia as aspirações concretas à emancipação feminina; assim, em seus textos, encontramos uma defesa bastante vanguardista para a época da liberalização do aborto, no contrapé da ideologia de natalidade em vigor. Baseando-se no relatório de Kinsey, recém-publicado nos Estados Unidos — e que lhe é enviado pelo amigo norte-americano Nelson Algren, com o qual tem um caso —, ela toma partido pelos meios de contracepção modernos que hão de permitir às mulheres a obtenção de um melhor controle dos respectivos corpos. "Algren" — escreve Bair —, foi responsável pela coloração norte-americana de *O segundo sexo*."[32] Nesse sentido, Beauvoir distingue-se, de maneira crítica, das sufragistas, que, em nome da igualdade cívica, haviam ignorado totalmente a questão sexual e a da realização pessoal das mulheres na sociedade: "*O segundo sexo*" — conclui Sylvie Chaperon — "fornece, portanto, palavras para uma fala balbuciante, aquela que as mulheres começam a enunciar a propósito de seus próprios corpos, de sua sexualidade e da gravidez."[33]

---

30. Ibidem,, p. 298.
31. Ibidem, p. 310.
32. Bair, op. cit., p. 448.
33. Chaperon, 2000, p. 167.

Uma condição feminina em plena mutação

Nos decênios de 1950 e 1960, a condição feminina está em plena mutação, como é demonstrado pelos estudos sociológicos de Évelyne Sullerot. A partir de 1964, a taxa de fertilidade diminui regularmente, enquanto a taxa de atividade profissional das mulheres não cessa de crescer. Outro sinal de uma mudança importante: enquanto o ciclo longo do ensino médio continua sendo frequentado, em grande parte, pelos rapazes, o percentual de moças que são aprovadas no exame final de ensino médio [*baccalauréat*], em 1964, supera o dos rapazes. Além disso, a integração das mulheres à população ativa é facilitada pelos efeitos do período dos Trinta gloriosas[34], que acabam reduzindo a carga do trabalho doméstico, ao colocarem equipamentos modernos à disposição das famílias. A sociedade de consumo permite a aquisição de aparelhos eletrodomésticos em grande quantidade, que ajudam a conciliar a vida profissional com as tarefas do lar. Fala-se, com uma frequência cada vez maior, do trabalho parcial das mulheres, a tal ponto que a revista *Esprit* dedica-lhe um dossiê coordenado por Ménie Grégoire.[35] O bem-estar material introduzido por esses decênios de crescimento ininterrupto incentiva os casais a reduzir o número de filhos, tornando-os usuários regulares de práticas contraceptivas. Um verdadeiro acervo bibliográfico que não pode ser ainda designado com o qualificativo de feminista, mas simplesmente de feminino, promove um discurso emancipatório e evoca o direito à fruição para as mulheres, os casos de adultério e a homossexualidade. A este respeito, a publicação com maior repercussão continua sendo, evidentemente, *Bom dia, tristeza*, de Françoise Sagan.[36] "Para essas autoras da década de 1950" — explica a socióloga Delphine Naudier —, "a literatura feminina deve ser construída em sintonia com a evolução social das mulheres."[37]

---

34. Cf. *infra*, capítulo 16, p. 526, nota 2.
35. GRÉGOIRE (org.), 1961.
36. SAGAN, 1954; assim como ROCHEFORT, C., 1958; MALLET-JORIS, 1951.
37. NAUDIER, 2004, p. 192.

Nessa época, algumas mulheres já estão se mobilizando para responder a essas novas demandas, e o feminismo, que havia passado por um declínio no fim da guerra, começa a agitar-se. O movimento protestante Mulheres Jovens, por exemplo, exprime o mal-estar crescente da dona de casa, e uma esquerda feminista organiza-se em uma tentativa de articular os temas da emancipação das mulheres e sua aspiração a uma mudança socialista da sociedade — é o caso do Movimento Democrático Feminino, liderado por Colette Audry e Marie-Thérèse Eyquem.

Évelyne Sullerot e Marie-Andrée Lagroua Weill-Hallé lançam, em 1956, Maternidade Feliz: essa nova associação, que não se apresenta como feminista, dissocia-se das reivindicações das sufragistas — aliás, nesse momento, latentes — para concentrar-se no controle da natalidade e na necessária revisão da legislação de 1920. A personalidade e a experiência pessoal de Lagroua Weill-Hallé — médica católica e esposa de um pediatra judeu adepto da associação que promove o papel da razão, a União Racionalista — contribuíram bastante para o sucesso do projeto. Inicialmente hostil à ideia de uma contracepção não natural, contrariando suas crenças católicas, ela muda seu ponto de vista ao enfrentar o sofrimento das mulheres: "Enquanto médica" — relata a historiadora Florence Rochefort —, ela está chocada com as curetagens praticadas sem anestesia, em condições horríveis, nas mulheres vítimas de abortos clandestinos."[38] O projeto Maternidade Feliz não põe em causa a vocação materna e o que esta implica na divisão interna das tarefas do casal. Sua presidente recusa qualquer postura militante: "Nosso movimento não é uma cruzada e, menos ainda, uma cruzada em favor da laicidade [...]. Trabalhamos para toda a população."[39] Se a associação, fundada em 1956, conta com numerosas mulheres de letras, incluindo Clara Malraux, Nicole de Boisanger ou Solange de La Baume, notamos a ausência de Simone de Beauvoir, cuja tomada de posição de 1949 em favor do aborto não havia obtido a adesão de suas líderes. No entanto, ela irá prefaciar os dois primeiros livros, destinados ao público em geral, de Lagroua Weill-Hallé: *Le Planning familial* [O planejamento

---

38. ROCHEFORT, F., 2006, pp. 54-55.
39. Lagroua Weill-Hallé, 1962, citada in CHAPERON, 2006, p. 23.

familiar], em 1959, e *La Grand'Peur d'aimer* [O grande medo de amar], em 1960. No primeiro desses textos, a médica escreve que "a liberdade, para as mulheres, começa no ventre".[40]

Em 1960, o projeto Maternidade Feliz torna-se mais militante e troca de nome para Movimento Francês para o Planejamento Familiar, que irá obter um grande sucesso. Em janeiro de 1962, uma pesquisa revela que 70% das mulheres adeptas do planejamento têm menos de trinta anos e que 50% têm uma profissão.[41] A multiplicação de centros na França inteira garante a difusão das práticas contraceptivas modernas[42]; tal mobilização culminará em um importante avanço da legislação com a votação, em 1967, da lei Neuwirth.[43] Outra frente de combate abre-se com o regime matrimonial, que deveria ter sido modificado desde a Libertação, mas manteve-se inalterado: a UFF (União das Mulheres Francesas), liderada por Andrée Marty-Capgras e Suzanne Kieffé, passa a publicar, a partir de 1957, um boletim que inclui uma rubrica dedicada ao estatuto jurídico das mulheres[44]; as posições dessa organização, tendo afinidades com o PCF, são significativas do distanciamento dos comunistas em relação à linha defendida por Jeannette Vermeersch-Thorez.

Em 1960, Marie-Andrée Lagroua Weill-Hallé publica um livro de entrevistas em que revela a situação aflitiva de um grande número de suas pacientes ao enfrentarem uma gravidez indesejada; nesse texto, ela exprime a impossibilidade de ajudá-las.[45] Essa preocupação é retransmitida rapidamente pela mídia, notadamente pela televisão: no programa-espetáculo *Faire face*, de Étienne Lalou e Igor Barrère, é promovida, em

---

40. Ibidem, p. 24.
41. EGNEL, 1966.
42. As adesões passam de dez mil, em junho de 1962, para quinze mil, em março de 1963; em seguida, 32 mil, em janeiro de 1964; quarenta mil, em março de 1965; e cem mil, em 1966 (cifras reproduzidas de CHAPERON, 2006, pp. 279-280).
43. Lei proposta pelo deputado gaullista Lucien Neuwirth, e votada pela Assembleia Nacional Francesa, em 19 de dezembro de 1967, autorizando o uso de contraceptivos, notadamente por via oral.
44. CHAPERON, 2000, pp. 272-273.
45. LAGROUA WEILL-HALLÉ, 1960. Na mesma época, são publicados outros livros que abordam essa temática: cf., por exemplo, FABRE, 1960, e VALABRÈGUE, 1960.

13 de outubro de 1960, uma mesa-redonda que reúne o padre Stanislas Lestapis, Alfred Sauvy e as médicas Laurence Duchêne e Lagroua Weill--Hallé. Em 1964, Éliane Victor, repórter do famoso programa *Cinq colonnes à la une*, vai animar um novo programa intitulado *Les femmes aussi*.[46] Ménie Grégorie torna-se a vedete mais escutada da estação de rádio com a maior audiência na França, Radio-Luxembourg, na qual ela apresenta um programa no início da tarde: o número de ouvintes passa, em três anos, de oitocentos mil para dois milhões e meio. De acordo com Sylvie Chaperon, de março a maio de 1965, "não menos de cem a 160 artigos são dedicados, mensalmente, ao planejamento familiar".[47] Além disso, esta historiadora constata que, no decorrer dos anos 1960, os adversários de *O segundo sexo*, tão numerosos na época da publicação do livro, tendem a desaparecer: entre os católicos, e apesar de sua inclusão pelo Vaticano no Index, verifica-se a adesão à ideia de que se deve reformar a Igreja. Esse é o sentido do livro de Georges Hourdin *Simone de Beauvoir et la liberté* [Simone de Beauvoir e a liberdade], publicado em 1962.[48] Do lado comunista, Monique Hincker escreve, na revista *La Nouvelle Critique*, "Pour Simone de Beauvoir" [Em apoio a Simone de Beauvoir], um artigo com aspecto de autocrítica: "A obra *O segundo sexo* provocou uma tomada de consciência que traduziu, em termos racionais, o que era sentido como uma fatalidade ou um sentimento de culpa; ele foi também uma espécie de manifesto e de estatuto."[49]

Em 1963, Colette Audry é incumbida de constituir uma coleção dedicada às mulheres na recém-criada editora Gonthier: tendo recebido, em primeiro lugar, o convite para desempenhar tal função, Beauvoir preferiu recomendar a amiga Audry. Sob o nome de "Femme" [Mulher], ela publicará, entre 1964 e 1972, 69 títulos na linhagem da obra de Beauvoir. Eis como essa coleção foi descrita por Audry:

---

46. VICTOR, 1973.
47. CHAPERON, 2000, p. 291.
48. HOURDIN, 1962.
49. HINCKER, 1965.

> Pretendemos apresentar às mulheres um espelho com mil facetas: reparem em suas vidas; prestem atenção em vocês e obtenham um melhor autoconhecimento. Esta coleção pertence a vocês. Que ela seja uma ajuda para tornarem-se o que vocês podem ser e, por sua vez, deixarem a marca de vocês neste mundo para a maior felicidade dos homens e das mulheres.[50]

Guiada pela preocupação em não essencializar características femininas, nem interiorizar nenhum tipo de inferioridade, ela publica, já no primeiro ano, oito autoras, incluindo Clara Malraux e Maud Mannoni. Combinando perfis, resultado de pesquisas, dissertações e estudos teóricos, a coleção busca, acima de tudo, restituir a diversidade da condição feminina. Vários anos antes da criação da Éditions des femmes, em 1972, ela apresenta um caráter abertamente militante "em favor do direito à contracepção, da educação sexual, psicológica e médica dos casais e, na surdina, em favor da emancipação sexual das mulheres"[51]; pioneira em muitas áreas, ela irá também exumar textos clássicos, tais como *Um teto todo seu*, de Virginia Woolf[52], ou as *Cartas* de Rosa Luxemburgo.

No início da década de 1960, outros editores entram na onda: é o caso da Fleurus — com a coleção "Elle veut vivre", sob a direção de Jacqueline Chabaud, Évelyne Sullerot e Claude Ullin —, além da Casterman, com a coleção "Vie affective et sexuelle", dirigida por Catherine Valabrègue. A essa atualidade editorial feminista, convém adicionar uma intensa atividade jornalística, orientada para o público leitor feminino. Uma imprensa especializada desenvolve-se, então, e alcança rapidamente tiragens bastante elevadas; mesmo que não adote inteiramente as teses da emancipação das mulheres, perpetuando quase sempre os mitos denunciados pelas intelectuais, ela não deixa de contribuir para a manutenção do sentimento de uma identidade diferente. Em 1966, Évelyne Sullerot esboça um panorama dessa imprensa feminina: entre os fatores facilitadores na obtenção

---

50. AUDRY, [1964] 2010, p. 342.
51. Ibidem, p. 345.
52. Tradução de Clara Malraux do original *A Room of One's Own* [Um teto todo seu] (1929). [N.T.]

de tal sucesso, ela sublinha, por um lado, o suporte da publicidade na medida em que o público feminino se tornou um alvo privilegiado para a compra de espaço publicitário nas diferentes publicações e, por outro, a fidelidade do público leitor. As tiragens acumuladas, mensalmente, dos magazines analisados por essa socióloga e mulher de letras elevam-se, em média, a 15,7 milhões; considerando que cada uma dessas publicações é lida por três ou quatro pessoas, o número de leitores reais atingiria cerca de 50 milhões.[53]

Nesse solo particularmente favorável é que o livro de Beauvoir vai obter, no decorrer dos anos, um sucesso insofismável, mesmo que, evidentemente, exista um fosso intransponível entre a leitora de *Nous Deux* — magazine de fotonovelas, lançado em 1947 — e a de *O segundo sexo*. Em 1988, a advogada Gisèle Halimi dá o seguinte depoimento: "Ao falar de si mesma, ela superou a própria condição. Para o nosso maior proveito possível. Ela lançava à nossa cara esse quadro-constatação que obrigava todas nós — à semelhança do que ocorre após uma declaração de guerra — a refletir e a tomar partido."[54] Apesar das críticas dirigidas a suas posições universalistas, o Colóquio organizado em Paris para o cinquentenário da publicação de *O segundo sexo*, em janeiro de 1999, dá testemunho do efeito prodigioso produzido por esse texto: "Cinco dias de trabalho, 130 palestras distribuídas em dez sessões plenárias e dezenove ateliês, cerca de mil participantes — mulheres e homens — por ocasião da jornada final realizada sob os murais do grande anfiteatro da Sorbonne."[55] Patrocinado pela Unesco, ele reuniu especialistas de 22 países; deve-se reconhecer que o legado de Simone de Beauvoir, no alvorecer do século XXI, estava ainda bem vivo.

---

53. Em 1961, entre as tiragens médias mais elevadas, citemos *Écho des Françaises*, 2,3 milhões; *Nous deux*, 1.354.000; *Femmes d'aujourd'hui*, 1.279.000; *Marie-Claire*, 1.132.000; *Modes et travaux*, 1.131.000; *Échos de la mode*, 1.015.000 (SULLEROT, 1966, p. 72).

54. HALIMI, 1988, p. 316.

55. DELPHY; CHAPERON (Orgs.), 2002.

5
A guerra ideológica dos comunistas

Em 1947, na primeira reunião do Kominform[1], o PCF encontra-se em posição de acusado: sua transgressão consiste em ter deslizado em direção a uma espécie de nacionalismo em detrimento dos interesses do movimento comunista internacional. Ele é convidado a retificar suas posições e a colocar, no primeiro plano, a defesa do grande irmão soviético na luta contra o imperialismo norte-americano, aliás, linha estratégica adotada por todos os outros partidos comunistas. Por toda a parte, tanto no bloco soviético quanto nos partidos irmãos, a ordem do dia prevê o expurgo e a implementação de diretorias servis às ordens de Moscou, que reivindica representar os interesses do proletariado internacional. Faz parte do passado a época em que Mauriac, sentando-se ao lado de Éluard e de Aragon, podia elogiá-los. No período do plano Marshall, ou seja, da tentativa dos Estados Unidos para consolidar seu controle sobre a Europa Ocidental, a URSS visa proteger os próprios interesses ao instrumentalizar os partidos irmãos a fim de transformá-los em máquinas de guerra contra o imperialismo estadunidense.

A serviço do partido

A defesa dos ideais comunistas, por um lado, e, por outro, a denúncia do imperialismo norte-americano e dos traidores que tenham aderido a este

---

1. Acrônimo de Kommunistítcheskaia Informátsia [Agência de informações dos partidos comunistas e operários]. [N.T.]

último levam o PCF a exigir a submissão incondicional de seus intelectuais. Para empreender essa batalha ideológica, os comunistas franceses procedem por infiltração das diferentes categorias profissionais. Os médicos são supervisionados por um Comitê Nacional que, em breve, vai proferir a condenação da psicanálise, enquanto os intelectuais são agrupados de acordo com sua disciplina: assim, são criados "círculos" específicos para biólogos, físicos, médicos, historiadores, linguistas, geógrafos, etc. Cada círculo é incumbido de traduzir na língua vernácula da respectiva disciplina, a linha do partido. Compete aos intelectuais comunistas denunciar a vontade imperialista e a decadência moral do imperialismo norte-americano, que se tornou um reservatório de veneno para "víboras lúbricas" ou, nas palavras de Hélène Parmelin (sob o pseudônimo de Léopold Durand), grande repórter no *L'Humanité*:

> Uma mistura de recalcamento e de pornografia, de sentimentalismo bobo e de insensibilidade, de puritanismo e de obscenidade, de caridade cristã e de crueldade legal caracteriza essa sociedade em que a lei é ditada pelo fascismo, pelo racismo, pelo gangsterismo, pelo alcoolismo de conveniência e pela prostituição disfarçada.[2]

Considerando que a literatura norte-americana materializa a imoralidade, os dirigentes do PCF juntam-se à direita mais moralista para denunciar os livros de Henry Miller: "A literatura de Miller apresenta-se como um produto derivado da bomba atômica", escreve Laurent Casanova, membro do Comitê Central, incumbido das relações com os intelectuais.[3] Quanto a Jean Kanapa, fundador da revista *La Nouvelle Critique*, em 1948, ele assanha-se contra os "tarados", a "abjeção", "os limpadores de esgoto da cultura", os "ignóbeis lacaios da escrita", os "vigaristas literários francamente repugnantes", "os coveiros".[4]

---

2. PARMELIN (sob o pseudônimo de Léopold Durand), 1947.
3. CASANOVA, 1949a.
4. Jean Kanapa, citado in LEDUC, op. cit., p. 112.

Nesses anos, a guerra entre os dois blocos parece mais do que provável: o golpe em Praga, em 1948, e as tomadas de poder sucessivas pelos partidos comunistas na Europa Central suscitam o temor de um processo semelhante no Ocidente, em especial nos países em que os PC são fortes, tais como Itália e França. André Malraux, convencido da iminência da ameaça, anuncia a Georges Bernanos que os soviéticos vão atacar a França, o mais tardar, na primavera de 1947. No início da Guerra da Coreia, em 1950, Sartre e Camus conversam na brasserie Balzar acerca da situação: "Você já pensou no que vai acontecer quando os russos estiverem aqui?", pergunta Camus (se dermos crédito ao jornalista norte-americano Herbert Lottman), acrescentando: "Não fique!" Sartre responde que nunca conseguiria levantar a mão contra o proletariado.[5] Em novembro de 1948, o semanário *Carrefour* chega até mesmo a publicar uma pesquisa junto aos dirigentes dos diversos partidos políticos sob o título: "Si l'armée rouge occupait la France, que feriez-vous?" [Se o Exército Vermelho ocupasse a França, qual seria sua reação?].

A direção do PCF pretende empreender uma campanha junto aos intelectuais sobre a oposição entre ciência "burguesa" e ciência "proletária", de acordo com a concepção radical defendida em Moscou por Andrei Jdanov e Trofim Lysenko. Para fazer isso, ela tem necessidade de intermediários e de instrumentos; daí, o lançamento de revistas, tais como *La Nouvelle Critique*, cuja função consiste em ocupar os postos avançados da divulgação científica. O primeiro número considera que privar-se de Stálin equivaleria "a castrar a doutrina de vanguarda do proletariado e, por conseguinte, a própria luta do proletariado. [...] O verdadeiro marxista, finalmente, só pode julgar-se marxista a partir do momento em que tem a impressão de ser capaz de merecer o epíteto entusiástico de 'stalinista'".[6] Jean Kanapa, diretor de redação, é incumbido de garantir a fidelidade à linha de pensamento, reivindicando, se necessário, o direito de reescrever os textos de seus colaboradores; ele está rodeado de uma equipe constituída por Victor Joannès (membro do Comitê Central), Annie Besse (cujo nome de solteira

---

5. LOTTMAN, 1981, p. 347.
6. *La Nouvelle Critique*, n. 1, dezembro de 1948, p. II.

é Becker; o de esposa, Besse; e, em seguida, Kriegel), Pierre Daix, Jean Fréville (pseudônimo de Eugène Schkaff), Jean-Toussaint Desanti, Victor Leduc e Henri Lefebvre. O historiador Jean Bruhat — que estava mais comprometido com a revista *La Pensée* — escreve também alguns artigos para *La Nouvelle Critique*. É ele quem desmonta a tese de Fernand Braudel[7], com a colaboração — pretende ele em suas memórias — de François Furet e de Denis Richet, acrescentando: "[...] artigo de rara violência, no qual não consigo pensar sem estarrecimento."[8] A luta ideológica não poupa ninguém. Sartre, Malraux, Mauriac e Rousset são considerados como se estivessem a reboque dos interesses dos empresários norte-americanos: "Eles mentem. E estão cientes disso... "[9] Jean Kanapa assume as responsabilidades de diretor de redação, mostrando uma violência semelhante contra Sartre e *Les Temps modernes*: "Em um opúsculo" — comenta o historiador marxista britânico Ian Birchall —, "ele executava Sartre, *Les Temps modernes* — com os seus 'pequenos trotskizantes excitados' — e praticamente tudo o que se mexesse. Evocava assim o 'neofascismo de *Combat*'."[10] Em suas diatribes, Kanapa tampouco poupa Albert Camus, considerado por ele um fascista e lacaio da burguesia.[11]

Luta ideológica

Nesse campo da luta ideológica, foram constituídas organizações com membros permanentes do partido para controlar os intelectuais e os artistas; em 1951, Annie Besse (Kriegel) — como reconhecimento da linha stalinista aplicada com toda a firmeza por ela em círculos estudantis — torna-se funcionária no escritório da Fédération de la Seine, ocupando o cargo de Secretária da Educação e da Luta Ideológica. No exercício dessa elevada

---

7. *La Méditerranée et le monde méditerranéen à l'époque de Philippe II*, tese defendida em 1947 e publicada em 1949 pela editora Armand Colin.
8. BRUHAT, 1983, p. 164.
9. *La Nouvelle Critique*, n. 1, dezembro de 1948, p. I.
10. BIRCHALL, 2011, p. 92.
11. KANAPA, 1947.

função é que ela conduz as investigações individuais ao cabo das quais a direção pode excomungar aqueles que tiverem sido considerados ovelhas negras. A jovem Françoise Verny (1928-2004) — que irá desenvolver uma intensa e reputada atividade em diferentes editoras —, na época, comunista (e católica) convicta e dedicada, é cooptada pelo comitê de luta ideológica de Annie Kriegel, a qual confia-lhe a tarefa de impedir a publicação de um livro de Henri Lefebvre, considerado demasiado "idealista", além daquela de excluir do partido Marc Soriano, o grande especialista da leitura erudita dos contos de Perrault, por homossexualidade. Destituída de qualquer ânimo inquisitorial, Verny pede imediatamente a renúncia desse comitê de expurgo de novo tipo.

A ação de Kriegel ocorre em comum acordo com Laurent Casanova, muito próximo do casal Thorez. Membro do Conselho Mundial da Paz, ele tem assento ao lado de pessoas que convivem com Stálin, tais como Alexander Fadeiev, cuja função consiste em tornar palatável a política definida em Moscou. Nesse início da década de 1950, essa política é paranoica: a de uma fortaleza sitiada. Filho de ferroviário instalado na África do Norte, local em que nasceu em 1907, Casanova usufrui de um verdadeiro talento de orador e, de acordo com grande número das pessoas à sua volta, de uma extrema sensibilidade. Eis como ele é evocado por Pierre Daix:

> Esse corso, nascido na África do Norte, era um político de envergadura. Advogado, ele servia-se do mais insignificante de seus gestos, de sua imponente estatura, das inflexões de sua voz de orador mediterrânico para enfrentar o interlocutor, seduzi-lo e, simultaneamente, impor-lhe o seu ponto de vista. Ele aliviava a tensão fingindo divertir-se com o seu aspecto de romano — à escolha, antigo tribuno ou eclesiástico. Tanto Kanapa quanto eu, assim como todos os seus colaboradores, atribuíamos-lhe o apelido de "Cardinal" [Cardeal].[12]

---

12. DAIX, 1976, p. 198.

Lápis na mão, Annie Kriegel impõe-se a obrigação de ler toda a imprensa comunista, os folhetos, as publicações, sem contar os múltiplos boletins e circulares das associações controladas pelo partido. Depois de ter tomado conhecimento de tudo o que é publicado, tarefa titânica, essa funcionária permanente deve ainda mostrar um zelo exagerado para escrever, por sua vez, relatórios, artigos, moções, resoluções, discursos de abertura ou de encerramento, comunicados, em um fluxo tenso de grafomania. Essa é a tarefa da manhã que deixa lugar, a partir das 14 horas, a uma grande quantidade de reuniões, encontros e entrevistas; o único objetivo dessa atividade febril consiste em empreender a batalha ideológica, considerada pelos dirigentes do partido como uma das frentes de combate no contexto da luta de classes.

Além dos intelectuais engajados em disciplinas universitárias, a expressão "intelectuais criativos" agrupa os artistas plásticos, os escritores, os arquitetos, os músicos e os cineastas, menos facilmente controláveis; eles estão reunidos em assembleias distintas, e a totalidade do dispositivo está sob a responsabilidade da seção central ideológica e de seus três diretores, François Billoux, Georges Cogniot e Laurent Casanova. A responsabilidade do acompanhamento do trabalho dos círculos compete a Victor Leduc, o qual, em 1929, ao concluir o ensino médio, tinha aderido às Juventudes Comunistas e, em seguida, envolveu-se na Resistência ao lado do historiador e antropólogo Jean-Pierre Vernant. Professor de filosofia em diferentes instituições, diretor da revista *Action*, no período imediato ao pós-guerra, ele é nomeado em 1947, por Maurice Thorez, para a seção ideológica do Comitê Central com o status de funcionário permanente; nessa qualidade, ele participa de todas as reuniões do Comitê dos Intelectuais, sob a responsabilidade de Laurent Casanova, com a presença também de Jean Kanapa e, frequentemente, de Pierre Daix, André Voguet, Louis Baillot e, dependendo das circunstâncias, convidados. Não há, realmente, nenhuma discussão: "Trata-se, de preferência" — de acordo com a lembrança de Leduc —, "de longos monólogos alternados de Laurent Casanova e de Louis Aragon."[13]

---

13. LEDUC, op. cit., p. 115.

Os dois homens servem-se de registos bastante diferentes para se exprimirem: Leduc evoca o estilo de grande inquisidor adotado por Casanova, bradando contra os mal-intencionados, os tíbios e os heterodoxos; Aragon, por sua vez, procede à análise das personalidades do mundo literário consideradas transgressoras e nocivas, apontando-as à execração pública mediante uma linguagem bastante poética, embora prenhe de desdém. Leduc é incumbido, em seguida, de transmitir as instruções a cada um dos círculos, intimando os críticos especializados (literatura, cinema, artes, teatro) a promoverem o realismo socialista e a sublinharem a contribuição dos soviéticos. Devem travar a batalha em favor da literatura do partido e contra o formalismo, assim como elogiar Aragon, André Stil, Elsa Triolet, André Fougeron, Louis Daquin: "No que se refere aos filósofos (em sentido lato), exorto-os a enaltecer a contribuição de Stálin para o marxismo-leninismo, a ciência proletária."[14] Em 1950, Aragon ingressa no Comitê Central, o que oficializa seu poder no seio da família comunista; convém esclarecer que a direção do PCF, pelo fato de considerar os intelectuais sob suspeita de traição, limita-se a atribuir-lhe o título de "membro suplente".

Os historiadores devem enfatizar a qualidade dos trabalhos de seus confrades soviéticos e insistir sobre o papel da URSS durante a Segunda Guerra Mundial. Jean Bruhat publica, em 1945, um volume na coleção "Que sais-je?", da editora PUF, sobre a URSS, além de uma *Histoire du mouvement ouvrier français* [História do movimento operário francês], em 1952. No período do pós-guerra, é constituído um círculo dos historiadores comunistas: em torno do decano, Émile Tersen, é possível encontrar Jean Bruhat, Claude e Germaine Willard, Jean Gacon, Jean Bouvier e alguns outros. As ciências exatas não estão imunes ao controle; deste modo, Victor Leduc nunca deixa de solicitar aos físicos que denunciem a interpretação idealista da segunda lei da termodinâmica. Em 1985, em suas memórias, ele fornece o seguinte esclarecimento: "Eu seria incapaz de dar a mínima interpretação dessa lei, tampouco de apresentá-la claramente, mas ninguém

---

14. Ibidem, p. 128.

me formula tal pergunta."[15] Em vez disso, ele vocifera contra o indeterminismo da teoria dos *quanta*; caberá aos químicos traduzir e divulgar a "teoria soviética da estrutura química", além de combater as teorias da "ressonância" e do "efeito mesomérico".

Nesses anos de guerra fria, a direção do partido tem necessidade de nomear homens disciplinados — prontos a engolir sapos — para dirigir suas publicações: essa é a razão pela qual Pierre Daix, incondicional das diretrizes partidárias na época, é nomeado diretor de redação de *Les Lettres françaises*, imposto por Laurent Casanova a Claude Morgan para suceder a Loys Masson, comunista e cristão que se tornou suspeito por ser menos controlável e político. Pierre Daix relata esse momento em sua autobiografia, *J'ai cru au matin* [Acreditei na manhã]:

> Loys transmitiu-me seus poderes com sua habitual gentileza; só alguns meses mais tarde é que vim a descobrir a verdade em relação a sua destituição [...]. Morgan abordou-me como se eu estivesse ao corrente e, portanto, tivesse sido voluntário para assumir o lugar de Loys, na condição de capanga do partido.[16]

O dispositivo dessas publicações intelectuais abrange três setores: "um polo político, um polo de cultura geral, além de um polo muito pouco desenvolvido e, sobretudo, efêmero, de revistas especializadas."[17] A ponta de lança do polo político é, evidentemente, o jornal cotidiano do partido, *L'Humanité*, com seus 520 mil leitores no fim de 1945; no entanto, após a tomada de controle por parte dos stalinistas, a publicação foi atingida diretamente pelo isolamento dos comunistas e verá sua tiragem cair para 169 mil exemplares, em 1950. Nesse mesmo ano, Georges Cogniot cede o posto de diretor de redação a André Stil. Ainda em relação ao polo político, o jornal cotidiano *Ce soir* — que volta a ser publicado em outubro de 1944 —, fica sob a direção de Aragon, que confia a codireção a Jean-Richard

---

15. Ibidem, p. 129.
16. Daix, 1976, pp. 197-198.
17. Verdès-Leroux, 1983, p. 192.

Bloch; após a morte deste, em março de 1947, Aragon passa a dirigir o jornal sozinho, até o fim da publicação, em março de 1953. Em razão de seu prestígio literário, Aragon chega a ser alvo de alguns impropérios por parte dos assalariados, como é confirmado, em dezembro de 1948, por um incidente relatado por agentes dos Serviços de Inteligência a respeito de dois militantes do PCF que, acusando o escritor de saber tirar partido, até mesmo no plano financeiro, de sua posição, "decidem invadir o escritório de Aragon e exprimir seu desprezo por ele, defecando na lixeira do poeta".[18] O semanário *France nouvelle* ganha destaque também na vanguarda da luta em defesa da linha stalinista; a esses órgãos de imprensa com tiragens elevadas, acrescentam-se os *Cahiers du communisme*, *Démocratie nouvelle* e *Action*, assim como a revista *Europe*, originalmente externa ao PCF, mas colocada sob seu controle antes da guerra. Além disso, o PCF beneficia-se da forte base editorial que lhe confere a editora Éditions sociales, à qual vem juntar-se, em 1947, Les Éditeurs français réunis.

Em 1947, igualmente, a direção do partido coloca à disposição dos estudantes comunistas uma revista quinzenal, *Clarté*, cuja responsabilidade é confiada a Arthur Kriegel, Annie Besse (Kriegel) e Jacques Hartmann; esses estudantes se prestam constantemente a desafios para descobrir qual célula vende o maior número de exemplares. A essa revista, acrescenta-se uma série de atividades para estabelecer vínculos entre os diversos componentes do movimento estudantil e para consolidá-los, a saber: a organização de encontros com escritores soviéticos no Centro Cultural França-URSS, assim como de ciclos de conferências, a primeira das quais foi proferida por Pierre Courtade em Paris, na Maison de la Mutualité, em 5 de fevereiro de 1948, sobre o tema "Quem está levando à guerra?". Além disso, são promovidos eventos mais festivos, tais como o grande baile de Mardi Gras, na terça-feira de Carnaval, organizado anualmente no salão de festas da Prefeitura do 5º *arrondissement*. O objetivo atribuído claramente à revista *Clarté* consiste em empreender uma ofensiva no bairro estudantil de Quartier Latin e no mundo universitário parisiense para conquistar uma posição hegemônica, o que implica uma política sistemática de infiltração

---

18. FOREST, 2015, p. 560.

e de tomada de poder em uma série de organizações representativas, incluindo a Unef (União Nacional dos Estudantes da França).

Os artigos de *Clarté* representam a quintessência da guerra ideológica travada pelos stalinistas. O golpe de Praga em 1948, mediante o qual o PC da Checoslováquia põe fim à democracia e ao pluralismo político, é saudado por essa revista estudantil em seu número de 11 de março de 1948 da seguinte maneira: "Os operários de Praga celebraram o centenário de 1848 mediante a instituição da democracia popular". O historiador Jean Bruhat, enviado a Praga durante o verão de 1947 pela revista *Démocratie nouvelle*, julgava ter feito a descoberta de que as pessoas levavam uma vida razoável nessa cidade, de que os delegados franceses podiam empanturrar-se de bolos de chocolate e creme, além do fato de que, nas eleições de maio de 1946, o partido comunista tinha conseguido 38% dos votos válidos. Em 1983, ele evocará esse período em suas memórias: "Não fiquei de modo algum chocado com 'o golpe de Praga' de fevereiro de 1948 [...]. Afinal de contas, tínhamos vivido também as nossas jornadas populares em 1793 e 1794."[19] Bruhat é tratado com desvelo, a ponto de ter sido convidado a passar o fim de semana em Dobris, palácio em estilo barroco nos arredores de Praga, colocado à disposição dos escritores. Eis o que, em sua opinião, confirma — se isso ainda fosse necessário — a superioridade do socialismo soviético: "Sou levado a pensar e a defender [...] que o partido único é um sistema mais democrático do que o pluripartidarismo ocidental."[20]

Apoiado nessas estruturas institucionais, o PCF pode lançar as campanhas mais arriscadas da guerra fria, convencido de que elas hão de receber ampla ressonância e um profundo assentimento: a denúncia dos crimes de Tito, a defesa do realismo socialista como única forma de arte, a adoção das teses de Lissenko e de Jdanov, a rejeição da psicanálise ou, aproveitando o embalo, a denúncia dos traidores e agentes da América, além do apoio a todos os processos instruídos nos países do Leste. Os representantes do PCF, que tinham vivenciado um momento complicado no decorrer da primeira reunião do Kominform, em 1947, na medida em que pairava

---

19. BRUHAT, 1983, p. 150.
20. Ibidem, p. 151. Ver também BRUHAT, op. cit., 1947.

a seu respeito a suspeita de desviacionismo nacionalista burguês, tendo sido convocados a regularizar a situação, estão desta vez em ordem de batalha, considerando que a linha política era decidida, daí em diante, em Moscou e que seus intelectuais estavam preparados para os combates da chamada "guerra fria".

Andrei Jdanov

O ideólogo que define o tom é Andrei Jdanov, encarregado dos expurgos na década de 1930; suas teses, que fornecem a própria matéria da política stalinista oficial do período pós-guerra, hão de sobreviver a sua morte, em 1948. Aragon presta-lhe uma vibrante homenagem:

> Diante deste túmulo aberto, muitos intelectuais franceses que, talvez — convém que isso seja dito —, não tivessem compreendido, nem conhecido de maneira apropriada, as teses de Jdanov e seus pontos de vista bastante avançados, terão retomado os textos sobre a música, a arte ou a filosofia e, para além do escândalo que poderiam ter suscitado neles (juízes em causa própria do mesmo processo), terão finalmente percebido a mão prestativa que lhes havia sido estendida para superarem as próprias contradições.[21]

Essa evocação de Aragon refere-se à luta contra o "decadentismo ocidental" para substituí-lo pelos valores do realismo socialista que afetam, em primeiro lugar, os escritores; todas as formas de expressão devem ser avaliadas à luz dos interesses que elas representam para a causa comunista. Desde 1946, em Moscou, desencadeia-se uma caça às bruxas: Jdanov manda excluir a poeta Anna Akhmátova e o romancista Mikhail Zochtchenko da União dos Escritores. Como é lembrado pela historiadora e cientista política Ariane Chebel d'Appollonia,

---

21. ARAGON, 1948b.

ele obriga Fadeiev a reescrever seus romances de maneira mais conformista com a linha do partido e, em seguida, volta-se contra Eisenstein, acusado por ter depreciado o glorioso *Ivã, o Terrível*. Certo dia do verão de 1946, Jdanov convoca Prokofiev e Shostakóvitch para ensinar-lhes a arte da música comunista.[22]

Em janeiro de 1948, Jdanov preside uma conferência de mais de setenta músicos, compositores, cantores, musicólogos, maestros e críticos, tendo o objetivo de denunciar "o papel de liderança desse grupo que paralisava a atividade crítica da União dos Compositores Soviéticos, ao apoiarem 'a tendência formalista na música'".[23] Jdanov excomunga também os adeptos da música atonal, que lhe é "antipática como a broca do dentista".

O jdanovismo foi introduzido na França pelo PCF como doutrina oficial dos comunistas; verifica-se um breve momento de hesitação quando, em novembro de 1946, o filósofo Roger Garaudy — responsável, na época, pelos intelectuais — publica na revista *Arts de France*, um artigo intitulado "Artistes sans uniformes"[24] [Artistas sem uniformes]. Nesse texto, ele afirma que o PCF não impõe nenhuma estética. A equipe do semanário *Action* sente-se fortalecida em seu ponto de vista, o que é confirmado pelo professor de filosofia e membro do PCF Pierre Hervé: "Não há nenhuma estética comunista." Mas Aragon vai imediatamente regularizar a situação, lembrando que o partido inteiro deve seguir a teoria jdanoviana: "Falando em meu nome, considero que o partido comunista tem uma estética e que esta chama-se realismo socialista."[25] Com o apoio de Maurice Thorez, secretário-geral, Aragon é quem exprime a linha do partido. O ensaísta Claude Roy vai esboçar o frágil equilibrismo de Aragon nesses tempos de guerra fria:

---

22. CHEBEL D'APOLLONIA, 1999, p. 24.
23. KRIEGEL, 1991a, p. 583.
24. GARAUDY, 1946.
25. Louis Aragon, citado in DESANTI, D., 1983, p. 332.

> Execrado pelos surrealistas, menosprezado pelos sartrianos, amaldiçoado pelos anticomunistas, percebido pelos proletários como uma princesa guarnecida de diamantes, extraviada no meio dos operários no fundo das minas, alvo da ojeriza por parte dos comunistas críticos ou da oposição, abominado pelos trotskistas dos quais havia insultado os mártires, ele depositava aos pés de Elsa, como homenagem, a garça de crista tufada sob a forma de gato com nove caudas desses ódios — ódios dessemelhantes e convergentes.[26]

Laurent Casanova, muito ligado a Aragon, e Jean Kanapa tornam-se os arautos da defesa e demonstração da linha jdanoviana. São eles que devem aculturar a doutrina entre os intelectuais e os artistas do partido: "Na verdade" — escreve o primeiro, em 1949 —, "quando as massas estão em movimento, os valores culturais relevantes têm sua origem na luta das massas."[27] A adoção do jdanovismo permite à burocracia dirigente do partido proceder a um expurgo, livrando-se dos intelectuais mais autônomos e substituindo-os, nos postos de comando, por "intelectuais-do-partido", submissos, mobilizados contra a cultura burguesa e que enaltecem as qualidades do realismo socialista.

O PCF escolhe seu pintor oficial: será André Fougeron, que, em suas obras, representa uma classe operária sofredora. Aragon apoia esta escolha e, em 1947, escreve o prefácio de um de seus álbuns de desenhos. Eis Fougeron recrutado para a cruzada em favor do realismo socialista e contra a arte abstrata. Aragon chega até mesmo a fazer o panegírico do artilheiro pictórico do partido: "André Fougeron, cada um de seus desenhos põe em jogo o destino da arte figurativa; e você pode sorrir se lhe digo, a sério, que está em jogo também o destino do mundo."[28] Em 1950, o partido — por iniciativa de um de seus dirigentes, Auguste Lecœur — pretende tornar a pintura um instrumento de edificação popular e, nesse sentido, encomenda a Fougeron uma série de quadros que serão

---

26. ROY, C., 1972, p. 449.
27. CASANOVA, 1949a, p. 39.
28. ARAGON, 2011, p. 137.

reunidos em uma grande exposição sobre o tema do "país das minas". Até mesmo Édouard Pignon, pintor comunista e ex-minerador, é mantido a distância: se seus motivos de inspiração são a classe operária, sua representação permanece demasiado formalista e muito pouco mobilizadora para o gosto do aparelho partidário. Em 1952, sua grande tela *Les Ouvriers* [Os operários], apresentada no Salão de Maio, mostra realmente um operário atingido mortalmente por uma descarga de grisu; no entanto, à sua volta, os companheiros mantêm-se impassíveis por trás do cadáver. Comentário do jornalista Francis Cohen, em *L'Humanité*:

> Há um esforço sério, sincero, profundamente refletido de um pintor comunista para exprimir os valores simultaneamente novos e tradicionais de que a classe operária é portadora, e para os quais o partido comunista tem chamado a atenção dos artistas enquanto fonte de inspiração mais propícia para dar vida, força e juventude à sua arte [...]. O resultado vai levar, certamente, Pignon a prolongar sua reflexão.[29]

Considerando que Jdanov não havia aprofundado seu estudo sobre as artes plásticas, tampouco enunciado uma teoria apropriada, o PCF sente a obrigação de construí-la. Assim, Victor Leduc é incumbido de reunir uma assembleia de artistas plásticos, para a qual convida várias personalidades intelectuais, incluindo Paul Éluard. Este evento, mais tarde, será evocado por Leduc com uma instigante ironia:

> Chego ao momento da indispensável crítica das heresias estéticas e, com uma frase, derrubo as três principais armadilhas que ameaçam desviar o pintor comunista de seu verdadeiro caminho: o formalismo, o naturalismo e o miserabilismo [...]. Não me esqueço também de estraçalhar a abstração.[30]

---

29. COHEN, 1952.
30. LEDUC, op. cit., p. 147.

O retrato de Stálin por Picasso

Essa estética imposta acabará, no entanto, por convencer os militantes comunistas: eis o que é possível deduzir pela crise interna atravessada pelo partido quando, por ocasião do falecimento de Stálin, em 1953, aos 74 anos, Aragon pede a Picasso um retrato desenhado do "pai dos povos" para o semanário *Les Lettres françaises*. Entre os comunistas franceses, que deploram o desaparecimento de seu líder, a emoção atinge seu auge; Aragon aguarda, portanto, com grande impaciência, o desenho de Picasso, mas este demora a executar a obra. Ao receber, finalmente, o desenho, Aragon descobre um Stálin revivificado, sugerindo uma eterna juventude; ele chega a manifestar um breve momento de hesitação, de tal modo a representação não corresponde a sua expectativa, mas a edição já está concluída e prestes a ser impressa. Muito em breve, o desenho provoca escândalo, para a surpresa de Picasso: a maré dos indignados não cessa de subir, proclamando que a imagem de Stálin fora insultada. Com efeito, no desenho, nenhum elemento é suscetível de rememorar o ícone do comunismo internacional. No próprio local em que o semanário é impresso, os redatores tanto de *L'Humanité* quanto da revista *France nouvelle* exibem o retrato, falando de uma agressão intolerável. Dominique Desanti relata uma história espirituosa em seu livro *Les Clés d'Elsa* [As chaves de Elsa]:

> Nesse dia 12 de março de 1953, quando [Pierre] Daix telefona para a rua de la Sourdière, ela [Elsa Triolet] responde: "Oh, claro, já estou sabendo! Inclusive já recebi telefonemas de insultos [...]. Mas vocês piraram, Louis e você, ao publicar uma coisa dessas!" "Mas escute, Elsa, Stálin não é Deus Pai!" "É, sim, Pierre."[31]

Quando Daix consegue falar ao telefone com Aragon, este encontra-se em estado de choque: "Assumo toda a responsabilidade, meu caro,

---

31. Desanti, D., 1983, p. 363.

você entende. Proíbo que você faça qualquer tipo de autocrítica. Você e eu pensamos em Picasso, em Stálin, e não nos comunistas."[32] O pintor Fougeron, tendo qualificado esse desenho como se tivesse sido uma profanação, participa do protesto e dirige-se diretamente ao secretariado do partido: "Escrevo-lhes para que vocês fiquem sabendo de minha indignação e tristeza diante do desenho de nosso camarada Picasso."[33]

Uma enxurrada de cartas é endereçada por comunistas escandalizados a Auguste Lecœur, na época à frente do partido, e a François Billoux, responsável pelos intelectuais. A emoção é tal que, em 17 de março de 1953, o secretariado publica uma declaração sobre o que acabou por se tornar um "caso": ele desaprova a publicação do retrato, indicando com precisão que não põe em causa os sentimentos do grande artista que é Picasso, cujo devotamento à causa operária é conhecido por todos. Em compensação, ele "lamenta que o camarada Aragon, membro do Comitê Central e diretor de *Les Lettres françaises* — o qual não tem deixado de lutar corajosamente em favor do desenvolvimento da arte realista — tenha permitido essa publicação".[34] Lecœur tira todo o partido do caso para marginalizar Aragon, na ausência de seu protetor, Thorez, convalescente em Moscou. Aragon, apesar de sua demonstração de servilismo exemplar, é admoestado severamente pela direção do partido e é afetado de tal modo por essa reprimenda que Elsa Triolet vai ao encontro de Billoux para lhe perguntar se seria possível intervir em favor do marido que, segundo ela, já teria feito várias tentativas de suicídio; segundo parece, a intervenção de Jacques Duclos, convidando Aragon para uma entrevista, é que o teria dissuadido de pôr fim a seus dias. Em última análise, o caso é logo encerrado, e Aragon irá sair-se bem mediante uma autocrítica moderada, publicada em *L'Humanité*, em 29 de abril de 1953, em que toma a defesa de Picasso. Outra razão para essa rápida resolução da crise é proposta pela jornalista e biógrafa Dominique Desanti. Laurent Casanova — na época, responsável pela

---

32. Louis Aragon, conversa com Pierre Daix, citado in ibidem, p. 364.
33. André Fougeron, carta citada in JUQUIN, 2013, p. 439.
34. Declaração do Secretariado do PCF, em 17 de março de 1953, citada in ibidem, p. 443.

seção dos intelectuais comunistas — teria ido ao encontro de Aragon em sua propriedade de Moulin de Villeneuve, em Saint-Arnoult:

> Ele disse o que ninguém havia mencionado: é que Maurice Thorez — que devia voltar no mês seguinte — tinha telegrafado para o secretariado do PCF para desaprovar, em vez do desenho, a repreensão; ora, e isto era conhecido por todos os que haviam exigido a publicação das reprimendas e, em seguida, da autocrítica.[35]

O realismo socialista nas letras

Tendo abandonado seu período inicial como surrealista, mas também seus romances demasiado "burgueses", tais como *Aurélien*, Aragon publica, entre 1949 e 1951, *Les Communistes* [Os comunistas], grande afresco histórico para glorificar o partido e seus militantes. Esse texto será apresentado por seu biógrafo Pierre Juquin da seguinte maneira:

> Após Barrès — pai do nacionalismo francês —, Aragon pretende refazer o romance da "energia nacional". Mas de onde extrair, atualmente, essa energia? A burguesia está em decadência. Em seu texto *Les Communistes*, ele propõe a imagem de uma substituição das classes: a classe operária torna-se a mais importante jazida de energia francesa; e, à sua volta, os intelectuais e toda a população.[36]

Em 1952, André Wurmser — militante comunista e colaborador de várias publicações ligadas ao PCF — elogia os méritos e a riqueza do mundo retratado pelo romance de Aragon, comparando-o favoravelmente com a obra de Proust, a qual é, por sua vez, qualificada como "pútrida" e fazendo referência ao "mundo dos mortos".[37] Enquanto o primeiro

---

35. DESANTI, D., 1983, p. 367.
36. JUQUIN, 2013, p. 389.
37. WURMSER, 1952.

volume é sucesso de público, com oitenta mil exemplares vendidos, o afresco permanecerá inacabado.

André Stil — a quem Aragon havia confiado a direção do diário *Ce Soir* — lidera uma cruzada antiamericana no ensaio, em três volumes, *Le Premier Choc* [O primeiro confronto], com o qual ganha o prêmio Stálin, em Moscou, em 1952. No ano seguinte, ele publica *Vers le réalisme socialiste* [Rumo ao realismo socialista]. Stil escapa, daí em diante, a seu mentor pelo fato de se encaixar perfeitamente no perfil sonhado pela direção do partido: originário do Norte, de um ambiente muito modesto, ex-membro da Resistência, ele deve tudo ao partido, que, a partir de 1950, confia-lhe a chefia da redação de *L'Humanité*. "Em uma cena teatral", escreve Philippe Forest em sua biografia de Aragon, este tenta dissuadir Stil a aceitar a função: "Servindo-se de uma chantagem ao suicídio, tal como já é seu costume, ele ameaça jogar-se pela janela de seu escritório se não conseguir convencer o discípulo a recusar a honra que lhe presta o partido."[38] O argumento utilizado por Aragon pretende ser altruísta, visto que ele explica a Stil que suas novas responsabilidades vão prejudicar seu talento literário; mas não chega a convencê-lo.

No Congresso de 1950, Maurice Thorez havia recomendado que os escritores e pintores se inspirassem no realismo socialista. No fim daquele ano, a linha do partido tornou-se ainda mais rígida: até então, tinha-se mantido na esteira soviética, embora atenuada pela dupla Thorez-Aragon, muito ligada à tradição nacional francesa. Em outubro de 1950, Thorez é vítima de uma hemiplegia que, sem afetar a sua atividade cerebral, o priva temporariamente da fala e de movimentos. Tendo sido transportado para a URSS a fim de receber aí tratamento, ele acabará por recuperar suas faculdades. Entretanto, a autoridade de número um do partido é delegada a Auguste Lecœur que, não tendo nenhuma concepção de arte, se alinha simplesmente às diretrizes soviéticas.

---

38. FOREST, 2015, p. 564.

As "Batalhas do Livro"

Para orquestrar o sucesso dessa nova estética, o PCF lança o que designa como as "Batalhas do Livro", evocando assim a maneira de declarar guerra por outros meios. A primeira trava-se em março-abril de 1950, em Marselha e arredores; nessa cidade, o PCF aluga a maior sala de cinema. "Ela havia sido ornada" — lembra Dominique Desanti —, "coberta com bandeirolas para que as pessoas tivessem a impressão de estar em uma capital de democracia popular. Ficou lotada."[39] No mês seguinte, a "batalha" é lançada na região parisiense. A organização é confiada a Elsa Triolet, que, ao escritor burguês solitário, opõe o escritor a quem ela atribui o qualificativo de "público", que sabe chegar a seus leitores e dialogar com eles, sem deixar de assumir uma posição de vanguarda. "O artista de vanguarda" — escreve ela — "tem a felicidade de ser uma espécie de escritor público: aquele que se torna a voz de quem não sabe escrever; aquele que, à semelhança do mago de outrora, exorciza a multidão."[40] No contexto da guerra ideológica da época, essas batalhas são outras tantas contraofensivas opostas à dominação da cultura norte-americana.

De 1950 a 1952, dezesseis "Batalhas do Livro" são orquestradas de acordo com uma partitura bem azeitado, combinando exposições, conferências, sessões de autógrafos, mesas-redondas e vendas organizadas nos mercados e nos portões das fábricas. Os escritores do partido são mobilizados sob a divisa "escritores-combatentes". As sessões são controladas minuciosamente; além disso, "voluntários" são designados pelo aparelho do partido para estudar os romances dos autores presentes e formular-lhes perguntas. No meio desses soldadinhos, Dominique Desanti participa de sete "batalhas":

> Estou a rever-nos à saída de uma mina, no chão de terra, exatamente diante das grades, com os companheiros da seção, gritando nossos livros

---

39. DESANTI, D., 1983, p. 348.
40. TRIOLET, 1948, p. 53.

em patuá do Norte como eles teriam distribuído panfletos. Os homens tisnados de carvão, extenuados por oito horas de trabalho no fundo da mina, ainda assim detinham-se à nossa frente, olhavam para nós e apertavam nossas mãos em suas palmas, nas quais o *karbon* desenhava as linhas do coração, da cabeça, da sorte e da vida.[41]

Por esse viés, o PCF procede à promoção nacional de seus autores, além de aproveitar a oportunidade para divulgar as publicações do irmão mais velho soviético, incluindo as estrelas do realismo socialista, Nikolai Ostrovski, Alexander Fadeiev, Ilia Ehrenburg, etc.; no entanto, a estrela das estrelas continua sendo *Fils du peuple* [Filho do povo], as memórias de Maurice Thorez, cuja primeira edição havia sido publicada em 1937. A nova edição atualizada de 1949 acompanha o culto à personalidade, desfrutado pelo secretário-geral do partido, de acordo com o modelo do culto a Stálin; no decorrer do ano, serão vendidos mais de 304.800 exemplares. A essas operações de grande impacto, o partido adiciona estruturas mais permanentes, como as BBL (Bibliotecas das Batalhas do Livro), que permitem o empréstimo, por um preço módico, de livros selecionados previamente pelo partido.

O teatro não é poupado pelos combates ideológicos da guerra fria: a peça *Le colonel Forster plaidera coupable* [O coronel Forster irá se declarar culpado] (1952) é representada exaustivamente nos circuitos comunistas, aureolada de suas múltiplas proibições. Por ter promovido a montagem, em fevereiro de 1953, na sala Chaillot, de *A morte de Danton*, de Büchner, Jean Vilar, diretor do TNP (Teatro Nacional Popular) — apesar da acusação recorrente de ser comunizante —, foi alvo de severas críticas do PCF. "Acusado de lesa-robespierrismo" — explica a historiadora Emmanuelle Loyer —, "Vilar é condenado, além disso, pela leviandade com que apresenta uma imagem indigna do povo, grosseiro e cafajeste, pusilânime."[42]

Sob a suspeita contínua de trair a causa proletária em toda e qualquer oportunidade, os intelectuais enveredam por uma via-sacra descrita

---

41. DESANTI, D., 1975, p. 342, citada in CHEBEL D'APPOLLONIA, 1999, p. 187.
42. LOYER, 1997, p. 198.

perfeitamente por Henri Lefebvre, que não havia deixado de se empenhar bastante na abnegação burocrática. Em 1959, logo após sua exclusão do partido, ele escreve, depois de trinta anos de bons e leais serviços: "Eles devem ser repreendidos durante todo o tempo, não demais, apenas o suficiente, com arte, e tem de ser alimentada sua má consciência, criticando-os incessantemente por seu pecado original, por seu estilo de vida e, em suma, reforçando o sentimento de culpa."[43] No seio do aparelho, Lefebvre utilizou um jogo complexo, feito de concessões à stalinização e, ao mesmo tempo, conseguindo preservar certa singularidade. Ao escrever, em 1949, no auge da onda jdanovista, sua obra *Contribution à l'esthétique* [Contribuição para a estética], ele "introduz nesse texto" — explica o biógrafo Rémi Hess — "algumas ideias das quais não abre mão. [...] As páginas em que ele opõe o corpo de uma mulher desnuda à Vênus de Milo — a primeira representando a beleza finita e a outra, a abertura para o infinito — exprimem bastante arroubo".[44] Apesar de uma atitude muito prudente e da tentativa em fundamentar sua demonstração nos textos de Marx e Engels, seu manuscrito, submetido ao responsável da seção ideológica do partido, é objeto de múltiplos cortes. "Nem uma única página", diz ele, "deixou de ser esquadrinhada, farejada, apalpada, tenteada e, de novo, averiguada, pelos aduaneiros da *intelligentsia*."[45] Enquanto o livro corria o risco de não ser publicado, Lefebvre encontra o subterfúgio que lhe permite forçar a aprovação: como epígrafe, ele insere duas citações, incluindo uma de Jdanov em pessoa, de uma platitude absoluta, que se refere ao sobrenome do censor de Lefebvre, denominado Plat: "A música é aprazível apenas quando todos os seus elementos — a melodia, o canto, o ritmo — encontram-se em certa união harmoniosa."[46] Quanto à outra citação, supostamente de Marx, ela é inventada de fato por Lefebvre: "A arte é a maior alegria que o homem dá a si mesmo." Sob os auspícios dessas duas frases, os censores removem o embargo, e o livro acaba sendo

---

43. LEFEBVRE, 1959, t. I, p. 63.
44. HESS, 1988, p. 127.
45. LEFEBVRE [1959] 1973, p. 196.
46. JDANOV, 1950, p. 86; HESS, op. cit., p. 128.

publicado em 1953; tornando-se rapidamente uma referência, sendo traduzido em vinte idiomas. A citação inventada suscita, aliás, uma verdadeira paixonite por parte dos leitores, que pedem a Lefebvre as fontes exatas na obra de Marx; esse caso conhecerá uma vicissitude, visto que o aparelho irá servir-se, em 1956, do pretexto de "falsificação" para suspender o autor do partido durante um ano. Edgar Morin descreveu perfeitamente a ambivalência de um Lefebvre que escapou

> à cretinização dos Kanapa, Caveing e Desanti, [mas] pagou sua precária autonomia dialética ao preço de um total servilismo político; ele forneceu uma caução voluntária ao pisotear o cadáver de Nizan e ao denunciar a "sociologia policialesca" de Georges Friedmann. Ah! Por que essa borboleta rastejou, durante tantos anos, como uma lagarta?[47]

Os casos Tito, Lissenko, Kravchenko e Rajk

Josip Tito

A primeira pílula internacional difícil de engolir para os comunistas franceses é a condenação à infâmia do marechal Tito. Tendo cometido o erro de libertar-se sozinha, sem a ajuda do Exército Vermelho, a Iugoslávia comunista representa um risco potencial para os soviéticos, que têm necessidade de um verniz impoluto, de um campo socialista unido, para conduzirem sua política de confronto com os Estados Unidos. Após a advertência dirigida pelo Kominform ao PCF, aliás, suficiente para restabelecer sua linha, a segunda reunião do Kominform em Bucareste, no verão de 1948, produz um severo relatório sobre a situação do partido comunista da Iugoslávia. É motivo de estupefação para o mundo comunista: "Nada, nem ninguém" — observa Claude Roy — "permitia pressentir que os guerrilheiros iugoslavos tinham sido, havia muitos anos, agentes

---

47. MORIN [1959] 2012, p. 140.

de Himmler e espiões de Churchill; e que Tito, líder da luta nacional, era apenas 'o marechal dos traidores'."⁴⁸

Na reunião subsequente, em 1949, o partido iugoslavo é apresentado como infestado por "assassinos e espiões"; deste modo, todos os partidos comunistas são intimados a participar de sua denúncia, assim como da denúncia de seu líder. Tito, transformado em figura diabólica, opõe-se simbolicamente à figura divina de Stálin, em uma perfeita simetria; além disso, o titismo é considerado uma doença contagiosa, capaz de infectar qualquer comunista saudável. Em 9 de junho de 1950, Annie Kriegel, em um de seus grandes feitos na condição de militante impecável, intervém ao lado de camaradas para interromper uma reunião pública sobre a Iugoslávia no Hôtel des sociétés savantes [Palacete das sociedades eruditas], no Quartier Latin. Ao final dessa refrega, os 35 feridos e as 15 detenções são justificados, no dia seguinte, por Pierre Courtade em *L'Humanité*:

> Ao afirmamos que Tito e seu bando são fascistas, *hitlerianos*, no sentido pleno da palavra, não entendemos tal afirmação como uma simples analogia [...]. Queremos dizer precisamente que o regime de Belgrado tem todas as características de um regime fascista no sentido científico e histórico do termo.⁴⁹

Ao denunciar Tito, Jean Kanapa o critica como o organizador de toda a rede de espionagem norte-americana disseminada nas democracias populares; para Pierre Courtade, ele está às ordens de Wall Street, além de que é tão socialista quanto o é Mussolini. O aparelho promove a circulação de livros e panfletos denunciando o regime titista, tais como *La Yougoslavie sous la terreur de Tito* [A Iugoslávia sob o terror de Tito], cuja venda chega a 48 mil exemplares. O irmão de Annie Kriegel, o historiador Jean-Jacques Becker — tendo aderido também ao PCF em 1945 por fascínio em relação à URSS e por conformismo —, não se

---

48. Roy, C., 1972, p. 413.
49. COURTADE, 1950; cf. KRIEGEL, 1991, p. 492.

deixa abalar com as repentinas denúncias contra os malfeitos do titismo. Engolindo calmamente o sapo e, de seu nível subalterno, contribui para o necessário expurgo:

> Lembro-me dessa jovem e linda estudante de história que tinha aderido a nossa célula e que demonstrava um frescor em suas novas convicções que era bastante reconfortante [...]. Até chegar a nosso conhecimento que ela estava apaixonada por um "titista" [...]. Apesar de seus protestos e prantos, foi excluída de imediato.[50]

Jean Cassou fez, a suas expensas, a experiência da virada brutal da Internacional Comunista. Em 1947, esse efêmero diretor da revista *Europe*, conservador-chefe do Museu Nacional de Arte Moderna, ex-membro da Resistência, escritor e companheiro de estrada do PCF, publica, com a colaboração de Claude Aveline, André Chamson, Georges Friedmann e Louis Martin-Chauffier, *L'Heure du choix* [A hora da escolha], uma obra coletiva para justificar o companheirismo com os comunistas. Cassou recebe, com espanto, a resolução de junho de 1948, condenando Tito; no ano seguinte, aceita o convite do embaixador Marko Ristitch para passar as férias de verão na Iugoslávia. Tendo constatado durante esse período que não se trata, de modo algum, de um regime fascista, ele retorna à França convencido da inépcia das acusações antititistas: "Em meu retorno da Iugoslávia, recebi a visita de Aragon: 'Você nos meteu em uma encrenca!', disse-me ele."[51] Aragon ordenou-lhe que não fizesse nenhuma declaração pública antes de conhecer o dossiê que estava preparando para ele. Cassou é convocado, então, diante de uma espécie de tribunal formado pelo Movimento dos Combatentes pela Liberdade e pela Paz, do qual é excluído.[52] Tendo-se dirigido à redação de *Esprit*, ele conta sua desventura: Emmanuel Mounier, diretor desta revista, organiza uma reunião na comunidade de Murs blancs, em Châtenay-Malabry, comuna suburbana a

---

50. BECKER, 2009, p. 187.
51. CASSOU, 1981, p. 250.
52. Episódio relatado in DOMENACH, 1971.

sudoeste de Paris. Com a presença de diversas personalidades, incluindo Jean-Paul Sartre, François Fejtö e Claude Bourdet, Cassou compartilha suas impressões e sua análise sobre o que é designado — indevidamente, em sua opinião — como titismo; aliás, sob esse título, ele publica um artigo em *Esprit*, em dezembro de 1949. Além da resposta de André Wurmser, o diário *L'Humanité* reage com uma caricatura representando Jean-Marie Domenach e Jean Cassou "em um frágil barco atrás de um enorme *dreadnought* [encouraçado] norte-americano e pescando os dólares que este último lançava nas ondas".[53]

O caso titista desestabiliza a convicção de alguns intelectuais comunistas, sem levá-los a contestar a direção do partido. Bem mais tarde, Jean Bruhat irá testemunhar dita ambivalência: "Fico surpreso quando, em 28 de junho de 1948, o Kominform condena o partido comunista da Iugoslávia e começa o período de ruptura com o 'traidor' Tito. Mas, considerando minha desorientação na época, aprovo a decisão sem discutir, nem procurar outras informações sobre o assunto."[54]

Trofim Lissenko

Uma segunda frente aberta pelos comunistas é aquela designada como as "duas ciências": a ciência proletária, progressista, que avança no sentido da história, e a ciência retrógrada, burguesa. Tal distinção aparece à luz do dia com o "caso Lissenko", iniciado no fim do verão de 1948. Trofim Lissenko é um técnico agrícola que se tornou a referência científica de Stálin após alguns expurgos. Em 1926-1927, no Azerbaijão, ele havia experimentado uma técnica de transformação do trigo de inverno em variedade de primavera; em seguida, tentou estender essa experiência a todo o território soviético, mas os resultados foram catastróficos. Seria preciso mais do que isso para desencorajar o voluntarismo do regime stalinista, na época, em plena coletivização forçada das terras, no exato momento

---

53. Cassou, op. cit., p. 256.
54. Bruhat, 1983, p. 151.

em que os norte-americanos haviam aperfeiçoado uma técnica de hibridação das sementes de trigo que multiplicava os rendimentos por oito. Como o progresso não pode, em princípio, vir da América, esse método é rejeitado como "antidialético", e os precários resultados obtidos por Lissenko são atribuídos aos traidores e "*kulaks* malevolentes". Valendo-se do apoio de Stálin, o ex-técnico ataca os verdadeiros especialistas do assunto, os agrônomos e os geneticistas, assim como a formação teórica deles, derivada das leis de Mendel e Morgan; deste modo, vai encaminhá-los para serem reeducados no Gulag. As teorias genéticas que sublinham a natureza hereditária dos cromossomos são contestadas por Lissenko, que, em 1935, lança uma revista para respaldar e difundir as próprias teses sobre a "vernalização"; em sua luta contra os neomendelianos, qualificados como trotskistas e, em seguida, cosmopolitas, ele baseia-se nas ideias do agrônomo russo Ivan Michúrin. Tal como é descrito por Ariane Chebel d'Appollonia: "A sessão especial de julho de 1948 da Academia Lênin de Ciências Agrônomas marca o triunfo de Lissenko: com uma engenhosidade que está bem perto da astúcia, este tira partido da distinção jdanoviana entre ciência burguesa e ciência proletária."[55]

Na França, as teses de Lissenko são divulgadas mediante um artigo de grande repercussão escrito por Jean Champenoix, que, na primeira página de *Les Lettres françaises*, em 26 de agosto de 1948, proclama o seguinte: "Grande acontecimento científico: a hereditariedade já não é o resultado de fatores misteriosos." Assim, ele anuncia o surgimento de uma nova biologia, oriunda da URSS, que considera o oposto da genética "burguesa e metafísica", na medida em que Lissenko contesta as teorias de Mendel sobre a transmissão e a modificação dos caracteres hereditários adquiridos. No momento em que os especialistas julgam as afirmações de Lissenko totalmente incongruentes em relação às conquistas da genética, os biólogos e, para além deles, todos os intelectuais são intimados a tomar partido favorável a essa teoria; caso contrário, são incluídos no campo do imperialismo norte-americano, traidores da classe operária e herdeiros do nazismo. O comunista Marcel Prenant — biólogo de reputação mundial

---

55. CHEBEL D'APPOLLONIA, 1999, p. 26.

e autor da obra *Biologie et marxisme* [Biologia e marxismo] — está dividido entre suas convicções científicas e seu compromisso de militante.[56] Ele evita o dilema não dando razão nem aos vulgarizadores desinformados, nem àqueles cuja crítica *a priori* das teses de Lissenko é malevolente e visa definir uma linha mediana que possa conciliar genética e lissenkismo. Sua posição, considerada moderantista pela direção do PCF, não chega a ser entendida. Em 1949, Prenant faz uma viagem à Rússia para explicar suas posições e tentar um encontro com Lissenko, cujos retratos se encontram colados, em grande número, nas ruas de Moscou. No momento em que parecia frustrada sua expectativa de encontrá-lo, ele é convidado para o que acredita ser uma reunião privada:

> Assim fiquei mais do que surpreso ao ser introduzido em uma imensa sala quadrada e sem nenhuma decoração, no centro da qual se elevava um estrado com uma grande mesa em que estava sentado o mestre [...]. Além de nós [...], bem em evidência nessa tribuna, a encenação completava-se com uma centena de figurantes em silêncio, sentados em cadeiras encostadas nas paredes.[57]

O debate é algo propriamente extravagante. Lissenko chega a ponto de apresentar, em um tom doutoral, dois pequenos envelopes contendo sementes para que seu interlocutor veja a diferença entre sementes de trigo e sementes de centeio!

> Eu tinha uma vontade louca de lhe dar um tapa porque ele havia montado obviamente toda essa encenação para me apresentar a seus colaboradores como um ignorante a quem devia ser ensinada a diferença entre o trigo e o centeio. Mas como poderia revidar publicamente tal grosseria quando, afinal, eu não falava russo?[58]

---

56. PRENANT, M., 1980, p. 308.
57. Ibidem, p. 301.
58. Ibidem, p. 302.

Ao retornar à França, Marcel Prenant, cada vez mais convencido de ter lidado com um charlatão, confessa suas dúvidas ao aparelho e, ao mesmo tempo, promete não dizer nada que possa contrariar a política do partido; nem por isso, o grande biólogo deixa de ser estreitamente vigiado e, até mesmo, é vítima de um assédio ainda mais acentuado. Aragon, encarregado de defender Lissenko, insulta aqueles que contestam sua teoria — notadamente, Jacques Monod, Jean Rostand e o prêmio Nobel norte-americano Hermann Müller. Tendo a precaução de esclarecer que não é biólogo e, portanto, não pode julgar o mérito da questão, ele não deixa de acrescentar que,

> sem tomar partido entre as duas tendências, é permitido a um beócio constatar que a primeira decreta a incapacidade do ser humano para modificar o curso das espécies e dirigir a natureza viva, enquanto a segunda pretende alicerçar o poder do homem para alterar o curso da espécie, para dirigir o curso das espécies e a hereditariedade.[59]

Se Aragon limita-se a dar um bônus para a teoria que sublinha o voluntarismo do homem para vencer as leis da natureza, os intelectuais do partido hão de encontrar melhores argumentos na linha das "duas ciências". Sua definição teórica é apresentada em uma obra coletiva, na qual Jean-Toussaint Desanti evoca "uma ciência burguesa e uma ciência proletária fundamentalmente contraditórias", acrescentando: "Isso significa, antes de mais nada, que a ciência é também uma *questão de luta de classes*, uma *questão de partido.*"[60] O jornal do partido, *L'Humanité*, encontra-se evidentemente na linha de frente da batalha para defender Lissenko mediante os artigos de, entre outros, Francis Cohen, Ernest Kahane ou Roger Garaudy, os quais culminam no apoio pleno de admiração por parte de Maurice Thorez em pessoa: em um discurso no recinto do Vél'd'Hiv, em 1948, o secretário-geral elogia "o triunfo, com o apoio de todo o povo e do Partido Bolchevique, dos princípios do grande cientista Michúrin,

---

59. Aragon, 1948a.
60. DesantI, J.-T. [1950] 1995, p. 34 (grifos do autor).

definidos e desenvolvidos brilhantemente pelo professor universitário Lissenko".[61]

A teoria de Lissenko pretende produzir safras cada vez maiores em áreas abandonadas; segundo ele, a biologia proletária permite modificar, mais rapidamente do que previsto, as formas animais ou vegetais de acordo com os caprichos do homem e da direção do partido. Essa tese absurda, que se tornou a doutrina oficial de um movimento comunista internacional que reivindica o racionalismo, acaba sendo adotada por especialistas que não deixam de estar convencidos de sua nulidade. Em *Les Lettres françaises*, Pierre Daix afirma que, graças a Lissenko, "o homem não é um lobo para o homem", e acrescenta: "Não é surpreendente que isso não agrade a todos."[62] Marcel Prenant teria preferido ficar em silêncio, mas a direção do partido vai forçá-lo a legitimar a causa de Lissenko. Assim, não lhe resta alternativa além de participar desse debate na condição de especialista: "Eu era assediado de invectivas que se resumiam ao seguinte: 'Você é o único biólogo membro do Comitê Central; compete-lhe, portanto, assumir a liderança da luta pela aceitação, na França, das teses lissenkistas'."[63] Fora do partido, os especialistas clamam contra esse delírio, e Jacques Monod, diretor de laboratório no Institut Pasteur, denuncia o engodo. Prenant decide arregaçar as mangas para defender Lissenko na revista *La Pensée*; no entanto, como seu tom não era suficientemente entusiasta, Laurent Casanova chama-lhe sua atenção para as responsabilidades do intelectual comunista. Ele reitera, então, sua defesa mediante a tentativa de conciliar mendelismo e lissenkismo, o que não é, de modo algum, apreciado pelos dirigentes do partido para os quais a oposição entre as duas ciências só pode ser absoluta.

Em 1950, Prenant é finalmente afastado do Comitê Central por falta de zelo. Será necessário esperar o ano de 1966 para que o PCF abandone oficialmente as teses de Lissenko, muito tempo depois da própria URSS. Na década de 1950, a tese das duas ciências não se refere apenas à biologia,

---

61. THOREZ, 1948.
62. DAIX, 1948.
63. PRENANT, M., op. cit., p. 293.

mas prevalece em todas as disciplinas; debatida e adotada nos círculos ideológicos do partido, ela é colocada em destaque publicamente por Laurent Casanova em fevereiro de 1949, por ocasião de um encontro na sala Wagram, totalmente lotada:

> Sim! Há uma ciência proletária fundamentalmente contraditória com a ciência burguesa, que pode contentar-se com aproximações grosseiras [...]. Sim! Há uma ciência proletária fundamentalmente contraditória com a ciência burguesa, que amordaça dessa forma os cientistas [...] há uma grande diferença entre a qualidade humana do kolkhosiano que lê o *Pravda* e a qualidade humana do senhor Monod escrevendo em *Combat*.[64]

De acordo com a análise da socióloga e historiadora Jeannine Verdès-Leroux, os líderes do partido dividem entre si as tarefas a fim de exercerem a sua ação em registros diferentes, mas complementares: assim, Jean-Toussaint Desanti é incumbido de conferir uma espessura epistemológica à tese das "duas ciências", enquanto Jean Kanapa tem a função de divulgá-la de forma compreensiva.[65] Quanto a Louis Aragon, ele vislumbra nesse empreendimento a realização de seus sonhos escatológicos: em 6 de dezembro de 1950, ao tomar a palavra na sala da Mutualité, por ocasião de um sarau pela amizade franco-soviética, ele proclama, a propósito da Rússia, que esta é a "sede não de uma Renascença, mas de um surgimento que é o do homem novo".[66]

A luta ideológica impõe a obrigação, por um lado, de não deixar que os biólogos estejam sozinhos nessa briga e, por outro, de abrir novas frentes de combate. Os químicos sobem ao palco em novembro de 1952, quando Georges Cogniot divulga descobertas soviéticas que desmontam a teoria da ressonância, qualificada como pseudo-teoria reacionária. Na física, trata-se de denunciar os adeptos da interpretação não determinista da física quântica, na esteira dos trabalhos de Bohr e de Heisenberg. Mesmo

---

64. CASANOVA, 1949b, p. 15.
65. VERDÈS-LEROUX, 1983, p. 236.
66. Louis Aragon, citado in JUQUIN, op. cit., p. 327.

que a natureza técnica dos debates não os coloque, de modo algum, ao alcance das grandes massas de militantes, a multiplicidade das frentes de combate desempenha um papel importante no contexto da guerra ideológica em curso. Por ocasião das "Jornadas Nacionais de Estudos dos Intelectuais Comunistas", em março de 1953, Cogniot regozija-se ao verificar que os físicos do partido tinham "ajustado as contas em relação ao indeterminismo".[67] Eis o momento em que era comemorada a primeira vitória importante do materialismo dialético na física!

As ciências humanas não são poupados, tanto mais que elas afetam um público mais amplo. A disciplina da história é dividida, então, entre um clássico "*événementialisme*" [mero fluxo dos acontecimentos] e a ascensão da Escola das *Annales*, a qual renova os estudos históricos, particularmente mediante a abertura à economia. Essa nova via, encarnada por Fernand Braudel, é rejeitada frontalmente pelos intelectuais do PCF, que denunciam nela a justificação do Tratado do Atlântico Norte e uma abordagem burguesa. Jacques Chambaz, sob o pseudônimo de Jacques Blot, empreende a batalha na revista *La Nouvelle Critique*. Até mesmo Ernest Labrousse, grande especialista da Revolução Francesa e da história social e econômica, é acusado de reintroduzir "os temas mais reacionários e obscurantistas". Annie Kriegel incrimina, por sua vez, "as traições do marxismo perpetradas pelo 'marxiano' Labrousse".[68] À história aburguesada e decadente, opõe-se evidentemente a edificante história soviética, respaldada no materialismo dialético: o futuro tem um sentido já-aí e deve, por etapas, conduzir ao comunismo.

Jean-Jacques Becker, ainda estudante, está empenhado em ajustar as contas em relação à tese de Braudel sobre o Mediterrâneo no jornal da célula dos estudantes de história, da qual é membro: "O inconveniente para executar minha missão é que eu não tinha lido, na época, esse catatau e me sentia absolutamente incapaz de escrever a diatribe que me tinha sido solicitada."[69] No entanto, ele não se limita a essas considerações éticas e

---

67. Georges Cogniot, citado in VERDÈS-LEROUX, 1983, p. 250.
68. KRIEGEL (sob o nome de Annie Besse), 1949.
69. BECKER, op. cit., p. 200).

pede ajuda ao camarada Maurice Agulhon com o objetivo de publicarem juntos um artigo incendiário, obviamente anônimo na medida em que Braudel é presidente do júri no concurso para professor de história [*agrégation*]. O artigo será reproduzido e difundido de maneira mais ampla, sob a assinatura G. O., em um número da revista *Clarté*, em 1950.

Para o PCF, a sociologia não tem razão de ser porque o marxismo é a aliança do econômico com o social. Henri Lefebvre, menos cauteloso do que em relação ao jdanovismo, lidera o ataque contra a própria noção de sociologia: longe de ser a ciência que pretende ser, ela não passa de uma fina camada de superestrutura ideológica do modo de produção capitalista. Contra essa ciência burguesa, impõe-se terçar armas com seus representantes e líderes de pensamento: Émile Durkheim, Georges Gurvitch e Georges Friedmann. Quanto à psicanálise, ela é objeto de um debate tanto mais virulento quanto o PCF conta entre seus membros um grande número de psiquiatras: com a condenação da prática psicanalítica pelo partido, o seu destino está decidido. Em dezembro de 1948, a direção convoca o círculo médico comunista para comunicar-lhe, por intermédio de Jean Kanapa, a rejeição completa da psicanálise. O número de dezembro da revista *La Pensée* inclui ainda dois artigos contraditórios: o de uma rejeição total do freudismo, por Victor Lafitte, e outro, mais ponderado, de Serge Lebovici, que convida a estabelecer a distinção entre uma "terapêutica de grande valor" e seu uso indevido por mistificadores. O cotidiano *L'Humanité* de 27 de janeiro de 1949 adota um tom completamente diferente, de condenação oficial e sem apelação, sob o sugestivo título: "La psychanalyse, idéologie de basse police et d'espionnage" [A psicanálise, ideologia de polícia de baixo escalão e de espionagem]. Cada um, até mesmo os psiquiatras, é intimado a considerá-la como uma invenção alienante do capitalismo, uma pseudo-ciência burguesa. Os psicanalistas do partido devem submeter-se a uma autocrítica coletiva, publicada sob o título "La psychanalyse, une idéologie réactionnaire" [A psicanálise, uma ideologia reacionária] na revista, *La Nouvelle Critique*.[70]

---

70. BONNAFÉ et al., 1949.

O embate da psicanálise será relançado, em meados da década de 1960, com a publicação do texto de Louis Althusser: "Freud et Lacan".

Viktor Kravchenko

Com o caso Kravchenko, os processos de Moscou deslocam-se para Paris. Ex-alto funcionário soviético de origem ucraniana, Kravchenko passa para o Ocidente, em abril de 1944, por ocasião de uma missão de compras de material bélico em Washington. Instalado nos Estados Unidos, ele relata em um livro o modo de funcionamento do sistema burocrático, do qual havia fugido. O texto, *I Chose Freedom* [Escolhi a liberdade] (1946), com o subtítulo *The Personal and Political Life of a Soviet Official* [A vida pública e privada de um alto funcionário soviético], obtém um imenso sucesso: traduzido em 22 idiomas, o número de exemplares vendidos atinge a marca de cinco milhões. Se essa autobiografia não chega a revelar um grande número de novos elementos em relação à literatura de oposição da década de 1930, ela intervém em um clima de guerra fria propício a uma renovada curiosidade sobre o que se passa nos países do Leste e que contribuirá para seu sucesso. Publicado em 1947 na França — *J'ai choisi la liberté!* — e tendo vendido mais de quatrocentos mil exemplares, ele recebe o prêmio Sainte-Beuve em disputa com a obra de Pierre Klossowski.

Naquele outono de 1947, de ruptura do PCF com o tripartismo (SFIO-PCF-MRP, ou seja, os três principais partidos franceses no período imediato do pós-guerra), *Les Lettres françaises* atacam Kravchenko, denunciando uma farsa que só pode ser uma manipulação oriunda da América. Sob o título "Comment fut fabriqué Kravchenko" [Como foi fabricado Kravchenko], Claude Morgan, diretor dessa revista comunista, publica um artigo do jornalista André Ulmann (sob o pseudônimo de Sim Thomas) acusando Kravchenko de ser mentiroso e alcoólatra; este último não passaria de um lastimável agente dos serviços secretos norte-americanos, viciado em jogos e na bebida, que, para saldar dívidas, teria assumido o compromisso de publicar um livro sensacionalista. Como ele não sabe realmente escrever, ter-lhe-iam pedido para endossar a responsabilidade de uma obra preparada por "amigos mencheviques".⁷¹ Em janeiro de 1948, Kravchenko dá a réplica a essas calúnias processando judicialmente o diretor de *Les Lettres françaises* e seu diretor de redação, André Wurmser. Morgan aceita o desafio e anuncia que irá fornecer as provas das alegações de sua publicação. "Ao reivindicar a necessidade de um confronto" — escreve o jornalista Guillaume Malaurie —, "o partido comunista dá, na verdade, a sua verdadeira envergadura a um banal pequeno processo de difamação."⁷²

A audiência é aberta em 24 de janeiro de 1949 diante da 17ª Vara Penal do departamento de Seine, em um Palácio de Justiça lotado. Apesar das palavras preliminares do presidente do tribunal, sobrinho do grande sociólogo Émile Durkheim, indicando com precisão que compete a *Les Lettres françaises* provar o teor do artigo incriminado, o PCF conseguiu reverter a relação de forças, transformando o processo por difamação contra o jornal em acusação de Kravchenko. Os comunistas tentam confundi-lo, alegando que, na redação do livro, ele teria recebido a ajuda de Eugène Lyons, ex-comunista e jornalista no *New York Times*. André Wurmser acha que ganhou a causa ao perguntar-lhe como termina a peça de Ibsen *Casa de bonecas*, mencionada nesse livro. O advogado de Kravchenko, Georges Izard, terá de servir-se de todo seu talento para sair dessa armadilha. Com efeito, a personalidade do desertor não é realmente convincente, nem chega a suscitar empatia ou compaixão; no entanto, intervém a seu favor um testemunho importante e irrefutável na pessoa de Margarete Buber-Neumann, que havia conhecido os campos dos dois totalitarismos, nazista e bolchevique. "Sua história" — escreve Malaurie — "assemelha-se a uma verdadeira viagem às fronteiras do totalitarismo."⁷³ Ela era a esposa de Heinz Neumann, membro influente do Komintern, que tinha sido criticado pelo secretário do Partido Comunista Alemão, Ernst Thälmann. Após a tomada do poder por Hitler, o casal viajara para Zurique, cidade em que Neumann foi preso em 15 de dezembro de 1934. Hitler exigiu sua repatriação para a Alemanha, mas Stálin o protegeu e autorizou o casal a

---

71. ULLMANN (sob o pseudônimo de SIM THOMAS), 1947.
72. MALAURIE, 1982, p. 48.
73. Ibidem, p. 144.

dirigir-se a Moscou, passando por Le Havre, porto em que um navio lhes permitiu escapar aos nazistas. No clima dos processos de Moscou e dos expurgos de todo tipo, Neumann foi preso em abril de 1937, condenado à morte em novembro e imediatamente executado.

Buber-Neumann foi deportada para a Sibéria em junho de 1938. Condenada a cinco anos de internamento, ela deixa esse campo na primavera de 1940, antes do fim de sua pena, para ser encaminhada em direção à Alemanha, ao campo nazista de Ravensbrück! No momento da publicação do livro de Kravchenko, não lhe resta alternativa além de subscrever seu conteúdo: ela está particularmente bem posicionada para confirmar, na condição de testemunha e vítima, a realidade dos campos soviéticos. Em 1949, ela vive na Alemanha, em Schawnheim, cidade em que recebe do cônsul francês uma convocação para depor na audiência em Paris. Sua narrativa, nesse processo espetacular, torna-se um grande acontecimento:

> Essa mulher magricela toda vestida de preto impõe-nos respeito. Cada palavra alemã repercute com nitidez e precisão. Ficamos impressionados com a finura desse rosto jovem. Teria sido possível escrever: é com "a alma que se escuta". Com tranquilidade, ela confirma os procedimentos especiais soviéticos, explicitados no decorrer das audiências precedentes.[74]

O que ela diz é arrasador, e a emoção atinge o seu paroxismo. Em apuros, a defesa do PCF deixa a palavra ao único advogado não comunista de *Les Lettres françaises*, André Blumel, que se atreve a responder a Buber-Neumann que, se não existem muralhas, talvez não seja um campo. Ela responde-lhe que, na estepe em que ficava seu campo, percorrida constantemente pelas tropas do NKVD, a fuga era estritamente impossível: "Eu vivia em uma cabana de barro, povoada de milhões de percevejos. Em frente à porta, havia uma rua de um quilômetro; se eu me afastasse quinhentos metros, seria alvo de tiros."[75]

---

74. Ibidem, p. 147.
75. Margarete Buber-Neumann, citada in ibidem, p. 148.

O desfecho do processo dá razão a Kravchenko. Em 4 de abril de 1949, o tribunal concede-lhe 150 mil francos (menos de cinco mil euros atuais) como ressarcimento, além de condenar Claude Morgan e André Wurmser em cinco mil francos cada um; no entanto, em apelação, a 11ª Vara admite em seu veredicto que, se houve efetivamente difamação por parte de *Les Lettres françaises*, esta publicação é condenada a pagar apenas um franco simbólico, enquanto o autor da queixa havia despendido entre 20 e 25 milhões de francos (mais de setecentos mil euros) no decorrer desse processo. O depoimento de Margarete Buber-Neumann continua sendo um destaque na tomada de consciência do totalitarismo, embora, na época, o PCF tenha vencido a batalha da credibilidade para negar qualquer realidade à existência dos campos de concentração em uma escala maciça na pátria do socialismo. O crédito conquistado pela URSS durante a guerra ainda mantém-se intacto e atua como uma tela para evitar a eclosão da verdade sobre a natureza totalitária do regime.

A esquerda não comunista permanece, por sua vez, cética diante das revelações do processo. Na revista *Esprit*, Albert Béguin invoca a venalidade de Kravchenko para lançar a suspeita sobre suas declarações; quanto a *Combat*, não chega a tomar partido, argumentando que o confronto entre os dois imperialismos não revelou nada. Em última análise, são raros aqueles que apoiam Kravchenko, e até mesmo Camus permanece misteriosamente em silêncio. Claude Lefort, líder em companhia de Cornelius Castoriadis do grupo Socialismo ou Barbárie, é um dos poucos a acreditar na veracidade da autobiografia, de acordo com seu texto publicado em *Les Temps modernes*, na rubrica "Opinions". Os outros apoios de peso vêm de Maurice Nadeau, que, em *Combat*, publica uma defesa de Kravchenko, e de René Char, ex-membro incontestável da Resistência, chefe de grupo de resistentes em Basses-Alpes, em 1944, que não hesita em afirmar: "Kravchenko não é um traidor, mas apenas divorciado de um regime [...]. Se, em geral, a maioria das testemunhas do processo é mais comovente do que ele, a verdade das mesmas prevalece em relação às circunstâncias da situação delas."[76] Afetado profundamente pelo depoimento

---

76. René Char, citado in ibidem, p. 193.

de Margarete Buber-Neumann, ele escreve em *Combat*, a propósito de *Les Lettres françaises*: "A posição [desse semanário] é insustentável e sua mistela é irrespirável. Eis o resultado do uso de uma dialética em pânico a serviço de uma causa que não tem nenhuma base moral."[77]

László Rajk

François Fejtö, um exilado húngaro com convicções sociais-democratas que trabalha na AFP (Agência France Presse), conhece perfeitamente o ministro húngaro, Lászlo Rajk: por ocasião de uma de suas visitas a Paris, este convidou-o a retornar ao país. Em março de 1949, é noticiada a prisão de Rajk, ao deixar as instalações do ministério. Seu processo começa em setembro: "Decidi não ficar passivo" — escreve Fejtö — "e lutar por meu antigo amigo."[78] Desde então, ele multiplica as declarações e os comentários sobre esse processo, em diversos órgãos de imprensa na França; mas, ainda outra vez, a verdade terá dificuldades para emergir.

Fejtö chega a ser escutado por aqueles que haviam percebido a impostura da denúncia de Tito — Jean Cassou, Louis Dalmas, Claude Bourdet, Édith Thomas e Paul Rivet —, mas esbarra essencialmente no muro do silêncio e em grandes decepções. Esse é o caso com a reação de Julien Benda, com o qual ele teve uma longa conversa: Fejtö demonstra-lhe, comprovadamente, a analogia com os processos de Moscou na década de 1930 e as inverossimilhanças manifestas do dossiê judicial. Como resposta, recebeu apenas estas palavras: "Sua argumentação não é, para mim, convincente."[79] No dia seguinte a essa entrevista, Benda garante seu apoio às teses do PCF, que consegue fazer na sala da Mutualité, sob a presidência de Jacques Duclos, a execução de Rajk e de seus companheiros.

Emmanuel Mounier — que empreende, mediante a revista *Esprit*, uma política de companheirismo com os comunistas desde a Libertação

---

77. CHAR, [1949] 2004, p. 270.
78. FEJTÖ, 1986, p. 211.
79. Julien Benda, citado in ibidem, p. 213.

— mostra, pelo contrário, profunda consternação diante desse caso. Fejtö propõe-lhe escrever uma análise do caso Rajk. *Esprit* prepara um número sobre "La crise des démocraties populaires" [A crise das democracias populares], para o qual Fejtö elabora — sob o título "L'Affaire Rajk est une affaire Dreyfus internationale"[80] [O caso Rajk é um caso Dreyfus internacional] — um artigo que suscita a perplexidade, até mesmo em Mounier, o qual tem um momento de hesitação. O aparelho do PCF faz pressão para impedir a publicação desse texto, chegando mesmo a enviar Pierre Courtade para explicar a Mounier que "Fejtö era um ex-fascista, agente da polícia húngara e colaboracionista".[81] Como Mounier pede informações mais precisas, Courtade viaja para Budapeste e retorna, diz ele, com provas fidedignas e um enorme dossiê sobre as atividades de Fejtö; no entanto, tal dossiê nunca será apresentado a Mounier, por ser simplesmente imaginário. Sem ter recebido o dossiê em questão, Mounier publica o artigo: "A significação histórica do processo Rajk residia, a meu ver, no fato de que a URSS não haveria de tolerar, tanto na Hungria quanto nos outros países ocupados, qualquer iniciativa original na construção do socialismo."[82]

É reduzido o número daqueles que hão de abrir os olhos a partir do processo Rajk. E aqueles que se atrevem a formular perguntas são amordaçados: "Diante das dúvidas de André Breton a respeito da justiça do processo Rajk, Éluard deu a seguinte resposta: 'Tenho muito de fazer pelos inocentes que reclamam sua inocência para perder tempo com culpados que afirmam sua culpa.'"[83] Quanto aos estudantes comunistas, eles encontram na revista *Clarté* um subterfúgio de puro estilo stalinista: Annie Kriegel e Jacques Hartmann consideram que Rajk é culpado, sem nenhuma dúvida possível. Incapazes de demonstrá-lo mediante uma investigação, eles resguardam-se atrás da noção do verossímil: "Erigir-se como novo tribunal para julgar a verdade dos documentos do dossiê conduz,

---

80. Fejtö, 1949.
81. Idem, 1986, p. 214.
82. Ibidem, p. 215.
83. Caute, 1964, p. 213.

de fato, a um impasse. Pelo contrário, fecundo é o método — e essa é, na verdade, a única pergunta formulada por ser a única solucionável — que consiste em julgar a verossimilhança do caso."[84]

Em filas compactas

Nesses anos de guerra ideológica, o reduzido grau de liberdade tolerado pelo centralismo democrático é suprimido de maneira brutal: aqueles que pretendem preservar um espaço crítico devem submeter-se ou demitir--se. Laurent Casanova, com a assistência de Jean Kanapa, mantém-se vigilante na aplicação da regra da unanimidade. O pequeno círculo da rua Saint-Benoît reunido ao redor de Marguerite Duras, militante exemplar, é desmantelado. Duras comete o erro de manifestar preocupação e solicitar explicações a seus dirigentes sobre Jdanov. Certa noite, Claude Roy introduz no grupo um escritor comunista italiano, ex-membro da Resistência, Elio Vittorini, cujo encontro é decisivo para Duras: depois de ter assumido as mais altas funções no momento da Libertação como chefe da redação do cotidiano do PCI (Partido Comunista Italiano), *L'Unità*, ele dirige na época a própria revista, *Il politecnico*. Hostil à stalinização e defensor de uma cultura aberta a autores não comunistas, ele perde o apoio do PCI e vem juntar-se aos amigos da rua Saint-Benoît.

Por ocasião de uma de suas viagens a Paris, Vittorini concede uma longa entrevista a Edgar Morin e a Dionys Mascolo; publicado em *Les Lettres françaises*, esse texto desencadeia reação violenta de Laurent Casanova e Jean Kanapa, responsáveis pelos intelectuais do PCF. Vittorini corrobora, evidentemente, a hostilidade de Duras e de seus amigos ao jdanovismo: "Marguerite, acompanhada por Edgar Morin, Dionys Mascolo e Robert Antelme, continuam pensando que vão impor ao partido outra concepção da moral, da política e do amor; aliás, o Grupo de Estudos Marxistas, na rua Saint-Benoît, foi fundado com esse objetivo."[85] Cultiva-se

---

84. KRIEGEL, 1991a, p. 460.
85. ADLER, 1998, p. 249.

aí a liberdade de expressão, e ninguém se intimida para ridicularizar os chefinhos mais jdanovianos; esse cenáculo é um estorvo para a direção do PCF por considerá-lo tão somente uma iniciativa fracionista. Além de suas tomadas de posição heréticas, esse grupo acolhe não comunistas, tais como Maurice Merleau-Ponty, Raymond Queneau ou Jacques-Laurent Bost, mas nunca Jean-Paul Sartre: uma profunda antipatia opõe Duras a Simone de Beauvoir. Como hábil stalinista, Casanova pede um relatório sobre Vittorini a Morin, o que obriga este a revelar suas posições em favor de uma liberdade cultural.

Em abril de 1948, Mascolo e Antelme decidem, por sua vez, escrever um relatório crítico sobre a política cultural do partido: o texto, discutido em maio, é rejeitado violentamente por Aragon e Casanova. Morin retoma, então, a iniciativa ao redigir uma carta endereçada a Kanapa, "assinada por Claude Roy, Jean Duvignaud, Pierre Kast, Robert Antelme, Dionys Mascolo e Jean-François Rolland. Todos esperavam obter a assinatura dos 'grandes', mas perdem rapidamente as ilusões: além da recusa de Éluard, Courtade desdiz-se e Picasso fica calado".[86] Na revista *Les Cahiers du communisme* de setembro de 1948, Casanova ataca severamente a iniciativa desses intelectuais, que, para preservar sua "autossuficiência", estariam dispostos a trair os interesses do proletariado. Sem condições de enfrentar o aparelho e perdida a ilusão de retificar sua linha intangivelmente jdanoviana, os resistentes da rua Saint-Benoît entregam os pontos, considerando-se daí em diante em "demissão interna", de acordo com a expressão utilizada, mais tarde, por Edgar Morin.

E chegou o momento dos abandonos e das expulsões: "Kanapa pretende acabar com a raça de Marguerite, Robert e Dionys. Considerados implicantes e incontroláveis, o partido vai isolá-los de maneira gradual e metódica."[87] Os ataques tornam-se ignominiosos, em particular aqueles que visam Duras: a direção do PCF começa por atacar sua reputação de ex-membro da Resistência, alegando que ela trabalhava, durante a Ocupação, por conta da censura alemã, além de denunciá-la por pertencer à

---

86. CHEBEL D'APPOLLONIA, 1999, p. 36.
87. ADLER, op. cit., p. 265.

pequena-burguesia decadente, por ser cão de guarda do capitalismo. Por carta, Duras comunica, imediatamente, que não renovará sua carteira para o ano de 1949: "Ela é tratada, cada vez mais abertamente, como se fosse uma prostituta."[88] Mascolo vai acompanhá-la nessa ruptura, o que não impede o partido de expulsar os dois oficialmente em março de 1950. Quanto a Antelme, ele mostra-se particularmente afetado por essa expulsão, como será observado por Pierre Daix:

> Nunca esquecerei o rosto transtornado de Antelme no dia em que ele veio anunciar-me que tinha sido expulso de sua célula. Estendi a mão para mostrar-lhe que esse episódio não mudava nada entre nós; ele ainda hesitou antes de apertá-la. "Para que esquentar a cabeça? Acabou" — disse-me ele com os olhos marejados de lágrimas.[89]

Daix intervém no topo da hierarquia para obter sua reintegração, mas esta é recusada por causa das "transas de Marguerite e de sua obscenidade".[90] Em seu diário, Duras evoca seus sentimentos no momento dessa expulsão. Laure Adler escreve: "Ela sente-se culpada e órfã, fala de 'trauma', de 'problema doloroso'."[91] Nesse processo de expulsão, parece que [o escritor espanhol de língua francesa] Jorge Semprún desempenhou um papel ao relatar as afirmações sarcásticas proferidas durante uma noitada em que se bebeu demais, em maio de 1949, no café Bonaparte: "Bebe-se, o pessoal graceja, zomba de tudo e de nada, diverte-se à beça. As opiniões divergem a respeito do assunto da conversação; de acordo com diversas testemunhas, Mannoni teria revelado, manipulando o humor corso com perfeição, que o camarada Casanova era um cafetão [*maquereau*] — 'Casa' é um grande *mac* — e que, na Córsega, todo o mundo estava a par."[92] Ao relatar essas observações às instâncias superiores do partido, Semprún teria acelerado a expulsão de Duras.

---

88. Ibidem, p. 274.
89. Pierre Daix, entrevista a Laure Adler, 12 de dezembro de 1996, in ibidem, pp. 276-277.
90. Ibidem, p. 277.
91. Ibidem, p. 278.
92. Ibidem, p. 405.

Quanto a Edgar Morin, que também está na mira, ele não renova a sua carteira para o ano de 1950. Tendo abandonado sua célula, ele não deixa de considerar-se ainda membro do partido e ficará surpreendido com sua expulsão, que intervém na sequência de um relatório publicado por ele na revista *L'Observateur*, a propósito de uma semana de estudos de sociologia sobre o tema da relação entre cidades e zonas rurais. Esse artigo inofensivo, tampouco de oposição, mas publicado em órgão de imprensa reputado como inimigo, suscitou contra ele a indignação de Dominique Desanti e de Kanapa. De qualquer modo, para Morin, o caso estaria encerrado. Ora, tal suposição não leva na devida conta a natureza de uma organização stalinista. Uma investigação é decidida a respeito de seu caso, e ele é convocado por Annie Kriegel (na época, ainda Annie Besse) a apresentar-se à Federação do departamento de Seine:

> Eu não conhecia essa jovem Valquíria: loira, um tanto peituda, aspecto glacial e inocente. Ela tinha um lindíssimo olhar azul de militante. "Você tem alguma ideia do motivo pelo qual decidi convocá-lo?" "Palavra de honra, não." Eu estava surpreso; ela deveria ter pensado que eu bancava o esperto. "O que você acha de um comunista que escreve no jornal da Intelligence Service?"[93]

Para ela, Claude Bourdet, diretor desse semanário, é um notório agente dos serviços de informação britânicos. Morin concorda que um bom militante não deveria escrever em *L'Observateur*, mas argumenta que, deste modo, um público mais amplo beneficiou-se de suas competências profissionais. Kriegel toma notas, e Morin chega a pensar que foi convincente. Alguns dias mais tarde, um de seus camaradas de célula, Sylvain Tousseul, vem buscá-lo em sua casa para comunicar-lhe que sua presença em uma reunião é indispensável. Ao chegar em um galpão, ele descobre algumas caras novas no meio dos frequentadores da célula que havia abandonado há algum tempo. Com a entrada de Kriegel (Besse), imediatamente dá-se conta da armadilha: "[...] A palavra foi dada a Annie Besse. Ela aborda

---

93. MORIN, [1959b] 2012, p. 200.

diretamente o assunto: 'Camaradas. Em nome da Federação de nosso partido comunista, venho apresentar a esta célula o caso do camarada Edgar Morin.'"[94] Seu destino é decretado tanto mais rapidamente pelo fato de que, há muito tempo, ele havia deixado de exercer sua militância. Com os olhos marejados de lágrimas, Morin afirma sua boa-fé e diz que não existe nenhum desacordo político com a direção do partido, mesmo que ele reconheça algumas diferenças de ordem ideológica; considerando que ninguém havia lido o artigo incriminado, ele pede que a decisão seja adiada. A consternação manifestada aparentemente pelos militantes de base está longe de afetar Kriegel: como burocrata exemplar, ela repisa no assunto ao afirmar que o partido se fortalece ao expurgar-se e que, por conseguinte, convém livrar-se do camarada Morin. Assim, tal veredicto será confirmado, à mão levantada e por unanimidade, depois que ela dirigiu estas palavras ao acusado, olhando-o fixamente: "Ignoro se você não é um inimigo do partido."[95]

Morin irá lembrar-se desse episódio como se fosse um grande momento de solidão:

> Foi algo parecido a um desgosto de criança. Enorme e bastante curto. Eles arrancaram-me do partido que concentrava nele os poderes paternos e maternos; deste modo, fiquei órfão. O partido era a comunhão cósmica, o amor da humanidade, a placenta materna e também a repreensão severa, a autoridade implacável e a sabedoria do pai. Era minha família.[96]

A guerra ideológica inclui também a defesa de uma ordem moral personificada por Jeannette Vermeersch, esposa de Maurice Thorez. Em primeiro lugar, a vida sexual deve ser conforme ao que é considerado normal. O adversário designado é Simone de Beauvoir: com a obra *O segundo sexo*, esta suscita a reação violenta da revista *La Nouvelle Critique*, que denuncia nesse texto reivindicações falsamente igualitárias

---

94. Ibidem, p. 203.
95. Annie Kriegel (sob o nome de Annie BESSE), citada in ibidem, p. 205.
96. Ibidem, p. 207.

que se limitam ao uso de calças e a fumar cigarros. Vermeersch lança, então, uma vasta propaganda contra o controle de natalidade e o uso da pílula, que, para ela, representa o epítome da decadência burguesa, uma forma de apologia do vício. Na década de 1950, o PCF enaltece a família como entidade natural, além de engrandecer com louvor o papel da mãe, ao mesmo tempo, corajosa e esforçada. A homossexualidade é condenada como uma perversão ignorada da classe operária; quanto a Léo Figuères, que já tinha chamado a atenção por seu livro *Le Trotskisme, cet antiléninisme* [O trotskismo é um antileninismo], ele afirma com uma cara séria que "um em cada dois norte-americanos é um invertido".[97]

O caso Marty-Tillon

Em 1952, irrompe o caso Marty-Tillon, mediante o qual duas figuras heroicas do PCF, membros do bureau político, confrontam outros membros da direção. André Marty tornou-se famoso como amotinado do mar Negro, recusando-se a lutar contra o novo poder bolchevique, no fim da Primeira Guerra Mundial; quanto a Charles Tillon, dirigente das FTP durante a Ocupação, ele esteve à frente da Resistência interna comunista, na França, contra o nazismo. Em 1952, essas duas personalidades cometem o erro de desfrutar de uma legitimidade que ameaça escapar ao controle do aparelho stalinista; deste modo, portanto, impõe-se destruir a reputação de ambos e acusá-los de trair a causa dos proletários. Nesse momento, são intentados processos contra dirigentes dos partidos comunistas da Europa, tais como o de Rudolf Slánský na Checoslováquia. Jacques Duclos, que assume a direção do PCF na ausência de Thorez, convalescente em Moscou, consegue convencer o PC soviético de que existem também traidores a serem desmascarados na França, demonstrando assim sua determinação no combate ideológico.

Marty e Tillon são acusados de se encontrarem em uma reunião fracionária para fomentar uma conspiração. Uma investigação é confiada

---

97. FIGUÈRES, 1952, p. 55.

a Léon Mauvais, que entrega um relatório ao bureau político, o qual decide expulsar os dois ilustres camaradas sob a acusação de apoiarem, há muito tempo, uma linha de oposição no interior das instâncias dirigentes. A calúnia ganha tal amplitude que eles acabam sendo denunciados como agentes disfarçados; a direção é elogiada por ter expurgado do partido duas ovelhas negras. Enquanto isso, os dois condenados são submetidos a uma pressão crescente: com efeito, de acordo com o esquema clássico da confissão, impõe-se que eles reconheçam publicamente seus malfeitos. Tillon acabou aceitando publicar uma autocrítica em *L'Humanité*, pensando tratar-se de uma justificativa diante das instâncias do partido: "A chantagem relativa à autocrítica foi acompanhada de novas acusações, recheadas de delações forçadas de dezenas de militantes com quem eu tinha trabalhado durante o período da Ocupação e após a Libertação."[98] Tendo recebido a medalha norte-americana da liberdade, a *Freedom*, como chefe das FTP, Tillon é denunciado em 1952 como um agente norte-americano, um Tito francês! Todas as dificuldades do PCF, incluindo seu refluxo na opinião pública desde 1947, são assacadas aos dois traidores, que, a partir do interior, haviam sabotado a linha do partido. Em dezembro de 1952, em nome dos princípios democráticos de Stálin, Duclos congratula-se, em um comício em Bordeaux, com "a grande vitória obtida em Praga pela execução dos onze condenados à morte no processo Slánský", além de associar a esse processo edificante "a acertada campanha contra Marty-Tillon".[99]

O Movimento pela Paz

Para além do círculo dos militantes convictos, convém alistar os companheiros de estrada e propor-lhes uma causa que corresponda a seus anseios. O Kominform encontrou na defesa da paz um combate internacional que, pelo fato de dizer respeito a todo o mundo, pôde fornecer à URSS o

---

98. TILLON, 1977, p. 502.
99. Ibidem, p. 505. Em 1955, André Marty publicará o próprio testemunho desses acontecimentos (MARTY, 1955).

apoio de que esta necessitava para preservar seu status de grande potência hegemônica. A União Soviética apresenta-se ao mundo como o único país capaz de garantir a paz mundial, enquanto o imperialismo norte-americano lidera as forças da guerra. Na Polônia, em Wrocław — cidade de origem eslava anexada pela Prússia em 1743, época em que se chamava Breslau —, é que se realiza, de 25 a 28 de agosto de 1948, o Congresso Mundial dos Intelectuais para a Paz; preparado por um Comitê Franco-Polonês, ele reúne celebridades dos dois países — incluindo Frédéric Joliot-Curie, Georges Duhamel, Julien Benda, Tadeusz Lehr-Spławiński, Tadeusz Kotarbiński —, além de intelectuais oriundos de outros países.[100] A delegação francesa é liderada por Laurent Casanova.[101]

O Congresso, que pretendia ser aberto, transforma-se rapidamente em uma plateia de acusações contra os Estados Unidos. 337 dos 357 delegados decidem criar um comitê de ligação, encarregado de organizar o Primeiro Congresso Mundial dos Partidários da Paz, que deve ser realizado no ano seguinte, simultaneamente em Paris e em Praga. Enquanto o objetivo consistia em reunir o maior número possível de participantes, Alexander Fadeiev pronuncia um discurso de rara violência contra os agentes literários da reação imperialista: "Se os chacais fossem capazes de escrever à máquina e se as hienas soubessem servir-se de uma caneta, seus textos assemelhar-se-iam, sem dúvida, aos livros dos Miller, dos Eliot, dos Malraux e de outros Sartre." Essa provocação suscita reações acaloradas; na tentativa de acalmar esse tumulto, Ilia Ehrenburg explica que Fadeiev está em estado de exaustão. Picasso, escandalizado, retira seus fones de ouvido para a tradução simultânea. "Éluard" — relata Dominique Desanti — "rabisca uns desenhos. Passamos quase toda a noite no vestíbulo do hotel,

---

100. Estados Unidos (Otto Nathan, Albert Kahn), Grã-Bretanha (Graham Greene, Richard Hugues, Aldous Huxley), União Soviética (Ilia Ehrenburg, Mikhail Cholokhov, Alexander Fadeiev), Itália (Carlo Levi, Salvatore Quasimodo), Alemanha (Bertolt Brecht, Anna Seghers, Ludwig Renn) e Brasil (Jorge Amado, Vasco Prado).

101. Ela é composta por Julien Benda, o abade Jean Boulier, Jean Bruhat, Laurent Casanova, Aimé Césaire, Pierre Daix, Dominique Desanti, Jean Dresch, Paul Éluard, Yves Farge, Irène Joliot-Curie, Jean Kanapa, Fernand Léger, André Mandouze, Picasso, Marcel Prenant, Vercors, Henri Wallon, Marcel Willard e André Wurmser.

matando nosso desencanto com a ajuda de piadas e de vodca."[102] Aldous Huxley deixa o Congresso, e Irène Joliot-Curie ameaça fazer o mesmo. É possível perceber, inclusive, o desânimo em Casanova!

A defesa da paz promove iniciativas autônomas, tais como a de Yves Farge, que, na França e para preservar o espírito da Resistência, lança o movimento Os Combatentes da Paz, na companhia de personalidades da Resistência.[103] Esse movimento, que realiza suas primeiras sessões nacionais em novembro de 1948, organiza-se a partir de iniciativas locais, em nível municipal. Consegue espalhar-se amplamente além da esfera dos militantes comunistas, como é confirmado pela criação de um grupo liderado por Jean-Marie Domenach, em Châtenay-Malabry, em torno da comunidade da revista *Esprit*. Bem depressa, o poderoso maquinismo comunista consegue infiltrar-se no movimento e anexá-lo ao Movimento pela Paz. A URSS dipõe, desde então, de um instrumento eficaz e influente para promover grandes campanhas internacionais.

Em março de 1950, por ocasião da reunião desse movimento, em Estocolmo, abre-se uma petição para a dissolução dos pactos militares e para a supressão da bomba atômica — na época, à disposição exclusiva dos Estados Unidos. Além de mobilizar os militantes comunistas, o Apelo de Estocolmo irá contar com a contribuição de um grande número de companheiros de estrada. Essa campanha internacional ganha uma amplitude e um sucesso inegáveis, visto que o apelo irá coletar uns seiscentos milhões de assinaturas, incluindo catorze milhões só na França. Em abril de 1950, o 12º Congresso do PCF é dedicado ao tema "A paz, tarefa primordial". O movimento continua recebendo adesões de toda a parte, dirigindo-se a todos os homens de boa vontade, mesmo que esteja completamente infiltrado pela direção do PCF e pelo Kominform. Em dezembro de 1952, ele conhece um novo período de sucesso com o Congresso de Viena: 1.674 delegados oriundos de 85 países adotam quase por unanimidade as resoluções que fixam a linha a ser seguida. Jean-Paul Sartre, presente na condição de companheiro de estrada do PCF, está entusiasmado: ele

---

102. DESANTI, D., 1983, p. 342.
103. Entre as quais, Emmanuel d'Astier de La Vigerie, o abade Boulier, Jean Cassou, Louis Martin-Chauffier, Charles Tillon e Vercors.

considera que, depois da Frente Popular e da Libertação, esse Congresso é o terceiro grande acontecimento que lhe insuflou, de novo, a esperança. Por sua presença e pelo discurso que proferiu durante a sessão inaugural, ele dá todo o seu brilho ao evento, como descreve Dominique Desanti:

> O Congresso excede todas as expectativas [...]. A presença de Jean-Paul Sartre — o filósofo existencialista, outrora herói do *New York Times Magazine* — é que, sem dúvida, personificava a maior mudança que chegou à maturidade na Europa Ocidental [...]. Ele convocava "as pessoas de bem" a abandonarem "o *no man's land* do anticomunismo".[104]

A Guerra da Coreia

Com a eclosão da Guerra da Coreia, em 25 de junho de 1950, a influência comunista transpõe um novo patamar, verificando-se a reunião de numerosos companheiros de estrada que deixam para trás suas últimas hesitações antes de entoar canções de louvor à União Soviética. Em 1952, o PCF endurece a postura ao retomar as acusações contra os Estados Unidos sobre o uso de armas bacteriológicas no conflito. De acordo com André Fontaine, "o caso tomou as dimensões de uma imensa alucinação coletiva".[105] Embora a comunidade científica não confira nenhum crédito a esses boatos, o PCF permanec inflexível em suas acusações. Em junho de 1953, no momento em que o assunto já não era mais abordado, nem mesmo na URSS, Paul Noirot continua denunciando na revista *Démocratie nouvelle* os "cruzados da peste": "A Coreia tornou-se o amplo terreno de experiências da arma microbiana. Arma perfeita para aqueles que pretendem exterminar um povo."[106] No campo comunista, a indignação atinge seu paroxismo, aliciando a dos companheiros de estrada.

---

104. Desanti, D., [1975] 1985, p. 358.
105. Fontaine, 1983, p. 64.
106. Paul Noirot, citado in Chebel d'Appollonia, 1999, p. 182.

O caso de Jean-Paul Sartre é exemplar: apesar de ter sido chamado de "hiena" pouco antes, ele considera agora que o PCF materializa a justa caminhada da humanidade, e que todos os anticomunistas são "canalhas". Como já foi mencionado, ele está afetado pela violência da repressão praticada por ocasião da passeata parisiense, em 28 de maio de 1952, contra a vinda do general Ridgway, que, na época, liderava as tropas da ONU na Coreia.[107] A lembrança desse evento impregnou-se de tal modo que Aragon, em seu romance *Blanche ou l'oubli* [Blanche ou o esquecimento] (1967), escreve o seguinte: "Esqueci quase tudo desse período; mas não a passeata Ridgway, em 28 de maio de 1952." Os comunistas têm a impressão de viver um momento histórico a tal ponto que *L'Humanité* comemora o aniversário desse evento em maio de 1953: "O povo de Paris, sublevado contra Ridgway, escrevia uma página gloriosa de sua história", lê-se no cotidiano do PCF. Apesar de sua proibição pelos órgãos policiais, essa passeata reúne quase vinte mil pessoas: preparada minuciosamente e sob estrito controle dos organizadores, ela executa a junção de várias colunas no mesmo ponto. Numerosos militantes comunistas estão armados com bordunas e outros objetos contundentes, proclamando sua oposição a "Ridgway, a peste".[108] O confronto com as forças policiais está programado, atacadas pelos militantes comunistas com tacapes: luta corpo a corpo, capacetes despedaçados e, ao termo de seis horas de escaramuças, um grande número de feridos. Esse conflito termina em farsa, com a prisão de Jacques Duclos, na época, o número um do partido na ausência de Maurice Thorez; em seu carro, são encontrados uma pistola e um cassetete profissional, assim como, no banco de trás, alguns pombos, apresentados como pombos-correio e encarregados de transmitir mensagens secretas para o secretário do partido em Moscou. Segundo Duclos, trata-se apenas de pombos, oferecidos por um camarada; aliás, ele tinha intenção de cozinhá-los com ervilhas. Acusado de pôr em perigo a segurança do Estado, o dirigente comunista é encarcerado na prisão de La Santé. A tese grotesca do ministro do Interior desmorona rapidamente: os pombos haviam

---

107. Ver capítulo 3, p. 139.
108. Ver Pigenet, 1990.

sido realmente caçados e, portanto, não tinham nenhuma condição de servirem de... correio.

Sartre, companheiro de estrada

Essa foi a gota d'água para Sartre. Em Roma, onde fica sabendo dos acontecimentos parisienses, ele decide engajar-se ao lado dos comunistas:

> Os últimos vínculos foram desfeitos, acabei transformando minha visão: um anticomunista é um canalha, não vou abrir mão disso, nunca mais [...]. Meu ódio à burguesia é por toda a vida. Ao retornar a Paris, precipitadamente, eu tinha de escrever ou perdia meu alento. Assim escrevi, dia e noite, a primeira parte de "Os comunistas e a paz".[109]

Sartre torna-se companheiro de estrada; mimado, desde então, pelo partido, ele é exibido em tribunas e colóquios, além de ser nomeado inesperadamente, em dezembro de 1954, vice-presidente da Association France-URSS. Tal mudança rendeu-lhe, por um lado, rupturas dolorosas com amigos[110] e, por outro, uma verdadeira lua de mel com o movimento comunista internacional. Acabaram os insultos contra a doninha, o chacal, a hiena... Sartre converteu-se em um intelectual com rosto humano, a ponto de ficar ao lado de Jacques Duclos no comício, no recinto do Vél'd'Hiv, dedicado ao balanço do Congresso de Viena. De acordo com sua biógrafa Annie Cohen-Solal, "ele ingressa, portanto, no círculo dos escritores comunistas e pró-comunistas, adere ao Movimento pela Paz e, na sequência, fica preso na engrenagem: agarrado, engolido, solicitado, incapaz de recusar convites, propostas e tudo o mais".[111]

---

109. SARTRE, 1964, "Merleau-Ponty", pp. 248-249.
110. Ver *supra*, capítulo 3, "As fraturas do sartrismo".
111. COHEN-SOLAL, op. cit., p. 450.

Em 1954, apesar de um diagnóstico de hipertensão arterial e das recomendações de repouso, ele aceita um convite para o que será sua primeira viagem à URSS. Seu organismo não consegue acompanhar o ritmo que lhe é imposto, e ele precisa ficar hospitalizado uma dezena de dias em Moscou; antes disso, já havia admirado as grandes realizações do socialismo soviético. De acordo com Cohen-Solal, o ritual dos retornos da URSS passou a ser, desde a década de 1930, uma rotina literária, um gênero à parte, respeitado por Sartre; ao contrário de muitos escritores que, antes dele, tinham sido tratados regiamente — mas não iludidos, à semelhança de André Gide —, é um Sartre mistificado, crédulo e sem reservas que aceita fazer um panegírico da União Soviética. A entrevista concedida ao cotidiano *Libération* e publicada sob o título geral "Les impressions de Jean-Paul Sartre sur son voyage en URSS" [As impressões de Jean-Paul Sartre sobre sua viagem à URSS] — em cinco números desse jornal, de 15 a 20 de julho de 1954 — tem os seguintes títulos: "La liberté de critique est totale en URSS" [A liberdade de crítica na URSS é total]; "De Dostoïevski à la littérature contemporaine" [De Dostoiévski à literatura contemporânea]; "Ce n'est pas une sinécure d'appartenir à l'élite..." [Pertencer à elite não é uma sinecura...]; "Les philosophes soviétiques sont des bâtisseurs" [Os filósofos soviéticos são construtores ideológicos]; "La paix par la paix" [A paz pela paz]. Irreconhecível, Sartre declara ao interlocutor Jean Bedel:

> [...] o cidadão soviético possui inteira liberdade de crítica, mas trata-se de uma crítica que, em vez de incidir sobre as pessoas, aplica-se às medidas. O erro seria acreditar que o cidadão soviético se mantém calado, sem fazer críticas. Isso não é verdade. Claro que ele faz mais críticas e de uma maneira muito mais eficaz do que a nossa. O operário francês diz: "Meu patrão é um canalha!" Quanto ao soviético, ele não diz "O diretor de minha fábrica é um patife!", mas: "Tal medida é absurda." A diferença é que o francês comenta em um bar, enquanto o soviético declara *publicamente*, assumindo a responsabilidade da crítica [...].[112]

---

112. SARTRE, 1954 in ibidem, p. 452.

Daí em diante, Sartre dá garantias aos comunistas, proíbe qualquer representação de sua peça *As mãos sujas*, além de colocar seu talento a serviço dos soviéticos e do PCF, notadamente ao escrever a peça *Nekrassov*: sua representação em Paris é uma pequena "batalha de Hernani" — evocando os incidentes ocorridos na estreia, em 28 de fevereiro de 1830, dessa peça de Victor Hugo —, e irá culminar no que será designado como o "caso Nekrassov". Sartre ataca violentamente a imprensa dita "burguesa" e, principalmente, Pierre Lazareff, que dirige o diário *France-Soir*: "Minha peça é abertamente uma sátira sobre os procedimentos da propaganda anticomunista."[113] Os jornalistas da área manifestam-se solidários com *France-Soir*, e *Nekrassov* é estraçalhada pelos críticos: "Uma farsa que faz lembrar um elefante em uma loja de porcelanas" — escreve Pierre Marcabru na revista *Arts* —, "réplicas pesadas como se tratasse de menires, uma sutileza de rinoceronte: a peça de Jean-Paul Sartre pisoteia os espectadores durante quatro intermináveis horas. Verdadeiro suplício super-humano."[114] Além da imprensa comunista, são raros os letrados, tais como Gilles Sandier, Jean Cocteau ou Roland Barthes, que tomam a defesa de *Nekrassov*.

Essa nova paixão pela União Soviética é acompanhada naturalmente por uma ojeriza simétrica aos Estados Unidos. Em 1953, a opinião pública internacional acompanha com emoção o processo por espionagem do casal Ethel e Julius Rosenberg, em Nova York. Na atmosfera tensa da guerra fria e do que foi designado como a caça às bruxas nos Estados Unidos, no decorrer da qual o senador Joseph McCarthy ganhou projeção, comunistas disfarçados são acuados por toda a parte, especialmente nos círculos intelectuais progressistas, aos quais se atribui o qualificativo de liberais. Um clima de suspeita generalizada contrabalança o terror que reina na União Soviética. É neste contexto que, no fim de 1950, Julius Rosenberg é acusado de trabalhar para o NKVD; em seguida, é preso e condenado à morte, com sua esposa Ethel, por "espionagem atômica". Na época, o veredicto não gera nenhuma indignação, mas, ao longo dos meses em que se aguarda a execução dos condenados, cresce cada vez mais o número de pessoas que

---

113. Idem, 1955.
114. MARCABRU, 1955.

denunciam as lacunas do dossiê judicial; ao passo que os protestos vão se tornando cada vez mais veementes, os comunistas mobilizam-se, por sua vez, em defesa dos Rosenberg, cuja causa fornece-lhes novas armas para lutar contra os Estados Unidos. Empreende-se uma campanha internacional para pedir o indulto dos dois presos: o PC considera esse processo um novo caso Dreyfus, o papa Pio XII intervém discretamente e todo o mundo acha que o presidente Eisenhower vai comutar a pena. Apesar da amplitude do protesto internacional, o casal Rosenberg é eletrocutado em 19 de junho de 1953. Sartre escreve no cotidiano *Libération*:

> Trata-se de um linchamento protegido pela lei que cobre de sangue um povo inteiro e denuncia, de uma vez por todas e insofismalvelmente, a falência do Tratado do Atlântico Norte [...]. Há, positivamente, algo de podre na América [...]. Cuidado, a América sofre um surto de raiva. Vamos romper todos os laços que nos ligam; caso contrário, seremos também mordidos e ficaremos contaminados.[115]

Se o dogma stalinista foi capaz de reunir grandes intelectuais, como Sartre, e de perdurar sem levar em conta a verdade e a lógica, é em grande parte graças a suas virtudes messiânicas, que convertiam seus adeptos em detentores do sentido da história; em nome das exigências desta, a realidade — por mais evidente que fosse — não deixava de ser negada sistematicamente. Com essa maneira de pensar, a verdade não podia ser confirmada pelos fatos, mas dependia da instituição, do lugar ou da posição hierárquica de quem viesse a estabelecê-la: deste modo, a verdade proletária opunha-se à verdade burguesa, e seu peso não era o mesmo se fosse enunciada por um militante de base, por um companheiro de estrada ou por um dirigente do bureau político e, *a fortiori*, pelo secretário-geral do partido que era ilibado de qualquer equívoco. De acordo com esta observação de Edgar Morin:

---

115. Jean-Paul Sartre, citado in COHEN-SOLAL, op. cit., p. 442-443.

O que há de muito atraente no marxismo stalinista é o fato de que, ao mesmo tempo, ele estava aberto à história, é uma filosofia da história, e permanecia imóvel visto que tudo já estava definido, classificado e previsto, de tal modo que *nada acontecia*, nada na URSS que viesse alterar o caráter absolutamente puro e autêntico do socialismo em construção.[116]

---

116. Edgar Morin, citado in GEORGE, N.; GEORGE, F. (Orgs.), 1982, p. 279.

6

O represamento

A partir de 1947, a oposição frontal entre o Ocidente e os países do Leste, acrescida, na França, do abandono da vida política pelo general De Gaulle e da formação de um governo tripartite, marcado por uma forte presença comunista, afetam profundamente as linhas de clivagem entre intelectuais. A decantação internacional revela um mundo bipolar com dois campos irreconciliáveis: em face dos comunistas e de seus companheiros de estrada, posicionam-se diversas forças que têm dificuldades de se implantar, de tal modo a situação ideológica continua sendo favorável à corrente comunista.

O recurso ao homem do 18 de Junho

Por ocasião da Libertação, o general De Gaulle havia conseguido reunir à sua volta alguns intelectuais de renome; era notório seu poder de sedução sobre um André Malraux ou um François Mauriac. Ao retirar-se para sua aldeia, Colombey-les-Deux-Églises — o que será designado como sua travessia do deserto —, ele está convencido de que há de ser convocado para assumir o governo, acalentando a expectativa de voltar o mais rapidamente possível ao proscênio da vida política. Intelectuais e militantes gaullistas tomam efetivamente algumas iniciativas, como o Comitê de Estudos em Favor do Retorno do general De Gaulle, no qual é possível encontrar Malraux, Raymond Aron, Jacques Soustelle e Michel

Debré. No momento do "almoço semanal dos '*barons*' [barões]"[1], grupo de natureza mais política, Malraux está ao lado de Gaston Palewski, Christian Fouchet, Jacques Chaban-Delmas, Roger Frey, Georges Pompidou e Jacques Foccart. Apesar desses agrupamentos, De Gaulle continua a ser marginalizado e condenado ao silêncio. Malraux, enfeitiçado pela relação dos dois, confia a Claude Mauriac, em março de 1946: "Conheci um número relativamente grande de estadistas, mas nenhum — nem de longe — tem a grandeza dele. É deplorável que De Gaulle tenha cristalizado contra si todas as forças da esquerda. Nada disso talvez teria acontecido se eu o tivesse encontrado mais cedo."[2]

Em 1947, o general decide atravessar o Rubicão: ele rompe o silêncio que se tinha imposto ao lançar o RPF, que pretende estar acima do jogo dos partidos e além das linhas de clivagem tradicionais. Sua pretensão consiste em reunir os franceses com base em um sobressalto nacional semelhante ao que havia ocorrido com o da França Livre e, desta vez, como reação à incapacidade institucional da Quarta República, então nascente (outubro de 1946), e como oposição ao campo comunista. Ao anunciar a criação desse agrupamento, em 7 de abril, na cidade-símbolo de Estrasburgo, recebe o apoio militante de Malraux, posicionado logo atrás dele na varanda da prefeitura. Malraux oferece-lhe suas capacidades de agitador, experimentadas em várias oportunidades, especialmente no decorrer da Guerra Civil espanhola e durante a Resistência; o ex-companheiro de estrada dos comunistas torna-se responsável pela propaganda do RPF.

À semelhança de qualquer homem providencial, De Gaulle cultiva o catastrofismo: desempenhando, de bom grado, o papel de Cassandra, anunciando o pior para desencadear o sobressalto das profundezas da nação, ele exibe a ameaça e a iminência de uma Terceira Guerra Mundial e de uma França reduzida à servidão, em um discurso apocalíptico que se adapta perfeitamente ao lirismo de Malraux. Os dois homens compartilham, de fato, a mesma visão — heroica — da história.

---

1. LACOUTURE, [1976] 1996, p. 335.
2. André Malraux, citado in ibidem, p. 336.

O REPRESAMENTO

Por sua oratória, Malraux consegue galvanizar multidões; é ele quem forja a fórmula "O RPF é o metrô", no sentido de que cada um tem aí seu lugar, até mesmo a arraia-miúda. Se os quadros do movimento pertencem, de preferência, à direita tradicional ou às categorias sociais privilegiadas, Malraux pretende extrapolar tais divisões para reunir o maior número possível de pessoas em torno de seu líder. O início do partido é promissor: nas eleições municipais de outubro de 1947, ele obtém 38% dos votos expressos, logo atrás do PCF, o que promove o tema predileto de Malraux segundo o qual, na França, nada há além de comunistas e gaullistas.

Em seus escritórios na rua Capucine, Malraux rodeia-se de uma verdadeira equipe operacional, à qual ele dá o aspecto de um comando em ordem de batalha; em seu entender, a guerra está chegando à porta, e o estado de mobilização geral é decretado contra o "urso" soviético. Ele adota o título de um jornal de Lênin, *L'Étincelle*, para o boletim informativo do movimento, antes de tarnsformá-lo, em 1948, no semanário *Le Rassemblement*, deixando-o sob a responsabilidade de três jornalistas de *Combat* que tinham aderido ao gaullismo: Albert Ollivier, Jean Chauveau e Pascal Pia. Em seguida, essa experiência dá lugar ao lançamento, em companhia de Claude Mauriac, da revista *Liberté de l'esprit*, mais aberta à cultura e, em particular, à literatura, sem ter conseguido mostrar-se mais convincente.

Na tribuna, Malraux metamorfoseia-se em encenador do herói salva-vidas, do homem que traz a Providência para a França eterna. O espetáculo é total: músicas, bandeiras, jogos de luz e sombra sobre uma densa multidão, a voz cavernosa subindo das profundezas da terra e desferindo suas pancadas para despertar o auditório. Mais do que um propagandista, Malraux aparece como um oráculo, um pregador, cujo timbre de voz e cadências ritmadas constituem outros tantos fatores estimulantes para desencadear a entrada em transe. Tendo a vantagem de conhecer perfeitamente o adversário stalinista, uma vez que o havia frequentado e escapado desse obscurantismo, ele está em condições de evocar a própria experiência sem complexos. Por ocasião de sua palestra na sala Pleyel, em 5 de março de 1948, ele invectiva os intelectuais de esquerda — que haviam sido sua pátria de alguns anos atrás —, presentes em grande número para vaiá-lo:

Não estava previsto que o anúncio de um futuro radiante seria essa interminável esganiçada proveniente do mar Cáspio até o mar Branco, nem que seu cântico seria a canção dos submetidos a trabalhos forçados [...]. Nesta tribuna, não renegamos a Espanha. Que um stalinista, um dia, suba aqui para defender Trótski! Era difícil, alguns anos atrás, negar que Trótski tenha integrado o Exército Vermelho: para que *L'Humanité* seja totalmente eficaz, o leitor não deve ler um jornal oposto. [...] Não há nenhuma margem de manobra: eis a razão pela qual o desacordo, até mesmo parcial, de um artista com o sistema leva-o a uma abjuração. Então, nosso problema essencial é o seguinte: como impedir que as técnicas psicológicas acabem destruindo a qualidade da reflexão? [...] Vocês encontram-se, quase todos, no campo do pensamento, dos liberais. Para nós, a garantia da liberdade política e da liberdade de pensar não está no liberalismo político, condenado à morte desde que, à sua frente, estejam os stalinistas: a garantia da liberdade é a força do Estado a serviço de todos os cidadãos.[3]

Malraux retoma a postura antifascista para enfrentar esse novo adversário. "Ele tinha lutado contra a peste marrom" — escreve Olivier Todd —; "seu combate, agora, é contra a peste vermelha."[4] A réstia de esperança surgida a Leste metamorfoseou-se em uma monstruosidade diabólica; a paixão de Malraux, que se manteve intacta, mudou de objeto, assimilando o stalinismo ao totalitarismo e os dirigentes comunistas franceses a separatistas. Em alguns comícios noturnos, a tensão acirrada contra o PCF chega a transformar-se em confronto físico: por exemplo, no dia 2 de setembro de 1947, os operários comunistas da usina Renault dispersaram uma reunião do RPF, jogando porcas e parafusos. Um ano depois, em 26 de abril de 1948, Malraux, triunfante, assume a direção da segurança gaullista, e os assaltantes comunistas são obrigados a recuar; aliás, Malraux só atinge o ápice de seu compromisso quando coloca sua vida à beira da morte.

---

3. André Malraux, discurso de 5 de março de 1948 na sala Pleyel, citado in LACOUTURE, [1976] 1996, p. 344.
4. TODD, [2001] 2002, p. 561.

A sequência da aventura do RPF decepciona o chefe de guerra que é Malraux: se o movimento parece estar de prontidão para a batalha, ele está também sob a ameaça de uma rápida decomposição. A terceira força no poder, a SFIO, que parecia ser vítima de inércia, revela-se mais sólida do que o esperado. Nas eleições legislativas de junho de 1951, os grandes perdedores serão os outros dois partidos adversários do "sistema" da Quarta República: o PCF, que passará de 165 para 101 deputados; e o RPF, que não conseguirá reiterar o maremoto ocorrido por ocasião das eleições municipais e, longe dos 300 deputados previstos, contará apenas com 117. Ainda pior, entre eles, 27 votarão a investidura de Antoine Pinay para a presidência do Conselho de Ministros, em 1952, adotando plenamente o jogo das alianças de uma Constituição adiada e "virando a casaca", de acordo com a expressão utilizada por Malraux; essa tomada de posição marcou o fim do RPF, cuja autorização de sepultamento será emitida pelo general De Gaulle em 1953.

Nesse momento, em 3 de junho de 1947, Raymond Aron pede demissão de *Combat*, ao cabo de crescentes divergências com a redação; por outro lado, manifestando um interesse cada vez maior pelo gaullismo, ele adere ao RPF. Apaixonado pela atividade jornalística e pela análise dos principais desafios contemporâneos, ele visa os dois diários parisienses suscetíveis de acolhê-lo, *Le Monde* e *Le Figaro*. Pierre Brisson, diretor do segundo, mostra-se mais convincente; em 19 de junho de 1947, em manchete desse diário, ele tem o orgulho de anunciar a integração de Aron. O clima na época e a postura de contraengajamento por parte de *Le Figaro* são fatores importantes na tomada de decisão de Aron; além disso, Brisson acaba de dotar seu diário de um caderno cultural semanal, *Le Figaro littéraire*.[5] Aquele que ainda não é o "espectador engajado", mas o engajado propriamente dito em um RPF com aspectos militares, transforma *Le Figaro* em uma tribuna privilegiada para travar as batalhas da contenção do comunismo, assim como a defesa do ideário liberal; seu amigo André Malraux corrobora sua convicção de que havia efetuado a escolha mais acertada.

---

5. Ver BLANDIN, 2010.

No *Le Figaro*, onde Aron garante a autoridade intelectual entre os jornais matutinos, deixando a dos verpertinos a *Le Monde* e a seu diretor, Hubert Beuve-Méry, ele junta-se a François Mauriac, figura tutelar da adesão ao gaullismo. Aron multiplica editoriais e comentários sobre a situação internacional, compartilhando com Malraux a indignação diante da inércia política em que está submersa a República francesa. Durante esses anos no RPF, Aron — que não havia abandonado os próprios preconceitos em relação ao ex-chefe da França Livre — acaba aceitando, no essencial, suas análises e vai encontrá-lo em numerosas circunstâncias. Como escreveu Nicolas Baverez, "Aron nunca escondeu que ele não era, nem seria um gaullista submisso inteiramente ao líder."[6] E, no entanto, as condicionantes do momento levam-no a integrar as instâncias dirigentes do movimento: nomeado pelo general para o conselho do RPF, que inclui uma vintena de membros, participa também semanalmente de seu comitê de estudos[7]; de comum acordo com o organizador incomparável que é Malraux, assume a animação de grupos de trabalho e, em particular, conduz uma reflexão coletiva sobre a associação entre trabalho e capital, a qual encontrará uma tribuna pública, em 1949, no Congresso de Lille do RPF. Aron não descura também a propaganda desse movimento e toma a palavra frequentemente em reuniões públicas de seu partido.

Em 1955, a decomposição, o fracasso e, finalmente, o estado de latência do RPF liberam Aron de sua postura de engajamento político direto. Ele será capaz de se envolver em tarefas mais adequadas à sua personalidade: comentarista, ensaísta, jornalista, diretor de coleção. Depois de ter sido o autor-vedete da revista mensal *Liberté de l'esprit*, criada por André Malraux e dirigida por Claude Mauriac de 1949 a 1953, Aron retoma esse título para nomear a nova coleção que ele lança na editora Calmann-Lévy, anteparo para se opor ao marxismo-leninismo circundante.[8] Como constata

---

6. BAVEREZ, 2006, p. 293.
7. Ao lado de André Malraux, Jacques Soustelle, Michel Debré, Gaston Palewski, Georges Pompidou e Albin Chalandon.
8. Esta coleção incluirá uma centena de títulos e de autores, tais como Hannah Arendt, Bertrand de Jouvenel, Léon Poliakov, Richard Lowenthal, Arthur Kœstler, Herman Kahn, Denis Brogan, George Kennan ou Zbigniew Brzezinski.

Baverez, Aron trava, em seguida, um combate que o isola em um mundo intelectual orientado predominantemente à esquerda e que, na década de 1950, ainda está sob o atrativo do comunismo. Sua adesão assumida ao atlantismo e sua visão dos Estados Unidos como os principais aliados dos interesses franceses pegam de surpresa os intelectuais e, até mesmo, algumas correntes conservadoras. O movimento gaullista, por exemplo, adota uma linha completamente diferente, com sua política de equilibrismo entre as duas superpotências: "De 1947 a 1955, Aron foi, portanto, um homem isolado. Órfão voluntário da Universidade em 1945, sua adesão ao RPF e, em seguida, o ingresso no *Le Figaro* acabaram por transformá--lo em alguém intocável, banido por seus pares."[9] Mas, em sua tentativa, em 1948, de retornar à vida universitária, candidatando-se para suceder Albert Bayet em uma cátedra de filosofia na Sorbonne, acabou pagando o preço de seu engajamento com uma derrota diante de Georges Gurvitch: esse confronto e seu desfecho são reveladores da dominação da escola durkheimiana, na linhagem da qual se situava Gurvitch; quanto a Aron, ele reivindicava uma filiação completamente diferente, a da sociologia compreensiva alemã de Weber, Dilthey, Simmel e Rickert, a qual será finalmente introduzida na França por ele.

Tal revés corroborou Aron em sua escolha do jornalismo como principal atividade. Desde o início da guerra fria, ele se convertera no analista atento e lúcido da evolução das tensões em curso, julgando a natureza inextricável da situação. Ao indicar o título "Paix impossible, guerre improbable" [Paz impossível, guerra improvável] para o primeiro capítulo de sua obra *Le Grand schisme* [O grande cisma] (1948), ele escreve: "A ausência de paz não é a guerra. Uma fonte de energia até então desconhecida ou não utilizada abre normalmente uma época de arte militar e, ao mesmo tempo, da civilização inteira."[10] Esse livro obtém um grande sucesso, na medida em que seu título é a melhor expressão da divisão em via de aprofundar-se no centro da Europa. "Ele esboçava em traços vagos" — irá confessar o autor em suas memórias —, "o mapa político mundial e, ao mesmo tempo, o

---

9. BAVEREZ, op. cit., p. 301.
10. ARON, 1948a, p. 29.

da política francesa."¹¹ Nesse ensaio, Aron insiste sobre a ocorrência de uma reviravolta de escala mediante a qual cada escaramuça local assume uma dimensão global: "Já não existe um consenso europeu, mas apenas um consenso global."¹² A recepção a sua análise permanecerá bastante discreta nos círculos progressistas, céticos e, às vezes, até mesmo, críticos, tanto mais que, nesse ano de 1948, Aron — exprimindo-se ainda como um militante do RPF — aventurou-se a fazer uma analogia sacrílega entre os dois totalitarismos, nazista e comunista:

> A ideologia nacional-socialista deveria desaparecer com seu fundador, enquanto a ideia comunista precedeu aquele que é, provisoriamente, seu intérprete mais poderoso, para não dizer, mais autorizado, e irá sobreviver a ele. O imperialismo de Stálin não é menos desproporcional que o de Hitler: ele é menos impaciente.¹³

O historiador Lucien Febvre — apesar de não ser suspeito de sovietofilia — reage severamente em uma missiva endereçada à americanofilia de Aron, chamando à ordem o filósofo contra o que ele considera como dois perigos simétricos, o stalinismo e o conformismo norte-americano:

> A influência norte-americana não implica — afirma o senhor — assimilação, nem dominação imperial. Ai de nós, "cultura francesa" que tem sido tão atacada, combatida, perseguida pela "influência norte-americana"; como gostaríamos de nos associar a seu ato — como qualificá-lo? — de fé ou de esperança!¹⁴

Por sua vez, o constitucionalista Maurice Duverger escreve o seguinte, no *Le Monde*:

---

11. Idem, 2010, p. 377.
12. Idem, 1948a, p. 14.
13. Ibidem, p. 31.
14. Lucien Febvre, carta a Raymond Aron, citada in Aron, 2010, p. 383.

> É inevitável constatar que, em Aron, o homem de partido não está à altura do erudito: esse excelente sociólogo é um partidário muito ruim [...]. Além da má-fé, falta-lhe simplesmente a fé [...]. Na verdade, um abismo separa o estilo de *Le Grand schisme* e o do general De Gaulle: porventura, o mesmo abismo não estabelecerá a separação entre o gaullismo de Raymond Aron e o gaullismo do general — que é apesar de tudo o *verdadeiro* gaullismo?[15]

Com efeito, a adesão de Aron ao RPF não significa sua conversão às teses do general: se, durante a guerra, ele tinha manifestado discordância diante do preconceito gaulliano em relação aos aliados anglo-saxões, a divergência no período pós-guerra focaliza-se principalmente na questão do futuro da Alemanha. De acordo com Aron, a divisão entre os dois blocos é não só inevitável como duradoura, e implicará um corte semelhante entre as duas Alemanhas. Já não há nenhum motivo para temer qualquer ressurgência de um perigoso Grande Reich para a segurança da França; o principal risco tornou-se a oposição Leste-Oeste. Convém, portanto, escolher um lado, além de rearmar e fortalecer a parte ocidental da Alemanha. "Ainda nessa data" — escreve Aron em suas memórias —, "o general rejeitava a própria ideia de um Reich: ele desejava uma federação que viesse a reunir os Länder [Estados]."[16] Nesse momento, De Gaulle opõe-se à fusão das zonas de ocupação inglesa, francesa e norte-americana, postura que Aron considera como superada: para ele, a questão da segurança do território reside daí em diante em uma escala diferente. Logo após a invasão da Coreia do Sul pelos coreanos do Norte, ele toma partido em favor da intervenção militar norte-americana: "Se a Coreia do Sul fosse ocupada em alguns dias e se as autoridades norte-americanas não interviessem ou se limitassem a obter decisões inócuas do Conselho de Segurança da ONU, os Estados Unidos acabariam por perder seu prestígio."[17]

---

15. DUVERGER, 1948.
16. ARON, 2010, p. 336.
17. Ibidem, p. 358.

Como essa guerra relançava, ao mesmo tempo, a questão do rearmamento da Alemanha Ocidental e a importância da OTAN, Aron resiste à americanofobia, na época, difundida amplamente nos círculos intelectuais, muito para além da esfera comunista; é nesse contexto que o secretário de Estado norte-americano, Dean Acheson, promove o projeto do rearmamento da República Federal da Alemanha. Essa situação conflituosa é teorizada, de imediato, por Aron em seu novo ensaio *Les Guerres en chaîne* [As guerras em cadeia] (1951): nesse texto, ele começa por esboçar o advento da guerra total em 1914-1918 para terminar com reflexões sobre a guerra fria, apresentada como um substituto da guerra total neste início da década de 1950. Em 1953, ele vê sua análise materializar-se com o desfecho da Guerra da Coreia mediante um compromisso sem vencedor nem vencido e, ainda menos, delimitação geográfica.

Engajado claramente no campo da reconstrução de uma Europa política aliada aos Estados Unidos, Aron dedica-se ativamente a uma organização internacional, o CLC (Congresso pela Liberdade da Cultura), lançado em junho de 1950, em Berlim; na época, é constituído um comitê com 38 membros de diversas nacionalidades, incluindo alguns franceses ilustres.[18] Todos estão animados pelo desejo de resistir à influência soviética, além de conter o totalitarismo sob todas as formas. Os membros dessa organização pertencem a várias correntes ideológicas — ex-comunistas, resistentes, federalistas europeus e intelectuais emigrados dos países comunistas[19]; no entanto, em face da arregimentação, do lissenkismo e do jdanovismo, o tema da liberdade da cultura é apresentado por todos como um valor democrático ameaçado, o que exige a criação de anteparos. Seus líderes contestam também a posição neutralista, que não dá razão a nenhuma das duas superpotências. Em sua palestra, em Berlim, Aron apresenta detalhamente sua distinção entre guerra limitada e guerra ilimitada, fazendo um apelo para não deixar a URSS arrogar-se qualquer tipo de superioridade em relação ao campo ocidental: "Temos de evitar que

---

18. Entre os quais, Raymond Aron, Léon Blum, André Gide, François Mauriac, Rémy Roure, Georges Duhamel e Albert Camus.
19. Grémion, 1995, p. 24.

os stalinistas detenham o monopólio sobre a palavra 'paz'."[20] Por ocasião desse congresso constitutivo, Arthur Kœstler propõe aos participantes um "manifesto aos homens livres" com quatorze pontos. O Congresso adota uma organização permanente com um Comitê Executivo[21], um Secretariado, um comitê Internacional e um comitê por país-membro.

Em 1955, Raymond Aron ganha importância nessa constelação internacional, o que é confirmado pelo Congresso de Milão dedicado ao tema "O futuro da liberdade", tendo reunido 140 participantes, incluindo 21 franceses. Aron, que acaba de ser eleito professor na Sorbonne, é um dos cinco palestrantes da sessão inaugural; sua intervenção define perfeitamente o espírito de Milão, abordando "a inadequação entre as categorias político-intelectuais herdadas do século XIX e a realidade presente", além de "expandir o quadro de análise para além da situação econômica em direção a uma sociologia comparada dos intelectuais".[22]

A cada uma das nações participantes, o Congresso confia a tarefa de criar revistas para intermediarem suas teses e difundi-las: entre 1953 e 1955, surge, assim, *Encounter*, em Londres; *Cuadernos*, na Espanha; *Das Forum*, na Áustria; e, na Itália, *Tempo presente*. Na França, a revista, *Preuves* — com o subtítulo "Cahiers mensuels du Congrès pour la liberté de la culture" [Cadernos mensais do Congresso pela Liberdade da Cultura] —, é publicada de 1951 a 1969. Vinte anos depois, seu diretor, François Bondy, irá escrever o seguinte: "Raymond Aron era a nossa 'figura de proa', de tal modo que os números em que eram publicadas suas análises da política francesa, além de atraírem uma maior atenção, ganhavam uma maior difusão."[23] *Preuves* visa incentivar a construção europeia e a reconciliação franco-alemã, facilitada por sua estreita colaboração com a revista *Der Monat*.[24] *Preuves* torna-se um espaço de descoberta de escritores dissidentes do

---

20. Raymond Aron, citado in ibidem, p. 38.
21. O primeiro Comitê Executivo compreende Irving Brown, Eugen Kogon, David Rousset, Ignazio Silone, Stephen Spender, Arthur Kœstler e Denis de Rougemont.
22. GRÉMION, op. cit., p. 212.
23. BONDY, 1989, pp. 565-566.
24. Entre seus colaboradores, encontram-se os nomes de Melvin J. Lasky, Herbert Luthy, Richard Lowenthal e Fritz René Allemann.

Leste, tais como Czesław Miłosz ou, mais tarde, Witold Gombrowicz. Para desabonar o ponto de vista dos stalinistas, a revista denuncia claramente o duplo discurso — um para uso interno e o outro para o exterior —, como no caso de Picasso, celebrado como um ícone pelo movimento comunista fora da URSS e demolido internamente em nome do realismo socialista. *Preuves* coloca em evidência essas contradições ao publicar, em seu primeiro número, um severo ataque contra Picasso, assinado por um alto funcionário soviético, Vladimir Semenovitch Kemenov, presidente da Associação para as Relações Culturais com o Exterior: "O grande artista", escreve Bondy,

> teve assim ocasião de ler — o que o deixou consternado, sem ter tirado nenhuma consequência disso — que "suas pinturas não passam de formas geométricas vazias, disformes, tão distantes da democracia espanhola quanto de qualquer outra democracia. Ele e outros degenerados da mesma laia — filósofos, escritores, artistas — acabarão, um dia, por despertar o interesse não dos críticos, mas dos psiquiatras".[25]

Preuves diverte-se com malícia em publicar — na seção intitulada "De qui est-ce?" [De quem é?] — os numerosos testemunhos de uma ingenuidade desconcertante, elaborados por intelectuais do Ocidente em peregrinação na URSS ou em seus países satélites. Após o falecimento do "pai dos povos", verifica-se uma mudança de teor. A revista começa a publicar depoimentos contra o totalitarismo, escritos por suas vítimas: "Revelar escritores, publicar testemunhos de uma vida cultural e artística, torna-se uma tarefa muito mais gratificante do que achincalhar Joliot-Curie — Nobel de Química de 1935, agraciado com o prêmio Lênin da Paz, em 1950 —, o qual tinha chegado a atribuir o qualificativo de 'grandes cientistas' a Lênin e a Stálin."[26]

Preuves multiplica, assim, as iniciativas para chegar a seu público, em um período que não lhe é, de modo algum, favorável. Em 1953, François

---

25. BONDY, op. cit., p. 560.
26. Ibidem, p. 563.

Bondy e o diretor de redação, Jacques Carat, organizam conferências-debates, atividade denominada "Mardis [terças-feiras] de *Preuves*": beneficiando-se de colaboradoras estrangeiras de prestígio, tais como Hannah Arendt e Jeanne Hersch, filósofa que sofreu a influência das teses existencialistas de Karl Jaspers, a revista reproduz também artigos de George Orwell sobre o antitotalitarismo. No clima da década de 1950, marcado ainda amplamente pelo fascínio dos intelectuais em relação à URSS, *Preuves* é rodeada por um ambiente hostil, além de estar confinada em certa marginalidade; mantida à distância, suas relações com a revista *Esprit* são tensas. As revelações da revolução húngara de 1956 vão implicar a mudança de tal situação, de modo que *Preuves* há de tornar-se uma das fontes visando a expressão das dissidências do stalinismo.

Como foi observado pelos historiadores Pascal Ory e Jean-François Sirinelli, *Preuves* agrupa "três sensibilidades principais": os socialistas e os sindicalistas à margem das organizações, tais como André Philip, Michel Collinet ou Jacques Carat; um componente de direita com Jules Monnerot ou Thierry Maulnier; e um componente centrista com Raymond Aron e Denis de Rougemont. Torna-se também o polo de concentração de ex-comunistas banidos, tais como o alemão Franz Borkenau; o italiano fundador de *Tempo presente*, Ignazio Silone; ou, ainda, o ensaísta e psicólogo austríaco-francês Manès Sperber. Entre os ex-comunistas, citemos sobretudo Boris Suvarin, grande especialista do mundo soviético, do qual é oriundo e no qual havia ocupado uma posição de destaque: nascido em Kiev e tendo chegado à França em 1898, onde acabou sendo um dos correspondentes de Lênin e foi, até 1924, membro das três instâncias dirigentes do Komintern; ao tomar a defesa de Trótski, por ocasião da morte de Lênin, ele foi removido de suas funções e tornou-se rapidamente um pária na URSS de Stálin. Prosseguiu, no entanto, um combate que definia como o de um comunista independente em uma revista que ele dirigia na França, *Le Bulletin communiste* (1925-1933); em 1934, lançou uma nova revista, *La Critique sociale*, que teria como colaboradores, notadamente, Raymond Queneau, Georges Bataille, Michel Leiris e Simone Weil. Em 1935, ele publicou uma biografia de Stálin, cuja redação de cada um dos capítulos acabou por afastá-lo um pouco mais do comunismo; tornou-se muito em breve um analista incomparável das perversões do sistema burocrático, do funcionamento totalitário do poder e, nessa qualidade, suas contribuições publicadas em *Preuves* continuam merecendo todo o apreço.

No clima marxizante da década de 1950, a revista *Preuves*, solidamente europeia, na contramão do patriotismo francês e antimarxista, permanece pouco considerada, mas suas teses estão impregnadas, muitas vezes, de um caráter profético: por exemplo, ao apresentar o projeto de construção europeia através de defensores talentosos, tais como Denis de Rougemont. Segundo ele, a Europa deve ser construída a partir de uma "comunidade espiritual", exprimindo um "espírito europeu". A partir do período do pós-guerra, ele segue apoiando essa tese para além das colunas de *Preuves*, primeiro nos Encontros Internacionais de Genebra, em 1946, e depois no 1º Congresso dos Federalistas Europeus, em 1947, além de no Congresso de Haia, em 1948:[27]

> Quando alguém me pergunta agora: qual é, portanto, essa Europa que você deseja reunir para salvar? Respondo que não é aquela das turbinas, mas a do inventor da turbina. Não a Europa dos fatos, mas a dos atos. No plano dos fatos em si mesmos, somos superados pela América, e o exército russo ainda pode nos esmagar [...], mas o espírito criador continua sendo nosso apanágio, o espírito de liberdade que ainda pode salvar, num mesmo impulso, a Europa e o sentido de nossas vidas.[28]

Esses apelos em favor da construção imediata de uma Europa correspondem aos anseios do CLC (Congresso pela Liberdade de Cultura. Eles sofrem, no entanto, de uma grave deficiência: com efeito, ficaremos sabendo mais tarde, por uma investigação do *New York Times*, em 1966, que as denúncias do PCF, para o qual trata-se de uma operação dos EUA, não são totalmente infundadas, visto que o referido Congresso é efetivamente financiado pela CIA. Esta revelação irá suscitar a indignação daqueles que, à semelhança de Raymond Aron, pensavam que o CLC era apoiado, de

---

27. Informações reproduzidas de CHEBEL D'APPOLLONIA, 1999, p. 84.
28. ROUGEMONT, 1952.

fato, por fundações norte-americanas. "A partir de então" — revela ele em suas memórias —, "afastei-me do Congresso que, sob outro nome e com subsídios da Ford Foundation, sobreviveu ainda alguns anos."²⁹ Se Aron, Rougemont ou Sperber tiveram sempre a possibilidade de se exprimirem aí livremente, mesmo assim não deixará de subsistir neles uma sensação de impostura e uma pergunta pendente formulada sem rodeios por Aron: "Se estivéssemos a par, teríamos tolerado o financiamento da CIA? Provavelmente não, embora essa recusa tivesse sido, em última instância, irracional."³⁰ À distância, chegando mesmo a falar de "escândalo", Aron não irá lamentar o fato de ter participado de um Congresso que havia desempenhado, afinal de contas, um papel positivo sobre os intelectuais europeus.

Os hussardos³¹ oferecem resistência

Após o delicado período do ajuste de contas da Libertação, uma verdadeira ala direita da corrente liberal volta a manifestar-se publicamente: esse é o caso dos escritores que tinham colaborado, em maior ou menor grau, com os nazistas durante a Ocupação e haviam sido colocados na lista de expurgo pela Resistência. Banidos da sociedade, eram considerados proscritos antes de sua saída progressiva do purgatório: entre eles, encontravam-se vedetes literárias da década de 1930, tais como Paul Morand, um dos quatro "M" da editora Grasset (com Mauriac, Montherlant e Maurois). Durante a guerra, tendo exercido funções oficiais — em primeiro lugar, conselheiro pessoal do primeiro-ministro do governo colaboracionista (1942-1944) de Pierre Laval, em 1942, e, em seguida embaixador da França na Romênia, em 1943 —, ele manteve-se à distância na Suíça, em 1945, para escapar ao expurgo. Outra estrela do período pré-guerra, Jacques Chardonne, participante da famosa viagem à Alemanha a convite

---

29. ARON, 2010, p. 318.
30. Ibidem, p. 319.
31. Para esclarecer o sentido desta palavra, cf. *infra*, p. 222, nota 3, e p. 223, nota 1. [N.T.]

de Goebbels, havia sido preso e ficara durante seis semanas, entre setembro e novembro de 1944, na cidade de Cognac. Em seus escritos, durante o período da Ocupação, ele não tinha dissimulado suas simpatias — em particular, no ensaio *Le Ciel de Nieflheim* —, no qual fazia a apologia dos SS que vieram salvar a "alta civilização [do departamento] de Charente": "Os SS servem-se convenientemente de seu poder absoluto, e a população não se queixa disso, após ter-se habituado à situação."[32] Chardonne recebe o apoio, no entanto, de escritores ex-membros da Resistência que admiram seu estilo, a começar por François Mauriac ou Jean Paulhan; mas, de acordo com o jornalista François Dufay, "ele conseguiu livrar-se dessa situação complicada com o apoio sobretudo do advogado Georges Izard e do próprio filho, Gérard Boutelleau, ex-deportado e diretor de redação do semanário *Carrefour*".[33] Diferentemente de seus companheiros de viagem à Alemanha — Brasillach, executado; Drieu la Rochelle, que se suicidou; e Abel Bonnard, exilado —, acabou absolvido por falta de provas, em 1946.

Para esses proscritos, a editora La Table ronde, criada por Roger Mouton em 1944 e cujo diretor literário é Roland Laudenbach, serve como uma terra de asilo. De acordo com o historiador Pascal Fouché, entre 1945 e 1949, "Mouton dirige a empresa a partir de Lausanne [...], mas é Roland Laudenbach que atrai os autores".[34] André Fraigneau, participante também da mencionada viagem à Alemanha, junta-se à editora em que Thierry Maulnier, ex-amigo de Brasillach, publica três livros entre 1946 e 1948, sob o pseudônimo de Jean Darcy. "Os objetivos de Roger Mouton são claros" — escreve o historiador Patrick Louis. "Ele pretende tornar La Table ronde uma das melhores editoras francesas, um concorrente direto de Gallimard."[35] Assim, André Fraigneau e Thierry Maulnier vão lançar uma nova coleção, "Le Choix", cujo primeiro título é um livro de François Mauriac, *La Rencontre avec Barrès* [O encontro com Barrès], publicado

---

32. CHARDONNE [1943] 1991, p. 133.
33. DUFAY, [2006] 2010, p. 22.
34. FOUCHÉ, [1992] 2012, p. 282.
35. LOUIS, 1992, p. 54.

em 1945, seguido por textos de Anouilh, Montherlant, Giono e Claudel, que contribuem para patrocinar a nova editora. Tais "aliciamentos" não são do agrado de Gaston Gallimard, o qual adverte Laudenbach: "Não é bem assim que entendo a atividade editorial. Parece-me que há um procedimento mais correto do que a tentativa de desviar os escritores de seus editores habituais. E há tanta coisa para fazer, garanto-lhe eu! Mas afinal de contas, este pequeno embate força-nos a permanecer jovens."[36] A essas vedetes já famosas, acrescentam-se representantes da nova geração, tais como Claude Mauriac, filho de François, e Henri Troyat: valendo-se de alguns sucessos, incluindo os livros de Troyat, cuja venda eleva-se a um bom número de exemplares, essa editora pretende tornar-se um epicentro da vida intelectual francesa. Nesse sentido, ela lança, sob a direção de François Mauriac e de Thierry Maulnier, uma revista literária intitulada também *La Table ronde*, com o subtítulo *Revue mensuelle*, cujo primeiro número é publicado em janeiro de 1948, com a seguinte apresentação:

> Para utilizar uma palavra na moda, os escritores desta revista consideram-se "engajados". Mas se a palavra "engajamento" pode tornar-se demasiado expressiva quando significa obediência às instruções ditadas por um partido de acordo com a oportunidade política, ela é suscetível também de não ser suficientemente eloquente [...]. O que é certo é que, no período em que se verifica o confronto entre os fanatismos, a liberdade do espírito constitui uma forma de engajamento tão honroso quanto a adesão apaixonada ou cautelosa a uma facção militante.[37]

O modo de engajamento promovido pela revista é estritamente literário, ao rejeitar qualquer forma de subserviência de natureza política:

---

36. Gaston Gallimard, carta a Roland Laudenbach, citada in FOUCHÉ, op. cit., p. 282.
37. *La Table ronde*, n. 1, janeiro de 1948. Esta nova revista publicará autores de horizontes ideológicos bastante diversificados, tais como Jean Paulhan, Albert Camus, Thierry Maulnier, Raymond Aron, Jules Roy ou Marcel Jouhandeau, além de escritores da nova geração: por exemplo, Jacques Laurent, Antoine Blondin, Roger Nimier, Jean-Louis Curtis, Gilbert Sigaux, Jean-Louis Bory, Robert Kanters, Roland Laudenbach, Philippe Héduy e Maurice Pons.

La Table ronde significa apenas que alguns escritores — diferentes pela idade, opiniões, convicções, crenças ou dúvidas de ordem religiosa e filosófica — julgaram estabelecer um acordo possível entre si [...]. Tomar uma posição não como partidários, mas como escritores, subentendendo-se que o exercício da profissão de escritor comporta sua moral.[38]

No horizonte desse agrupamento, esboça-se este duplo objetivo: reabilitar os escritores colaboracionistas e combater a ideologia comunista. Os dirigentes do PCF compreendem imediatamente que a revista os designa como adversários; deste modo, Pierre Hervé, adjunto do diretor de redação de *L'Humanité*, denuncia, em sua publicação, "os cavaleiros de La Table ronde". O editor designa ainda outro adversário: Sartre. Já em 1947, ele publica o livro *Sartre est-il possédé?* [Sartre estará possesso?], coassinado por Bernard Pingaud e Pierre Boutang; quanto à revista, ela critica a concepção do compromisso da literatura, defendida por aquele que é designado como o "papa do existencialismo". De acordo com a observação de Patrick Louis, "Mauriac não perdoou Sartre por este ter escrito que 'Deus não é um artista, e o mesmo se passa com o senhor Mauriac'."[39] Uma nova edição do livro polêmico foi publicada em 1950, assinada unicamente por Pierre Boutang, que conclui assim seu texto incendiário: "Você é uma pequena negação da espécie dos roedores que corroi as raízes da vida. Não conheço melhor definição de Sartre filósofo do que essas poucas palavras, extraídas de D. H. Lawrence, autor que foi sempre odiado por Sartre, assim como este odiava Dostoiévski."[40]

Em 1949, Mauriac confia a crônica literária da revista a um jovem escritor provocador e combativo, Roger Nimier, cujo primeiro romance, *Les Épées* [As espadas] — que ele publica em 1948, aos 23 anos —, começa com uma cena de masturbação em cima da fotografia de Marlene Dietrich e prossegue com o engajamento do herói na milícia e com o assassinato gratuito de um judeu no momento da Libertação. No ano de 1950, ele vai

---

38. Ibidem.
39. LOUIS, op. cit., p. 88.
40. Pierre Boutang, citado in ibidem.

publicar, sucessivamente, *Perfide* [Pérfido]; em seguida, uma coletânea de ensaios, *Le Grand d'Espagne* [O nobre de Espanha], e, por fim, *Le Hussard bleu* [O hussardo azul], que é um desabafo sobre os estados anímicos de uma juventude desiludida. Compreende-se que o jovem polemista tenha sido designado como o contendor da literatura engajada, tal como esta é concebida por Sartre. Em seu ímpeto, Nimier convida Mauriac a travar o combate e, no fim de julho de 1949, escreve-lhe o seguinte:

> Estou feliz pelo fato de que o senhor acalente tamanha expectativa em relação a *La Table ronde*. Seria bom, de fato, que ela viesse a substituir a velha *NRF* sem os rancores nem a hipocrisia que a caracterizam. Penso na palavra utilizada pelo senhor: um diálogo. No entanto, somos poucos, geralmente chamados de cristãos, a imaginar que existe a Verdade. Nessa medida, entre duas contradições, haverá uma vitória e uma derrota — uma conversão.[41]

A editora está aberta também à literatura estrangeira — publicando Henry Miller, Graham Greene, Alberto Moravia, Karl Jaspers e Thomas Mann —, assim como a uma nova geração de autores franceses.[42] Depois de ter sido laureado, em novembro de 1952, com o Nobel, François Mauriac inaugura seu "Bloc-notes" em *La Table ronde*.[43] Ao tomar a defesa do sultão marroquino contra a política colonialista do governo francês, ele encontra-se de repente em desacordo com as pessoas à sua volta, tornando-se o alvo de ataques por parte dos ex-amigos, à imagem de Roger Nimier:

> Seu riso, em que o relincho da voz é acompanhado por uma revolução total do olho em sua órbita, sobrevoou frontes inclinadas e cúmplices [...]. Certamente, o grande romancista católico deixou de ser otário das

---

41. Roger Nimier, carta a François Mauriac, citada in LACOUTURE, [1980] 1990, p. 236.
42. "Além de Henri Troyat, Claude Mauriac, Robert Kanters ou Jean-Louis Curtis, encontramos igualmente, nos sumários de *La Table ronde*, os nomes de Philippe Ariès, Pierre Andreu, Félicien Marceau, Claude Elsen, Albert-Marie Schmidt, Michel Mohrt ou Robert Allio" (LOUIS, op. cit., p. 80).
43. *La Table ronde*, n. 60, dezembro de 1952.

honras que estão dependuradas a sua carcaça e que ele carrega, agora, à semelhança da moça que mostra suas pústulas [...]. Ele encontrou sua grande causa, seu caso Calas.[44]

A tensão crescente conduz a uma ruptura que se tornou inevitável; assim, Mauriac deixa a revista, em novembro de 1954, para transferir seu "Bloc-notes" para a revista *L'Express*. Ele vai declarar mais tarde: "Nenhuma galinha foi capaz de chocar um tão grande número de patos de extrema direita, ainda que não conformistas. Para dizer a verdade, Thierry Maulnier era em La Table ronde, atrás de mim, o que havia de mais à esquerda."[45] Roger Nimier seduz imediatamente os antigos — Chardonne e Morand —, mas também alguns jovens escritores que se agregam a esse grupinho, tais como Jacques Laurent. Em 1951, Nimier torna-se diretor de *Opéra*, um semanário cultural publicado pela editora Plon: com 26 anos, ele dirige uma equipe composta por Bernard de Falloix, François Billetdoux, Stephen Hecquet, Philippe Héduy, Christian Millau e François Nourissier, na qual se cultiva a invectiva, a ironia mordaz e a iconoclastia contra os mentores da época. Em uma entrevista concedida a Madeleine Chapsal — então, jornalista no *L'Express* —, Nimier afirma o seguinte:

> A senhora é idiota, limitando-se a apreciar a açorda espessa mal cozinhada de seus amigos, os existencialistas. Prove, portanto, iguarias um pouco mais refinadas, o que irá educar-lhe o gosto. Pode começar lendo Nimier, Marcel Aymé, Céline e, por fim, Chardonne! Evidentemente, como está acostumada com a "sopa", isso arrisca de lhe parecer, no início, bastante insípido. Mas acabará se habituando.[46]

Quanto a Jacques Laurent — que havia sido, no governo colaboracionista de Vichy, o chefe de gabinete do secretário de Estado da Informação, Paul Marion, responsável pela censura —, ele lança, em 1948, o apelo

---

44. NIMIER, 1954.
45. François Mauriac, citado in LOUIS, op. cit., p. 92.
46. CHAPSAL [1984] 1987, p. 143.

"Depor as armas!" para os gurus da época e exige a "desmobilização" das letras. De acordo com François Dufay, "esses jovens, não respeitando nada, proclamam que é hora de esvaziar 'a bacia de água suja que foi considerada, durante dois anos, como uma torrente': o existencialismo".[47]

Desde a Libertação, Laurent tinha sido sarcástico em relação ao existencialismo, denunciado por ele como uma travessia nauseabunda na noite dos porões "imundos", lugares de trevas e deboche, dedicados ao culto de Sartre: "Sartre e Camus obstinavam-se a fazer com que o homem fosse um estranho em um mundo estranho; Sartre ainda adicionava, por uma predileção que lhe era natural, uma viscosidade mediante a qual o amor era sujo e a morte era suja."[48] Para impedir o que ele considerava como um risco para a liberdade literária, Laurent tinha entrado em contato com *La Table ronde* e havia começado a colaborar com essa revista: "Quase todas as segundas-feiras, adquirimos o hábito de jantar em cinco ou seis, em torno de Mauriac, em pequenos restaurantes; éramos frequentadores do Vieux-Paris, na praça do Panthéon."[49] Em 1951, ele ataca Sartre frontalmente em um artigo de *La Table ronde* que causa surpresa: intitulado "Paul et Jean-Paul", ele assemelha Sartre — alegadamente revolucionário e vanguardista — a Paul Bourget, que, na época, encarna a literatura burguesa e moralista de fins do século XIX. Este acontecimento será evocado por ele, uns vinte anos mais tarde, nestes termos:

> Um paralelo Sartre-Bourget permitia-me, evidentemente, atingir o prestígio de escritor aterrorizante de vanguarda que Sartre exercia sobre seu público. Ao compará-lo com um escritor fora de moda que passava por ser o herói empoeirado de uma direita obsoleta e apoiada no tradicionalismo conformista, eu conseguia também — essa era a minha impressão — mostrar da maneira mais evidente que meu discurso não era político.[50]

---

47. Dufay, op. cit., p. 51.
48. Laurent, 1976, p. 257.
49. Ibidem, p. 260.
50. Ibidem, p. 266.

Valendo-se de seu sucesso literário com a publicação de *Caroline chérie* [Querida Caroline] — sob o pseudônimo de Cecil Saint-Laurent —, Laurent decide, em 1953, investir na criação de uma revista, à qual dá o título de *La Parisienne*. O primeiro número indica a orientação: "Eis uma nova revista literária cujo único propósito consiste em estar a serviço da literatura." Nessa publicação, Laurent cultiva a desmobilização das letras e publica autores bastante diferentes, em nome de um ecletismo reivindicado.[51] Nos círculos literários, a revista vai trazer, de acordo com seu criador, uma "corrente de ar", mas não chegará a firmar-se durante um período muito longo: limitada ao estrito campo literário, ela é, além disso, vítima da erosão geral das revistas — à semelhança de *La Nouvelle Revue française* e de *La Table ronde* —, assim como de sua rotulagem à direita, cessando de ser publicada em 1958. Desde 1954, Laurent deixa a outros as rédeas da revista para dirigir, até 1959, o semanário *Arts*. Em *Les Temps modernes*, Bernard Frank atribui o qualificativo de "hussardos" a esses escritores de direita, dando a impressão de uma escola; no entanto, os interessados hão de recusar tal amálgama. Como é observado por Patrick Louis:

> Para a posteridade, os "hussardos" são quatro, à semelhança dos três mosqueteiros: Nimier é d'Artagnan. Em relação aos outros três — Jacques Laurent, Antoine Blondin e Michel Déon —, os personagens de Dumas são menos adequados [...]. À semelhança dos três mosqueteiros, os "hussardos" não existem![52]

Existe, com certeza, uma proximidade entre eles, mas nada além de uma justaposição de singularidades pouco propensas a se inclinarem a uma disciplina de grupo: "Eis a oportunidade" — protesta Laudenbach — "de afirmar que o clube dos 'hussardos' nunca existiu, tampouco chegou a reunir-se, além de ser excessivo atribuir um propósito comum a cada

---

51. Em particular, Marcel Aymé, Jean Cocteau, André Pieyre de Mandiargues, Robert Musil, Françoise Sagan, Paul Morand, Henri-Pierre Roché, Boris Vian, Jules Bachelard, Odette Joyeux ou Marcel Jouhandeau.
52. Louis, op. cit., pp. 101-102.

um desses supostos aderentes."[53] Apesar dessas negações, existe uma real conivência entre Roger Nimier, com vinte anos em 1945, que procurava seu caminho entre o maurrassismo e o gaullismo; Antoine Blondin, que tinha colaborado com as publicações *Paroles françaises* e *Rivarol*; Michel Déon, que tinha trabalhado, durante a guerra inteira, em *L'Action française*, ou um Jacques Laurent, que era funcionário no ministério da Informação de Vichy.

Como foi demonstrado por François Dufay, um fascínio mútuo tinha-se estabelecido entre essa jovem geração, que venerava os antigos, e estes últimos, que acreditavam estar enterrados vivos e que, no contato com a primeira, experimentavam um rejuvenescimento. Ao longo da década de 1950, aproveitando-se desse encontro, os antigos vão reposicionar-se no âmago da vida literária. Os dois principais beneficiários dessa reconfiguração, Paul Morand e Jacques Chardonne, comprometem-se em um pacto tácito de fidelidade mútua ao decidirem pela manutenção de uma correspondência diária para comunicarem ao interlocutor tudo o que acontece a cada um. "Eles oferecem-se mutuamente" — escreve Dufay — "a celebração cotidiana, uma vingança jubilatória à custa de um mundo que os tinha enterrado."[54] Entregues a si mesmos, eles se envolvem em um deboche de antissemitismo e de arrogância. "Lá onde os judeus e os pederastas se instalam" — escreve Morand a Chardonne, em 7 de maio de 1960 —, "é um sinal claro de decomposição avançada; vermes na carne que fede."[55] Eles lamentam juntos o crescimento da miscigenação, a ascensão dos povos de cor, além de temerem que os chineses venham a ocupar a cidade litorânea, Roscoff [na região da Bretanha]. Sinal dos tempos e da escalada do pensamento de direita, Morand apresenta, em 1957, sua candidatura para a Academia Francesa. Essa tentativa ira suscitar reações de hostilidade e, até mesmo, uma revolta liderada por François Mauriac, na época bastante envolvido no combate anticolonial; este último toma a iniciativa incomum de uma petição — assinada por outros onze membros

---

53. LAUDENBACH, 1980.
54. DUFAY, op. cit., p. 72.
55. Paul Morand, citado in ibidem, p. 112.

da Academia Francesa — para ser lida antes da votação, advertindo os colegas sobre o fato de que o impetrante nunca seria o eleito de todos.[56] Mesmo que a jovem geração dos "hussardos" tenha lançado uma ofensiva, e o próprio Nimier tenha dado uma manchete, em *Arts*, sobre "L'Affaire Morand" [O caso Morand], este não consegue eleger-se por um voto e denuncia "os expurgadores retardados, os protestantes, os franco-maçons, os fracassados de todos os tipos que haviam obstruído seu caminho".[57] Ele pretende recandidatar-se na primeira oportunidade e acredita que pode ter sucesso por ocasião do falecimento de André Siegfried, que lhe era hostil, mas essa tentativa fica sem efeito pelo retorno do general De Gaulle ao poder: o novo presidente da República manifesta sua desaprovação a uma candidatura que suscita "demasiado ódio".

Nesses tempos de guerra fria, outras iniciativas surgem para conter a influência comunista e soviética: é o caso, entre outros, da criação do movimento Paz e Liberdade — lançado por Jean-Paul David, ex-secretário das Juventudes Radicais e, em seguida, deputado do departamento de Seine-Oise e secretário-geral do RGR (Agrupamento das Esquerdas Republicanas) — que rejeita deixar o tema da paz ser abordado exclusivamente pelos comunistas; ele designa assim o adversário, ou seja, o PCF, comparando-o a "um exército soviético que acampa e já opera na França, aguardando a chegada do Exército Vermelho".[58] Os estrategistas comunistas são denunciados por disseminarem "cocobacilos", "stalinococos" e outros vírus mortais em todo o território da França. A campanha de cartazes mais conhecida empreendida por esse movimento é a de "La colombe qui fait boum" [A pomba que explode]: ela transforma a ave de Picasso, afixada nas cidades e aldeias da França, em tanque de guerra. Para essas campanhas, David dispõe do apoio discreto da presidência do Conselho de Ministros, além de financiamentos provenientes do que é designado

---

56. Eis a lista desses signatários: François Mauriac, André Chamson, Georges Duhamel, Maurice Garçon, Fernand Gregh, Robert d'Harcourt, Robert Kemp, Wladimir d'Ormesson, Jules Romains, André Siegfried e Louis Pasteur Vallery-Radot.
57. DUFAY, op. cit., p. 129.
58. Jean-Paul David, citado in SOMMER, [1979-1980] 1999, p. 93.

como terceira força, a qual mantém um equilíbrio frágil entre as invectivas dos comunistas e dos gaullistas.

Nos palcos dos teatros também, a contraofensiva ideológica está na moda: algumas salas, tais como o teatro Hébertot, ganham a reputação de "antivermelhas", o que não deixa de ser denunciado pela imprensa comunista. No início da década de 1950, assiste-se à representação de *Rome n'est plus dans Rome* [Roma deixou de ser Roma], de Gabriel Marcel; *La liberté est un dimanche* [A liberdade é um domingo], de Quentin de Pol; *Diálogo das carmelitas*, de Georges Bernanos; ou, ainda, *La Maison de la nuit* [A casa da noite], de Thierry Maulnier. A ofensiva das críticas visa o TNP, denunciado como um teatro vermelho: Jean Vilar, seu diretor, é apresentado como um membro do PCF, quando na verdade nunca se filiou. Tanto Jean-Jacques Gautier quanto Thierry Maulnier insistem de tal modo no assunto que a subdiretora dos Espetáculos e da Música, Jeanne Laurent, "considera conveniente publicar, através da imprensa, um desmentido".[59]

---

59. LOYER, op. cit., p. 201.

7
A busca por uma terceira via

No clima bipolarizado do pós-guerra, não é fácil defender uma posição neutra que rejeite, ao mesmo tempo, o sovietismo e o americanismo. A posição de equilibrista que consiste em manter Leste e Oeste a igual distância é, no entanto, aquela adotada por alguns intelectuais: de acordo com os desafios e as circunstâcias, eles tomam a defesa seja dos Estados Unidos, seja da URSS. Mas a via é estreita, e o percurso, perigoso. Se a posição do general De Gaulle chegou a corroborar tais oscilações, ele inicia em 1946 uma travessia do deserto que só vai terminar em 1958. Entre Tratado do Atlântico Norte e Kominform, de que maneira permanecer independente? Alguns intelectuais heterodoxos opõem, às duas grandes potências, a construção de uma Europa Ocidental dotada de valores específicos; essa escapatória é, no entanto, delicada, pelo fato de implicar o reerguimento de uma Alemanha que mal havia deixado a barbárie nazista.

Emergência de um cotidiano acima dessa disputa

Na imprensa, Hubert Beuve-Méry encarna essa exigência de independência em relação aos poderes de qualquer natureza, assim como da dupla oposição ao sovietismo e ao americanismo. De origem humilde, criado pela mãe em circunstâncias difíceis após o abandono paterno, precisou de biscates para sobreviver. Intelectual e católico, estreara na imprensa, antes da guerra, no cotidiano *Le Temps* como correspondente em Praga, cidade em que era professor no Instituto Francês. Tendo adquirido precocemente uma lucidez em relação ao perigo nazista, denunciou os Acordos de Munique e pediu a demissão do jornal. Durante a guerra, ingressara no conselho editorial da revista *Esprit* e tornara-se responsável pelos estudos no Centro de Uriage; após o encerramento desse centro pelo governo de Vichy, em dezembro de 1942, envolveu-se na Resistência ativa.

Austero, solitário, desconfiado, hostil a qualquer visão maniqueísta, Hubert Beuve-Méry torna-se, no moment da Libertação, o homem da situação para liquidar o legado de uma imprensa que havia sido demasiado condescendente com o ocupante nazista.[1] Tal tarefa, no entanto, não é fácil: compete-lhe conquistar autoridade e, para isso, garantir uma sucessão geracional, enquanto a equipe original é constituída, no essencial, de ex-jornalistas de *Le Temps*. Beuve-Méry, que não está minimamente convencido de obter sucesso, repete para quem se presta a ouvi-lo que a coisa não funcionará. Ao tirar as lições do passado, ele insiste sobre a independência de seu jornal, evita qualquer relação com as potências do dinheiro, reivindicando uma austeridade visível no projeto gráfico da publicação. Ao ser lançado, em 19 de dezembro de 1944, o primeiro número de *Le Monde*, ele dirige-se aos leitores com a promessa de fornecer-lhes "informações claras, verdadeiras e, na medida do possível, rápidas e completas": sua tiragem eleva-se a 147 mil exemplares, ou seja, o máximo autorizado na época, devido à escassez de papel. Esse diário vespertino é imediatamente atacado por *L'Humanité*, cuja vendagem diária atinge ainda uns 315 mil exemplares; os comunistas denunciam uma reencarnação de *Le Temps*, um jornal a soldo dos líderes da indústria siderúrgica francesa: o *Comité des forges* [Comitê das fundições]. Mas Beuve-Méry segura a barra e prossegue seu trabalho com obstinação: a partir das 8h15, ele realiza a conferência de redação do jornal em sua sala, rodeado por uma dezena de jornalistas.[2]

Nas colunas do semanário cristão *Temps présent* — do qual Beuve-Méry continuará sendo um colaborador ativo até maio de 1947 —, ele exprime

---

1. Ver *supra*, capítulo 2, pp. 77 ss.
2. Entre eles, André Chênebenoit, Robert Gauthier, Martial Bonis-Charancle, René Courtin, Rémy Roure, René Lauret e Olivier Merlin (informações reproduzidas de GREILSAMER, 2010, pp. 317-318).

sua dupla rejeição da "dominação do dólar" e da "ameaça do *knout*"³; tampouco poupa o governo chamado da terceira força, que não compreende gaullistas nem comunistas, mas empreende uma guerra colonial na Indochina, qualificada por ele como "guerra suja" no *Le Monde* datado de 17 de janeiro de 1948. Enquanto procura manter sua independência entre as duas grandes potências, ele não coloca em pé de igualdade os soviéticos — que carregam em seu bojo um regime bárbaro — e os Estados Unidos, cuja sociedade de consumo carece, no mínimo, de alma. Beuve-Méry julga, com estupefação e severidade, a postura filocomunista do amigo Emmanuel Mounier, diretor de *Esprit*. Sua atitude para com os americanos permanece bastante ambivalente, visto que recusa seus dólares e, ao mesmo tempo, teme por seu isolacionismo e seu não engajamento na Europa, o que deixa a França fragilizada diante da ameaça dos tanques soviéticos; essa situação leva-o rapidamente a considerar que a salvação virá de uma reconciliação franco-alemã.

No momento da divisão irremediável entre os dois blocos, alguns intelectuais tomam a iniciativa de um manifesto que pretende promover uma Europa escapando da dupla tutela soviética e norte-americana, além de reivindicarem neutralidade no confronto em curso.⁴ Em seu jornal, Beuve-Méry esbarra em um tropismo que impele um número cada vez maior de intelectuais para os braços protetores dos Estados Unidos, mas consegue manter-se firme e posiciona sua aposta em uma dimensão histórica: "A obra a fazer ou a refazer" — escreve ele em *Le Monde* — "consiste, como já foi dito, em um esforço de muito fôlego. Ela oferece um número maior de dificuldades, e um maior interesse, além de exigir certamente um grau de virilidade tão grande quanto aquele despendido no apelo ao ódio e ao recurso à bomba atômica ou ao *napalm*."⁵

Beuve-Méry abre, então, as colunas de seu jornal ao destacado autor da filosofia neoescolástica Étienne Gilson, a quem dedica uma grande

---

3. Chicote utilizado no Império russo para flagelar os criminosos e oposicionistas do regime. [N.T.]
4. Eis os signatários: Hubert Beuve-Méry, Albert Camus, Maurice Merleau-Ponty, Emmanuel Mounier, Claude Bourdet e Jean-Louis Lévy.
5. BEUVE-MÉRY, 1951a.

admiração, tendo sido seu aluno na Sorbonne no curso sobre a filosofia da Idade Média. Gilson acentua as críticas contra os americanos. Ele não deposita nenhuma confiança nos compromissos de Washington em matéria de defesa da Europa Ocidental diante da ameaça soviética: "O que eles estão dispostos a 'comprar' de nós com dólares é, mais uma vez, nosso sangue e uma terceira invasão do Ocidente europeu, cujo preço levará a considerar as duas anteriores como se fossem diversões."[6] Os partidários do atlantismo, tais como *Le Figaro*, criticam tal atitude como uma impostura. O Tratado do Atlântico Norte é assinado em abril de 1949, mas Étienne Gilson prossegue sua cruzada com a mesma veemência, sob os auspícios de *Le Monde*; nesse contexto é que se desencadeia o que será qualificado como o caso Gilson.

Em um semanário católico de Nova York, Waldemar Gurian, professor de ciências políticas, publica um artigo contra Gilson revelando depoimentos privados no termo dos quais este teria afirmado não pretender voltar para a França, no momento em que acabava de se aposentar, além de se propor a dar aulas, durante um ano, no Canadá. Ele teria considerado que a França tinha-se tornado derrotista, pronta para aceitar o domínio soviético. Em sua biografia de Beuve-Méry, Laurent Greilsamer escreve o seguinte: "No dia 27 de janeiro, *Le Figaro littéraire* retoma o artigo, dando-lhe crédito. Uma atmosfera de caça às bruxas mal dissimulada instaura-se, então, contra um grande professor, tratado como 'fujão' e a respeito do qual ninguém havia tentado verificar se ele tinha pronunciado realmente as declarações que lhe eram atribuídas."[7] O caso causou grande estardalhaço, e alguns escritores de prestígio — tais como François Mauriac, Daniel Halévy ou, ainda, o "*colonel* Rémy"[8] — exprimem sua indignação. Gurian, pressionado a revelar a identidade de seu informante, mostra-se incapaz de indicar qualquer nome; assim, na falta de provas tangíveis, o caso parece efetivamente uma manipulação para desacreditar Gilson. Em

---

6. GILSON, 1949.
7. GREILSAMER, 2010, p. 386.
8. Literalmente, coronel Rémy, pseudônimo de Gilbert Renault, ex-membro da Resistência: um dos agentes secretos mais famosos da França ocupada durante a Segunda Guerra Mundial. [N.T.]

10 de março de 1951, Beuve-Méry, que não havia desabonado o colaborador, tira as lições desse episódio nas colunas de seu jornal:

> Salvo fato novo, o caso Gilson parece encerrado [...]. O caso baseia-se na denúncia de uma única pseudotestemunha que, por sua própria confissão, nada viu, nem escutou pessoalmente [...]. Cada um tem o direito de discutir, e, ocasionalmente, de forma acalorada, ideias expostas em público. Mas ninguém tem o direito de se envolver em uma espécie de assassinato moral contra um homem cujas ideias parecem incômodas e não podem, elas, ser assassinadas.[9]

Beuve-Méry reconhece, no entanto, que o termo "neutralidade" não é apropriado; ele irá preferir, um pouco mais tarde, a expressão "não alinhamento", lançada em 1955 na Conferência de Bandung. Enquanto isso, sua posição, no próprio seio da redação, fica enfraquecida pelo associado da primeira hora, René Courtin: protestante liberal, economista e ex-membro da Resistência, este contesta a realidade tanto de seu antiliberalismo, quanto de sua neutralidade. No momento em que Courtin tinha decidido tomar discretamente certa distância em relação a *Le Monde*, ele muda de ideia ao descobrir um artigo virulento publicado no jornal pelo poeta de inspiração cristã Pierre Emmanuel, colocando em causa "L'Amérique impériale"[10] [América imperial], no qual sugere que o FBI é semelhante à Gestapo. O mesmo Emmanuel reincide no dia seguinte, escrevendo que os americanos se encontram à beira do fascismo. O confronto direto entre Courtin e Beuve-Méry daí resultante vai estender-se ao longo de mais de um ano, e é a assembleia dos acionistas que acaba por tomar uma decisão, em julho de 1951: colocado sob estrita vigilância, Beuve-Méry planeja pedir demissão, mas revigorado pela combatividade do jurista, Maurice Duverger, o qual afirma estar pronto a passar vinte e quatro horas por dia à sua disposição para contra-atacar, ele acaba ganhando a causa em dezembro e é mantido em seu posto como diretor por 190 cotas contra 65.

---

9. BEUVE-MÉRY, 1951b.
10. EMMANUEL, 1949.

O jogo de equilíbrio neutralista de Beuve-Méry irá render-lhe, no entanto, ainda um grande número de dissabores: em 1954, Pierre Brisson, diretor de *Le Figaro*, e apesar de um público leitor muito mais importante (seiscentos mil exemplares), ataca um *Le Monde* que se limita a "suspirar na expectativa de obter os sorrisos do Kremlin".[11] Boris Souvarine, o ex--comunista que se tinha tornado o depreciador do totalitarismo soviético, atribui a Beuve-Méry o qualificativo de "Tovarichtch Sirius": espalham-se em Paris boatos segundo os quais o diretor de *Le Monde* seria financiado por Moscou através dos tchecos. Para Beuve-Méry, assim como para todos aqueles que procuram definir uma terceira via entre os dois blocos, a chegada de Pierre Mendès France à presidência do Conselho de Ministros representa uma divina surpresa. "Ele nunca tinha avançado tão longe" — escreve Greilsamer —, "sua simpatia nunca se tinha manifestado com tamanha vibração. No caso concreto, o moralista dá crédito ao político sabendo pertinentemente que ele incentiva em Mendès não o seu duplo, mas um caráter estranhamente semelhante ao seu."[12]

A recusa em escolher entre os dois campos está personificada na figura do americano Garry Davis, rebelde um tanto isolado, apesar de usufruir de apoios de peso, que trava um combate em prol da criação de um governo mundial. Ex-piloto da Força Aérea, Davis rasgou seu passaporte em 1948 e pediu à ONU para ser acolhido como cidadão do mundo; expulso do recinto onusiano pela polícia, ele procura e encontra apoios para sua causa. É constituído um comitê no qual se encontram personalidades intelectuais livres de qualquer compromisso partidário, tais como Albert Camus, André Breton, Emmanuel Mounier ou o escritor negro norte-americano Richard Wright. Graças a esses apoios, Davis multiplica os eventos espalhafatosos por ocasião das reuniões da Assembleia Geral das Nações Unidas em Nova York, ou em Paris, cidade em que acampa com o saco de dormir na escadaria do Palácio de Chaillot ou na rua do Cherche-Midi.

---

11. BRISSON, 1954.
12. GREILSAMER, 2010, p. 498.

Em 22 de outubro de 1948, uma coletiva de apoio a Garry Davis é organizada por um grande número de personalidades.[13] Segue-se um comício, em 3 de dezembro, na sala Pleyel, que reúne três mil pessoas: na tribuna, sucedem-se Camus, Breton, Vercors e Paulhan. Esse combate torna-se a oportunidade para afirmar a recusa dos blocos, a rejeição da guerra[14]; além disso, a revista *Esprit*, abalada pelo processo de Rajk em curso e retomando distância em relação ao PCF, ocupa o proscênio. Garry Davis instala-se, então, com o saco de dormir na ponte sobre o Reno, em Estrasburgo, que liga a França à Alemanha. Paul Ricœur, na época professor da universidade dessa cidade, vai ao encontro de Garry Davis. Ao voltar, profundamente emocionado, ele diz ao amigo Rémy Rontchevsky: "Encontrei um homem!" Os círculos católicos e protestantes de esquerda vivem em simbiose nessa metrópole alsaciana, na qual se materializa de fato, nesse fim da década de 1940, um longo processo de reconciliação entre o catolicismo social e o cristianismo social no interior do microcosmo da vida local.

A causa de Garry Davis ganha mais popularidade e, pouco tempo depois, em 9 de dezembro de 1948, quase vinte mil pessoas encontram-se a seu lado no recinto do Vél'd'Hiv, em Paris. Em junho de 1949, *Esprit* dedica um número especial àquele que se tornou "o norte-americano da guerra fria"; no entanto, esse combate empreendido como criador do "Movimento dos Cidadãos do Mundo" revela-se bem depressa como utópico, e o entusiasmo murcha abruptamente como um suflê. Garry Davis irá instalar-se, na década de 1960, em Estrasburgo, cidade em que passará a cuidar da gestão de uma empresa de limpeza de fraldas para crianças, a Davis Baby Service.

Outro intelectual um tanto isolado, defensor de uma terceira via e adepto da terceira força, membro do comitê executivo do MRP, Léo Hamon engaja-se em um comitê de diálogo com os alemães ao lado de Emmanuel Mounier, Jean-Marie Domenach, Alfred Grosser, Edmond

---

13. Entre as quais, Emmanuel Mounier, Albert Camus, Vercors, Jean Paulhan, Raymond Queneau, André Breton, Claude Bourdet, Georges Altman, Richard Wright e o abade Jean Pierre.
14. MOUNIER, 1949a.

Michelet e Joseph Rovan. Tendo percebido o cisma iugoslavo como a oportunidade de escavar uma brecha no confronto entre os dois impérios, ele toma a iniciativa de constituir um grupo parlamentar França-Iugoslávia: René Cassin, seu primeiro presidente, é substituído por Jean Cassou. Em desacordo com o MRP sobre o rearmamento da Alemanha, expulso desse partido centrista, Hamon prossegue seu caminho fora dos aparelhos partidários. Ele acaba fazendo parte de um agrupamento de gaullistas de esquerda na UDT (União Democrática do Trabalho) com Louis Vallon, René Capitant, Jacques Debû-Bridel, François Poncelet e Pierre Billotte: "Tínhamos necessidade de uma publicação, e surgiu *Notre République*: eu havia encontrado o título; ela tornou-se um semanário de qualidade."[15]

A via personalista

Com o prestígio reforçado após a guerra, a corrente personalista empreende simultaneamente dois projetos: uma revista e uma editora fadada a ser bem-sucedida, a Éditions du Seuil, que se instalam na rua Jacob, 27, no centro do Quartier Latin, em um palacete do século XVIII. Nesse espaço é que a dupla intelectual formada, desde o período pré-guerra, por Paul Flamand e Jean Bardet oficia o que pode ser designado como um magistério editorial. Marcel Moré desempenha um papel decisivo nessa refundação: oriundo da revista *Esprit*, na qual havia ingressado em seu início, ele tinha fundado outra revista, bastante próxima do surrealismo e chamada *La Boîte noire*, em companhia dos amigos Max Jacob, Georges Bataille e Antonin Artaud; ele é também diretor de uma revista ecumênica, *Dieu vivant*.[16] Por seu caráter pluralista, a Éditions du Seuil traduz a vontade de seus dirigentes de evitarem a submissão a qualquer autoridade eclesiástica e de adotarem uma posição secular sobre os problemas da sociedade. Flamand

---

15. HAMON, 1991, p. 399.
16. Essa prestigiosa revista vai publicar 27 números, durante seus dez anos de atividade; seu comitê de direção é composto por católicos (Louis Massignon, Maurice de Gandillac, Gabriel Marcel, Jean Daniélou), agnósticos (Brice Parain, Jean Hyppolite), protestantes (Pierre Burgelin) e ortodoxos (Vladimir Lossky).

cria a coleção literária "Pierres vives", título que evoca Rabelais, tendo acolhido para suas primeiras publicações Claude-Edmonde Magny, Bertrand d'Astorg, Maurice Nadeau (para sua famosa obra *História do surrealismo*, Nicole Vedrès e Pierre Klossowski (para seu livro *Sade, meu próximo*).

Em seu recrutamento de colaboradores, Flamand acolhe, em breve, o escritor Jean Cayrol, sobrevivente dos campos de extermínio e autor de *Nuit et brouillard* [Noite e neblina], pouco depois de ter sido laureado com o prêmio Renaudot de 1947, atribuído a seu livro *Je vivrai l'amour des autres* [Hei de viver o amor dos outros]. Cayrol, incumbido de dar a conhecer novos talentos, lança, em 1949, a revista *Écrire*, e, em seguida, uma coleção com o mesmo nome, na qual os leitores descobrem autores que, sem tardar, acabaram ganhando notoriedade.[17] Em 1946, essa editora cria a coleção "Mises en scène", sob a responsabilidade de Pierre-Aimé Touchard, que publica textos de Charles Dullin e de Jean-Louis Barrault. Uma das ambições de Flamand tem a ver com a abertura à literatura estrangeira; com esse propósito é que, em 1949, ele foi o primeiro editor francês a participar da Feira do Livro de Frankfurt, ocasião em que descobre o escritor austríaco Robert Musil, cuja obra será publicada por ele em quatorze volumes, entre 1958 e 1991. *O homem sem qualidades* obtém em 1958, por unanimidade do júri, o prêmio de melhor livro estrangeiro. Desde 1945, Flamand anuncia a preparação de uma coleção de traduções e de livros estrangeiros na qual serão publicadas as obras de Strindberg, Čapek, Unamuno, Eliot, entre outras, apresentadas ao público francês por prefácios originais de reputados escritores. A literatura de língua alemã prevalece, inicialmente, com Musil, Böll, Andersch, Härtling, Grass, Weiss, Schallück, etc., antes que as traduções de títulos anglo-saxões assegurem a continuidade a partir de meados da década de 1970, sob o impulso de Monique Nathan.

A multiplicação de publicações requer a implementação de um comitê de leitura, no qual Jean Cayrol se destaca ao convidar Roland Barthes para organizar uma coletânea de artigos publicados em *Combat* sob o título

---

17. Régis Debray, Philippe Sollers, Geneviève Dormann, Christopher Frank, Jean Chalon, Jean-François Josselin, Jacques Teboul e muitos outros.

de *O grau zero da escrita* (1953). Referindo-se ao mestre da semiologia da época, Flamand diz que "ele esteve em toda a parte na editora Seuil, como Paulhan tinha estado na Gallimard". No seio desse comitê, o escritor Paul-André Lesort, responsável pelo importante setor religioso e pela coleção "Maîtres spirituels", publica uma série de autoridades cristãs dissidentes, tais como o padre Chenu (*Pour une théologie du travail* [Em prol de uma teologia do trabalho]), Henri de Lubac (*Paradoxes* [Paradoxos]) e, em particular, o padre jesuíta Teilhard de Chardin (*Le Phénomène humain* [O fenômeno humano]).

Flamand tem o dom de reunir à sua volta personalidades contrastantes, dotadas de convicções fortes e opostas. Apesar disso, estes colaboradores são capazes de cultivar a amizade entre si: aqueles que acreditam no céu e aqueles que não têm essa crença, aqueles que veem na esquerda a possível realização de sua utopia e os conservadores tradicionalistas. O ponto comum reside no espírito crítico, rompendo com a reprodução da relação mestre-aluno predominante na instituição acadêmica, e na promoção da singularidade e da criatividade. Em 1950, a editora instala-se definitivamente na paisagem editorial, sem deixar de manter seu modesto tamanho.[18] Em 1956, François Nourissier escreve, em *La Parisienne*, que Bardet e Flamand possuem, discretamente, um valor semelhante ao dos melhores editores da Europa; eles haviam conseguido gerenciar o próprio sucesso com sabedoria, o que é a virtude mais rara desse ofício.

Quanto à revista *Esprit*, ela ocupa uma posição central no mundo intelectual do período do pós-guerra, com uns cinco mil assinantes e uma vendagem média de cada número entre dez mil e treze mil exemplares. Emmanuel Mounier solicita ao jovem Jean-Marie Domenach, na época com apenas 23 anos, para dirigir a seu lado a revista. Mesmo que tenha recusado a via comunista, *Esprit* demonstra durante muito tempo uma postura filocomunista que contradiz sua postura de neutralidade entre os dois campos. De acordo com Michel Winock, "a reconciliação provisória de *Esprit* com o comunismo assumia a forma de um triplo encontro

---

18. Nessa data, entre os autores, encontram-se os nomes de Maurice Nadeau, Léopold Sédar Senghor, Louis Pauwels, T. S. Eliot, Jean Cayrol, Camillo José Cela, Graham Greene, Victor Serge, Léon Trótski e Tibor Mende.

simultâneo: o de cristãos com a classe operária, o de intelectuais com o marxismo, e o de revolucionários com o partido comunista".[19] Durante esses anos, o poder de atração do PCF é tal que Pierre-Aimé Touchard chega mesmo a questionar-se se deveria aderir a esse partido. Ao perguntar a Mounier qual objeção ele oporia a esse engajamento, o diretor de *Esprit* respondeu-lhe: "Não acho que seja possível estar mais disponível do que eu próprio estou em relação ao comunismo, mais completamente preparado para todas as possibilidades de compromisso e, portanto, já engajado nas mesmas."[20]

Os colaboradores de maior prestígio da revista familiarizam-se com o marxismo, considerado na época uma base do humanismo conciliável com o horizonte escatológico cristão. Este equipamento teórico combina-se com uma abordagem mística da classe operária como a encarnação dos sofrimentos do Cristo. Uma intensidade ainda maior acaba insuflando o desejo de participar ativamente na revolução vindoura. "Aliás" — escreve Emmanuel Mounier —, "as linhas mestras dessa inevitável revolução são conhecidas: a expulsão das potências do dinheiro, a supressão do proletariado, a instalação de uma república do trabalho, assim como a formação e a promoção das novas elites populares."[21]

Apesar de uma estreita relação com o PCF quanto à severidade exigida pelo expurgo, a necessidade de um programa de nacionalização e também sobre a urgência em dotar o país de uma constituição política, *Esprit* tenta — em companhia de *Combat, Franc-Tireur* e *Les Temps modernes* — constituir um polo de rejeição do domínio por parte das duas grandes potências. Desde o momento da fratura, em 1947, alguns intelectuais desses periódicos, entre os quais Mounier, Domenach, Sartre, Merleau-Ponty, Camus e Altman, reúnem-se no gabinete do advogado Georges Izard para lançar um apelo à opinião pública e definir uma nova via: daí, resulta o *Primeiro apelo à opinião pública internacional*, que pretende ser um manifesto em favor de uma Europa socialista. Ao tomar essa posição

---

19. WINOCK, [1975] 1996, p. 266.
20. Emmanuel Mounier, carta a Pierre-Aimé Touchard, 27 de dezembro de 1945, citada in ibidem, p. 268.
21. MOUNIER, 1944.

de esquerda, mas ao recusar ao mesmo tempo qualquer alinhamento em relação à URSS e ao proclamar-se vigorosamente neutralista, a revista desprende-se da atração comunista; no entanto, ainda não é possível dizer que ela considera os dois perigos como iguais e simétricos. A influência do imperialismo norte-americano parece-lhe ser claramente mais perigosa do que o domínio mais longínquo dos soviéticos. Em outubro de 1948, Mounier escreve a um amigo norte-americano: "Os russos, os russos, claro. Mas os russos ainda estão longe. Agora o que sabemos e vemos: toneladas de papel americano e de ideias americanas e de propaganda americana em nossas livrarias."[22] Nesse período do pós-guerra, Mounier é atraído irresistivelmente pelos intelectuais cristãos poloneses; tal conexão estabelece-se, por intermédio da *Esprit*, graças a uma boa quantidade de redes. Em 1946, ele foi a Varsóvia, à frente de uma delegação composta por comunistas e sacerdotes, tendo voltado com a convicção de que a Polônia não estava, de modo algum, sob pressão soviética.

> "No entanto" — escreve o historiador de *Esprit* Goulven Boudic — a "ingenuidade" ou a credulidade do diretor de *Esprit* são hipóteses difíceis de defender integralmente. Ele não ignora a atividade dos serviços do NKVD na Polônia e reconhece explicitamente "as detenções arbitrárias, os desaparecimentos e as deportações". Mas esforça-se em justificá-las ao levar em consideração os tumultos internos e a existência de bandos armados.[23]

Mounier adverte os poloneses contra a miragem ocidental, alimentando, aliás, um antiamericanismo que se radicaliza ao ritmo da realização do Plano Marshall, estigmatizado como uma nova forma de servilismo da França. "Temos a sensação bastante viva" — escreve a uma amiga norte-americana — "de que vamos ser gradualmente colonizados por eles [os

---

22. Idem, 1957, p. 401.
23. Boudic, 2005, p. 105.

norte-americanos] como os negros por nós ou os búlgaros pelos russos — com ligeiras diferenças de estilo. Então, a gente resiste um pouco."[24]

Todavia, o manto de chumbo que acaba prevalecendo na Europa Central solapa, aos poucos, a atração de *Esprit* pelo PCF: desde o golpe de Praga, em fevereiro de 1948, alguns colaboradores da revista, tais como Henri-Irénée Marrou, distanciam-se, mas a oposição de *Esprit* ao Tratado do Atlântico Norte e o temor crescente de uma guerra mundial levam a revista a uma nova reconciliação com os comunistas, através do Movimento pela Paz; no entanto, o combate empreendido por *Esprit* está repleto de ciladas, uma vez que esse movimento é manipulado por Moscou e pelo Kominform. O processo Rajk irá causar, finalmente, uma ruptura decisiva: após um momento de observação sobre o caso iugoslavo, no decorrer do qual a revista se recusa a tomar partido, ela abre suas colunas, em novembro de 1949, a François Fejtö, que denuncia um complô stalinista em grande escala.[25] Mounier reforça tal postura ao dar, no mesmo número, a palavra a Jean Cassou e a Vercors para contestarem as denúncias contra Tito. Uma delegação de *Esprit* chega a dirigir-se à Iugoslávia para verificar no local a inanidade das acusações comunistas; durante três semanas, Jean-Marie Domenach, Jean Baboulène e Henri Queffélec procedem a uma investigação e, no retorno, em fevereiro de 1950, restituem os resultados de seu trabalho. "Foi demais" — escreve Michel Winock — "para a direção do Partido Comunista Francês; a imprensa comunista bombardeia Cassou, Vercors, Mounier e a *Esprit*."[26]

A *Esprit* define assim uma terceira via civilizacional que se situa em uma dupla ruptura — tanto com o modelo norte-americano quanto com soviético —, o que acaba suscitando polêmicas e contestações no seio da corrente anexada ao marxismo e próxima das teses do PCF. No congresso da revista, em setembro de 1950, é proposto um projeto para construir uma "civilização do trabalho"; nessa ocasião, Domenach e Paul Ricœur apresentam juntos uma palestra — "Massa e pessoa" —, publicada na

---

24. Emmanuel Mounier, citado in ibidem, p. 113.
25. Ver *supra*, capítulo 5, pp. 187-188; Fejtö, 1949.
26. Winock, 1996, pp. 303-304.

revista em janeiro de 1951, na qual a expressão "civilização do trabalho" é retomada como um estribilho para definir um projeto de sociedade que rejeita, ao mesmo tempo, o sovietismo e o capitalismo. Pouco depois, em 1953, Ricœur tematiza esse projeto em seu artigo "Travail et parole"[27] [Trabalho e palavra]. O debate que daí resulta abrange uma dupla dimensão: a questão da liderança no seio da equipe da *Esprit* após o falecimento de Emmanuel Mounier, em 1950, e a ruptura do companheirismo com o PCF. Esses anos são precursores da virada que irá ocorrer na revista quando Jean-Marie Domenach será nomeado diretor, em 1957.

Por enquanto, os locais de elaboração dessa "civilização do trabalho" encontram-se nas cidades de Lyon e de Grenoble. No desfecho da Resistência, os grupos *Esprit* animam encontros e debates em torno do militantismo social, em Lyon, à volta do filósofo Jean Lacroix e, em Grenoble, ao redor do economista Henri Bartoli. Durante a Resistência, este último tinha estabelecido numerosas relações com militantes operários, sindicalistas e militantes do PCF; após a guerra, ele é convidado, desde sua chegada em Grenoble, por membros da ACO (Ação Católica Operária) para participar da criação de uma nova organização, o MLP (Movimento de Libertação do Povo), que reúne sindicalistas da CGT (Confederação Geral do Trabalho), da CFTC (Confederação Francesa dos Trabalhadores Cristãos) e da FO (Força Operária). Consultado regularmente sobre os problemas econômicos, Bartoli ajuda a esclarecer os casos concretos de conflitos no seio dos comitês de empresa.[28] Tendo em conta essa experiência, a paróquia universitária de Lyon pede uma contribuição para sua assembleia geral anual dedicada ao trabalho; nesta ocasião é que Bartoli define, em 1952, a linha de ação "Vers une civilisation du travail"[29] [Rumo a uma civilização do trabalho]. Essa mobilização inspira-se, em parte, na crítica marxista da alienação, mas também nas teses teológicas do padre Chenu, segundo as quais é pelo trabalho que o homem prossegue a obra divina de

---

27. Ricœur, [1953] 1964a.
28. No original, "Comités d'entreprise": instituição criada por lei, em 1946, incluindo delegados do pessoal nas empresas a partir de cinquenta funcionários. [N.T.]
29. Bartoli, 1952.

recriação do mundo; ora, esse tema é considerado como questão central por esses cristãos progressistas do sudeste da França.

Nesse contexto é que se situa a intervenção de Ricœur em *Esprit*, que se baseia nas teses de Bartoli e aceita sua validade. Mas pretende também mostrar que o tema do trabalho é insuficiente e convém restituir o que constitui o "outro" do trabalho: "Para nós, a palavra será esse *outro* — outro entre outros — que justifica e contesta a honra do trabalho."[30] Tal como a palavra é definida por Ricœur, ela precede qualquer gesto, tendo a capacidade de significá-lo e de transmitir o sentido compreendido do que está por fazer. Mas, além de ser o impulso precedendo o trabalho, a palavra é a sua retomada reflexiva; assim, acaba criando um espaço de distância crítica necessária para formular a questão do sentido do trabalho. Essa análise alimenta a reflexão de Jean-Marie Domenach, que considera, em meados da década de 1950, que se deve tomar nota de uma série de evoluções internas na sociedade francesa: assim, ao mesmo tempo, as perspectivas revolucionárias tornam-se caducas enquanto as transformações reformistas da sociedade de consumo são plausíveis.

Em Grenoble e Lyon, o grupo *Esprit*, consolidado em torno de Jean Lacroix e de Henri Bartoli, não demora a ser suspeito de obreirismo por Paris; alguns mal-entendidos não contribuem para apaziguar os ânimos. No momento em que os padres-operários serão rejeitados pelo Vaticano, em 1954, Henri Bartoli chega a enviar para Roma um texto redigido por ele e assinado por intelectuais da região para afirmarem o que haviam aprendido em contato com operários; apreciado pelos comunistas desde a Resistência, Bartoli não aceita a presença deles no Comitê para a Defesa das Liberdades, constituído por ele, em Grenoble, na década de 1950. No entanto, um boato não deixa de propagar-se até Roma para convertê-lo em comunista; em 1954, após um de seus artigos na *Esprit* sobre o "condicionamento da fé", o diretor da revista, Albert Béguin, é convocado pelo papa Pio XII, que o adverte contra esse colaborador.

---

30. RICŒUR, [1953] 1964a, p. 213.

Uma nova esquerda antistalinista

Diante do perigo de outra guerra mundial, Sartre assina, em 1947, dois apelos à opinião pública internacional para adverti-la contra essa ameaça e para salvaguardar a paz, reafirmando ao mesmo tempo sua vontade de construir uma Europa socialista. Concebidos por David Rousset e Georges Altman, esses manifestos destinam-se a criar um novo polo político: Altman dirige, na época, *Franc-Tireur*, o segundo diário da França, com circulação de trezentos mil exemplares, atrás de *Le Figaro*; Rousset, por sua vez, dirige — em companhia de Claude Bourdet, Gilles Martinet e Gérard Rosenthal — a *Revue internationale*, que defende posições socialistas radicais que podem chegar, até mesmo, ao trotskismo. Sartre é contatado por essas redes, que obtêm sua participação nessa iniciativa; é assim que, em fevereiro de 1948, surge o RDR (Agrupamento Democrático Revolucionário).[31]

O movimento nascente agrupa todos aqueles que se sentem enganados pela política conduzida pela SFIO no poder e que não desejam aderir às fileiras do PCF. Entre esses desiludidos da esquerda oficial encontra-se Jean Rous, que ainda acalentava a expectativa de que a SFIO conseguisse uma inflexão de sua linha no momento da substituição de Daniel Mayer por Guy Mollet; valendo-se de sua relação estreita com *Esprit*, ele chega a convencer Mounier a envolver-se nessa nova aventura, estando subentendido que este último permaneceria na retaguarda, deixando a intervenção pública para o psicólogo Paul Fraisse.

Nesse ano do golpe de Praga, o RDR tenta definir uma terceira via, apoiando-se na força ainda propulsiva do espírito da Resistência. Em 10 de março de 1948, uma primeira coletiva indica com precisão que, em vez de um partido tradicional, trata-se de um movimento acalentando a expectativa de tornar-se um espaço de convergência de uma verdadeira

---

31. Ao lado de seus iniciadores, David Rousset e Georges Altman, encontramos os nomes de Jean-Paul Sartre e Paul Fraisse, da revista *Esprit*; Charles Ronsac, de *Franc-Tireur*; Roger Stéphane, o libertador do Hôtel de Ville, a Prefeitura de Paris; além de Daniel Bénédite, Jean Ferniot e Bernard Lefort.

cultura heterogênea de esquerda. Entre seus trunfos, ele beneficia-se do apoio ativo de vários diários e revistas: *Combat, Franc-Tireur, Esprit* e *Les Temps modernes*. Em 19 de março, os líderes do movimento tomam a palavra na sala Wagram diante de um numeroso público: a iniciativa suscita manifestamente o entusiasmo daqueles que, de acordo com a observação de Raymond Aron em *Le Figaro*, "entre o despotismo burocrático e o capitalismo, [...] tentam abrir a via do romantismo revolucionário, desiludido por um tão grande número de fracassos, mas sempre disponível".[32] Apesar de outras manifestações espalhafatosas, tais como o grande comício na sala Pleyel, em 13 de dezembro de 1948[33], o número de aderentes estagna em cerca de sete mil; o PCF, pela voz de Pierre Hervé, denuncia em *L'Humanité* esse "comício antissoviético organizado por uma panelinha de intelectuais, cujas generalidades atraentes têm dificuldade em dissimular uma aceitação deliberada do regime capitalista".[34]

Não é fácil manter o equilíbrio entre os dois blocos: o RDR corre o risco de ser apanhado nas redes de um dos dois campos, e a ameaça de rompimento nunca está longe. É difícil conjugar a política com a equidistância geométrica. As turbulências ocorrem bem depressa, e o movimento experimenta sérias dificuldades para se financiar. Assim, David Rousset, animado de grandes ambições para empreender campanha pela paz, tenta superar esses problemas financeiros, recorrendo aos sindicatos norte-americanos AFL (Federação Americana do Trabalho) e CIO (Congresso de Organizações Industriais). Depois do congresso organizado na Sorbonne em 1949, é realizada uma reunião no recinto do Vél'd'Hiv, cujos dez mil lugares são ocupados por uma multidão entusiasta. Em troca dos recursos depositados pelos sindicatos norte-americanos, Rousset

---

32. ARON, 1948b.
33. Na tribuna, diante de uma sala lotada de um público entusiasta — ao lado dos dirigentes do movimento, entre os quais Jean-Paul Sartre, e de intelectuais oriundos do mundo inteiro —, sucedem-se as personalidades prestigiosas de Albert Camus, André Breton, Richard Wright, Carlo Levi, Theodor Plievier, Jef Last e Guido Piovene, que tomam a palavra sucessivamente sobre o tema de "A internacional do espírito".
34. HERVÉ, 1948.

aceita dar a palavra a um representante oriundo dos Estados Unidos; essa intervenção — em plena cisão do movimento sindical francês, que assiste ao surgimento da FO, cujos membros rompem com a CGT — é objeto de contestação por boa parcela do RDR, que a interpreta como uma reviravolta em favor do atlantismo. Nesse mesmo ano de 1949 é que os comunistas lançaram sua campanha internacional sobre o tema da paz, recuperando a aspiração pacifista em benefício de Moscou.

No seio do RDR, aprofunda-se a fratura entre aqueles que, em companhia de Sartre, Jean Rous e Paul Fraisse, tornam-se companheiros de estrada do PCF, e aqueles que, ao lado de Rousset, preferem voltar-se em direção à América. Em outubro de 1949, Sartre acaba por abandonar o RDR. A aventura que havia suscitado um tão grande número de expectativas não foi além de um curto período. Em 13 de outubro, *Samedi soir* exibe a seguinte manchete: "Vítima de uma náusea política, Sartre abandona o RDR". Em 12 de novembro, *Le Figaro littéraire* publica, também em manchete, um apelo de David Rousset no sentido de prestar "socorro aos deportados nos campos soviéticos". A analogia estabelecida entre estes últimos e os campos nazistas vai levar o ex-deportado de Buchenwald a receber, por parte de Kanapa, o qualificativo de "hitlero-trotskista".[35] Em janeiro de 1950, Sartre vai ao encontro de Rousset, dando a seu editorial de *Les Temps modernes* o título "Les jours de notre vie" [Os dias de nossa vida] —, referência explícita ao testemunho de Rousset sobre o mundo concentracionário.[36] Ao explicar que é impossível haver "socialismo quando um a cada vinte cidadãos está nos campos", Sartre acrescenta: "Qualquer que seja a natureza da presente sociedade soviética, a URSS encontra-se *grosso modo* situada, no equilíbrio das forças, do lado daquelas que lutam contra as formas de exploração que todos conhecemos."[37]

---

35. KANAPA, 1949b.
36. *L'Univers concentrationnaire*, prêmio Renaudot de 1946.
37. SARTRE, 1950, pp. 1.153-1.168.

Da revista *Caliban* à revista *L'Observateur*

Em 1947, vem a lume *Caliban*, uma revista que emerge dessa busca de uma terceira via e cuja ambição consiste também em preservar a paz. Seu fundador, Daniel Bernstein, cede lugar a um certo Jean Bensaïd, que adota o pseudônimo mediante o qual irá tornar-se famoso: Jean Daniel. Desde o primeiro número, publicado em 5 de fevereiro de 1947, a equipe fundadora ergue-se contra os perigos da guerra fria nascente e declara-se a favor do "entendimento que os povos terão uns com os outros, da tolerância e da amizade que serão o resultado dessa compreensão [...]. Levar a compreender o mundo para servir a paz em melhores condições, eis o campo de nosso serviço".[38] Daniel leva a revista a beneficiar-se de suas redes de amizade: o primo, Norbert Bensaïd — que adota, na época, o pseudônimo Norbert Mansart —, André Belamich, Marcel Domerc, Albert-Paul Lentin, Lucien Adès, Maurice Adrey e a companheira, Marie Susini. A revista faz questão de permanecer aberta a todas as sensibilidades da esquerda: em fins da década de 1940, Sartre frequenta, nesse espaço, Camus, Jean Guéhenno, René Étiemble e Louis Martin-Chauffier.

No fim de cada número, é publicado o texto integral de uma obra desconhecida ou esquecida:

> Após a publicação do sexto número, recebi um telefonema de Albert Camus. *Caliban*, dizia ele, havia despertado seu interesse e tomava a liberdade de me fazer uma sugestão: a de publicar *La Maison du peuple* [A casa do povo] de Louis Guilloux [...]. É claro que aceitei, mas pedi-lhe para escrever o prefácio do mesmo.[39]

Essa foi a oportunidade do encontro que será o ponto de partida de uma longa e intensa amizade. Daniel, a convite de Camus, vai visitá-lo na editora Gallimard e este diz-lhe ter ouvido falar da revista por Louis

---

38. Apresentação de *Caliban*, n. 1, 5 de fevereiro de 1947, pp. I-III.
39. DANIEL, 2002, p. 122.

Joxe, no domicílio de Léon Blum: "Entre Camus e eu, estabelece-se uma cumplicidade que, durante alguns instantes, cheguei a acreditar que fosse exclusiva quando, de fato, era compartilhada por ele com dezenas de outras pessoas [...]. Os encontros com ele eram uma festa; nunca um ritual [...]. Rasguemos o verbo: com Camus, foi uma paixão."[40] Camus envolve-se com a revista a ponto de apoiá-la financeiramente em duas oportunidades.[41] Além do trabalho de descobrir publicações literárias inencontráveis ou esquecidas, *Caliban* denuncia a política dos dois blocos. Já em 1947, Camus ganha destaque nessa publicação, com o artigo "Ni victimes, ni bourreaux" [Nem vítimas, nem verdugos], que suscita uma reação pouco afável de Emmanuel d'Astier de La Vigerie — na época, comunista — nas próprias colunas da revista: "Arranquem a vítima do verdugo!"[42] Na resposta ao contraditor, publicada no número de junho de 1948, Camus lembra sua rejeição do comunismo, instigador do totalitarismo e da violência de massa. Diante das dificuldades para manter o equilíbrio e apesar de uma tiragem de 150 mil exemplares, *Caliban* desaparece em 1951, depois de cinco anos de existência e de 55 números.

    Camus, cada vez mais crítico em relação aos países do Leste, nem por isso pretende passar para o campo da ordem estabelecida e prossegue seus engajamentos militantes, notadamente a defesa dos republicanos espanhóis, corroborado nessa atitude por seu relacionamento com a atriz Maria Casarès. Enquanto os espanhóis estão ainda sob o governo de Franco, Albert Camus entra em contato com José Ester Borrás, secretário da Federação Espanhola dos Presos Políticos, que está promovendo uma campanha com o sindicato anarquista CNT (Confederação Nacional do Trabalho), em favor da libertação dos republicanos enviados por Franco para a URSS e, desde então, detidos nos campos soviéticos. Camus redige um apelo com o objetivo de constituir um comitê de apoio aos refugiados espanhóis e assume o compromisso de coletar as assinaturas do mundo

---

40. Ibidem, p. 126.
41. RENOU, 1993, p. 79.
42. ASTIER DE LA VIGERIE (D'), 1948.

intelectual.[43] Em 1949, esse compromisso estende-se à implementação de um programa de assistência às vítimas dos regimes totalitários. Camus redige o manifesto dos Grupos de Ligação Internacional, com a ajuda do sindicalista Roger Lapeyre. Os signatários, na maioria, são oriundos da revista *La Révolution prolétarienne*, a qual mantém uma orientação de esquerda e, ao mesmo tempo, denuncia o stalinismo.[44] Um primeiro boletim informativo desses grupos é publicado em março de 1949, mas permanece confinado à marginalidade; a terceira via depara-se, na certa, com sérias dificuldades para encontrar seu lugar nesse mundo binário.

Nesse terreno, Camus faz uma nova experiência, em janeiro de 1949, juntando-se a René Char, Albert Béguin e Jean Vagne para publicar a efêmera revista mensal *Empédocle*. Camus é vítima de fogo cruzado: os comunistas vão considerá-lo como um renegado, enquanto — na já mencionada revista *Liberté de l'esprit*, criada por Claude, filho de François Mauriac — Roger Nimier ataca as boas almas, ridicularizando-as. À semelhança de Camus, alguns dramaturgos encontram refúgio no absurdo: a tríade Ionesco-Beckett-Adamov mostra a amplitude, mediante estéticas diferentes, do horror inexprimível da guerra e da ausência de solução. Em 1950, Ionesco conhece o sucesso no Théâtre des Noctambules com a peça *A cantora careca*, e reivindica o direito de representar, no palco, o que ele descreveu como antipeça: "[...] personagens estáticos e sem psicologia aparente, intriga inexistente, diálogos que não o são propriamente falando. Assim, a subversão ocorre tanto na utilização do palco, quanto na manipulação da linguagem."[45] A mesma encenação do incomunicável já se encontrava em Adamov com a representação de *A paródia* (1947) e, em seguida, de *A invasão* (1949); em 1957, essa temática tornar-se-á de

---

43. O apelo, publicado em 20 de agosto de 1949 em *Solidaridad Obrera*, inclui, entre outras, as assinaturas de André Gide, François Mauriac, Jean-Paul Sartre, René Char, Ignazio Silone, Carlo Levi, Claude Bourdet, André Breton, George Orwell e Pablo Casals (informações reproduzidas de LOTTMAN, 2013, p. 717).

44. Ao lado de Albert Camus e de Roger Lapeyre, figuram as assinaturas de Robert Jaussaud, Jean Bloch-Michel, Michèle Halphen, Gilbert Sigaux, Nicolas Lazarévitch, Daniel Martinet e Gilbert Walusinski.

45. RIOUX; SIRINELLI (Orgs.), 1998, p. 221.

novo presente na peça *Fim de partida*, de Samuel Beckett, com montagem de Roger Blin.

Um semanário da esquerda não comunista consegue, no entanto, encontrar seu nicho, sob o título *L'Observateur, politique, économique, littéraire*, ao jogar a carta da neutralidade e da estrita independência: tendo surgido do fracasso do RDR e da crise do jornal *Combat* dirigido por Henri Smadja e abandonado por Claude Bourdet, ele aparece nas bancas em 13 de abril de 1950, por iniciativa de Roger Stéphane, que investe nessa publicação um pecúlio de seis milhões de francos, legados pelo pai. Stéphane acorda com Bourdet a codireção, mas este último espalha o boato segundo o qual é ele o dono dessa publicação.[46] Publicado de maneira deliberada sem ilustrações, o novo semanário aposta na seriedade e no questionamento dos conformismos de esquerda, compensando essa austeridade pela fama de seus colaboradores: "Para o jornal, eu tinha convidado Maurice Blanchot para a crítica literária e André Bazin e Jacques Doniol-Valcroze para a crítica de cinema, além de Jean Nepveu-Degas para a crítica de teatro."[47] Seus fundadores, que incluem Gilles Martinet e Hector de Galard, pertencem a diversos movimentos da esquerda não comunista. Essa aposta editorial parece bastante temerária, de tal modo a falta de recursos restringe a publicação a permanecer confidencial, de acordo com a observação do historiador da mídia Philippe Tétart: "Com uma primeira tiragem de quinze mil (pouco mais do que as publicações mensais *Esprit* e *Les Temps modernes*), *L'Obs* passa por ser o Pequeno Polegar."[48] Com apenas 1.500 assinantes e seis mil compradores regulares, o começo é difícil, e ainda mais porque o novo semanário acaba contraindo dívidas: no verão de 1951, seu passivo eleva-se a 610 mil francos. Entretanto, no decorrer de 1952, alcança tiragens mais elevadas e, em 1953, obtém seu primeiro ano de lucro. Sua vendagem torna-se espetacular e, em 1954, sua difusão passa além dos cinquenta mil exemplares, até atingir cem mil, em 1960. Ao longo da década de 1950, o semanário vai

---

46. STÉPHANE, 1989, p. 297.
47. Ibidem, p. 298.
48. TÉTART, 2000, p. 49.

fidelizar um público de leitores exigentes — 45% de professores e 87% de diplomados do ensino superior —, tornando-se um polo de fixação de uma esquerda composta por socialistas críticos, trotskistas, radicais, cristãos progressistas e gaullistas de esquerda.

Em oposição à neutralidade pró-americana de um Hubert Beuve--Méry em *Le Monde*, aquela promovida pelo *L'Observateur* é eivada de filocomunismo (Pierre Naville e Gilles Martinet), de pacifismo e de antiamericanismo; de qualquer modo, ela opõe-se a qualquer rearmamento da Alemanha. Baseado nessas posições, os diretores do semanário envolvem-se na política ativa por ocasião das eleições de 1951, constituindo um cartel das esquerdas independentes e neutralistas. "Martinet e Bourdet" — escreve Tétart — "aspiram a estabelecer um polo político agregador. No fundo, essa é a razão de ser do jornal."[49] Impregnados por essa afirmação crescente de um espaço político socialista independente dos aparelhos partidários, esses defensores de uma esquerda renovada mostram-se repletos de otimismo na véspera das eleições. Bem depressa, eles vão renunciar a suas expectativas; apesar do apoio ativo de *L'Obs*, esse cartel sofre um retumbante fracasso em 17 de junho de 1951. Suas dezesseis listas coletam apenas 0,45% dos votos válidos, e o resultado obtido por seus líderes não são melhores: na segunda circunscrição eleitoral do departamento de Seine, Bourdet consegue 1,9%; e, no primeiro, Martinet obtém 2,1%. A lição que eles tiram desse desastre será a de confinar-se, na condição de intelectuais, ao comentário à distância dos desafios da política.

Bourdet não cessa de denunciar o imperialismo ianque, estigmatizado como o regime "da Inquisição". O caso Rosenberg e a Guerra da Coreia acabam fortalecendo ainda mais, ao longo da década de 1950, a americanofobia do semanário, que ataca sem tréguas as desigualdades no país da segregação racial e suas ingerências nos assuntos internos dos países da América Latina. O polo soviético, por sua vez, escapa a semelhante demonização. Tendo deixado de alimentar qualquer ilusão sobre o socialismo real, o semanário ainda o considera suscetível de ser aperfeiçoado e aberto a uma possível democratização por etapas: "A morte de Stálin" — de acordo

---

49. Ibidem, pp. 64-65.

com a lembrança de Gilles Martinet —, "ocorrida em março de 1953, dá-nos a esperança de mudanças na União Soviética e, consequentemente, no Partido Comunista Francês."[50] A dupla rejeição do Tratado do Atlântico Norte e da CED (Comunidade Europeia de Defesa) o faz alinhar-se com as posições do PCF; no entanto, este julga o semanário como o órgão do Intelligence Service, portanto, a serviço dos britânicos, considerado como um cavalo de Troia dos norte-americanos no seio da Europa Ocidental, e proíbe seus membros de colaborar com essa publicação; Edgar Morin será expulso por ter infrigido tal regra. Entre os diretores de *L'Observateur*, Martinet, que havia frequentado temporariamente o PCF, é denunciado como "renegado"; Claude Bourdet, como "burguês às ordens da CIA"; e Roger Stéphane, o libertador da prefeitura de Paris em 1944, como "rico, excêntrico, libertino e ainda pior: pederasta"!

Da revista *L'Express* a Mendès France

O lançamento da revista *L'Express*, em 16 de maio de 1953, sob a liderança de Jean-Jacques Servan-Schreiber e de Françoise Giroud, introduz na França uma fórmula de semanário, segundo o modelo norte-americano, em total contraste com o austero *Obs*. Servan-Schreiber era, então, diretor político de *Paris-presse*, depois de uma passagem em *Le Monde*, "do qual ele se tinha retirado voluntariamente" — explica Giroud — "por causa das posições neutralistas adotadas por esse jornal".[51]

Sem grandes recursos, o novo semanário apresenta-se, no início, como um simples suplemento, aos sábados, do diário econômico *Les Échos*, liderado pelo tio e pelo pai de Servan-Schreiber. Com um capital de 35 mil assinantes, *L'Express* — que pretende ser, ao mesmo tempo, independente, fácil de entender, portador de verdade e não conformista —, lança-se na conquista de um novo público de leitores: "Esperamos estar em condições de participar, de nossa parte, do trabalho de desmistificação de que o país

---

50. Martinet, 1986, p. 71.
51. Giroud, 1972, p. 133.

tem uma necessidade tão urgente."[52] A ideia de seus criadores consiste em inspirar-se nos métodos eficazes da imprensa norte-americana a fim de modelar a opinião pública com uma informação, simultaneamente, rigorosa e acessível. A equipe reunida pelos dois jornalistas é prestigiosa: além de acolher o "Bloc-notes" de François Mauriac, após a ruptura deste com *Le Figaro*, a revista beneficia-se da colaboração de Albert Camus, que lhes confia as suas reflexões sobre a Guerra da Argélia desde maio de 1955 até fevereiro de 1956. Ao final de 1956, será também à *L'Express* que Sartre irá confessar a sua amargura após a invasão da Hungria pelas tropas soviéticas.

A originalidade do semanário reside em reunir, na mesma aventura editorial, jornalistas profissionais — por exemplo, Pierre Viansson-Ponté ou Léone Georges-Picot —, altos funcionários, tais como Simon Nora ou Alfred Sauvy, empresários e políticos a exemplo de Pierre Mendès France[53]: "Era possível, durante a década de 1950, encontrar pontos comuns entre Mauriac, Camus, Merleau-Ponty, Sartre — e, inclusive, Malraux! — para que todos eles escrevam em *L'Express*."[54] Apesar das divergências e das filiações ideológicas diferentes, havia uma preocupação comum, incorporada perfeitamente por Mendès — escreve Michel Jamet —, "para modernizar a França, além de arrancá-la da rotina das guerras coloniais".[55]

Essa equipe entra na arena política pela porta da frente, mediante o apoio de Pierre Mendès France, considerado o único político capaz de tirar a Quarta República (1946-1958) de suas intermináveis crises ministeriais: desde junho de 1953, ela tornou-se seu suporte midiático privilegiado, permanecendo indefectivelmente ligada a ele durante seu mandato como presidente do Conselho de Ministros. A vida política francesa conhece, então, um segundo fôlego depois de uma longa fase de inércia e retratação. Uma juventude inteira reconhece-se, assim, no que é designado como

---

52. "Dans la course", editorial de apresentação de *L'Express*, em 16 de maio de 1953.
53. Mas também Jean Daniel, Robert Kanters, Madeleine Chapsal, Brigitte Gros, Florence Malraux, Georges Boris, Pierre Grumbach e ainda um grande número de outras personalidades.
54. GIROUD, op. cit., p. 192.
55. JAMET, 1981, p. 17.

o "mendésismo", mistura de franqueza, explicitação do que é posto em ação e decisões corajosas. "Durante um ano — de acordo com a lembrança de Françoise Giroud —, "pensamos que seria possível fazer política ao apresentar as coisas com toda a clareza, tendo uma moral política."[56] Homem capaz de movimentos bruscos e de resolver o dossiê inextricável da Guerra da Indochina que solapa a República francesa, Mendès France suscita o entusiasmo de uma nova geração, conforme é confirmado pelo historiador Michel Winock, na época um jovem vestibulando:

> Um impulso irresistível parecia arrastar o país em direção ao homem que acabava de fascinar nossa juventude, que nos havia tirado do torpor narcisista da adolescência e no qual depositávamos toda nossa confiança tanto por uma motivação afetiva, quanto pelo efeito de nossa razão política [...]. A coragem, a ousadia, a energia, uma presteza inusitada na arte política, o jeito do "vim, vi, venci", eis o que nos seduzia em Mendès France.[57]

Um pouco mais velho, o professor concursado de história Claude Nicolet sente-se igualmente enlevado pela paixão mendésista e envolve-se ativamente com o governo.[58] O entusiasmo de uma juventude nascida no período entre as duas guerras leva a aventar a hipótese de um fenômeno político que ganha a adesão de uma parcela dos intelectuais com um alicerce geracional bem consolidado[59]; estes exprimem seu apoio a Mendès France na rubrica "Fórum" de *L'Express*. Apesar de um grande número de outros políticos ter fracassado, antes dele, ao abrir um espaço político entre o comunismo e o atlantismo, ele encarnou essa delicada terceira via e demonstrou que era possível adotá-la e obter sucesso em apostas *a priori* perigosas. Se o mendésismo não conseguiu conciliar o exercício do poder

---

56. Françoise Giroud, entrevista in CHEBEL D'APPOLLONIA, 1999, p. 160.
57. WINOCK, [1978] 1985, pp. 12-13.
58. NICOLET, 1959.
59. SIRINELLI, 1985.

e a longa duração, ao menos terá lançado as bases de uma renovação do socialismo e da esquerda que irá frutificar.

Socialismo ou Barbárie

Até 1956, o grupo Socialismo ou Barbárie[60] faz sua pregação em um deserto absoluto: surgido no início de 1946, do encontro entre Cornelius Castoriadis e Claude Lefort no seio da Seção Francesa da Quarta Internacional[61], ele tinha-se constituído, a partir de agosto de 1946, em uma tendência no seio do PCI (Partido Comunista Internacionalista). Agrupando, na época, várias dezenas de membros, ela criticava a contradição lógica em que estava confinada a direção do PCI: por um lado, denunciava a traição dos interesses dos operários pelo PCF e, por outro, defendia um governo PCF-SFIO. Em seu entender, a União Soviética tinha dado origem a uma nova classe de parasitas ocupando um poder que se tornou totalitário. A sociedade soviética era analisada como se não fosse da alçada nem do capitalismo nem do socialismo, mas de uma forma historicamente nova, cuja singularidade consistia em engendrar uma classe dominante, açambarcando todos os poderes. O imperativo revolucionário residia, portanto, em derrubar essa classe burocrática, o que passava pela rejeição radical da URSS.

A ruptura dentro da organização trotskista intervém no momento da sessão do Comitê Central do PCI, em janeiro de 1949. A tendência Chaulieu-Montal (pseudônimos de Castoriadis e Lefort, respectivamente), representando entre trinta e quarenta militantes, anuncia sua partida e sua intenção de publicar a própria revista, *Socialisme ou barbarie*: o primeiro número, publicado na primavera de 1949, é acompanhado por uma "Lettre ouverte aux militants du PCI et de la IVᵉ Internationale" [Carta aberta aos militantes do PCI e da Quarta Internacional]. A revista recém-lançada afirma que seu principal objetivo consiste em salvar a esperança socialista

---

60. Ver *supra*, capítulo 3, pp. 126 ss.
61. Ver DOSSE, 2014; e também GOTTRAUX, 1997.

da mistificação soviética: tarefa tanto mais difícil na medida em que a URSS está, então, no apogeu de sua glória.

O desafio de 1949 torna-se ainda mais dramático quando a corrente Chaulieu-Montal proclama que a guerra é iminente e que o proletariado é o único capaz de evitar que uma das duas superpotências venha a impor sua influência sobre a humanidade inteira. Em relação às análises de Marx, o primeiro deslocamento ocorre quando o discriminante já não é a abolição da propriedade privada (que permite ao regime stalinista adornar-se com os adereços do socialismo), mas a distinção "fixa e estável entre dirigentes e executantes na produção e na vida social em geral".[62] O projeto é ambicioso, visto que se trata de nada menos do que refundar uma organização revolucionária, dando-lhe as armas da crítica, que são, na época, essencialmente teóricas. Castoriadis desempenha um papel importante nessa aventura. Desde o segundo número da revista, ele assina um extenso texto sobre "Les rapports de production en Russie" [As relações de produção na Rússia], no qual escreve: "Identificar tacitamente propriedade e produção, confundir deliberadamente a propriedade estatal propriamente dita com a natureza 'socialista' das relações de produção não passa de uma forma elaborada de cretinismo sociológico."[63] Castoriadis apoia-se em Lênin para demonstrar que a estatização pode tornar-se, quando o socialismo não é concretizado, a forma mais perfeita da exploração por parte da classe dominante: "Há uma divisão da sociedade russa, em primeiro lugar, em duas categorias: aqueles que são burocratas e aqueles que não o são e nunca terão tal oportunidade."[64] Por um lado, a burocracia dispõe dos meios de produção, enquanto os operários nada têm à disposição, além de sua força de trabalho. Diante da questão iugoslava, a ruptura com o trotskismo oficial é definitiva e, desde 1950, a revista dedica-se, sempre com os textos de Chaulieu-Castoriadis, a uma análise sem complacência do regime de Tito, denunciado como uma simples variante do sistema burocrático.

---

62. Castoriadis (sob o pseudônimo de Pierre Chaulieu), [1949] 2012a, p. 139.
63. Idem, 2012b, p. 160.
64. Ibidem, p. 193.

O pequeno grupo surgido em 1949 pertence, essencialmente, ao mundo intelectual. Na maioria, seus membros seguiram uma carreira universitária: além de Castoriadis, esse é o caso de Claude Lefort, que presta o concurso [*agrégation*] para professor de filosofia nesse ano. Jean Laplanche, que há de tornar-se um dos mais importantes psicanalistas do período do pós-guerra, prepara-se em 1949 para esse exato concurso e, ao mesmo tempo, anda ocupado com um dos melhores *terroirs* vitícolas da Borgonha, em seu *château* de Pommard. Donald Simon visa o mesmo concurso. Jean Léger, ex-aluno da Escola Normal Superior de Saint-Cloud, presta o concurso para professor de história. Por seu vez, o ex-membro do Comitê Central do PCI, Jean Seurel, termina seus estudos jurídicos para se tornar advogado. Por fim, Philippe Guillaume ingressa na CECA (Comunidade Europeia do Carvão e do Aço) e, em seguida, na OCDE (Organização de Cooperação e de Desenvolvimento Econômico).

O evento que entra em maior consonância com as teses do grupo é, incontestavelmente, a revolta dos operários de Berlim Oriental, em junho de 1953, confirmando a oposição potencialmente frontal entre a burocracia e a classe operária, assim como a possível resistência desta ao sistema de opressão que lhe é imposto. Para o grupo Socialismo ou Barbárie, a construção da sociedade socialista não pode ser considerada como o inelutável ponto culminante da marcha da história, tampouco como a aplicação por um partido de uma teoria detentora da verdade; apesar da possibilidade de ser facilitada pela existência de um partido, ela só pode resultar da emergência da mobilização criativa das massas.

Outro componente intelectual na busca de uma terceira via é representado por uma verdadeira constelação de pequenos grupos e revistas que François Bordes qualifica como anticomunistas da esquerda.[65] Entre os líderes dessa corrente, encontra-se o filósofo Kostas Papaïoannou, que fugira da Grécia em 1945, no mesmo navio, o *Mataora*, em que haviam embarcado Kostas Axelos e Castoriadis. À semelhança deste, ele fez a dura experiência do stalinismo no contexto desesperado da guerra civil grega. Impregnado de convicção socialista, empreende na França pesquisas sobre

---

65. BORDES, 2008.

a obra de Marx, sob a direção de Maurice de Gandillac. Por ocasião de um seminário de Cerisy-la-Salle dedicado à "Teoria e história", em 1956, ele entra em contato com Raymond Aron, um de seus três organizadores, para orientar sua tese, que não chegará a concluir. Graças a Aron, ele torna-se professor na Sorbonne, em 1959, e começa a publicar seus textos em língua francesa. Frequentando o Círculo de Gandillac, trava amizade com Alain Pons e com outros filósofos, pintores ou poetas, chegando a estabelecer relações, inclusive, com Georges Duthuit e, em particular, com Octavio Paz, o qual se converte quase em um irmão. É sobretudo nas revistas — notadamente, *Diogène*, *Le Contrat social* e *Preuves* — que ele exprime suas críticas contra o marxismo stalinizado.[66] Papaïoannou denuncia a manipulação vergonhosa da história da URSS pelo movimento comunista internacional e, por suas críticas, anuncia um momento de tomada de consciência coletiva que irá cristalizar-se, em 1956, pela análise do fenômeno totalitário.

Tendo afinidades com o filósofo grego e diretor da revista *Le Contrat social*, para a qual este escreve numerosos artigos, Michel Collinet, engajado nas Juventudes Comunistas aos 21 anos, é um crítico lúcido do sistema soviético desde a década de 1920. Nascido em 1904, ele aproxima-se, à semelhança de Pierre Naville, dos trotskistas para tornar-se um socialista radical à maneira de Marceau Pivert. Sociólogo, publica, em 1948, *La Tragédie du marxisme*[67] [A tragédia do marxismo]. Com uma escuta atenta ao que se passa do outro lado da cortina de ferro, "a reflexão de Michel Collinet e de Kostas Papaïoannou[68] sobre o marxismo e seu destino" — escreve Bordes — "poderia ser apresentada em três pontos: conhecer e compreender Marx, criticar e refutar o marxismo, além de denunciar e combater o marxismo-leninismo e o comunismo soviético."[69] Collinet e o amigo Aimé Patri pertencem, desde o primeiro número, ao pequeno grupo de intelectuais reunidos por Boris Souvarine em torno de

---

66. Idem, 2015, p. 85.
67. COLLINET, 1948.
68. Ver, em particular, PAPAÏOANNOU, 1967.
69. BORDES, op. cit., p. 10.

Le Contrat Social; aliás, este último tinha sido o diretor de redação, em 1944, do semanário *Volontés de Ceux de la Résistance*. Nessa constelação, é possível encontrar ainda a revista *Paru*, cujo diretor de redação é o próprio Patri: engajado desde muito jovem na extrema esquerda da oposição trotskista, ele tinha aderido à SFIO, em 1934; em seguida, depois de ter rompido com o trotskismo, envolveu-se na Resistência por intermédio do movimento Combat. *Paru* conhece um período fecundo entre 1947 e 1950, apesar da dominação intelectual quase sem partilha do PCF no período do pós-guerra. Essa revista defende ardorosamente as publicações de Arthur Kœstler, nomeadamente *O iogue e o comissário*, publicado em 1946, além de reservar um importante espaço ao processo Kravchenko, dando crédito ao testemunho do desertor tão contestado: "Ele é também e acima de tudo um homem de coração" — escreve Collinet —, "que assimila os sofrimentos de um povo inteiro e cuja consciência arrisca sufocar-se por viver em uma sociedade em que faz falta o ar da liberdade, em que a mentira e a denúncia parecem ser o alimento cotidiano da alma."[70] Além disso, *Paru* populariza as obras de George Orwell. Tendo-se tornado uma tribuna antistalinista privilegiada, a revista reúne as assinaturas de Jacques Carta, Maurice Dommanget, Yves Lévy, Pierre Pascal e Jean Rabaut. Contudo, perde o essencial de sua substância, em 1951, quando a maior parte de sua equipe editorial ingressa na revista *Preuves*, liderada por François Bondy.

Para esses anticomunistas de esquerda, absorvidos rapidamente pela causa pró-americana de *Preuves*, a via é das mais estreitas. A partir de 1952, eles constituem na revista um pequeno núcleo minoritário: entre outros, encontramos os nomes de Collinet, Patri, David Rousset e Paul Parisot. Diferentemente de Raymond Aron, com o qual partilham a crítica contra o totalitarismo, esses intelectuais não renunciam ao combate socialista. Eis o que exprime Collinet como reação à publicação por Aron de *O ópio dos intelectuais*, cujo desfecho é um elogio ao ceticismo:

---

70. COLLINET, 1947, p. 78.

Não se pode acompanhar Raymond Aron em sua conclusão final: "Convoquemos ardentemente a vinda dos céticos se eles devem extinguir o fanatismo." Nunca os céticos chegarão a extinguir o fanatismo [...]. Ceticismo e fanatismo completam-se e alimentam-se mutuamente: ninguém é mais fanático do que aquele que sente afinidades com o ceticismo e ninguém é mais cético do que aquele que foi anteriormente fanático.[71]

---

71. Idem, 1955, p. 38.

8
Budapeste, 1956

Para uma boa parte da *intelligentsia* francesa, 1956 é o ano das rupturas. O otimismo da Libertação, manifestado na filosofia existencialista, é substituido por uma relação desiludida à história. Um novo período começa após a revelação dos crimes de Stálin pelo novo secretário-geral, Nikita Khrushchov, por ocasião do 20º Congresso do PCUS (Partido Comunista da União Soviética), realizado em Moscou, de 14 a 25 de fevereiro de 1956, ano que irá terminar com o esmagamento da revolução húngara pelos tanques soviéticos. O choque é tal que o olhar crítico sobre a URSS ganha finalmente plenos direitos no seio da esquerda: sob o que se apresentava como a esperança de um amanhã radiante, descobre-se o horror da lógica torcionária de um poder totalitário. A onda de choque ainda não atinge Billancourt[1], e o PCF continua sendo o mais poderoso aparelho político da França; quanto aos intelectuais — cujo trabalho baseia-se na busca da verdade e na crítica das aparências enganadoras —, resta-lhes questionar o que constituía, até então, sua grade de análise.

As ilusões perdidas

A perda das expectativas predomina durante todo o período que se estende de 1956 a 1968: os intelectuais debruçam-se sobre o que resiste à mudança

---

1. Ou, mais precisamente, Boulogne-Billancourt: cidade do subúrbio sudoeste de Paris em que se encontrava uma grande fábrica Renault, símbolo do proletariado industrial, vanguarda da consciência operária. [N.T.]

e não permite o triunfo do voluntarismo político. A sensibilidade coletiva dá prioridade aos invariantes, às imobilidades; paradoxalmente, a Europa vivencia uma época de transformação econômica em um ritmo acelerado, sem precedentes desde o fim do século XVIII. Um começo de reavaliação de 1789 está em gestação entre os intelectuais franceses, que, em grande número, impõem o peso do bolchevismo e de seu funesto destino aos ideais do Iluminismo. Uma crítica da modernidade e do caráter formal da democracia desenvolve-se, desta vez, não em nome de um marxismo em declínio, mas a partir de Heidegger e Nietzsche. O questionamento do "pai dos povos" pelos sacerdotes encarregados do culto tem como efeito o colapso do edifício da crença no momento da agonia do marxismo institucional. A era das rupturas abre-se para os intelectuais que já não conseguem representar o jogo dos simulacros, acabando por atacar os próprios fetiches. Desde a morte de Stálin, em 1953, alguns acontecimentos tinham semeado o distúrbio, tais como a reabilitação dos médicos indiciados no caso conhecido como os "jalecos brancos"[2], após uma campanha de rara violência, retransmitida na França por *L'Humanité*; um pouco mais tarde, foi divulgado que Lavrenti Beria, que se encontrava no cume do poder, não passava de um "inimigo do partido e do povo soviético". Para completar a confusão dos intelectuais comunistas — a quem havia sido solicitado estraçalharem, sem qualquer contemporização, o titismo —, ocorria em 1955 a reconciliação entre a URSS e a Iugoslávia do marechal Tito, vilipendiado até então.

Nesse contexto cada vez mais opaco é que se desenrola o 20º Congresso do PCUS, marcado pelo relatório de Nikita Khrushchov: o fato de que o próprio representante supremo do partido do proletariado internacional reconheça a possibilidade de terem sido perpetrados crimes, no mais elevado nível do Estado, não poderia ter outro efeito além de um eletrochoque no mundo comunista. Certamente, muitos partidários

---

2. Chamado também de "caso dos médicos": trata-se de uma suposta conspiração dos médicos judeus que, sob o pretexto de especialização médica, não passariam de assassinos a soldo do Congresso Judaico Mundial; além disso, eles já teriam sido responsáveis pela morte de altos dignitários soviéticos, estando prontos a prosseguir com sua tarefa.

continuarão mantendo a política da avestruz, fingindo relativizar essas revelações, atribuindo-as tanto aos defeitos de um único indivíduo, Stálin, quanto aos excessos atinentes ao culto da personalidade. Mas para aqueles que já tinham passado por vários abalos, é chegada a hora de questionar a própria crença. Antes do fim do ano, a repressão com derramamento de sangue da revolução húngara adicionará a esse terremoto uma sensacional resposta, cujos efeitos não deixam de ser devastadores. Como é sublinhado por Jeannine Verdès-Leroux, o que teria suscitado a onda de demissões e de expulsões definitivas, vivenciadas pelos companheiros de estrada do partido, não se refere em princípio aos próprios eventos, mas "à recusa dessas verdades pelos dirigentes franceses".[3] A teleologia histórica que havia atraído uma geração inteira de comunistas, oriunda da Resistência e da Libertação, transformava-se subitamente em um beco sem saída, e o paraíso assumia o aspecto de um inferno.

A direção do PCF limita-se a evocar, no relatório Khrushchov, um suposto relatório secreto do secretário-geral do PCUS, cujo conteúdo poderia ser explorado pelo imperialismo norte-americano; quanto à invasão da Hungria, não passa do esmagamento de uma contrarrevolução fascista. Em *L'Humanité*, André Wurmser comemora o "sorriso de Budapeste", cidade libertada pelos tanques soviéticos; em novembro de 1956, a segunda intervenção das tropas russas e a derrubada do primeiro-ministro húngaro, Imre Nagy, constituíram a gota d'água que levou um grande número de intelectuais comunistas ou companheiros de estrada a abandonar o partido.

O romancista e dramaturgo Roger Vailland arranca da parede de seu escritório o retrato de Stálin, enquanto o poeta e ensaísta Claude Roy — expulso do PCF por "ter colaborado com a reação, com os inimigos da classe operária e do povo"[4] — escreve, em novembro de 1956, um artigo para a revista *Les Lettres nouvelles*, no qual mostra o desejo de conservar a sua fé no socialismo, apesar da repressão da revolução húngara pelos soviéticos, sem deixar de questionar-se como havia sido possível que ele tivesse dado crédito às "sandices" jdanovianas. Parece-lhe, então, ser "atroz"

---

3. VERDÈS-LEROUX, 1983, p. 462.
4. Citado in ORY; SIRINELLI, 1986, p. 188.

pensar que ele tenha deixado condenar milhares de inocentes sem ter esboçado a mínima reação. "Roy", comenta Verdès-Leroux, "tinha escrito que ser comunista é estar em guerra consigo próprio; e até o fim — ou, melhor dizendo, bem além do fim, além da expulsão —, ele foi forçado a travar essa guerra."[5] Outros companheiros da primeira hora, tal como Vercors, assinam protestos contra a invasão soviética. Ainda mais grave para a direção do partido, alguns intelectuais comunistas chegam a contestar a linha oficial: entre eles, Roy, Vailland, Jacques-Francis Rolland e Claude Morgan manifestam seu desacordo. Aimé Césaire, deputado comunista da Martinica, pede demissão. Em março de 1957, Roy depara-se em sua célula com um certo Georges Marchais, um militante — de origem operária, que chegará a ser secretário-geral do PCF de 1972 a 1994 — que se deslocara propositalmente para expulsá-lo. Essa hemorragia não afeta apenas os intelectuais. Numerosos assalariados e operários abandonam o partido na ponta dos pés sem apresentarem nenhuma explicação: "O número das células de empresas diminuiu consideravelmente, o que foi detectado em diversas conferências federais."[6]

No outono de 1957, o comitê de redação de *La Nouvelle Critique* passa por um expurgo brutal. Henri Lefebvre já se tinha demitido, mas não é insuficiente. Para cerrar fileiras, esse comitê deve, perante Jacques Duclos, pronunciar a liquidação de três de seus membros: Annie Kriegel, Victor Leduc e Lucien Sebag. Émile Bottigelli adiciona deliberadamente seu nome aos novos proscritos. A sequência é relatada por Dominique Desanti:

> Então, [Jean-Toussaint] Desanti, que não havia pronunciado, nos últimos dois anos, uma só palavra no comitê de redação, disse: "E eu também." Casanova chegou a pedir-lhes para que reconsiderassem atitude, e a reunião retomou o seu curso [...]. Na saída, os cinco destituídos foram

---

5. VERDÈS-LEROUX, 1983, p. 459.
6. DESANTI, D., 1975, p. 346.

tomar uns copos para festejar sua exclusão, desimpedidos da pedra que durante tantos anos havia obstruído sua janela para o mundo.[7]

Por sua parte, Jean-Jacques Becker descreve o seu estado de espírito a Raymond Guyot, membro do bureau político; a resposta, recebida dois meses mais tarde, vai simplesmente notificá-lo de que, devido às mudanças em curso, as posições adotadas pelo PCF deveriam acompanhar de perto tais modificações. As revelações do 20º Congresso sobre os crimes de Stálin serão decisivas no sentido da tomada de distância por parte do historiador: "A verdade que, subitamente, deparava à minha frente e me esclarecia, era a seguinte: nosso deus Stálin não passava de um criminoso. Isto pode fazer-nos sorrir. Conservei sempre bem presente a lembrança desse instante. Acho que encontrei aí meu caminho de Damasco."[8]

Sob o impulso de Victor Leduc e de Hélène Parmelin, dez intelectuais e artistas comunistas proeminentes, incluindo Picasso, dirigem, em 20 de novembro de 1956, uma moção a cada membro do Comitê Central para solicitar a realização de um congresso extraordinário a fim de responder ao "profundo mal-estar" provocado pela "incrível escassez das informações de *L'Humanité* sobre a Hungria".[9] Para evitar que essa moção passe despercebida, os dois instigadores comunicam seu conteúdo a *Le Monde*. Para a direção do partido, a publicação desse texto de desafio pela imprensa burguesa desqualifica seus autores, mas, não querendo se indispor com Picasso, concentra os ataques principalmente em Hélène Parmelin. Na resposta que não se fez esperar em *L'Humanité*, o filósofo do partido, Roger Garaudy, acusa os dez por terem esquecido sua posição de classe. O partido, jogando a carta da fortaleza sitiada, convoca o apoio de seus intelectuais fiéis, suscitando em diferentes áreas declarações de advogados, romancistas, cientistas e artistas, que manifestam sua total solidariedade com a direção. Os iniciadores da moção, acusados de fracionismo, são

---

7. Ibidem, pp. 350-351.
8. BECKER, op. cit., p. 234.
9. Os dez signatários são: Pablo Picasso, Georges Besson, Marcel Cornu, Frantz Jourdain, Édouard Pignon, Paul Tillard, Henri Wallon, René Lazzo, Hélène Parmelin e o doutor Harel.

condenados como tais pela maior parte das células e seções convocadas em reforço. A direção chega a promover a intervenção de Georges Cogniot e de Laurent Casanova a fim de obter a retratação dos signatários. O balanço dessa operação não deixa de ser pífio; apesar de tudo, eles conseguem arrancar de um Henri Wallon enfermo, não um desmentido, mas a afirmação de sua inabalável fidelidade.

O 14º Congresso do PCF, que é realizado na cidade de Le Havre, de 18 a 21 de julho de 1956, é preparado com base nos relatórios oficiais do 20º Congresso do PCUS; no entanto, está fora de questão evocar o relatório "atribuído" a Khrushchov, considerado um documento falso, fabricado pelo imperialismo norte-americano. Ao final desse Congresso, Victor Leduc torna-se o polo de concentração de comunistas críticos no interior do partido: a seu lado, é possível encontrar: Jean Fréville, a quem é atribuída a redação de *Fils du peuple*[10]; Hélène Parmelin e seu companheiro de sempre, Jean-Pierre Vernant; assim como "Tola" (Anatole Kopp), René Glodek, Jacqueline e Romuald de Jomaron; e, por fim, aqueles que virão integrar-se mais estreitamente ao grupo, Henri Lefebvre, Henri Raymond, Jean Bruhat, Madeleine Rebérioux, Émile Bottigelli, Maurice Caveing, Maxime Rodinson, Michel Rouzé, Michel Crouzet, Jeanne Brunschwig, Lucien Brumelle, Philippe Robrieux e Jean Numeach.[11]

Em torno desse núcleo, elabora-se em total discrição o projeto de lançamento de uma publicação que terá o título de *L'Étincelle* para lembrar os tempos heroicos da *Iskra* de Lênin. Esse boletim de circulação interna, mas crítico da linha oficial, tem uma tiragem de mil exemplares, além de exibir o subtítulo: "Pour le redressement démocratique et révolutionnaire du parti" [Em prol da recuperação democrática e revolucionária do partido]. A direção, surpreendida com a repercussão, denuncia uma "folha policial", segundo os termos de Laurent Casanova e de Léo Figuères. Uma investigação é empreendida para descobrir a origem de tal iniciativa, e Victor Leduc é convocado pelo responsável da seção dos quadros, Guy Ducolonné: "'Sente-se aí', disse apontando para a cadeira ao lado da gaveta.

---

10. Literalmente, "filho do povo": biografia de Maurice Thorez, lançada em 1937. [N.T.]
11. LEDUC, op. cit., p. 217.

Tudo isso sem fazer alusão ao gravador, dissimulado desajeitadamente nesse móvel."[12] Leduc banca o idiota que nada sabe acerca de *L'Étincelle*, e seu acusador, sem ter obtido provas, não consegue colocá-lo em apuros.

Apesar das bravatas dos dirigentes comunistas, as deserções estão aumentando, enquanto as revistas *Les Lettres françaises* e *La Pensée* adotam uma atitude de sobrevivência ao se tornarem, subitamente, silenciosas:

> No 15º Congresso, em 1959, Kanapa atingiu severamente os rebeldes: Hervé tinha capitulado diante do imperialismo norte-americano; Lefebvre tinha abandonado o materialismo dialético para encasquetar com o idealismo; Fougeyrollas era acusado de "liquidacionismo"; e Morin era também entregue à execração pública.[13]

Ao ser revelado o conteúdo do relatório Khrushchov, Henri Lefebvre é convidado pela Academia das Ciências de Berlim. Ele fica surpreendido por encontrar nessa cidade um clima bastante diferente daquele que se vivia em Paris. Dizem-lhe que as obras de Stálin serão retiradas de circulação e pedem seu conselho sobre quem preferir para uma introdução ao marxismo. Entregam-lhe o relatório do secretário-geral do PCUS, em alemão; e, tendo passado a noite em claro para fazer sua leitura, fica assombrado com a amplitude dos crimes stalinistas. Ao retornar à França, depois de uma turnê de dez dias na Alemanha — explica o sociólogo Rémi Hess —, "ele fala do que viu e leu. Acaba sendo insultado pelos melhores amigos: 'Escroto, renegado, você caiu na armadilha de algum documento falso dos serviços norte-americanos'."[14] Lefebvre irá partilhar essas descobertas com o amigo Roger Vailland, em sua aldeia de Meillonnas. Este último, pretendendo comprovar o que acabava de escutar, faz uma viagem à URSS. Em seu retorno, arranca o retrato de Stálin dependurado na parede do escritório e joga fora também todas as caixinhas cheias de terra nas quais pretendia verificar a veracidade

---

12. Ibidem, p. 235.
13. CAUTE, op. cit., p. 276.
14. HESS, op. cit., p. 155.

das teses de Lissenko. "Aproveita a passagem de Lefebvre em Meillonnas" — acrescenta Hess — "para queimar, com toda a solenidade, sua carteirinha do partido."[15] A direção abre um processo de expulsão contra Lefebvre, já suspenso em 1956:[16] "Quanto mais refletia, tanto mais óbvio me parecia que eu estava reproduzindo, em miniatura, a meu nível (o do indivíduo ou, se quisermos, do filósofo), o drama geral dos intelectuais."[17] Ressentido, ele decide finalmente abandonar o partido por iniciativa própria.

A história deixou de apresentar-se como a esperança de um futuro radioso, e há quem comece a questionar suas falhas para entender como ela foi capaz de carregar em seu bojo as sementes da barbárie. A ruptura de 1956 "levou-nos a deixar de ser forçados a esperar algo", irá declarar Michel Foucault.[18] Em vez de sentir-se arrastado pelo fluxo contínuo da história, o intelectual deve, de acordo com esse filósofo, identificar os campos do possível e do impossível em determinada sociedade, sem esperar a chegada de um Messias, nem que fosse incorporado pelo partido na conquista da salvação terrestre.

Pierre Fougeyrollas, tendo sido professor no Lycée Montaigne, em Bordeaux, além de membro do bureau federal do PCF do departamento de Gironde, abandona o partido em 1956, após a invasão da Hungria; ao chegar a Paris, em 1958, ele ingressa na revista *Arguments*. Gérard Genette abandona também o PCF, nesse ano de 1956, e adere ao grupo Socialismo ou Barbárie, no qual irá permanecer durante três anos, mantendo-se em contato com Claude Lefort, Cornelius Castoriadis e Jean-François Lyotard. Olivier Revault d'Allonnes, que tinha aderido em 1953, em Lille, cidade em que ele se encontrava ao lado de Michel Foucault para opor-se à Guerra da Indochina, inscreve-se nessa linhagem da turma dos "ex" de 1956.

---

15. Ibidem
16. Ver *supra*, capítulo 5, pp. 172 ss.
17. LEFEBVRE, 1959, pp. 157-158.
18. FOUCAULT, [1977b] 1988.

Em outubro de 1956, Jean-Pierre Faye assiste na sala Louis-Liard, na Sorbonne, a uma recepção solene dos representantes poloneses pela Unesco sob a égide de Fernand Braudel. A reunião termina com um evento espalhafatoso: a chegada do vencedor da revolta polonesa desse mês de outubro, Władysław Gomułka, ex-vítima dos expurgos stalinistas. De junho a outubro de 1956, na verdade, a efervescência atinge seu paroxismo na Polônia: em Poznań, os operários desafiam os tanques, conseguem colocar uma boa parte do Exército do seu lado, ameaçam os centros do poder e reivindicam pão e liberdade. Em Varsóvia, os operários de Zéran e de WFM mobilizam-se com o movimento dos conselhos operários; na defensiva, a burocracia polonesa chama de volta uma vítima dos expurgos stalinistas na pessoa de Gomułka. O Kremlin gerencia a crise ao aceitar o compromisso proposto pela nova liderança polonesa.

Na Hungria, a manifestação do Círculo Petöfi, em 23 de outubro, os confrontos armados e a confraternização com os soldados húngaros contra a polícia de segurança levam os operários a dar continuidade à contestação. Na vanguarda do movimento, as fábricas Csepel criam um comitê central insurrecional. O poder instituído cede, em parte, à pressão da rua, e o primeiro-ministro, Imre Nagy, dá garantias para uma mudança tangível. A verdadeira mola dessa revolução é a criação dos conselhos operários em todas as grandes cidades húngaras. O confronto trava-se entre um poderoso Exército russo no território da Hungria e o movimento operário, enquanto o poder instituído enfrenta o vazio e está reduzido a gesticulações. Assim, os conselhos é que definem os programas econômico e político, fornecem armas aos combatentes e organizam o abastecimento. Uma oposição inédita surge, então, em plena luz entre as classes dirigentes e as classes dos executantes. Essa brecha da revolução húngara, esmagada pelo Exército russo, revela as rachaduras internas do sistema; mediante a ação, os operários poloneses e húngaros mostram a extrema fragilidade desses regimes. Nos paíscs do Leste, após a época da glaciação, a história parece retomar seus direitos, de tal modo que as expectativas de uma saída do stalinismo se tornam credíveis.

O lançamento da revista *Arguments*

No início de 1957, Edgar Morin viaja para a Polônia com vários intelectuais, incluindo Claude Lefort, membro do grupo Socialismo ou Barbárie, Robert Antelme e Dionys Mascolo: "Pela primeira vez" — escreve ele —, "eu via concretamente, no decorrer das visitas e das discussões nas fábricas, o que eu sabia, mas nunca tinha sido capaz de *ver*."[19] Nesse ano de perda das referências, marcado pela invasão da Hungria e pela prossecução da Guerra da Argélia — conduzida em nome de um governo eleito a partir de um programa a favor da paz —, os intelectuais são afetados por um verdadeiro desânimo; nesse contexto é que Morin assegura a continuidade de um "revisionismo" generalizado das falsas certezas. "Assim, começava minha desobstrução ideológica"[20], comenta ele, acrescentando que, mediante essa tomada de consciência, "o choque decisivo [...] ocorreu com o relatório Khrushchov. Minhas verdades foram, de repente, desprendidas de suas correntes mais pesadas."[21] Mas, enquanto intelectual, ele não pode ficar por aí: "O relatório Khrushchov obrigava-me a repensar totalmente o stalinismo; essa foi a segunda lição que tirei desse documento."[22]

Um degelo parece, no entanto, ser possível, e essa esperança é reforçada pela precipitação dos acontecimentos em um bloco do Leste em que a contestação da classe operária desestabiliza a burocracia dos dirigentes. Desde então, Morin decide congregar os intelectuais desiludidos no seio de uma nova revista, *Arguments*, a qual propõe uma revisão do marxismo, o abandono da vulgata, assim como a evidenciação das contradições da modernização.[23] A nova revista é a própria expressão do degelo, o qual

---

19. MORIN [1959] 2012, p. 242.
20. Ibidem, p. 235.
21. Ibidem, p. 236.
22. Ibidem, p. 238.
23. Entre os colaboradores, é possível encontrar os nomes de Kostas Axelos, Jean Duvignaud, Colette Audry, François Fejtö, Dionys Mascolo, Roland Barthes, Henri Lefebvre, François Châtelet, Françoise Choay, Marguerite Duras e, um pouco mais tarde, Georges Perec e Pierre Fougeyrollas.

substitui os estereótipos por um pensamento questionador multidimensional. *Arguments* surge de um encontro entre Edgar Morin e Franco Fortini, o qual já publicava, na Itália, a revista *Rugionamenti*: "Durante alguns anos" — de acordo com a lembrança relatada, bem mais tarde, por Morin —, "eu havia sido um semicadáver político, estava sem partido e, agora, me sentia feliz por encontrar, na Itália, amigos [...] com quem podia dialogar."[24]

Com essa revista, nesse ano de 1956, Morin retorna à vida política: expulso do PCF havia vários anos, ele deseja um *aggiornamento* radical a ponto de questionar o ideário preconcebido. *Arguments* reúne intelectuais da geração que havia vivenciado a Resistência e, para a maior parte deles, tinha passado um tempo de militância no seio do PCF. Cientes de que os esquemas adotados até então estavam obsoletos, abrem-se ao acervo de conhecimentos das ciências sociais, na época em plena efervescência com o avanço da antropologia, da semiologia e das questões de natureza epistemológica. O título — sugerido durante uma das reuniões preparatórias pelo poeta Francis Ponge — exprime, de acordo com o sociólogo Gil Delannoi, uma das preocupações de *Arguments*, ou seja, "mostrar um pensamento em via de construir-se".[25]

Essa revista pretende ser um espaço de intensa sociabilidade entre amigos. "Encontramo-nos várias vezes por semana" — irá escrever Jean Duvignaud —; "trabalhamos juntos algumas horas e a sós por um período ainda mais longo. O grupo é simples e entusiasta."[26] Esse é o momento propício para fazer a revisão de tudo aquilo em que estava respaldada a crença coletiva. No primeiro número, a ideia de reabrir um novo horizonte de expectativas é claramente afirmada:

> Em vez de uma revista, *Arguments* é um boletim de pesquisas, discussões e esclarecimentos, aberto a todos aqueles que se posicionam em uma perspectiva ao mesmo tempo científica e socialista [...]. O esforço de

---

24. MORIN, 1987, p. 12.
25. DELANNOI, 1982, p. 48.
26. DUVIGNAUD, 1976, p. 181.

Arguments adquire seu verdadeiro sentido no momento em que o colapso do stalinismo incentiva cada um a reformular os problemas e a reabrir as perspectivas.[27]

Em vez de definir uma nova linha de pensamento e de conduta, trata-se de problematizar, sob um novo prisma, as respostas convencionais, de submetê-las à prova da modernidade, de passá-las ao crivo de novos questionamentos. Nesse sentido, convém livrar-se, em primeiro lugar, do dogmatismo e dos estereótipos; tal revisionismo permanece dentro do marxismo, tentando articulá-lo com a modernidade, tirá-lo da vulgata e torná-lo capaz de levar em conta a complexidade do mundo social. Para esse "projeto antropológico"[28], não haverá nenhum manifesto, tampouco programa; a revista abre-se para a colaboração de pensadores estrangeiros, publicando, em suas colunas, Adorno, Lukács, Marcuse ou Korsch. No número 16 de *Arguments*, Morin admite que a revista não tem resposta para tudo, mas define sua postura questionadora: "Temos de evitar o *ersatz*, o pré-moldado e as miragens."[29]

Os colaboradores de *Arguments* têm em comum a determinação de lutar contra a deriva stalinista, sem deixar de manter aberta a perspectiva de uma mudança socialista. Colette Audry, diretora da revista *Nouvelle gauche*, colabora ativamente com *Arguments* e também com o grupo Cercle Ouvert, que surge em abril de 1956: presidido pelo intelectual cristão mendésista Jacques Nantet, esse Cercle agrupa o que é designado como a *nouvelle gauche*, sob a liderança de Louis Vallon, Claude Bourdet e Gilles Martinet. A ideia de Nantet consiste em estabelecer relações entre escritores, professores e artistas, por um lado, e, por outro, pessoas engajadas na vida política; nesse sentido, o Cercle organiza mensalmente na rua de Rennes, 44, conferências-debates, cujas transcrições são publicadas na revista. Nessa equipe, além de ser a mais velha, Audry destaca-se por ser a única mulher.

---

27. *Arguments*, n. 1, dezembro de 1956, p. 1.
28. Delannoi, 1984, p. 135.
29. Morin, 1959a.

A área profissional dos membros de *Arguments* revela um predomínio dos sociólogos com Morin, Duvignaud, Fougeyrollas ou Serge Mallet, os quais hão de submeter os conceitos do marxismo à prova da realidade. A evolução dos países do Leste torna-se um terreno de investigação privilegiado da revista, que, em 1957, dedica o número 4 à revolução húngara e, no início de 1958, o número 8 à evolução da URSS. Todas essas análises corroboram os intelectuais de *Arguments* na ideia de superar o revisionismo do marxismo a fim de atingir — de acordo com a jornalista e escritora Sandrine Treiner — o "que será designado por eles como a revisão generalizada, ou seja, a tentativa de questionar todas as ideias, muitas vezes, preconcebidas. Rejeitando qualquer dogma, eles entregam-se, então, ao exercício do 'pensamento questionador'."[30] A revista pretende ser anticonformista, o que implica transpor barreiras disciplinares e escapar das capelinhas para que prevaleça uma fecunda interdisciplinaridade.

Ao contrário dos órgãos de partido, o grupo deseja ser um simples laboratório de ideias. *Arguments* apresenta a resenha das reflexões sobre a política, a civilização tecnológica ou a linguagem, buscando um radicalismo crítico. Durante os dois primeiros anos de existência, essa revista dedica-se, sobretudo, a completar a ruptura com o PCF; na sequência, sua reflexão passa a ser menos política, publicando números sobre o amor, o universo, a linguagem, etc., abrindo-se para os textos sobre o freudismo e a psicanálise. Além disso, sob o impulso de Kostas Axelos, ela orienta-se em direção a uma crítica, cada vez mais sutil, contra a técnica, a qual já não é considerada como um instrumento de controle do mundo pelo homem e que acompanha sua emancipação, mas como a armadilha em que soçobra a modernidade, revelando o que Martin Heidegger designa como "o esquecimento do ser". "Para Morin" — escreve Treiner —, "a área científica da evolução intelectual e a área filosófica convergem na crítica contra o tecnicismo."[31] Outra abertura da revista situa-se no plano da escala de análise que se torna cada vez mais planetário para enfrentar os desafios da globalização.

---

30. TREINER, 1986-1987, p. 115.
31. Ibidem, p. 180.

No entanto, essa busca por uma nova via chega a seu termo, prematuramente, em 1962. "Com e sem alegria e tristeza" — comenta amargamente Axelos —, "são os próprios capitães que metem a pique a revista *Arguments*."[32] Uma das causas do afundamento da revista reside na dispersão de seus executivos: Fougeyrollas está em Dakar; Duvignaud, na Tunísia; Morin, prestes a viajar para a América Latina, deixando as chaves a Axelos; no fundo, ficou claro que o revezamento acabou passando, daí em diante, para a corrente de pensamento que triunfa no início da década de 1960, ou seja, o estruturalismo. Tal situação será lembrada, muitos anos depois, por Morin nestes termos: "Na universidade, o pensamento é que trazia a solução científica para todos os problemas [...]. Portanto, assunto encerrado. Voltávamos a ser desviantes; tivemos a sabedoria de nos dar conta disso."[33]

A onda de choque

Se o abalo de 1956 desestabiliza por completo os intelectuais do PCF, ele é experimentado ainda com maior intensidade pelos companheiros de estrada, dos quais o primeiro e o mais famoso, Sartre, havia engolido todos os sapos desde 1952. Desta vez, ele se recusa a justificar o inaceitável e, em sua companhia, toda a equipe de *Les Temps modernes* envolve-se em uma rejeição frontal do stalinismo. Como por ocasião de sua reação colérica, em 1952, ao ficar sabendo da prisão de Duclos, Sartre encontra-se na Itália quando recebe a notícia da intervenção soviética na Hungria: "Qual não foi nosso choque, em 24 [de outubro de 1956], quando, ao comprar *France-Soir* em uma banca da Piazza Colonna, lemos a manchete: 'Revolução na Hungria: o Exército soviético e a Força Aérea atacam os insurgentes.'"[34] Ao retornar da Itália, ele descobre com raiva a imprensa comunista — em particular, *Libération*, que atribui à revolução húngara o

---

32. Axelos, 1962.
33. Morin, 1987, p. 19.
34. Beauvoir, 1963, p. 379.

qualificativo de "*putsch* fascista" — e André Stil, que considera os operários de Budapeste como "a escória das classes decadentes". Determinado, desta vez, a exprimir claramente sua desaprovação, ele confia à revista *L'Express* sua decisão de romper com o PCF.[35] A propósito desse incidente, eis o comentário de Françoise Giroud em suas memórias: "Sartre, desestabilizado pelo esmagamento de Budapeste, forneceu-nos um texto extenso e muito bem elaborado."[36]

Questionado pelo semanário sobre a própria reação aos acontecimentos na Hungria, ele responde sem rodeios:

> Minha primeira reação, a angústia, é que tinha ocorrido este delito incrível: pedir a intervenção das tropas russas [...]. Explicar não é desculpar: de qualquer modo, a intervenção foi um crime. E a pretensão segundo a qual os operários combatem ao lado das tropas soviéticas é simplesmente uma mentira abjeta.[37]

Sartre sabe que seu protesto vai desligá-lo, novamente, de um PCF pronto para denunciá-lo com uma violência semelhante àquela já utilizada no passado. Ele toma partido determinado a manifestar sua solidariedade com o povo húngaro:

> Os dirigentes dirão que tinham tido razão, há muito tempo, de me chamar de "hiena" e "chacal" na época em que Fadeiev — que cometeu suicídio — falava como *L'Humanité* se exprime hoje, mas é totalmente indiferente para mim saber o que dirão a meu respeito, considerando o que dizem acerca dos acontecimentos de Budapeste.[38]

Com 51 anos, em 1956, Sartre é, para retomar o que dirá em *As palavras*, "um homem que desperta, curado de longa, amarga e mansa

---

35. SARTRE, 1956, pp. 13-16.
36. GIROUD, 1972, p. 172.
37. SARTRE, 1956.
38. Ibidem.

loucura".[39] Em 8 de novembro, ele assina em *France Observateur*, com Simone de Beauvoir e numerosos intelectuais, um protesto contra "a utilização de canhões e tanques de guerra para derrubar a revolta do povo húngaro e sua vontade de independência".[40] Os signatários afirmam que nunca haviam manifestado a mínima hostilidade para com a URSS; inclusive, é em nome do apego de cada um deles aos ideais do socialismo que se atrevem a questionar a política soviética. "Nossa primeira reivindicação junto ao governo soviético, assim como junto ao governo francês" — escrevem eles —, "resume-se em uma palavra: a verdade. Nas situações em que ela prevalece, o crime é impossível; mas no caso em que ela sucumbe, não pode haver justiça, nem paz, tampouco liberdade."[41] No fim de 1956, Sartre faz uma visita ao domicílio de François Fejtö para dar-lhe carta branca em *Les Temps modernes* a fim de publicar, em janeiro de 1957, um número inteiro sobre os países da Europa Oriental.

Após o choque de Budapeste, a revolta manifesta-se também entre os escritores. Louis Martin-Chauffier, ex-presidente do CNE, volta a assumir a direção, fazendo um apelo, em *Le Figaro littéraire*, no sentido de que o CNE reencontre sua inspiração original e deixe de afiançar o stalinismo e a repressão do povo húngaro. Ele será acompanhado por vinte escritores que abandonam o CNE[42] para constituir uma nova associação, que adota um novo estatuto e o nome de União dos Escritores em Favor da Verdade.[43] A evolução de um Louis de Villefosse é ainda mais reveladora da violência

---

39. Idem, [1964] 2005, p. 167.
40. "Contre l'intervention soviétique" [Contra a intervenção soviética], *France Observateur*, 8 de novembro de 1956, p. 4. Os signatários incluem, além de Sartre e Beauvoir, Vercors, Claude Roy, Roger Vailland, Michel Leiris, Jacques-Francis Rolland, Louis de Villefosse, Janine Bouissounouse, Jacques Prévert, Colette Audry, Jean Aurenche, Pierre Bost, Jean Cau, Claude Lanzmann, Marcel Péju, Promidès, Jean Rebeyrolle, André Spire, Laurent Schwartz e Claude Morgan.
41. Ibidem.
42. Eis os nomes dos demissionários: Georges Adam, Francis Ambrière, Jean Amrouche, Claude Aveline, Marc Beigbeder, Jean-Jacques Bernard, Jean Blanzat, Pierre Bost, Jean Cassou, Jean Duvignaud, Pierre Emmanuel, André Frémaud, Roger Giron, Agnès Humbat, Pierre Jean Launay, Jean Lescure, Clara Malraux, Louis Martin-Chauffier, Loys Masson, Claude-André Puget, René Tavernier, Édith Thomas e Charles Vildrac.
43. Informações reproduzidas de GRÉMION, op. cit., p. 246.

do choque de Budapeste para os intelectuais progressistas: ao escrever em *Libération*, *Les Temps modernes*, *Esprit* e *Europe*, ele é um membro da União Progressista e bem próximo do PCF. Convencido da culpa de Rajk, havia sido convidado, com Janine Bouissounouse, a viajar para a Hungria, em 1954, tendo publicado no ano seguinte um relato dessa visita com este título sugestivo: *Printemps sur le Danube* [Primavera no Danúbio]. Afetado frontalmente pela invasão soviética, Villefosse rompe com o Comitê Nacional dos Escritores e com o PCF, tomando em seguida a iniciativa do protesto publicado por *France Observateur*, em 8 de novembro de 1956, para o qual obtém a assinatura de Sartre.

A maioria dos intelectuais socialistas também está em estado de choque e manifesta sua indignação. Publicada por *Combat*, uma petição de apoio aos intelectuais húngaros é assinada, entre outros, por Gilles Martinet e Claude Bourdet. Outro protesto, publicado igualmente por *France Observateur* — desta vez, reproduzido por *Le Monde*, *L'Express*, *Témoignage chrétien* e *Esprit*—, faz um apelo no sentido da retirada das tropas soviéticas do território húngaro.[44] A revista *Les Temps modernes* dedica, por sua vez, 120 páginas ao "Fantôme de Staline" [Fantasma de Stálin]. Numerosos demissionários do PCF ingressam em *L'Observateur*, à semelhança de Jacques-Francis Rolland, ex-colaborador do caderno *L'Humanité dimanche*, expulso desde 22 de novembro de 1956 por ter assinado em *L'Express* "Un militant communiste sort du silence" [Um militante comunista quebra o silêncio]; eis o que irá ocorrer também com Marguerite Duras, Claude Roy, François Furet, Serge Mallet, Roger Vailland, Dominique Desanti, Jean Poperen e Emmanuel Le Roy Ladurie.

---

44. A petição — publicada no dia e no semanário em que veio a lume o protesto de Sartre e de Villefosse — é assinada por Jacques Madaule, Jacques Chataignier, Georges Suffert, Jean-Marie Domenach, Jacques Nantet, Gilles Martinet, Claude Bourdet, Robert Barrat, Pierre Stibbe, Jean Rous, René Tzanck, Edgar Morin, Robert Cheramy, Maurice Lacroix, Jean-Louis Bory, Jean Duvignaud, Yves Dechezelles, Roger Stéphane, Georges Montaron, Maurice Henry e Maurice Laval.

Uma confirmação para alguns

Para aqueles que se manifestavam, há vários anos, contra os malfeitos do totalitarismo, os acontecimentos de 1956 são apenas a confirmação de uma farsa histórica; corroborados em sua convicção e tendo encontrado, desta vez, um maior grau de crédito e de repercussões, eles consideram este episódio como uma nova causa a ser defendida. Já em 13 de julho de 1956, Albert Camus havia protestado, em manchete de *Franc-Tireur*, contra a repressão dos operários poloneses: "Não é um regime normal aquele em que o operário é forçado a escolher entre a miséria e a morte." Em 8 de novembro de 1956, nesse mesmo diário, ele manda publicar o apelo que lhe é enviado por um grupo de escritores húngaros refugiados; em 9 de novembro, convida os intelectuais a assinar uma petição, ainda nesse jornal, solicitanto a intervenção da ONU em apoio ao povo húngaro, que é vítima, de acordo com seus termos, de um "genocídio". Camus indica com precisão que, no caso de não intervenção, irá convocar a um boicote de todas as atividades culturais das Nações Unidas, incluindo a Unesco. O apelo de Camus é assinado, entre outros, por René Char, Pierre Emmanuel, Jules Roy, Manès Sperber, Guido Piovene e Ignazio Silone. Tendo acalentado uma grande expectativa a respeito desse apoio internacional, Camus acabou desiludido.

> Em outubro de 1956, a ONU manifestou sua cólera; chegou inclusive a dar várias ordens, bastante ríspidas, ao governo Kádár [...]. E, desde então, o representante desse governo tem assento em Nova York, tomando a defesa dos povos oprimidos pelo Ocidente.[45]

O isolamento de Camus na França, caricaturado como a boa alma impotente, contrasta com o caloroso reconhecimento que lhe é testemunhado pelos intelectuais da Europa Oriental, o que será manifestado com fervor pela efusiva homenagem do poeta polonês Czesław Miłosz, por

---

45. Albert Camus, citado in Grémion, op. cit., p. 268.

ocasião do falecimento de Camus: "Camus era um desses intelectuais do Ocidente, em número reduzido, que me estenderam a mão quando tive de deixar a Polônia stalinista, em 1951, enquanto os outros tentavam livrar-se de mim, tratando-me como um pária e um empecilho para o futuro."[46]

Envolvido no apoio ao escritor húngaro Tibor Déry, condenado a nove anos de prisão, Camus intervém, em novembro de 1957 — em companhia de T. S. Eliot, Karl Jaspers, Ignazio Silone e Louis de Villefosse —, junto ao líder comunista húngaro János Kádár. Diante da ineficácia dessa iniciativa, ele constitui em 1958 um comitê de apoio que reúne prestigiosos editores franceses, incluindo Gaston Gallimard, Paul Flamand e Jérôme Lindon. "A presidência do comitê" — escreve Pierre Grémion — "é confiada a Jean Cassou, enquanto Villefosse e Jean-Marie Domenach animam o respectivo secretariado."[47] Bastante empenhado na defesa dos dissidentes do Leste, Camus, que recebe o prêmio Nobel de literatura em 1957, decide ceder o valor do prêmio aos intelectuais húngaros e suas famílias.

O que não passava, até então, de suputações conceituais e de aposta arriscada em relação ao futuro torna-se, em 1956, realidade com os acontecimentos de Budapeste. Por mais que o grupo Socialismo ou Barbárie de Cornelius Castoriadis e Claude Lefort — conhecidos pelos pseudônimos Chaulieu e Montal, respectivamente — tivesse repetido sob as mais diversas modalidades que, subjacente ao discurso igualitário, duas classes opunham-se no Leste, a análise de ambos permanecia inaudível para a esquerda, a qual persistia em considerar o Estado soviético como um poder operário. Os acontecimentos na Polônia, e mais ainda na Hungria, corroboram, desta vez, as teses enunciadas pelo grupo, confirmando o regime de opressão que denunciava e colocando em destaque os próprios operários que se auto-organizam e, momentaneamente, deixam o PC húngaro e os soviéticos mergulhados na maior desorientação.

O despertar dos operários húngaros permite ao grupo livrar-se do isolamento e divulgar suas teses nos círculos intelectuais, que começam a modificar a respectiva visão política. O grupo Socialismo ou Barbárie

---

46. Miłosz, 1960.
47. Grémion, op. cit., p. 250.

aparece, então, como algo precursor. O relato de Lefort a respeito da insurreição húngara[48] é revelador do entusiasmo coletivo de que esse grupo está impregnado; em seu comentário, ele insiste no caráter essencialmente operário do movimento, enquanto este é geralmente apresentado como uma revolta nacionalista contra a influência russa. Lefort, à semelhança de todos seus colegas, considera essa revolução como a concretização de uma nova oposição binária que já não se situa tanto entre os detentores dos meios de produção (a burguesia) e os detentores unicamente de sua força de trabalho (os proletários), mas entre as classes dirigentes e as classes dos executantes. Essa brecha húngara, esmagada pelas Forças Armadas russas, revela as rachaduras internas do sistema. "Mediante a ação" — escreve Castoriadis —, "os operários poloneses e húngaros mostraram também a extrema fragilidade desse regime. Afinal, o 'bloco' russo é constituído também, à semelhança do 'bloco' norte-americano, de peças e de fragmentos; ambos são incapazes de organizar a respectiva dominação sobre seus satélites."[49] Nos países do Leste, após a época da glaciação, a história parece retomar seus direitos e acalentar a expectativa de uma saída do stalinismo.

Nas colunas de *Socialisme ou barbarie*, Castoriadis chega a formular uma série de perguntas para os militantes do PCF, estigmatizando a maneira como *L'Humanité* havia relatado a revolução húngara — ao publicar como manchete, em 25 e 26 de outubro de 1956, "Les graves émeutes contre-révolutionnaires mises en échec à Budapest" [Os graves distúrbios contrarrevolucionários derrotados em Budapeste] e "L'émeute contre-révolutionnaire a été brisée" [O motim contrarrevolucionário foi derrubado], respectivamente — "quando afinal, de 4 a 9 de novembro, a população de Budapeste lutou contra os tanques do Exército russo".[50] Além disso, ele revela claramente a prática da mentira sistemática dos comunistas para desacreditar a revolução apresentada, durante os primeiros quinze dias, como a operação de "provocadores a soldo dos norte-americanos" com o apoio de "gangues fascistas".

---

48. LEFORT, 1956-1957.
49. CASTORIADIS (sob o pseudônimo de Pierre CHAULIEU), 1956, p. 135.
50. Idem, [1956] 1973.

Para o grupo Socialismo ou Barbárie, a revolução húngara é um acontecimento muito importante: "Suas repercussões, que só agora começaram a ganhar amplitude" — escreve Chaulieu-Castoriadis — "hão de transformar o mundo nesta segunda metade do século XX. Pela primeira vez, um regime totalitário moderno é desmantelado pela revolta dos trabalhadores."[51] As tentativas de dissimular a realidade deixam de ser críveis, e os trabalhadores húngaros conseguem derrubar a maior mistificação da história, além de demonstrarem na prática a extrema fragilidade desse regime, que parecia ser onipotente. Ao mesmo tempo, eles revelam o embuste representado pela pseudo desestalinização. É possível assistir, até mesmo, a esta reviravolta sublinhada por Castoriadis: "Atualmente, o proletariado da Europa Oriental é que está na vanguarda da revolução mundial."[52]

Para o grupo Socialismo ou Barbárie, o contexto é propício para uma saída do isolamento: enquanto congregava menos de vinte membros em 1957, o grupo passa a contar com 45 no outono de 1959, dos quais dezoito em Paris, e depois 87 na primavera de 1961, incluindo 44 em Paris, divididos em duas células.[53] Nesses mesmos anos, uma série de jovens historiadores inovadores abandona o PCF, incluindo François Furet, Mona Ozouf, Denis Richet e Emmanuel Le Roy Ladurie, o qual irá exprimir sua felicidade ao descobrir as teses de Castoriadis e de Lefort:

> Fiquei muito feliz, intelectualmente, ao entrar em contato com o grupo Socialismo ou Barbárie. Esse movimento, dominado pela brilhante inteligência de Chaulieu-Castoriadis, tinha avançado até o extremo da análise trotskista, de maneira a superá-la e, inclusive, a suprimi-la totalmente.[54]

---

51. Ibidem, p. 372.
52. Ibidem, p. 376.
53. Esse grupo está presente em sete cidades: dois em Lille, quatro em Le Mans, cinco em Montpellier e em Saint-Lô, sete em Lyon e em Nîmes, além de treze em Caen (informações reproduzidas de GOTTRAUX, op. cit., p. 104).
54. Ibidem, p. 196.

Mesmo que Le Roy Ladurie não se identifique plenamente com esse pequeno grupo, ele devora apaixonadamente os números da revista. Intrigado, decide fazer a viagem entre Montpellier e Paris para avaliar no próprio local a validade das críticas formuladas contra um denominado Chaulieu, estigmatizado como "Stalinicule" [cretino de Stálin]. Ele há de lembrar-se, de maneira divertida, de sua descoberta do aprazível apartamento parisiense de Lefort:

> Encontrei nesse local o líder do subgrupo oposicionista de Socialismo ou Barbárie no meio de um cipoal de malas. Recebeu-me com cortesia e preveniu-me de que dispunha apenas de alguns minutos para falar comigo porque, dali a meia hora, tinha viagem marcada para Saint-Tropez, onde passaria as férias anuais. O proletariado mundial aguardaria, portanto, o recomeço das aulas em setembro e o fechamento das praias na moda para beneficiar-se das luzes de *Soc ou Bar*. Decepcionado, só me restava aceitar o fato consumado; assim, deixei Lefort encaminhar-se para a estação ferroviária de Lyon.[55]

O paradoxo da dimensão política

A revista *Esprit* — cujas colunas já estavam à disposição, há vários anos, de François Fejtö —, sente-se particularmente envolvida e desestabilizada pelos acontecimentos da Hungria. Paul Ricœur participa do congresso anual da revista quando os tanques soviéticos entram em Budapeste. Albert Béguin, renomado homem de letras[56] que havia ocupado o lugar de Emmanuel Mounier, falecido em 1950, preparara um discurso que opta por abandonar diante das novas urgências, improvisando uma conferência

---

55. Ibidem, p. 198.
56. Béguin tinha defendido, em 1937, uma tese sobre "L'Âme romantique et le rêve" [A alma romântica e o sonho], publicada pela editora José Corti em 1939. Antes de sua nomeação como diretor de *Esprit*, ele já tinha escrito *La Prière de Péguy* [A prece de Péguy] (1944), *Léon Bloy, mystique de la douleur* [Léon Bloy, mística da dor] (1948), *Le Romantisme allemand* [O romantismo alemão] (1949), *Pascal* (1953) e *Bernanos* (1954).

sobre o papel dos poetas na história. O choque simbólico da intervenção soviética em Budapeste afeta mesmo aqueles que já não têm nenhuma ilusão sobre o que está acontecendo do outro lado da cortina de ferro. Os 150 participantes do congresso de *Esprit* adotam um texto em que

> fazem questão de afirmar juntos um sentimento de respeito para com os insurgentes de Budapeste que lutam pela liberdade e sua indignação irrestrita diante do massacre de um povo pelas forças organizadas de uma potência estrangeira, além de seu repúdio perante aqueles que aprovam os carrascos, difamam com calúnias as vítimas ou tiram proveito de seu heroísmo.[57]

A esperança estará definitivamente enterrada? Albert Béguin redige um editorial em que a contestação dos regimes das democracias populares abre-se para um olhar crítico sobre o marxismo: "Parece que, com toda a evidência, os homens da Hungria, à semelhança dos operários de Berlim e de Poznań, se revoltaram contra formas de opressão que não se reduzem à alienação econômica, tal como esta havia sido definida pela engenhosidade de Marx."[58] É um grito de revolta no exato momento da ocorrência, pelo qual Béguin anuncia um aprofundamento da análise. Enquanto Budapeste parece destruir as expectativas, Ricœur, na reunião do grupo de filosofia de *Esprit*, propõe uma reflexão sobre a política: assim, durante um ano, desenrola-se um debate coletivo sobre esse tema, culminando na publicação, em *Esprit*, em 1957, de um artigo importante desse filósofo, cujo

---

57. Eis a lista dos signatários do texto: Albert Béguin, Jean-Marie Domenach, Jean Bardet, Marc Beigbeder, Georges Berger, Michel Bernard, Louis Bodin, Camille Bourniquel, Louis Casamayor, Jean Cayrol, Olivier Chevrillon, Jean Conilh, Jean David, André Dumas, Ange Durtal, François Fejtö, Paul Flamand, Paul Fraisse, Georges Friedmann, Pierre Gailly, Armand Gatti, Jean Guichard-Meili, Yves Goussault, Hubert Juin, Jean Lacroix, Jean-William Lapierre, Georges Lavau, Gennie Luccionni, Guy Levis-Mano, Rémi Martin, Henri-Irénée Marrou, Loys Masson, Paulette Mounier, Monique Nathan, Jean Paris, Philippe Paumelle, Henri Pichette, Henri Queffélec, Jacques-René Rabier, Jean Ripert, Joseph Rovan, François Sellier, Alfred Simon e Georges Suffert.
58. BÉGUIN, 1956.

título é "Le paradoxe politique"[59] [O paradoxo político]. O que Budapeste questiona por meio de seu radicalismo e subitaneidade afeta profundamente esse filósofo, que havia herdado de Mounier a disponibilidade ao acontecimento enquanto pedra angular da reflexão filosófica:

> O acontecimento de Budapeste, como qualquer acontecimento digno desse nome, tem um poder indefinido de desestabilização, a ponto de nos ter atingido e afetado em vários níveis de nós mesmos: no nível da sensibilidade histórica, impactada pelo inesperado; no nível do cálculo político a médio prazo; no nível da reflexão duradoura sobre as estruturas políticas da existência humana. Teríamos de fazer sempre o vaivém entre uma e outra dessas potencialidades do acontecimento.[60]

Ricœur erige o conceito de paradoxo como instrumento heurístico na análise da natureza do poder político, o qual se encontra no centro de uma tensão vivenciada entre uma dimensão positiva, libertadora, encarnando a humanidade do homem, e uma dimensão negativa de paixão pelo poder, de dominação e de servilismo. Ricœur assume, portanto, a reflexão sobre a política no interior da "categoria antropológica geral do paradoxo"[61], o que lhe permite recusar a alternativa, peculiar da tradição filosófica, entre capacidade racional e libertadora, por um lado, e, por outro, mentira e manipulação:

> Devemos resistir à tentação de opor dois estilos de reflexão política: o primeiro — com Aristóteles, Rousseau, Hegel — atribuiria maior importância à racionalidade da política, enquanto o outro daria maior ênfase à violência e à mentira do poder, segundo a crítica platônica do "tirano", a apologia maquiavélica do "príncipe" e a crítica marxista da "alienação política".[62]

---

59. Ricœur, [1957] 1964a.
60. Ibidem, p. 260.
61. Secrétan, 1968, p. 143.
62. Ricœur, [1957] 1964a, p. 262.

A reflexão sobre a política deve ocorrer nessa dupla dimensão. As desventuras históricas residem no fato de que o pensamento compelido ao extremo não permitiu religar esses dois aspectos contraditórios e insuperáveis. Ricœur reafirma, assim, a autonomia da política, notadamente em relação ao economicismo marxista, que tende a considerá-la apenas como um reflexo das relações sociais de produção. Levar em consideração a especificidade da política é a única forma de reencontrar a teleologia que é sua mola propulsora. Esse primeiro impulso, esse pacto originário, esse contrato social imaginário é que se tornam constituintes de uma comunidade humana, de uma vontade coletiva de conviver; é também, paradoxalmente, por essa relação à idealidade que a mentira pode introduzir-se na política. Mas, indica com precisão Ricœur, "antes de ser a hipocrisia atrás da qual se dissimula a exploração do homem pelo homem, a igualdade perante a lei, a igualdade ideal de cada um diante de todos, é a *verdade* da política. É ela que faz a *realidade* do Estado".[63] Além de impelir à ação, essa filosofia política oferece resistência à filosofia do absurdo; o contrassenso torna-se uma tentação de um número crescente de intelectuais desiludidos, que se retraem no não engajamento ou se orientam para trabalhos científicos fora da política e preservados de seu poder "maléfico". A insistência sobre a realidade paradoxal da dimensão política é também uma advertência contra a sua absolutização.

Um campo liberal consolidado

Para os intelectuais da corrente liberal envolvidos no movimento pela liberdade da cultura, o choque húngaro permite-lhes transmitir em melhores condições sua denúncia do totalitarismo e, obviamente, manifestar seu apoio ao povo húngaro. Em 1955, pouco antes dos acontecimentos de Budapeste, realiza-se, em Milão, a 5ª Conferência do Congresso Internacional para a Liberdade da Cultura, sobre o tema "O futuro da liberdade". Com 140 participantes e uma delegação francesa que ocupa um quinto da

---

63. Ibidem, pp. 265-266.

representação europeia, é um grande sucesso: "Três intelectuais associados estritamente às estruturas de decisão do CCF[64] — Raymond Aron, Michel Collinet, Manès Sperber — estão naturalmente presentes"[65], constata Pierre Grémion. Essa Conferência de Milão garante o reconhecimento internacional a Aron. Sua palestra é capital: sob o título "Nations and Ideologies", ele sublinha a inadequação entre as categorias de análise, herdadas do século XIX, e as realidades do século XX. A delegação francesa é composta por algumas importantes personalidades intelectuais: Alfred Sauvy, diretor do INED (Instituto Nacional de Estudos Demográficos); Maurice Allais, professor da Escola das Minas de Paris e futuro prêmio Nobel; assim como o economista Pierre Uri e o homem de letras Bertrand de Jouvenel. Ela conta também com dois políticos — o socialista André Philip, e o MRP Robert Buron — e três professores universitários com orientações opostas, mas todos marginais na instituição acadêmica: Jacques Ellul, Charles Morazé e Raoul Girardet. O convite havia sido dirigido também aos representantes de revistas, tais como o padre dominicano Dominique Dubarle, associado a *La Vie intellectuelle*, e Roger Caillois, criador de *Diogène* em 1952. A essas personalidades são agregados alguns atores da vida econômica e social francesa.[66]

Uma das grandes vedetes de Milão é Hannah Arendt, que desenvolve, em sua palestra, uma análise crítica do totalitarismo. Em setembro de 1956, a revista *Preuves* divulga em seu número 67 os avanços nessa área ao publicar os textos de Arendt, Bertrand de Jouvenel e Aldo Garosci. Em dezembro de 1956, a mesma revista sublinha que, na França, antes do esmagamento da revolução húngara, nunca havia sido experimentada uma emoção tão profunda. Na noite de 7 a 8 de novembro de 1956, uma manifestação de protesto reúne, em Paris, quase trinta mil pessoas e será marcada por violentos confrontos com militantes comunistas na frente da sede de *L'Humanité*, causando três mortes. Para responder ao choque húngaro, o CILC publica um livro branco sobre os acontecimentos,

---

64. Congress for Cultural Freedom, acrônimo inglês do CILC.
65. GRÉMION, op. cit., p. 160.
66. Informações reproduzidas de ibidem, pp. 164-166.

constituído de documentos de seus atores e prefaciado por três assinaturas de prestígio: Karl Jaspers, Hugh Seton-Watson e Raymond Aron. De imediato, um plano de ajuda humanitária aos refugiados é implementado. O escritor e ambientalista suíço Denis de Rougemont exprime seu ponto de vista no Congresso, em 10 de novembro, nestes termos:

> Pelo monstruoso crime de Budapeste, o comunismo foi proscrito da humanidade. Eis o que, em primeiro lugar, tinha de ser declarado; mas devemos tirar as consequências práticas desse acontecimento. De nossa parte, pensamos o seguinte: apertar a mão de um comunista ocidental que aprova "livremente" seu partido é cumprimentar um cúmplice do crime de Budapeste.[67]

Ao mesmo tempo, um apelo lançado por iniciativa da cientista política antitotalitarista Suzanne Labin denuncia "esses assassinos proscritos da humanidade" e "os líderes comunistas dos países livres que, permanecendo em sua esteira, cobrem as próprias mãos com o sangue do povo húngaro".[68]

Nesse ano do sismo, a desintegração do bloco progressista, o qual servia de cordão sanitário para o PCF, beneficia maciçamente os liberais. Desde 30 de outubro de 1956, David Rousset publica, no *Le Figaro*, uma exortação aos intelectuais para romperem seu companheirismo com o PCF, dirigindo-se nominalmente a quatro pessoas: Pierre Hervé, Aimé Césaire, Edgar Morin e Jean-Marie Domenach. Mais do que esse apelo, a intervenção das Forças Armadas soviéticas, alguns dias mais tarde, põe um fim efetivo a esse companheirismo. O intelectual que está em melhores condições para reagir a esse acontecimento é François Fejtö, que havia rompido com o regime burocrático húngaro desde o processo do amigo Rajk. Jornalista da AFP, em 1956 ele multiplica os artigos sobre a situação húngara: "Durante o verão inteiro de 1956" — escreve ele —, "fiquei

---

67. ROUGEMONT, 1956.
68. O apelo é assinado pessoalmente pelo presidente da República, Vincent Auriol, além de François Mauriac, Marcel Aymé, André Breton, Hervé Bazin, assim como por personalidades associadas ao CILC, entre as quais Georges Altman, Jacques Carat, Michel Collinet, Jeanne Hersch e Louis Mercier.

escutando atentamente as notícias provenientes da Hungria e da Polônia, países em que, paralelamente, se desenrolava um movimento de oposição."[69] Para fazer ouvir a sua voz, Fejtö utiliza todos os suportes possíveis, desde *Le Figaro littéraire* ("Pourquoi la jeunesse hongroise a pris les armes" [Por que a juventude húngara tomou as armas?]), até *L'Observateur* ("L'URSS contre les soviets" [A URSS contra os sovietes]), passando por *Les Lettres nouvelles* ("La République des écrivains hongrois" [A República dos escritores húngaros]). Ele identifica-se tanto mais facilmente com as vítimas dos processos de Budapeste pelo fato de que ele próprio poderia estar no banco dos réus: "A sensação de defender uma causa justa insuflava-me uma grande energia."[70]

Envolve-se, então, em um verdadeiro combate, como jornalista, contra a chapa de chumbo totalitária. Fejtö publica bem rapidamente um livro sobre a situação em seu país[71], assim como os discursos de Imre Nagy[72]; e, de acordo com Grémion, ele "aproxima-se de *Preuves*, continuando a escrever em *L'Observateur*. Melhor ainda, daí em diante, profere conferências tanto nos grupos *Esprit*, quanto para os Amigos da Liberdade, o que é um desempenho incomum para a época".[73] Em 1956, ele é atraído, em particular, pela análise de Aron sobre a tragédia húngara como se fosse o resultado da dupla natureza do regime soviético, ao mesmo tempo russo e comunista. No momento em que Nagy é julgado e executado, o CILC publica um segundo livro branco — com prefácio, desta vez, de Albert Camus —, para desmantelar as acusações de conspiração que lhe são assacadas. Camus denuncia o ato gravemente desonroso de que Imre Nagy é vítima, desafiando as regras elementares do direito internacional e em violação da imunidade diplomática, cujo desenlace nada é além de um assassinato. Para Camus, impõe-se interromper o contágio da mentira, além de continuar denunciando o perjúrio.

---

69. FEJTÖ, 1986, p. 244.
70. Ibidem, p. 245.
71. Idem, 1957.
72. NAGY, 1957.
73. GRÉMION, op. cit., p. 254.

A revista *Preuves* é particularmente ativa nesses dias que confirmam a pertinência de suas denúncias dos malfeitos do sistema burocrático. Seus diretores organizam numerosas reuniões públicas, lançam apelos e aceleram as traduções dos textos dos insurgentes, tais como aqueles provenientes da revista literária húngara *Irodalmi Újság*. Os acontecimentos de 1956 levam Michel Collinet a publicar a sua obra *Du bolchevisme*[74][Acerca do bolchevismo], um tratado de antimarxismo-leninismo resultante dos cursos que ele dá na CEL (Faculdade da Europa Livre), cuja sede é em Paris: sua missão consiste em facilitar a prossecução dos estudos dos refugiados na França e funciona como uma estrutura de ligação e de informação, dotada de seu próprio boletim, *Horizons*. O CEL organiza cursos de verão para treinar as novas elites e aprofundar as críticas contra o sistema soviético: "Entre seus professores" — escreve o historiador François Bordes —, "é possível encontrar os nomes de Paul Barton, Michel Collinet, Sidney Hook, Kot Jelenski, Walter Kolarz ou Czesław Miłosz."[75] *Du bolchevisme* demonstra que os campos de trabalho forçado não são obra unicamente de Stálin, mas haviam sido implantados desde a época de Lênin, a fim de acelerar o ritmo da industrialização. Segundo Collinet, desde 1921 o processo totalitário está em andamento. Apesar do contexto favorável para a recepção de suas teses, o livro não consegue atrair a atenção do público; menos de mil exemplares são vendidos no outono de 1957, e o editor é obrigado a vendê-lo em saldo para esgotar a tiragem.[76]

O choque de Budapeste está na origem do surgimento de outra revista, *Le Contrat social*, liderada por Boris Souvarine, grande especialista do stalinismo e autor de uma biografia de Stálin, publicada pela editora Plon, em 1935; aliás, na década de 1930, ele já havia criado *La Critique sociale*. Ex-membro do secretariado da Terceira Internacional, Souvarine tem um conhecimento aprofundado dos mecanismos do stalinismo; tinha chegado a hora de se fazer ouvir. A revista, colocada sob os auspícios do Instituto de História Social e dotada de um financiamento proveniente dos

---

74. COLLINET, 1957.
75. BORDES, op. cit., p. 408.
76. Informações reproduzidas de ibidem, p. 442.

Estados Unidos, é publicada bimestralmente, até dezembro de 1968. Sua tiragem de cinco mil exemplares confere-lhe um peso significativo na vida intelectual francesa. Souvarine confirmará seu ascendente na redação dessa revista, ao publicar sob seu nome não menos de 72 artigos.[77] A referência ao totalitarismo a propósito do regime soviético torna-se predominante nessa corrente de pensamento, como é confirmado pelo título da obra publicada em Atenas, em 1959, por Kostas Papaïoannou — *A gênese do totalitarismo: subdesenvolvimento econômico e revolução social* —, que foi agraciada com o prêmio da Academia de Atenas.

Por sua vez, Raymond Aron lança um ataque cerrado contra Isaac Deutscher e Maurice Duverger em um artigo polêmico — "Ils l'avaient toujours dit" [Eles sempre haviam afirmado isso] —, após a publicação, em *L'Observateur*, de um texto redigido pelo segundo desses autores, em que ele declara nada haver de surpreendente nas revelações feitas durante o 20º Congresso. Aron critica severamente suas observações sobre Stálin:

> Critiquei Maurice Duverger por uma fórmula de seu artigo sobre o discurso de Khrushchov: "Stálin não é melhor nem pior do que a maioria dos tiranos que o precederam." Lembrei-lhe a comparação que ele tinha esboçado entre o partido único fascista e o partido único comunista: "No partido comunista russo, desaparece o caráter de casta: a circulação regular das elites torna-se possível; é estabelecido o contato com a massa."[78]

Na época do sismo de 1956, Aron retorna à universidade; ele havia conseguido entrar na Sorbonne no ano anterior, e o contexto tornou-se mais favorável para o exercício de seu magistério. Seu seminário, ministrado de imediato no Centro de Sociologia Europeia, na rua de Tournon, e, em seguida, na EHESS (Escola de Estudos Avançados em Ciências Sociais),

---

77. François Bordes fez o cálculo do número dos artigos redigidos pelos pilares da revista: assim, atrás de Boris Souvarine, encontramos Léon Émery, com 32 artigos; Yves Lévy, 24; Eugène Delimarsky, 22; Michel Collinet, 19; Kostas Papaioannou e Nicolas Valentinov, 16 cada um; Lucien Laurat, 15; Paul Barton e Aimé Patri, 12 cada um.

78. ARON, 2010, p. 466.

no bulevar Raspail, torna-se a meca da reflexão coletiva sobre a política; no local, verifica-se a afluência de uma verdadeira galáxia heterogênea de aronianos.[79]

A direita literária, recuperando-se com dificuldade de seus equívocos colaboracionistas durante a guerra, aproveita-se desse sismo para levantar a cabeça, mesmo que permaneça ainda marginalizada em relação à moda crescente do *nouveau roman*, que se impõe como uma nova estética na editora Les Éditions de Minuit e perante a qual Paul Morand nada manifesta além de seu menosprezo, atribuindo-lhe o qualificativo de "Robbe-grillades".[80] Escritores proscritos por seu antissemitismo e pela simpatia exibida em relação à ordem nazista fazem seu retorno, incluindo Paul Morand e Jacques Chardonne, rodeados pelos famosos hussardos que compõem a nova geração de escritores provocadores. Os anos de 1956-1957 são testemunhas do ressurgimento das publicações literárias desses dois escritores: "O que está em jogo" — escreve o jornalista François Dufay — "é nada menos do que uma cruzada em favor da boa literatura. Morand é o porta-estandarte da 'guerra fria' que opõe o talento, apanágio da direita, ao '*rive-gauchisme*'."[81] Aliás, é significativo que Madeleine Chapsal — na época, jornalista em *L'Express* — dedique, em julho de 1957, uma de suas grandes entrevistas a Chardonne; Roger Nimier fica encarregado de buscá-lo na comuna de La Frette para conduzi-lo em um Jaguar até Paris. À última questão da jornalista, que lhe pergunta se está satisfeito com sua obra, Chardonne, insolente, dá a seguinte resposta: "Com certeza. Desculpe-me."[82]

Aproveitando-se da desorientação que afeta todos os progressistas nesse ano de 1956, esta sensibilidade literária abandona seu refúgio forçado para açambarcar uma parcela dos leitores de esquerda. Assim,

---

79. Notadamente Pierre Hassner, Jean-Claude Casanova, Jean Bæchler, Annie Kriegel, Alain Besançon, Eugène Fleischmann, Jon Elster, Martin Malia, Pierre Manent, Raymonde Moulin, Kostas Papaioannou, François Bourricaud, Georges Liébert e Jérôme Dumoulin.
80. Literalmente, "Robbe-grelhados": referência sarcástica a Alain Robbe-Grillet, uma das figuras do mencionado movimento *nouveau roman*; cf. *infra*, pp. 404 e 412 ss. [N.T.]
81. DUFAY [2006], 2010, p. 78.
82. Jacques Chardonne, citado in CHAPSAL, 1984, p. 133.

France Observateur organiza uma mesa-redonda sobre a obra de Drieu la Rochelle, iniciada por Bernard Frank[83]; este último confessa sua predileção por Chardonne, o qual participa da mesa-redonda, acrescentando em um aparte que *France Observateur* é um "ninho da judiaria bolchevizante"! Esse é também o momento em que Morand, pensando que havia chegado a sua hora, candidata-se, sem sucesso, para a Academia Francesa.[84]

---

83. "Berl, Chardonne, Frank, Parain sur Drieu la Rochelle", *France Observateur*, janeiro de 1958.
84. Ver *supra*, capítulo 6, pp. 223-224 ss.

9
O momento gaulliano

O enredamento na Guerra da Argélia culmina, em 13 de maio de 1958, em uma tomada de poder, em Argel: um comitê de salvação pública, composto por todas as correntes ativistas favoráveis à manutenção da Argélia Francesa, convoca para a destituição do novo presidente do Conselho de Ministros francês, Pierre Pflimlin. O general Jacques Massu, valendo-se de sua popularidade entre os franceses da Argélia, adquirida na batalha de Argel, aceita ser o porta-voz do novo poder insurrecional que acaba de derrubar o governo geral em Argel. Ele constitui um Comitê de Salvação Pública, em Paris, presidido pelo general De Gaulle, o qual tinha-se mantido, desde sua saída em 1946, à disposição da República. A tomada do poder em 13 de maio de 1958 havia sido preparada minuciosamente pelos gaullistas e pelos partidários da manutenção da Argélia na República francesa. O historiador Raoul Girardet, defensor de posições intransigentes a respeito da Argélia francesa, tinha estabelecido contato com o estadista Michel Debré, e preparado com ele, em sua casa na rua Spontini, a publicação do *Courrier de la colère*, que manifestava claramente sua vontade de derrubar o sistema de partidos:

> Eu assistia à "advertência" das associações de veteranos da Segunda Guerra Mundial, à "revitalização", como se dizia, das antigas redes de resistência, aos contatos envolvidos em mistério, aos vaivéns, aos relatórios de algumas viagens a Argel [...]. Na verdade, achei mais tarde bastante engraçado

ver todo esse mundinho arvorar-se, com altivez, como guardião virtuoso do princípio da legalidade.[1]

Como interpretar o 13 de Maio de 1958?

Essa tomada de poder pela força derruba o governo e põe termo a uma Quarta República (1946-1958) já agonizante, deixando o espaço livre para De Gaulle, que retorna como o supremo salvador. O homem do 18 de Junho de 1940 parece estar, uma vez mais, em condições de salvar a pátria, à beira da guerra civil. De Gaulle faz com que seja adotada uma Constituição de seu jeito e consegue, finalmente, implementar instituições sólidas, aliás, de acordo com seu desejo desde a Libertação. Se os equívocos da declaração — "Je vous ai compris" [Entendi a posição de vocês] — na frente de uma entusiástica plateia de franceses da Argélia ainda não chegam a remover a hipoteca da guerra, De Gaulle alcança uma sólida maioria parlamentar e dispõe de todos os poderes. Sob a égide de Guy Mollet — secretário-geral da SFIO e que havia sido primeiro-ministro de 31 de janeiro de 1956 a 12 de junho de 1957 —, verifica-se a adesão de uma parcela dos socialistas, enquanto uma grande passeata manifesta-se contra ele em 28 de maio, em Paris: convocada pelo Comitê de Ação e Defesa da República e pelo PCF, ela reúne umas duzentas mil pessoas, além de agrupar, na linha de frente, Pierre Mendès France, François Mitterrand, Édouard Daladier — membro do Partido Radical e presidente do RGR, em 1957 — e o secretário-geral do PCF, Waldeck Rochet.

A chegada do homem providencial ao Palácio do Eliseu transforma não só o panorama político, mas provoca mudanças de posicionamento: "O cometa Mendès France tinha conturbado as relações entre os intelectuais e o poder" — (escreve o empresário, conselheiro político e ensaísta) Alain Minc; "a irrupção do 'óvni' De Gaulle vai subverter tal panorama."[2] Os intelectuais de esquerda, na sua maioria, bastante engajados contra a guerra

---

1. GIRARDET, 1990, p. 144.
2. MINC, 2010, p. 340.

empreendida na Argélia, manifestam oposição ao que eles consideram como uma violação das regras da democracia e denunciam os riscos de bonapartismo e de um poder pessoal suscetível de conduzir a práticas ditatoriais. De Gaulle esbarra em um verdadeiro protesto generalizado. A revista *Le 14 Juillet*, criada como reação a seu retorno à vida política, publicará apenas três números, entre 1958 e 1959, mas seu comitê de redação reúne escritores de prestígio³; dirigida por Dionys Mascolo, companheiro de Marguerite Duras, e Jean Schuster, membro do grupo de André Breton, a revista convoca à mobilização contra o risco de fascistização. O editorial do primeiro número situa-se na filiação da memória da Segunda Guerra Mundial, sob o título "Résistance":

> Desde já, sem dúvida alguma, estamos em condições de afirmar que o regime de De Gaulle é, na França contemporânea, uma etapa necessária para a instauração do fascismo [...]. É a resistência que deve organizar-se, desta vez não contra a Ocupação do território por elementos externos, mas realmente contra uma opressão interna, preparada há muito tempo. Dissimulada ou declarada, cautelosa ou cínica, tolerante, melhor ainda "inspirando confiança", estamos submetidos desde já a essa opressão.⁴

Sartre e *Les Temps modernes* não se mostram menos severos em relação ao general, considerado como um perigo fascista. O editorial do número de maio-junho de 1958 proclama como manchete "La République a perdu

---

3. Arthur Adamov, Robert Antelme, Norman Babel [Leszek Kolakowski], Roland Barthes, François-Régis Bastide, Jean Beaufret, Jean-Louis Bédouin, Yvon Belaval, Robert Benayoun, Maurice Blanchot, Jean-Louis Bory, André Breton, Jean Cassou, Noël Delvaux, Louis-René des Forêts, Marguerite Duras, Jean Duvignaud, Étiemble, Bernard Frank, Pierre Garrigues, Pierre Gascar, Julien Gracq, Jean Grosjean, Daniel Guérin, Pierre Klossowski, Armand Lanoux, Jean-Jacques Lebel, Claude Lefort, Gérard Legrand, André Pieyre de Mandiargues, Dionys Mascolo, Jean-Jacques Mayoux, Edgar Morin, Maurice Nadeau, Brice Parain, Jean Paulhan, Marcel Péju, Benjamin Péret, Jean Pouillon, Jean-François Revel, Jean Reverzy, Georges Ribemont--Dessaignes, Jacques-Francis Rolland, Alfred Rosmer, Jean Schuster, Henri Thomas e Elio Vittorini.

4. "Résistance", *Le 14 Juillet*, 14 de julho de 1958.

une bataille..." [A República perdeu uma batalha...], além de apresentar De Gaulle como o homem que impediu qualquer compromisso, jogando lenha na fogueira de Argel para chegar ao poder, graças a uma insurreição fundamentalmente antirrepublicana. Ao responder àqueles que experimentam um alívio com o regresso do homem do 18 de Junho, ele acrescenta: "Republicano com os republicanos, ele é faccioso com os facciosos, e tudo indica que é capaz de um melhor desempenho nesse último papel. Eis o motivo pelo qual a ideia de que De Gaulle seria capaz de encontrar uma solução na Argélia é também uma mistificação."[5] No número subsequente, em julho, a revista considera que a França se encontra na encruzilhada de dois caminhos possíveis — "Entre la République et le fascisme" [Entre a República e o fascismo] — e retoma essa "complacência consigo mesmo" que sucede "ao suspiro vergonhoso"[6] de que se beneficia De Gaulle, ao recordar que ele não desempenhou realmente o papel de árbitro, ao contrário do que alega.

Ainda temos presente a comparação que Sartre tinha proposto entre De Gaulle e Hitler na época do lançamento do RPF, em 1947, e que teve como consequência sua saída da editora Gallimard. Em 1958, à maneira de La Fontaine, ele critica os franceses — "Ces grenouilles qui demandent un roi" [Essas rãs que pedem um rei] — e escreve: "Não se esqueçam desta ambiguidade: De Gaulle não é fascista, mas um monarca constitucional. No entanto, atualmente, deixou de ser possível votar em De Gaulle: o Sim não tem outro objetivo além do fascismo."[7] Fascismo, bonapartismo, monarquia constitucional, são outras tantas variantes, compartilhadas amplamente pelo maior número de intelectuais.

Encontramos tal estigma nos antigos líderes da Resistência — Daniel Cordier, Stéphane Hessel e Philippe Viannay —, os quais criam, na sequência do 13 de Maio de 1958, o clube Jean-Moulin; ainda neste caso, trata-se de resistir ao fascismo. Em uma segunda etapa, esse clube

---

5. "La République a perdu une bataille...", *Les Temps modernes*, n. 147-148, maio-junho de 1958, p. 1.915.
6. "Entre la République et le fascisme", *Les Temps modernes*, n. 149, julho de 1958, p. 165.
7. Sartre, 1958.

torna-se um terreno fértil para a reflexão centrada na necessária modernização da economia e da sociedade francesas, fazendo propostas políticas e integrando-se nas instituições da Quanta República, vigente desde 4 de outubro de 1958. A nova revista liderada por Edgar Morin, *Arguments* — agrupando aqueles que haviam rompido permanentemente com o stalinismo, em 1956 —, elabora, em um tempo recorde de oito dias, um número especial publicado em junho de 1958; dedicado ao tema "A crise francesa" e exprimindo "ao mesmo tempo, nossa rejeição absoluta do gaullismo e a nossa recusa da comédia desprezível da defesa da Quarta República", ele contém artigos de Jean Duvignaud, Alain Touraine, Morin e Claude Lefort. Enquanto Lefort centra-se sobre as raízes da crise que derrubou a Quarta República, Duvignaud declara que "o perigo que nos ameaça é uma tirania esclarecida"[8], e Morin desmitifica o fato de que é precisamente mediante essa legalidade defendida por alguns "que pode ocorrer a introdução da ditadura".[9]

No grupo Socialismo ou Barbárie — enquanto Lefort e Cornelius Castoriadis discutiam acirradamente sobre a questão da organização, o que levou a uma cisão no grupo —, a análise do 13 de Maio e o retorno do general De Gaulle é completamente diferente: nesse episódio, para a revista, não há nenhum perigo fascista. No desfecho da crise de maio de 1958, Castoriadis vê essencialmente a expressão de uma crise estrutural que atinge o capitalismo francês desde 1945, agravada pela Guerra da Argélia e que teria a ver com a justaposição de duas Franças, em que a França tradicional, avançando ao lado daquela de 1958, é arrastada por uma modernização acelerada desde o fim do segundo conflito mundial. A economia francesa teve de transformar-se em marcha forçada, e a concentração das empresas suscitou, ao mesmo tempo, um forte êxodo rural e uma crise dos pequenos setores da indústria e do artesanato. O fenômeno afetou, além da indústria, o conjunto das atividades agrícolas, dos serviços e do comércio. Ameaçados de extinção, os representantes desses setores tradicionais conseguiram bloquear o funcionamento econômico

---

8. DUVIGNAUD, 1958, pp. 2-5.
9. MORIN, 1958, pp. 9-18.

e político da República. Castoriadis sublinha os principais trunfos do general De Gaulle, capaz de enfrentar os dois grandes desafios da França: "Tratava-se de liquidar a República parlamentar ingovernável, de preparar uma 'solução' para o problema argelino e, finalmente, em um prazo mais longo, de proceder a certa racionalização das estruturas econômicas, políticas, sociais e coloniais."[10] Para Castoriadis, De Gaulle é considerado não como a reencarnação do fascismo, mas como uma forma de "mendésismo autoritário", o que é nitidamente mais palatável. No entanto, ele afirma que o apoio das Forças Armadas a seu respeito será condicionado pela vontade declarada em favor da manutenção da Argélia francesa: "Basta que se manifeste uma divergência *real*, e Argel há de comportar-se perante De Gaulle como foi o caso perante Pflimlin."[11] Eis o que ocorrerá, em 1961, quando um punhado de generais tentará um *putsch*, ameaçando Paris ao opor-se à perspectiva da autodeterminação.

No fim de 1958, Castoriadis faz o balanço desse momento fértil em vicissitudes de natureza política, além de formular a questão da natureza do novo regime gaulista:

> O que representa esse regime? O poder, mais direto e nu do que anteriormente, das camadas mais concentradas e modernas da finança e da indústria; o governo do país pelos representantes mais qualificados do grande capital, desembaraçados no essencial do controle parlamentar. Qual é sua orientação? A reordenação, na ótica e nos interesses da classe empresarial, do funcionamento do capitalismo francês. Tendo deixado de operar a máquina política servindo-se de partidos fragmentados, desconsiderados e decompostos, o capitalismo francês coloca-os fora de circuito, de tal modo que o governo se torna, de fato, independente do Parlamento.[12]

Por enquanto, Castoriadis constata que o capitalismo francês leva a melhor nesse teste, tendo conseguido antecipar os acontecimentos

---

10. Castoriadis (sob o pseudônimo de Pierre CHAULIEU), [1958] 1979, p. 115.
11. Ibidem, p. 118.
12. Idem, [1958] 2012, p. 249.

dramáticos e cerrar as fileiras em torno de uma "República" oligárquica, permitindo-lhe deixar de transigir, mediante compromissos ociosos, com as forças da oposição. Se, para alguns, o novo poder apresenta-se com um aspecto ditatorial, tal impressão não passa, segundo Castoriadis, de uma aparência:

> É a população francesa, em grande número, que se retirou da política: tacitamente, há vários anos; explicitamente, desde o 13 de Maio; e, por fim, espalhafatosamente, em 28 de setembro. A aprovação [por plebiscito nesta última data] da Constituição e a outorga de todos os poderes a De Gaulle significavam, precisamente: já não queremos lidar com isso, você tem agora carta branca.[13]

Na oposição ao retorno do general, em decorrência de seu *pronunciamiento* de Argel, a revista *Esprit* não deixa também de tomar posição; mas, diferentemente de *Les Temps modernes*, não é tanto a pessoa de De Gaulle que é rejeitada, mas sua posição de refém daqueles que permitiram seu retorno. A revista parece estar em plena crise política: seu editorial, datado de 30 de maio de 1958, deplora a capitulação do governo da Quarta República, eleito legalmente, por não ter feito apelo ao povo para salvá-lo das pressões das Forças Armadas. O redator afirma que está pronto a correr o risco da guerra civil, assim como o de uma hegemonia comunista na eventualidade de uma nova Frente Popular — aliança de movimentos de esquerda que se manteve no poder entre maio de 1936 e abril de 1938 —, porque é imperativo, para defender a democracia, apoiar-se nas forças vivas da sociedade francesa. Diante da recusa dos partidos a correrem esse risco, a derrota torna-se inevitável por falta de combate: "Acabamos de assistir a uma farsa de revolução" — prossegue esse editorial. "Os agitadores de Argel serviram-se do vácuo do poder, tendo sido acompanhados pelas Forças Armadas."[14] A revista manifesta preocupação diante da eventualidade de uma retomada do culto do herói, mesmo que algum crédito seja

---

13. Ibidem, p. 251.
14. "Une révolution par défaut", *Esprit*, junho de 1958, p. 1.001.

concedido a De Gaulle pelo fato de ele ter respeitado, até então, a legalidade republicana. No entanto, o que deve ser motivo de receio são as forças que ele dissimula:

> Aconteça o que acontecer, estamos diante da ditadura surgida em Argel, a qual vai procurar infiltrar, na metrópole, os próprios métodos e homens. Aconteça o que acontecer, acelerou-se a degradação da democracia porque o gaullismo de hoje reativa as piores doenças dos franceses: gosto pela história-milagre, menosprezo pelas situações reais e culto das intenções secretas.[15]

Jean-Marie Domenach toma posição em setembro, em nome de sua equipe editorial, para votar "não" no referendo constitucional, em razão de seu caráter plebiscitário. Mesmo que o diretor de *Esprit* esteja de acordo com a possibilidade de imputar a De Gaulle o desejo de instaurar uma ditadura, deve-se reconhecer que "os conspiradores de Argel e os ativistas das Forças Armadas continuaram fortalecendo o próprio poder: a Argélia, inicialmente, Estado contra Estado, tornou-se um Estado no Estado. E esse segundo Estado apresenta as características evidentes do fascismo".[16]

Os semanários de esquerda, bastante engajados na luta pela descolonização, nem por isso deixam de denunciar a evolução das instituições em direção a um poder pessoal e de se apresentar como contrapoder. *France Observateur*, sob a direção conjunta dos dois representantes da *nouvelle gauche*, Claude Bourdet e Gilles Martinet, publica, como reação à tomada de poder em Argel, um texto coletivo assinado por Jean Cassou, Jean-Marie Domenach, Jacques Kayser, André Philip e Jean-Paul Sartre, sob o título "Tous unis contre le coup d'État" [Todos unidos contra o golpe de Estado]. E quando De Gaulle afirma estar preparado para assumir as responsabilidades do poder, em 19 de maio de 1958, a reação desse semanário é também virulenta: "Ao fim e ao cabo do gaullismo,

---

15. Ibidem, p. 1.005.
16. DOMENACH, 1958, p. 296.

a ditadura"[17] é a sua manchete em 22 de maio e, em seguida, no dia 29, "Nous ne capitulerons jamais"[18] [Nunca capitularemos]. Nesse editorial, Claude Bourdet é taxativo:

> Aqueles que acreditam que a justiça existe, aqueles que fazem a França que honramos, aqueles que deploram os crimes que nos conspurcam, todos esses, ou quase todos, são leais à nossa infeliz e desastrada República que, involuntariamente, pratica o mal. E todos os coronéis de cabeça oca, todos os exploradores com os bolsos abarrotados, todos os fracassados da antiga derrota que ruminam o seu fel, todos eles lançam o assalto [...]. Se conseguirmos salvar-nos, isso ocorrerá porque o povo irá mostrar a sua força, porque os seus representantes não se submeterão [...]. Talvez, esse venha a ser o último serviço que De Gaulle esteja em condições de nos prestar: voltaríamos a ser o que somos, então, ao rejeitá-lo. Que ele retorne à sua aldeia e às suas *Mémoires*, deixando-nos restabelecer a imagem antiga e honorável do tempo em que ele nos era fiel.[19]

No decorrer da oposição cada vez mais frontal entre os ultras de Argel e De Gaulle, que se traduz pela semana das barricadas, no início de 1960, a redação de *France Observateur* fratura-se em dois grupos: o primeiro — composto por Jean Daniel, Gilles Martinet, François Furet, Serge Mallet, Hector de Galard, Pierre Stibbe e Paul-Marie de La Gorce — abandona o antigaullismo sistemático e conta com uma mudança positiva da orientação gaulliana; e o outro, atrás de Claude Bourdet e formado por Roger Paret e Claude Estier, acredita que o vínculo entre De Gaulle e os intransigentes é de tal modo estreito que ele será incapaz de escapar à pressão dos mesmos.

---

17. "Au bout du gaullisme, la dictature", *France Observateur*, 22 de maio de 1958.
18. BOURDET, 1958.
19. Ibidem.

A adesão de François Mauriac

Para a revista *L'Express*, o retorno do general De Gaulle suscita reações contrastantes. A direção desse semanário defende posições mendésistas de rejeição da tomada de poder de 13 de maio:

> Entre essas legiões — o que elas representam — e nós, nenhum compromisso é imaginável. E o nome prestigioso, reconfortante, do general De Gaulle não modifica, de modo algum, a realidade que um desígnio cruel o leva agora a encobrir. A luta não é — a não ser na aparência — a favor ou contra De Gaulle, mas realmente por ou contra a ordem que os donos de Argel e seus aliados em Paris, os quais se tornaram detentores provisoriamente de uma superioridade numérica, pretendem — com De Gaulle e por seu intermédio — impor-nos.[20]

A opinião do diretor de *L'Express* não é aceita unanimamente entre os colaboradores da redação. Em 22 de maio, sob o título "De Gaulle oui ou non?", o leitor tem a possibilidade de conhecer dois pontos de vista negativos, Sartre e Mendès France, além de dois pontos de vista positivos, Jean Amrouche e François Mauriac. A adesão deste último a De Gaulle — depois de ter acompanhado, durante algum tempo, Mendès France — é espetacular; com efeito, Mauriac não aguarda o desfecho da crise política para tornar pública sua decisão. No dia 19 de maio, à noite, ele escreve para *L'Express* estas linhas transbordantes de entusiasmo: "Aqui mesmo, em várias circunstâncias, fiz apelo ao general De Gaulle. Agora que seu retorno é iminente, irei insurgir-me contra ele?"[21] O articulista explica que está preparado para correr o risco de uma República autoritária se De Gaulle demonstrar que é possível agir de maneira diferente daquela que é utilizada pelo general Massu, ou seja, não praticar a tortura. Alguns animadores da estação de rádio France-Maghreb — tais como Edmond

---

20. Servan-Schreiber, 1958.
21. François Mauriac, citado in Lacouture, [1980] 1990, p. 387.

Michelet, Léo Hamon, Roger Paret e Robert Barrat — concordam com Mauriac.

Essa reviravolta de natureza passional tem a ver com o princípio jesuíta *perinde ac cadaver*. Em 1965, antes do teste da primeira eleição presidencial por sufrágio universal direto, Mauriac continuará sendo um fervoroso partidário do general: "De Gaulle precisa de mim; nem que seja só um voto, isso conta na conjuração do ódio"[22], escreverá ele, em 17 de junho de 1965. Para aqueles que tentam moderar os impulsos do escritor, este último responde com firmeza — diante do espesso muro de rejeição à volta de De Gaulle — que ele, Mauriac, estará sempre presente para apoiá-lo: "Ato de fé, 'testemunho' que Mauriac pretendia que fosse incondicional; ora, a tal postura, os inimigos que ele tem em comum com De Gaulle irão conferir uma espécie de dimensão trágica."[23] Ao completar oitenta anos, em 11 de outubro de 1965, Mauriac beneficia-se de um reconhecimento nacional quase oficial: convidado para o jornal televisivo às 20 horas, ele conversa com Michel Droit — escritor, jornalista e interlocutor preferido de De Gaulle —, além de ser objeto de uma homenagem espetacular, no Grand Théâtre de Bordeaux, organizada pelo prefeito dessa cidade, Jacques Chaban-Delmas, na presença de dois membros da Academia Francesa, Maurice Genevoix e Marcel Achard. O ponto culminante desse aniversário é o grande jantar oferecido, no hotel Ritz, pela editora Grasset, para o qual foram convidadas umas duzentas pessoas, incluindo o primeiro-ministro Georges Pompidou, Christian Fouchet, Julien Green, François Nourissier e Alain Robbe-Grillet. Contra todas as expectativas, De Gaulle, que pensava ganhar a eleição presidencial no fim de 1965, no primeiro turno e sem ter necessidade de fazer campanha, acaba sendo obrigado a disputar o segundo turno. Preocupado durante a campanha eleitoral, Mauriac considera o candidato centrista, Jean Lecanuet, como o adversário mais perigoso e reserva-lhe todos os ataques; tendo-se mostrado menos severo em relação ao candidato socialista, François Mitterrand, que ele conhece muito bem e por quem sente estima, Mauriac não deixa, de qualquer modo, de estar

---

22. Ibidem, p. 388.
23. Ibidem, p. 389.

comprometido até o fim com De Gaulle e chega até mesmo a presidir o grande comício entre os dois turnos no Palácio dos Esportes, em 15 de dezembro de 1965.

Mauriac tinha aderido ao gaullismo, em 1958, como quem entra para um convento, impregnado de um êxtase quase místico, de um impulso irresistível que nada chegará a derrubar: "O arauto havia encontrado seu herói."[24] É possível avaliar a força de sua fé na pessoa do general por esta afirmação: "Charles de Gaulle é o homem não do destino, mas da graça."[25] Certamente, dependendo das circunstâncias, Mauriac parece indeciso em garantir seu apoio à UNR (União para a Nova República), não conseguindo identificar-se com esse partido. Por ocasião do plebiscito sobre a autodeterminação da Argélia, a esquerda está dividida entre o PCF e o PSU (Partido Socialista Unificado), por um lado, favoráveis ao "não" e, por outro, a SFIO, decidida a votar "sim". Mauriac, por sua vez, convoca a votar "sim". De Gaulle coleta 75% dos votos na França continental e 69% no território argelino. Desta vez, o rumo está definido, e Mauriac não poupa esforços para apoiar incondicionalmente a política argelina do general:

> Adquiri esta certeza: a gangrena é uma infecção que não se trata isoladamente; impõe-se detectar a causa. Um tempo de terrorismo e de contraterrorismo é um tempo de tortura: nada prevalece contra essa lei. O general De Gaulle esforça-se por destruir a causa; aliás, é o único que tem o poder de empreender tal ação.[26]

Para aqueles que acusam De Gaulle por servir-se de ambiguidades e por comportar-se como Maquiavel, Mauriac responde nas colunas de *L'Express*:

---

24. LE GENDRE, 2015, p. 98.
25. MAURIAC, F., 1960b.
26. Idem, 1959.

Você disse Maquiavel? Que nada; trata-se de um herói entre aqueles que você admira na história, mas não consegue reconhecer na vida. A coragem física é algo comum entre os homens. O herói é aquele que assume o ódio destes para salvá-los a despeito deles mesmos, representando a própria glória adquirida ao longo de uma vida admirável.[27]

O desacordo é, no entanto, crescente entre as declarações de lealdade gaulliana e o resto da equipe do jornal. Os editoriais bastante antigaullistas de Jean-Jacques Servan-Schreiber são contrabalançados pelo "Bloc-notes" bastante gaulliano de Mauriac, o qual há algum tempo pensa em deixar a redação, mas continua apegado à tribuna que lhe é oferecida por *L'Express*. No entanto, quando Servan-Schreiber atribui o qualificativo de "comerciante de tapetes"[28] ao chefe de Estado por ter declarado que a descolonização é a nossa política pelo fato de corresponder ao nosso interesse, Mauriac envia-lhe uma carta de demissão: "Já não será publicado o próximo 'Bloc-notes'; aliás, essa rubrica deixará de existir para sempre em *L'Express*. Não duvido de que você já esperava minha decisão e já sabia, ao publicar seu mais recente editorial, que estava induzindo minha saída."[29] Mauriac deixa, portanto, esse semanário, pouco antes do *putsch* dos generais. Por sua vez, Servan-Schreiber comenta assim a saída daquele que se tinha tornado o principal ícone de seu jornal: "François Mauriac aprecia De Gaulle como os ingleses apreciam a rainha Elizabeth; como se ele fosse um rei. Mas para nós, De Gaulle é um político e o problema não é a afeição por ele."[30] Mauriac retorna ao espaço que havia deixado e carrega, novamente, seu "Bloc-notes" para *Le Figaro*. Apesar de sua adesão a De Gaulle, ele tem o cuidado de respeitar a agenda extremamente saturada do novo presidente da República, evitando encontrá-lo; mas não deixa de enviar-lhe suas obras, cuja recepção é acusada por De Gaulle, e uma correspondência chega a estabelecer-se entre eles. O presidente considera

---

27. Idem, 1961.
28. SERVAN-SCHREIBER, 1961a.
29. François Mauriac, carta a Jean-Jacques Servan-Schreiber, citada in LE GENDRE, op. cit., p. 118.
30. SERVAN-SCHREIBER, 1961b.

Mauriac como o maior escritor francês, ainda maior que o seu ministro-escritor, André Malraux. Ao receber os textos de Mauriac, ele também não consegue esconder a admiração:

> Por minha parte, sob a sua fulgurância, reconheço-me como um seixo fustigado pelas ondas e sei que, no fim das contas, todos os seixos sucumbem ao mar. Mas, não será essa a vontade de Deus? Agradeço-lhe, meu querido Mestre, por ter suscitado, uma vez mais, meu encantamento com seu imenso talento.[31]

Os dois homens encontram-se no momento da entrega da mais alta distinção suscetível de ser atribuída a um cidadão francês, a Grã-Cruz da Legião de Honra, em março de 1960: "O general, tendo pronunciado a fórmula sacramental, acrescentou a *mezza voce*: 'Trata-se de uma honra que a França faz a si mesma'."[32] Mauriac nunca foi um homem da corte. Ele cultiva à distância sua relação privilegiada com o general e, ao mesmo tempo, alimenta algum ressentimento em relação àquele que o frequenta cotidianamente no Palácio do Eliseu, Malraux, de quem finge comemorar a genialidade:

> Mesmo que André Malraux nunca tivesse deixado o próprio cômodo [...] teria usufruído de sua maravilhosa e trágica vida. Que ele tenha sido, além disso, o ministro que tornou Paris mais atraente, nada suscitaria certamente a estupefação, a não ser que isso seja o indício de que, um dia, De Gaulle e ele se encontraram, em determinado momento, tendo ocorrido a amálgama da perfeição incomparável de ambos.[33]

Essa adesão quase mística de Mauriac a De Gaulle seduz a editora Françoise Verny, a qual encomenda ao escritor uma obra sobre seu herói, convencida de que o texto será animado pela paixão; em vez disso, ela

---

31. Charles de Gaulle, carta a François Mauriac, citada in LACOUTURE, [1980] 1990, p. 398.
32. Claude Mauriac, citado in ibidem, p. 396.
33. MAURIAC, F., 1967.

publica, em 1964, um manuscrito um tanto estereotipado, admirativo e respeitoso, entediante ladainha de elogios que não corresponde a sua expectativa. Aliás, o acolhimento do público está à altura do desapontamento da editora. Nas resenhas, Mauriac é objeto de sarcasmos condescendentes, tais como aqueles do jornalista Bernard Frank, em *Le Nouvel Observateur*: "O livro não é ruim [...]. É enfadonho. Chato e delirante, o que poderia parecer contraditório, mas trata-se, infelizmente, de um delírio maçante, uniforme [...]. A posição de sentido não é, certamente, a mais cômoda para escrever."[34] Em *L'Express*, a equipe de redação liderada por Servan-Schreiber prossegue sua rota sem Mauriac, tentando representar uma alternativa credível ao gaullismo: inicialmente, bastante inspirado por Mendès France, Servan-Schreiber lança um enérgico apelo no sentido de salvar a República do descrédito, agrupando todas as forças da esquerda. O jornal apropria-se das teses propostas por Mendès France em sua publicação de 1962[35], antecipando a publicação de algumas páginas, além de endossar o lema mendésista sob a forma de uma trilogia: um parlamento, um governo e um plano. Jean-Jacques Servan-Schreiber tenciona, no entanto, permanecer afastado da esquerda tradicional dos partidos constituídos: "A UNR esmagou a antiga esquerda e isso foi bom. Trata-se de uma lição de realismo", escreve ele em um editorial, em novembro de 1962.[36] Em seguida, *L'Express* irá preparar-se para as primeiras eleições presidenciais por sufrágio universal direto previstas para 1965, lançando um tanto prematuramente a candidatura do senhor X: o retrato ideal da candidatura suscetível de enfrentar o general, que não é ninguém mais do que o prefeito socialista de Marselha, Gaston Defferre. Toda a equipe do jornal irá posicionar-se a seu lado, mas, com a revelação do nome do personagem, ele irá revelar falta de dinâmica, e o potencial candidato deverá retirar-se, sem ter entrado na refrega.

---

34. FRANK, B., 1964.
35. MENDÈS FRANCE, 1962.
36. Jean-Jacques Servan-Schreiber, citado in JAMET, op. cit., p. 78.

A conquista de um consenso

O retorno do general ganha a adesão de outro intelectual transfuga, Roger Stéphane, que trabalha em *France Observateur*: no início de 1958, antes da tomada do poder em Argel, ele havia solicitado uma entrevista com De Gaulle para incentivá-lo a declarar publicamente sua posição sobre a questão argelina. Após a amável recepção por parte de De Gaulle, este indica-lhe que é inútil tomar posição:

> O que irá acontecer se eu disser o que penso? *Le Figaro* vai carregar o sobrolho, *L'Aurore* irá distorcer minhas afirmações, que serão truncadas por *Combat*. Há pessoas que aguardam minha intervenção pelo fato de acreditarem que penso como elas. Mas, depois de minha fala, serei insultado pelos partidários obstinados da Argélia Francesa. Os comunistas, por sua vez, dirão que De Gaulle pretende voltar ao poder, enquanto os nostálgicos de Vichy comentarão que, faça eu o que fizer, nada irá causar-lhes surpresa, e a esquerda, ora, a esquerda [...], prefiro dar uma gargalhada.[37]

De acordo com suas impressões, De Gaulle está desiludido e solitário quando, afinal, essa conversação antecede apenas por alguns meses seu retorno à vida política, aliás, desejado secretamente por Stéphane, que vê a França à beira do abismo. Após o 13 de Maio, e no momento em que a esquerda — da qual Stéphane faz parte — denuncia com virulência uma República surgida do selo da infâmia, a tal ponto que François Mitterrand publicará, alguns anos mais tarde, seu famoso livro *Coup d'État permanent*[38] [Golpe de Estado permanente], Stéphane elabora uma análise completamente diferente e regozija-se: "Acabei dando-me conta de que o general De Gaulle tinha preservado, na verdade, a França de um *pronunciamiento*. A noção de pecado original era, para mim, algo estranho e, ainda mais,

---

37. Charles de Gaulle, citado in STÉPHANE, 1989, p. 444.
38. MITTERRAND, 1964.

suas consequências."³⁹ Stéphane paga um elevado preço por esta adesão e constata, com amargura, que a maior parte dos amigos afastam-se dele, ao considerá-lo comprometido: "Eu havia pegado a peste. Lembro-me apenas daqueles que permaneceram leais a mim e de quem falo neste livro: Georges Boris, Hector de Galard e Gilles Martinet."⁴⁰

Hubert Beuve-Méry, na condição de diretor do jornal *Le Monde*, exerce uma importante autoridade intelectual, e suas posições são decodificadas minuciosamente em todas as chancelarias como a expressão da França, para além de suas divisões. Beuve-Méry, cioso de sua independência, já havia notificado De Gaulle, no momento da criação de seu diário, que ele não consentiria a mínima interferência no exercício de sua profissão, além de recusar a função de porta-voz oficial. O retorno do general não é particularmente de seu agrado, mas sua posição permanece acomodatícia por estar convencido de que, desde o agravamento da crise, no início de maio de 1958, De Gaulle é o único capaz de resolver o dossiê argelino e de evitar uma ditadura militar, sem deixar de preservar o essencial. No fulcro da crise, Beuve-Méry escreve em 29 de maio: "No imediato, em que pese que alguma reserva que possa ser feita em relação ao presente e, ainda mais, em relação ao futuro, o general De Gaulle aparece como o menor mal, a oportunidade menos ruim." Depois, em 31 de maio: "O que se espera, hoje, do general De Gaulle, é a resolução para a quadratura do círculo. Se ele tivesse nem que fosse uma chance em cem mil de ser bem-sucedido, haveria algum motivo para rechaçá-la?" E, ainda, em 3 de junho de 1958: "O general De Gaulle apropriou-se, solenemente, dos princípios constitutivos de qualquer democracia parlamentar. No âmbito dos prazos e limites que aceitou, ele tem direito à cooperação leal de seus concidadãos."⁴¹ Essa tomada de posição gaulliana surpreende até mesmo o filho de François Mauriac, Claude, secretário do general De Gaulle, que anota em seu diário: "Todo o mundo — e o próprio *Le Monde* — parece

---

39. STÉPHANE, op. cit., p. 454.
40. Ibidem.
41. Hubert Beuve-Méry, citado in GREILSAMER, 2010, pp. 557-558.

estar *gai-z-et-content* [alegre e contente]. Consentimento e, mais ainda, aquiescência quase unânime ao general."[42]

Claude Bourdet reage enviando uma carta a "Sirius", pseudônimo de Beuve-Méry, para exprimir a sua discordância radical. Simone de Beauvoir, por sua vez, convencida de tratar-se da capitulação total de Beuve-Méry, deplora amargamente, em seu diário, o número crescente de conversões ao gaullismo:

> Até mesmo à nossa volta, existem pessoas que renegam suas convicções. Z. em um dia destes: "De Gaulle é, mesmo assim, melhor do que [o general] Massu." E X., hoje, explica-me que, se os socialistas não votarem em De Gaulle, vai estourar a guerra civil [...]. Coletiva no hotel Lutetia sobre a tortura. Mauriac declara-se gaullista e quase não se ouvem aplausos. Grande afluência: na verdade, poucos jornalistas, mas quinhentos intelectuais.[43]

Se o diretor de *Le Monde* pretende manter tal rumo, ele tem de transigir com uma redação que está longe de compartilhar essa adesão a De Gaulle, além de estar passando por um período de verdadeira desorientação. Beuve-Méry reúne, a título excepcional, a redação em seu escritório, em meados de maio, e lê seu editorial para o dia seguinte, na conclusão do qual ele dirige um apelo ao general De Gaulle, provocando um verdadeiro choque entre os jornalistas presentes. Numerosos jornalistas da área política, a começar por Raymond Barillon, Georges Mamy, Alain Guichard e Claude Estier, manifestam desaprovação ao diretor do cotidiano e solicitam a autorização para publicar um texto, nas colunas do jornal, indicando com precisão "que não poderiam estar comprometidos com posições tomadas à revelia deles em um momento particularmente grave para um regime ao qual continuavam garantindo seu apoio".[44] Em 2 de junho, Claude Estier pede demissão. Beuve-Méry está apenas no início das

---

42. Claude Mauriac, *Journal*, citado in GREILSAMER, op. cit., p. 558.
43. BEAUVOIR, 1963, pp. 419-420.
44. Texto citado in GREILSAMER, op. cit., p. 559.

turbulências causadas pelo engajamento do jornal ao lado do general De Gaulle; com efeito, formula-se pouco depois a questão da posição a adotar por ocasião do plebiscito constitucional de 28 de setembro, instaurando a Quinta República. Pela primeira vez em sua história, o diretor de *Le Monde* é alvo de uma petição interna: uma quinzena de seus redatores comunicam-lhe que irão votar "não".[45] Beuve-Méry, que votará "sim", como 79,25% dos eleitores, explica seu voto em editorial:

> Digo "sim" porque o general De Gaulle — há quem prefira, às vezes, esquecer tal fato — não é o principal responsável pelas condições que lhe deram acesso ao poder [...]. Considerando que um grande país não pode ficar, durante muito tempo, sem um poder organizado [...]. Considerando que, na África Negra, o general De Gaulle tomou decisões e assumiu riscos em que determinadas modalidades parecem ser contestáveis, sem que seja possível imaginar quem ousaria tomá-las em seu lugar [...]. Considerando que ninguém, em seu lugar, dispõe de melhores condições, se essa for sua vontade, para levar as Forças Armadas a compreender que não é mediante uma luta sem tréguas e interminável que elas serão capazes de conseguir uma verdadeira vitória [...]. Por fim, considerando que o general De Gaulle — se tem uma ideia, muitas vezes, desmesurada de sua missão e de suas possibilidades — não é feito da matéria que tem fabricado ditadores. A própria preocupação com sua reputação na história seria suficiente, se fosse necessário, para adverti-lo contra uma vertigem a respeito da qual ele já expôs, em uma linguagem que lhe é exclusivamente peculiar, as consequências fatais.[46]

Partidário também da independência argelina, Raymond Aron concorda com o retorno do general De Gaulle, considerado por ele como a única pessoa capaz de evitar uma guerra civil e de superar uma situação

---

45. Trata-se de Raymond Barillon, Alain Guichard, Georges Mamy, Bernard Féron, Jean Lacouture, Claude Julien, Roland Delcour, Claude Sarraute, Alain Jacob, Gilbert Mathieu, Pierre Drouin, Claude Durieux, Jean Schwoebel, Jean Houdart e Jacques Michel.
46. BEUVE-MÉRY, 1958.

inextricável que a Quarta República não havia conseguido resolver: "Mais do que qualquer outro político, o general De Gaulle dispõe dos meios para restabelecer a paz porque ele é capaz de fazer a guerra e tem uma reputação de generosidade."[47] Em junho de 1958, Aron encontra-se em Harvard. Nesse campus, ele pronuncia, um mês após a tomada de poder de 13 de maio, um discurso no qual exprime sua adesão ao retorno do general De Gaulle, o único com condições de controlar uma situação de guerra que se tinha tornado inextricável:

> O general De Gaulle tornou-se, em 15 de maio de 1958, o único homem capaz de reunir pacificamente os três fragmentos da nação francesa dividida: os franceses da Argélia Francesa, as Forças Armadas e os republicanos da França, ou seja, a grande massa da nação. A expectativa da maior parte dos franceses é a de que o general De Gaulle seja capaz de regenerar a democracia.[48]

Para Aron, assim como para Mauriac, não haverá nenhuma distorção a um apoio incondicional, aliás, confirmado em dez anos depois. Longe da adesão mística de Mauriac, a de Aron baseia-se em uma maior racionalidade, o que lhe permite continuar exercendo um olhar crítico em cada circunstância. Durante a crise das barricadas, em março de 1960, ele exprime assim sua admiração — "Um só homem, um homem só" —, e confia, ao mesmo tempo, sua perplexidade. Será conveniente substituir a legitimidade democrática por aquela de um homem eleito pela história? A respeito da questão argelina, ele manifesta em várias oportunidades sua impaciência diante de uma gestão considerada demasiado lenta, assim como às tergiversações que poderiam ter sido evitadas. Aron, cansado da valsa-hesitação entre liberais e partidários da Argélia Francesa, escreve em 1961 um editorial que, ao reagir à carnificina de Bizerte, afirma claramente sua exasperação a propósito do adiamento das negociações de Évian, entre

---

47. ARON, 1958, p. 130.
48. Idem, [1958] 1985, pp. 441-442.

os representantes da França e do governo provisório da República argelina. Ele não está enxergando o fim programado do conflito:

> O general falou de retirada e já não somente de descolonização, sugerindo que o abandono total — agrupamento e, em seguida, repatriamento dos franceses da Argélia e dos muçulmanos que pretendam conservar a nacionalidade francesa — seria, fora de um acordo com o GPRA (governo provisório da República Argelina), a solução inevitável. Que esse acordo ocorra, ou não, é claro que nada, ou quase nada, será salvaguardado do que teria sido possível salvaguardar há dois ou três anos.[49]

Mais tarde, Aron irá lamentar esse radicalismo crítico. Com efeito, se ele foi afetado — conforme a confissão constante em suas memórias — pela maneira como De Gaulle retornou ao poder, não deixava de depositar sua confiança nele: "Em julho de 1958, algumas semanas após a revolução de maio, cheguei a atribuir-lhe chances que não estavam ao alcance de nenhuma outra pessoa."[50] Em suas memórias, Aron reconhece que o título "Adieu au gaullisme" [Adeus ao gaullismo] estava imbuído de uma violência verbal inapropriada. O tom do artigo era particularmente polêmico:

> É impossível descolonizar no estilo de Luís XIV [...]. Bidault teria travado até o fim a guerra para salvar o Império francês. Quanto ao general De Gaulle, ela faz a guerra para salvar o estilo do abandono [...]. O general De Gaulle concordou em sentar-se à mesa de negociações somente depois de se ter despojado minuciosamente de todas as cartas, sem segurar nada nas mãos, nem ter nada nos bolsos.[51]

---

49. Idem, [1961] 2010, p. 10.
50. Idem, 2010, p. 496.
51. Idem, [1961] 2010, p. 502. [Georges Bidault, ex-primeiro-ministro, havia criado o movimento Agrupamento em Favor da Argélia Francesa, em setembro de 1959, após as declarações do general De Gaulle sobre o direito dos argelinos à autodeterminação. N.T.]

Quanto aos intelectuais da direita, são numerosos aqueles que não perdoam De Gaulle por sua traição ao ter abandonado a Argélia após ter sido reconduzido ao poder pelo general Massu e ter proclamado: "Entendi a posição de vocês!" A editora La Table Ronde, um dos núcleos da oposição a De Gaulle, publica um grande número de textos incendiários escritos por fervorosos entusiastas da Argélia Francesa e da OAS [Organisation de l'Armée Secrète][52]; seu diretor, Roland Laudenbach, é um adversário declarado do general De Gaulle e projeta seu programa editorial em função de um obstinado combate político. Em 1965, com Gabriel Jeantet, ele lança a coleção "L'Histoire contemporaine revue et corrigée", a qual pretende desmistificar a grandeza gaulliana, combinando a dupla amargura dos ex-colaboracionistas de Vichy e dos partidários da Argélia Francesa: assim, a primeira salva de ataques emana de um ex-membro da França Livre, Robert Mengin, com seu livro *De Gaulle à Londres* [De Gaulle em Londres], no qual ataca violentamente o ex-líder desse movimento. Na mesma veia, será publicado o livro de Jacques Laurent *Année 40* [Ano 40], e, depois, em 1967, a obra de Michel Déon *Mégalonose*, outro violento panfleto contra o general. O ressentimento em relação a De Gaulle é tão pronunciado que leva a um processo por ocasião do lançamento de outro livro de Laurent, *Mauriac sous de Gaulle* [Mauriac sob De Gaulle], resposta contundente ao livro que Françoise Verny havia qualificado como "hagiografia sulpiciana"; o texto *De Gaulle*, escrito por Mauriac, já tinha sido alvo, como vimos, das críticas de Bernard Frank em *Le Nouvel Observateur*, ao estigmatizar esse "maurrassiano *new look*" e ao considerar que, "no escritor, jaz sempre algo parecido com uma mulher deitada". Para Jacques Laurent,

> o livro de Mauriac ilustrava de maneira extremamente cruel que o poder e o prestígio de De Gaulle eram uma ameaça para a intelectualidade francesa [...]. Tive a impressão de que era urgente responder com um livro ao livro de Mauriac por duas razões [...]: em primeiro lugar, por

---

52. Organização paramilitar clandestina francesa que se opunha à independência da Argélia. [N.T.]

causa da influência exercida, justificadamente, por Mauriac sobre jovens escritores que podiam ser tentados a seguir um exemplo que, em termos literários, era um desastre; em seguida, porque eu temia que, mais tarde, os historiadores da literatura pudessem aceitar essa vida de De Gaulle como uma obra representativa do declínio das letras francesas em 1964.[53]

Em decorrência da publicação desse texto, Laurent é indiciado e deve apresentar-se à 17ª Vara Penal de Paris, em 8 e 9 de outubro de 1965. Uma petição circula contra essa acusação por insulto ao chefe de Estado, considerada pelos signatários como um ataque à liberdade de expressão:

> Os escritores abaixo-assinados [...] consideram essa acusação — subsequente a várias outras por um motivo semelhante àquele de que outros escritores têm sido vítimas — como uma tentativa de limitar abusivamente a expressão daqueles a quem é reconhecida tradicionalmente a vocação de reflexão e de crítica.[54]

A lista das assinaturas revela uma curiosa mistura de engajamentos opostos, notadamente sobre a Guerra da Argélia, que se juntam para defender a liberdade de expressão.

Se a conjunção das oposições revela um De Gaulle bastante isolado, é diferente o que ocorre com a opinião pública e com o eleitorado. O general coleta resultados inéditos nas legislativas, assim como no plebiscito a que ele submete o país; o contraste é flagrante entre a adesão popular maciça e a desconfiança dos círculos intelectuais. A exceção é André Malraux, que aguardava, impaciente, esse momento do retorno, depois de ter fracassado a reconduzir seu ícone ao poder mediante o defunto RPF; não deixa, no entanto, de ficar surpreendido com os acontecimentos de

---

53. LAURENT, 1976, pp. 303-304.
54. Petição assinada por 22 escritores: Jean Anouilh, Alexandre Astruc, Marcel Aymé, Emmanuel Berl, Antoine Blondin, Jean-Louis Bory, François Brigneau, Jacques Chardonne, Michel Déon, Bernard Frank, Jean Galtier-Boissière, Kléber Haedens, René Hardy, Henri Jeanson, Jean Lartéguy, Brice Parain, Jean-François Revel, Jules Roy, Michel de Saint-Pierre, Paul Sérant, Henri Thomas e Françoise Sagan.

maio de 1958, que chegam a seu conhecimento quando ele se encontra em Veneza para falar sobre arte. Nessa primavera, espalha-se um boato em Paris. De Gaulle teria dito acerca de Malraux: "Ele criticou-me por ter avançado até a beira do Rubicão para pescar à linha, e agora que pulei para o outro lado, é a sua vez de pescar na 'laguna'."[55] No fim de maio, finalmente, inteirado da gravidade da situação, Malraux antecipa o retorno a Paris e vai ao encontro de De Gaulle no hotel La Pérouse. O aventureiro é propulsado para o topo do poder, à direita do patrão, a quem há de manifestar uma indefectível lealdade. No momento em que De Gaulle se torna presidente do Conselho de Ministros, em 1º de junho, Malraux é nomeado ministro delegado da presidência da República, reassumindo o posto que já havia ocupado em 1945, para encarregar-se da informação com a responsabilidade suplementar "da expansão e da irradiação da cultura francesa".

Malraux concebe seu papel à semelhança daquele que desempenhava quando era responsável pela comunicação no RPF. Em seu entender, a informação é um meio de propaganda e deve estar a serviço da difusão das teses do general. Tal postura requer um expurgo interno: todos aqueles que, em maio-junho de 1958, mostraram relutância ao retorno do general são descartados. As novas mídias, rádio e televisão, consideradas como serviço público, são controladas de maneira bastante estrita e devem estar a serviço do Estado. Malraux pretende ser a "voz da França", um magistério que se assemelha à verdade oficial, sem nenhuma relação com a verdade dos fatos. Desde a primeira coletiva, em 24 de junho de 1958, ele declara, como resposta a uma pergunta sobre a tortura: "Desde a visita a Argel do general De Gaulle, não tive conhecimento — aliás, nem o senhor — da ocorrência de tortura; daqui em diante, já não devem existir atos desse tipo."[56] Diante do ceticismo circundante, Malraux decide, em nome do governo, reunir Roger Martin du Gard, François Mauriac e Albert Camus — três escritores a quem a atribuição do prêmio Nobel dera uma autoridade inquestionável e que já tinham estudado o dossiê — para constituir

---

55. Afirmações atribuídas ao general De Gaulle, citadas in BEAUVOIR, 1963, p. 415.
56. André Malraux, coletiva, em 24 de junho de 1958, citada in LACOUTURE, [1976] 1996, p. 371.

uma comissão de inquérito; esse auspicioso projeto não sairá do papel, visto que o ministro deparou-se com a recusa, por diversas razões, dessas três personalidades.

A partir de 1959 e durante dez anos, Malraux assume o Ministério da Cultura, anexando-lhe as diretorias da Arquitetura, das Artes e das Letras, além dos Arquivos da França, as quais dependiam anteriormente do Ministério da Educação Nacional; ainda não suficientemente lotado, ele açambarca o CNC (Centro Nacional de Cinematografia), que se encontrava sob a alçada do Ministério da Indústria. Partidário de uma política voluntarista e intervencionista por parte do Estado, irá implementar, ao final de seu mandato, um programa de criação de casas de cultura em todo o país, cuja argumentação inclui esta tirada de eloquência:

> A universidade está aqui para ensinar. Estamos aqui para ensinar a amar. Não é verdade que alguém neste mundo tenha compreendido, um dia, a música por lhe ter sido explicado a *Nona sinfonia*. Que alguém neste mundo tenha apreciado a poesia simplesmente por lhe terem feito um curso sobre Victor Hugo. Apreciar a poesia pressupõe que um moço — mesmo que seja quase analfabeto, mas que ama uma mulher — escute, um dia, "quando dormiremos ambos na atitude que dá aos mortos pensativos a forma da tumba", e que, então, ele fique sabendo o que é um poeta.[57]

Malraux toma assento, semanalmente, no Conselho de Ministros à direita do presidente. "[...] o escritor rabisca, sorri, mostra enfado, fecha os olhos" — escreve seu biógrafo Olivier Todd — "Ele intervém quando tem de formular uma pergunta de natureza cultural ou apresentar um relatório de viagem."[58] Nas ocasiões em que o presidente pede a opinião de todos os que se encontram à volta da mesa sobre as grandes questões nacionais, ele é o último a se exprimir, e sua intervenção nunca será contra o parecer do general. Se sua contribuição pessoal para a dinâmica do Conselho de Ministros permanece modesta, mesmo assim emana dele um

---

57. Malraux, "Discours d'inauguration de la maison de la culture d'Amiens", 19 de março de 1966, citado in Todd, [2001] 2002, pp. 621-622.
58. Ibidem, p. 633.

poder simbólico apreciado pelo chefe de Estado, que descreve, assim, o ministro na obra *Mémoires d'espoir* [Memórias de esperança]:

> À minha direita, está e estará sempre André Malraux. A presença a meu lado desse amigo genial, entusiasta das existências nobres, dá-me a impressão de que, desse jeito, meu modo de viver é bem vulgar. A ideia que essa incomparável testemunha tem a meu respeito contribui para me fortalecer. Sei que, no debate — quando o assunto é sério —, seu fulgurante julgamento irá ajudar-me a dissipar as sombras.[59]

Um momento de desconforto é, no entanto, perceptível no dia em que o general anuncia que vai atribuir a Grã-Cruz da Legião de Honra a François Mauriac. Para responder antecipadamente às objeções previsíveis de Guy Mollet, alvo privilegiado do "Bloc-notes", ele acrescenta: "Convém não esquecer que François Mauriac é o maior escritor francês vivo." Michel Debré relata que, dirigindo seu olhar em direção a Malraux e após um instante de hesitação, ele conclui: "Salvo, é claro, as pessoas aqui presentes."[60]

---

59. DE GAULLE, 1970, p. 285.
60. DEBRÉ, [2000] 2015, p. 116.

Segunda parte

O momento crítico, era dourada das ciências humanas

Em meados da década de 1950, os intelectuais acreditam ter encontrado novos alísios nos trópicos — entre os primitivos, nambikwara e bororo —, popularizados por Claude Lévi-Strauss. Mais do que uma digressão exótica e muito mais do que uma energia suplementar, essa é a imagem de uma humanidade não pervertida que os povos ameríndios devolvem ao Ocidente. As lutas emancipatórias dos povos não brancos contra o colonialismo ocidental acompanham essa inflexão da reflexão intelectual que considera o Terceiro Mundo nascente como o cadinho da libertação da humanidade inteira. O colapso dos impérios coloniais questiona a visão do mundo eurocêntrica e a concepção de uma evolução histórica linear, que não passaria do desdobramento e da expansão do modelo da sociedade de consumo ocidental. Esse "momento etnológico", em que o olhar dirigido ao outro e o elogio da diferença são privilegiados, levou ao florescimento de um pensamento da suspeita em relação ao saber comum e às ideologias dominantes. Os intelectuais franceses adotam, desde então, uma postura de saliência para denunciar as falsas crenças e "desmitificar", até mesmo, os objetos usuais da vida cotidiana.

Esse contexto hipercrítico, em que se verifica a multiplicação das vanguardas, inaugura a era dourada das ciências humanas, as quais se beneficiam da esperança suscitada por Lévi-Strauss ao descobrir um invariante nas práticas do ser humano — o da proibição do incesto —, o qual representa para as leis sociais o que a gravitação universal significa para as leis da física. Sob a bandeira do estruturalismo, as ciências humanas são levadas a juntar-se em um programa comum, em que a linguística aparece como ciência-piloto, carregando a reboque as duas ciências seminais, a saber, a antropologia e a psicanálise, cujo objeto consiste em desvendar o inconsciente das práticas sociais. Esse período está impregnado de otimismo nas capacidades da pesquisa aplicada às ciências humanas, no sentido de constituir um conhecimento unitário a respeito do ser humano com o objetivo de retomar, sob outras formas, o sonho durkheimiano de uma ciência social que levasse todos os comportamentos humanos a se tornarem inteligíveis.

Tal horizonte é tanto mais mobilizador das energias intelectuais pelo fato de ser impelido pela convicção de que, pela virtude crítica das mesmas, esses novos campos do saber hão de contribuir para a emancipação social. A conexão da pesquisa com a sociedade atinge, desde então, seu acme; além disso, as obras dos intelectuais tomam o lugar de uma produção literária que está enfrentando uma crise de apatia, designada pelo historiador Pierre Nora como o "luto espetacular da literatura".[1] Esse momento é também o da contestação crescente dos valores da geração dos pais por uma juventude que, tendo alcançado um elevado grau de escolarização, toma a palavra e fixa o olhar na direção das revoluções em curso no Terceiro Mundo para alimentar os próprios desejos de mudança.

---

1. NORA, [1984] 1993, p. 28.

10

Os intelectuais no cerne das fraturas coloniais

Se, no desfecho da Segunda Guerra Mundial, a França estava bem combalida, ela se consola com o que lhe resta de seu antigo esplendor: um império colonial inviolado e imensos territórios indochineses, africanos e magrebinos. Essa França gruda-se tanto mais fortemente ao mito de seus cem milhões de habitantes pelo fato de que o trauma do desastre de 1940 ainda assombra uma grande parcela da população. A bandeira tricolor — três faixas verticais em azul, vermelho e branco —, um tanto deslustrada de 1940 a 1944, flutua novamente em Argel, Dakar, Saigon e Pondicherry. O movimento França Livre, unido atrás do general De Gaulle, permitiu que a França tomasse lugar no concerto dos vencedores do nazismo. Mas para falar e negociar em pé de igualdade com as duas superpotências, ela precisa do embasamento que lhe confere seu vasto império territorial; aliás, tal atitude acaba atraiçoando o compromisso contra o nazismo de populações colonizadas que haviam lutado em nome dos valores universais da emancipação e da liberdade. Eis o que explica, ao mesmo tempo, o consenso político para a manutenção do Império francês e a intransigência para com as aspirações de autodeterminação que começam a manifestar-se, além da indiferença da imprensa e da opinião pública para o que está acontecendo no longínquo domínio colonial.

Um papel de motivadores

Nesse clima ambivalente, os intelectuais desempenham um papel de motivadores. Mas o véu só irá dissipar-se, aos poucos, relativamente à negação da igualdade que prevalece nos territórios colonizados. No entanto, verifica-se aí a multiplicação de correntes nacionalistas, cada vez mais influentes, que exprimem em voz alta suas queixas: é o caso do Istiqlal [Independência] no Marrocos, do partido Néo-Destour na Tunísia, do Viet Minh [Liga pela Independência do Vietnã] na Indochina, dos messalistas na Argélia, etc. A resposta a tais reivindicações limita-se a maquilar o Império, conferindo-lhe uma nova denominação, em 1946: União Francesa. Porém, o Estado abstém-se de consultar os diversos povos que a compõem sobre suas aspirações; assim, a nova constituição da União não passa de uma petição de princípios igualitários, sem dispor de recursos para sua aplicação. Se o seu preâmbulo afirma que "[...] a França constitui com os povos do ultramar uma união baseada na igualdade dos direitos e dos deveres, sem distinção de raça, nem de religião", a realidade social é completamente diferente.

A mistura explosiva formada por falta de conhecimento do terreno, consenso colonialista e indiferença da opinião pública redunda em crises que vão rapidamente resvalar em situações de guerra, como na Indochina, região em que, desde o fim do conflito mundial em setembro de 1945, Ho Chi Minh proclama em Hanói, no norte, uma República do Vietnã libertada do jugo japonês; no sul, o almirante Thierry D'Argenlieu encena o separatismo de uma República Francesa da Cochinchina. Em setembro de 1946, a Conferência de Fontainebleau, contando com a presença de Ho Chi Minh, é um fracasso. Em 23 de novembro, D'Argenlieu bombardeia o porto de Haiphong. O almirante é apoiado em sua diplomacia das canhoneiras pelas declarações dos diversos componentes da vida política metropolitana: o socialista Marius Moutet, ministro da França do Ultramar, afirma que o país deve manter as vantagens econômicas e culturais que ele retira da Indochina; o PCF declara, em 1946, a pretensão de "manter, por toda a parte, a presença da França" e, em 1947, acaba votando os créditos militares destinados, no entanto, a combater seu camarada Ho Chi Minh. A imprensa de referência serve de correia de transmissão para a convicção colonial amplamente compartilhada. "A Indochina, para a França" — lê-se em *Le Figaro* —, "não é apenas uma oportunidade de negócios e um mercado, mas um de seus mais bem-sucedidos empreendimentos no ultramar.

1. Jean Paul Sartre no Café de Flore, fotografado por Brassaï, 1944.

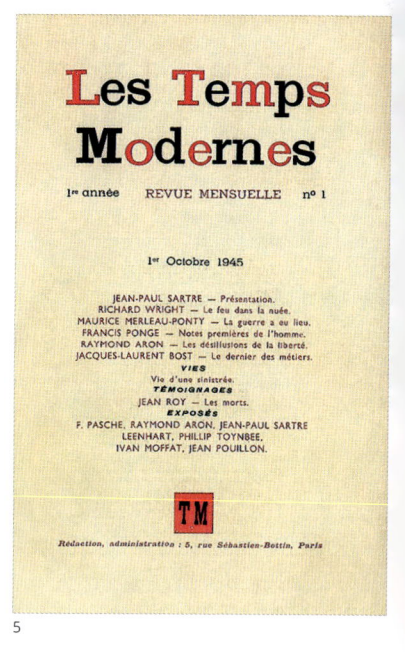

Camus de acordo com Sartre e contra ele: do combate comum à ruptura de 1952

2. *Combat*, órgão do movimento de Resistência homônimo, n. 43, 15 de abril de 1943. O jornal dirigido por Pascal Pia deixa a clandestinidade em 21 de agosto de 1944, antes mesmo da Libertação de Paris, em 26 de agosto.

3. Na Libertação, Albert Camus, chefe de redação de *Combat* desde 21 de agosto de 1943, empreende a luta por uma imprensa livre e para que a justiça seja feita.

4. Camus e Sartre reunidos pela última vez na sala Wagram, em 22 de fevereiro de 1952, para protestar contra a entrada da Espanha franquista na Unesco.

5. *Les Temps modernes*, n. 1, 1º de outubro de 1945. A ruptura com Camus ocorre no n. 79, em maio de 1952, na sequência da publicação do artigo "Albert Camus ou l'âme révoltée", de Francis Jeanson, crítica aguerrida de *O homem revoltado*, publicado no ano precedente.

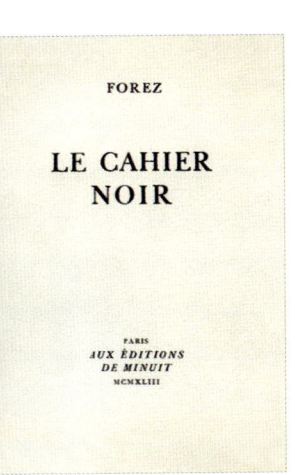

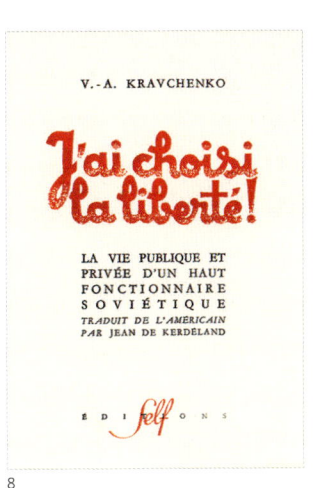

À esquerda do Cristo

6. Em 1943, na clandestinidade e sob o pseudônimo de Forez, François Mauriac publica pela Éditions de Minuit texto incendiário contra o marechalismo.

7. *Témoignage Chrétien*, n. 13, agosto de 1944, os cristãos progressistas na Resistência.

8. Em 1947, a Éditions Self publica *J'ai choisi la liberté!*, do trânsfuga soviético V. A. Kravchenko, lançado no ano precedente em Nova York. Nesse livro, o autor denuncia a existência de um sistema totalitário na União Soviética.

9. Tribunal correcional do departamento de Sena, 27 de fevereiro de 1949: o famoso advogado cristão Georges Izard garante a defesa de V. A. Kravchenko em seu processo contra *Les Lettres françaises*.

10. Mauriac, em 1951. O futuro vencedor do Prêmio Nobel de Literatura (1952) nutre uma paixão inabalável pelo general De Gaulle, tornando-se seu fiel escudeiro.

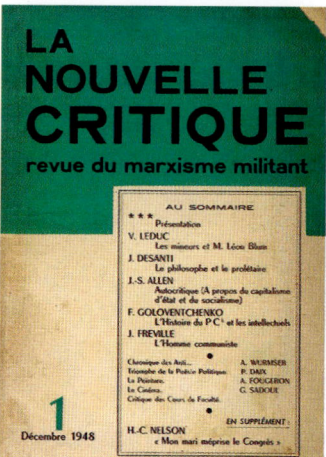

O "casal régio" do PCF

11. Em 1945, após a guerra, Louis Aragon e Elsa Triolet exercem uma influência incomparável sobre os intelectuais do PCF, a ponto de terem sido qualificados como "casal régio".

12. *La Nouvelle Critique*, n. 1, dezembro de 1948. Dirigida por Jean Kanapa até 1959, a publicação mensal ideológica do PCF revela-se uma máquina de guerra stalinista.

13. *Les Lettres françaises*, n. 456, 12-19 de março de 1953. O retrato de Stálin, encomendado por Aragon a Picasso, causa escândalo entre os comunistas, que o consideram desrespeitoso.

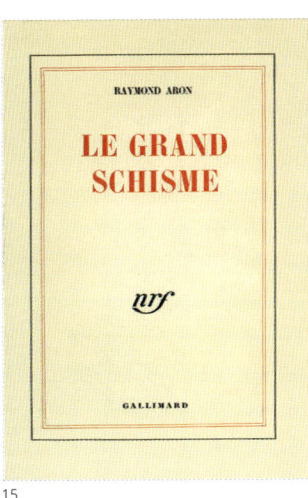

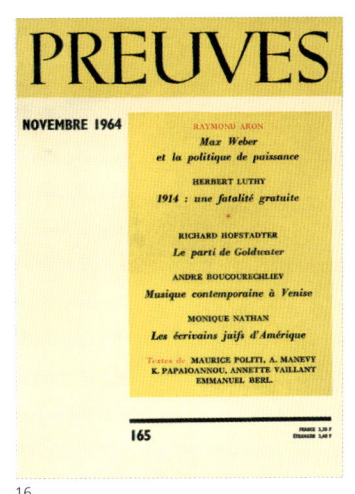

Raymond Aron, "espectador engajado"

14. Raymond Aron, em 1947. Seu engajamento ao lado do general De Gaulle para impedir o perigo totalitário marca o fim da lua de mel com Sartre: os "coleguinhas" vão se opor durante toda a segunda metade do século XX.

15. Publicado em 1948, *Le Grand schisme* é a primeira análise da separação entre os dois blocos, que irá dominar a ordem mundial até 1989.

16. Março de 1951, lançamento de *Preuves*, revista liberal dirigida por François Bondy, e cujo financiamento pela CIA, através da Fundação Ford, era desconhecido dos responsáveis pela publicação.

Primeiras rachaduras entre os intelectuais comunistas

17. Excluído do PCF em 1951 por ter escrito um artigo para *France Observateur*, o sociólogo Edgar Morin cria a revista *Arguments* em 1956, que colocará em xeque a doxa marxista até 1962. Após ter publicado *Autocritique* em 1959, é convocado a tornar-se uma das cabeças pensantes da esquerda democrática.

18. Primeira página da revista *Arguments*, n. 1, dezembro de 1956.

19. Marguerite Duras em 1951, após sua exclusão do PCF, em 8 de março de 1950. Até então militante exemplar do partido a ponto de se tornar secretária de célula, ela manifestou dúvidas sobre o jdanovismo no pequeno cenáculo reunido em sua casa, na rua Saint-Benoît, em Paris, local de encontro de Dionys Mascolo, Robert Antelme e Edgar Morin, todos eles rapidamente expulsos do partido.

O personalismo

20. Emmanuel Mournier, por volta de 1946. Diretor da revista *Esprit* até sua morte, em 1950, ele preconiza uma terceira via entre o materialismo marxista e a lei do capitalismo: o personalismo.

21. *Esprit*, ano 13, nova série, n. 1, 1º de dezembro de 1944. A revista cristã inicia um companheirismo temporário com os comunistas.

22. Como secretário de *Esprit*, Jean-Marie Domenach colabora com Emmanuel Mournier a partir de 1946; assumirá a direção da revista entre 1957 e 1976.

23. Paul Flamand e Jean Bardet, na década de 1960. Depois de 1945, os dois homens refundam a Éditions du Seuil e confiam a direção de várias coleções aos líderes de *Esprit*.

24

25   26

Uma imprensa de grande circulação para a nova esquerda antistalinista

24. Françoise Giroud, François Mauriac e Jean-Jacques Servan-Schreiber em *L'Express*, 1959. No dia 10 de abril de 1955, a chegada do vencedor do Prêmio Nobel de Literatura ao hebdomadário para publicar o seu "Bloc-notes", após sua ruptura com *Le Figaro* por causa da questão colonial, constitui uma grata surpresa para esses dois diretores.

25. *L'Observateur politique, économique et littéraire*, n. 2, 20 de abril de 1950. O semanário da esquerda progressista não comunista mudará de título várias vezes: *L'Observateur aujourd'hui*, em 1950; *France Observateur*, em 1954, e *Le Nouvel Observateur*, em 1964.

26. Lançamento de *L'Express*, em 16 de maio de 1953, com uma dúzia de páginas — como suplemento do diário econômico *Les Échos* — publicado aos sábados com o subtítulo "Les Échos du samedi". O modelo jornalístico desse novo semanário, enquanto revista independente de *Les Échos*, é o *news magazine* norte-americano, mas seu compromisso com Pierre Mendès France é total.

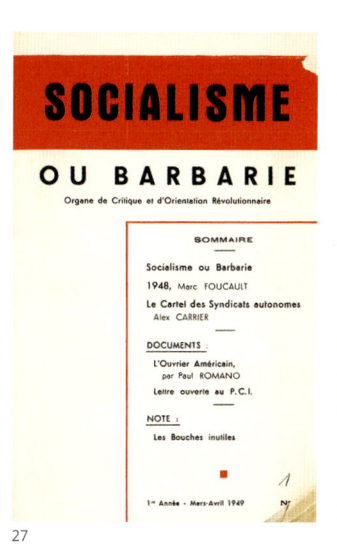

Antes e depois de 1956, os exploradores do presente começam a ser entendidos

27. *Socialisme ou Barbarie*, n. 1, março-abril de 1949, revista antitotalitária lançada por Cornelius Castoriadis e Claude Lefort, antigos trotskistas.

28. Cornelius Castoriadis, filósofo e psicanalista de origem grega, chega à França a bordo do *Mataora*, no fim de 1945. Ele cria a corrente Socialismo ou barbárie e a revista epônima em 1949, ao deixar a seção francesa da Quarta Internacional. A revista será publicada até 1965, desempenhando um papel precursor na análise crítica do sistema burocrático.

29. Claude Lefort, sociólogo, cofundador de *Socialisme ou Barbarie*, em 1949. Colaborou também em *Les Temps modernes* até a ruptura com Sartre, quando este decide tornar-se companheiro de estrada do PCF. Sua tese de doutorado é dedicada ao tema "Maquiavel, o trabalho da obra".

30. Maurice Merleau-Ponty em 1952, ano de sua ruptura com Jean-Paul Sartre, apresentado como um "ultra bolchevique" em plena Guerra da Coreia.

31. A insurreição de Budapeste, de 23 de outubro a 10 de novembro de 1956, marca uma profunda ruptura na história do século XX. O esmagamento da revolução húngara pelos blindados russos produziu uma gigantesca onda de choque. Esta foto de Jean-Pierre Pedrazzini, tirada em 30 de outubro de 1956, é publicada por *Paris-Match* dez dias mais tarde. Ela deu a volta ao mundo.

32

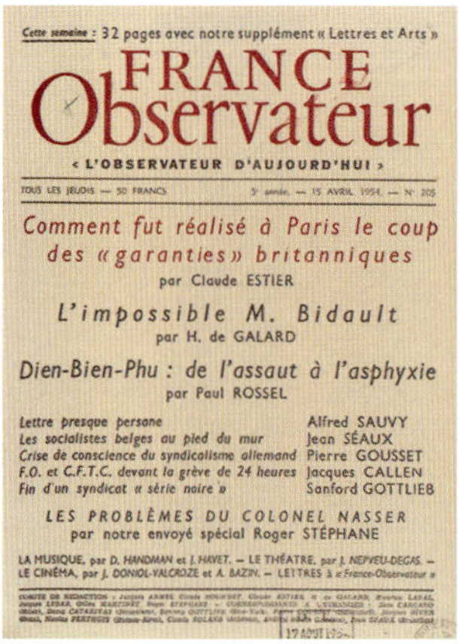

33

34

O magistério intelectual da esquerda progressista

32. Jean Daniel, em 1965, um ano após ter deixado *L'Express* para fundar *Le Nouvel Observateur* em 19 de outubro de 1964.

33. *France Observateur*, n. 205, 15 de abril de 1954. Numerosos intelectuais ex-comunistas tornam-se jornalistas em suas páginas.

34. Os historiadores Jacques Ozouf e François Furet, em fins dos anos 1950, após a dissidência de ambos com relação ao comunismo, respectivamente, em 1956 e 1959.

"Resistência" republicana ao 13 de maio de 1958

35-36. Daniel Cordier e Stéphane Hessel na época da fundação do clube Jean-Moulin, em julho de 1958, para reagir ao golpe de Estado da Argélia de 13 de maio de 1958, preservando assim o espírito do Conselho Nacional da Resistência.

37. O almirante Auboyneau, os generais Massu e Salan, além de Jacques Soustelle, por ocasião do *putsch* de Argel, em 13 de maio de 1958, que implicará o retorno do general De Gaulle ao poder.

38. L'*Écho d'Alger*, 5 de junho de 1958. Levado ao poder e aclamado pela multidão de Argel em 4 de junho, De Gaulle lança o seu "Entendi a posição de vocês!", significativo de sua vontade de manter o *status quo*.

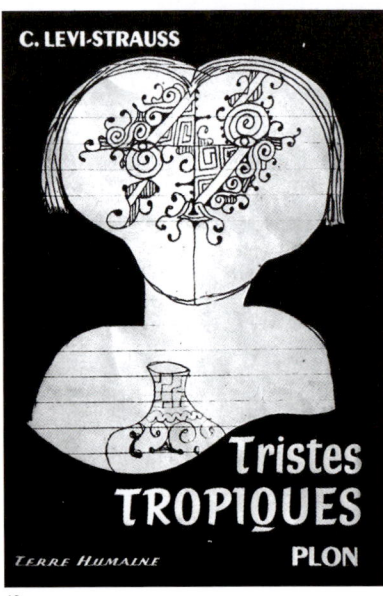

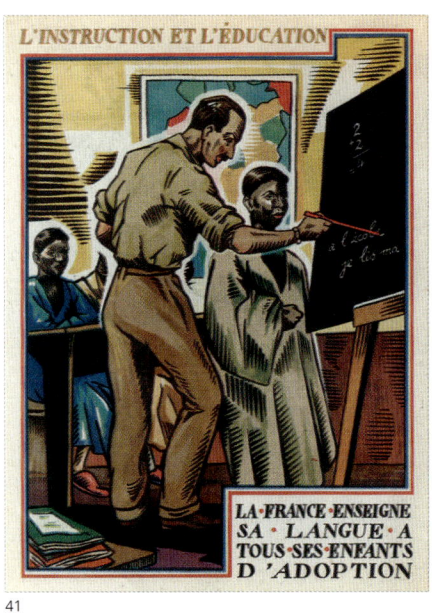

Desejo do alhures: do momento colonialista ao momento etnológico

39. Claude Lévi-Strauss no Brasil, em 1938. Na sequência da proposta do diretor da Escola Normal Superior, ele se lança em uma pesquisa de campo entre os nambikwara, que se estenderá de 1935 a 1939.

40. *Tristes trópicos* (Plon, 1955). O best-seller de Claude Lévi-Strauss descreve o modo de vida das sociedades ameríndias.

A França descobre, com enlevo, o que lhe parece ser o berço da humanidade.

41. Cartaz colonial de Henri Dimpre, 1943.

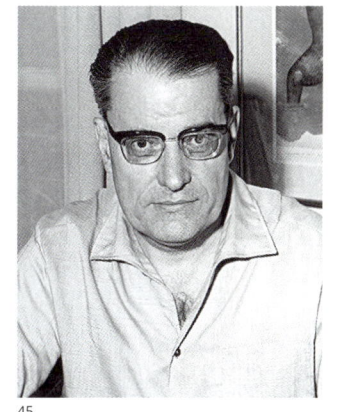

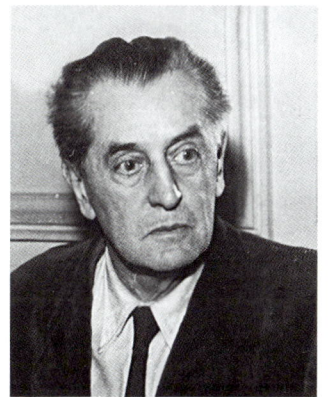

Alguns dos signatários da "Declaração sobre o direito de insubmissão na Guerra da Argélia" ou Manifesto dos 121

42. O Manifesto dos 121 ou a "Declaração sobre o direito de insubmissão na Guerra da Argélia", publicado em 6 de setembro de 1960 em *Vérité-liberté* e reproduzido em *Les Temps modernes*, n. 173-174, agosto-setembro de 1960.

43. Maurice Blanchot, escritor e filósofo que se envolve ativamente contra a Guerra da Argélia. Ele é o principal promotor do Manifesto dos 121 e participará ativamente no movimento contestatário de Maio de 68.

44. Pierre Vidal-Naquet, historiador especialista da Grécia Antiga, que combateu intensamente a Guerra da Argélia ao criar o Comitê Maurice Audion. Signatário do Manifesto dos 121, ele será um dos raros a sofrer uma punição: sua docência na Universidade de Caen será suspensa por um ano.

45. Maurice Nadeau, fundador do bimensal *La Quinzaine littéraire* em 1966, empenhou-se fortemente contra a Guerra da Argélia. Ele cuidou de reunir as assinaturas para o Manifesto dos 121, que convoca os recrutados franceses à insubmissão.

46. Jean Paulhan, por volta de 1960.

47. Dionys Mascolo no começo dos anos 1960.

O pensamento crítico dos anos 1960

48. Georges Bataille, fevereiro de 1961. Envolvido em diversas publicações, foi secretário-geral da revista *Documents* na década de 1930 e fundador da revista *Acéphale* em 1936. Criou a revista *Critique*, em 1946, que será seguida de uma coleção com o mesmo nome na Éditions de Minuit.

49. Jacques Lacan, outubro de 1967. O magistério deste psicanalista conquista a França pelo fascínio exercido por sua eloquência.

50. Roland Barthes, em 1964. Mestre do estudo dos signos, o filósofo e crítico literário encarna a ambição de um vasto programa semiológico.

51. Louis Althusser, em 1957. Professor na Escola Normal Superior, o filósofo formou uma geração inteira na releitura de Marx, e na de epistemologia marxista.

52. Pierre Bourdieu, novembro de 1982, sociólogo que fará escola. Em 1964, publicou *Os herdeiros*, uma crítica radical do sistema educativo, acusado de reproduzir as desigualdades sociais. Mais tarde, em 1975, ele criará a revista *Actes de la recherche en sciences sociales*.

53. Jacques Derrida, filósofo, assistente de Paul Ricœur entre 1960 e 1964. No começo dos anos 1960, ele publica seus primeiros estudos sobre a desconstrução, retomados em 1967 em duas publicações que hão de constituir um acontecimento: *A escritura e a diferença* e *Gramatologia*. (Foto de março de 1986.)

54

55

Vanguardas: o *nouveau roman* (1959) e *Tel Quel* (1971)

54. Em 1959, diante da sede da Éditions de Minuit, autores e editores de uma nova estética literária, batizada rapidamente de "*nouveau roman*", posam para a posteridade. Da esquerda para a direita: Alain Robbe-Grillet, Claude Simon, Claude Mauriac, Jérôme Lindon, Robert Pinget, Samuel Beckett, Nathalie Sarraute e Claude Ollier.

55. Sob a iniciativa de Philippe Sollers, a revista *Tel Quel* encarna, em 1971, uma nova vanguarda cultural que adota todas as viradas da radicalidade. Da esquerda para a direita: Julia Kristeva, Pierre Rotenberg, Jean-Louis Baudry, Philippe Sollers, Marcelin Pleynet, Denis Roche e Jean Ricardou.

56. André Malraux, fotografado por Yousuf Karsh, Paris, 1954.

Créditos fotográficos

1: © Estate Brassaï/RMN-Grand Palais / foto RMN-GP/Michelle Bellot; 2, 5, 15, 16, 21, 42, 46, 47, 48: Arquivos Gallimard; 3: Collection Catherine et Jean Camus, Fonds Albert Camus, reprodução proibida/Arquivos Gallimard; 4: Roger-Viollet; 6: Éditions de Minuit/Irène Lindon; 7: Musée Carnavalet/Roger-Viollet; 8: Tallandier/Bridgeman Images/Fotoarena; 9: Keystone-France/Gamma-Rapho; 10, 32: Keystone-France/Gamma-Rapho/Getty Images; 11: RMN/Willy Ronis / foto Ministère de la Culture – Médiathèque de l'architecture et du patrimoine, Dist. RMN-Grand Palais/Willy Ronis; 12: Coleção particular; 13: © Succession Pablo Picasso/AUTVIS, Brasil, 2021 / foto RMN-Grand Palais (Musée national Picasso-Paris)/Adrien Didierjean; 14: Roger Berson/Roger-Viollet; 17: Michèle Bancilhon/AFP; 18: Institut Mémoires de l'édition contemporaine (IMEC); 19, 30: Philippe Parry/Éditions Gallimard; 20: Arquivos Emmanuel Mounier/IMEC; 22: Coleção particular/todos os direitos reservados; 23: Roger Roche/Bridgeman Images/Fotoarena; 24: L'Express; 25: Leonard de Selva/Bridgeman Images/Fotoarena; 26: Christophel Fine Art/Getty Images; 27: Coleção particular; 28: Sophie Bassouls/Sygma/Getty Images; 29: Jean-Régis Roustan/Roger-Viollet; 31: Russel Melcher; 33: Bibliothèque nationale de France; 34: Arquivos Mona Ozouf/Éditions Gallimard; 35: *Le Figaro*, 1/6/1964; 36: Ministère de la Culture – Médiathèque de l'architecture et du patrimoine, Dist. RMN-Grand Palais/Studio Harcourt; 37: AFP; 38: Laurent Maous/Gamma-Rapho/Getty Images; 39: Patrick Léger/Éditions Gallimard; 40: Arquivos Monique Lévi-Strauss; 41: © Henri Dimpre/AUTVIS, Brasil, 2021 / foto Kharbine-Tapabor; 43: Coleção particular/todos os direitos reservados; 44: Louis Monier/Bridgeman Images/Fotoarena; 45, 50: René Saint-Paul/Bridgeman Images/Fotoarena; 49: Giancarlo Botti/Gamma-Rapho/Getty Images; 51: Arquivos Louis Althusser/IMEC; 52: Ulf Andersen/Hulton Archive/Getty Images; 53: Raphael Gaillarde/Gamma-Rapho/Getty Images; 54: Mario Dondero/Bridgeman Images/Fotoarena; 55: Philippe Couderc/Le Seuil; 56: Yousuf Karsh/Camera Press/Grosby Group.

Ela é o símbolo de sua engenhosidade, de sua vitalidade e de sua grandeza."[1] "Para a França, está fora de questão" — lê-se em *Le Monde* — "renunciar à própria influência cultural, moral, científica, econômica; abandonar o que é sua obra, suas bases, suas plantações [...]; negar sua missão civilizadora."[2] A estigmatização do Viet Minh vem de todos os quadrantes: "Os agitadores que pretendem estar lutando pela independência da Indochina não passam, na verdade, de agentes a soldo dos japoneses e armados por eles"[3]; "O Viet Minh é uma criação da polícia militar japonesa"[4]; "Um governo fantoche a serviço dos japoneses".[5]

Enquanto um corpo expedicionário cada vez mais numeroso (elevar-se-á até a setenta mil homens) encontra-se em operação no Vietnã, a opinião pública na metrópole mostra uma indiferença quase total; os raros ecos oriundos desse longínquo horizonte não suscitam nenhuma emoção coletiva. Durante toda essa guerra, sondagens de opinião vão confirmar esse desinteresse: ao final do conflito, em 1954, um terço dos franceses hão de declarar "nunca ter tido conhecimento das notícias da Indochina", e apenas 45%, "de vez em quando". Nesse contexto de apatia, o trabalho de informação efetuado por numerosos intelectuais sobre o que está acontecendo na Indochina é realmente meritório, preparando as mentes para uma inevitável descolonização que irá culminar, depois de muitas vicissitudes, nos acordos assinados por Pierre Mendès France, em 20 de julho de 1954, reconhecendo a independência do Vietnã.

Os intelectuais cristãos são os primeiros a advertir contra os malfeitos do colonialismo e a protestar contra o uso da violência. Desde julho de 1945, Robert Delavignette lembra, em *Esprit*, o papel ativo desempenhado pela população oriunda dos territórios do império colonial francês na Libertação, além de convidar as autoridades a tratá-los de outra forma:

---

1. *Le Figaro*, 8 de julho de 1946, citado in CHEBEL D'APPOLLONIA, 1999, p. 219.
2. *Le Monde*, 2 de agosto de 1946, citado in ibidem.
3. *Le Monde*, 8 de setembro de 1945, citado in RUSCIO, 1986, p. 211.
4. *La Voix de Paris*, 4 de novembro de 1945, citado in ibidem.
5. *Combat*, 9-10 de setembro de 1945, citado in ibidem.

Quem ousa atravessar o Saara para derrotar o Eixo no Fezzan? Quem está em Bir-Hakeim? Quem acelera a libertação da Argélia e contribui para a vitória na Tunísia? Quem entra em Roma? Quem está ao lado dos anglo-americanos no Cotentin e na Provence? Quem está à frente do combate para libertar Paris e, em seguida, Estrasburgo? Colonos e ainda outros colonos.[6]

Em vez de romper com a metrópole, está em questão pôr em prática os princípios afirmados na constituição da União Francesa, que proclama o advento de uma nova cidadania. No mesmo número de *Esprit*, Léopold Sédar Senghor não esconde sua apreensão contra as intenções da capital, habituada a considerar o negro bom como alguém inferior: "Desde agora, pretendemos fazer ouvir uma voz *autêntica* da África antes que a metrópole venha a cometer contra ela uma dessas 'enormes iniquidades' mencionadas por [Antonio] Labriola."[7] Senghor ainda não defende a causa da emancipação nacional, mas exige a igualdade: "Não somos separatistas, mas queremos a igualdade em nossa sociedade."[8] Bem cedo, em julho de 1945, o filósofo e político Joseph Rovan, sempre em *Esprit*, denunciou uma administração colonial obstinada em negar a liberdade e a autonomia aos povos da Indochina:

> Sente-se perfeitamente que, um dia, será necessário ceder à recente vontade de libertação do povo anamita, mas adia-se o máximo possível a cruel decisão, mediante a defesa obstinada das posições desumanas do colonialismo, além de que a mão esquerda retoma o que a mão direita havia fingido dar.[9]

Nesse momento, trata-se apenas de advertências, mas quando a situação se deteriora em um confronto armado com a política empreendida pelo

---

6. DELAVIGNETTE, 1945, p. 215.
7. SENGHOR, 1945, p. 237.
8. Ibidem.
9. ROVAN, 1945, p. 832.

almirante D'Argenlieu e quando o diálogo de Fontainebleau dá lugar ao estado de guerra, *Esprit* compromete-se claramente no combate anticolonial. De acordo com Jean-Marie Domenach, Bertrand d'Astorg exprime, em 1947, a posição dos membros da revista no conflito indochinês. Em um dossiê dedicado ao tema "França-Vietnã", publicado em julho de 1947, o diretor dessa revista apresenta a operação de Bao Dai como uma inépcia.

No verão de 1949, o semanário *Témoignage chrétien* causa surpresa ao revelar o uso de tortura pelas Forças Armadas francesas. Essas informações não emanam de um militante anticolonialista, mas de Jacques Chegaray, correspondente na Indochina do cotidiano do MRP, *L'Aube*, o qual não havia concordado em publicar esse testemunho. Tendo decidido enviar seu artigo para *Témoignage chrétien*, ele é editado sob o título "À côté de la machine à écrire, le mobilier d'un poste comprend une machine à faire parler" [Ao lado da máquina de escrever, o mobiliário de um posto militar inclui uma máquina que obriga a falar], e com o subtítulo "La torture en Indochine" [A tortura na Indochina]. Essa reportagem teve uma grande repercussão nos círculos cristãos, que descobrem os horrores da guerra travada em nome deles. Chegaray, que havia percorrido todos os postos militares franceses no Vietnã, afirma que o uso da tortura tornou-se lugar-comum nesses locais, além de acrescentar — escreve a historiadora Sabine Rousseau — "ter visto, em cima da mesa de um suboficial em Cholon, o crânio de um vietnamita servindo de peso para papéis".[10] Logo após essa publicação que inspira repugnância, Paul Mus, professor universitário e membro da Escola Francesa do Extremo-Oriente, manifesta sua indignação publicando, na mesma revista, um artigo sob o título "Non, pas ça" [Não, isso não], no qual ele afirma que "essas linhas terríveis constituem o maior sinal de alarme que, desde a Libertação, tenha afetado nossa consciência".[11] A posição dos intelectuais cristãos é assumida em um plano essencialmente moral, fazendo emergir uma tomada de consciência do que abrange a realidade colonial por trás do velho mito de uma obra civilizadora, transmitido desde o século XIX.

---

10. ROUSSEAU, 2002, p. 34.
11. MUS, 1949.

Os intelectuais cristãos não são os únicos a manifestar-se contra o retorno da lógica colonialista no período do pós-guerra. Em *Combat*, publicação em que escreve de março de 1946 a maio de 1947, Raymond Aron considera que a União Francesa continuará sendo construída em cima de areia movediça enquanto esses países não tiverem instituições representativas. E, ao reagir à insurreição de Hanói, ele discerne nesse episódio o evidente fracasso da política de força do governo francês:

> As verdadeiras posições francesas, aquelas que não se confundem com os interesses sórdidos, aquelas que a nação está determinada a salvaguardar, não são aquelas que a força, por si só, esteja em condições de manter. Manter pela violência, não será essa a maneira de manter a França.[12]

Durante toda a Guerra na Indochina, o discurso crítico de Aron, em vez de incidir sobre as bases anticolonialistas do princípio, será proferido em nome da responsabilidade que representa, para uma França enfraquecida, a gestão impossível de um tão amplo império.

As pessoas à volta de Sartre mantêm uma postura aberta e categoricamente anticolonialista; além disso, Merleau-Ponty denuncia, desde janeiro de 1946, em *Les Temps modernes*, o abandono pela esquerda de qualquer posição anticolonialista. O editorial de dezembro de 1946, que se refere à informação insuficiente oriunda da Indochina e à deterioração da situação, que se encaminha para a guerra, faz ainda uma analogia entre a ocupação francesa na Indochina e a ocupação alemã na França: "É inimaginável que, após quatro anos de Ocupação, os franceses não reconheçam o rosto que é hoje o deles na Indochina, não se dando conta de que é a cara dos alemães na França."[13] Inicia-se para a revista de Sartre uma longa campanha contra a colonização. Depois de ter dado a palavra a um nacionalista indochinês, Tran Duc Thao, a revista publica, em fevereiro de 1947, o testemunho de um soldado do corpo expedicionário francês que exprime sua consternação. O número de

---

12. ARON, 1946.
13. POUILLON, [1946] citado in CHEBEL D'APPOLLONIA, 1999, p. 225.

março tem a seguinte manchete: "SOS Indochine." Em contraste com a corrente cristã, os sartrianos criticam o sistema colonial em si, que deve ser destruído, e não apenas seus deslizes; as intervenções desses articulistas situam-se, de preferência, no plano político, em vez do moral.

Com o início da guerra fria, em 1947, a Guerra da Indochina assume um novo sentido para o PCF que, até então, fazia prevalecer os interesses nacionais e que, daí em diante, considera essa guerra como um confronto das forças reacionárias contra o comunismo. O Partido Comunista empenha-se, desde então, a reivindicar a paz no Vietnã, o que permite expandir o público interessado no assunto, mas tem dificuldade de suscitar a adesão de suas poderosas forças militantes: é assim que surge um companheirismo entre intelectuais cristãos e comunistas em torno da questão vietnamita. Em 11 de fevereiro de 1948, o primeiro comício realiza-se na sala da Mutualité, que reúne, por convocação do PCF, a revista *Esprit* e a associação France-Vietnam[14], verificando-se uma composição heterogênea, criada no próprio local. No entanto, o encontro não consegue juntar, nessa grande sala, mais do que um reduzido público de seiscentas pessoas. No *Le Monde*, Hubert Beuve-Méry fala, em janeiro de 1948, da "guerra suja", expressão que será retomada sistematicamente pelos círculos intelectuais. Um manifesto de intelectuais franceses é publicado em *Combat*, em 23 de novembro de 1948, tendo sido reproduzido por *Esprit*, em janeiro de 1949; essa revista e *Les Temps modernes*, assim como os diários *Franc-Tireur* e *Combat*, abrem suas colunas ao protesto anticolonialista.

Além da guerra desencadeada na Indochina e a deterioração da situação no Magreb, levando aos massacres de Sétif e de Guelma, em 1945, na Argélia, como resposta às veleidades independentistas, o governo francês enfrenta, em março de 1947, uma insurreição em Madagascar, cuja violenta repressão provoca entre alguns milhares e dezenas de milhares de vítimas. Os três deputados malgaxes são privados de sua imunidade parlamentar

---

14. A associação é presidida por Justin Godart (radical-socialista). Seu secretário-geral é Francis Jourdain, companheiro de estrada do PCF. Ela compreende personalidades de horizontes tão diferentes quanto Marie-Claude Vaillant-Couturier, Pierre Cot, o professor Robert Debré, Benoît Frachon, Frédéric Joliot-Curie, Paul Langevin, Pablo Picasso, Emmanuel Mounier, François Mauriac, Francis Perrin, Paul Rivet, Maurice Schumann, Charles Vildrac, Maurice Viollette e Andrée Viollis.

e, em seguida, encarcerados e julgados. Em Madagascar também consta-se o uso da tortura, denunciado em agosto por Roger Stéphane como "procedimentos dignos da Gestapo".[15] *Esprit*, por sua vez, manifesta-se com veemência contra o veredicto do processo de Tananarive (atual Antananarivo), que condena os três deputados, além de envolver-se com os dois comitês implementados para a revisão desse processo, dos quais um é dominado pelos comunistas; de acordo com a declaração de Jean-Marie Domenach, "Mounier aconselhou-me a aderir aos dois".[16]

Com a acentuação da guerra fria, o PCF assume a luta contra a Guerra do Vietnã e pela paz como umas de suas prioridades. Desta vez, a mobilização sofre uma reviravolta espetacular e vai além do estágio peticionário, passando para uma ação direta. Sucedem-se passeatas, às vezes violentas, tais como a de 20 de fevereiro de 1949 nos Grands Boulevards, em Paris. Assiste-se também a ações nos portos ou nas estradas de ferro para impedir o transporte de tropas francesas para a Indochina, como é relatado pelo jornalista Jean-Pierre Biondi:

> Na estação ferroviária de Saint-Pierre-des-Corps, nos arredores da cidade de Tours, militantes comunistas deitam-se em cima dos trilhos para impedir a passagem de um comboio militar [...]. Em La Rochelle, marinheiros e estivadores enfrentam as CRS [tropa de choque da polícia]; em Roanne, há registro de feridos em decorrência dos confrontos. Ataques de surpresa contra trens ou barcos ocorrem em Caen, Castres, Dunquerque e Argel; sabotagens de equipamento militar em Brive, Grenoble e Paris.[17]

O caso Henri Martin

Para reforçar a campanha contra a guerra, o PCF converte Henri Martin, um de seus militantes, em herói e mártir da resistência a esse conflito.

---

15. Roger Stéphane, citado in BIONDI, 1992, p. 265.
16. Jean-Marie Domenach, entrevista in LACOUTURE; CHAGNOLLAUD, 1993, p. 197.
17. BIONDI, op. cit., p. 279.

Nascido em 1927, Martin adere ao *maquis* [movimento de Resistência] com dezesseis anos, participa da Libertação da França e, em seguida, decide alistar-se na Marinha para combater os japoneses; torna-se mecânico e, com dezoito anos, chega a Saigon. Tendo recusado exercer a função que lhe havia sido atribuída nas Forças Armadas francesas no Vietnã, ele solicita, sem sucesso, a anulação de seu alistamento militar e acaba sendo repatriado para Toulon. Preso em março de 1950, é acusado de cumplicidade na sabotagem de um navio de guerra, o *Dixmude*, e processado por ter distribuído folhetos hostis à Guerra do Vietnã; ao termo de seu julgamento, ele é condenado a cinco anos de prisão e expulso das Forças Armadas. O PCF lança, então, uma campanha para sua libertação: *L'Humanité* publica, diariamente, uma nota de Hélène Parmelin sobre Henri Martin. A direção do partido implanta comitês nos departamentos e multiplica as petições, as delegações, as greves, as brochuras, a distribuição de cartazes, as pichações, tudo isso para exigir sua libertação. Os intelectuais do círculo interno são convocados a contribuir ativamente para essa campanha nacional, cujos ecos superam amplamente o círculo dos companheiros de estrada. Picasso pinta um retrato desse mártir publicado em *Les Lettres françaises*, em 7 de novembro de 1951. Em março de 1952, uma exposição — intitulada *Témoignages pour Henri Martin* [Testemunhos em favor de Henri Martin] — reúne pinturas de Picasso, Jean Lurçat e Fernand Léger.

Os intelectuais cristãos não ficam atrás na luta pela libertação de Henri Martin.[18] Jacques Madaule compara esse combate ao caso Dreyfus: "A propósito de Dreyfus" — escreve ele —, "o poeta e cristão engajado Péguy afirmava que sofria demais ao ver a França em estado de pecado mortal porque a injustiça é um pecado mortal."[19] Em 1953, o livro *L'Affaire Henri Martin* [O caso Henri Martin] reúne intelectuais de todos os quadrantes: sartrianos, colaboradores de *Esprit*, companheiros

---

18. Ver, especificamente, "Le Cas Henri Martin", *Témoignage chrétien*, 1º de fevereiro de 1952; MADAULE, 1952; "Le Cas Henri Martin", *Christianisme social*, janeiro-fevereiro de 1952; Des prêtres demandent la grâce d'Henri Martin, *La Quinzaine*, 15 de março de 1952.

19. MADAULE, [1953], p. 212; ROUSSEAU, 2002, p. 77.

de estrada do PCF ou do cristianismo social.[20] Inocentado da acusação de sabotagem, Henri Martin é condenado a cinco anos de prisão por "conluios antinacionais", punição inicialmente rejeitada devido a um vício de forma e confirmada após recurso. Essa detenção alimenta a campanha de apoio dos intelectuais e artistas: Éluard e outros poetas dedicam-lhe obras. No teatro, é possível assistir a *Drame à Toulon* [Drama em Toulon], uma peça montada pela trupe Les Pavés de Paris, cujos atores são pagos pelo Socorro Popular Francês; ela é representada, durante dois anos, em toda a França, popularizando a causa de Henri Martin.

Sartre envolve-se totalmente nessa causa: "Ele empenha-se em agrupar escritores e artistas" — escreve Biondi —, "redige *L'Affaire Henri Martin*, anima inúmeros comícios de apoio; a seu lado, Simone de Beauvoir, Vercors, Prévert, o cristão Domenach, Cocteau, Druon, Leiris, Bourdet, Roger Stéphane tentam 'sensibilizar' a *intelligentsia*."[21] Os protestantes de *Christianisme social* estão também implicados vigorosamente no combate contra a guerra colonial na Indochina, à semelhança de André Philip, Georges Lasserre, Pierre Poujol, Maurice Albaric ou, ainda, o pastor Maurice Voge, que assume a responsabilidade do secretariado-geral do movimento a partir de 1949. O presidente da República, Vincent Auriol, usará finalmente de seu poder de indulto, em agosto de 1953, para dar a liberdade a Henri Martin, que se torna, então, funcionário do PCF.

Essa campanha e seu sucesso entre a população dissimulam, no entanto, uma prostração bastante geral, até mesmo no mundo intelectual, a propósito da Indochina: Raymond Aron, que é responsável por uma tribuna regular em *Le Figaro* dedicada à política internacional, limita-se a poucas referências, em suas colunas, ao dossiê indochinês; por sua vez, Camus, Malraux ou Mauriac só raramente evocam essa guerra. Alguns escritores franceses chegam mesmo a manifestar sua inabalável convicção colonial, assim como seu apego a uma Indochina Francesa, tais como Jules Romains que, de passagem por Saigon em 1953, se entusiasma:

---

20. *Affaire Henri Martin. Commentaire de Jean-Paul Sartre* (*L*), 1953.
21. BIONDI, op. cit., p. 281.

"Esse pedaço da França instalou-se aí, cresceu sem nada destruir."[22] Em 1944, Paul Claudel já havia escrito um prefácio para uma coletânea de contos de Tran Van Tung, no qual faz esta afirmação: "O que Deus uniu, não há de ser separado pelos homens."[23] Quanto ao fundador da ciência política, André Siegfried, ele fica indignado pelo fato de a Indochina não ter suscitado nenhuma paixão coletiva na França, na medida em que, em seu entender, "o que está em causa, não é tanto o próprio estatuto colonial, mas o destino reservado no mundo à raça branca e, com ela, à civilização ocidental, de que ela é o fiador, o único fiador".[24]

No decorrer da década de 1950, essa guerra colonial clássica assume uma nova faceta: a de uma guerra fria do Ocidente contra um Viet Minh aliado da URSS e da China, a qual se tinha tornado comunista em 1949. A Indochina aparece, então, como o espaço privilegiado de confronto entre os dois blocos, em relação à Guerra da Coreia, que se desenrola de 1950 a 1953. Raymond Aron ecoa em *Le Figaro* essa mudança da natureza do conflito: "O anticomunismo desempenhou um papel crescente na justificação ideológica para a guerra na medida em que diminuía o peso da justificação estritamente francesa."[25] Mas a onda de protesto continua a espalhar-se em decorrência dos fracassos do corpo expedicionário francês. Em 1952, o ex-correspondente na Indochina de *Le Monde*, Philippe Devillers, publica uma *Histoire du Vietnam de 1940 à 1952* [História do Vietnã de 1940 a 1952], que desconstrói o argumento de um Viet Minh que se limitaria a uma minoria ativa, para opor-lhe a tese de um organismo de massa representativo de tudo o que há de mais moderno e dinâmico na sociedade vietnamita. Quanto ao professor no Collège de France Paul Mus, que é uma autoridade no assunto, ele publica no mesmo ano *Vietnam, sociologie d'une guerre* [Vietnã, sociologia de uma guerra], obra erudita e não partidária, que "não deixa de solapar os próprios alicerces

---

22. ROMAINS, 1953.
23. Paul Claudel, carta-prefácio, 8 de janeiro de 1944, in TRAN VAN TUNG, 1945.
24. SIEGFRIED, 1950.
25. ARON, 1953.

da argumentação oficial francesa"[26], chamando a atenção para a força do sentimento nacional vietnamita.

O enleamento das Forças Armadas francesas no terreno acaba por convencer os Estados-Maiores políticos no sentido de pôr fim ao conflito: "A partir de 1952" — escreve o historiador Daniel Hémery —, "a necessidade de uma retirada francesa é algo que já está praticamente decidido pelos Estados-Maiores dos partidos não comunistas, incluindo os do centro e da direita."[27] Com a criação, em dezembro de 1952, do Comitê de Estudo e de Ação visando à Solução Pacífica para a Guerra do Vietnã, verifica-se a intensificação da pressão intelectual.[28] O desastre militar de Dien Bien Phu, cidade que cai nas mãos dos comunistas vietnamitas em 7 de maio de 1954, e a mudança na liderança política impulsionada pelo novo presidente do Conselho de Ministros, Pierre Mendès France, permitem pôr fim ao conflito e assinar, com os representantes vietnamitas, os Acordos de Genebra, em julho de 1954. Neste caso ainda, alguns intelectuais mobilizam-se vigorosamente para que a França abandone essa "guerra suja"; a criação de *L'Observateur* contribui para essa tomada de consciência e para sua denúncia. "Quando Claude Bourdet" — escreve o político e jornalista Claude Estier —, "em 5 de julho de 1951, intitula seu editorial 'Entrer immédiatement en contact avec le gouvernement Hô Chi Minh' [Entrar imediatamente em contato com o governo Ho Chi Minh], é atacado violentamente pela direita, que o acusa de submeter-se a Moscou!"[29] Com efeito, não é fácil manter o posicionamento neutralista dessa publicação. Gilles Martinet, que não dissimula seu fascínio pelos combatentes comunistas vietnamitas — "Gostaríamos de acreditar em

---

26. Ruscio, 1996, p. 127.
27. Hémery, 2004, p. 195.
28. Ele conta com a participação dos comunistas Maurice Kriegel-Valrimont e Jean Chesneaux; de católicos influentes, tais como o padre Chenu, teólogo dominicano; de protestantes, entre eles, André Philip ou o pastor Voge; além de um grande número de intelectuais, entre os quais, Pierre Naville, Gilles Martinet, Georges Friedmann, Georges Gurvitch, Paul Lévy, Alfred Sauvy, René Dumont, Vladimir Jankélévitch e Alfred Kastler.
29. Estier, 2011, p. 244.

sua autonomia e nas convicções democráticas de seus dirigentes"[30] — manifesta com tranquilidade seu apoio à reivindicação de independência do povo vietnamita.

Desde o início da década de 1950, Mendès France comunica à Assembleia Nacional francesa que é contrário a prosseguir a guerra na Indochina. Françoise Giroud relata seu encantamento ao escutá-lo, pela primeira vez, na Câmara dos Deputados, em dezembro de 1951, além de sua estupefação ao constatar que a imprensa não repercute suas palavras. Ela vai esboçar seu perfil no semanário dominical *France Dimanche*, mas é obrigada a insistir para publicá-lo:

> A diretora de redação manifesta surpresa. Mendès France? Não era alguém tão conhecido... A Indochina? *Pooh*... Era realmente uma ocasião para se questionar se os franceses sabiam que estavam fazendo a guerra lá longe. Deve-se dizer que ninguém fazia questão de chamar-lhes a atenção para isso. A regra era não falar no assunto.[31]

François Mauriac, cuja influência intelectual está em seu zênite, modifica sua postura no início de 1954, ao publicar no número de janeiro de *Témoignage chrétien* um artigo com o sugestivo título "La paix en Indochine: un vœu? Non! Une exigence"[32] [A paz na Indochina: um desejo? Não! Uma exigência]. Tendo passado a escrever em *L'Express*, ele assume uma ênfase mais severa contra os dirigentes políticos em exercício, antes de apoiar sem restrições Pierre Mendès France. Em seu "Bloc-notes", estigmatiza os ministros Joseph Laniel e Georges Bidault: "Oh cavaleiros da Testa-de-Boi, táticos sutis de Rabat, estrategistas inspirados de Dien Bien Phu."[33]

L'Express junta-se, então, a *France Observateur* na oposição à Guerra da Indochina, sensibilizando todos os leitores não comunistas para a rejeição

---

30. MARTINET, 1986, p. 77.
31. GIROUD, 1972, pp. 130-131.
32. MAURIAC, F., 1954a.
33. Idem, 1954b.

do colonialismo; em suas colunas, é publicado o relatório de Marc Jacquet, secretário de Estado das Relações com os Estados Associados, que expõe o motivo pelo qual é imperativo negociar e renunciar a qualquer expectativa de vitória militar na Indochina.

François Mauriac em cruzada

Antes mesmo da resolução da guerra na Indochina, a situação deteriora-se consideravelmente no Magreb, região em que a França empreende, incluindo os protetorados do Marrocos e da Tunísia, uma política de repressão de qualquer indício de autonomia. No momento de sua viagem a Estocolmo para receber o Nobel, em dezembro de 1952, François Mauriac está preocupado com as notícias provenientes do Marrocos. Na sequência do anúncio do assassinato do líder sindicalista tunisiano Ferhat Hached, distúrbios eclodem em Casablanca: a repressão é responsável por várias dezenas de mortos. Mauriac sente-se tanto mais afetado pelo fato de que alguns cristãos anticolonialistas, entre os quais Robert Barrat, o haviam convocado havia já algum tempo para tomar posição contra a política da canhoneira. Até então favorável à ideia de império e tendo defendido em *Le Figaro* uma política colonialista sem concessões, o novo compromisso de Mauriac vai deixá-lo em uma situação embaraçosa perante sua família política; esse é o ponto de partida de um longo e difícil combate — travado com determinação e coragem — contra o próprio campo. Muito sensível à situação dos estratos sociais populares e desfavorecidos, ele é informado pelos testemunhos das Irmãzinhas dos Pobres, cuja sede se encontra em Casablanca, perto da favela de Carrières Centrales, bairro em que ocorrem os confrontos de 7 e 8 de dezembro de 1952: "No compromisso marroquino de Mauriac" — escreve o jornalista e historiador Jean Lacouture —, "nada terá sido mais importante do que as pessoas, amigas e inimigas, que o tinham levado a assumir tal postura."[34] Entre elas, o padre René Voillaume, fundador e prior-geral das Fraternidades Charles de Foucauld,

---

34. LACOUTURE, [1980] 1990, p. 252.

parece ter desempenhado um papel decisivo, assim como Robert Barrat, André de Peretti, Jean-Marie Domenach, Charles-André Julien e Régis Blachère; convém acrescentar o influente estudioso católico do islamismo Louis Massignon, o qual havia fundado, em 1947, o Comitê Cristão de Amizade França-Islã.

Em 12 de janeiro de 1953, François Mauriac é convidado — assim como Robert Montagne, professor no Collège de France e historiador do Marrocos[35] — para participar de um almoço promovido pelo abade Émile Berrar, capelão do CCIF (Centro Católico dos Intelectuais Franceses), com o objetivo de adotar uma postura crítica em relação à política do poder. Os dois convidados reagem de forma muito diferente: enquanto Robert Montagne rejeita tal proposta afirmando que isso provocaria uma atitude de maior crispação por parte dos franceses do Marrocos, François Mauriac está pronto para assumir a liderança do protesto. Ao voltar para casa, ele escreve um texto para anunciar seu compromisso. Publicado em *Le Figaro* em 13 de janeiro de 1953, convoca os cristãos a desempenharem o papel de testemunhas: "A todos os cristãos, católicos e protestantes da União Francesa, impõe-se o dever de enfrentar o racismo, oriundo do lucro e do medo, que engendra crimes coletivos."[36] Esse depoimento é tão radical, e a caneta do grande escritor está tão afiada, que o artigo causa escândalo nos círculos conservadores. Há quem manifeste surpresa e fique ofendido com os qualificativos utilizados por um membro da Academia Francesa: "Nesse texto" — escreve Lacouture —, "havia matéria para deixar estupefato um mundo de boas almas piedosas e abonadas, ou seja, a clientela de *Le Figaro*."[37]

Dando continuidade à sua ação, Mauriac engaja-se no combate militante. Em uma reunião do CCIF, na rua Madame, sobre os problemas na África do Norte, ele toma a palavra diante das 450 pessoas que lotavam a sala; alto-falantes são instalados na rua para o público que não havia conseguido um lugar no interior. Os franceses do Marrocos e a imprensa

---

35. MONTAGNE, 1951.
36. MAURIAC, F., 1953.
37. LACOUTURE, [1980] 1990, p. 257.

conservadora manifestam sua raiva contra aquele que é considerado um traidor ao colocar sua autoridade moral a serviço do inimigo. Mauriac irá anotar em seu "Bloc-notes" a enxurrada interminável de cartas com insultos de que é objeto:

> Um francês de Casablanca: "Velho cabeçudo, no dia em que você 'esteve' na Resistência, os franceses (refiro-me aos verdadeiros) ficaram sabendo quem você é. Ao escrever que você 'esteve' na Resistência, pretendo dizer que é possível estar na Resistência como alguém defeca em um penico. Nesse dia, os franceses (refiro-me sempre aos verdadeiros) deram-se conta de que você não passava de um inveterado canalha." Outro francês de Casablanca: "Você é um nojento indivíduo traidor do marechal Pétain [...]. Tome cuidado porque vai receber uma dessas surras de que nunca se esquece [...]. Meus punhos estão em excelente condição, os de um agricultor que vomita em sua cara todo seu desprezo, nojento covarde, cafajeste, não há insultos suficientes para falar com você, e ainda diz que é católico, cristão, *crotte* [bosta]!"[38]

No decorrer do ano de 1953, a situação no Marrocos degrada-se ainda mais com a campanha do paxá de Marrakesh, Thami El Glaoui — apoiada pelas autoridades francesas —, para destituir o sultão Sidi Mohammed ben Youssef; em junho de 1953, para conter essa lógica de confronto, é constituído um comitê França-Magreb, do qual Mauriac se torna a figura de proa. A associação tem sua sede na casa do jornalista de *Le Monde* Claude Julien, e a presidência é confiada a Mauriac, acompanhado na vice-presidência pelo advogado Georges Izard, Charles-André Julien, Louis Massignon e, um pouco, mais tarde, Régis Blachère. Em 23 de junho, essa associação, cujo número de aderentes elevar-se-á a 108 membros[39], torna público um manifesto que denuncia o agravamento

---

38. Cartas a François Mauriac, citadas in ibidem, p. 267.
39. Eis os nomes dos primeiros signatários: François Mauriac, Louis Massignon, Charles-André Julien, Régis Blachère, Alain Savary, Georges Izard e o padre Daniélou. A eles, vêm juntar-se os nomes de Marcel Bataillon, Albert Camus, o general Catroux, Jean-Marie Domenach, Georges Duhamel, Jacques Duhamel, Pierre Emmanuel,

da situação, a deportação em massa das populações e as manobras de desestabilização empreendidas pelas autoridades marroquinas. "França-Magreb" — escreve o historiador Daniel Rivet — "começou por ser uma revolta moral contra o assassinato, perpetrado a sangue-frio, de subproletários abandonados por aqueles cuja razão de ser era precisamente a de protegê-los, educá-los e emancipá-los."[40] Desta vez, Mauriac recebe, além de cartas com insultos, ameaças de morte; ao mesmo tempo, ele é apoiado por uma vasta correspondência de magrebinos, impregnada de esperança e de gratidão.

O Comitê França-Magreb conjuga suas intervenções envidando esforços, ao mesmo tempo, para testemunhar, informar e denunciar as injustiças, além de fazer propostas. Mauriac dirige-se, repetidamente, ao Quai d'Orsay [Ministério das Relações Exteriores], ao Matignon [residência oficial do primeiro-ministro] e ao Palácio do Eliseu para tentar convencer os tomadores de decisão; graças a suas redes no terreno, esse comitê fornece informações em primeira mão que, propositalmente, não chegam a ser divulgadas e, em março de 1954, lança o mensal *France-Maghreb*, para dar maior visibilidade a suas fontes de informação. De acordo com o comentário de Rivet, a repercussão é imediata:

> Sem preconceito, em meu entender, é possível constatar o seguinte: o talento literário (Mauriac), a autoridade intelectual, ou seja, o dever de separar o verdadeiro do falso (Blachère e Julien), o carisma espiritual (Massignon), a legitimidade conferida pela experiência do passado (Catroux) e a juventude (Barrat, Peretti e Stéphane...), tudo isso está concentrado nessa publicação.[41]

Georges Gorse, Edmond Michelet, François Mitterrand, David Rousset, Léopold Sédar Senghor, Jean-Jacques Servan-Schreiber; e, mais tarde, Jean Cayrol, o padre Congar, Jean Daniel, Édouard Depreux, Étiemble, Daniel Mayer, Jean Paulhan, Louis Vallon, Roger Stéphane, Robert Verdier, o pastor Westphal e Gaston Wiet (cf. ibidem, pp. 277-278).

40. RIVET, 1997, p. 28.
41. Ibidem, p. 37.

A preparação da tomada do poder, no verão de 1953, inclui o rapto da mais elevada autoridade política e espiritual do Marrocos: o general Augustin Guillaume penetra, com seus homens, no Palácio de Rabat para intimar o sultão Sidi Mohammed ben Youssef a abdicar; diante da recusa, ele e sua comitiva são conduzidos à força em viaturas para o aeroporto e enviados para Madagascar. O caso é tanto mais grave pelo fato de a vítima ser uma autoridade não apenas política, mas também espiritual.[42] A mais provocante política de confronto acabou prevalecendo, e as advertências de França-Magreb não foram levadas em conta. No entanto, de acordo com a afirmação de Massignon ao comitê: "França-Magreb perdeu uma batalha, mas não a guerra!"[43]

Mauriac está abatido, humilhado e, ao mesmo tempo, fortalecido em sua determinação para lutar contra o colonialismo. Na reunião do comitê, em 23 de agosto, ele confessa a Claude Bourdet: "Você é que tinha razão! Eu não conhecia o colonialismo!" A enxurrada de cartas de indignação enviadas para a redação de *Le Figaro* levou Pierre Brisson a pedir a Mauriac para acalmar seu ardor. Inicialmente, Mauriac prefere o silêncio, em vez da autocensura; mas, quando Jean-Jacques Servan-Schreiber propõe abrir-lhe espaço em suas colunas, ele aceita com alegria. Tendo conservado as suas relações de amizade com Brisson, abandona *Le Figaro* e transfere seu "Bloc-notes" para *L'Express*, servindo de motivo para o maior júbilo por parte de Françoise Giroud, que escreve o seguinte:

> Foi algo sublime o espetáculo desse ancião coberto de honrarias, envolvido nessas ataduras com as quais o *establishment* amarra seus representantes, abandonando o estimável *Le Figaro* para juntar-se à publicação quase desconhecida de dois rebeldes que nem sequer dispunham de recursos para remunerá-lo de acordo com o que ele tinha direito de exigir.[44]

---

42. Destremau; Moncelon, 1994, p. 346.
43. Louis Massignon, citado in ibidem, p. 349.
44. Giroud, op. cit., p. 146.

Por seu turno, o membro da Academia Francesa irá confiar a Giroud: "Sou parecido aos gatos, minha querida amiga, escolho a própria cesta."[45]

A política empreendida nos protetorados marroquino e tunisiano é semelhante e tem como consequência imediata o fato de radicalizar a posição das populações. Após ter trabalhado em favor de uma política de colaboração franco-tunisiana, Habib Bourguiba acaba por dar-se conta de seu fracasso; desde então, ele volta-se para o partido Néo-Destour e reivindica a independência nacional. A deposição do sultão do Marrocos impele, por sua vez, o partido Istiqlal a adotar um programa de ruptura com a França e de acesso à independência. Ainda resta defender os direitos humanos e prestar socorro às populações ameaçadas. Um comitê para a anistia dos condenados do ultramar é constituído em fevereiro de 1954 e realiza sua primeira reunião pública em 24 de junho, na sala da Mutualité, com a presença de Sartre e Camus. A assembleia reivindica a libertação das personalidades encarceradas, tais como Habib Bourguiba e Messali Hadj.

O Comitê França-Magreb não obtém sucesso em sua tentativa para evitar o inelutável na África do Norte, ou seja, a saída do sistema colonial através da guerra. A violência inicial da colonização e a recusa obstinada de qualquer perspectiva de emancipação conduzem ao desencadeamento de uma contraviolência que vai eclodir no 1º de novembro de 1954 em território argelino, provocando, desta vez, uma verdadeira guerra que não dirá seu nome.

---

45. François Mauriac, citado in ibidem, p. 148.

11
A propósito de uma guerra que não diz seu nome

No território argelino, o processo de descolonização acaba desencadeando uma guerra, cuja realidade nunca será reconhecida pelo poder político, o qual prefere falar eufemisticamente de manutenção da ordem nos departamentos franceses do Magreb. Se os intelectuais estão imersos claramente no cerne do conflito, não é assim tão fácil circunscrever o papel que desempenham. Todo o mundo se lembra da fórmula "Chers professeurs" [Caros professores] utilizada pelo ministro do Interior, Maurice Bourges-Maunoury, para esnobar o compromisso de um Henri-Irénée Marrou a favor da independência da Argélia; e também do rótulo dos "quatro M" atribuído a François Mauriac, André Mandouze, Louis Massignon e, de novo, a Marrou, pela forma heroica do combate deles no seio do círculo intelectual. Mas este esteve muito mais dividido do que tem sido afirmado, a ponto de incluir uma maioria de partidários da Argélia Francesa; alguns, até mesmo, vão encontrar-se, no termo do conflito, nas fileiras da OAS.

O protesto moral dos defensores de Dreyfus

Até meados da década de 1950, as linhas de clivagem entre os intelectuais franceses coincidem aproximadamente com os espaços geopolíticos da guerra fria vigente na época entre o bloco norte-americano e o bloco soviético. A partir de 1954-1955, esboça-se uma virada com a morte de Stálin, o fim da Guerra da Coreia e a nova centralidade adquirida pela questão colonial, até então, subestimada. Por ocasião do "Dia de Todos os Santos Vermelho", no 1º de novembro de 1954, dezenas de atentados atingem a Argélia; o confronto ganha toda sua amplitude na primavera seguinte quando o governo francês decreta o estado de emergência e coloca "fora da lei" os militantes nacionalistas da FLN (Frente de Libertação Nacional). Os tribunais militares substituem, então, os tribunais civis[1], e a metrópole convoca os jovens recrutas. Em relação à guerra na Indochina, cujo teatro de operações estava afastado da França e cuja força expedicionária era composta por voluntários, a situação na Argélia é diferente: a proximidade com a metrópole é grande, não só pela situação geográfica, mas também pelo estatuto jurídico e político, já que ela é constituída por três departamentos franceses; pela presença de um número elevado de europeus, que torna esse país uma colônia de povoamento; por fim, pela convocação de recrutas e de reservistas do contingente.

A intervenção dos intelectuais começa por manifestar-se no terreno moral e concentra-se rapidamente na reprovação do uso da tortura. Essas opiniões dissonantes rompem com o consenso político de defesa de uma Argélia Francesa. Menos de duas semanas depois do 1º de novembro de 1954, François Mauriac causa uma verdadeira comoção ao falar no encerramento da "Semana dos Intelectuais Católicos":

> Em vez de ser a imitação de Jesus Cristo, a regra do Ocidente cristão tornou-se, muitas vezes, no decorrer da história, a imitação dos algozes de Jesus Cristo [...]. Temos fingido acreditar que o nazismo havia envenenado os povos subjugados por ele e que, se a tortura foi praticamente restabelecida no nosso país, temos de considerar tal desgraça como uma sequela da Ocupação e admitir que a Gestapo contaminou suas vítimas. Na verdade, o que era mais ou menos clandestino, no passado, faz parte agora abertamente das operações policiais.[2]

---

1. Ver THÉNAULT, 2001.
2. MAURIAC, F. [1954c] 1984.

Em janeiro de 1955, Claude Bourdet denuncia, por sua vez, em *France Observateur*, a "Gestapo da Argélia".³

Trava-se, então, uma "batalha de textos" — de acordo com a expressão forjada por Michel Crouzet —, na qual a imprensa cristã, sem ter a exclusividade disso, aparece nos postos avançados; a revista de Sartre, *Les Temps modernes*, e os semanários *L'Express* ou *France Observateur* mantêm-se igualmente na vanguarda. O trabalho de análise da dominação colonial tinha sido empreendido em algumas revistas, notadamente cristãs, no período imediato do pós-guerra. Em dezembro de 1954, a revista protestante *Christianisme social* pode assim afirmar, com razão, que "a explosão do Dia de Todos os Santos não era algo imprevisto para os nossos leitores". A reação desses círculos intelectuais cristãos reencena o combate dos defensores de Dreyfus, no século XIX, contra a razão de Estado, assumindo a missão de informar e de fazer circular a verdade, a qual, se não é censurada, é ascetizada de maneira sistemática. Em outubro de 1957, o diretor de *Esprit*, Jean-Marie Domenach, irá estigmatizar "os argumentos putrefatos do nacionalismo contrário a Dreyfus".⁴

Esses intelectuais exprimem uma indignação que não chega a propagar-se aos partidos políticos, confinando-os assim, em uma primeira fase, em certo grau de isolamento. No momento em que eles aguardavam Mendès France, após a vitória da Frente Republicana em 1956, é Guy Mollet que ocupa o poder, virando imediatamente as costas para o mandato conferido à representação nacional no sentido de levar a paz à Argélia. O fato de ter sido atingido por alguns tomates, em 6 de fevereiro, em Argel, vai convencê-lo a acionar a engrenagem militar. Em novembro de 1955, alguns intelectuais tinham-se agrupado em um Comitê de Ação, com uma composição particularmente aberta, e haviam lançado um apelo "contra a prossecução da guerra na África do Norte".⁵ O enraizamento de

---

3. BOURDET, 1955a.
4. DOMENACH, [1957] 2012, p. 227.
5. Mais de trezentos intelectuais e artistas hão de assinar esse apelo, entre os quais Marguerite Duras, Claude Bourdet, François Mauriac, Jean-Paul Sartre, Jean Cocteau, Jean-Louis Barrault, Jean Rostand, Claude Lévi-Strauss, Irène Joliot-Curie, Georges Bataille, André Breton e Jean Cassou.

cada uma dessas personalidades acentua, em um primeiro momento, o caráter moral do protesto, que constitui o menor denominador comum entre eles. Marguerite Duras, uma das primeiras a assiná-lo, manifesta o maior empenho nessa causa, encarregando-se de entrar em contato com Picasso, Fautrier e Dubuffet para convencê-los a aderir a esse comitê. É ainda ela quem responde ao antropólogo Jacques Soustelle, quando este contesta a utilização do próprio termo "guerra" a propósito do que está acontecendo na Argélia. "Em um longo texto de várias páginas" — escreve sua biógrafa e produtora de rádio e TV, Laure Adler —, "ela lembra a existência de campos de concentração na Argélia e a retomada da tortura policial, além da responsabilidade de civis e militares culpados de assassinatos coletivos de populações civis."[6]

Desde 1947, *Esprit* já tinha tomado uma posição inequívoca em favor da independência política das colônias francesas. O dossiê argelino é notadamente objeto de uma análise crítica do acadêmico e militante antifascista e anticolonialista André Mandouze, em julho de 1947.[7] Mesmo que os departamentos argelinos façam parte integrante do território francês, no âmbito do Ministério do Interior, e um novo estatuto a seu respeito tenha sido adotado em 20 de setembro de 1947, Mandouze explica que a Argélia não é a França. Em 1948, ele recidiva em *Esprit* para denunciar os abusos de todo o tipo, tais como a "fraude sistemática das eleições, as ameaças e os assassinatos"[8] cometidos pela administração e pelas Forças Armadas francesas. Ainda há quem acredite na possibilidade de uma União Francesa, especialmente na Argélia, mas com a condição de romper radicalmente com as obsoletas práticas coloniais. "O anticolonialismo" — comenta Michel Winock — "tornar-se-ia uma das lutas mais contínuas da revista de Mounier."[9]

Em novembro de 1949, o historiador e especialista da Antiguidade Henri-Irénée Marrou tinha-se manifestado, em *Esprit*, contra os métodos

---

6. ADLER, 1998, p. 310.
7. MANDOUZE, 1947.
8. Idem, 1948.
9. WINOCK, 1975a, p. 333.

usados para reprimir a contestação na Argélia, recordando a afinidade da França com os princípios de 1789 e de 1948, em defesa dos direitos humanos.[10] Em 1956, ele assina uma *libre opinion* em *Le Monde*, sob o título "France ma patrie" [França, minha pátria], no qual condena os

> meios infectos que são os campos de concentração, a tortura e a repressão coletiva. Isso é uma vergonha para o país da Revolução Francesa e do caso Dreyfus [...]. Sim, a grandeza francesa está em risco. Dirijo-me a todos aqueles que, como eu, professor, são educadores e que, como eu, têm filhos e netos: devemos ser capazes de falar com eles sem sentirmos desonra com a humilhação de Oradour [a comuna massacrada pelas Waffen-SS] e dos processos de Nuremberg.[11]

Marrou irrita o poder, que responde enviando cinco inspectores da DST para revistar seu apartamento na Communauté des Murs Blancs, em Châtenay-Malabry: no acervo dos dossiês do professor da Sorbonne, eles encontram documentos que tratam da África do Norte, mas na época de Santo Agostinho, da qual Marrou é o grande especialista. No fim daquele ano, Marrou reitera sua tomada de posição ao escrever em *Témoignage chrétien* "France prend garde de perdre ton âme" [Cautela, França, para não perderes tua alma], retomando explicitamente o título do primeiro número clandestino desse semanário, publicado em 1941. Marrou torna-se o símbolo do professor universitário em toga que se opõe à lógica da espada. Sua tomada de posição em abril de 1956, no *Le Monde*, suscita — nesse mesmo jornal, em 23 de maio de 1956 — a reação oposta de um grande número de seus colegas da Sorbonne. Sob o título "Des professeurs à la Sorbonne expriment leur adhésion à la politique gouvernementale" [Professores na Sorbonne exprimem sua adesão à política do governo], eles denunciam

---

10. MARROU, 1949.
11. Idem, 1956.

a disposição de espírito que, reservando sem críticas toda sua severidade à França, dispensa às vezes aos crimes dos *fellagas* [rebeldes favoráveis ao FLN] uma indulgência inaceitável, absolve, juntamente com seus fins, os meios utilizados por eles, e não tem medo, apesar dos protestos autorizados, de assimilar aos heróis da Resistência os assassinos de mulheres e de crianças. Por conseguinte, comprometem-se a fazer tudo o que estiver a seu alcance para que os jovens franceses encarregados de restabelecer a paz na Argélia encontrem, no respeito aos mais velhos, o apoio moral a que têm direito.[12]

Tendo desembarcado em Argel em 1946, para assumir o posto de professor de latim na faculdade de Letras, e tendo aderido ao Comitê Cristão para o Acordo França-Islã, André Mandouze dirige, no fim de 1950, uma pequena revista anticolonialista. Intitulada *Consciences algériennes*, ela inclui no comitê de redação o filósofo François Châtelet; o historiador Jean Cohen; um membro da UDMA (União Democrática do Manifesto Argelino), Abdelkader Mahdad, e um editor de livros, Abdelkader Mimouni. Em seu editorial do verão de 1955, ele questiona-se nestes termos: "Será que essa leitura dos 'acontecimentos' da Argélia é, em meados de 1955 — como aliás teria sido meu desejo —, compartilhada pela maior parte dos intelectuais? Temos de reconhecer que esse não é o caso."[13]

Os partidários da Argélia Francesa vão atacá-lo com violência. O jornal ultracatólico *Le Petit Bônois* clama, em 1957, pelo fuzilamento desses "cristãos extraviados". "Cartas com ameaças são endereçadas a 'Mohamed Duval' [o cardeal Léon-Étienne Duval] ou a 'Mandouze *fellouze* [*fellaga*]'" — escreve o historiador Jérôme Bocquet; "sacerdotes são impedidos de fazer o sermão na missa."[14] Mandouze sofre uma reação violenta do prefeito de Hydra, comuna de seu domicílio em Birmandreis, o qual pede

---

12. Texto assinado por Gérard Antoine, Raymond Aron, Georges Bataille, François Bédarida, Victor Bérard, Pierre Birot, André Boulanger, Pierre Boyancé, André Chastel, Pierre Demargne, Jean Fabre, Édouard Galletier, Jacques Heurgon, André Plassart, René Poirier, Charles Picart, Louis Séchan, William Seston e Pierre Wuillemier.
13. MANDOUZE, 1998, p. 237.
14. BOCQUET, 2012, p. 237.

ao delegado de polícia para obrigar o professor universitário a instalar-se em outro lugar, ameaçando deixar de garantir sua proteção; transferido, finalmente, para Estrasburgo, ele é acusado de traição em 1956, depois de já ter sido indiciado por ameaça à segurança externa do Estado.

François Mauriac assume a presidência de seu comitê de apoio e, em 19 de dezembro de 1956, lidera uma reunião de informação sobre o "caso Mandouze" no Palacete das Sociedades Eruditas. Após as intervenções de Massignon, Marrou, André Philip, Léon Lyon-Caen, Georges Suffert, Jean-Marie Domenach e Jean Daniel, é decidido que o historiador Pierre Vidal-Naquet vai entrar em ação. Mais tarde ele definirá uma tipologia desse compromisso, discernindo três categorias de atitudes: aquela que ele personifica e que adota como modelo o caso Dreyfus; a postura do tipo bolchevique, que prefere apoiar as forças revolucionárias; por fim, a daqueles que ficam ao lado dos novos condenados da terra, cujos representantes são os povos do Terceiro Mundo. Essas categorias podem, evidentemente, sobrepor-se, à semelhança do que ocorre com o historiador Robert Bonnaud, amigo seu.

Vidal-Naquet engaja-se contra o uso da tortura, à qual ele opõe os valores da República. Tal postura pró-Dreyfus respalda-se em sólidas razões pessoais. "Meu pai, Lucien" — escreve ele em suas memórias —, "tinha sido torturado pela Gestapo, em Marselha, em maio de 1944. A ideia de que essas mesmas técnicas fossem utilizadas — depois de Indochina, Madagascar, Tunísia, Marrocos — na Argélia pelos franceses, policiais ou militares, causava-me um verdadeiro horror."[15] A utilização generalizada da tortura vem a público em 1957, no livro *Contre la torture* [Contra a tortura], do escritor católico e crítico literário de *Le Monde* Pierre-Henri Simon.[16] Longe de aderir à causa do FLN e de contestar a presença das Forças Armadas francesas na África do Norte, Simon intervém nos limites restritos de uma reação moral. Em fevereiro de 1957, o futuro historiador Robert Bonnaud, que fez o serviço militar na Argélia, envia seu testemunho para Vidal-Naquet: nesse texto — intitulado "La paix des

---

15. Vidal-Naquet, [1998] 2007, p. 32.
16. Simon, P.-H., 1957.

Nementchas" [referência à paz na confederação tribal dos nementchas, no nordeste da Argélia] —, ele descreve, entre outros horrores, a operação em que todos os argelinos encarcerados foram degolados com uma faca de cozinha. Vidal-Naquet envia este testemunho para o diretor de *Esprit*, Jean-Marie Domenach, que decide publicá-lo de imediato. Nesse texto, Bonnaud descreve as atrocidades da repressão sob todas as formas, desde a tortura com choques elétricos até as execuções sumárias, passando pelos deslocamentos de populações civis.[17] "O que mais nos impressionou, quando mandei publicar o artigo de Robert Bonnaud 'La paix des Nementchas'" — de acordo com a lembrança de Vidal-Naquet —, "foi o fato de que estávamos sob uma manta de indiferença."[18] E, de fato, os dirigentes estavam ao corrente, a informação circulava, mas esbarrava na estratégia da avestruz, adotada pela maioria dos políticos, como se esses relatos fossem o resultado de alguma fantasia de objetores de consciência.

Durante o verão de 1957, dois testemunhos chegam ao conhecimento de Vidal-Naquet: os de Henri Alleg e de Maurice Audin, ambos militantes comunistas. A propósito do segundo, professor-assistente de matemática na faculdade de Argel, a esposa, Josette, envia a Vidal-Naquet uma carta na qual ela questiona a tese oficial da tentativa de fuga, que teria custado a vida do marido. Laurent Schwartz, orientador de sua tese, decide uma defesa *in absentia*. Vidal-Naquet constitui — em companhia de Michel Crouzet, Luc Montagnier e Jacques Panigel — um Comitê Maurice Audin e sugere a Jérôme Lindon, diretor da Les Éditions de Minuit, a publicação de uma brochura sobre o caso. Como historiador escrupuloso, ele procede ao cruzamento de suas fontes, garante a autentificação dos testemunhos, coteja as informações a fim de discriminar o verdadeiro do falso, e consegue fundamentar sua convicção a respeito das incoerências da tese oficial. "O que, em última análise, me levou a pensar que Audin não havia tentado fugir" — escreve ele em suas memórias —, "é o estudo nos relatos sucessivos, dos horários."[19] Esse trabalho de investigação é

---

17. BONNAUD, 1957.
18. Pierre Vidal-Naquet, citado in THEIS; RATTE, 1974, p. 85.
19. VIDAL-NAQUET, [1998] 2007, p. 71.

publicado em 12 de maio de 1958, revelando ao público que a fuga falsa de Audin foi usada para dissimular sua morte sob a tortura.[20]

Outra grande figura do protesto moral é o socialista André Philip, protestante, introdutor na França de Paul de Man. Ex-eleito da Frente Popular, ex-membro da Resistência, comissário no interior da França Livre, diretor do diário *Cité-soir* no momento da Libertação, ele foi ministro em vários governos após ter presidido a Comissão da Constituição. Em 1957, publica o livro *Le Socialisme trahi* [O socialismo atraiçoado], um texto incendiário em que denuncia, como crime, a política de pacificação na Argélia. Nessa obra, ele desmonta o sistema colonial e é ainda um dos raros políticos a pronunciar-se explicitamente em favor da independência: "A evolução é inevitável em direção a uma autonomia que há de frisar com a independência ou em direção a uma independência que deverá levar em consideração alguns vínculos de solidariedade nos fatos."[21] Em decorrência dessa postura, acaba expulso da SFIO em janeiro de 1958.

No mês seguinte, Lindon recebe o original datilografado de um comunista francês da Argélia, Henri Alleg, ex-diretor do jornal *Alger républicain*, que lhe é enviado pela esposa e pelo advogado, Léo Matarasso, com o título provisório *Interrogatoires sous la torture* [Interrogatórios sob a tortura]. Esse original, que descreve as torturas suportadas pelo autor no centro de paraquedistas em El-Biar, é publicado em fevereiro de 1958, com o título *La Question* [A questão]. O livro causa uma surpresa ainda maior pelo fato de que a tortura não é denunciada como uma abstração, nem como algo utilizado contra o inimigo, mas descrita concretamente por aquele que havia sido sua vítima e que, ainda por cima, era um francês. O título faz referência direta à réplica de um magistrado no decorrer do processo de Émile Zola, em pleno caso Dreyfus: "A questão não será formulada." A filiação a Dreyfus é assim reivindicada de forma clara, e a difusão do livro esbarra na interdição pelo Estado.

A imprensa cobre amplamente esse lançamento, a tal ponto que numerosos jornais são apreendidos por terem publicado a respectiva resenha.

---

20. Idem, 1958.
21. PHILIP, 1957, p. 171.

A partir de 20 de março, Lindon manda afixar enormes cartazes, que reproduzem a capa do livro, atravessada por uma faixa branca com um retrato de Alleg e a frase do artigo censurado de Sartre: "Henri Alleg a payé le prix le plus élevé pour avoir le droit de rester un homme" [Henri Alleg pagou o preço mais elevado para ter o direito de permanecer um homem]. No momento em que, o governo manda apreender o livro, cinco semanas após o seu lançamento, sua vendagem alcançou 65 mil exemplares.

O "Dossiê Jean Muller", que vem a lume em *Cahiers du Témoignage chrétien*, em 15 de fevereiro de 1957, é outro acontecimento que terá um peso importante na progressão do protesto moral entre os intelectuais cristãos. Publicado em plena batalha de Argel, ele emana de um sargento, Jean Muller, chefe escotista católico, enviado para a frente de combate, em junho de 1956, na posição de reservista. Ele se opõe à guerra, mas após ter sido tentado pela fuga, decide alistar-se por patriotismo e é enviado para a Cabília, região em que a guerra atinge grande violência. Muller agarra-se à fé cristã e, decidido a testemunhar a respeito das "ordens imorais" que recebe, escreve ao arcebispo de Argel, dom Duval, e aos amigos parisienses; desde então, é alvo dos mais diversos insultos por parte de sua hierarquia, sendo transferido de uma companhia para outra. Em 27 de outubro de 1956, ele perde a vida em combate, com 26 de seus colegas. O historiador Michel Winock irá escrever que o relato descoberto em *Témoignage chrétien* "foi o mais desconcertante do que temos lido sobre a famosa pacificação. Na Sorbonne, o dossiê Muller obteve um sucesso extraordinário".[22] Esse dossiê, entre muitos outros, reforça as convicções de uma juventude intelectual que pode ser qualificada como "geração argelina", de tal modo ela manifesta interesse pela política e permanecerá marcada para sempre por essa guerra: "O itinerário de um Michel Winock" — escreve o historiador Étienne Fouilloux —, "desde o seu subúrbio vermelho até a seção "Nouvelle Gauche" da Sorbonne, passando pela comunidade de intelectuais católicos em torno da igreja de Saint-Séverin, ao final da década de 1950, não parece atípico."[23] O jornalista católico

---

22. WINOCK, 1978, p. 156.
23. FOUILLOUX, 1988, p. 59.

Robert Barrat constitui, com os companheiros, um Comitê de Resistência Espiritual visando à publicação das numerosas cartas de reservistas que lhe são endereçadas; assim, em março de 1957, é publicada a brochura "Les rappelés témoignent" [Testemunho dos reservistas], cujo "prefácio é assinado coletivamente por Jean-Marie Domenach, René Capitant, Paul Ricœur, René Rémond e muitos outros, entre os quais, naturalmente, os padres da Missão da França que haviam contribuído para sua elaboração".[24]

A JEC [Jeunesse Étudiante Chrétienne] está progredindo dentro da Unef, organismo em que ela se torna a espinha dorsal, em primeiro lugar, da minoria e, em seguida, da maioria, em 1956; ela conquista, assim, a direção dessa grande organização sindical dos estudantes que desempenhará um papel essencial no combate contra a Guerra na Argélia.

Uma guerra de textos

Valendo-se de seu magistério intelectual, a revista *Les Temps modernes* assume posições de liderança na contestação da Guerra da Argélia. A determinação de Jean-Paul Sartre é tanto mais vigorosa, nesse ponto, que seu engajamento nesse novo conflito vai permitir-lhe reconectar-se com o círculo intelectual de esquerda, do qual ele se tinha separado, em parte, durante anos de seu companheirismo com o PCF, entre 1952 e 1956. A causa argelina ocorre em momento oportuno, depois de Budapeste, para corrigir seus equívocos, que o haviam levado a celebrar a glória de Stálin; a propósito de Sartre, Roland Dumas chegará até mesmo a afirmar que "a Guerra da Argélia foi a guerra *dele*".[25] Poderoso símbolo da expressão intelectual, Sartre cristaliza em sua pessoa o ódio dos entusiastas em favor da Argélia Francesa. Por ocasião do lançamento do Manifesto dos 121[26], em outubro de 1960, será possível escutar "Fuzilem Sartre!" no decorrer de uma passeata de protesto de ex-combatentes.

---

24. HAMON; ROTMAN, [1979] 1982, p. 70.
25. Roland Dumas, citado in COHEN-SOLAL, op. cit., p. 563.
26. Ver *infra*, capítulo 11, pp. 347 ss.

Sartre posiciona-se no terreno não do protesto moral, mas da causa do Terceiro Mundo; ele considera que se abre, finalmente, uma terceira via que permite escapar do mundo binário da guerra fria. Ao lutarem pela própria emancipação, os povos tornam-se, em seu entender, portadores de um horizonte de salvação. Em 1961, ele escreve seu famoso prefácio para o livro de Frantz Fanon *Os condenados da terra*[27]: nesse texto, ele julga que a opinião manifestada por Fanon é aquela, saindo da sombra, dos países do Terceiro Mundo, os quais se introduzem na história. Ao terem em comum o dever de lutar contra a tirania colonial, eles encarnam a esperança revolucionária após o desastroso desfecho da Revolução de Outubro. "Fanon" — escreve Sartre — "é o primeiro, desde Engels, a restabelecer claramente a parteira da história."[28] Para Sartre, a guerra contra o colonialismo não admite nenhuma condescendência e, em vez disso, deve apoiar a violência que se encontra inevitavelmente no bojo dessa causa: "Abater um europeu" — escreve ele — "é matar dois coelhos com uma só cajadada: suprimir, simultaneamente, um opressor e um oprimido."[29]

No 1º de novembro de 1954, em um contexto em que o consenso é ainda preservar uma Argélia Francesa, o conselho editorial de *Les Temps modernes* mantém uma atitude isolada ao tomar posição em favor da independência. Em 1956-1957, os artigos dessa revista multiplicam as analogias entre o que está acontecendo na Argélia e a ocupação alemã do território francês, durante a Segunda Guerra Mundial:

> A destruição de aldeias, os estupros, os saques, os "agrupamentos" de população, o recurso sistemático à tortura e às execuções sumárias — as *corvées de bois* —, qual é a diferença em relação às práticas hitleristas, excetuando o extermínio "industrial" dos judeus?[30]

---

27. Sartre, 1961b.
28. Ibidem, p. 23.
29. Ibidem, p. 29.
30. Marcel Péju, citado in Lacouture; Chagnollaud, op. cit., p. 229. A expressão "*corvée de bois*" — literalmente, "tarefa de buscar lenha" — era utilizada na Guerra da Argélia para indicar a execução de prisioneiros, os quais eram abatidos por uma suposta tentativa de fuga. [N.T.]

Tendo-se mantido à distância de Francis Jeanson, com quem se tinha indisposto em 1956, Sartre recebe a solicitação, no início de 1959, para apoiar explicitamente a rede de apoio aos independentistas argelinos do FLN, constituída por Jeanson, que se tornou célebre sob o nome dos "carregadores de malas"[*porteurs de valises*]. Hesitante e ansioso, ele acaba aceitando dirigir-se a Sartre e é reconfortado imediatamente quando este último garante-lhe que já esperava seu pedido. De acordo com Jeanson, Sartre declara-lhe: "Você sabe que estou cem por cento de acordo com sua ação. Utilize-me como quiser. Tenho amigos também que não desejam outra coisa além de ficarem à sua disposição; me diga o que lhe está fazendo falta."[31]

Nessa guerra dos textos, alguns editores hão de servir de intermediários essenciais para difundir informações e contornar a censura em vigor. Entre eles, Jérôme Lindon, diretor da Éditions de Minuit, considera esse combate como a continuação da Resistência em nome de "uma ideia consequente da França": ele é mobilizado não tanto pelo terceiro-mundismo, mas pela fidelidade à postura adotada no caso Dreyfus em favor da verdade e da justiça contra a razão de Estado. Sobre a questão argelina, Lindon publica, em 1957, um texto de Germaine Tillion, ex-membro da Resistência e deportada para Buchenwald que se tornou etnóloga: em *L'Algérie en 1957* [A Argélia em 1957], não tendo ainda a intenção de defender a ruptura, ela define a via de uma política republicana e democrática no sentido de reconciliar as autoridades francesas com as forças progressistas argelinas, sem deixar de denunciar as injustiças inerentes ao sistema colonial. No outono de 1957, com a publicação do livro *Pour Djamila Bouhired* [Em favor de Djamila Bouhired], de Georges Arnaud e Jacques Vergès, essa editora entra na resistência: trata-se de um texto de combate contra a tortura infligida a uma jovem argelina, condenada à morte por pertencer ao FLN e por sua participação no atentado do Milk Bar de Argel, em 30 de setembro de 1956. A emoção suscitada por esse livro — cujas resenhas publicadas pela imprensa, tanto de esquerda quanto de direita, são redigidas

---

31. JEANSON, [1966] 1982, p. 155.

por personalidades tais como André Frossard ou Pierre Lazareff — leva o presidente da República, René Coty, a conceder o indulto a Bouhired.

Esse engajamento contra a Guerra da Argélia permite ao editor conseguir, com uma canetada, dois objetivos: em meados da década de 1950, tendo já personificado uma expressão literária em ruptura, ele endossa agora a postura do intelectual que se insurge por razões éticas. O lugar central que ele ocupa, daí em diante, no mundo das letras contrasta com a dimensão modesta de sua editora. Com a cooperação da Liga dos Direitos Humanos, Lindon recebe o apoio de uma tropa de intelectuais que cerram fileiras atrás dele para protestar contra a apreensão do livro *La Question*, e assinam o apelo escrito por ele e dirigido ao presidente da República.[32]

Em dezembro de 1958, Lindon reincide com a publicação de uma coletânea de queixas de cinco estudantes argelinos, torturados nas instalações da Segurança do Território em Paris, sob o título *La Gangrène* [A gangrena], que encontra uma ampla ressonância, mas acaba sendo, por sua vez, apreendido. Em 1960, ele publica *Le Déserteur* [O desertor], de Jean-Louis Hurst (sob o pseudônimo de Maurienne), um romance que convoca os militares à desobediência e que é, também, apreendido. Ainda em 1960, a editora Minuit recupera o insubordinado da concorrente Seuil, Francis Jeanson, o qual publica *Notre guerre* [Nossa guerra], igualmente apreendido. Durante a Guerra da Argélia, Lindon será indiciado dezoito vezes e verá seu apartamento ser alvejado por matéria explosiva e um coquetel-molotov ser lançado contra a vitrine de sua editora.

Não é, no entanto, por antigaullismo que Lindon escolhe o campo da contestação mais radical; pelo contrário, na eleição presidencial de 1965 ele permanece ligado à pessoa do general, seu candidato preferido, em vez de François Mitterrand. Em 1958, em seu retorno, ele não via, de modo algum, o risco de ditadura fascista, denunciado pela esquerda, como será testemunhado pelo amigo Pierre Vidal-Naquet:

---

32. Esse apelo é assinado por Jean-Paul Sartre, François Mauriac, Roger Martin du Gard e André Malraux.

Ele foi o mais lúcido de todos os meus amigos. Bem cedo, em torno de 22 de maio, ele telefona-me para dizer: "Em vez de opor De Gaulle e a República, trata-se agora de garantir De Gaulle e a República." No entanto, desde a tomada do poder (1º de junho), ele julga que, se alguém pretende ajudar o general a estabelecer a paz na Argélia, deveria atacá-lo sem tréguas; eis o que ele fez, por mais "gaullista de esquerda" que tivesse sido no âmago dele mesmo.[33]

Outro editor muito empenhado, François Maspero, representa a vertente terceiro-mundista do protesto contra a Guerra da Argélia. Em outubro de 1957, ele compra uma grande livraria na rua Saint-Séverin, 40, para abrir nesse espaço a La Joie de lire; no ano seguinte, lança a editora que leva seu nome, sem ter nenhum conhecimento nesse setor de comércio. Entre os primeiros livros publicados, Maspero desenterra um escritor comunista um tanto esquecido, que havia sido banido pelo PCF por ter ousado criticar o pacto germano-soviético: Frantz Fanon. Esse, descendente de escravos martiniquenses, engajado no movimento França Livre, discípulo do psiquiatra François Tosquelles, membro da redação do jornal argelino de língua francesa *El Moudjahid* e embaixador itinerante encarregado da política africana do GPRA [Governo Provisório da República Argelina] representa a má consciência de sua época para Maspero, o qual lhe dedica uma profunda admiração.

Por ocasião da passeata pacifista dos argelinos de Paris, reprimida severamente pelo comissário de polícia, Papon, em 17 de outubro de 1961 — que lança na correnteza do rio Sena dezenas de argelinos espancados, e cujo balanço tenebroso irá desaparecer, durante muito tempo, da memória coletiva dos franceses —, Maspero desempenha um papel de testemunha ativa: militante em uma rede de apoio aos argelinos em luta, ele é incumbido de acompanhar de moto os manifestantes em diversos lugares da capital e assiste a esse massacre. "A guerra irrrompeu fisicamente na minha livraria, na noite de 17 de outubro de 1961" — escreve ele em 2002. "O chão estava coberto de corpos ensanguentados, uma barreira

---

33. VIDAL-NAQUET, 2007, p. 79.

de policiais bloqueava a rua e alguns procuravam forçar a porta. Quando as ambulâncias chegaram, já era tarde demais."[34]

Maspero compromete-se a assumir seu lugar no que foi qualificado como "Frente Editorial" na resistência à engrenagem da Guerra da Argélia, ao lado de Jérôme Lindon e de Nils Andersson.[35] Nesse combate, ele volta a encontrar o espírito de resistência de sua família, do pai e do irmão desaparecidos, mas igualmente da mãe, que, ao retornar do campo de deportação, envolveu-se ativamente nos círculos de resistência e teve assento em comitês de refugiados e de prisioneiros. Em 1950, ela tinha aderido à Comissão Internacional contra o Regime Concentracionário, criada por David Rousset. Por seu intermédio, Lindon permanecerá em contato com as redes de resistentes na década de 1950 e fará bom uso disso na luta contra a Guerra da Argélia. De todos os editores, ele continua sendo o mais próximo dos carregadores de malas e dos insubordinados: "Ele desloca-se de carro e chega até mesmo a encontrar-se com os companheiros armados para tentar impedir, em vão, a execução de um militante argelino, [Abderrahmane] Lakhlifi."[36]

Sem situar-se realmente nas posições militantes de Maspero ou de Lindon, René Julliard exprime também, por meio de suas publicações, a sua condenação da Guerra da Argélia. Apesar de ter recusado *La Question* e de não ter assinado o "Manifesto dos 121", ele participa desse trio de editores que rejeitam a política empreendida no outro lado do Mediterrâneo. Ao final da década de 1950, seu antigaullismo é reforçado pela chegada em sua editora, em 1959, de um brilhante jovem de 26 anos, Christian Bourgois, devorador de livros desde os sete anos e fortemente ancorado no progressismo.

No fim de 1961, a oposição à política argelina do general De Gaulle leva a editora Julliard a publicar *La Cour — chronique du royaume* [A corte — crônica do reino], uma coletânea das crônicas bastante populares do semanário satírico *Canard enchaîné*. Mas, logo em 1957, ele publica o

---

34. Maspero, 2002, p. 159.
35. Andersson, 2002.
36. Hage, 2010, p. 166; ver também Martin, 1993.

testemunho de Jean-Jacques Servan-Schreiber sobre sua experiência como oficial na Argélia; em 1960, *O passageiro da noite*, de Maurice Pons, que relata sob a forma de ficção o trabalho dos carregadores de malas, e, depois, no mesmo ano, uma obra crítica de Jules Roy, recusada pelas editoras Gallimard e Albin Michel, que deveria intitular-se *La Guerre de Cent Ans aura-t-elle lieu?* [A Guerra dos Cem Anos irá travar-se?]. Bourgois, que pretende promover algo espalhafatoso, propõe substituir o título por *La Guerre d'Algérie* [A Guerra da Argélia], ato transgressor na época e passível de ser julgado nos tribunais. No lançamento, a amplitude do eco é tal que, em alguns dias, a vendagem eleva-se a 120 mil exemplares. Em 1961, Julliard publica *Le Réseau* [A rede], um romance de Claude Faux, secretário de Sartre, favorável às redes de apoio ao FLN.

No outono de 1960, *France Observateur* publica "Professeur en Algérie" [Professor na Argélia], um artigo de duas páginas do historiador Pierre Nora, que retorna após dois anos de ensino no Lycée Lamoricière de Oran, estabelecimento para o qual havia sido nomeado como cooperante após ter passado no concurso para professor de história.[37] Esse testemunho altamente instigante de Pierre Nora apresenta a constatação de que não há alternativa além de reconhecer a representatividade e a legitimidade do FLN. No dia da publicação desse texto, à noite, Pierre Nora encontra, no domicílio de Françoise Cachin, que se tornaria sua esposa, o amigo Jean-François Revel e o editor Christian Bourgois; este vai felicitá-lo pelo artigo, no que é acompanhado por Revel, o qual lhe sugere escrever um livro sobre a Argélia a partir desse texto. O volume será publicado pela editora Julliard, no ano seguinte, sob o título *Les Français d'Algérie*[38] [Os franceses da Argélia]. Falar dos "*français d'Algérie*" faz parte de uma provocação nominalista similar àquela de Jules Roy, na mesma editora, porque na época falava-se apenas dos "europeus". A obra é lançada no momento oportuno, na primavera de 1961, em pleno *putsch* dos generais e por ocasião do primeiro encontro na cidade de Évian, em 20 de maio, entre os representantes da França e do GPRA, cujo efeito consiste em

---

37. NORA, [1960] 2011.
38. Idem, [1961] 2012.

concentrar a atenção sobre o futuro incerto desses franceses da Argélia. O sucesso é imediato: os 35 mil exemplares são objeto de disputa na livraria, consolidando a reputação de seu jovem autor. Julliard não terá a oportunidade de assistir à independência da Argélia, tão desejada por ele, a ponto de afirmar que esse "será o mais auspicioso dia da [sua] vida". Diagnosticado com câncer, ele trabalha até o último momento, mas, incapaz de se deslocar, convoca todas as manhãs sua assessora de imprensa, Monique Mayaud, para acompanhar as atividades da editora; ele morre poucos dias antes da proclamação da independência desse território, em 1º de julho de 1962.

A frente de combate contra a Guerra da Argélia manifesta-se também na imprensa. Desde novembro de 1954, o semanário de esquerda *France Observateur* assume uma posição vanguardista, à semelhança de Claude Bourdet, que escreve o seguinte: "O povo argelino é um povo miserável, iludido, desesperado, e tudo isso por nossa culpa. Eis o fundo do problema, eis a causa primordial dessa guerrilha iniciada no Aurès."[39] Bourdet, ex-deportado para o campo de Buchenwald e companheiro da Libertação, é um dos primeiros a perceber que a repressão total em que estão envolvidas as autoridades francesas conduz diretamente à guerra. Em 1955, em pleno debate sobre a tortura, ele assina um artigo intitulado "Vers la guerre d'Algérie"[40] [Rumo à Guerra da Argélia]. O semanário *France Observateur* está bem informado por suas redes. Em abril de 1954, antes mesmo do desencadeamento dos combates pelo FLN, Gilles Martinet foi convidado a Argel por um comitê agrupando o MTLD, a UDMA e o PC argelino. As denúncias e as advertências do jornal — por exemplo, aquela lançada por Bourdet em setembro de 1955: "Não lancem o contingente na guerra de vocês" — implicam a multiplicação de apreensões e nada menos que dezesseis proibições de distribuição no território metropolitano: "Bourdet, Martinet, Estier, Paret, Barrat, Naville e Galard convocam

---

39. BOURDET, 1954. Aurès é uma região montanhosa situada no nordeste da Argélia, na divisa com a Tunísia. [N.T.]
40. Idem, 1955a.

incansavelmente à preparação de um quadro de negociação, admitindo de saída o reconhecimento da integridade da nação argelina."[41]

Em outubro de 1956, no momento em que o governo de Guy Mollet sequestra o avião onde se encontra Ahmed Ben Bella, além de encarcerá-lo, prende Ève Deschamps — enviada especial de *France Observateur*, presente nesse voo —, e o marido desta, Roger Paret, é indiciado por seus artigos, considerados como uma tentativa de desmoralização das Forças Armadas. Bourdet é processado pelas mesmas razões, depois de ter publicado seu artigo "Disponibles, quel sursis?" [Disponíveis, que prazo?], no qual se manifesta contra a mobilização dos reservistas:

> Cem mil jovens franceses estão, novamente, ameaçados de serem arrancados das famílias, do emprego [...], ameaçados de serem atirados na "guerra suja da Argélia". Os democratas de qualquer tendência, de qualquer esfera espiritual, devem fazer de tudo para impedir esse sacrifício da força vital do país, esse suicídio consciente de nosso regime político.[42]

O jornal é objeto de revistas por parte da DST, a qual anda à procura de documentos secretos passíveis de comprometer judicialmente seus colaboradores e acaba descobrindo uma coleção de selos soviéticos no apartamento de Claude Estier. Se o combate contra a guerra não esmorece, o massacre de Melouza, na noite de 28 para 29 de maio de 1957, suscita na redação um distanciamento em relação ao FLN, o qual deixa de ser caucionado incondicionalmente.[43]

Outro grande periódico que desempenhou um papel ativo no contexto da descolonização da Indochina é *L'Express*; sua postura no caso argelino fora muito mais sutil do que a de *France Observateur*. Bastante ligada a Pierre Mendès France, a equipe do jornal apoia o presidente do Conselho de Ministros quando se desencadeia o confronto, no 1º de novembro de 1954. A resposta desejada é a da reforma econômica e social, favorecendo

---

41. Tétart, 2000, p. 173.
42. Bourdet, 1956.
43. Idem, 1957.

uma política de assimilação, apoiando-se nas elites da população muçulmana da Argélia. Mas a engrenagem da guerra torna tal esperança cada dia mais precária: "O semanário recusa-se a desculpar a tortura, admitindo que as abominações se devem à natureza do conflito."[44] Entre julho de 1955 e fevereiro de 1956, Albert Camus colabora com o jornal e preconiza uma associação livre entre franceses e argelinos. Jean Daniel, francês da Argélia que conhece o dossiê em toda sua complexidade, defende a negociação com os rebeldes do FLN: "Após o desencadeamento da insurreição" — escreverá ele —, "apercebi-me de que tudo estaria perdido se não negociássemos o mais rapidamente possível com os insurgentes."[45] Em 6 de fevereiro de 1956, no momento do recuo de Guy Mollet, Jean-Jacques Servan-Schreiber recebe, em seu escritório, François Mauriac, Albert Camus, Jean Daniel e Alfred Sauvy, furiosos pelo fato de que Pierre Mendès France não tivesse sido nomeado para a presidência do Conselho de Ministros após o sucesso da Frente Republicana. Camus decide deixar de escrever sobre a Argélia, seja em *L'Express* ou alhures, como será evocado por Daniel:

> O mais lúcido de todos nós foi Camus. Ele teve a prostração profética, declarando que conhecia os seus, os franceses da Argélia, de quem acabou sendo até o fim tão solidário, e que, daí em diante, o poder já não estaria em Paris, mas em Argel. Ele anunciou o agrupamento dos liberais em torno dos ultras, as *ratonnades*, o contraterrorismo e a secessão.[46]

Daniel vai continuar viajando entre Paris, Túnis e Argel, multiplicando os contatos, procurando manter a todo custo um diálogo impossível. Como suas tomadas de posição em *L'Express* orientavam-se claramente no sentido da contestação da guerra travada na Argélia, seus artigos constituem outros tantos pretextos para a apreensão do jornal: "Fui indiciado duas vezes por ameaçar a segurança interna e externa do Estado. Mais tarde, algumas

---

44. JAMET, op. cit., p. 105.
45. DANIEL, 2002, p. 155.
46. Ibidem, p. 157. ["*Ratonnade*" — termo derivado de "*raton*" [ratinho], que, na gíria francesa com conotação racista, refere-se a um emigrante da África do Norte — significa a violência física exercida contra os membros de uma minoria étnica. N.T.]

seções da OAS, ao ficarem sabendo que eu me atrevia a retornar regularmente à Argélia, puseram a prêmio a minha cabeça."[47] Paralelamente, ao ter conhecimento, em janeiro de 1958, da existência de um massacre no decorrer do qual um francês e seus dois filhos são mutilados por argelinos, enquanto a esposa é estuprada por outros, Daniel espera em vão a retratação do FLN: "O silêncio não era, em meu entender, tolerável [...]. Eu tinha o dever de protestar."[48] Servan-Schreiber — que havia testemunhado em um livro sua experiência como oficial na Argélia, tendo sido indiciado em decorrência desse fato por ameaça à segurança do Estado[49] — e Françoise Giroud adotam entre 1956 e 1958 uma posição cada vez mais crítica em relação à política empreendida pelo governo francês.

As opiniões do *Le Monde* sobre a Argélia são aguardadas com bastante interesse pelos intelectuais. Hubert Beuve-Méry, que havia estado na dianteira em relação à Indochina e quase perdeu seu posto em decorrência disso, começa por manifestar uma extrema cautela. Ao desencadear-se a insurreição — escreve seu biógrafo, Laurent Greilsamer —, ele está, como a maior parte dos franceses, "bem longe de desejar a independência; a própria ideia parece-lhe ser algo desmiolado".[50] Mas seu lado moralista é incapaz de caucionar os abusos das Forças Armadas francesas. Uma reportagem alarmante é enviada por Georges Penchenier, que telegrafa o que ele descobre no lugarejo de Zef-Zef depois de ter assistido ao funeral das vítimas do FLN em Philippeville, em 24 de agosto de 1955: "Uns cinquenta idosos, mulheres e crianças foram mortos na ausência de homens que tinham fugido na noite anterior."[51] O diretor da redação começa por hesitar e, em seguida, Beuve-Méry opta pela publicação do texto; no momento em que Maurice Bourgès-Maunoury, ministro do Interior, desmente a veracidade dessas informações, *Le Monde* volta a publicar a notícia com detalhes ainda mais macabros.

---

47. Ibidem, p. 160.
48. Ibidem, p. 164.
49. SERVAN-SCHREIBER, 1957.
50. GREILSAMER, 2010, p. 541.
51. PENCHENIER, 1955.

Se Beuve-Méry precisa de mais tempo antes de admitir que a tortura é praticada pelas Forças Armadas francesas na Argélia, uma vez sua convicção consolidada, sua condenação é marcada pela mais extrema firmeza: "Daqui em diante, os franceses devem saber que deixaram de ter o direito de condenar, em termos semelhantes aos que utilizavam há dez anos, a destruição de Oradour e os torturadores da Gestapo."[52] A propósito do caso Audin, Pierre Vidal-Naquet — que havia liderado o respectivo comitê —, beneficia-se do apoio total de Beuve-Méry, que teve conhecimento desse dossiê por intermédio de Paul Teitgen, secretário-geral da polícia em Argel e demissionário em setembro de 1957: "Beuve torna-se um ponto de referência: na frente, em relação aos direitos humanos, e, na retaguarda, relativamente à emancipação política reivindicada pelo FLN."[53]

A batalha dos manifestos

Durante todo o conflito, não chega a existir unanimidade entre os intelectuais. No ano de 1960, no fulcro da guerra, verifica-se o confronto entre vários manifestos: o mais comentado, apesar de ter coletado o menor número de signatários, é o chamado Manifesto dos 121. Impacientes diante das tergiversações do poder gaullista e da prossecução da violência, alguns intelectuais de esquerda pretendem promover algo para chamar a atenção: Maurice Blanchot, Maurice Nadeau, Dionys Mascolo, Jean Schuster e Jean Pouillon reúnem-se, durante o verão, nas instalações de *Les Temps modernes* ou nas do editor René Julliard, local em que o diretor de *Les Lettres nouvelles*, Maurice Nadeau, tem um escritório, e discutem a respeito da iniciativa a ser tomada. Mascolo propõe uma declaração coletiva para justificar a recusa de pegar em armas contra os argelinos; Jean-Paul Sartre, que está viajando em companhia de Simone de Beauvoir para o Brasil, garante-lhe seu acordo. É estabelecida uma primeira lista de 25 a 30 nomes, mas não cessa de aumentar o número de signatários.

---

52. BEUVE-MÉRY, 1957.
53. GREILSAMER, 2010, p. 545.

O texto é redigido, no essencial, por Blanchot. Mascolo está incumbido de sua divulgação, enquanto Nadeau esforça-se por reunir o maior número possível de assinaturas. Marguerite Duras também contribui, contatando Jean Daniel, mas não consegue sua adesão: no texto, não há nenhuma referência à causa dos franceses da Argélia.

Na editora Julliard, a polícia encontra, em uma gaveta da escrivaninha de Nadeau, a lista dos signatários com os respectivos endereços. Ele é conduzido à delegacia: "Sou um dos dois indiciados: Blanchot por ter escrito o manifesto, e eu, por sua divulgação."[54] Além de Daniel, numerosos intelectuais contatados — tais como Edgar Morin, Claude Lévi-Strauss, Colette Audry ou Maurice Merleau-Ponty — recusam-se a assinar o documento. No dia 4 de setembro de 1960, *Le Monde* anuncia:

> Cento e vinte e um escritores e artistas assinaram uma declaração sobre "Le Droit à l'insoumission dans la guerre d'Algérie" [O direito à insubordinação na Guerra da Argélia] [...]. Enchendo várias sacolas de correspondência, Mascolo remete, da agência dos correios da rua des Saints-Pères, mais de dois mil envelopes contendo uma folha de quatro páginas, com o texto dessa declaração, e a lista com as 121 assinaturas.[55]

Como foi proibida imediatamente a difusão desse manifesto, *Les Temps modernes* traz no número de outubro duas páginas em branco para simbolizar a censura. O paradoxo atinge seu auge visto que esse texto, o mais famoso desde a Libertação, será publicado apenas no exterior: na Itália, em *Tempo presente*, e, na Alemanha, em *Neue Rundschau*. Na França, ao tentar sua publicação, o periódico *Vérité-liberté* é apreendido imediatamente. Após uma análise denunciando a política de poder e apoiando a causa da Argélia como uma causa legítima de emancipação nacional, esse manifesto proclama:

---

54. Nadeau, 2011, p. 19.
55. Cohen-Solal, op. cit., p. 539.

— Respeitamos e julgamos como justificada a recusa de pegar em armas contra o povo argelino.

— Respeitamos e julgamos como justificada a conduta dos franceses que estimam que é seu dever a garantia de ajuda e proteção aos argelinos oprimidos em nome do povo francês.

— A causa do povo argelino, que contribui decisivamente para derrubar o sistema colonial, é a causa de todos os homens livres.[56]

O simples anúncio desse texto tem o efeito de um terremoto, além de suscitar uma reação oposta dos intelectuais que defendem a Argélia Francesa e apoiam a política de pacificação perseguida pelo poder gaullista. Em 7 de outubro de 1960, esse grupo publica um Manifesto dos Intelectuais Franceses em Favor da Resistência ao Abandono, que denuncia uma

---

56. Essa "Declaração sobre o direito de insubmissão na Guerra da Argélia" é assinada por Arthur Adamov, Robert Antelme, Georges Auclair, Jean Baby, Hélène Balfet, Marc Barbut, Robert Barrat, Simone de Beauvoir, Jean-Louis Bédouin, Marc Begbeider, Robert Benayoun, Maurice Blanchot, Roger Blin, Arsène Bonnafous-Murat, Geneviève Bonnefoi, Raymond Borde, Jean-Louis Bory, Jacques-Laurent Bost, Pierre Boulez, Vincent Bounoure, André Breton, Guy Cabanel, Georges Condominas, Alain Cuny, doutor Jean Dalsace, Jean Czarnecki, Adrien Dax, Hubert Damisch, Bernard Dort, Jean Douassot, Simone Dreyfus, Marguerite Duras, Yves Elléouët, Dominique Eluard, Charles Estienne, Louis-René des Forêts, doutor Théodore Fraenkel, André Frénaud, Jacques Gernet, Louis Gernet, Édouard Glissant, Anne Guérin, Daniel Guérin, Jacques Howlett, Édouard Jaguer, Pierre Jaouen, Gérard Jarlot, Robert Jaulin, Alain Joubert, Henri Kréa, Robert Lagarde, Monique Lange, Claude Lanzmann, Robert Lapoujade, Henri Lefebvre, Gérard Legrand, Michel Leiris, Paul Lévy, Jérôme Lindon, Éric Losfeld, Robert Louzon, Olivier de Magny, Florence Malraux, André Mandouze, Maud Mannoni, Jean Martin, Renée Marcel--Martinet, Jean-Daniel Martinet, Andrée Marty-Capgras, Dionys Mascolo, François Maspero, André Masson, Pierre de Massot, Jean-Jacques Mayoux, Jehan Mayoux, Théodore Monod, Marie Moscovici, Georges Mounin, Maurice Nadeau, Georges Navel, Claude Ollier, Hélène Parmelin, José Pierre, Marcel Péju, André Pieyre de Mandiargues, Édouard Pignon, Bernard Pingaud, Maurice Pons, J.-B. Pontalis, Jean Pouillon, Denise René, Alain Resnais, Jean-François Revel, Paul Revel, Alain Robbe-Grillet, Christiane Rochefort, Jacques-Francis Rolland, Alfred Rosmer, Gilbert Rouget, Claude Roy, Marc Saint-Saëns, Nathalie Sarraute, Jean-Paul Sartre, Renée Saurel, Claude Sautet, Jean Schuster, Robert Scipion, Louis Seguin, Geneviève Serreau, Simone Signoret, Jean-Claude Silbermann, Claude Simon, René de Solier, D. de La Souchère, Jean Thiercelin, René Tzanck, Vercors, Jean-Pierre Vernant, Pierre Vidal-Naquet, Jean-Pierre Vielfaure, Claude Viseux, Ylipe e René Zazzo.

"quinta coluna" em ação, há muito tempo, contra os interesses franceses, além de estigmatizar

> os professores da traição [que] chegam inclusive a preconizar a assistência direta ao terrorismo inimigo. Diante desses fatos, os signatários do presente manifesto — escritores, professores universitários, jornalistas, artistas, médicos, advogados, editores, etc. — julgam que um período mais longo de silêncio da parte deles equivaleria a uma verdadeira cumplicidade. Eles negam, por outro lado, aos apologistas da deserção o direito de se arvorarem como representantes da intelectualidade francesa [...]. É uma farsa dizer ou escrever que a França "luta contra o povo argelino empenhado em obter a sua independência" [...]. Caluniar e difamar sistematicamente as Forças Armadas que lutam pela França na Argélia consiste em cometer um ato de traição [...]. Uma das formas mais covardes da traição é envenenar, dia após dia, a consciência da França [...]. A Guerra da Argélia é uma luta imposta à França por uma minoria de rebeldes fanáticos, terroristas e racistas.[57]

---

57. "Manifesto dos Intelectuais Franceses em Favor da Resistência ao Abandono", assinado notadamente por Henri Ader, Théophile Alajouanine, Roger Allaire, Paul--Félix Armand-Delille, Geneviève Bailac, Jacques Bergier, Georges Beuville, Antoine Blondin, Jacques Bonnet-Madin, Charles Boulay, Robert Bourget-Pailleron, Jacques Bourgain, doutor Léon Boutbien, Henry Bordeaux, Pierre Boyancé, Maurice Braure, André Brissaud, Philippe Brissaud, Marcel Brossolet, Jean Brune, Burel, François Bluche, Bertrand de Castelbajac, Jacques Chabanne, Eugène Cavaignac, Gabrielle Chatenet, Paul Chauveau, Henry Clérisse, René-Jean Clot, André Collot, Léo Dartey, Jean Déon, Michel Déon, Roger Dion, Roland Dorgelès, Pierre Drieu la Rochelle, Pierre Ducru, Norbert Dufourcq, Jacques Dupont, Jean Elbstein, Hubert Engelhard, Henri Évrard, Yvonne Eyrieux, Robert Farre, Jean Ferré, Luce Feyrer, André Figueras, William François, André François-Poncet, Bertrand Flornoy, Marie--Madeleine Fourcade, Pierre Frémy, Pierre Gaxotte, Bernard Georges, René Gillouin, Raoul Girardet, Jacques Godard, Jacques Gouault, Étienne Gril, Pierre Grosclaude, Pierre Guillain de Bénouville, Jean Guirec, Daniel Halévy, Robert d'Harcourt, Maurice d'Hartoy, Auguste Haury, Philippe Heduy, René Hener, Herbert, Jacques Heurgon, J. G. H. Hoffmann, doutor Serge Jeanneret, marechal Alphonse Juin, Charles Kunstler, Suzanne Labin, Emmanuel Lamotte, Bernard Lafay, Gaston Leduc, Henri Lefebvre, Jean-Louis Lefebvre, Roland Laudenbach, François Léger, Pierre Lyautey, doutor Charles Lucas, Jean Lépine, Camille Loterie, Raymond Magne, Gaston Mallet, Gabriel Marcel, Henri Mazeaud, Léon Mazeaud, Henri Massis, Jean Masson, Jules Monnerot, Paul Montel, Jean-Marc Montguerre, Abel Moreau, doutor Jacques Moulins, Roland Mousnier, Henry de Monfreid, Roger Nimier, Pierre Noël,

Essa iniciativa dos intelectuais favoráveis à Argélia Francesa emana do Movimento Nacional Universitário de Ação Cívica. Criado em outubro de 1958, ele conta com 1.500 membros; seu secretariado, dirigido por Pierre Grosclaude, é composto pelo jurista Henri Mazeaud e pelo historiador Gilbert Picard: "A Sorbonne fornece um compacto pelotão de latinistas e de historiadores."[58] À objeção de consciência preconizada pelo "Manifesto dos 121", esses partidários da Argélia Francesa opõem a união sagrada em torno das Forças Armadas. A velha geração dos Henri Massis, Roland Dorgelès e Pierre Gaxotte, forçada à discrição após sua transigência colaboracionista com o invasor nazista, levanta a cabeça e adota uma nova virgindade ao lado dos jovens lobos que tomam seu lugar, tais como Roger Nimier, Antoine Blondin, Thierry Maulnier, Louis Pauwels ou Jacques Laurent. Como observa o historiador Jean-François Sirinelli, a direita intelectual recuperou as energias aproveitando-se do conflito argelino.

Entre esses dois polos, uma terceira petição, batizada "Apelo à opinião pública em favor de uma paz negociada na Argélia", obtém igualmente um grande sucesso, mesmo sem ter conseguido uma repercussão semelhante. Tendo uma maior afinidade com o "Manifesto dos 121" em relação ao diagnóstico, essa petição reconhece que já não é possível existir uma Argélia Francesa e que, "na situação atual, a crise de consciência e o espírito de revolta dos jovens são inevitáveis". Ela admite, portanto, que possa haver casos de insubordinação, mas, ao contrário do "Manifesto dos 121", não reconhece a sua legitimidade. Publicada no número de outubro da revista *L'Enseignement public*, essa petição tem o apoio dos grandes batalhões da FEN (Federação da Educação Nacional), da Liga dos Direitos do Homem,

---

Pierre Nord, Barthélemy Ott, Georges Oudard, Jean Paulhac, Jacques Perret, Gilbert Picard, Charles Picard, René Poirier, Gilbert Pouteau, Bernard Raguenet, cônego Ferdinand Renaud, Stanislas Rey, Paul Ribeaud, Charles Richet, René Risacher, Michel Rohart, Jules Romains, Rémy Roure, Évrard de Rouvre, Théodore Ruyssen, René Sers, Louis de Saint-Pierre, Michel de Saint-Pierre, Philippe Saint-Germain, José Almira de Saint-Clet, Alphonse Séché, Claude J. Stoll, Robert Tardiff, Pierre de Tartas, Thierry Maulnier, Pierre Thurotte, doutor Léon Tixier, Paul Vernière, Daniel Villey, dr. Jean Vinchon, Pierre Weite, etc.

58. SIRINELLI, [1990b] 1996, p. 353.

dirigida por Daniel Mayer, e da Unef, cujo diretor é Pierre Gaudez, além de numerosos professores universitários. Ela irá receber, no final, mais de dezesseis mil assinaturas.⁵⁹

Por ocasião dessa batalha entre petições, o filósofo Paul Ricœur publica um texto na revista *Esprit*, exprimindo uma opinião um tanto discordante em relação à tomada de posição dos 121: ao compartilhar a desaprovação da guerra, de seus objetivos declarados e não declarados, assim como as práticas de tortura, ele não acompanha os signatários relativamente à insubordinação. Segundo ele, convocar a juventude para a deserção consiste em colocar-se a si mesmo, como intelectual, em situação de deserção e, portanto, em comprometer-se com a defesa da clandestinidade. Presidente do Christianisme Social, Ricœur toma posição igualmente na revista desse movimento.⁶⁰

A oposição à Guerra da Argélia empreendida pela equipe de *Esprit* transforma a Communauté des Murs Blancs em uma fortaleza sitiada, designada como "*château rouge*" [castelo vermelho] pelos habitantes de Châtenay. A OAS não se deixa iludir e ameaça a comunidade personalista, chegando inclusive a inscrever suas iniciais na porta da frente; para garantir a proteção da comunidade, equipes de estudantes da universidade de Antony instalam-se na sala de tênis de mesa e as famílias efetuam rondas noturnas com lanternas para impedir qualquer atentado com explosivos. Em 9 de junho de 1961, enquanto corrige tranquilamente as provas dos candidatos ao concurso para professor de filosofia [*agrégation*], Ricœur recebe a visita inesperada da polícia às seis horas da manhã, que vem revistar o apartamento e conduzi-lo à delegacia para um interrogatório; sob a suspeita de ter cometido crimes contra a segurança do Estado, ele fica em prisão preventiva. Imediatamente, os três sindicatos do ensino superior organizam uma coletiva e convocam greve. Na mesma hora, em

---

59. Entre esses últimos, é possível encontrar os nomes de Roland Barthes, Georges Canguilhem, Jean Cassou, Jean Dresch, Jean Duvignaud, Robert Escarpit, Étiemble, Maurice de Gandillac, Pierre George, Jean Guéhenno, Vladimir Jankélévitch, Ernest Labrousse, Georges Lavau, Claude Lefort, Jacques Le Goff, Maurice Merleau-Ponty, Edgar Morin, Paul Ricœur, além de escritores e jornalistas tais como Jean-Marie Domenach, Jean Effel e Jacques Prévert.

60. Ricœur, 1960.

Nice, o líder da Federação do PSU, o professor universitário Michel Oriol, é vítima de uma operação policial semelhante.

Entre 1960 e 1962, outro caso irá concentrar a atenção da opinião pública. A advogada Gisèle Halimi, bastante implicada na defesa dos argelinos, toma conhecimento do caso de uma jovem nacionalista argelina, Djamila Boupacha, membro do FLN, presa, sequestrada, mantida incomunicável pelos paraquedistas e depois torturada e estuprada: "Por uma carta enviada de forma clandestina" — escreve Halimi —, "Djamila Boupacha pede-me para garantir sua defesa. Fui visitá-la na prisão de Barberousse, em Argel. Verifico, então, vestígios de tortura."[61] Convencida de que a jovem argelina está em perigo de morte, Halimi vai ao apartamento de Simone de Beauvoir e pede-lhe para alertar a opinião pública, o que ela faz imediatamente, ao publicar um texto em *Le Monde*: "O que há de escandaloso no escândalo" — escreve ela —, "é que nos acostumamos a ele."[62] É constituído um comitê de apoio que reúne intelectuais de renome, oriundos de várias esferas de influência.[63] A repercussão do caso, graças a essa mobilização dos intelectuais, e a dimensão internacional alcançada imediatamente por ele permitem que essa jovem escape das mãos de seus torturadores. Halimi obtém a declaração de incompetência dos tribunais militares de Argel e a transferência da encarcerada para Caen, ocasião em que será revelada a identidade de seus torturadores no decorrer do processo; no entanto, o ministro da Defesa Nacional, Pierre Messmer, e o chefe de Estado-Maior das Forças Armadas na Argélia, general Charles Ailleret, recusam-se a denunciá-los à justiça. A ofensiva muda então de campo, e é ainda Gisèle Halimi que apresenta queixa contra o ministro e o general por "ocultação de criminosos" e "abuso de autoridade", enquanto Françoise Sagan e Françoise Mallet-Joris lideram o protesto ao lado dos escritores. Muitos anos mais tarde, Halimi irá fazer esta confissão:

---

61. HALIMI, 2002, p. 293.
62. BEAUVOIR, 1960.
63. "Desde Laurent Schwartz, Pierre Vidal-Naquet, Louis Aragon, Jean-Paul Sartre, até o reverendo padre Riquet e Gabriel Marcel (filósofo da direita, partidário da Argélia Francesa), passando pelas gaullistas, Anise Postel-Vinay, Germaine Tillion e, até mesmo, Geneviève de Gaulle" (HALIMI, op. cit., p. 294).

O livro *Djamila Boupacha* foi publicado pela editora Gallimard, em janeiro de 1961. Sou a autora dele. Simone de Beauvoir limitou-se a escrever o prefácio. No entanto, para compartilhar a responsabilidade penal comigo (cometíamos voluntariamente um delito: divulgação de um processo ainda sob o sigilo da instrução), ela assinou como coautora. *Djamila Boupacha* obteve um sucesso impressionante.[64]

O livro será, de fato, traduzido para uma vintena de idiomas, depois de ter sido objeto de disputa nas livrarias da França, à semelhança do que tinha ocorrido com *La Question*, de Henri Alleg. Quanto a Boupacha, ela deixará a prisão de Rennes em 21 de junho de 1962.

É certamente delicado avaliar a influência das tomadas de posição dos intelectuais pelo fato de que, de acordo com a observação de Jean-François Sirinelli, "a meada é, às vezes, difícil de desenredar".[65] Mas não se pode deixar de subscrever a apreciação de Jacques Berque, francês da Argélia, professor no Collège de France, quando ele escreve que "a contribuição [dos intelectuais] foi decisiva em favor de uma estratégia gaulliana que, naturalmente, nos escapava: estávamos derrubando um mito, operação que o próprio general não teria conseguido assumir sem um insustentável paradoxo".[66]

O retorno de De Gaulle ao poder mudou a situação para numerosos intelectuais, especialmente aqueles que, engajados com determinação contra a política dos governos da Quarta República, tinham um relacionamento muito diferente com o general desde a Libertação. Esse é o caso de François Mauriac, que escolhe, à semelhança de René Capitant, o silêncio para não entravar a política gaulliana na Argélia. Depois de um tempo de latência, ele retoma por conta própria o registro de seu ditirambo no momento da Libertação e, quando o general reage com um discurso às barricadas dos

---

64. Ibidem.
65. SIRINELLI, 1990a, p. 129.
66. BERQUE, 1989, p. 188.

ultras em Argel, em janeiro de 1960, Mauriac escreve: "Charles de Gaulle é o homem não do destino, mas da Graça."[67]

Intelectuais comunistas, ex-comunistas e socialistas dissidentes

Os intelectuais comunistas aderiram, no essencial, às novas posições anticolonialistas do próprio partido; no entanto, alguns acharam que a direção reagia tardiamente e, no dossiê relativo à Guerra da Argélia, limitava-se a manifestar-se com extrema cautela, mantendo-se afastada da mobilização de intelectuais nitidamente mais comprometidos. Conservando certo distanciamento ao FLN, o PCF não deixa de ser a maior força política para denunciar a lógica colonial; apesar disso, sua análise da situação permanece evasiva. Para a liderança do partido e para seu especialista das questões argelinas, Léon Feix, o território argelino é o cadinho de vinte raças e não pode, portanto, pretender representar uma potencial nação; daí a recusa em legitimar a causa independentista.

Por ocasião das mobilizações no terreno, tais como a do Comitê Audin, o PCF brilha por sua ausência, o que provoca uma reação de desdém entre os intelectuais do partido: até mesmo aqueles que se juntam aos carregadores de malas são obrigados a devolver a respectiva carteira de filiação. Outros, tais como a historiadora Madeleine Rebérioux, sentem-se de tal modo afetados pelo uso da tortura que, para manifestarem sua revolta, envolvem-se ativamente na luta contra a guerra. Ausente durante os movimentos de oposição dos reservistas em 1955-1956, o PCF confirma suas ambiguidades pelo voto em favor dos poderes especiais, em março de 1956. Quanto à lista do "Manifesto dos 121", ela comporta apenas o nome de dois intelectuais comunistas, Hélène Parmelin e Édouard Pignon, que são convocados pelo Comitê Central para justificar essa tomada de posição. Em *L'Humanité*, Jean-Pierre Vigier é obrigado a travar uma acirrada batalha contra Étienne Fajon e René Andrieu,

---

67. MAURIAC, F., 1960a, in LACOUTURE, [1980] 1990, p. 391.

visando à publicação de um artigo intitulado "Soutenir les cent vingt et un, défendre les condamnés" [Apoiar os cento e vinte e um, defender os condenados], o qual, no entanto, havia sido redigido em companhia de Laurent Casanova, tendo sido negociado o uso "de cada palavra e de cada vírgula"[68] com Maurice Thorez.

No momento em que a juventude estudantil começa a tornar-se, pelo viés da Unef, um ator importante na resistência à Guerra da Argélia, o responsável pela UEC (União dos Estudantes Comunistas), Philippe Robrieux, revolta-se contra a posição do partido, que se recusa a apoiar a iniciativa da Unef no sentido de convocar um grande comício na sala da Mutualité, em 27 de outubro de 1960; pouco depois, foi revelada a existência de divergências na direção do PCF. Os dois membros do bureau político que haviam manifestado o desejo de participar nessa mobilização — ou seja, o responsável pelos intelectuais e teórico da política cultural do partido, Laurent Casanova, e seu camarada Marcel Servin, aos quais vêm juntar-se quatro membros do Comitê Central, Maurice Kriegel--Valrimont, Jean Pronteau, André Souquières e Jean-Pierre Vigier, assim como Philippe Robrieux, secretário da UEC — são objeto de um expurgo espetacular: acusados de conspirar contra os dirigentes do partido, eles são destituídos de suas funções em janeiro de 1961.

No essencial, o PCF tampouco reage ao massacre de numerosos argelinos em Paris, em 17 de outubro de 1961, por ocasião da passeata pacífica convocada pelo FLN; em compensação, os comunistas hão de mobilizar-se maciçamente, em 1962, no funeral de seus militantes, após os oito mortos e 110 feridos na estação de metrô Charonne.

A tibieza com a qual o PCF se engaja na contestação da Guerra da Argélia, assim como o choque associado a 1956 como a primeira grande brecha no seio do bloco soviético, abre um espaço político de intervenção à esquerda do PCF. Um grande número de comunistas dissidentes lançam--se nesse novo combate com fervor: esse é, em particular, o caso de Edgar Morin e das pessoas à sua volta — Robert Antelme, Dionys Mascolo e Louis-René des Forêts —, as quais, desde o outono de 1955, tomam a

---

68. Jean-Pierre Vigier, citado in HAMON; ROTMAN, [1979] 1982, pp. 309-310.

iniciativa da criação de um Comitê de Ação dos Intelectuais contra a Continuidade da Guerra da Argélia. A revista *Arguments* acompanha esse envolvimento com análises críticas[69], além de ser favorável à reivindicação de independência do povo argelino, sem ceder ao apoio incondicional garantido por alguns intelectuais ao FLN; desse grupo, somente Dionys Mascolo será signatário do "Manifesto dos 121".

Em 1960, um novo partido, o PSU — que emerge da fusão da UGS (União da Esquerda Socialista) e do PSA (Partido Socialista Autônomo) —, irá agrupar numerosos intelectuais engajados na luta contra a Guerra da Argélia e críticos em relação tanto à SFIO quanto ao PCF. Ao mesmo tempo, a Unef muda de direção e lança-se no combate: o novo secretário-geral dessa organização sindical estudantil, Pierre Gaudez, entra em contato com os estudantes argelinos da Ugema (União Geral dos Estudantes Muçulmanos Argelinos) e solicita a abertura de negociações com o FLN. A Unef representa, na época, um círculo estudantil em pleno crescimento: os estudantes vão de 140 mil, no outono de 1954, para 252 mil, em setembro de 1962; ora, um estudante em dois é filiado à Unef.[70] Valendo-se dessa representatividade, a Unef organiza uma grande manifestação nacional, em 27 de outubro de 1960; determinada configuração intelectual apoia essa iniciativa, incluindo Gilles Martinet em *France Observateur* e Jean-Jacques Servan-Schreiber em *L'Express*. Essa manifestação é proibida pelo governo e denunciada pelo PCF, o qual declara que uma "passeata limitada a uma vanguarda promoveria, atualmente, as provocações do poder pessoal". O único partido constituído a apoiá-la é o PSU. Apesar da proibição, mais de cinco mil manifestantes encontram-se na rua, e os dirigentes do PSU, à frente do cortejo, acabam sendo vítimas da violência policial:

> François Tanguy-Prigent, com o pulso fraturado, é espancado barbaramente no chão; o advogado Roland Dumas, ao prestar-lhe ajuda, é

---

69. "La gauche française et le problème nord-Africain", *Arguments*, n 10, novembro de 1958, com a transcrição de uma mesa-redonda entre Edgar Morin, Albert Memmi, Jean-Marie Domenach, Claude Duchet e Gilles Martinet.
70. Ver MONCHABLON, 1983.

ferido, e o mesmo se passa com Charles Hernu, atingido no braço e com uma fratura do cotovelo. Gisèle Halimi e Madeleine Rebérioux são igualmente espancadas.[71]

Os carregadores de malas

Entre os intelectuais engajados na Guerra da Argélia, Francis Jeanson e a esposa, Colette, assumem posições de vanguarda na ajuda ativa ao FLN. No fim de 1955, eles publicam, na Éditions du Seuil, o livro *L'Algérie hors la loi* [A Argélia fora da lei], que obtém uma ampla repercussão nos círculos anticolonialistas. Membro do comitê de redação de *Les Temps modernes*, Francis Jeanson é também um colaborador ativo de *Esprit*; suas responsabilidades na editora Le Seuil, junto de Paul Flamand, reforçam ainda mais sua proximidade com os diretores de *Esprit*. No momento em que a rede de sociabilidade tanto de *Les Temps modernes* quanto de *Esprit* funcionam sem vínculos entre si, Jeanson aparece como um personagem especial por sua participação em ambas; suas convicções sobre o dossiê argelino estão respaldadas em uma experiência pessoal da realidade argelina quando desembarcou nesse território, em plena guerra, em 1943, para retomar o combate da libertação nacional. Mas é sobretudo em 1948 e 1949 que ele tem a noção da amplitude do problema; após seu regresso em 1950, publica um longo artigo premonitório em *Esprit*, em que descreve uma situação explosiva.[72]

A partir do verão de 1956, Jeanson começa a prestar serviços de organização logística ao FLN: "Ele transporta, em Paris ou na periferia, homens do FLN, de quem nem sequer sabe o nome"[73], escrevem Hamon e Rotman. Solicitado a toda hora, ele é incapaz de assumir tudo sozinho, de modo que acaba pedindo a ajuda das pessoas à sua volta. Quando, no fim do ano, o líder do FLN na França, Salah Louanchi, pede-lhe para

---

71. HEURGON, 1994, p. 184.
72. JEANSON, 1950a.
73. HAMON; ROTMAN, op. cit., p. 58.

organizar a publicação de *Résistance algérienne* [Resistência argelina], ele dá outro passo em sua adesão à luta do movimento de libertação nacional da Argélia. Aos poucos, organiza-se uma rede.[74] Os serviços prestados à causa argelina vão da hospedagem dos dirigentes do FLN até a travessia das fronteiras e o envio de dinheiro: "O dinheiro" — escrevem Hamon e Rotman — "é o principal 'trabalho' da rede. À medida que o FLN consolida sua influência política sobre quatrocentos mil argelinos que vivem na metrópole, a angariação de fundos torna-se um empreendimento considerável."[75] No início de 1958, as somas coletadas — que já se elevam a mais de quatrocentos milhões de francos à época — devem ser transportadas pela rede para o outro lado do Mediterrâneo. Francis Jeanson vive na clandestinidade. Sua implicação total com o FLN suscita evidentemente acusações contra ele de traição nacional, por parte dos partidários da Argélia Francesa, mas também críticas contundentes oriundas da esquerda anticolonialista. Maurice Duverger, nas colunas de *Le Monde*, publica um artigo intitulado significativamente "Les deux trahisons" [As duas traições], e sua crítica evita circunlóquios: "A ajuda ou a aprovação de Francis Jeanson e seus amigos é um crime. Mas é um crime de natureza semelhante à da ajuda ou aprovação dos empreendimentos daqueles que tentam transformar as Forças Armadas em guarda pretoriana."[76] Esse ponto de vista provoca a reação indignada de quase todas as correntes de esquerda, pouco acostumadas a tais amálgamas no famoso cotidiano vespertino: "Robert Davezies (padre diocesano), Gérard Spitzer (de sua prisão), Maurice Maschino, Jérôme Lindon, Pierre Vidal-Naquet protestam junto de Hubert Beuve-Méry."[77] Jeanson usufrui, mesmo assim, do apoio sem escrúpulos da redação de *Les Temps modernes*, e, quanto a *Esprit*, seu diretor, Jean-Marie Domenach, preconiza uma terceira via: "Entre o

---

74. Entre seus membros, encontram-se Henri Curiel, Étienne e Paule Bolo, Monique des Accords e o marido, Jacques Vignes, Jacques Charby, Robert Destanques, Paul Crauchet, Dominique Darbois, Gérard Meier, Jean-Claude Paupert, Hélène Guénat, além de três padres: Manet, Davezies e Urvoas.
75. HAMON; ROTMAN, op. cit., pp. 88-89.
76. DUVERGER, 1960.
77. HAMON; ROTMAN, op. cit., p. 236.

discurso ocioso e o recurso às armas, existe uma via — e considerando que a resistência insurrecional é um beco sem saída —, a da resistência não violenta, da desobediência civil, do protesto pacífico e obstinado."[78]

A rede montada por Jeanson acaba sendo desmantelada, e seus membros, submetidos a uma vigilância cada vez mais estrita, são encarcerados: seu julgamento por traição começa sob os holofotes, no início de setembro de 1960. A posição de Sartre é aguardada com grande expectativa, mas nesse momento ele está no Brasil. Tendo entrado em contato com ele em nome da equipe de *Les Temps Modernes*, e sem conseguir convencê-lo a retornar, Marcel Péju pede-lhe autorização para que ele mesmo escreva a carta para o tribunal com a assinatura de Sartre: "Ele aceitou; redigi então essa carta, a que foi atribuído o qualificativo de '*porteurs de valises*' [carregadores de malas]. Ao mostrá-la a Lanzmann, este não fez nenhuma objeção: e esse é o texto que foi lido no tribunal militar."[79] Sartre só toma conhecimento de seu conteúdo depois de ter retornado da viagem; essa carta, que lança publicamente a fórmula "*porteurs de valises*", ganha uma grande repercussão. Em nome de uma "solidariedade total", ela apoia a rede que está sendo julgada e, em conclusão, apresenta os acusados no banco dos réus como os delegados dos intelectuais que se manifestaram contra a guerra: "Eles representam o futuro da França. E o poder efêmero que está prestes a julgá-los já não representa mais nada." Essa tomada de posição suscita numerosas reações, tais como a de Jean-Marc Théolleyre em *Le Monde*: "Afirmações incendiárias. E cada um questiona-se para saber se o senhor Jean-Paul Sartre não comete um delito e, até mesmo, se não deve ser preso por exprimir tal compromisso, que assume a aparência de um desafio."[80]

No âmbito trotskista, a Quarta Internacional está em relação com o FLN por intermédio de seu militante Michel Pablo. Com o abandono do PCF, em 1956, por parte de um grande número de intelectuais, alguns deles vão aglutinar-se em torno da causa argelina: eis o que se

---

78. DOMENACH, 1960.
79. Marcel Péju, entrevista in LACOUTURE; CHAGNOLLAUD, op. cit., p. 232.
80. THÉOLLEYRE, 1960, in HAMON; ROTMAN, op. cit., p. 302.

passa, especificamente, com a criação de um boletim, *L'Étincelle*, no qual é possível encontrar Victor Leduc, Henri Lefebvre, François Châtelet, Anatole Kopp, Yves Cachin e um núcleo de militantes liderados por Gérard Spitzer; na Sorbonne, os dois intelectuais trotskistas Félix Guattari e Denis Berger dirigem a publicação de oposição *Tribune de discussion*. Os dois jornais fundem-se, em abril de 1957, dando origem à criação de *La Voie communiste*, em janeiro de 1958. Alguns de seus militantes — tais como Denis Berger, Gérard Spitzer e Roger Rey — envolvem-se no trabalho clandestino de apoio à luta de independência argelina. Na condição de diretor da publicação, Spitzer é indiciado no fim de 1959 por ameaça à segurança do Estado; encarcerado, começa uma greve de fome, de 27 de fevereiro a 20 de março de 1960. Ele só ganhou a liberdade após dezoito meses, apoiado por uma ampla campanha de sensibilização liderada por Élie Bloncourt.[81] Enquanto isso, Berger especializa-se na preparação de fugas e é preso, durante dez dias, pela DST; é nessa ocasião que fica sabendo de sua expulsão do PCI. Mais tarde, em fevereiro de 1961, ele conseguirá organizar a fuga de seis mulheres das redes de apoio ao FLN, encarceradas na prisão parisisiense de La Roquette. Entre 1958 e fevereiro de 1965, *La Voie communiste* publica 49 números e alcança uma audiência significativa para um jornal que não tem nenhum suporte institucional; por ocasião de seu lançamento, o "Manifesto dos 121" é difundido por esse jornal, que é imediatamente apreendido.[82]

Félix Guattari desempenha um papel central no movimento trotskista, servindo-se dos recursos da clínica de La Borde, codirigida por ele e Jean Oury, para manter o jornal com objetivos de militância. Matriculado na Sorbonne em filosofia, ele é bem-sucedido em recrutar nesse estabelecimento alguns dissidentes do PCF, tais como o futuro antropólogo Michel

---

81. Em 17 de março de 1960, um telegrama — enviado ao presidente da República, ao ministro da Justiça e ao ministro das Forças Armadas para solicitar a libertação de Gérard Spitzer — é assinado por Élie Bloncourt, Claude Bourdet, Albert Châtelet, Gilles Martinet, Daniel Meyer, Marcel Prenant, Oreste Rosenfeld, Jean-Paul Sartre e Laurent Schwartz (texto In *La Voie communiste*, n. 12, abril de 1960, arquivos da BDIC [Bibliothèque de documentation internationale contemporaine]).

82. "Le manifeste des 121", *La Voie communiste*, n. 16, setembro de 1960. A primeira publicação do texto pronuncia-se em favor da insubordinação.

Cartry, com quem trava conhecimento durante um curso de propedêutica, em junho de 1952, e que volta a encontrar rapidamente a seu lado no grupo filosofia do PCF, que se reúne na rua de la Contrescarpe. Cartry partilha com o amigo do Lycée Condorcet Alfred Adler grande entusiasmo por Sartre. Quando este último aproxima-se dos comunistas, Adler adere ao PCF com Cartry, Pierre Clastres e Sebag. Para Adler, a virada ocorre em 1956: ele se lança, então, com os companheiros na aventura de *La Voie communiste*, jornal em que encontra, também, os futuros escritores Pierre Pachet e Michel Butel, além de um grande número de estudantes da Sorbonne que fazem parte do "bando" de Guattari. Entre os recrutas de renome, o irmão de Daniel Cohn-Bendit, Gaby, também estuda filosofia na Sorbonne, em 1956. Em 1958, por denunciarem no pátio da Sorbonne a votação dos poderes especiais, Sebag, Cartry e Philippe Girard são expulsos da UEC.

Outro polo ativo da contestação da Guerra da Argélia, na extrema esquerda, encontra-se na revista *Socialisme ou barbarie*: até então, confinada na maior marginalidade, ela torna-se mais influente após o choque de 1956 e recomeça a recrutar, particularmente no círculo estudantil; assim, recebe dois jovens intelectuais engajados na luta contra o colonialismo e professores na Argélia, Jean-François Lyotard (sob o pseudônimo de François Laborde), titular do concurso para professor de filosofia, e Pierre Souyri (cujo pseudônimo era Pierre Brune), professor de história. A oposição comum à Guerra da Argélia é que os leva, em 1954, ao grupo Socialismo ou Barbárie: com estes dois recrutas, é a "geração argelina" que ingressa no grupo até então focalizado no bloco soviético. Lyotard dá todo o espaço que a dolorosíssima questão argelina merece. Plenamente engajado ao lado do FLN, ele havia lecionado no estabelecimento de ensino médio na cidade de Constantine, de 1950 a 1952, e juntou-se aos carregadores de malas. Lyotard suscita debates internos no grupo; assim, um grande número de membros exprimem relutância em relação a um movimento nacional argelino que nada tem de operário e cujo modo de funcionamento revela um caráter tanto burguês quanto burocrático. Em suas análises, Lyotard, além de compartilhar esse diagnóstico, considera que é imperativo posicionar-se ao lado do FLN:

Aconteceu comigo — aliás, como a um grande número de colegas (e isso foi sempre motivo de discussão no grupo) — de "apoiar" praticamente militantes do FLN, na França, no exato momento em que eu fazia a crítica teórica da organização deles na revista [...]. Tal divergência íntima *deveria* permanecer irresoluta, a não ser que se dê crédito à falsa e perigosa ideia de que, em todos os lugares, a história se desenrola de maneira semelhante, seja no maciço de Aurès ou na usina de Billancourt.[83]

Partidários da Argélia Francesa

O engajamento de numerosos intelectuais de esquerda contra a tortura e, de maneira mais global, contra a política colonial na Argélia, não deve ocultar, como já vimos, que esse combate estava longe de ser compartilhado por todos. Tendo permanecido, durante muito tempo, minoritário na opinião pública metropolitana, ele é rejeitado violentamente pelos franceses da Argélia, além de ser combatido por alguns intelectuais favoráveis à manutenção de uma Argélia Francesa. A imprensa de grande circulação, tais como *L'Aurore*, *Le Parisien libéré* ou ainda *Carrefour*, são outros tantos vetores dessas teses; em suas colunas, exprimem-se intelectuais reputados, tais como Jules Romains, Thierry Maulnier, Roland Dorgelès, Michel de Saint-Pierre, Jean Dutourd, Roger Nimier ou Pierre Nord. Como observa Jean-Pierre Rioux:

> Na França metropolitana, idosos respeitáveis e jovens burgueses, delinquentes de meia-tigela e ideólogos de gabinete, badernenciros sobreviventes das derrotas indochinesas e intelectuais "de tradição francesa" descobrem que seus ideais podem encontrar, finalmente, do outro lado do Mediterrâneo, uma base maleável em seu pânico, além de braços seculares em uniformes verde-oliva.[84]

---

83. Lyotard, 1989, pp. 36-37 (grifo do autor).
84. Rioux, J.-P., 1993, p. 233.

Os historiadores Philippe Ariès e Raoul Girardet demonstram um tamanho engajamento que este último chegará, inclusive, a ingressar nas fileiras da OAS. Já molestado em seu nacionalismo pela derrota de Dien Bien Phu, Girardet torna-se militante contra a causa argelina ao publicar regularmente artigos no semanário *La Nation française*, criado por Pierre Boutang, em outubro de 1955; órgão de imprensa que pretende renovar a corrente maurrassiana, ele é constituído por alguns intelectuais que haviam abandonado *Aspects de la France*.[85] Essa equipe de redação beneficia-se do apoio do historiador Daniel Halévy e do filósofo Gabriel Marcel; conta também com a colaboração de alguns representantes dos hussardos, a direita literária, os romancistas Antoine Blondin, Roland Laudenbach (sob o pseudônimo de Michel Braspart), Roger Nimier e Louis Pauwels. Girardet leva ainda mais longe seu compromisso ao juntar-se a um pequeno grupo liderado por Michel Debré em torno de *Courrier de la colère*:

> Eu pertencia àqueles que perseguiram sempre a ideia, a nostalgia, a ambição de um grande sonho coletivo [...]. Um sonho que inscreveria novamente a França na história do nosso tempo, e no qual, evidentemente, eu próprio viesse a tomar parte. A Argélia poderia ser a oportunidade de concretizá-lo.[86]

Hostil à política gaulliana, Girardet, ajudado por Henri Smadja, funda com os amigos Laudenbach, Jacques Laurent, Jules Monnerot e Jean Brune um novo semanário particularmente virulento, *L'Esprit public*, cuja primeiro número é publicado em dezembro de 1960. Seu objetivo consiste em combater a política gaulliana de autodeterminação para o povo argelino: "Quanto a mim, julguem isso como bem lhes aprouver, eu estava firmemente decidido a não ceder, a lutar até o fim."[87] Girardet

---

85. Além de Pierre Boutang e de Raoul Girardet, encontramos nessa redação os nomes de Michel Vivier, Henri Massis, Pierre Varillon, Jacques Navailles, Gilbert Comte, Michel Mourre, René Gillouin, Gustave Thibon, Pierre Andreu, Philippe Ariès, François Léger, Jérôme Carcopino, Jean Madiran, Henri Pourrat e Louis Salleron.
86. GIRARDET, op. cit., p. 148.
87. Ibidem, p. 157.

é envolvido por seu jornal no *putsch* dos militares na primavera de 1961. À medida que se deteriorava a situação, ele acaba assumindo seu engajamento armado ao participar da OAS: "Fiz parte do primeiro desses núcleos, oriundo diretamente do pequeno grupo pré-putschista. Foi no início de julho de 1961."[88] Liderado por Laudenbach, ele vai ao encontro do coronel Hervé de Blignières e do capitão Pierre Sergent, em Versalhes. Ao dirigir-se para o sul a fim de organizar a rebelião, Raoul Girardet é preso imediatamente. Privado de liberdade durante dois meses, suas "atividades subversivas não haviam superado a fase das veleidades".[89] Girardet reconhece, algum tempo após o acontecimento, não ter sido minimamente abalado pelas revelações das torturas praticadas pelas Forças Armadas francesas, em primeiro lugar, porque considerava essa indignação manifestada pelos intelectuais de esquerda singularmente seletiva, estabelecendo uma distinção relativamente às torturas entre as justificáveis e as condenáveis. Tendo reunido, em 1962, um dossiê

> constituído por abundantes relatórios médicos e detalhes específicos, dando testemunho de numerosos casos de "sevícias", para falar com discrição, de que supostos membros da OAS de Argel teriam sido vítimas, no interior do quartel de Tagarins e sob a autoridade do coronel Debrosse[90],

ele deplora que tal relatório tivesse permanecido letra morta, suscitando apenas um silêncio constrangedor, com exceção de ter sido mencionado por Pierre Vidal-Naquet em *Esprit*.

Philippe Ariès compartilha a convicção de Girardet, mas sem assumir um engajamento nas fileiras da OAS: "Eu acreditava que na Argélia o enxerto francês tinha conseguido vingar, que a situação era irreversível."[91] Se ele não defende as posições de *Esprit public*, Ariès vai tornar-se, após o fracasso do *putsch* dos generais e da repressão que se seguirá, o acérrimo

---

88. Ibidem, p. 160.
89. Ibidem, p. 161.
90. Ibidem, p. 139.
91. Ariès, 1980, p. 156.

defensor daqueles a quem atribui o qualificativo de "reprovados": "As vítimas dessa aventura encontram-se entre os melhores da nossa raça. Devemos lembrar-nos disso. Eles ficaram desiludidos pelo menosprezo, para não dizer, pelo ressentimento que o chefe de Estado não cessou de manifestar a seu respeito."[92] Ariès acabará também por considerar a luta da OAS como algo perfeitamente legítimo, tornando-se o advogado dos ultras no período intenso dos atentados com explosivos, das operações suicidas e dos combates de Bab el Oued, em 1962.

No plano editorial, a defesa da Argélia Francesa é garantida por La Table ronde, que se torna o suporte daqueles que estão comprometidos com a manutenção da dependência argelina. Seu diretor, Roland Laudenbach, colaborador de *La Nation française* — e, em seguida, criador de *L'Esprit public* no momento da ruptura com os gaullistas —, é um fervoroso defensor da Argélia Francesa. Em 1958, Georges Bidault publica, por essa editora, o livro *Algérie, oiseau aux ailes coupées* [Argélia, pássaro com as asas cortadas]. La Table ronde publica também o relato ficcional de Philippe Héduy, sobre sua campanha da Argélia, como tenente de atiradores na região de Constantine, membro da OAS: "Nosso Exército tinha-se tornado uma ordem superior de cavalaria que transfigurava seus iniciados e cujo emblema era o cruzamento da Cruz com o Crescente."[93] Tendo radicalizado o antigaullismo, a editora publica Alain de Sérigny, o protetor dos mais ultraconservadores, ou ultras[94], além de uma *Histoire de l'OAS* [História da OAS], de Jean-Jacques Susini, em outubro de 1963, imediatamente apreendida. O presidente de La Table ronde é indiciado por apologia do crime:

> Os dirigentes da OAS, oriundos de todas as tendências — Susini, Sergent, Nicolas Kayanakis —, são acolhidos com entusiasmo: no decorrer de suas memórias, eles denunciam os malfeitos da política gaullista. Gabriel Bastien-Thiry publica o livro *Plaidoyer pour un frère fusillé* [Defesa de

---

92. Idem, 1961.
93. Héduy, 1961, p. 69.
94. Sérigny, 1961.

um irmão fuzilado] (1966). Os veteranos voltam à ativa: alguns textos repletos de emoção, escritos por Alfred Fabre-Luce, são publicados. E ainda um grande número de outros [...]. O antigaullismo passional passa por cima de tudo. Os velhos ódios surgidos no momento da Libertação irrigam os novos ódios decorrentes da derrota da Argélia Francesa.[95]

Os intelectuais favoráveis à Argélia Francesa podem contar com o renascimento da extrema direita, que tinha sido laminada por ocasião da Libertação, comprometida por sua colaboração com o ocupante nazista, e que renasce das próprias cinzas graças ao reflexo nacionalista contra a reivindicação da independência argelina. No círculo estudantil, os partidários da Argélia Francesa não se reconhecem nas posições da Unef, e uma ala ultraconservadora aparece, em maio de 1960, com a Fundação dos Estudantes Nacionalistas, liderada por ativistas da Nação Jovem e de outros extremistas.[96] Essa organização estudantil adota um manifesto que rejeita a concepção democrática do homem, além de exaltar "a missão histórica da França, que é nada menos do que a defesa da preeminência europeia, assim como da superioridade do homem branco sobre os povos chamados inferiores".[97]

A Guerra da Argélia suscita a proliferação de movimentos ultra-conservadores que se envolvem no ativismo: assim, em 1957, Jean-Marie Le Pen e Jean-Maurice Demarquet constituem uma Frente Nacional dos Combatentes; pouco depois, em novembro de 1958, Joseph Ortiz lança uma Frente Nacional Francesa, que, valendo-se de dez mil aderentes, estará no cerne do motim de 24 de janeiro de 1960, em Argel. Toda essa mobilização culminará na militarização da OAS e em um combate desesperado, resumido pela alternativa "a mala ou o caixão" proposta à população europeia da Argélia. "Em 1962" — escreve Ariane Chebel d'Appollonia —, "a extrema direita perdeu, assim, o crédito, cuja recuperação tinha sido

---

95. LOUIS, op. cit., p. 209.
96. Nessa organização, encontramos notadamente Pierre Poichet, Georges Schmelz, Jacques Vernin, François d'Orcibal (Amaury de Chaunac-Lanzac) e Fabrice Laroche (Alain de Benoist).
97. CHEBEL D'APPOLLONIA, 1988, p. 300.

tão difícil, e inicia sua travessia do deserto, tendo como único viático o ódio por De Gaulle."[98]

Os empecilhos de uma terceira via

A antropóloga Germaine Tillion, pesquisadora do CNRS (Centro Nacional de Pesquisas Científicas), ligada desde 1937 à 6ª seção da EPHE (École pratique des hautes études), tinha-se engajado na Resistência; presa e deportada, em outubro de 1943, para o campo de Ravensbrück, ela dará testemunho dessa experiência de sobrevida no livro *Ravensbrück*, de 1973.[99] Em 1954, no momento em que se desencadeia a insurreição argelina, Louis Massignon vai enviá-la para fazer uma investigação etnográfica em um terreno que ela conhece bem, a região de Aurès, na qual permaneceu durante cinco anos: o objetivo dessa pesquisa consiste em compreender de maneira mais precisa a situação para agir com maior eficácia e no sentido da justiça. Integrada no âmago da política empreendida na Argélia, dispondo de uma sala nas instalações do governo geral, ela assume seu posto na equipe liderada por Jacques Soustelle, entre Jacques Juillet e Vincent Monteil. Depois da tensão, dos massacres, da repressão implacável e do estado de guerra, Soustelle vira a casaca e torna-se partidário de uma política de pacificação que se apoia nas Forças Armadas.

Tal postura não chega a dissuadir Germaine Tillion de continuar defendendo um acordo entre as duas comunidades em um livro que faz a análise da situação dramática da Argélia[100]: nesse texto, ela denuncia uma sociedade que discrimina as pessoas de acordo com sua categoria, além de acalentar a expectativa de uma política audaciosamente reformista. Denunciando o uso generalizado da tortura, ela torna-se em 1960 o alvo privilegiado dos ataques do general Massu, que lidera uma virulenta

---

98. Ibidem, p. 308.
99. TILLION, [1973] 1997.
100. Idem, 1957.

campanha contra ela, apresentando-a como cúmplice dos terroristas. Essa terceira via será gradualmente sufocada.

Essa vontade de segurar até o fim a tentativa de manter uma comunidade ao mesmo tempo francesa e muçulmana é também defendida ardorosamente por Albert Camus: como resposta às solicitações de Jean-Jacques Servan-Schreiber e de Françoise Giroud quando da criação de *L'Express*, revista da qual se torna um colaborador ativo, ele considera em 1955 que a Argélia deve permanecer francesa, sem deixar de tornar-se igualitária. Em seus artigos no verão de 1955, denuncia com a mesma força o terrorismo dos rebeldes argelinos e a repressão praticada pelas autoridades francesas, afirmando ao mesmo tempo sua plena e total solidariedade com todos os argelinos. De 14 de maio de 1955 a 2 de fevereiro de 1956, Camus escreve 35 artigos, em *L'Express*, sob o título "Actuelles" [Atuais], acalentando a expectativa de que um acordo seja possível, com a condição de abrir negociações, dissolver uma assembleia argelina não representativa e decidir a realização de eleições confiáveis.

O próprio Camus faz a experiência das dificuldades para defender suas posições em Argel, cidade para a qual viaja ao ser convidado para fazer uma palestra, em 22 de janeiro de 1956, no Círculo do Progresso, não muito longe da Kasbah [cidade islâmica]. O delegado de polícia assume pessoalmente o serviço de ordem em uma atmosfera que apresenta indícios de agitação. A sala está lotada de europeus e, em torno do edifício, a tensão é extrema, visto que uns mil adversários começam a gritar "Forca para Mendès! Morte para Camus!", "Morte aos judeus!". Eles estão cercados por cordões de CRS e pela força nacional de segurança pública. À distância, mais de mil ativistas do FLN que tinham descido da Kasbah protegem a reunião de uma possível intervenção dos ultraconservadores da Argélia Francesa, alguns dos quais estão armados. Para além das filiações comunitárias, a composição da tribuna — presidida pelo escritor Emmanuel Roblès, francês da Argélia — inclui um *père blanc*[101], um pastor e o doutor

---

101. Literalmente, "padre branco": membro da Sociedade dos Missionários da África, fundada em 1868 por dom Charles Lavigerie, arcebispo de Argel. [N.T.]

Khaldi, o qual fala em nome dos muçulmanos, ficando a impressão de que reina um bom entendimento.

Ferhat Abbas — futuro presidente do GPRA — entra na sala e abraça efusivamente Camus, no momento em que pedras começam a estilhaçar as janelas do prédio. Camus prossegue seu discurso, acelerando o ritmo: "A tarefa dos homens de cultura e de fé não consiste em [...] desertar das lutas históricas, nem em servir o que estas têm de cruel e desumano, mas em continuar a travá-las e em ajudar, por seu intermédio, o homem contra o que o oprime, em promover sua liberdade contra as fatalidades que o cercam."[102] A plateia aplaude com grande emoção, sem que seja registrado o mínimo avanço relativamente à procura de uma solução.[103] Camus retorna a Paris e redige seu último editorial para *L'Express*, intitulado "Un pas en avant" [Um passo à frente]; as divergências com as posições de Jean-Jacques Servan-Schreiber sobre a Argélia e a reviravolta de Guy Mollet, em Argel, em 6 de fevereiro de 1956, vão submergi-lo no desassossego. Pela rejeição da violência e, sobretudo, dos assassinatos, ele abandona o jornal e refugia-se no silêncio, mas algumas de suas notas pessoais revelam seu mal-estar:

> Decidi calar-me no que diz respeito à Argélia, a fim de não aumentar seu infortúnio, nem as sandices que se escrevem a seu respeito [...]. Minha posição não mudou sobre esse ponto, e se posso entender e admirar o combatente por uma libertação, nada tenho além de nojo diante do assassino de mulheres e crianças.[104]

No outono de 1957, Camus é laureado com o Nobel de literatura, o nono atribuído a um francês. Em seu discurso ao receber o prêmio, em Estocolmo, ele não pode mais manter silêncio e, emocionado, declara: "Tenho condenado sempre o terror, devo condenar também um terrorismo que se exerce às cegas, por exemplo, nas ruas de Argel, e que um dia

---

102. Albert Camus, citado in LOTTMAN, 2013, pp. 864-865.
103. Ver PONCET, 2015.
104. Albert Camus, nota com a data de fevereiro de 1957, citada in LOTTMAN, 2013, p. 917.

pode atingir minha mãe ou minha família. Acredito na justiça, mas, em seu lugar, vou defender minha mãe."[105]

Extirpar o abscesso

Na contracorrente de sua família política, Raymond Aron toma posição em favor da aceitação da independência argelina, desde a primavera de 1956; as notas escritas nesse sentido, em abril de 1956 e maio de 1957, serão publicadas no fim de 1957 sob o título *La Tragédie algérienne*[106] [A tragédia argelina]. Como contexto, verifica-se a exacerbação em favor da guerra e a intransigência dos ultraconservadores da Argélia Francesa, corroborados em sua convicção pelo massacre perpetrado — mais de trezentos mortos — em 28 de maio de 1957 pelo FLN contra os habitantes do vilarejo de Melouza, na região da Grande Cabília. Aron, ciente dos horrores da guerra, esforça-se por adotar o ponto de vista mais ponderado possível sobre o drama que está prestes a sair do controle. Impõe-se ao governo fazer uma escolha: ou procede a uma transformação radical das condições de vida dos nove milhões de muçulmanos, aplicando os princípios da República de modo que eles se beneficiem de igualdade, liberdade e fraternidade semelhantes ao que é usufruído pelos outros moradores do território argelino; ou decide aceitar a independência. "Entre essas duas vias, a França deve escolher; seria preferível que essa escolha fosse consciente."[107]

Ao contrário de um grande número de analistas que, por razões éticas, consideram que se deve abandonar o sonho de uma França que se estenderia até Tamanrasset, Aron coloca em destaque argumentos econômicos para demonstrar que a Argélia tornou-se um grilhão que retarda a modernização da França; em termos financeiros, ele mostra que o custo do eventual repatriamento dos franceses da Argélia, avaliado em

---

105. Camus, 1957b.
106. Aron, 1957.
107. Ibidem, p. III.

quinhentos bilhões de francos (um pouco mais de dez bilhões de euros), seria menos dispendioso do que a prossecução da guerra. Além disso, ele apresenta uma quantidade de argumentos contra aqueles que defendem a indispensável contribuição argelina para a grandeza da França: "A 'perda' da Argélia não é o fim da França; do ponto de vista econômico, a Argélia é um encargo."[108] Apesar do que possam pensar os nostálgicos do Império, começa uma nova era, e Aron está bem ciente de situar sua intervenção em uma perspectiva pós-colonial: "A França deixou de possuir a grandeza do poder, aliás, ela já não tem a capacidade de possuí-la. Apesar de tudo, ela conserva a energia suficiente para fazer irradiar seu pensamento, contanto que não provoque a própria ruína em aventuras estéreis."[109]

Os conselhos bem documentados de Aron não serão seguidos por Guy Mollet, nem pelo general De Gaulle, ao menos na política empreendida até 1959. Em decorrência de sua incompatibilidade em relação à corrente política que ele representa em *Le Figaro*, Aron é rapidamente isolado. Como irá escrever o amigo Étienne Borne, que, sem deixar de reconhecer nele uma forma de coragem, vai criticá-lo severamente por "positivismo e secura intelectual abstrata que o impedem de considerar todos os aspectos da realidade".[110] Para Louis Terrenoire, ele demonstra o espírito de demissão: "Eis que ele se torna um porta-voz da 'burguesia decadente' (Georges Bidault) e, até mesmo, do grande capital (Emmanuel Beau de Loménie)."[111] Pascal Pia, diretor de *Combat*, chega a levantar a suspeita de que ele pretendia reconduzir para a metrópole os franceses da Argélia a fim de confiná-los em campos de concentração. *L'Express* fala de "resignação histórica", e Jean Daniel também vai acusá-lo de pretender o repatriamento imediato de todos os franceses da Argélia. A retratação é tão radical que, ao exprimir-se em um debate organizado pelo CCIF, na rua Madame, Aron é vaiado pela plateia:

---

108. Ibidem, p. 32.
109. Ibidem, p. 72.
110. Étienne Borne, citado in ARON, 2010, p. 485.
111. GRANJON, 1988, p. 81.

Estava previsto que a intervenção de Maurice Schumann e de Edmond Michelet fosse depois da minha. Durante alguns minutos, consegui exprimir-me em um silêncio relativo; então, aos poucos, as interrupções pipocaram de todos os lados. "Fale sobre Melouza", repetia com voz melosa um dos baderneiros. Cometi o equívoco, agastado, de responder-lhe: "Existem também, do nosso lado, atos de que não podemos nos orgulhar." Essa frase ateou fogo em barril de pólvora. De pé, Schumann berrou: "Não vou deixar que os oficiais franceses sejam insultados." Ele foi saudado com uma ovação por grande parte do público [...]. Ao final da reunião, o pessoal da segurança aconselhou-me a esperar dez minutos antes de sair; um bando de enraivecidos tinha formado um grupo, provavelmente não para machucar-me, mas para infligir-me uma humilhação suplementar, para dar vazão à cólera deles.[112]

Sem ter a possibilidade de escrever sobre o dossiê argelino nas colunas de *Le Figaro*, Aron irá exprimir-se daí em diante na revista *Preuves*; paradoxalmente, como sublinha Marie-Christine Granjon, Sartre e Aron, os "*petits camarades*" que se tinham tornado inimigos no plano político, voltam a estar de acordo sobre a questão da descolonização, mesmo que suas análises estejam apoiadas em teses diametralmente opostas.

A posição defendida por Raymond Aron será retomada mais tarde, no essencial, pelo jovem historiador Pierre Nora, trinta anos, que publica um livro incendiário sobre o dossiê argelino, concluindo que não há outra solução além da independência argelina.[113] Na época, Pierre Nora estava retornando de dois anos de ensino no Lycée Lamoricière, em Oran.[114] Ao chegar a essa cidade, Nora não representa a figura do herói em decorrência do temperamento irascível de seu irmão, Simon, assessor de Pierre Mendès France, o qual encarna a anti-França no entender dos franceses da Argélia; antes de Nora, o historiador Marc Ferro tinha ensinado história nesse mesmo estabelecimento, de 1946 a 1956. Ferro havia lutado

---

112. ARON, 2010, pp. 488-489.
113. NORA, [1961] 2012.
114. Ver *supra*, capítulo 11, pp. 342 ss.

desesperadamente para restabelecer um diálogo entre as duas comunidades, postura que lhe rendeu, por parte de alguns colegas, o qualificativo de "traidor", porque ele falava de civilização árabe. Defensor de uma política igualitária, Ferro espantava-se com o fato de que o Lycée Lamoricière acolhesse principalmente estudantes europeus, e estava pasmo ao dar-se conta do enorme estrago provocado pelo racismo antiárabe, inclusive nas fileiras comunistas. Colaborador do diário socialista *Oran républicain* — sob o pseudônimo, de origem materna, de Serge Netty —, ele tinha tomado a iniciativa, com o filósofo Jean Cohen, seu colega, de um apelo lançado em Oran, em 1955, que coletou uns quatrocentos signatários de todas as tendências. Junto a Cohen e Tayeb Djaidir, representante dos sindicatos e dos muçulmanos da UDMA e, em seguida, do FLN, Ferro cria um movimento sob o nome de Irmandade Argelina, que procura levar as duas partes a uma negociação. Ao assumir o poder, Guy Mollet dirige-se à Argélia. Pensando que tinha chegado sua hora, esse movimento enviou-lhe uma delegação liderada por Ferro, no dia seguinte à jornada chamada "dos tomates". Ele há de lembrar-se de um Mollet em polvorosa: "Ele não se apercebia de que estava em cima de um caldeirão."[115]

Na chegada de Pierre Nora, esse sonho de reconciliação foi por água abaixo. Imerso no caldeirão argelino, ele depara-se com uma surpresa atrás de outra e, com um humor cáustico, vive essa primeira experiência profissional e política. Espanta-se, por exemplo, pelo fato de que esses franceses se limitem a ler a imprensa local. *L'Écho d'Oran* tem uma tiragem, na época, de 75 mil exemplares, enquanto a imprensa metropolitana é deixada para os muçulmanos:

> Eu ia à procura de *Le Monde* às dezessete horas na grande banca em frente da agência central dos correios: "Acabou." No dia seguinte e dois dias depois, a mesma resposta. "Veja só" — disse-me o vendedor —, "venha às duas horas ou diga-me para reservar-lhe um exemplar; pode ter a certeza de que prefiro vendê-lo ao senhor do que aos *ratons* [ralé]".[116]

---

115. Nora, [1961] 2012, p. 97.
116. Ibidem, pp. 53-54.

Nora vai sentindo tudo o que o rodeia com uma acuidade tanto intelectual quanto sensível, experimentando com consternação o contraste entre a felicidade do dia a dia e a intensidade do drama coletivo. Ele estigmatiza o culto da falta de cultura, a censura, os órgãos de imprensa que se tinham tornado empresas de embrutecimento entre os europeus da Argélia, para os quais não é bom sinal quando um rapaz anda com um livro na mão, e logo será tratado de "mocinha". A obra do jovem concursado em história, prefaciado pelo especialista no assunto Charles-André Julien, professor na Sorbonne, pretende ser um exercício de sagacidade crítica e de lucidez. E Nora, ao lavrar o processo de um sistema de natureza colonial, esboça um quadro acabrunhante. Ele opõe aos liberais a seguinte tese: em 1960, já deixou de ser possível transigir com este sistema que acaba pervertendo as melhores intenções. A partir dessa constatação, não há outra saída além de aceitar a independência argelina. Quanto aos franceses da Argélia, Nora pensa que eles simplesmente voltarão para a metrópole e que, contrariamente aos cenários apocalípticos segundo os quais a França avança diretamente para o fascismo e a guerra civil, todos eles estarão de volta e nada vai acontecer. Portanto, bem antes da assinatura dos Acordos de Évian, em 18 de março de 1962, Pierre Nora convida a cortar, de vez, o cordão umbilical.

12

O momento etnológico

Em 1955, a Conferência de Bandung, na Indonésia, promove uma iniciativa que — de acordo com Léopold Sédar Senghor, um dos líderes do afro-asiatismo da época — tem "o efeito de um trovão" em escala planetária. Entre a Conferência de Nova Déhli (1949) e esta, revela-se uma nova exigência: quebrando com as clivagens habituais entre Leste e Oeste, uma terceira via, oriunda do Sul, reivindica uma dignidade igual à da civilização ocidental.

Nesse contexto "descolonial" é que Claude Lévi-Strauss desenvolve parte de suas atividades no período do pós-guerra, no âmbito do Conselho Internacional das Ciências Sociais da Unesco, do qual se tornou o secretário-geral em 1953 — aliás, função que há de ocupar até 1961. Em 1949, com um grupo de pesquisadores, ele tinha participado da redação de uma primeira "Declaração sobre a raça", além de ter recebido a incumbência no sentido de contribuir para uma série de brochuras dedicada à questão racial, que acabaria culminando no livro *Raça e história*, publicado pela Unesco em 1952; nesse importante texto, Lévi-Strauss ataca os preconceitos racistas. À semelhança do que Paul Rivet havia realizado antes da guerra, ele introduz assim a antropologia no âmago dos problemas sociais e torna manifesto o deslocamento, já esboçado, da antropologia física para a antropologia social: ao criticar a teleologia histórica baseada na reprodução do mesmo, ele opõe-lhe a diversidade das culturas e a irredutibilidade da diferença; ao desafiar o evolucionismo, Lévi-Strauss situa-se sempre na linhagem maussiana, rejeitando a armadilha do localismo, que manteria cada sociedade confinada em sua particularidade. Ele considera, pelo contrário, as diferentes sociedades como outras tantas expressões de um universal concreto; nesse sentido, apresenta-se como um guia que abre o Ocidente ao outro e, ao mesmo tempo, indica que esse outro tem a capacidade de nos dar lições sobre nós mesmos e, assim, exercer um efeito de reflexo capaz de nos transformar.

Para Lévi-Strauss, não há nenhuma raça superior ou inferior em uma humanidade, cuja característica específica é a unicidade. Lévi-Strauss distancia-se da concepção ocidentalizada segundo a qual a história da humanidade implicaria a passagem por estágios sucessivos para atingir um derradeiro momento de plena realização. Sua intervenção pretende ser um manifesto em favor da pluralidade e da manutenção das diferenças: em seu entender, uma e outra constituem a fonte de enriquecimento da história; pelo contrário, o maior perigo é o da uniformidade, que levaria à entropia e à morte das civilizações, aliás, uma tese que ele defenderá durante toda a vida.

Lévi-Strauss rejeita qualquer valor hierárquico que levasse a apresentar determinada civilização como mais avançada do que outra, além de relativizar qualquer consideração dessa ordem. A esse respeito, a civilização ocidental dispõe de um incontestável avanço em termos de técnica, mas, se forem adotados outros critérios, as civilizações — que, para os ocidentais, parecem representar um estágio primitivo — desenvolveram, de fato, uma maior engenhosidade do que aquela obtida pelo Ocidente: "Se o critério adotado tivesse sido o grau de aptidão para superar os mais hostis ambientes geográficos" — escreve ele —, "não há sombra de dúvida de que a primazia deveria ser reconhecida, por um lado, aos esquimós e, por outro, aos beduínos."[1] Nesse jogo, o Ocidente é ultrapassado em todos os planos além daqueles de natureza tecnológica; eis o que ocorre com os exercícios espirituais, com as relações entre o corpo e a concentração da mente. Nesse domínio, o Oriente tem um "avanço de vários milênios"[2]: nessa lista com múltiplos critérios, os australianos ganham a medalha da complexidade das relações de parentesco, e os melanésios, a da audácia

---

1. Lévi-Strauss, [1952] 1973, p. 399.
2. Ibidem.

estética. Lévi-Strauss extrai daí um duplo ensinamento: a relatividade do diagnóstico estabelecido a propósito de qualquer sociedade com base em critérios fixos e o fato de que o enriquecimento humano não pode vir de um processo de coalescência entre todas essas experiências. "A fatalidade específica e a única tara" — comenta ele — "passíveis de afetar um grupo humano e impedi-lo de realizar plenamente a sua natureza resumem-se ao fato de permanecer isolado."[3]

De maneira espetacular, Lévi-Strauss é o fundador, do ponto de vista teórico, da prática da rejeição do enxerto colonial e, nesse mesmo movimento, reintegra as sociedades da alteridade ao campo do conhecimento e à problematização da sociedade ocidental. Além de ser a expressão da irredutibilidade do outro, a questão da diferença é um conceito ideológico; nesse sentido, o paradigma estruturalista solapa as bases das filosofias da totalidade ocidental, tais como haviam sido desenvolvidas por Vico, Comte, Condorcet, Hegel e Marx. Nesse conceito, é possível constatar a ressurgência de um pensamento oriundo da descoberta do Novo Mundo, no século XVI. Não é que Montaigne afirmava que havíamos acelerado a ruína das nações do Novo Mundo, além de lamentar que os mencionados civilizadores não tivessem conseguido estabelecer entre os índios eles mesmos uma sociedade fraterna e inteligente? Ao reativar esse remorso, *Raça e história*, importante ensaio de Lévi-Strauss, torna-se rapidamente o breviário do pensamento antirracista para uma geração inteira de pesquisadores: "Eu tinha 24 anos" — escreve o antropólogo Michel Panoff — "quando li *Raça e história* e tive a confirmação de que a humanidade não estava dividida em seres superiores e seres inferiores; eu achava auspicioso que a ciência estivesse a serviço de tal causa."[4]

Nesse período de meados da década de 1950, os avanços da aeronáutica civil colocam ao alcance dos turistas ocidentais as civilizações mais longínquas, a tal ponto que um frenesi de exotismo acaba impregnando o Velho Mundo. Bases turísticas são implantadas em todo o planeta, como outras tantas penínsulas extraterritoriais são fechadas em si mesmas.

---

3. Ibidem, p. 415.
4. PANOFF, 2012, p. 79.

A empresa do setor do turismo Club Méditerranée, criada em 1950, esquadrinha os continentes, oferecendo a "descoberta do outro" por um preço mais barato atrás de cercas de seus campos entrincheirados, a salvo dos nativos. Em 1955, é publicado *Tristes trópicos*, livro de Lévi-Strauss que ganhou enorme repercussão. Pierre Nora irá analisar, alguns decênios mais tarde, o choque intelectual produzido por essa obra como o resultado de um deslocamento imperceptível, mas decisivo: esses índios do Outro Mundo já eram bem conhecidos da civilização ocidental nesse período de meados do século xx, mas "haviam permanecido primitivos".[5] Eis que as pinturas multicoloridas e enigmáticas de seus rostos, assim como seus rituais singulares, tornam-se o espaço de uma potencial verdade da história da humanidade que teria sido enterrada, aos poucos, sob os caminhões basculantes da modernidade tecnológica. Essas sociedades são vistas, de repente, como "um tesouro; no entanto, o desvelamento, no mínimo, de seu segredo, antes do naufrágio definitivo, dependia exclusivamente de nosso trabalho de etnógrafos".[6]

Lévi-Strauss satisfaz plenamente as aspirações de sua época; daí seu sucesso. Ele concretiza, além disso, o avanço espetacular que desejava para a antropologia e para o programa estruturalista, instalando-os no cerne do mundo intelectual francês. Ao mesmo tempo, modifica a própria imagem de cientista um tanto desumano: "Estava agastado por saber que, nos arquivos universitários, eu era rotulado como uma máquina desalmada, cuja única utilidade consistia em colocar os homens em fórmulas."[7] Pela subjetividade de seu relato, ele manifesta o vínculo entre a busca de si e a descoberta do outro, desenvolvendo a ideia de que o etnógrafo tem acesso, assim, à fonte da humanidade e, como já havia sido pensado por Rousseau, a uma verdade do homem que "nada cria de verdadeiramente grande a não ser no início [...]".[8] Uma nostalgia original é perceptível nessa perspectiva que se limita a considerar a história humana como uma pálida repetição de um

---

5. Nora, 1990, p. 9.
6. Ibidem, p. 10.
7. Lévi-Strauss, 1955c.
8. Idem, [1958b], p. 437.

momento perdido para sempre, ou seja, aquele, autêntico, do nascimento: "[...] teremos acesso a essa nobreza do pensamento que consiste [...] em dar às nossas reflexões, como ponto de partida, a grandeza indefinível dos começos."[9] Nessa valorização dos inícios, é possível desvendar uma parte de expiação pelos pecados da sociedade ocidental, a cujo passado genocidário pertence o etnógrafo. Parte integrante das obras missionárias por ocasião da época gloriosa da colonização, o etnógrafo bate a mão no peito na hora da rejeição do enxerto ocidental, acompanhando o movimento de refluxo com a bandagem de algumas feridas morais. Se esses trópicos são tão tristes, deve-se ao fato não só da aculturação, mas da própria natureza de uma etnografia cujo objeto está em via de extinção.

Paradoxalmente, a descolonização que garante o sucesso de *Tristes trópicos* traz em seu bojo, ao mesmo tempo, a crise de sua orientação. "O mundo começou sem o homem" — escreve Lévi-Strauss — "e terminará sem ele."[10] Alfred Sauvy é quem vai forjar a expressão "Terceiro Mundo", evocando um mundo "ignorado, explorado, desprezado como o Terceiro Estado, e que, por sua vez, pretende ser algo". No rescaldo do desastre de Dien Bien Phu, Lévi-Strauss comenta: "Cinquenta anos de pesquisa modesta e sem prestígio, empreendida por etnólogos em número suficiente, teriam conseguido preparar, no Vietnã e na África do Norte, soluções do tipo daquela que a Inglaterra veio a aplicar na Índia."[11]

Já em 1955, Lévi-Strauss define a posição do cientista: a de renunciar, por seu compromisso com a ciência, a qualquer combate partidário. Ele retira-se da ação pública e considera essa retirada como uma regra deontológica intangível, à maneira do religioso que entra para o convento e se mantém à distância do mundo. O papel do etnógrafo limita-se a "compreender esses outros".[12] Para executar essa tarefa, ele deve aceitar algumas renúncias e, até mesmo, mutilações. Entre compreender ou agir, impõe-se fazer uma escolha: tal parece ser o lema daquele que encontra um conforto

---

9. Ibidem, p. 420.
10. Ibidem, p. 442.
11. Idem, 1956.
12. Idem, [1958b], p. 412.

derradeiro na "meditação do sábio ao pé da árvore".[13] Somos convidados a um verdadeiro crepúsculo dos homens por um Lévi-Strauss que propõe, até mesmo, converter a antropologia em *"entropologie"*, ciência que teria, como objeto, os processo de desintegração.

Stoczkowski colocou perfeitamente em evidência a soteriologia, ou teologia da salvação, subjacente em Claude Lévi-Strauss, que pretende preconizar uma série de remédios para os inexoráveis avanços do mal, os artifícios da modernidade e suas consequências desastrosas.[14] Sob o método estruturalista, revela-se uma filosofia moral irrigada por um trabalho reflexivo sobre as imperfeições do mundo humano, sobre a questão do mal e os meios para superar tal situação. Se a posição relativista de Lévi-Strauss parece ser a do pessimismo, ela seria, pelo contrário, "um instrumento da redenção que cada um pode conquistar por conta própria, com a condição de dispor dessa capacidade".[15] É de Montaigne que Lévi-Strauss retoma a ideia de que "não temos nenhuma comunicação com o ser" e, portanto, seríamos condenados a não conseguir nenhum verdadeiro conhecimento; ao mesmo tempo, esse ceticismo leva a uma posição moral. A esperança de Lévi-Strauss ter-se-ia concentrado em uma mudança no decorrer da história, o que explicaria, de acordo com Stoczkowski, o sentido de *Raça e história*: "Lévi-Strauss preconizava o recurso à mediação das organizações internacionais para retificar o curso espontâneo da história humana." Mas ele acrescenta: "Essa solução já não lhe parecia ser credível na altura em que redigiu o livro *Raça e cultura*."[16] Sua desesperança não cessando de avolumar-se e considerando que o mais grave problema é o da explosão demográfica, Lévi-Strauss há de escrever em 2004: "Um mundo em que vi a população sextuplicar parece-me ser um caso perdido."[17]

---

13. Ibidem, p. 440.
14. STOCZKOWSKI, 2008.
15. Ibidem, p. 315.
16. Ibidem, p. 323.
17. Claude Lévi-Strauss, carta a Wiktor Stoczkowski, 22 de novembro de 2004, citada in ibidem, p. 324.

A recepção de *Tristes trópicos*

Tal desencantamento não exclui, de modo algum, a expressão da sensibilidade do etnógrafo em sua descrição do outro. Essa subjetividade e essa extrema receptividade são unanimemente elogiadas pela crítica no lançamento de *Tristes trópicos*. O caráter híbrido e inclassificável dessa obra permite-lhe ganhar um público excepcionalmente amplo para um livro de ciências humanas; até então, somente a literatura e, no máximo, alguns grandes temas do debate filosófico poderiam reivindicar tal repercussão. Esse foi o caso do existencialismo sartriano, sobretudo em sua versão teatral e literária: aliás, na época, a influência de Sartre continua sendo importante, e Lévi-Strauss publica um extrato de seu livro em *Les Temps modernes*[18], mas o impacto produzido vai consolidar tanto sua emancipação quanto o programa estruturalista.

Jornalistas, cientistas e intelectuais de todos os horizontes e de todas as disciplinas escrevem textos para celebrar o acontecimento. Em *Le Figaro*, Raymond Aron aplaude esse livro "supremamente filosófico"[19] que reata com a tradição da viagem dos filósofos, enfrentando o teste de *Cartas persas*. O jornal *Combat* elogia em Lévi-Strauss "o jeito de um Cervantes". François-Régis Bastide congratula-se com o surgimento de um poeta e um novo Chateaubriand.[20] Em *L'Express*, Madeleine Chapsal fala de escritos de um vidente: "Nos últimos dez anos, talvez, não havia sido publicado um livro que se dirigisse tão diretamente a nós."[21] Na revista de referência para os historiadores, *Annales*, a resenha que o próprio Lucien Febvre pretendia escrever sobre a obra que lhe tinha causado tamanha impressão não chegou a ser redigida em decorrência de seu falecimento. Em *Critique*, é Georges Bataille, diretor da revista, que escreve um longo artigo sob o título "Un livre humain, un grand livre"[22] [Um livro humano, um grande livro], tendo

---

18. Lévi-Strauss, 1955b.
19. Aron, 1955b.
20. Bastide, 1956.
21. Chapsal, 1956.
22. Bataille, 1956.

apreendido um deslocamento do campo literário em direção a atividades mais especializadas. Efetivamente, a obra de Lévi-Strauss — assim como a do antropólogo de origem suíça Alfred Métraux[23] — participa dessa nova sensibilidade, dessa nova relação entre escrita e cientificidade, que vai além da tradicional antinomia entre arte e ciência: "*Tristes trópicos* apresenta-se desde logo" — escreve Bataille — "como uma obra não de ciência, mas de arte."[24] De acordo com a análise de Vincent Debaene, esse hibridismo entre a afirmação de uma nova disciplina e literatura é a característica de um momento da evolução da etnologia.[25]

Esse deslocamento da literatura, em plena crise de apatia, em direção às ciências sociais, em geral, e à etnografia, em particular, torna-se a tal ponto evidente que os membros do júri do prêmio literário Goncourt publicam um comunicado em que lamentam o fato de estarem impedidos de atribuir esse prêmio a *Tristes trópicos*. Étiemble dedica também um longo estudo à obra de Lévi-Strauss, no qual reconhece um semelhante, um herege nato: *Tristes trópicos* "é o tipo do livro a pegar ou largar. Por minha parte, vou pegá-lo, conservando-o entre os volumes raros da minha biblioteca, como o mais precioso para a minha sensorialidade".[26] A dimensão propriamente literária de *Tristes trópicos* — e da maior parte da obra de Lévi-Strauss — será confirmada pela escolha que este há de fazer, em 2008, de incluir suas publicações na coletânea da Bibliothèque de la Pléiade.[27] Na abertura dessa suma, que deixa de lado um grande número de seus escritos técnicos, encontra-se *Tristes trópicos*. Essa opção indica duas coisas — sublinhadas por Vincent Debaene, autor do prefácio dessa coletânea — que acompanharam as escolhas de Lévi-Strauss: por um lado, "as pessoas haviam esquecido que o antropólogo é também e primeiramente um escritor"[28]; e, por outro, este livro, publicado em 1955, retorna às pesquisas de campo que datam dos anos 1935-1939. Ao

---

23. Métraux, [1941] 1956.
24. Bataille, op. cit., p. 101.
25. Debaene, 2010.
26. Étiemble, 1956, p. 32.
27. Lévi-Strauss, 2008.
28. Debaene, 2008a, p. XXIII.

colocá-las na abertura de seu itinerário, Lévi-Strauss indica que o campo empírico contou muito para ele, de modo que nada tem a ver com as frequentes críticas dirigidas contra o homem de abstrações formais. Trata-se de um trabalho sobre si mesmo, fundamentalmente reflexivo, de um "trabalho de rememoração".[29] Frédéric Keck chega até mesmo a sugerir a possibilidade de proceder a uma analogia entre *A náusea*, de Sartre, e *Tristes trópicos*: ambos os livros seriam o resultado de uma crise da filosofia e do sentido em geral, da busca por uma via transversa a partir de uma posição situada fora do centro. Da mesma forma que Roquentin, em *A náusea*, abandona o horizonte da literatura pela aventura do trivial, Lévi-Strauss teria privilegiado o olhar distanciado, o dos bororo e dos nambikwara.[30]

A recepção de *Tristes trópicos* é tão entusiasta e unânime que, fatalmente, ocorreram alguns mal-entendidos. Alguns hão de contentar-se com um banho de exotismo, o que precisamente era execrado por Lévi-Strauss; outros, que tinham visto nesse texto a expressão da sensibilidade de um indivíduo, serão rapidamente desmentidos pela futura celebração da "morte do homem", simples figura efêmera, "eflorescência transitória". O mal-entendido mais flagrante continua sendo o prêmio atribuído a Lévi-Strauss, em 30 de novembro de 1956, pelo júri da Plume d'or, que recompensa os livros de viagem e de exploração: *Tristes trópicos* vence pela margem mínima (cinco votos a quatro, estes atribuídos a Jean-Claude Berryer pelo livro *Au pays de l'éléphant blanc* [No país do elefante branco]!) quando, afinal, o livro começa com a famosa frase "Odeio as viagens e os exploradores", e prossegue: "O que antes de mais nada nos mostrais, viagens, é a nossa imundície lançada à face da humanidade."[31] Lévi-Strauss declina o seu prêmio, o que lhe rende uma nova comparação elogiosa e literária: "Um novo Julien Gracq. Um especialista dos índios recusa uma pena dourada."[32]

O impacto provocado por Lévi-Strauss não se limita à esfera da mídia. Tendo desestabilizado todo o campo intelectual, ele induz em direção aos

---

29. Idem, 2008b, p. 34.
30. KECK, 2005.
31. LÉVI-STRAUSS, [1955e] 1957, pp. 9 e 32.
32. *Le Figaro*, 1º de dezembro de 1956. [O escritor Julien Gracq já havia recusado, sem cerimônia, o prêmio Goncourt em 1951. N.T.]

trópicos o destino de numerosos filósofos, historiadores e economistas que rompem com sua disciplina de origem para responderem ao apelo de novos horizontes. A preocupação em conciliar a própria sensibilidade com um trabalho racional sobre uma sociedade viva em uma relação de interatividade suscita tanto mais o entusiasmo da jovem geração que o Ocidente dá a impressão de ter deixado de exigir os compromissos de outrora. *Tristes trópicos* atua, nesse aspecto, como o sintoma de um novo estado de espírito, de uma vontade para apreender as linhas de fuga, sem abandonar as exigências da razão, mas aplicadas a outros objetos. As conversões são numerosas, e Lévi-Strauss constitui seu polo de concentração. Luc de Heusch, etnólogo, já estava em ação no Congo Belga: aluno de Marcel Griaule na Sorbonne, ele está desapontado por não ter encontrado as grandes construções simbólicas de seu mestre; retorna à França, em 1955, e descobre, deslumbrado, *Tristes trópicos*. Tendo-se limitado a percorrer de longe o livro *As estruturas elementares do parentesco* antes de sua viagem para a África, daí em diante adere à "confraria lévi-straussiana" e transpõe para a sociedade bantu da África Central os métodos aplicados às sociedades indígenas a fim de tentar entender o pensamento simbólico africano a partir do confronto de todas as variantes dos relatos mitológicos.

A repercussão do sucesso de Lévi-Strauss compensa a frágil implantação da etnologia no sistema universitário. Há certamente, desde 1925, o Instituto de Etnologia no Museu do Homem, mas que se limita a um departamento e a um grupo de professores; além disso, a maioria de seu público é composto por alunos interessados unicamente na obtenção do certificado na versão seja de letras seja de ciências, sem pretenderem dedicar-se à profissão de etnólogo. É também o momento em que a África se torna um objeto de curiosidade e de inspiração para um número crescente de intelectuais e de etnólogos franceses. Jean-Paul Sartre tinha dado o pontapé inicial dessa abertura, ao editar *Orphée noir* [Orfeu negro], o qual serve de prefácio para a antologia de poesia publicada por Léopold Sédar Senghor, em 1948.[33] Ao descobrir, em companhia de Aimé Césaire e de Senghor, o potencial de sentido e de engajamento, simultaneamente,

---

33. SARTRE, [1948c] 1949, pp. 229-286.

ético e literário, suscetível de ser abrangido pela poesia, ele celebra então a negritude como portadora de uma literatura de resistência à opressão. No momento em que se mantém à distância crítica de qualquer forma de essencialização, baseia-se na constatação de que os negros estão alienados em seu corpo, o que justifica a reivindicação da negritude.

Alioune Diop, senador senegalês que travou amizade com Albert Camus em Argel, cria no rescaldo da guerra a revista *Présence africaine*, cujo comitê de patrocínio é composto por numerosos intelectuais de renome.[34] Nos momentos em que Diop está indisponível por causa de suas responsabilidades como senador, Michel Leiris assume a direção da revista e toma posições bastante firmes sobre o colonialismo. Sua influência sobre essa questão é decisiva no âmbito da equipe de *Les Temps modernes*. Tendo grande afinidade com Césaire, ele denuncia no colonialismo um fenômeno semelhante ao que ocorreu com a Alemanha nazista e, em março de 1950, chega até mesmo a publicar uma autocrítica dos métodos da etnografia em uma espécie de manifesto em que

> condena claramente qualquer coleta de objeto sagrado, qualquer aquisição do que não é destinado normalmente à venda [...]. Condena também a tendência para preferir o estudo das populações chamadas primitivas àquelas que são consideradas como evoluídas por causa de seus contatos com outros tipos de civilização.[35]

Ao responder a um pedido de Alfred Métraux, Leiris tinha escrito e publicado — pouco antes do lançamento de *Raça e história* — um ponto de vista sobre "Race et civilisation", no qual ele criticava todas as formas de expressão dos preconceitos de raça, valorizando a primazia dos caracteres adquiridos em relação aos caracteres inatos. Leiris baseia-se, entre outros documentos, na recente descoberta por Lévi-Strauss da proibição do incesto como invariante universal. Formado em antropologia por Leiris, que terá sido o seu modelo, Georges Balandier é o iniciador

---

34. Jean-Paul Sartre, Albert Camus, Emmanuel Mounier, o padre Maydieu, Pierre Naville, Michel Leiris, Paul Rivet, Théodore Monod e Léopold Sédar Senghor.
35. ARMEL, 1997, p. 511.

de toda uma geração de africanistas; ele fez parte do pequeno círculo de sociólogos que se reunia na rua Vaneau, no apartamento de Georges Gurvitch, em companhia de Jean Duvignaud, Roger Bastide, etc., e concebe a sociologia da África Negra em uma perspectiva militante, anticolonialista. O horizonte de seu trabalho leva em conta a dimensão política. Balandier foi fortemente impregnado pelo existencialismo sartriano do pós-guerra. Membro da Resistência durante a Segunda Guerra Mundial, associado ao Museu do Homem e a Leiris, ele é introduzido por este último no círculo de Sartre em *Les Temps modernes*. No entanto, está ausente dos grandes debates do período pós-guerra: em 1946, ele viaja como antropólogo para Dakar e torna-se o diretor de redação de *Présence africaine*. Ao participar da história em via de se fazer, Balandier frequenta Sédar Senghor, Sékou Touré, Félix Houphouët-Boigny e Kwame Nkruma. Ao mesmo tempo que descobre a figura do outro, da alteridade e da negritude reivindicada, ele experimenta imediatamente a sensação de participar de uma história em plena ebulição, não só por sua hostilidade à estrutura colonial e por seu desejo de emancipação política, mas também pela reivindicação histórica de povos que aspiram a reconectar-se com a própria história para além do corte colonial. Seu campo de investigação está em plena mutação. Desde Bandung, verifica-se o sublevamento do continente africano, multiplicam-se os confrontos e, ao mesmo tempo, as populações conhecem a pauperização, o crescimento das favelas, etc. Os partidos e os sindicatos vão surgindo em um universo, até então, clânico; Balandier descobre, portanto, não uma sociedade imobilizada no tempo, mas o movimento e a fertilidade do caos.

Ao retornar à França, Balandier ingressa na 6ª seção da EPHE — na qual ele funda um Departamento de Estudo de Sociologia da África Negra —, assim como no gabinete do político e cientista Henry Longchambon, secretário de Estado para a Pesquisa Científica e para o Progresso Tecnológico, no governo de Mendès France, em 1954, com a incumbência das ciências humanas. Em 1961, ele foi chamado pelo filósofo Jean Hyppolite para dirigir um seminário na École Normale Supérieure da rua d'Ulm, que será assegurado até 1966: "O estruturalismo era um fluido que banhava tudo, depois de ter arrastado muitas coisas em seu fluxo."[36] Nesse espaço privilegiado do estruturalismo triunfante da década de 1960 é que ele consegue desviar o trajeto de alguns geógrafos, historiadores, letrados e filósofos em direção à antropologia, tais como Jean-Noël Jeanneney, Régis Debray, Emmanuel Terray ou Marc Augé.

Em 1967, Balandier publica a obra *Antropologia política*, na qual supera a visão clássica do poder como simples gestão do poder repressivo para incluir as dimensões do imaginário e do simbólico. Ao retomar as críticas formuladas pelo antropólogo britânico Edmund Leach em relação ao procedimento estruturalista aplicado ao estudo dos sistemas políticos, Balandier vai ainda mais longe e questiona a tipologia baseada no princípio único da coerção; ele vai substituí-lo por uma abordagem sintética da política que inclui a consideração, em um mesmo conjunto, das estratificações sociais e das regras de parentesco. Ao postulado estruturalista de isolamento das variáveis, ele opõe, portanto, uma abordagem global em que os diversos níveis do real, do imaginário e do simbólico se misturam em um equilíbrio dinâmico. Longe de apreender sociedades confinadas em si mesmas, Balandier é impressionado, em vez disso, pela importância da força eruptiva dos acontecimentos, das miscigenações pela combinação entre o legado de tradições ancestrais e a apropriação da modernidade: "Os lebou ensinavam-me muito mais coisas do que, na época, eu poderia imaginar. Eles mostravam-me que nenhum povo é capaz de livrar-se da influência da história."[37]

Se Lévi-Strauss teve numerosos discípulos, Balandier não ficou atrás, especialmente entre os africanistas, os quais incluem aqueles que reconhecem ter uma dupla paternidade: entre estes últimos, por exemplo, Marc Augé prepara, em 1960, na ENS, o concurso para professor de letras e, sem ter uma noção precisa do que pretende fazer, por sentir atração tanto pela filosofia quanto pela literatura, escutará Lévi-Strauss e Balandier; assim, chega à conclusão de que a etnologia pode ser o caminho do meio, reconciliando seu gosto pela escrita com o desejo por uma reflexão mais

---

36. BALANDIER, 1977, p. 187.
37. Ibidem, p. 238.

especulativa. Por intermédio de Balandier, Augé tem a oportunidade de ingressar no Orstom (Agência de Pesquisas Científicas e Técnicas no Ultramar) e, em 1965, embarca para a Costa do Marfim. No seminário de Balandier é que ele recebe sua formação de africanista, tendo a impressão de que não existe uma importante clivagem entre as perspectivas que ele oferece e as do estruturalismo lévi-straussiano. Dan Sperber teria sido também formado tanto por Balandier quanto por Lévi-Strauss, mediante um itinerário que o levou do primeiro para o segundo: militante terceiro-mundista, Sperber — tradutor de um dos primeiros textos de Nelson Mandela, em 1963 — considera a antropologia uma ciência complementar para apreender a dimensão cultural dos problemas políticos do Terceiro Mundo.

Em outra região da África, o Magreb, Jean Duvignaud está decepcionado com o modelo estruturalista, que é incapaz de dar conta da complexidade e das mutações nos sistemas de parentesco. Seu longo trabalho de quatro anos sobre Chebika (Tunísia), publicado em 1968[38], dá origem ao filme de Jean-Louis Bertucelli *Rempart d'argile* [Muralha de argila]. Se a revista *L'Homme*, fundada em 1961 por Lévi-Strauss com Émile Benveniste e Pierre Gourou, procede à crítica de Duvignaud por ter abandonado as estruturas de parentesco, tal postura não se deve à falta de ter tentado aplicar, sem sucesso, as categorias de análise desenvolvidas por Lévi-Strauss. Duvignaud, tendo afinidade com o grupo de sociólogos gurvitchianos e de Balandier, manifesta-se também crítico em relação ao paradigma estruturalista.[39]

Um trânsfuga

Em sua abordagem filosófica, Maurice Merleau-Ponty está interessado, nessa mesma época, pela antropologia social de Claude Lévi-Strauss. Após a ruptura com Jean-Paul Sartre, o "fenomenólogo" aproxima-se

---

38. DUVIGNAUD, 1968.
39. Idem, 1985, p. 151.

de Lévi-Strauss; é ele, eleito para o Collège de France desde 1952, que sugere a Lévi-Strauss apresentar sua candidatura a essa instituição em 1954, o que o levou a sacrificar "três meses de uma vida, cujo fio ia romper-se tão brevemente".[40] Merleau-Ponty defende, então, ardorosamente o programa definido desde 1950 por Lévi-Strauss em seu livro *Introdução à obra de Marcel Mauss*: "Os fatos sociais não são coisas, nem ideias, mas estruturas [...]. A estrutura nada tira da espessura ou do peso da sociedade. Ela própria é uma estrutura das estruturas [...]."[41] Dessa cumplicidade intelectual vai emergir uma verdadeira amizade, e a fotografia de Merleau-Ponty permanecerá sempre presente sobre a mesa de trabalho de Lévi-Strauss.

Na década de 1950, a tentativa de equiparação empreendida por Merleau-Ponty entre filosofia e ciências humanas prenuncia uma reviravolta de paradigma: já não é a antropologia que procura situar-se em relação ao discurso filosófico — à semelhança do que ocorreu no momento em que Marcel Mauss havia tomado de empréstimo a noção de "fato social total" a seu professor de filosofia, Alfred Espinas —, mas é a filosofia, com Merleau-Ponty, que se situa em relação à antropologia, à linguística e à psicanálise. A revista *Les Temps modernes* reserva espaço para os textos de Michel Leiris, Claude Lévi-Strauss e muitos outros autores. Merleau-Ponty abre perspectivas promissoras ao escrever o seguinte: "A tarefa consiste, portanto, em ampliar nossa razão para torná-la capaz de compreender o que, em nós e nos outros, precede e excede a razão."[42] Ampliando assim o campo filosófico para a inteligibilidade do irracional, sob a dupla figura do louco e do selvagem, ele fornece à antropologia e à psicanálise o espaço central que estas hão de ocupar, efetivamente, na década de 1960. A morte prematura desse filósofo, em 4 de maio de 1961, com 54 anos, deixa um canteiro de obras apenas esboçado e um grande número de órfãos; ele teria desempenhado um papel de protagonista para uma geração inteira de filósofos que, tendo sido alertados

---

40. Lévi-Strauss, [1988] 1990, p. 82.
41. Merleau-Ponty, [1960] 1991, pp. 126 e 127.
42. Ibidem, p. 132.

por seu intermédio para novas problemáticas, abandonaram o navio filosófico de mala e cuia para se tornarem antropólogos, linguistas e psicanalistas. Essa reviravolta de paradigma irá dominar todo o período estruturalista da década de 1960 e, no campo da antropologia, modificar a paisagem da disciplina. Com raras exceções — tais como Lucien Lévy-Bruhl, Marcel Mauss, Jacques Soustelle ou Claude Lévi-Strauss, que vêm da filosofia —, os etnólogos serão oriundos daí em diante de diversos horizontes[43]: por exemplo, Paul Rivet, da comunidade médica; Marcel Griaule, inicialmente aviador e, em seguida, das línguas orientais; Michel Leiris, da poesia e do surrealismo; Alfred Métraux, da École des chartes — destinada a formar arquivistas-paleógrafos —, na qual foi condiscípulo de Georges Bataille.

É principalmente por intermédio de Merleau-Ponty que uma geração inteira de jovens filósofos converge em direção a essas ciências modernas. O resultado de tais conversões leva a uma hemorragia no campo da filosofia que não será facilmente estancada; aliás, trata-se apenas de seus primeiros dissabores porque surge Michel Foucault, que dará o golpe de misericórdia no projeto fenomenológico e nas pretensões de uma filosofia situada acima da barafunda das ciências empíricas. Mesmo que sua crítica só venha a lume no decorrer da década de 1960, o percurso de Foucault inicia-se com sua insatisfação relativamente ao programa fenomenológico quando escreve a sua obra *História da loucura* (1955-1960). Ao deslocar a perspectiva fenomenológica, ele abandona a descrição interiorizada da experiência em benefício da atualização de práticas e de instituições sociais problematizadas: "Tudo o que aconteceu ao redor da década de 1960" — comenta ele — "emergia efetivamente dessa insatisfação perante a teoria fenomenológica do sujeito."[44] A bifurcação efetuada por Foucault visa, aliás, as abordagens tanto fenomenológicas quanto marxistas.

---

43. STOCKING, 1984, pp. 421-431.
44. FOUCAULT, 1983.

Relativismo cultural

A tese defendida por Lévi-Strauss em *Raça e história* é objeto de uma severa crítica de seu *alter ego*, Roger Caillois[45]; com efeito, além da idade e do percurso semelhantes, este tem em comum com Lévi-Strauss o fato de ter frequentado os surrealistas e vivenciado a Segunda Guerra Mundial no exílio, nos Estados Unidos. Antropólogo, ele tem igualmente uma relação privilegiada com a escrita. Ambos pensam como escritores, tendo efetuado uma digressão pelas ciências humanas para se exprimirem.[46] E ambos romperam os vínculos com a filosofia: em favor da literatura, no caso de Caillois; quanto a Lévi-Strauss, ele adotou a ciência. Na época do lançamento de *Raça e história*, Caillois lança *Diogène*, a revista da Unesco, cujo objetivo principal consiste em dedicar-se ao diálogo intercultural: distribuída pela editora Gallimard, esta importante revista — cujo secretário de redação, em tempo parcial, é o escritor Jean d'Ormesson — tem uma tiragem de oito mil exemplares na década de 1950, e seu primeiro número é publicado em novembro de 1952.[47]

Na posição de diretor da revista, Roger Caillois pretende verificar a tese defendida pela Unesco a respeito da unidade da humanidade, para além de sua diversidade[48]: o questionamento sobre o sagrado como reativação simbólica de um impulso primitivo é seu princípio orientador. Para avançar nesse sentido, ele inventa o conceito de ciências diagonais: epistemologia, economia política, psiquiatria e história.[49] Caillois encontra-se, portanto, nessa década de 1950, em posição de concorrência direta com o projeto de Lévi-Strauss, que pretende também unificar as ciências

---

45. CAILLOIS, 1954 e 1955.
46. PANOFF, 1993, p. 17.
47. Esse número, aliás, exemplifica a preocupação no sentido de divulgar os saberes: com efeito, é possível encontrar os textos do linguista Émile Benveniste, do filósofo alemão Karl Jaspers do helenista britânico Gilbert Murray e do psicólogo Jean Piaget.
48. MOUTOT, 2006, p. 144.
49. Ibidem, p. 259.

humanas, mas em torno de seu programa de antropologia social e de um método globalizante, o estruturalismo.

O que acaba sendo paradoxal é que, no dia da entrada de Lévi-Strauss para a Academia Francesa, no lugar de Montherlant, em 1974, ele seja recebido por Roger Caillois, que exprime, a seu respeito, as mais vigorosas reservas[50]; a resposta de Lévi-Strauss atinge, por sua vez, uma rara violência.[51] A querela entre os dois homens irrompe sobre a questão do relativismo cultural, defendido por Lévi-Strauss em *Raça e história*; Caillois vai criticá-lo por atribuir virtudes desproporcionadas aos povos outrora negligenciados, além de mostrar a contradição do próprio Lévi-Strauss ao considerar que todas as culturas são equivalentes e incomparáveis.[52] Caillois julga que Lévi-Strauss acabou perdendo o controle de seu relativismo e opõe-lhe a superioridade da civilização ocidental que, segundo ele, se situa na curiosidade constante em relação a outras culturas, da qual surgiu, aliás, a etnografia, que é uma necessidade nunca experimentada pelas outras civilizações:

> Ao contrário do que seria demonstrado pelo provérbio, o cisco que está no olho de Lévi-Strauss impediu-o de ver a trave no olho dos outros [...] a atitude é nobre, mas um cientista deveria, de preferência, aplicar-se a reconhecer os ciscos e as traves no lugar em que se encontram.[53]

Entre outras críticas, Caillois reage energicamente à afirmação de Lévi-Strauss segundo a qual "o bárbaro é, em primeiro lugar, o homem que acredita na barbárie dos outros"; ele argumenta que essa era a convicção dos gregos da Antiguidade e que nem por isso é possível atribuir-lhes o qualificativo de bárbaros, já que temos uma dívida para com eles por terem dado origem tanto à filosofia quanto à história. Outra objeção de Roger Caillois: Lévi-Strauss sublinha, em sua argumentação, o caráter sofisticado

---

50. CAILLOIS, 1974.
51. LÉVI-STRAUSS, 1955a.
52. CAILLOIS, 1954, p. 1.021.
53. Ibidem, p. 1.024.

do sistema de parentesco dos aborígines australianos como um sintoma de sua superioridade nesse campo quando, afinal, no entender de Caillois, a superioridade intelectual é reconhecida, pelo contrário, na capacidade para simplificar. Caillois conclui sua crítica, explicando que Lévi-Strauss e seus amigos extraviaram-se, por ódio, de sua própria civilização.

A réplica não se faz esperar e é contundente.[54] Constata-se, de novo, que a revista de Sartre, *Les Temps modernes*, serve paradoxalmente de tribuna a Lévi-Strauss para este desenvolver suas teses. O grau de rispidez é imediatamente indicado: "Para comprovar o movimento, Diógenes punha-se a andar. Quanto ao senhor Roger Caillois, ele deita-se para evitar vê-lo."[55] Nesse texto, ele retoma as principais teses de sua demonstração sem ceder um milímetro aos argumentos de Caillois. No que se refere à alusão deste último ao canibalismo, ele responde que não coloca a moral na cozinha e que, proporcionalmente ao número de pessoas mortas, conseguimos uma maior eficácia do que os papuas. Mas a surpresa reside, sobretudo, na violência da controvérsia: "A peça escrita pelo senhor Caillois começa com palhaçadas de botequim, prossegue com declarações de pregador, para terminar com lamúrias de penitente. Esse era precisamente, aliás, o estilo dos cínicos reivindicado por ele [...]. A América teve o seu McCarthy: quanto a nós, teremos o nosso McCaillois."[56] Além da rispidez, esse opúsculo continua sendo importante no combate contra os preconceitos racistas no limiar da década de 1950 e contém uma intuição acertada, a de Caillois, segundo a qual um pensamento crepuscular está em via de ganhar a Europa às voltas com um declínio que parece inexorável, anunciando um reviramento de seu regime de historicidade.

As objeções à tese do relativismo cultural são apresentadas tanto por intelectuais comunistas quanto por liberais. Em *La Nouvelle Critique*, Maxime Rodinson denuncia uma teoria que dissimula a luta de classes como o motor da história.[57] Lévi-Strauss responde-lhe com veemência em uma

---

54. PANOFF, 1993, p. 55.
55. LÉVI-STRAUSS, 1955a, p. 1.187.
56. Ibidem, pp. 1.202 e 1.214.
57. RODINSON, 1955a e 1955b.

carta que não é publicada pelo semanário do PCF, mas que Lévi-Straus retoma em nota, em 1958, em *Antropologia estrutural*.⁵⁸ Quanto a Alfred Métraux, ele diverte-se com essa disputa no topo entre Caillois e Lévi--Strauss: "A controvérsia Caillois-Lévi-Strauss foi o grande acontecimento dos círculos literários parisienses. A resposta de Lévi-Strauss [...] é uma obra-prima de raciocínio, de estilo literário e de crueldade."⁵⁹

Clio no exílio

No fim da década de 1950 e na primeira metade da década de 1960, os historiadores enfrentam a concorrência ainda mais difícil por parte da sociologia porque Lévi-Strauss demonstra a força de um programa que pretende realizar a federação de todas as ciências humanas em uma semiologia generalizada, nova ciência da comunicação humana.

Ao retomar, efetivamente, em 1949, o debate entre história e sociologia a partir do ponto em que François Simiand o havia deixado, em 1903, Lévi-Strauss acrescenta o seguinte:

> O que aconteceu desde então? Somos obrigados a constatar que a história se ateve ao programa modesto e lúcido que lhe era proposto e que avançou em seu caminho [...]. Quanto à sociologia, não acontece o mesmo: impossível afirmar que ela não se tenha desenvolvido [...].⁶⁰

De acordo com Lévi-Strauss, o historiador encarna um nível essencial da realidade, mas o fato de restringir-se a seu plano empírico de observação condena-o à incapacidade de criar modelos; ele é incapaz, portanto, de ter acesso às estruturas profundas da sociedade. O historiador está assim condenado a situar-se na opacidade e no caos da contingência, a não ser que venha a equipar-se com a grade de leitura do etnólogo. Por uma dupla

---

58. BERTHOLET, 2003, p. 227.
59. Alfred Métraux, carta a Pierre Verger, citada in ibidem, p. 219.
60. LÉVI-STRAUSS, [1949] pp. 3-4, 1958.

razão, a história e a etnologia têm certamente afinidades: por sua posição institucional e por seus métodos. Aliás, Lévi-Strauss considera que elas têm o mesmo objeto: esse *outro* separado do mesmo pelas distâncias espaciais ou pela espessura temporal do passado. A distinção entre as duas disciplinas, de acordo com Lévi-Strauss, situar-se-ia entre a ciência empírica, que é a história, e a ciência conceitual, que é a etnologia do outro; em seu entender, esta é a única que pode ter acesso aos estratos inconscientes da sociedade. A antropologia estrutural, tal como a concebe Lévi-Strauss, é a única que pode aventurar-se nas esferas do universo psíquico, fixando-se o objetivo de ter acesso aos recintos mentais. Pode-se avaliar a magnitude do desafio que esse programa representa para o historiador.

Fernand Braudel, que é então o líder indiscutível da Escola dos *Annales*, compreende o vigor e o perigo do desafio. A história encontrou nele o homem que converteu a história na ciência agregadora das ciências humanas. Sua resposta extremamente detalhada ao desafio lançado por Lévi-Strauss, em seu artigo "Histoire et ethnologie" [História e etnologia], é considerada como um artigo manifesto dos *Annales* de 1958[61], no mesmo ano da publicação de *Antropologia estrutural*. Braudel afirma que teve longas discussões com Lévi-Strauss, pelo qual tem uma grande admiração, não destituída de alguma inveja. Apesar de nada exibir pela sociologia além de menosprezo, ele abstém-se de qualquer polêmica frontal com Lévi-Strauss, que em momento algum é atacado, apesar de uma situação de concorrência teórica particularmente tensa. Ele evoca assim a "proeza" de Lévi-Strauss[62] por ter sido capaz de decifrar a linguagem subjacente às estruturas elementares do parentesco, aos mitos, às trocas comerciais, etc. Braudel, que tem o costume de olhar por cima do ombro essas jovens ciências imperialistas, aceita desta vez abandonar a tribuna e chega, inclusive, a evocar "nosso guia" ao falar do antropólogo, sem renunciar a seu estatuto de historiador.

A resposta de Braudel vai consistir em inovar e em apropriar-se do acervo de conhecimentos da antropologia estrutural. Ele opõe a Lévi-Strauss

---

61. BRAUDEL, [1958] 1971.
62. Ibidem, p. 66.

o trunfo principal do historiador: a extensão temporal, não a do binômio tradicional acontecimento/data, mas o longo prazo, aquele que condiciona até mesmo as estruturas mais imutáveis colocadas em evidência pelo antropólogo: "A proibição do incesto" — escreve ele — "é uma realidade de longa duração."[63] Reconhecendo a pertinência das críticas de François Simiand em relação à singularidade do acontecimento e de sua futilidade para as ciências sociais, Braudel sugere reorganizar o conjunto dessas ciências em torno de um programa comum cujo referente essencial seria a noção de longa duração: esta deve impor-se a todos, mas, na medida em que se trata de duração, de periodização, o historiador continua sendo rei. Braudel apresenta essa inflexão como uma revolução copernicana na própria disciplina de história, ou seja, o esboço de um reviramento de perspectiva, permitindo que todas as ciências humanas falem a mesma linguagem.[64]

Essa fase de confinamento no cientificismo provoca um exílio temporário de Clio[65], no decorrer do qual os historiadores privilegiam um tempo quase imóvel, deixando de lado o que pode advir de novo. À distância, é possível considerar que esse momento, apesar de suas aporias, terá sido fecundo: ele contribuiu para o abandono de uma concepção teleológica da história segundo a qual uma racionalidade transcendental estava em curso visando o advento de um mundo melhor, para além da ação dos atores. Esse momento permitiu, além disso, romper com qualquer forma de evolucionismo.

A crise das escatologias

Como já vimos, 1956 é o ano das rupturas para uma grande parte da *intelligentsia* francesa. Ele constitui o fermento dos futuros discípulos de 1966, verdadeiro instante da emergência do estruturalismo enquanto

---

63. Ibidem, p. 69.
64. Ibidem, pp. 41-54.
65. Na mitologia grega, a musa da história. [N.T.]

fenômeno intelectual, assumindo o lugar do marxismo. O otimismo da Libertação que se exprimiu na filosofia existencialista é substituído por uma relação desiludida com a história. Um novo período abre-se com as revelações de Khrushchov sobre os crimes de Stálin, no 20º Congresso do PCUS, no início do ano de 1956, e com o esmagamento da revolução húngara pelos tanques soviéticos ao final desse ano.

O reviramento do regime de historicidade vai enraizar-se em uma releitura crítica dos valores da democracia ocidental. A *intelligentsia* francesa deixou de fundamentar sua reflexão sobre a adesão aos valores de autonomia, de liberdade e de responsabilidade; além disso, e em razão do retrocesso do marxismo, ela começa a desenvolver uma crítica da modernidade e do caráter formal da democracia, desta vez a partir de Heidegger e de Nietzsche.

Para alguns autores, o recurso a Lévi-Strauss funda uma conversão à antropologia. Esse é o caso de filósofos comunistas dissidentes aos quais pode ser atribuído o qualificativo de clube dos quatro, Michel Cartry, Alfred Adler, Pierre Clastres e Lucien Sebag, que abandonam o PCF a partir da fratura de 1956 e passam da filosofia para a antropologia, escolha indissociável da evolução da situação política. Eles ficam deslumbrados com a obra de Lévi-Strauss, que tem o mérito da desideologização e do discurso apolítico. Pierre Clastres lê de quatro a cinco vezes *Tristes trópicos*, que se torna seu livro favorito.

Essa conversão leva-os a manifestar interesse por tudo o que faz parte da emergência do paradigma estrutural, alimentando-se disso com um entusiasmo tanto maior pelo fato de tratar-se de ser bem-sucedido no trabalho catártico em relação ao passado. Envolvem-se, então, em pesquisas de linguística estrutural e acompanham, a partir de 1958, o seminário de Jacques Lacan no hospital de Sainte-Anne. Esse apetite pela descoberta alimenta, em primeiro lugar, uma verdadeira aprendizagem teórica da etnologia em ligação com as outras disciplinas, de 1958 a 1963; em segundo lugar, ele provoca as viagens para trabalhos de campo. Nessa época é que o grupo se divide em dois: Sebag e Clastres escolhem o território ameríndio; Adler e Cartry, a África. Para eles, trata-se de encontrar sociedades a salvo do esquema hegeliano-marxista, sociedades não cotadas de acordo com as avaliações dos compêndios stalinistas. Ao contrário dos discursos puramente especulativos, a obra de Lévi-Strauss oferece-lhes uma aventura intelectual em que são determinantes, por um lado, as viagens para trabalhos de campo e, por outro, o afastamento do centro em relação à própria história.

A descoberta de um invariante

De retorno à França em 1948, Lévi-Strauss tinha defendido sua tese, *As estruturas elementares do parentesco*, e a tese complementar, *La Vie familiale et sociale des indiens nambikwara* [A vida familiar e social dos índios nambikwara], diante de um júri composto por Georges Davy, Marcel Griaule, Émile Benveniste, Albert Bayet e Jean Escarra. A publicação dessa tese em livro, no ano seguinte[66], torna-se um dos principais acontecimentos da história intelectual do período pós-guerra, além de uma pedra angular nos alicerces do programa estruturalista. À procura de invariantes suscetíveis de dar conta de universais nas práticas sociais, Lévi-Strauss encontra a proibição do incesto, comportamento imutável para além da diversidade das sociedades humanas; ele realiza, então, um deslocamento fundamental em relação à abordagem tradicional, na medida em que havia o costume de pensar o fenômeno em termos de proibições morais e não no plano da positividade social. A revolução lévi-straussiana consiste em desbiologizar o fenômeno, em retirá-lo tanto do esquema simples da consanguinidade, quanto de considerações morais etnocêntricas: a hipótese estruturalista opera assim um deslocamento do objeto para restituir-lhe plenamente seu caráter de transação, de comunicação que se instaura com a aliança matrimonial. Considerando as relações de parentesco como o primeiro fundamento da reprodução social, Lévi-Strauss abandona uma análise em termos de filiação e de consanguinidade para mostrar que a união dos sexos é objeto de uma transação assumida pela sociedade e é, desde então, um fato cultural, criador de vínculo social.

---

66. Lévi-Strauss, 1948 e 1949a.

O modelo que permite a Lévi-Strauss operar esse deslocamento é a linguística estrutural. A emergência e as evoluções da fonologia desestabilizaram, de fato, o campo do pensamento nas ciências sociais. Para Lévi-Strauss, esse empréstimo passa por ser uma verdadeira revolução copernicana: "A fonologia não pode deixar de desempenhar, em relação às ciências sociais, um papel renovador semelhante àquele que a física nuclear, por exemplo, havia desempenhado para o conjunto das ciências exatas."[67] Os sucessos crescentes do método fonológico traduzem a existência de um sistema eficaz do qual a antropologia deve tirar as lições essenciais para aplicá-las ao campo complexo do social; a fonologia introduz a noção de sistema e procura construir leis gerais. A abordagem estruturalista, em sua integralidade, está inscrita nessa ambição, e Lévi-Strauss retoma por sua conta, quase termo a termo, seus paradigmas fundadores.

Ele apropria-se de tal contribuição através de seu intercâmbio com Roman Jakobson, em Nova York: "Na época, eu era uma espécie de estruturalista ingênuo. Fazia estruturalismo sem ter a noção disso. Jakobson revelou-me a existência de um corpo de doutrina já constituído em uma disciplina — a linguística —, que eu nunca tinha praticado. Para mim, foi uma iluminação."[68] Lévi-Strauss não se limita, no entanto, a adicionar um novo continente do saber, justaposto ao seu, mas vai incorporá-lo em seu método, cuja perspectiva global é assim alterada: "À semelhança dos fonemas, os termos de parentesco são elementos de significação; esta só é adquirida por eles — aliás, como ocorre com os fonemas — com a condição de se integrarem em sistemas."[69] Tendo frequentado em Nova York os cursos de Jakobson, Lévi-Strauss irá escrever o prefácio para a publicação dos mesmos, em 1976.[70] Em sua biografia de Lévi-Strauss, Emmanuelle Loyer identifica a primeira ocorrência do termo "estrutura" — ainda hesitante, simples substituição de uma rasura — em uma carta endereçada a Paul Rivet, em dezembro de 1943:

---

67. Idem, 1958, p. 39.
68. Idem, [1988] 1990, p. 58.
69. Idem, 1958, pp. 40-41.
70. Idem, [1976] 1983.

Tentei elaborar um método positivo para o estudo dos fatos sociais. Para apresentar sucintamente suas características, eu diria que ele é um esforço para lidar com os sistemas de parentesco como se fossem [estruturas] e para transformar o estudo desses sistemas de uma maneira semelhante àquela adotada pela fonologia — inspirando-se nos mesmos princípios — em relação à linguística. Dito por outras palavras, esforço-me por apresentar uma "sistemática das formas de parentesco".[71]

A recepção reservada ao lançamento de *As estruturas elementares do parentesco* é retumbante, tanto mais porque é Simone de Beauvoir quem escreve uma análise particularmente elogiosa em *Les Temps modernes*, cujo público de intelectuais em sentido lato garante ao livro, imediatamente, uma enorme repercussão; aliás, na sequência de seu sucesso no concurso para professora de filosofia [*agrégation*], Beauvoir havia efetuado seu estágio prático em companhia de Lévi-Strauss e de Merleau-Ponty. Portanto, ela já o conhecia: "Ele me intimidava por sua impassibilidade, mas servia-se disso com sagacidade, e eu o achava bastante divertido quando, com uma voz neutra e um rosto cadavérico, expôs a seu auditório a loucura das paixões."[72] O acaso tinha provocado, portanto, este paradoxo: a primeira resenha dessa obra estrutural-estruturalista era publicada no próprio cerne do órgão de expressão do existencialismo sartriano. Seu ano de nascimento coincidindo com o de Lévi-Strauss, Beauvoir estava terminando a redação de *O segundo sexo*. Por intermédio de Michel Leiris, ela ficou sabendo que Lévi-Strauss, por sua vez, iria publicar sua tese sobre os sistemas de parentesco: interessada pelo ponto de vista antropológico sobre a questão, ela pediu a Leiris para interceder em seu favor junto de Lévi-Strauss e chegou a consultar as provas desse livro antes de terminar a redação de sua própria obra. Para agradecer a Lévi-Strauss, ela escreveu uma longa resenha para *Les Temps modernes*: Beauvoir aderia ao método e suas conclusões, convidava à leitura desse texto e, ao mesmo tempo, integrava essa obra no círculo sartriano, conferindo-lhe um alcance existencialista. Tendo constatado que

---

71. Claude Lévi-Strauss, carta a Paul Rivet, 6 de dezembro de 1943, citada in LOYER, 2015, p. 317.
72. Simone de Beauvoir, citada in ibidem, p. 85.

Lévi-Strauss não indicava a origem das estruturas, cuja lógica era descrita por ele, Beauvoir dava a própria resposta, de índole sartriana:

> Lévi-Strauss absteve-se de se aventurar no campo filosófico, nunca se afastando de uma rigorosa objetividade científica; mas seu pensamento increve-se, evidentemente, na grande corrente humanista que considera a existência humana como se ela carregasse em si a própria razão de ser.[73]

---

73. BEAUVOIR, 1949b, p. 949.

13

O triunfo de uma filosofia da suspeita

Os decênios de 1960-1970 correspondem ao período mais importante de uma filosofia da suspeita que se apoia em uma configuração específica das ciências sociais, empenhando-se em desconstruir a modernidade triunfante e em expropriar qualquer forma de presença do sujeito. Como sublinha Pierre Nora, é a época da denúncia da alienação sob todas as formas. No contexto das *Trente Glorieuses*, de uma modernização acelerada e de um distanciamento da perspectiva revolucionária, que parecia iminente no pós-guerra, todos os defensores das ciências sociais são convocados a desmontar a alienação: "A nata da revolução impelida para um terreno desprovido da própria perspectiva da revolução. Daí, uma datação bastante exata: 1956-1968."[1] Esse tema da alienação torna-se o reverso da influência da sociedade de consumo, assim como da ascensão das classes médias, estigmatizadas como portadoras da *doxa* "pequeno-burguesa": "A alienação será, em suma, a versão intelectual e sofisticada da frase de De Gaulle: 'Os franceses são uns carneiros.'"[2] Numerosos intelectuais vão construir um pensamento mediante o qual buscam não só desvendar o que é verdadeiro sob a mistificação e a fetichização, mas também reencontrar a verdadeira natureza sob a tecnoestrutura. "A alienação, afinal" — escreve Nora —, "serviu, durante um momento, de catalisador e de precipitado químico a esse conglomerado efervescente."[3] Na época, o paradigma

---

1. Nora, 1988, p. 174.
2. Ibidem, p. 175.
3. Ibidem, p. 177.

predominante em todas as ciências humanas consistiu em desvendar uma verdade dissimulada.

Essa postura de saliência, inscrita na esteira da tradição epistemológica francesa dos Jean Cavaillès, Gaston Bachelard e Georges Canguilhem, torna absoluta a distinção entre o senso comum e a competência científica: isso aplica-se tanto aos mentores do estruturalismo quanto ao que será designado, em breve, pelos norte-americanos como a *French Theory*. Todos os valores eurocentrados são desconstruídos e submetidos à crítica em nome de um reverso, de uma era dourada perdida. Sob o Iluminismo, procura-se detectar as trevas de uma lógica carceral; sob o homem sensato, o louco; sob o adulto, a criança; sob o "civilizado", o "selvagem". Nas ciências humanas, o período assiste ao florescimento espetacular de novos rebentos que tentam encontrar um lugar ao sol em uma plateia já bem lotada. Essas disciplinas inovadoras apresentam-se como a expressão do que o sociólogo alemão Wolf Lepenies designou como "terceira cultura", que não é da alçada das ciências duras, nem das humanidades clássicas. Em busca de legitimidade, estas adotam uma identidade baseada na ruptura e procuram ganhar um público intelectual cada vez mais amplo, contornando as posições estabelecidas.

Esse momento leva ao apogeu a exigência crítica em torno não só das figuras de Marx, Freud e Nietzsche, mas também do tema do *retorno*: retorno a Marx através de Althusser, a Freud por meio de Lacan, a Nietzsche mediante Foucault e Deleuze. Essa tríade constitui um verdadeiro dispositivo que coloca sob suspeita qualquer forma de expressão manifesta em nome de lógicas inconscientes que funcionam à revelia dos atores.

Em 1958, sob a liderança de Raymond Aron, a sociologia está progredindo em sua implantação institucional com a criação de uma licenciatura. No mesmo ano, Gaston Berger, diretor do ensino superior, completa a denominação oficial das faculdades de letras, acrescentando-lhe "e de ciências humanas". Na filosofia, o existencialismo sartriano, articulado em torno de um sujeito constituinte do qual tudo procede, está em pleno declínio; aqueles que pretendem distanciar-se desse idealismo do sujeito encontram na imobilidade das estruturas um descentramento, para não dizer "uma extinção do sujeito". Jean-Paul Sartre é a primeira vítima desse reviramento em favor dos estruturalistas, que utilizam contra ele armas semelhantes às que estiveram à disposição do filósofo para se impor; aliás, o fim da Guerra da Argélia, a desmobilização e as desilusões vão engendrar um novo estilo de intelectual que ele deixou de encarnar. O segundo polo filosófico do qual se dissociam os filósofos em voga, na década de 1960, é a fenomenologia. Nesta, o estruturalismo apreende determinadas orientações que ele acaba retomando por conta própria, tais como o privilégio atribuído às estruturas e a busca do sentido. Jean Viet, autor da primeira tese sobre o estruturalismo, percebe até mesmo a fenomenologia como uma tendência específica do estruturalismo[4]; no entanto, ela continua sendo uma filosofia da consciência e dedica-se essencialmente à descrição dos fenômenos. Para Jacques Derrida, ela está confinada na "clausura da representação", mantendo o princípio do sujeito.[5] O conceito de desconstrução, que vai orientar uma parte considerável do pensamento estruturalista, havia sido introduzido inicialmente por Derrida para traduzir a *Destruktion* heideggeriana, sem conotação negativa ou positiva.[6]

Tendo surgido da contestação da fenomenologia, o estruturalismo filosófico recorre ao paradigma crítico como meio de abertura e de captura em relação ao campo das ciências sociais em rápido desenvolvimento. A maior parte dos estruturalistas — Claude Lévi-Strauss, Pierre Bourdieu, Jacques Lacan, Louis Althusser, Jacques Derrida, Jean-Pierre Vernant — são oriundos da filosofia, mas têm em comum a vontade de romper com ela. Todos eles andam à procura de outra coisa. Essa geração filosófica rompe com a retórica acadêmica e contorna os obsoletos aparelhos da instituição para se dirigirem diretamente à *intelligentsia*. No entender desses autores, o estruturalismo — com aquilo que Pierre Bourdieu designa como o seu "efeito-logia"[7]: gramatologia, semiologia, etc. — traz uma ambição científica que se serve tanto da lógica matemática quanto da linguística, para constituir um polo científico que conquista um lugar na história das

---

4. VIET, 1965, p. 11.
5. DESCOMBES, 1979, p. 96.
6. Ibidem, p. 98.
7. BOURDIEU, [1987] 2004, p. 18.

ciências. Michel Foucault descreveu perfeitamente essa linha de clivagem que transcende qualquer outra forma de oposição:

> É aquela que estabelece a separação entre uma filosofia da experiência, do sentido e do sujeito, e uma filosofia do conhecimento, da racionalidade e do conceito. Por um lado, uma filiação que é a de Sartre e de Merleau-Ponty; e, depois, outra que é a de Cavaillès, de Bachelard, de Koyré e de Canguilhem.[8]

A disciplina filosófica, renovada, adotada por um público cada vez mais numeroso e beneficiando-se de um acentuado crescimento de seu pessoal docente[9], vai revitalizar-se mediante essa disputa. Eis o que é confirmado pelo número de postos destinados à filosofia no ensino médio: 905, em 1960; 1.311, em 1965; e 1.673, em 1970. Quanto ao número de postos de professores no ensino superior, que era de 124 em 1963, passa para 267 em 1967.

Se os "gurus" do estruturalismo haviam pretendido absorver as ciências sociais, eles não deixaram, no entanto, de combatê-las e multiplicaram os ataques contra suas pretensões cientificistas: Lacan contra a psicologia, Althusser contra a história e Foucault contra os métodos de classificação das ciências humanas. O estruturalismo, ao privilegiar um discurso conceitual e teórico, além de lançar a desordem no desmembramento das jovens ciências sociais em desenvolvimento, empenha-se em preservar a primazia da filosofia renovada; com essa preocupação é que a fórmula da "arqueologia", em Foucault, satisfaz a exigência de propor um discurso histórico sobre as ciências humanas, sem deixar de pensá-las do ponto de vista filosófico, ou seja, de maneira diferente e em condições tais que elas seriam incapazes de elaborá-lo por si mesmas.

Nesse nível, a vanguarda filosófica enfrenta plenamente o desafio das ciências sociais, favorecendo até mesmo seu rápido desenvolvimento na década de 1960 e, ao mesmo tempo, reivindicando a posição mais

---

8. FOUCAULT, 1985, p. 4.
9. PINTO, 1987, p. 68.

elevada do dispositivo. A filosofia permanece "a disciplina da coroação", com suas posições-chave no topo do currículo do ensino médio e com seus feudos para a reprodução das elites, que são as *classes préparatoires*[10] e as *écoles normales supérieures*. A vontade de desqualificar as disciplinas canonizadas — independentemente de tratar-se da filosofia tradicional, da história ou da psicologia — inscreve-se em um contexto mais amplo da revolta antiacadêmica, único recurso à disposição tanto da vanguarda filosófica quanto das jovens ciências do signo para encontrarem um lugar na instituição. A maioria dos defensores do estruturalismo tem, na verdade, um status precário. A novidade é apanágio, no essencial, de instituições como a 6ª seção da EPHE ou o Collège de France: representantes de um apogeu de legitimação científica, elas permanecem, ao mesmo tempo, à margem do aparelho central de ensino e de pesquisa. As ciências do signo, para obterem um lugar, devem passar por cima da instituição. O estruturalismo, que reúne as vanguardas das diversas disciplinas, transforma a revolta latente em revolução: nesse contexto é que as referências a Nietzsche, Marx e Saussure vão tornar-se verdadeiras armas de crítica antiacadêmica contra os defensores da ortodoxia imposta pelo mandarinato institucional.

Sob a fala, a língua

A ciência-piloto desse período importante do pensamento da suspeita e da crise de crescimento de novas ciências humanas é a linguística, em que o modelo dos modelos do método é o famoso CLG (Curso de Linguística Geral) de Ferdinand de Saussure. Roland Barthes é a figura titular dessa inspiração, origem de um ambicioso programa de semiologia que inclui um grande número de disciplinas. Nesse campo, seu mentor é o linguista lituano Algirdas Julien Greimas, o qual escreveu, em 1956, um artigo seminal sobre "A atualidade do saussurismo", em que manifesta

---

10. Turmas destinadas à preparação dos estudantes para ingressarem em uma das *grandes écoles* — estabelecimentos de ensino superior público cuja organização é independente do sistema universitário. [N.T.]

estupefação pelo fato de que Saussure seja utilizado pela maior parte das ciências sociais, mas não pelos linguistas:

> Será, portanto, facilmente compreensível que as linhas seguintes, longe de esboçarem uma nova apologia, pretendam de preferência mostrar a eficácia do pensamento de F. de Saussure, o qual, superando o âmbito da linguística, é retomado e utilizado atualmente pela epistemologia geral das ciências humanas.[11]

O encontro decisivo entre Greimas e Barthes realiza-se em Alexandria, cidade em que o primeiro é professor adjunto de literatura francesa, em 1949; em seguida, "o casal Greimas passa os verões de 1953 e 1954 em um hotel parisiense da rua Servandoni e encontra, diariamente, o casal Barthes. Entre os dois homens, o intercâmbio incide sobre a semiologia incipiente".[12]

Com o livro *O grau zero da escrita*, lançado em 1953, Barthes participa da corrente formalista que consiste em esvaziar a língua de qualquer restrição que não seja estrutural e em livrar-se de qualquer conteúdo: "O que se pretende aqui é esboçar essa ligação: afirmar a existência de uma realidade formal independente da língua e do estilo."[13] Barthes retoma o tema sartriano da liberdade conquistada mediante o ato de escrever, além de inovar, situando o engajamento representado pela escrita não no conteúdo, mas na forma. Ele toma de empréstimo ao linguista dinamarquês Viggo Brøndal a noção de "grau zero", que obterá um enorme sucesso, visto que será retomada por Lévi-Strauss, Lacan, Foucault e ainda outros autores, a tal ponto que Deleuze irá escrever que não há estruturalismo sem esse "grau zero".

Barthes faz, com frequência, um uso metafórico dessa noção: Tiphaine Samoyault conta, no mínimo, cinquenta ocorrências em toda sua obra.[14]

---

11. GREIMAS, 1956, p. 192.
12. GIL, 2012, p. 183.
13. BARTHES, [1953] 1972, p. 10.
14. SAMOYAULT, 2015, pp. 258-259.

A linguagem passa do status de meio para aquele de finalidade, identificada com a liberdade reconquistada. De acordo com Barthes, a literatura situa-se em um ponto zero a ser reencontrado entre estas duas formas de "contaminação" ["*empoissement*"]: a dissolução na língua cotidiana feita de hábitos e de prescrições, por um lado, e, por outro, a estilística que remete a um modo autônomo em que o autor é como que separado da sociedade. A essa literatura comprometida pela histeria ou pelo engajamento, Barthes opõe a escrita branca de um Mallarmé; ele apropria-se do tema, específico à linguística moderna e à antropologia estrutural, da prevalência da troca. Uma busca semelhante encontra-se, em Lévi-Strauss, do grau zero de parentesco e, em Jakobson, do grau zero da unidade linguística: a busca de um pacto ou contrato inicial que sirva de fundamento à relação do escritor com a sociedade.

Em 1953, o lançamento de *O grau zero da escrita* encontra imediatamente uma prolongação na sensibilidade da época, oferecendo a Jean Piel a oportunidade de publicar, em *Critique*, um artigo-manifesto pelo qual o fenômeno em curso é cristalizado em "La fonction sociale du critique"[15] [A função social do crítico]. Ao sublinhar o isolamento crescente do criador, assim como o estado de desorientação de um número cada vez maior de leitores, ele torna a função crítica mais indispensável do que nunca. Aliás, essa é a função que ele atribui à revista *Critique*, da qual é, na época, codiretor com Éric Weil e Georges Bataille: "Não é que a crítica ativa desempenha, assim, o papel de prolongar as obras mais originais? O que me levou, frequentemente, a dizer àqueles que pretendiam colaborar com esta revista: 'Escrevam-nos a respeito de obras que vocês têm vontade de estender; não temos nenhum interesse pelas outras.'"[16] À semelhança de Barthes, Piel promove uma simbiose entre o autor e o crítico, em que a função deste último consiste em levar a seu termo o teste tentado pelo escritor, o que pressupõe que o crítico esteja impregnado de um espírito científico. Nesses anos da década de 1960, *Critique* torna-se a principal

---

15. PIEL, 1954.
16. Idem, 1982, p. 287.

tribuna das teses defendidas pelo pensamento da suspeita, tendo publicado um grande número de textos de Barthes, Foucault e Derrida.

A obra *O grau zero da escrita* deve também seu sucesso ao fato de fazer parte de uma nova exigência literária que se materializa no que é designado como o "*nouveau roman*", preconizando uma nova estilística fora das normas tradicionais do romance. O tema principal da época, que inspira o trabalho dos críticos, consiste em esquadrinhar qualquer forma de alienação. Em seu livro, Barthes examina minuciosamente todas as escritas alienadas: o discurso político, que "se limita a confirmar um universo policial"; a escrita intelectual, que está condenada a ser uma "paraliteratura".[17] Quanto ao romance, ele é a expressão característica da ideologia burguesa em sua pretensão de universalidade, que desmoronou desde meados do século XIX. Essa desconstrução do universal limita-se a ser unicamente a expressão de um período que deixou de ser impelido pela dialética histórica: "Na pluralidade de suas escritas, a modernidade fornece para ler o beco sem saída de sua própria história."[18] Na medida em que o criador deve subverter a ordem estabelecida, sem que essa operação se contente em adicionar sua partitura a uma orquestração já pronta para recebê-lo, só lhe resta, para conseguir tal ruptura, escrever a partir e em torno da carência, o que é designado por Barthes com a expressão "criar uma escrita branca".[19]

Durante dois anos, de 1954 a 1956, Barthes envia mensalmente a Maurice Nadeau um artigo para *Les Lettres nouvelles*, prosseguindo regularmente seu trabalho de decapagem dos mitos contemporâneos e a crítica ideológica que faz da cultura de massa, a qual começa — aproveitando-se da reconstrução e das *Trente Glorieuses* — a difundir-se na vida cotidiana dos franceses. Ao que ele atribui o qualificativo de ideologia pequeno-burguesa exprimindo-se por gostos e valores difundidos pela mídia, ele opõe o sarcasmo que tem por alvo as ideias preconcebidas e os lugares-comuns.

---

17. BARTHES, [1953] 1972, p. 24.
18. Ibidem, p. 45.
19. Ibidem, p. 55.

Barthes empreende uma obra sistemática de desmontagem, contra a naturalização dos valores transformados em estereótipos, mostrando a partir de casos concretos da vida cotidiana como funcionam os mitos na sociedade contemporânea; desse modo, ele reúne 54 estudos de caso em sua obra *Mitologias*, lançada pela Éditions du Seuil em 1957. Na segunda parte dessa obra, ele acrescenta uma teorização de suas observações, sob o título "O mito atualmente", que define um programa semiológico global. "Eu ficava incomodado" — escreverá ele mais tarde — "ao verificar que, em cada instante, natureza e história eram confundidas no relato de nossa atualidade, e eu pretendia recapturar, através da exposição decorativa do-que-é-evidente, o abuso ideológico que, a meu ver, se encontra dissimulado aí."[20] Barthes deseja desestabilizar as falsas evidências, estilhaçar as máscaras. Essa parte teórica da obra é tributária de uma dupla filiação: por um lado, de Saussure, do qual retoma essencialmente as noções de significante/significado; e, por outro, de Louis Trolle Hjelmslev, linguista dinamarquês que acabara de ler, ao qual toma de empréstimo as distinções entre denotação e conotação, e entre linguagem-objeto e metalinguagem. Em 1957, ele ainda não havia retomado por conta própria a oposição, essencial para Saussure, entre língua e fala, mas concretiza com "O mito atualmente" sua conversão à linguística, a qual representa uma viragem essencial em sua obra. Como é observado por Louis-Jean Calvet, ele ingressa "na linguística, à semelhança de alguém que entra para um convento".[21]

Já fascinado pelo formalismo, Barthes encontra, na semiologia — que descarta o conteúdo em benefício da lógica das formas —, os meios de transformar seu programa em uma ciência. Ao retomar de Saussure o estudo sincrônico, que irá induzir em toda sua obra um olhar mais espacial do que temporal, ele opera uma ruptura com seu método anterior, o do grau zero da escrita, que se considerava como uma abordagem diacrônica da relação com a escrita. O mito é um objeto particularmente apropriado para a aplicação dos princípios saussurianos.[22] Barthes extrai daí tanto a

---

20. BARTHES, [1971] 2002, p. 1.030.
21. CALVET, 1990, p. 67.
22. Ibidem, p. 251.

prevalência saussuriana atribuída à sincronia quanto o abandono do referente. A obra obtém um enorme sucesso de público[23], cuja repercussão atinge os mais diversos círculos intelectuais, favorecendo as equiparações entre as disciplinas do ensino superior.

Nesse mesmo ano de 1964, Barthes define o que ele entende por estruturalismo. É impossível confinar o fenômeno em uma escola que viesse a pressupor uma comunidade de pesquisa e uma solidariedade, inexistentes em todos os seus autores:

> O estruturalismo é essencialmente uma atividade [...]. O objetivo de qualquer atividade estruturalista [...] consiste em reconstituir um objeto, a fim de manifestar nessa reconstrução as regras de funcionamento desse objeto. Portanto, a estrutura é, de fato, um simulacro do objeto.[24]

Para além da diversidade dos métodos na busca do homem estrutural e da singularidade de cada um dos pesquisadores, existe efetivamente um horizonte comum a todas as disciplinas. Esse homem estrutural define-se pelo fato de que ele produz sentido; assim, o método consiste em interessar-se essencialmente pelo ato produtor de sentido, e não pelo conteúdo deste. Essa produção estruturalista é considerada como "uma atividade de imitação"[25], *mimesis* estabelecida a partir de uma analogia não de substância, mas de função, permitindo aliás superar a distinção entre obras artísticas, literárias e científicas. Barthes coloca, no mesmo plano, a atividade que utiliza a linguística para construir uma ciência da estrutura e a escrita de um Michel Butor, a música de um Pierre Boulez ou a pintura de um Piet Mondrian, cujas composições participam de um simulacro do objeto semelhante ao do trabalho semiológico.

Nessa década de 1960, esta mutação das consciências não pode ser reduzida a um deslocamento entre disciplinas no campo das ciências

---

23. O sucesso ultrapassa de longe as tiragens habituais na área das ciências humanas: 29.650 exemplares pela coleção "Pierres vives" e, a partir de 1970, 350 mil exemplares pela coleção "Points", ambas da Éditions du Seuil.
24. BARTHES, [1963] 1964, p. 214.
25. Ibidem, p. 215.

sociais; ela é também a expressão de um período em que o intelectual e o escritor não podem exprimir sua visão crítica de uma forma semelhante àquela que era utilizada no período imediato do pós-guerra. Verifica-se a alteração do objeto da revolta, que deixa de visar uma subversão global da ordem social. Daí em diante, a revolta — escreve Barthes — "é realmente o conjunto, o tecido de todas as nossas evidências, ou seja, o que poderia ser designado como civilização ocidental".[26] A crítica barthesiana vai exercer-se na desestabilização dos valores ocidentais dominantes e na crítica radical da ideologia pequeno-burguesa e da opinião pública. Essa consciência — à qual Barthes atribui o qualificativo de "paradigmática", ou "consciência do paradoxo" — é submetida à desmontagem interna das lógicas e dos modelos, dos modos de ser e de parecer das construções ideológicas. Portanto, o superego dos raciocínios da racionalidade dominante, além do que é conotado por eles, será objeto de sua crítica, pressupondo um conhecimento rigoroso do modo de funcionamento da linguagem.

Tal abordagem parece ser, então, mais eficaz do que a simples rejeição dos valores passados em nome de princípios literários vanguardistas, fadados sistematicamente a serem integrados bem depressa no interior do sistema vigente: "Qualquer vanguarda é, de maneira bastante fácil e rápida, recuperada. Notadamente, na literatura."[27] A sociedade de consumo que se desenrola no decorrer da década de 1950 dispõe de tal capacidade para a rotação das mercadorias que os bens culturais não escapam a sua lei. O circuito que vai da ruptura radical ao objeto comercial nunca havia sido tão rápido; a assimilação é seu mecanismo de autorregulação. Como escreve Barthes, "há algo de surrealismo nas vitrines da Hermès ou das galerias Lafayette".[28]

A sociedade tecnológica, portadora do consumo de massa da cultura, torna portanto difícil, e quase ilusório, escapar de suas malhas para exprimir um grito, uma revolta ou uma recusa. É certamente uma das razões pelas quais a semiologia, enquanto discurso dotado de vocação científica e crítica,

---

26. Idem, 1967b.
27. Ibidem.
28. Ibidem.

emergiu como um espaço de liberdade, o qual — na falta de Rimbaud, Bataille ou Artaud — permite desmontar os mecanismos da dominação e, assim, ocupar uma posição inexpugnável de extraterritorialidade em nome da positividade científica. A subversão da linguagem, que passa pela própria linguagem, começa por derrubar as divisórias que delimitam as fronteiras entre os gêneros — romance, poesia, crítica —, formas de expressão que têm a ver com a textualidade e, portanto, com a mesma grade analítica, a da consciência paradigmática: "Acho que agora" — declara Barthes a Georges Charbonnier em um programa radiofônico de France Culture, em 1967 — "estamos lidando com uma revolta mais profunda do que outrora porque precisamente ela incide, talvez pela primeira vez, sobre o próprio instrumento da revolta que é a linguagem."[29] Nesse sentido, Barthes sente-se o continuador, por outros meios, da obra dos escritores. Mesmo que seus objetos tenham sido, em determinado momento, a cozinha ou o vestuário, enquanto ele se servia da linguagem — técnica — da linguística, a tensão que se pode detectar nele entre o escritor e o semiólogo nunca terá conseguido eliminar o horizonte literário. Nessa segunda metade do século, a semiologia aparece como o recurso moderno para fazer literatura. Em 1964, esse programa suscita um entusiasmo crescente.

Após um longo período de imersão na cientificidade linguística, durante o qual ele deixa de lançar livros, Barthes publica em 1964, na revista *Communications*, seus "Elementos de semiologia", que serão recebidos como o manifesto metodológico da época; nesse texto, ele sintetiza os cursos ministrados, desde 1962, na cátedra de sociologia dos signos, símbolos e representações da 6ª seção da EPHE. Nem por isso se deve imaginar que havia, nesses primeiros cursos, uma multidão tão numerosa quanto aquela que irá frequentar suas aulas no Collège de France. Nesse momento, ele era acompanhado apenas por um pequeno cenáculo de amigos: "Não passávamos de dois ou três estudantes 'normais' — de acordo com a lembrança de Jean-Claude Milner. Entre eles, Violette Morin, a filha

---

29. BARTHES, "Entretiens avec Georges Charbonnier", 1967a.

de Edgar Morin; a filha de Maurice Leenhardt, e Robert David; digamos, um pequeno grupo de pessoas mais chegadas."[30]

Nesse texto, Barthes define um amplo programa, englobando todas as ciências humanas, uma ciência dos sistemas de signos que se abre para objetos não linguísticos: "Os *Éléments* que são apresentados aqui" — escreve ele — "não têm outro objetivo além de extrair, a partir da linguística, conceitos analíticos que, a priori, são considerados como suficientemente gerais para permitir uma investigação semiológica."[31] O público de seu seminário é composto por personalidades de renome, cuja presença confirma a força de convicção de seu programa.[32] Nesses anos de 1960 a 1964, Barthes alimenta-se da teoria greimassiana para recalcar nele uma vocação como escritor em benefício de um discurso científico. Essencialmente intuitivo, Barthes tem necessidade de racionalizar seus sentimentos; e, desse ponto de vista, ele encontra em Greimas aquele que avança mais longe na racionalização. O modelo binário saussuriano assenta nele como uma luva porque seu pensamento é sempre dicotômico: este opõe um polo valorizado e um polo desvalorizado; o bom e o mau; o que lhe agrada e o que lhe desagrada; o prazer e o desprazer; o escritor e o escrevinhador, etc. Se consegue dar livre curso à expressão de seus afetos, estes não deixam de permanecer, no início da década de 1960, soterrados quando ele enuncia os princípios de um programa semiológico bastante semelhante às teses de Greimas.

A fase cienticifista de Barthes, nessa época, pode também ser explicada por uma preocupação com a respeitabilidade acadêmica: apesar de ter obtido sucesso em sua carreira com rapidez e brilho, ele nunca foi canonizado pelos diplomas universitários tradicionais, em decorrência de suas estadas prolongadas em sanatório devido a crises recorrentes de tuberculose. A busca de reconhecimento acaba criando nele uma verdadeira ética do trabalho

---

30. Jean-Claude Milner, entrevista de 9 de agosto de 2009, in SAMOYAULT, op. cit., p. 345.
31. BARTHES, 1964, p. 92.
32. Entre os quais, Julia Kristeva, Philippe Sollers, Tzvetan Todorov, Christian Metz, Algirdas Julien Greimas, Gérard Genette, Raphaël Sorin (que faz um estudo sobre Raymond Roussel), José Augusto Seabra (o qual prepara uma tese sobre Fernando Pessoa), e Michel Giroud (informações reproduzidas de GIL, op. cit., p. 299).

e, por trás da imagem de diletante que lhe é atribuída pelos especialistas, dissimula-se um profundo ascetismo dedicado ao trabalho; Barthes é, entranhadamente, o oposto de um boêmio. Nesse início da década de 1960, ele trabalha no tema que, por vontade própria, é sua tese de doutorado: "Le système de la mode" [O sistema da moda]. Ele anda à procura de um orientador e, acompanhado por Greimas, vai ao apartamento de André Martinet, mas este considera que o projeto não tem a ver realmente com a linguística. Apercebendo-se desse reduzido entusiasmo, Barthes solicita a Lévi-Strauss orientar sua pesquisa; de novo, Greimas vai acompanhá-lo e, igual a um pai ansioso, aguarda os resultados dessa entrevista em um bar nas proximidades. Após meia hora, Barthes volta abatido pela recusa de Lévi-Strauss.[33] A relação entre os dois homens será afetada, por isso, de maneira duradoura: o segundo considera o primeiro como um faz-tudo demasiado eclético. Tais fracassos de Barthes põem um termo abrupto a seus sonhos de sucesso na vida acadêmica, e o reconhecimento da qualidade de seu trabalho vai passar pelas obras publicadas; assim, o livro *Sistema da moda*, resultado de uma longa pesquisa empreendida entre 1957 e 1963, vem a lume pela Éditions du Seuil, em 1967.

Esse livro traz a marca das relações teóricas e amistosas de Barthes com Greimas: desde o início, ele apresenta-se como uma obra metodológica que se aplica — daí o desacordo com Lévi-Strauss — não à roupa que se usa, mas à roupa de que se "fala". A passagem da roupa real para a roupa "escrita" opera-se pelo viés da roupa "imagem" através de *shifters* (alavancas), noção que Barthes retoma de Roman Jakobson. Seu *corpus* é constituído por magazines dos anos 1958 e 1959, incluindo tanto *Elle* quanto *Jardin des modes*, revista mensal de moda feminina. A base de sua análise é a oposição estabelecida por Hjelmslev[34] entre o plano da expressão (E) e o plano do conteúdo (C), unidos pela relação (R), dando origem a uma análise em vários níveis: denotação/conotação e linguagem-objeto/metalinguagem. A moda encontra-se, assim, envolvida em um processo de formalização — e, portanto, de dessubstanciação — que aparece

---

33. SAMOYAULT, op. cit., p. 354.
34. Ibidem, p. 38.

como um sistema de significantes, atividade classificadora separada do significado, a qual funciona a partir de um duplo postulado: por um lado, a imprensa popular que põe em prática uma moda naturalizada, fecunda em retomadas de fragmentos do mundo transformados em sonhos de uso; e, por outro, uma imprensa mais "distinta", que preconiza a moda pura, livre de qualquer substrato ideológico. Ao colocar em evidência, no termo desse estudo, que o significado pleno representa o significante da alienação, Barthes volta a encontrar conclusões de natureza sociológica, sem cair na armadilha do sociologismo. O sistema da moda aparece, portanto, como a tradução de uma semiologia caracterizada pela elaboração de uma taxinomia. A novidade reside no desenvolvimento desse alentado esforço de classificação para dissolver o sujeito na linguagem.

Essa obra é acolhida pela ironia de um Jean-François Revel, que ilustra a tese de Barthes pelo seguinte silogismo: o rato rói o queijo; ora, o rato [*rat*] é uma sílaba; portanto, a sílaba rói o queijo — "Com certeza, nada é impossível para o rato estruturalista. Mas será que o rato escrito ainda consegue comer queijo? Cabe aos sociólogos fornecer-nos a resposta."[35] Revel já havia publicado dois livros panfletários contra a onda estruturalista: *Pourquoi des philosophes?* [Para que servem os filósofos?) e *La Cabale des dévots*[36] [A cabala dos devotos]. Em sua polêmica com Lévi-Strauss, ele já havia levado em conta a ideia do "queijo arquetípico" evocado pelo antropólogo, considerando que — pelo fato de tratar-se de uma fantasia especulativa para indicar um inconsciente diferente entre franceses e ingleses, referindo-se não a procedimentos de fabricação diferentes, mas à diferença linguística entre *cheese* e *fromage* [queijo] — teria de ser dado um passo incongruente para tornar sua proposta uma marca simbólica universal: "Lévi-Strauss" — escreve Revel — "efetua, sem provas suficientes, uma fusão geral de todas as realidades sociais em um cadinho mental no qual as diferenças da natureza são suprimidas."[37]

---

35. REVEL, J.-F., 1967.
36. Idem, 1957 e idem, [1962] 1976, respectivamente.
37. Ibidem, p. 301.

No entanto, a recepção reservada a esse livro de Barthes é, em geral, bastante favorável. Julia Kristeva vai considerá-lo um novo passo para a desmistificação endógena da ciência do signo por si mesma: "O trabalho de Barthes subverte a corrente que domina a ciência moderna: o pensamento do signo."[38] Nesse livro, ela elogia um questionamento radical de qualquer metafísica das profundezas, assim como o corte estabelecido entre significante e significado em benefício da relação dos significantes entre si. *Sistema da moda* permite a uma geração inteira pensar na possibilidade de aplicar o mesmo método a um amplo campo de experimentação. Se Barthes foi capaz de isolar o variante "vestema" [*"vestèmes"*] na moda escrita/descrita, por que não detectar "gostemas" [*"gustèmes"*] e outras unidades distintivas em todos os níveis das práticas sociais?

Barthes encontra imediatamente uma repercussão espetacular nesse ano de 1967, de modo que seu programa semiológico suscita um verdadeiro fervor coletivo; apesar disso, o supervisor desse programa vai distanciar-se, em breve, dos próprios enunciados. Deixando Greimas ocupar o terreno da semiótica, Barthes retoma sua vocação de escritor, que ele oferece em perspectiva para um estruturalismo que não teria sentido se sua empreitada não fosse capaz de subverter, a partir do interior, a linguagem científica: "O prolongamento lógico do estruturalismo nada pode ser além de alcançar a literatura já não como objeto de análise, mas como atividade de escrita [...]. Resta, portanto, ao estruturalista transformar-se em escritor [...]."[39] Esse horizonte literário que Barthes faz ressurgir de sua exigência metódica, em 1967, pressupõe outra ressurgência que vai se tornar o princípio mesmo da escrita barthesiana: o princípio do prazer.

Sob a pena do escritor

A expressão "*nouveau roman*", que virou moda, vem de um jornalista de *Le Monde*, Émile Henriot: em 22 de maio de 1957, ele publica a resenha

---

38. KRISTEVA, 1967, p. 1.008.
39. BARTHES, [1967b] 2004, p. 8.

de dois livros lançados por Les Éditions de Minuit — *O ciúme*, de Alain Robbe-Grillet, e *Tropismos*, de Nathalie Sarraute. Esse qualificativo, depreciativo sob a pena do crítico, vai tornar-se bem rapidamente uma bandeira reivindicada, e até mesmo uma marca, objeto de todas as cobiças, que acabará por se impor. Todo o mundo a reclama para si. Não se pode dizer que sua emergência tenha sido programada pelo diretor dessa editora, Jérôme Lindon, de acordo com um plano bem urdido. No ano de sua publicação, esses dois livros — cuja vendagem fica aquém dos mil exemplares — não obtêm um verdadeiro sucesso; no entanto, ainda em 1957, *A modificação*, de Michel Butor, irritado por ser assimilado a esse fenômeno literário, foi agraciado com o prêmio Renaudot, ultrapassando os noventa mil exemplares vendidos. A imprensa desempenha um papel importante na cristalização do fenômeno. Madeleine Chapsal promove extensas entrevistas em *L'Express* e amplifica o sucesso junto a um amplo público, criando o prêmio de *L'Express*, que terá apenas um ano de existência e é atribuído, em dezembro de 1960, ao livro *A estrada de Flandres*, de Claude Simon. Em janeiro de 1961, ela vai entrevistar Jérôme Lindon, Alain Robbe-Grillet e o próprio laureado, Simon[40]; e depois, em 1962, Michel Butor e, novamente, Simon. Seu entusiasmo pelo *nouveau roman* vai consolidar sua afinidade com Lindon.

Engenheiro agrônomo, Robbe-Grillet envia seu primeiro romance, *Un régicide* [Um regicídio], em 1949, para a editora Gallimard, que o recusa; então, em 1953, ele lança *Les Gommes* [As borrachas] por Les Éditions de Minuit. Em 1955, ele torna-se conselheiro literário de Lindon, função que ocupará durante trinta anos; os dois homens têm aproximadamente a mesma idade, e sua amizade constitui daí em diante o cadinho da produção literária dessa editora. Como a imprensa não deu repercussão ao lançamento de *Les Gommes*, Lindon empreende uma campanha e elabora — dois meses após a publicação desse livro, em companhia do escritor — um folheto desdobrável com instruções de uso. A apresentação inédita dessa plaqueta causa surpresa: "Cuidado, cidadãos! *Les Gommes* não é um romance banal, nem tão simples quanto possa parecer à primeira vista."

---

40. CHAPSAL, [1961] 2011, pp. 119-134.

O editor e o autor encontram o crítico ideal na pessoa de Roland Barthes, o qual anda à procura de uma nova expressão literária desde a publicação de *O grau zero da literatura*: ele detecta, em *Les Gommes*, a nova sensibilidade literária que corresponde a seu anseio. Lindon aconselha, então, Jean Piel a solicitar a Barthes um artigo para a revista *Critique*. Barthes proclama sua paixão pelo livro de Robbe-Grillet, ao qual atribui o qualificativo de "literatura objetiva"[41], e, posteriormente, de "literatura literal"; aliás, pouco depois, Barthes — ao vincular a atividade estruturalista e a semiologia com uma nova prática da escrita literária — considera tal iniciativa como o advento dessa "escrita branca" tão ambicionada por ele para romper com a continuidade narrativa clássica.

O sucesso de público, não alcançado de imediato, é apenas uma questão de tempo. Em 1955, *Le Voyeur* obtém o prêmio dos Críticos e consagra Robbe-Grillet como o líder da nova escola literária. Solicitado pela imprensa para falar sobre a situação da literatura francesa, ele teoriza a contribuição do *nouveau roman* e erige sua estilística pessoal como a expressão de uma sensibilidade literária moderna que se opõe a qualquer tradição literária; desta vez, o sucesso é garantido para Lindon, reconhecido como um grande editor, difundindo o que há de melhor na literatura francesa e tornando-se assim, apesar de sua modesta dimensão, um concorrente da Gallimard. A cristalização do *nouveau roman* ocorre dois anos mais tarde, em 1957.[42] Robbe-Grillet convence Marguerite Duras — na época, autora publicada por Gallimard — a lançar sua obra por Les Éditions de Minuit: "Na editora de Jérôme Lindon" — escreve Laure Adler —, "ela encontrou a recepção entusiástica de um editor que havia compreendido a própria fragilidade. Naquela mesma noite, ele lê o original que acaba de lhe ser entregue por essa autora a fim de estar em condições de lhe falar

---

41. BARTHES, 1954.
42. Nesse ano, ocorre a publicação simultânea, por Les Éditions de Minuit, de *Fim de partida*, de Samuel Beckett; *O ciúme*, de Alain Robbe-Grillet; *O vento*, de Claude Simon; *Tropismos*, de Nathalie Sarraute, e *A modificação*, de Michel Butor. Tais lançamentos haviam sido precedidos pela publicação de *Graal Flibuste*, de Robert Pinget, em 1956, e seguidos imediatamente pela edição de *Moderato cantabile*, de Marguerite Duras, em 1958.

a respeito dele na manhã do dia seguinte."⁴³ Todos esses autores estão reunidos, em uma famosa fotografia, em torno de seu editor.

Entre eles, Claude Simon torna-se particularmente famoso. Depois de *O vento* — título sugerido por Lindon, em vez do mais obscuro *Tentativa de reconstituição de um retábulo barroco*, que se torna o subtítulo —, Simon multiplica as obras marcadas por uma grande exigência e obtém o sucesso da crítica e de público, em 1960, com *A estrada des Flandres*; em seguida, ele vence o prêmio Médicis, em 1967, com *Histoire* [História]. Sempre por Les Éditions de Minuit, ele publica *As Geórgicas* em 1981, e seu público cresce ano após ano, tanto na França quanto no exterior. A recompensa suprema vem em 1985, com o prêmio Nobel de literatura para o conjunto de sua obra. Em paralelo, o maior sucesso de público da produção literária dessa editora vai para Marguerite Duras: depois de *Moderato cantabile*, em 1958, e *Destruir: diz ela*, em 1969, ela conhece a consagração com *O amante*, prêmio Goncourt de 1984. Uma fragrância de unidade estilística emana da coleção estrelada [uma estrela figura no logotipo dessa editora], que, então, exprime acima de tudo a sensibilidade de um editor, Jérôme Lindon: ao fazer prevalecer uma estética do romance que se mantém distante do engajamento político e da concepção sartriana da literatura, ele terá atravessado esses anos impregnados de paixão pela crítica, comprometendo-se firmemente ao lado dos partidários da independência argelina.

Sob a consciência, o inconsciente

Na década de 1960, a irradiação de Jacques Lacan, apesar de ser espetacular, é mesmo assim tardia. Quando os leitores descobrem seu livro *Escritos*, em 1966, o essencial de sua obra já tinha vindo a lume porque a ruptura operada por ele remonta, na realidade, ao início da década de 1950. Lacan tinha aderido, do começo da década de 1930, a todas as formas da modernidade, do dadaísmo na arte ao hegelianismo na filosofia.

---

43. ADLER, op. cit., p. 490.

Na Escola de Estudos Avançados ele acompanha os cursos de Alexandre Kojève, que exerce um verdadeiro fascínio sobre ele. Presta atenção às lições da dialética hegeliana, particularmente aquela figurada pelas relações senhor/escravo, mas sobretudo à leitura singular feita por Kojève de Hegel, que se traduz por um descentramento acentuado do homem e da consciência, por uma crítica da metafísica e pela prevalência concedida ao conceito de desejo. Essa noção do desejo encontra-se no centro da teoria lacaniana para a qual "a história humana é a história dos desejos desejados".[44] Kojève permite a Lacan afirmar que desejar não é desejar o outro, mas o desejo do outro.

Se Lacan utiliza o ensino hegeliano para reler Freud, ele deve seu modo de escrita e seu estilo tão singulares à convivência com os círculos surrealistas. Amigo de René Crevel, ele trava conhecimento com André Breton, elogia em Salvador Dalí uma renovação surrealista e, em 1939, desposa a primeira mulher de Bataille, Sylvia.

Em 1932, Lacan defende a tese de doutorado *De la psychose paranoïaque dans ses rapports avec la personnalité* [Acerca da psicose paranoica em suas relações com a personalidade], cuja repercussão vai muito além do círculo psiquiátrico; ela chama imediatamente a atenção de Boris Souvarine e de Georges Bataille, que a discutem na revista *La Critique sociale*.[45] Nesse texto, Lacan rompe com qualquer forma de organicismo e integra a paranoia, cuja estrutura é definida por ele, nas categorias freudianas. Desde essa tese, pode-se falar que em Lacan há um retorno a Freud, não para repetir seu ensinamento, mas para prolongá-lo, especialmente em um campo em que Freud havia entregado os pontos, o da psicose. Para Lacan, a psicanálise deve ser capaz de explicar a psicose; caso contrário, ela não teria grande préstimo. Nessa época, ele está ainda impregnado de genetismo e marcado pelo ensino hegeliano: considera que a personalidade é constituída por etapas, até a realização do que ele designa como a personalidade "acabada", que converge para a transparência hegeliana da ordem da razão no conhecimento absoluto. Nesse momento, Lacan sofre

---

44. ROUDINESCO, 1986, p. 154.
45. Ver ROCHE, 1990.

também a influência, da qual irá desprender-se mais tarde, do psicólogo Henri Wallon: no início da década de 1930, este havia percebido uma etapa qualitativa quando a criança passa do estádio do imaginário para o estádio simbólico. Lacan verifica um processo semelhante mas descabido no plano do inconsciente, quando a criança descobre a imagem de seu corpo. Essa identificação permite a estruturação do "eu" e a superação do estádio anterior da experiência do corpo fragmentado; é essa passagem para a consciência de um corpo próprio em sua unidade que os psicóticos não conseguem transpor, permanecendo em um estado de dispersão de um sujeito desintegrado para sempre. Essa experiência do estádio do espelho, na criança entre seis e oito meses, tem três momentos, à semelhança do que ocorre na dialética hegeliana. Inicialmente, a criança percebe a própria imagem refletida pelo espelho como se fosse a de outra pessoa, que ela tenta agarrar: é o estádio imaginário. Em um segundo momento, "a criança" — de acordo com a observação de Joël Dor — "é levada sub-repticiamente a descobrir que o outro do espelho não é um ser real, mas uma imagem."[46] No terceiro momento, a criança percebe sua identificação primordial, com a tomada de consciência de que essa imagem reconhecida é a sua. Mas é ainda cedo demais para que a criança faça a experiência de seu próprio corpo: "Trata-se, portanto, simplesmente de um reconhecimento imaginário."[47] Daí resulta que o sujeito vai constituir sua identidade a partir de uma alienação imaginária, vítima dos engodos de sua identificação espacial.

Se esse momento apresenta-se como um *estádio*, no sentido walloniano e genético do termo, em 1936, Lacan retoma sua leitura por ocasião do Congresso Internacional de Psicanálise de Zurique, em 1949, para abordá-lo de uma maneira mais estruturalista do que genética. Como indica o título de sua palestra, "Le stade du miroir comme formateur de la fonction du Je" [O estádio do espelho como formador da função do Eu], ele conserva a noção de estágio, mas pensada como matriz fundadora da relação estabelecida pelo sujeito entre exterioridade e interioridade,

---

46. Dor, 1985, p. 100.
47. Ibidem, p. 101.

e já não como momento de um processo genético. Por essa identificação imaginária, a criança encontra-se já enredada nos engodos do que ela acredita ser a sua identidade, o que torna daí em diante impossível e ilusória qualquer tentativa de acesso a si mesma porque a imagem de seu eu [*moi*] vai devolvê-la a alguém diferente dela.

Desde o período do pós-guerra, Lacan acentua o corte entre consciente e inconsciente a partir de dois registros em situação de exterioridade, um em relação ao outro. O ser de si mesmo escapa irredutivelmente ao ente, ao mundo e à consciência. Esse estádio torna-se a chave que permite delimitar, no indivíduo, a partilha entre imaginário e simbólico, o marco inicial de uma alienação do eu [*moi*]. De acordo com a sua biógrafa, Anika Lemaire, "pode-se discernir com J. Lacan, no estádio do espelho, uma verdadeira encruzilhada estrutural".[48] Com efeito, antes mesmo de se referir explicitamente a Saussure (1953), Lacan, em 1949, inscreve-se no paradigma estruturalista visto que o estádio do espelho escapa à historicidade e apresenta-se como estrutura primeira e irreversível; desde esse momento, ele abandona a ideia hegeliana de personalidade acabada, transparente a si mesma. Já não existe superação dialética possível da estrutura inicial.

Lacan inova no plano não apenas teórico, mas também terapêutico, da cura. Nesse domínio, o passo transposto vai convertê-lo em um rebelde, em um psicanalista insubordinado à organização oficial que é a SPP (Sociedade Psicanalítica de Paris); em vários momentos, no início da década de 1950, ele é obrigado a justificar a sua prática das sessões com tempo variável que, bem depressa, provocará escândalo, tanto mais que, como é constatado pela SPP, elas se transformam com frequência em minissessões. Essa prática torna-se um pomo de discórdia entre a oficial API (Associação Psicanalítica Internacional) e Lacan, que assim participa plenamente da aventura estruturalista de romper com os academicismos e com os poderes constituídos. Uma geração inteira de psicanalistas fica, então, marcada profundamente por ele, não só por seus seminários, mas também por terem passado por seu divã.

---

48. LEMAIRE, 1977, p. 273.

A principal contribuição de Lacan terá sido o fato de levar a ler e a reler Freud, além de ter dado notoriedade ao freudismo. Considerando que esse retorno a Freud ocorre por seu intermédio e em seu benefício, ele pretende encarnar efetivamente o "nome-do-pai", impondo-se por seu carisma, distribuindo sinecuras, empoderando vassalos e, até mesmo, correndo o risco de transformar alguns de seus seguidores em simples reproduções miméticas, mas garantindo um incontestável sucesso à disciplina psicanalítica, que conhece, então, na França, sua era dourada. Nessas décadas de 1950 e de 1960, a busca por uma verdade oculta que escapa aos atores favorece esse sucesso, admitindo inclusive a possibilidade de se caricaturar no que o sociólogo Robert Castel designou como o "psicanalismo"[49], consistindo na pretensão de analisar tudo sob o prisma freudiano. Na pessoa de Jacques Lacan, que rompeu com a API para criar a própria escola, a disciplina dispõe de uma espécie de guru que reina como senhor inatacável, e não apenas sobre os aprendizes. Lacan torna-se, com efeito, uma das fontes de inspiração de todos os discursos críticos da época e de uma filosofia da suspeita, respaldada nas teorias freudianas. Em 1956, ele se opõe a seu mestre, Jean Hyppolite, apresentando a psicanálise como o sucedâneo do hegelianismo e de toda a filosofia. Hyppolite tinha feito uma exposição no âmbito do seminário de Lacan, em 1954, publicada em 1956[50] com a resposta de Lacan[51], em que é formulada a questão da tradução do conceito de denegação (*Verneinung*). Hyppolite rejeita o psicologismo subjacente à noção de denegação que pressupõe um julgamento assumido em uma tensão interna entre o fato de afirmar e de negar. Sua leitura visa integrar o freudismo como etapa constituinte do *logos*, do Espírito tal como Hegel o vê em ação na história. Como escreve Vincent Descombes, Hyppolite "pretendia, em suma, mostrar como seria possível incluir a obra de Freud em uma fenomenologia do espírito contemporânea. Ele construía engenhosamente uma nova figura do espírito,

---

49. CASTEL, [1973] 1976.
50. HYPPOLITE, 1956.
51. LACAN, [1956] 1966; 1998.

a da consciência negadora".⁵² Ao contrário dessa leitura, Lacan considera Freud como o futuro de Hegel.

Em meados da década de 1950, o freudismo segue uma via que ameaça levá-lo a perder a identidade em benefício de uma forma de discurso biológico de natureza médica. Essa tendência para a biologização da ruptura psicanalítica está enraizada na própria obra de Freud e pode apoiar-se em seu filogenetismo, vertente pela qual ele continua sendo prisioneiro do positivismo de sua época. Na época, a leitura dominante de Freud, na França, identifica impulso e instinto, desejo e necessidade. É considerado como bom médico quem cuida das neuroses com uma eficácia comprovada. Existe, então, uma dupla armadilha: por um lado, uma psicanálise que perde seu objeto, o inconsciente, em benefício de uma psicologia dinâmica; e, por outro, uma medicalização de qualquer tipo de patologia, dissolvendo a psicanálise na psiquiatria. Nesse sentido, a intervenção de Lacan provoca um sobressalto quase gaulliano, cujo momento-chave situa-se em 1953, quando uma parte da SPP se opõe ao psiquiatra e psicanalista francês nascido na Romênia Sacha Nacht, o qual tem a intenção de reservar o reconhecimento do diploma de psicanalista exclusivamente para médicos. É neste contexto de crise aberta que Lacan pronuncia o seu "discurso de Roma", sob o título "Fonction et champ de la parole et du langage en psychanalyse" [Função e campo da fala e da linguagem em psicanálise], texto em que ele anuncia um retorno a Freud, mas revisto por Hegel, Heidegger, Lévi-Strauss e, já, Saussure. Para definir essa nova doutrina em gestação de um freudismo renovado, adotado pela jovem SFP (Sociedade Francesa de Psicanálise), ele apoia-se explicitamente no paradigma estruturalista para reencontrar o sentido da experiência psicanalítica, além de acalentar a ambição de levá-la a atingir o nível de uma ciência. "Nada melhor poderíamos fazer, para esse fim" — escreve ele —, "do que retornar à obra de Freud"⁵³, o que significa, em primeiro lugar, desvincular-se da psicanálise norte-americana, que se perdeu no pragmatismo.

---

52. DESCOMBES, 1989, p. 155.
53. LACAN, [1953] 1998, p. 268.

Lacan retoma, então, o corte estabelecido — em sua palestra de 1949, em Zurique, sobre o estádio do espelho — entre o imaginário e o simbólico: longe de uma continuidade entre as duas ordens, o simbólico serve ao sujeito para distanciar-se de sua relação confinada ao outro. Na cura, a simbolização ocorre graças à relação transferencial para com o analista, que é investido duplamente da posição do outro imaginário e do outro simbólico, aquele que supostamente sabe. Nesse texto, Lacan baseia-se em *As estruturas elementares do parentesco*, de Lévi-Strauss:

> A lei primordial, portanto, é aquela que, ao reger a aliança, superpõe o reino da cultura ao reino da natureza, entregue à lei do acasalamento. A proibição do incesto é apenas o eixo subjetivo [...]. Essa lei, portanto, faz-se conhecer suficientemente como idêntica a uma ordem de linguagem.[54]

Em uma abordagem inspirada na filosofia de Heidegger, Lacan considera que a noção de ciência está perdida desde o *Teeteto*, o diálogo de Platão sobre a ciência: lenta degradação acentuada pela fase positivista que acabou subjugando o edifício das ciências humanas às ciências experimentais. O sobressalto deve provir da linguística, que encontra, portanto, desde 1953 para Lacan, seu papel de ciência-piloto: "A linguística pode servir-nos de guia neste ponto, já que é esse o papel que ela desempenha na vanguarda da antropologia contemporânea, e não poderíamos ficar-lhe indiferentes."[55] A referência a Lévi-Strauss é explícita visto que, no entender de Lacan, este avançou no próprio campo do inconsciente freudiano mais do que os psicanalistas profissionais; assim, a originalidade de sua abordagem encontra-se na implicação das estruturas da linguagem, notadamente fonológicas, nas regras da aliança. A releitura de Freud por Lacan incentiva, portanto, uma nova leitura, que já não considera como essencial a teoria dos estádios sucessivos, mas coloca estes em relação a uma estrutura edipiana de base, caracterizada por sua universalidade, autonomizada em

---

54. Ibidem, p. 278-279.
55. Ibidem, p. 286.

relação às contigências temporais e espaciais, e *já-aí* antes de qualquer história. Se Lacan privilegia a fala, deslocamento tornado indispensável pela prática da cura, essa fala nem por isso representa a expressão de um sujeito consciente e senhor de sua fala, muito pelo contrário: "Eu me identifico na linguagem, mas somente ao me perder nela como objeto."[56] Essa fala, separada para sempre de qualquer acesso ao real, limita-se a veicular significantes que se remetem uns aos outros. O homem só existe através de sua função simbólica; aliás, é por seu intermédio que ele deve ser apreendido. Lacan apresenta assim um reviramento radical da ideia de sujeito pensado como o produto da linguagem — seu efeito —, o que implica a famosa fórmula segundo a qual "o inconsciente é estruturado como uma linguagem". Este é o único lugar em que a essência humana deve ser procurada. Lacan encontra no signo saussuriano, separado do referente, o núcleo quase ontológico da condição humana. Ele oferece assim à psicanálise a possibilidade de desafiar a filosofia ao aproximar-se dela e ao desmedicalizar a abordagem do inconsciente para convertê-lo em um discurso. Essa psicanálise renovada e revitalizada lança ao discurso filosófico o desafio para assumir seu lugar.

O magistério exercido por Lacan vai muito além do círculo dos psicanalistas profissionais e ganha a adesão de uma grande parte dos intelectuais, sobretudo depois de sua expulsão da API, em 1963. O risco de isolamento é, então, uma preocupação importante de Lacan, a ponto de ele considerar o seguinte: quem não estiver com ele, está contra ele. Exilado, proscrito, excluído de sua igreja, ele logo se identifica com Espinosa.[57] Para melhorar sua imagem de mártir, ele abandona o ensino no hospital Sainte-Anne, e é como herói que volta à cena, em 21 de junho de 1964, ao anunciar, na casa de François Perrier, a criação da Escola Francesa de Psicanálise: "Dou início, tão sozinho quanto sempre estive em minha relação com a causa psicanalítica, à Escola Francesa de Psicanálise."[58] Ele obtém o apoio de Fernand Braudel e de Louis Althusser para criar uma

---

56. Ibidem, p. 301.
57. Idem, 1977.
58. ROUDINESCO, op. cit., t. II, p. 377.

ramificação da 6ª seção da EPHE na ENS. Esse deslocamento geográfico permite-lhe abrir seu público aos filósofos e ocupar uma posição estratégica no campo intelectual: "Em breve, sua sala estava lotada" — rememora Catherine Clément. — "Tínhamos de chegar com muita antecedência; no mínimo, uma hora antes. Nós, professores aprendizes, escutávamos Lacan como se aquilo fosse um poderoso antídoto à fala magistral, à qual éramos convocados a participar."[59] Mais do que um curso, o seminário veio a assemelhar-se, para alguns ouvintes, a um transe xamanista. Sua fala não era apenas escutada, mas transformava o auditório, o qual absorvia, aqui e ali, alguns aforismos que se tornavam outras tantas fontes de meditação indefinida: "Acabávamos por esquecer o pensamento em si e por pensar em Lacan. Transmitíamos o que ele dizia, como os discípulos dos retóricos gregos transmitiam, sem dúvida, o ensinamento."[60] Nessa encenação, tudo favorecia o carisma do mestre, que precisava de certo tempo para se esquentar e lançar seu vozeirão em exclamações pontuadas com longos silêncios. Um verdadeiro cerimonial espetacular: "Lacan falava à semelhança dos gaviões que pairam, girando em torno de uma ideia, antes de apreendê-la, e caindo como um raio sobre as palavras."[61]

Em 1966, ciente da necessidade imperiosa de reduplicar seu público, ele aceita publicar — a pedido insistente do editor e estruturalista François Wahl — o essencial de sua obra escrita, o que ele tinha sempre se recusado a fazer[62], confiando tal tarefa à Éditions du Seuil. Wahl teve de empreender uma verdadeira maiêutica para convencer o amigo; quanto a Lacan, ele se julga, antes de mais nada, um homem da fala, o único em condições de controlar suas afirmações, e considera os seus escritos meros "detritos". O real motivo de ele ter passado a escrever teria sido a cólera suscitada pela publicação, em 1965, do livro *Da interpretação: ensaio sobre Freud*, de Paul Ricœur[63], o qual, na opinião de Lacan, não fala suficientemente a seu respeito. Os *Escritos* tornar-se-ão um best-seller: mais

---

59. CLÉMENT, 1981, p. 22.
60. Ibidem, p. 24.
61. Ibidem, p. 25.
62. LACAN, 1966.
63. RICŒUR, 1965.

de cinco mil exemplares são vendidos em menos de duas semanas, antes das primeiras resenhas; em seguida, a sua vendagem há de ultrapassar de 36 mil exemplares até 1984. Publicados em edição de bolso, em 1970, divididos em dois volumes, eles bateram todos os recordes, apesar de seu hermetismo: 94 mil exemplares para o primeiro volume e 65 mil para o segundo. Tendo-se convertido, para um grande número de leitores, em uma Bíblia, serão traduzidos para cinquenta idiomas.

Sob o sujeito, o processo

Karl Marx é a outra grande figura do pensamento da suspeita que ganhou um interesse crescente na década de 1960. Louis Althusser, um dos mentores da época, tenta reposicionar o marxismo no cerne da racionalidade contemporânea, livrando-o da práxis da dialética hegeliana e superando a vulgata stalinista em uso, baseada em um economicismo mecânico. Para realizar tal deslocamento, Althusser apresenta o marxismo como o único pensamento capaz de concretizar a síntese global do conhecimento e, assim, instalar-se no âmago do paradigma estrutural. Todas as ciências devem ser questionadas a partir do que serve de fundamento à racionalidade científica, ou seja, a filosofia do "materialismo dialético", a fim de serem liberadas de sua ganga ideológica.

Portador de um legado funesto, confinado em um dogmatismo oficial pós-stalinista, o marxismo deve ser dissociado de seu uso histórico; ao instalá-lo no âmago da ciência e ao torná-lo complexo, Althusser pretende salvaguardá-lo. Fazer ressurgir um marxismo científico desembaraçado das escórias dos regimes que o reivindicam, tal é o desafio proposto por Louis Althusser à nova geração militante envolvida nos combates anticolonialistas. A ontologização da "estrutura" permite-lhe deslocar o sistema de causalidade em uso na vulgata marxista. O problema consistia, até então, em limitar os esquemas de explicação à concepção monocausal do reflexo: tudo deveria derivar do econômico, e as superestruturas eram concebidas apenas como simples traduções de um substrato infraestrutural. Romper com esse método puramente mecânico, de acordo com a proposta de Althusser, tem a dupla vantagem de tornar complexo o sistema de causalidade, substituindo-o por uma relação causal simples do efeito, ou seja, uma causalidade estrutural na qual a própria estrutura designa a dominância. O modelo de análise althusseriano permite também salvaguardar o modelo econômico soviético que continua sendo considerado socialista, dissociando-o das realidades políticas e ideológicas autonomizadas e contestáveis.

Althusser pode operar, assim, uma crítica do stalinismo que vai além da simples contestação oficial do culto da personalidade, mas menos desgastante, uma vez que ela preserva, em nome da autonomia relativa das instâncias do modo de produção, a base socialista do sistema. Ele compreende bem depressa a utilidade do estruturalismo para renovar o marxismo, continuando a considerar a URSS como um país socialista. Com ele, é possível falar de uma filosofia estrutural-marxista, inscrita em uma perspectiva de unificação das ciências humanas sob a orientação vigilante dos filósofos.

A intervenção althusseriana inscreve-se, por outro lado, no interior de uma lógica política que visa contestar a validade das posições da direção do PCF. Esse é o momento do grande confronto entre as teses de Roger Garaudy, partidário de um humanismo marxista, e aquelas de Althusser, que defende um anti-humanismo teórico.[64] Ao refutar Althusser, Jorge Semprún apoia-se na obra *Crítica da filosofia do direito de Hegel*, escrita por Marx em 1843, a fim de mostrar que o jovem Marx não tinha uma concepção abstrata do homem; pelo contrário, ele o define, desde essa época, como um ser plenamente social. Por sua vez, Michel Simon insiste sobre o caráter indissociável do marxismo e do humanismo, mesmo que esteja de acordo com a posição althusseriana quando ela critica o uso do conceito de alienação fora do campo difuso da ideologia; ele preocupa-se em estabelecer uma nítida distinção entre o humanismo abstrato e universalizante da burguesia em ascensão, por um lado, e, por outro, as posições marxistas, mas "o humanismo designa algo que, na própria substância, é essencial ao marxismo".[65] Quanto a Pierre Macherey, ele defende as

---

64. COLETIVO, 1965, p. 1.
65. SIMON, M., 1965, p. 127.

posições althusserianas mais categóricas: "Entre a abordagem de Semprún e a de Althusser, há ruptura."⁶⁶ Michel Verret manifesta-se também em favor de Althusser: "Esse humanismo, conforme ele é sublinhado de maneira notável por Althusser, não pode deixar de seguir o destino teórico da alienação."⁶⁷

A posição de Garaudy — o qual se manifesta, desde 1963, contra a demolição do jovem Marx por Althusser — é, portanto, questionada severamente por um grande número de intelectuais do partido. Mas a "assembleia dos filósofos" reunida por ele na comuna de Choisy-le-Roi, no subúrbio sudoeste de Paris, em janeiro de 1966, na ausência de Althusser, permite consolidar em seu favor o apoio dos ideólogos da direção. Nesse encontro, Lucien Sève, Guy Besse, Gilbert Mury, Pierre Boccara e Jean Texier exprimem suas discordâncias, em relação a registros diferentes, com as posições de Althusser; além disso, Garaudy ataca sua concepção da ciência, qualificada como "obsoleta", "ingênua, escolar e mística", assim como seu "doutrinarismo desencarnado"⁶⁸.

Althusser passa por ser, assim, um marxista herético, isolado do aparelho partidário; desse modo, é possível avaliar todo seu interesse estratégico em apropriar-se das teses estruturalistas, as quais suscitam o entusiasmo em meados da década de 1960. Althusser tem a vantagem de defender um "marxismo cartesiano, constituído de ideias claras e distintas".⁶⁹ O retorno aos textos fundadores de Marx, de acordo com uma abordagem exegética, permite livrar-se do sentimento de culpa após a descoberta dos crimes stalinistas. O contexto é tanto mais favorável ao sucesso das teses althusserianas que o PCF, desde o fim da década de 1950, tenta instaurar uma nova relação com os intelectuais a fim de deixar, o mais discretamente possível, o stalinismo; ele abre-se a novas formas de expressão artística, às vanguardas, rompendo com o realismo socialista, assim como a novas exigências teóricas, abandonando as elucubrações lissenkistas. Já em 1959,

---

66. MACHEREY, 1965, p. 132.
67. VERRET, 1965, p. 96.
68. GARAUDY, [1966] 1987, p. 296.
69. LINDENBERG, [1975] 1979, p. 38.

Maurice Thorez anuncia a criação do CERM (Centro de Estudos e de Pesquisas sobre o Marxismo); como diretor, é nomeado Garaudy. O PCF procura, então, compensar as perdas do ano traumático de 1956, reatando o diálogo interrompido com os intelectuais. Althusser chega no momento oportuno para levar a termo um processo que havia começado no início da década, atribuindo aos intelectuais um lugar seleto na definição da nova política pós-stalinista.

Em 1965, pela editora Maspero, são lançadas as duas obras que hão de tornar-se a principal referência do período: *Pour Marx* [Em favor de Marx], uma coletânea de artigos de Althusser, e *Ler "O capital"*, obra coletiva que agrupa, em torno de Althusser, os textos de Jacques Rancière, Pierre Macherey, Étienne Balibar e Roger Establet. O sucesso desse lançamento é espetacular: *Pour Marx*, livro publicado na coleção "Théorie", vende 32 mil exemplares. É no ato de ler Marx que se inscreve o primeiro deslocamento dos althusserianos, que, na época, participam plenamente do paradigma estrutural, privilegiando a esfera do discurso e a lógica interna de um sistema confinado em si mesmo. Com certeza, o ponto de vista de Althusser não deriva da linguística, mas ele participa dessa autonomização da esfera discursiva que deve ser abordada a partir de uma nova teoria do *ler*, inaugurada pelo próprio Marx, mas ignorada pela vulgata.

Essa nova prática da leitura é chamada *sintomal*, um adjetivo emprestado diretamente da psicanálise e, em particular, de Lacan: nesse termo, encontra-se o caráter mais essencial do que não é visível e que se refere à carência, à ausência. Althusser distingue, em Marx, dois modos de leitura dos clássicos da economia política: em primeiro lugar, ele lê o discurso do outro — David Ricardo, Adam Smith, etc. —, no interior de suas próprias categorias de pensamento, para apreender suas lacunas e estabelecer sua *diferencialidade*, mostrando assim o que não havia sido percebido por seus predecessores. O resultado dessa primeira leitura torna possível "um resumo das concordâncias e das discordâncias".[70] Por trás dessa primeira abordagem, emerge uma leitura mais essencial de Marx, para além das carências, lacunas e silêncios detectados, permitindo-lhe enxergar o que

---

70. ALTHUSSER, RANCIÈRE; MACHEREY, [1968] 1979, t. I, p. 17.

a economia política clássica não via, mesmo que o estivesse vendo; ele contribui para que determinadas positividades não questionadas por seus predecessores sejam manifestas. Marx confere, assim, pertinência a respostas em situações em que a pergunta não o era, mediante um jogo puramente intratextual em que vê o não visto do visto da economia política clássica: "[...] O não ver é, então, interior ao ver; é, portanto, uma forma de ver mediante uma relação necessária com o ver."[71] Da mesma forma que o indivíduo exprime determinado número de sintomas de sua neurose sem ser capaz de relacionar o que pode observar do próprio comportamento ao que o provoca, assim também a economia política é incapaz de ver e combinar o que ela faz. Esse modo de leitura pode ser assimilado a uma filosofia da suspeita, procurando um lugar de verdade no inconsciente do autor e de seu texto, no não dito do dizer. Esse deslocamento toma de empréstimo tanto a Foucault quanto a Lacan. A dialetização do espaço do visível e do invisível serve-se, como modelo, do trabalho de Foucault em sua obra *História da loucura*, evocada como exemplar no início de *Ler "O capital"*, a propósito não só da relação de interioridade entre sombra, trevas e luz, mas também da atenção prestada às condições, aparentemente heterogêneas, que constituem as positividades do saber em unidades.[72]

Althusser utiliza também a noção de ruptura epistemológica, retomada a Gaston Bachelard, radicalizando-a sob o termo "corte" para acentuar seu aspecto incisivo. Seu modelo de análise é tomado de empréstimo à epistemologia científica para aplicá-lo à leitura da obra de Marx. Bachelard aplicava notadamente essa noção de ruptura ao campo da física e, especialmente, à mecânica quântica, para exprimir a diferença entre conhecimento científico e conhecimento sensível. Althusser, por sua vez, estende tal noção de ruptura ao valor de um conceito geral, transponível a toda a história das ciências. Tendo a preocupação de apresentar Marx como o portador de uma nova ciência, ele vê um corte radical entre o jovem Marx, ainda enredado no idealismo hegeliano, e o Marx científico da maturidade. Segundo ele, Marx tem acesso ao nível científico quando

---

71. Ibidem, p. 20.
72. Ibidem, p. 25-26.

consegue operar um corte com o legado filosófico e ideológico, de que estava impregnado; além disso, Althusser sugere como data precisa — para o momento do corte que leva Marx a ter acesso ao campo científico — o ano de 1845. Tudo o que precede essa data pertenceria às obras de juventude, ao Marx antes de Marx.

Marx era visto, até então, em continuidade com a dialética hegeliana; em vez disso, Althusser vai demonstrar, ponto por ponto, a oposição entre uma e o outro. Em seu entender, Marx não se contentou em revalorizar o idealismo hegeliano, mas teria construído uma teoria cuja estrutura é diferente em todos os aspectos, mesmo que a terminologia da negação, da identidade dos contrários, da superação da contradição, etc., possa sugerir uma ampla similitude.[73] Tal descontinuidade detectada entre Hegel e Marx permite a Althusser romper com a vulgata economicista stalinista, que se limitava a substituir a essência político-ideológica de Hegel pela essência do econômico.

O entusiasmo pelas teses althusserianas corresponde também a um momento do pensamento francês em que o sujeito se volatiliza do horizonte teórico. O programa estruturalista já havia conseguido destroná-lo e torná-lo insignificante. Althusser situa Marx ao lado daqueles que, a partir das ciências sociais, operam e amplificam esse descentramento do homem sob todas as suas formas: "Sob a relação estrita da teoria, pode-se e deve-se falar abertamente de um anti-humanismo teórico de Marx."[74] Tendo perdido toda a sua significação, a noção de homem é devolvida ao status de mito filosófico e de categoria ideológica contemporânea da ascensão da burguesia como classe dominante. A leitura de *O capital: crítica de economia política*, concebida na perspectiva do anti-humanismo teórico, implementa categorias estruturais, essencialmente lacanianas e lévi-straussianas. A partir dessa elaboração teórica, uma ciência dos modos de produção torna-se possível, visto que ela pode atingir um elevado nível de abstração e, ao mesmo tempo, dispor de um sistema de causalidade pertinente. Em tal ciência, o sujeito é simplesmente inencontrável, cadáver

---

73. Ibidem, p. 95 ss.
74. ALTHUSSER; BALIBAR, [1969] 1971, t. 1, p. 236.

esquisito que some com a água do banho ideológico.[75] É, portanto, um processo sem sujeito que, de acordo com os althusserianos, dirige o curso da história.

Simultaneamente ao sujeito, qualquer concepção historicista é recusada porque ela viria, por sua vez, subverter o horizonte teórico.[76] O anti-historicismo passa pela decomposição das temporalidades e pela construção de uma totalidade articulada em torno de relações pertinentes no interior de uma teoria geral. Essa totalidade encontra-se, então, imobilizada enquanto estado de estrutura, o qual toma o lugar, segundo um procedimento metonímico, do cadáver do sujeito desaparecido e de sua historicidade. Considerando que se deve conectar essa estrutura atrofiada a algum ponto de sutura, Althusser fornece-lhe um sustentáculo graças ao status que ele atribui ao conceito de ideologia, o qual desempenha uma função de eixo similar ao simbólico em Jacques Lacan ou em Claude Lévi-Strauss. Althusser vai convertê-lo em uma categoria invariante, à maneira do inconsciente freudiano.

Sob a história, a episteme

Friedrich Nietzsche é o terceiro grande inspirador da filosofia da suspeita, cujo pensamento nutre um dos mentores da época, Michel Foucault, que irá fazer a seguinte confissão: "Sou simplesmente nietzschiano."[77] De acordo com a observação acertada de Judith Revel, trata-se em Foucault não tanto de difundir o pensamento nietzschiano, mas de utilizá-lo enquanto caixa de ferramentas.[78] Assim, ele teria tomado de empréstimo do filósofo alemão o questionamento da história total, seu estilhaçamento em uma miríade de múltiplas séries temporais, e a concepção descontínua da historicidade.[79]

---

75. Ibidem, p. 249.
76. Ibidem, p. 170.
77. Foucault, 1994, vol. IV, p. 704.
78. Revel, Judith, 2010.
79. Foucault, [1967] 1994, t. I, p. 564-579; Idem, [1971], pp. 145-172, 1994, t. II, pp. 136-156.

Nietzsche serve-lhe para livrar-se do hegelianismo e de sua marcha contínua em direção à plena realização do conhecimento absoluto. Essa tomada de distância crítica com relação ao "hegelianismo-marxismo" coincide com a preocupação de uma geração inteira que avalia a importância do aspecto trágico da história após o Holocausto e que já não pode transmitir a ideia de um sentido imanente do processo histórico, que avançaria sempre no sentido de uma crescente racionalidade:

> A experiência da guerra havia demonstrado a necessidade e a urgência de uma sociedade radicalmente diferente daquela em que vivíamos: a que tinha permitido o nazismo [...]. Do mesmo modo, o hegelianismo que nos era proposto na universidade, com seu modelo de inteligibilidade contínua, não estava em condições de corresponder a nossos anseios.[80]

Para Foucault, a fonte de inspiração nietzschiana serve também para dissolver o sujeito, que, desde o *cogito* cartesiano, está no centro de todos os pensamentos filosóficos ocidentais. A história, estilhaçada, fragmentada, deixou de ser considerada como um *telos*. O outro grande deslocamento do olhar foucaultiano incide sobre o sujeito, o qual deve ser descentralizado para reencontrar as lógicas peculiares às *epistemes* que escapam a uma apreensão direta e permitem ter acesso à *arkhé*, o que passa pelo tema bem conhecido da morte do homem, figura recente da história ocidental e voltada "a se desvanecer, como à beira do mar um rosto de areia". "É a partir de sua leitura de *Genealogia da moral*, de *Considerações intempestivas* ou de *Humano, demasiado humano*" — escreve Judith Revel — "que Foucault constrói a crítica do ponto de vista supra-histórico, ou de uma história que seria a unidade fechada e inspiradora de confiança na qual fosse possível conter finalmente a superabundância infinita do tempo."[81] Foucault vai em busca de situações-limites, ainda da ordem da indistinção, mediante uma *arkhé* que precede a história, imersa também no movimento

---

80. Idem [1978, 1980], 1994, t. IV, citado in Revel, Judith, op. cit., p. 90.
81. Ibidem, p. 91.

de uma dialética desatualizada nesse momento de pós-história que ele atravessa. Ao mesmo tempo, Foucault diz-se positivista, preocupado com a singularidade dos fatos, fascinado pelo arquivo. Mas sua posição nietzschiana de desconstrução da história leva-o a considerar que o fato nada é em si mesmo, nada significando sem sua interpretação, que relega a busca pela veracidade à insignificância. "Se a interpretação nunca pode ser concluída" — escreve ele —, "é simplesmente porque nada há para interpretar."[82]

No momento em que o outro do Ocidente é questionado a partir da antropologia, exumando as sociedades primitivas da ignorância em que haviam sido mantidas por um pensamento eurocêntrico, Foucault problematiza o reverso da razão ocidental, escrevendo uma história da loucura. Sob a razão triunfante, ele persegue as manifestações recalcadas da desrazão, situando-se assim de saída nos limites do pensamento ocidental, nos limites de sua própria história. A concordância dos tempos continua sendo impressionante: Foucault começa a redação de sua *História da loucura* em 1956, logo após a publicação de *Tristes trópicos* e a Conferência de Bandung; esse livro é publicado em 1961, pouco antes dos Acordos de Évian e da independência da Argélia. *A priori*, a coincidência desses acontecimentos políticos e culturais é puramente fortuita, tanto mais que, na época, Foucault está longe de ser um militante terceiro-mundista. E, no entanto, *História da loucura* torna-se imediatamente o sintoma de uma ruptura com uma história do sujeito ocidental a quem o autor opõe a imagem de seu duplo, esquecido e recalcado, que se livra da exclusão: a loucura. Ora, o povo argelino, escapando ao regime colonial francês, traz também em seu bojo uma história de exclusão.

Essa relação entre o questionamento do etnocentrismo francês na África do Norte e o etnocentrismo da razão descrito por Foucault é, então, percebida por Pierre Nora, o qual acaba de publicar a obra *Les Français d'Algérie*[83] [Os franceses da Argélia]. Por escrito, ele manifesta seu entusiasmo a Foucault, de quem viria a ser o editor na Gallimard.

---

82. FOUCAULT, [1967], p. 189; 1994, t. I.
83. NORA, [1961] 2012.

Foucault faz ressurgir o esquecido, o recalcado da razão, e propõe uma nova sensibilidade histórica que já não se dedica à valorização dos heróis — eles estão cansados —, nem à glorificação dos condenados — a dialética enredou-se em suas malhas em 1956 —, mas à situação dos esquecidos pela história, pesquisados em todos os rastros deixados atrás das paredes em que a razão os havia confinado. Foucault labora, assim, novos terrenos, permitindo integrar, em um campo de reflexão, tanto a prisão quanto o asilo, como outras tantas questões teóricas e políticas. Da mesma forma que Lévi-Strauss permitia pensar as sociedades primitivas como diferentes e, ao pensar nelas, recuperava-as para o campo da razão, assim também Foucault segue os rastros de uma aventura semelhante, em que a loucura retorna à razão para interpelá-la e colocar em evidência seus aspectos fortes e fracos.

Foucault persegue os processos de recalcamento, as racionalizações factícias do que aparece como ininteligível, os disfarces do sentido. Ele estilhaça as máscaras do poder sob o conhecimento, além de ilustrar o espírito do tempo: "Nos horizontes geográficos (exotismo) ou históricos (o passado aventureiro ou, até mesmo, o futuro da ficção científica), ou então na elite ou na ralé da vida é que se desenvolve a vida que faz falta a nossas vidas."[84] A procura dos limites, um pensamento da "fronteira", tal é a nova aventura prometida ao filósofo por Foucault, que assume rapidamente uma posição importante na galáxia estruturalista emergente, na qual ele usufrui da dupla vantagem do prestígio de sua disciplina (filosofia) e de sua capacidade para historicizar seu objeto, abrindo assim uma insuspeita perspectiva histórica ao estruturalismo. Ele aparece, então, como bem posicionado para se tornar um agregador, o filósofo do conceito — de acordo com a observação de Georges Canguilhem —, mesmo que, em 1961, não se situe ainda na filiação estruturalista.

Em 1955, o pensamento do que está fora e a procura dos limites conduzem Foucault para além das fronteiras. Ele escolhe o exílio e, em agosto, viaja para Uppsala, graças a Georges Dumézil: é, aliás, por intermédio deste que Foucault faz parte da aventura estruturalista. Até então,

---

84. MORIN, 1962, p. 149.

Foucault ainda não havia encontrado realmente o sulco original a traçar em sua busca incessante de um trabalho de suprimento da angústia existencial. Ele hesita, na encruzilhada dos caminhos, entre filosofia, psicologia e literatura. Certamente, já tinha ocorrido o choque de 1953, a morte de Stálin, e a descoberta de Nietzsche como um substituto, mas faz-lhe falta a base da genealogia a construir, a qual lhe será fornecida graças a esse encontro, cuja importância há de ser incessantemente sublinhada por ele. No prefácio de sua *História da loucura na idade clássica*, ele reconhece sua dívida nestes termos: "Nesta tarefa um tanto solitária, faço questão de manifestar minha gratidão a todos aqueles que me ajudaram. E, em primeiro lugar, ao senhor G. Dumézil, sem o qual este trabalho não teria sido empreendido."[85] Em *Le Monde*, ele declara que Dumézil foi o protagonista entre os autores que o haviam influenciado: "Por sua ideia de estrutura. À semelhança do que Dumézil havia feito em relação aos mitos, tentei descobrir normas estruturadas de experiência, cujo esquema pudesse ser encontrado, com modificações, em diversos níveis."[86] Na Suécia, ele redige sua tese no alhures: rastreia as manifestações da loucura na *Carolina rediviva*, grande biblioteca na qual ele encontra uma riquíssima coleção de livros de medicina dos séculos XVII e XVIII, legada por um colecionador; ele vai servir-se dessa documentação para emprestar a sua voz ao mundo do silêncio.

No sábado 20 de maio de 1961, um acontecimento importante ocorre na sala Louis-Liard, na Sorbonne. Nesse ambiente em que as teses principais conseguem sua consagração, sendo canonizadas de acordo com um ritual imutável, nesse templo dos academicismos, Foucault defende sua tese sobre um tema que pode parecer incongruente: a loucura. Georges Canguilhem havia sido o orientador. Henri Gouhier, historiador da filosofia e professor na Sorbonne desde 1948, garante a presidência do júri. Além de Canguilhem, ele conta com a assistência, nesse papel, de Daniel Lagache, Jean Hyppolite e Maurice de Gandillac: "Para falar sobre a loucura" — conclui

---

85. FOUCAULT, 1961a, "Prefácio", p. X.
86. Idem, 1961b.

Foucault —, "seria necessário ter o talento de um poeta." "Mas, esse é o caso do senhor", responde-lhe Canguilhem.[87]

Em sua tese, Foucault problematiza a pretensão à verdade de um discurso científico particular, o saber psiquiátrico, e estuda as condições de validade deste último. Ele fixa deliberadamente seu periscópio no cerne da história ocidental para questionar a razão triunfante: "No caso de uma ciência tão questionável quanto a psiquiatria, será possível apreender, com um maior grau de certeza, o emaranhado dos efeitos de poder e de saber?"[88] Como ponto de partida, Foucault serve-se de um objeto tabu, o próprio recalcado da razão ocidental, e descreve lugares e modos de validação de um conhecimento psiquiátrico ainda pouco comprovado. Esta abordagem leva-o a privilegiar a historicização de seu objeto e a se questionar "como, em nossa sociedade, os efeitos da verdade de uma ciência são, ao mesmo tempo, os efeitos do poder".[89]

O objeto da pesquisa, a loucura, deve ser desembaraçado da pluralidade dos discursos que o mantêm em cativeiro: todos os saberes com pretensão científica, jurídica, médica, policial são convocados sucessivamente a prestar declarações a fim de se apreender em melhores condições como eles fazem surgir essa figura do outro da razão. A busca de um objeto livre das camadas sedimentares de discurso que se depositaram nele corresponde perfeitamente à temática estruturalista do momento, independentemente do fato de assumir a forma da pesquisa dos graus zero da escrita, da língua, do parentesco, do inconsciente, etc. O projeto foucaultiano pretende convergir em direção a "esse grau zero da história da loucura, em que ela é experiência indiferenciada, experiência ainda não compartilhada da própria partilha".[90] Esse trabalho sobre os limites obscuros da razão pretende dar, de novo, vida e voz à própria loucura: "Não quis fazer a história dessa linguagem; em vez disso, a arqueologia desse silêncio."[91]

---

87. Citado in Éribon, [1989] 1990, p. 117.
88. Foucault, 1977a, p. 16.
89. Idem, 1976.
90. Idem, 1966a, p. IV.
91. Ibidem.

Para ser defendida, uma tese deveria, na época, já estar impressa. Nesse sentido, impõe-se, portanto, encontrar um editor disposto a publicar um original de cerca de mil páginas. Foucault propõe seu trabalho a Brice Parain a fim de publicá-lo pela Gallimard; ele acalenta certa confiança pelo fato de que Parain já havia lançado os livros de Dumézil. Foucault, no entanto, esbarra em uma recusa categórica. Jean Delay propõe-lhe, então, sua coleção na editora PUF (Presses Universitaires de France), mas Foucault deseja que seu livro escape do gueto das teses; ele pretende seguir o exemplo de Lévi-Strauss que, no caso do lançamento de *Tristes trópicos*, conseguiu superar o círculo dos especialistas para alcançar o conjunto do público intelectual. Tenta a sorte na editora Plon, na qual Jacques Bellefroid, alguém que ele já conhece, encaminha sua tese para ser lida pelo historiador Philippe Ariès, diretor da coleção "Civilisations d'hier et d'aujourd'hui". Nesse ano de 1961, o encontro decisivo com Ariès é, no mínimo, incongruente: com efeito, o que haverá de comum entre o desmontador de pré-julgamentos e niilista nietzschiano, como é o caso de Foucault, e o historiador ultraconservador monarquista, ex-membro do movimento nacionalista Ação Francesa, que é Ariès? Nada, a não ser uma sensibilidade às mentalidades, a valorização dos tempos pré-modernos, certa nostalgia pelo mundo anterior à divisão disciplinar em que teriam coabitado, no mesmo impulso, loucos e homens de siso, crianças e idosos em níveis elementares da sociabilidade e da convivialidade. É, portanto, graças a Ariès — a quem mais tarde Foucault prestará homenagem —, que sua obra *História da loucura na idade clássica* é publicada pela Plon. "Um original volumoso chegou às minhas mãos", há de lembrar-se Ariès: "uma tese de filosofia sobre as relações entre a loucura e a desrazão na época clássica, de um autor que eu não conhecia. Ao fazer a leitura, fiquei deslumbrado. Mas tive de enfrentar um verdadeiro calvário para conseguir aprová-lo."[92]

Durante a preparação de sua tese nas noites suecas, Foucault tinha convidado em duas oportunidades Roland Barthes, com o qual ele manterá relações amigáveis em cada uma de suas viagens a Paris. Após a publicação

---

92. ARIÈS, 1980, p. 145.

do livro, Barthes sublinha a primeira aplicação do estruturalismo à história: "A história descrita por Michel Foucault é uma história estrutural. Essa história é estrutural em dois níveis: o da análise e o do projeto."[93] Barthes apreende imediatamente o parentesco que liga seus trabalhos com os de Lévi-Strauss, Lacan e Foucault, sem a menor elaboração comum. Ele vê o trabalho de Foucault como uma ilustração da conquista da etnologia moderna. Foucault realiza o mesmo deslocamento da natureza para a cultura, ao estudar o que era considerado até então como um puro fato do domínio da medicina. Da mesma forma que as relações de parentesco, de acordo com Lévi-Strauss, se reduzem a um fenômeno de aliança, ou que o inconsciente, segundo Lacan, é estruturado como uma linguagem, assim também a escrita literária, de acordo com Barthes, implica uma aprendizagem que nada tem a ver com um gênio criativo qualquer. Foucault, segundo Barthes, "recusou-se a considerar a loucura como uma realidade nosográfica".[94] Sua leitura da obra de Foucault sublinha essencialmente sua filiação a uma semiologia geral e sua construção de amplos semantemas, cujo objeto é o estudo das formas. Nesse sentido, a loucura nunca passaria de uma forma acrônica a detectar, retirando-lhe toda substância, qualquer conteúdo transcendente. Maurice Blanchot elogia, por sua vez, o trabalho de Foucault, no qual ele reconhece sua experiência de escrita sobre os limites.[95]

Foucault também é bem recebido pela vanguarda literária, à qual vêm agregar-se alguns historiadores[96] e epistemólogos[97]. No essencial, não se chega a verificar o sucesso de público pretendido, e o livro não tem nenhuma repercussão entre os filósofos — não é resenhado em *Les Temps modernes* ou em *Esprit* —, tampouco entre os psiquiatras, que consideram o trabalho como um simples exercício de estilo literário e metafísico. Será necessário esperar pelo lançamento da obra *As palavras e as coisas*, em maio de 1966, para que ele conheça um sucesso de público

---

93. BARTHES, [1961] 1971, p. 171.
94. Ibidem, p. 168.
95. BLANCHOT, [1961] 1969, p. 282.
96. MANDROU, 1962.
97. SERRES, [1962] 1968.

que há de acompanhar seus futuros lançamentos. O livro não acerta, portanto, o alvo em um primeiro momento, e o saber psiquiátrico não se sente, de modo algum, interpelado. De acordo com o sociólogo Robert Castel, "o impacto das obras de Foucault verifica-se apenas em um registro não prático".[98] Essa repercussão, sempre de acordo com Castel, foi dupla: um incentivo ao corte epistemológico e o fato de que a doença mental é abordada em sua alteridade, como o outro da razão. O trabalho de Foucault conhecerá, no entanto, uma segunda vida graças a um duplo acontecimento: Maio de 1968 e o interesse que ele suscita bastante rapidamente entre os antipsiquiatras anglo-saxões Ronald Laing e David Cooper. É somente ao final da década de 1960 que o livro corresponderá a uma nova sensibilidade coletiva que exige a transformação das práticas, tornando-se a fonte de inspiração dos movimentos de contestação dos procedimentos adotados em asilos.

Com a obra *As palavras e as coisas*, publicada em 1966 na coleção "Bibliothèque des sciences humaines", na Gallimard, Foucault obtém um sucesso espetacular, que se traduz pela transformação de um livro de difícil acesso em verdadeiro best-seller. Fato sem precedentes, a tiragem esgota-se em alguns dias: "Foucault igual água", escreve *Le Nouvel Observateur*: "oitocentos exemplares de *As palavras e as coisas* vendidos em cinco dias, durante a última semana de julho (e, no total, nove mil exemplares)."[99] Contando apenas o ano de 1966, a vendagem do livro, cujo lançamento ocorre em abril, chega a vinte mil exemplares; em 1987, o total de vendas atinge a cifra de 103 mil, uma soma excepcional, considerando a dificuldade peculiar desse texto e a coleção acadêmica de que faz parte. Um sucesso que vai surpreender até mesmo o seu editor, Pierre Nora, cuja previsão para a primeira tiragem limitava-se a 3.500 exemplares.

Convidado para o programa literário televisivo *Lecture pour tous*, animado por Pierre Dumayet, Foucault exprime-se em nome de um "Nós" fundador de uma ruptura coletiva, em que ele tem lugar ao lado de Dumézil e Lévi-Strauss, colocando à distância a obra de Sartre, "que ainda é um

---

98. CASTEL, 1986, p. 43.
99. *Le Nouvel Observateur*, n. 91, 10 de agosto de 1966.

homem do século XIX porque toda a sua empreitada visa o homem a fim de que se torne adequado à própria significação".[100] Aquele que encarna a figura do grande filósofo é relegado, por Foucault, ao esquecimento de um passado já prescrito, impróprio para pensar sobre o presente. O sentido que Sartre espera encontrar não passa de espuma insignificante para Foucault, que lhe opõe a força dos conceitos e do sistema anônimo prevalecente, remetendo o existencialismo para o museu das antiguidades. Em fevereiro de 1967, no programa radiofônico de France Inter *Le Masque et la plume*, François Wahl, editor de Barthes e de Lacan, argumenta que a filosofia tinha vivido, desde 1943, na sombra de Sartre, mas que os sartrianos permaneceram alheios à revolução conceitual em curso desde a década de 1960 e claramente visível nas ciências humanas.

Foucault afirma o desaparecimento da filosofia e sua dissipação em outras atividades do pensamento:

> Estamos chegando a uma época que é talvez a do pensamento puro, do pensamento em ato, e uma disciplina tão abstrata e geral quanto a linguística, tão fundamental quanto a lógica, ou ainda a literatura, desde Joyce, são atividades de pensamento. Elas fazem as vezes da filosofia, não por tomarem o lugar desta, mas por serem o próprio desenvolvimento do que era outrora a filosofia.[101]

Seu projeto de arqueologia das ciências humanas é definido como a expressão da vontade de mostrar nossa cultura em uma posição de estranhamento, semelhante à maneira como percebemos os nambikwara descritos por Claude Lévi-Strauss. Em vez de traçar linhas de continuidade em uma lógica contínua, trata-se de identificar as descontinuidades mediante as quais nossa cultura passada nos aparece fundamentalmente estranha a nós mesmos: "Foi essa situação etnológica que pretendi reconstituir."[102] Foucault ataca qualquer iniciativa de identificação com a

---

100. FOUCAULT, [1966c] 1977b, 1988.
101. Ibidem.
102. Ibidem

figura efêmera do homem, ao mesmo tempo recente e prometida a um rápido desaparecimento. Deus está morto, e o homem vai acompanhá-lo nesse desaparecimento inevitável para o qual, aliás, trabalham as ciências que reivindicam sua existência: "Paradoxalmente, o desenvolvimento das ciências humanas convida-nos, de preferência, a um desaparecimento e não a uma apoteose do homem."[103]

Em *As palavras e as coisas*, Foucault considera a história científica a partir das descontinuidades e da desconstrução nietzschiana das disciplinas estabelecidas. A base nietzschiana de seu procedimento encontra-se em sua rejeição radical do humanismo. Desaparece o homem sujeito de sua história e consciente da própria ação. Sua situação central no pensamento ocidental não passa de uma ilusão, dissipada pelo estudo dos múltiplos condicionamentos de que é objeto. O homem é assim descentrado, depreciado na periferia das coisas, até perder-se na espuma dos dias: "[...] o homem [...] não é, decerto, nada mais do que uma brecha na ordem das coisas [...] o homem não passa de uma invenção recente, uma figura que não conta mais de dois séculos, uma simples inflexão em nosso saber [...]."[104]

Foucault empenha-se em historicizar o advento dessa ilusão que seria o homem e que não teria nascido neste mundo antes do século XIX. Na idade grega, existiam os deuses, a natureza, o cosmos, não havia espaço para um pensamento do sujeito responsável. Na problemática platônica, a transgressão é atribuível a um erro de julgamento, à ignorância, e não à responsabilidade individual. Da mesma forma, na *episteme* clássica, o homem não tem lugar. Quanto ao humanismo da Renascença e ao racionalismo dos clássicos, eles não conseguiram pensar o homem. Foi necessário esperar uma lacuna na configuração do saber para que ele surgisse no âmago do saber. Pelo fato de que a cultura ocidental lhe reservou a melhor parte, ele encontra-se aí em uma situação central, de rei da criação, referente absoluto de todas as coisas. Essa fetichização aparece notadamente sob uma forma filosófica com o ego cartesiano que introduziu o sujeito como substância receptáculo de verdades. Segundo Foucault, esse homem não deixou de

---

103. Ibidem
104. Idem, [1966a] 1967, p. 12.

experimentar, antes de Freud, algumas grandes feridas narcisistas na história do pensamento ocidental: Copérnico, revelando que a Terra não está no centro do universo, revoluciona o campo do pensamento e modifica a soberania primitiva do homem; em seguida, Darwin, demonstrando que, na origem do homem, existe o macaco, rebaixa o primeiro ao estádio de episódio em um tempo biológico que o supera; e, por fim, Freud descobre que o homem não consegue conhecer-se sozinho, não é plenamente consciente e comporta-se sob a determinação de um inconsciente ao qual não tem acesso e pelo qual, no entanto, suas ações se tornam inteligíveis.

Na esteira de Freud, que aprofunda o estudo sobre o inconsciente das práticas do indivíduo, e de Lévi-Strauss, que se dedica ao inconsciente das práticas coletivas das sociedades, Foucault atira-se ao inconsciente das ciências, as quais supostamente são habitadas por nossas consciências. Tal é a revolução copernicana que ele pretende realizar para desmitificar o humanismo, que é, para ele, a grande perversão do período contemporâneo: "Nossa Idade Média na época moderna é o humanismo."[105] Segundo Foucault, o principal papel do filósofo consiste em remover o obstáculo epistemológico constituído pelos privilégios concedidos ao *cogito* e ao sujeito como consciência e substância. Foucault teoriza a constituição de uma verdadeira base filosófica ligando as diversas semióticas, em que todas têm o texto como ponto cardeal. A etnologia e a psicanálise ocupam uma posição privilegiada em nosso saber moderno. "A respeito de ambas, pode-se dizer" — escreve Foucault — "o que Lévi-Strauss dizia da etnologia: que dissolvem o homem."[106] Foucault visa, com efeito, as teses sartrianas e descarta o filósofo existencialista que não avaliou a importância dos desafios das novas ciências sociais. Sartre, dando-se conta do perigo, retruca de maneira tanto mais acirrada que ele se encontra, então, submerso pela vaga que lhe atribui a figura de um pensador desatualizado e autista:

> Foucault fornece às pessoas aquilo de que elas têm necessidade; uma síntese eclética em que Robbe-Grillet, o estruturalismo, a linguística,

---

105. Idem, 1984.
106. Idem, [1966a] 1967, p. 492.

Lacan, [a revista] *Tel Quel* são utilizados sucessivamente para demonstrar a impossibilidade de uma reflexão histórica. Por trás da história, evidentemente, é o marxismo que é visado. Trata-se de constituir uma nova ideologia, a última represa que a burguesia ainda está em condições de erguer contra Marx.[107]

Eis o que levará François Châtelet, amigo de Foucault, a dizer que Sartre reagiu como "um desapossado".

Sob a *doxa*, a desconstrução

Jacques Derrida, inspirado pelas ideias de Martin Heidegger sem se confundir com ele, promove também um pensamento da suspeita. Ao criticar vigorosamente a *doxa*, ele não vai deixar de problematizar a defasagem espaçotemporal que ele percebe em relação aos textos da filosofia clássica. No momento em que, na França, a fenomenologia é contestada pelo estruturalismo, Derrida, que havia dedicado seus primeiros trabalhos a Edmund Husserl[108], corre o rsico de ficar do lado da tradição; no entanto, ele reage mediante uma radicalização da fenomenologia, de maneira a pular a objeção estruturalista e a distanciar-se ainda mais dessa tradição. Benoît Peeters sublinhou a importância de Althusser, a partir de 1963, na evolução de Derrida: com efeito, ele foi nomeado, nessa data, professor na ENS da rua d'Ulm e abandona o posto de assistente de Paul Ricœur, na Sorbonne. Passa a frequentar um espaço de efervescência intelectual; como preparador para o concurso de obtenção de diploma para professor de filosofia [*agrégation*], contribui para o sucesso dos estudantes substituindo Althusser por ocasião de suas hospitalizações periódicas. Aliás, este irá manifestar-lhe um caloroso agradecimento por essa colaboração: "Que sejas abençoado por tua existência e por seres meu amigo" — escreve ele a Derrida. "Confio em tua amizade. Ela está entre as raras razões para

---

107. Sartre, 1966, pp. 87-88.
108. Derrida, 1962 e 1967b.

acreditar que a vida (até mesmo, permeada de dramas) merece ser vivida."[109] Em seu primeiro ano como *caïman* [professor preparador] na rua d'Ulm, Derrida dedica o seu curso a "Heidegger e a história": "Um curso bastante inovador para que ele pense em publicá-lo em Les Éditions de Minuit. Infelizmente, para ele, essas questões estão bem longe de suscitar as paixões dos estudantes: é o ano do famoso seminário "Ler *O capital*".[110]

Derrida empreende, nesse momento, um trabalho de desconstrução sistemática das obras estruturalistas, identificando sempre nesses textos os rastros de um logocentrismo a ser superado. A publicação, em 1967, de duas obras de Derrida — *Gramatologia* e *A escritura e a diferença* — questiona as certezas afirmadas sobre a invariância da estrutura.[111] O que os norte-americanos designam como o pós-estruturalismo está, portanto, já aí, antes mesmo do refluxo do paradigma estrutural, contemporâneo de seu triunfo. Derrida posiciona-se, de imediato, no interior do campo de reflexão estruturalista, mesmo que a posição que ele assume é a de uma distância crítica: "Como vivemos da fecundidade estruturalista, é cedo demais para chicotear nosso sonho."[112] Com certeza, ainda é o ano de 1963, a época gloriosa de um programa promissor, e Derrida mostra-se ainda elogioso em relação a um movimento intelectual que ele considera muito mais importante do que um simples método. O estruturalismo faz as vezes, em seu entender, de uma nova "aventura do olhar, de uma conversão na maneira de questionar qualquer objeto".[113]

A estratégia adotada por ele é a da desconstrução em sua dupla acepção destrutiva/construtiva; ela deve permitir o reconhecimento dos rastros da metafísica ocidental no pensamento do outro e, ao mesmo tempo, introduzir uma nova maneira de escrever. Derrida privilegia, portanto, a escritura como esfera autônoma, aderindo, assim, à nova crítica literária estruturalista, sem deixar de escapar de suas categorias cientificistas. Sua grande fonte de inspiração para empreender essa tarefa desconstrutora é

---

109. Louis Althusser, cartas a Jacques Derrida, citadas in PEETERS, 2010, p. 187.
110. PEETERS, op. cit., p. 189.
111. DERRIDA, 1967a e 1967c.
112. Idem, [1963b; 1967c] 1995, p. 14.
113. Ibidem, p. 12.

a obra de Heidegger: "Nenhuma de minhas tentativas teria sido possível sem a abertura das questões heideggerianas [...] sem a atenção ao que Heidegger designa como a diferença entre o ser e o ente, a diferença ôntico-ontológica."[114] O ato desconstrutor aparece em toda a sua ambiguidade e, no contexto dos anos 1967-1968, seduz tanto mais que ele é percebido, ao mesmo tempo, como um gesto estruturalista e transbordando o estruturalismo. Nesse duplo sentido, ele ganha a adesão de uma geração inteira, incluindo a revista *Tel Quel*, visando a retomada do legado estruturalista, sem deixar de derrubar a clausura do sistema para permitir sua abertura. A desconstrução permanece fiel à valorização atribuída à esfera oculta, ao inconsciente; ela permite sobretudo a disseminação ao estilhaçar a referência a um centro estrutural, à unicidade de um princípio estruturante qualquer. Derrida desenvolve uma verdadeira estratégia em relação à história da razão ocidental. Como escreve Vincent Descombes, "a estratégia da desconstrução é o ardil que permite continuar falando no exato momento em que, afinal de contas, não há nada mais para dizer".[115]

O sucesso das teses desconstrutoras deve-se também, nesses anos 1967-1968, ao contexto de ruptura com o saber acadêmico. À semelhança dos linguistas em relação à história literária clássica, Derrida oferece aos filósofos uma estratégia de combate visando a demolição radical dos fundamentos da metafísica ensinada na Sorbonne: no interior da tradição filosófica, ele inocula uma série de conceitos indecidíveis, cuja finalidade consiste em desestabilizar seus alicerces e em denunciar seus equívocos. O aspecto subversivo dessa estratégia permite solapar as bases da instituição, além de radicalizar a luta travada pela corrente estruturalista, suturando toda a reflexão crítica — independentemente que esta seja lacaniana, foucaultiana, chomskiana ou althusseriana — e recuperando-a no campo da filosofia.

Derrida é também aquele que terá levado a sério o desafio das novas ciências sociais para enriquecer o tipo de questionamento da filosofia. Essa estratégia anuncia o fim de determinada filosofia ao recuperar as realizações das ciências humanas, sem deixar de aderir ao que Derrida

---

114. DERRIDA, [1972b] 2001, p. 16. [Nesta tradução, é possível encontrar referências sobre a terminologia específica de Jacques Derrida. N.T.]
115. DESCOMBES, 1979, p. 163.

designa já, antes da publicação do livro de Barthes, como um prazer do texto. "Nesse momento, produz-se [...] determinado trabalho textual" — escreve ele — "que proporciona um grande prazer."[116] Os diversos pares binários — significante/significado, natureza/cultura, voz/escritura, sensível/inteligível — que haviam constituído o próprio instrumento de análise do estruturalismo são questionados, sucessivamente, em um jogo indefinido que disseca e persegue qualquer palavra-mestra, qualquer transcendência. Derrida extrai os conceitos ambivalentes da tradição para devolvê-los em bumerangue, à maneira de quem dá uma patada. A Platão, ele toma de empréstimo o termo *"Pharmacon"*, que não é remédio, nem veneno, que não é algo bom, tampouco mau. A Rousseau, o de "suplemento": nem algo de mais, tampouco de menos. A Mallarmé o *"hímen"*, que não é a confusão, nem a distinção. Essas noções — outros tantos instrumentos da desconstrução — têm um ponto em comum. Como explica Sarah Kofman, "todas elas rasuram a oposição entre dentro e fora".[117] A escritura atira-se, então, ao conceito para substituí-lo por um jato seminal que abre para o infinito. Essa desconstrução ataca, no campo filosófico, não só a fenomenologia, descentrando o sujeito, mas também a dialética hegeliana, cujas noções de unidade e de identidade são por ela dissolvidas. O corte saussuriano já tinha descartado o referente do horizonte linguístico, e Lacan havia introduzido o significado sob o significante. Com Derrida, é o significado que é removido em favor de uma cadeia significante indefinida sem ponto de amarração.

 A empreitada de Derrida visa desconstruir tudo e todo o mundo, a começar por aqueles que estão a sua volta, os estruturalistas; em seu entender, estes acabaram, independentemente do grau de envolvimento de cada um, ficando prisioneiros do logocentrismo. O primeiro alvo de suas críticas tem a ver com o assassinato do pai, visto que tal vítima expiatória é ninguém menos que seu ex-professor da rua d'Ulm, Michel Foucault. Tendo-se tornado assistente de Jean Wahl, na Sorbonne, Derrida é incumbido de proferir uma conferência no Colegiado de Filosofia, em 4 de março

---

116. DERRIDA, [1972b] 2001, p. 13.
117. KOFMAN, 1984, p. 39.

de 1963, e opta por comentar a obra *História da loucura na idade clássica*, de Foucault; este encontra-se entre os ouvintes. Qual não foi sua supresa ao deparar-se com uma crítica inflamada de seu ex-aluno! Essa conferência será publicada, logo depois, na *Revue de métaphysique et de morale*[118], e, em seguida, reproduzida na coletânea *A escritura e a diferença*, em 1967. Derrida procede a seu trabalho desconstrutor, limitando sua abordagem à economia interna do texto foucaultiano; assim, extrai uma ínfima parte do que julga ser revelador do conjunto dessa obra para aplicar-lhe o bisturi. A suma de Foucault, sua tese principal, é apreendida somente a partir da leitura feita por Derrida da tomada de posição de Descartes em relação à loucura, ou seja, três páginas em 673![119] Se levarmos em conta que a contestação da validade dos ensinamentos extraídos por Foucault da primeira das *Meditações* de Descartes refere-se à obra inteira, é possível avaliar a radicalidade dessa crítica. Em primeiro lugar, Derrida, enquanto estruturalista radical, acusa Foucault por ter mantido a ideia de sujeito, mesmo que o sujeito em questão constitua a face oculta da história, o seu reverso, a loucura: "Eis o que há de mais louco em seu projeto."[120] Sensível a essa crítica, Foucault irá suprimir, em seu futuro projeto arqueológico, qualquer ponto de vista que esteja apoiado em um sujeito qualquer, nem que seja recalcado.

Em seguida, Derrida devolve à ordem do ilusório a ideia de situar-se fora da razão, a partir de um alhures que seria a loucura, de um lugar do exílio. No aspecto em que Foucault acredita ter realizado uma revolução, ele nada teria conseguido além de uma modesta agitação superficial. A demonstração de Foucault teria a ver, no início, com uma investida de surpresa, apresentada como a própria condição que levou a excluir a loucura do mundo da razão, antes de confiná-la. Esse ato fundador da época clássica é atribuído ao Descartes da primeira das *Meditações*, pela qual ele teria instituído a linha divisória entre dois solilóquios que permanecem para sempre alheios um ao outro: esse é o grande ponto de litígio entre

---

118. DERRIDA, [1963a], 1967c.
119. Ibidem, p. 52.
120. Ibidem, p. 55.

Foucault e Derrida, o qual não vê, no texto de Descartes, nenhum tipo de ostracismo contra a loucura. Se a hipótese do gênio maligno convoca um enlouquecimento total, o ato do *cogito* nem por isso é o lugar da partilha entre razão e loucura. Derrida questiona, assim, a própria validade do par binário razão/loucura (partilha que permite a Foucault exumar a parte maldita da história ocidental), mostrando que o fato de fornecer um fundamento ao *cogito* não está submetido, em Descartes, à eliminação prévia da loucura.

Derrida reprova Foucault por ter cometido um importante contrassenso em sua leitura de Descartes, mas essa crítica tem uma amplitude maior ao questionar o método foucaultiano em sua totalidade: "O totalitarismo estruturalista operaria aqui um ato de confinamento do *cogito* que seria de um tipo semelhante ao das violências da idade clássica."[121] Eis, portanto, Foucault acusado de ter perpetrado uma violência semelhante àquela que ele pretende denunciar. É previsível que ele não tenha apreciado particularmente essa "flecha de parto"; apesar disso, não vai responder à diatribe nesse momento — visto que ele permanece atento, mas em silêncio, na sala —, nem em 1967 por ocasião do lançamento do texto na coletânea *A escrita e a diferença*. A reação de Foucault ocorrerá apenas em 1971, em um artigo publicado, inicialmente, na revista *Paideia*[122], e depois reproduzido na nova edição, lançada pela Gallimard, de *História da loucura*, em 1972. Se Foucault atribui à argumentação de Derrida o qualificativo de "notável", ele mantém sua interpretação do texto de Descartes e considera que a hipótese de Derrida é válida apenas à custa de omissões mediante as quais ele consegue extirpar todas as diferenças do texto a fim de "reverter a exclusão cartesiana em inclusão".[123] Na leitura de Descartes feita por Derrida, Foucault denuncia não uma qualquer ingenuidade, mas a aplicação de um sistema tradicional de interpretação, cuja característica consiste em eliminar o que possa constituir um estorvo; aliás, Derrida seria seu derradeiro representante. Desta vez, Foucault

---

121. Ibidem, p. 88.
122. FOUCAULT, [1971] 1972.
123. Ibidem, "Appendice II", p. 599.

não se limita a uma resposta defensiva, mas aprecia, na posição de mestre, o trabalho do discípulo, reduzindo-o a um brilhante exercício de ordem didática.[124]

Em Derrida, a construção de um além do estruturalismo passa pela crítica de seus pais fundadores, Saussure e Lévi-Strauss. Eis o que ele se aplica em fazer em *Gramatologia*, ao identificar os limites fonológicos e logocêntricos do primeiro estruturalismo: em Saussure, ele detecta uma abordagem que continua sendo fundamentalmente prisioneira do sujeito; ainda assim, reconhece em Saussure aquele que teve o mérito de romper com a tradição metafísica. No entanto, em seu entender, ele não foi até o fim do reviramento ao reintroduzir a noção de signo enquanto noção fundadora da linguística. Se a reflexão saussuriana centrada na palavra, na condição de unidade de sentido e de som, tivesse sido uma oportunidade de abertura a uma análise da escritura, Saussure teria fechado, de acordo com Derrida, essa perspectiva ao posicioná-la em uma situação de exterioridade quase maléfica. Nada justifica, segundo ele, a discriminação elaborada por Saussure entre signo linguístico e signo gráfico; haveria, inclusive, uma contradição interna na proposta saussuriana quando ele defende a teoria da arbitrariedade do signo. Convém, portanto, para Derrida, desconstruir a noção de signo saussuriano colocada no cerne da reflexão estruturalista e substituí-la pela problematização da escritura preconizada pela gramatologia. Esta pretende ser, no contexto do colapso das fronteiras entre as disciplinas, cujo objeto é o homem, a realização assumida de uma ambição estruturalista aberta à desconstrução do uno e ao desaparecimento do homem: "[...] a gramatologia não deve ser uma das ciências humanas [...] porque ela coloca de início, como uma questão própria, a questão do nome do homem."[125] Essa visão hegemônica de Derrida reproduz, com efeito, a posição dominante da filosofia no campo da reflexão sobre o homem, e se ele preconiza uma ciência de preferência a uma filosofia, esta não deve ser adicionada às outras ciências existentes; ela pretende livrar-se de qualquer limite ou de fixação de limites.

---

124. Ibidem, p. 602.
125. DERRIDA, [1967a] 1973, p. 104.

O outro grão-mestre do estruturalismo submetido à desconstrução derridiana é Claude Lévi-Strauss, o qual se torna alvo natural de Derrida a partir do método já experimentado a propósito de Foucault: ao extrair uma partícula do imenso *corpus* lévi-straussiano, a "Leçon d'écriture" [Lição de escrita], de *Tristes trópicos*. Nesse texto, Lévi-Strauss descreve a chegada da escrita entre os nambikwara, a qual traz em seu bojo a introdução da exploração, da perfídia e das diversas formas de servilismo. Essas considerações constituem, para Derrida, a prova de que o etnólogo não foi mais bem-sucedido que Saussure para realizar plenamente seu ato de desconstrução do etnocentrismo ocidental. No entender de Derrida, Lévi-Strauss bate a mão no peito na condição de europeu ao opor a natureza inocente à cultura do Velho Mundo, que provoca um arrombamento em relação a uma realidade ideal apresentada a partir do espelho igualmente deformante do contraetnocentrismo. "[...] Essa arqueologia" — escreve Derrida — "é também uma teleologia e uma escatologia; sonho de uma presença plena e imediata fechando a história [...]."[126] Segundo ele, o olhar que Lévi-Strauss julga estar livre do etnocentrismo é, com efeito, um etnocentrismo às avessas, apoiado por tomadas de posição ético-políticas que acusam o Ocidente por estar na origem, mediante a escrita, do assassinato da fala inocente. Ele juntar-se-ia, assim, a seu mestre Rousseau, que já havia lançado uma advertência contra a escrita. Ao tomar conhecimento dessa crítica, publicada pela primeira vez na revista *Cahiers pour l'analyse*, Lévi-Strauss fica de tal modo irritado que escreve uma carta para a redação, lembrando o status híbrido de *Tristes trópicos*, que tem a ver mais com os devaneios de um etnógrafo sem a pretensão de dizer a verdade:

> Assim só consigo defender-me da impressão dissecando tais nuvens, o senhor Derrida manipula o terceiro excluído com a delicadeza de um urso [...]. Para ser honesto, estou surpreso de que mentes tão isentas quanto as de vocês, no pressuposto de que elas tenham pretendido debruçar-se sobre os meus livros, não se tenham questionado a respeito

---

126. Ibidem, p. 142.

do motivo pelo qual utilizo a filosofia de maneira tão desinvolta, em vez de criticarem meu procedimento.[127]

Em 1966, Derrida dirige-se aos Estados Unidos para participar do famoso colóquio de consagração do estruturalismo na Universidade Johns Hopkins, em Baltimore, ao lado de Roland Barthes, Jacques Lacan, Gérard Genette, Jean-Pierre Vernant, Lucien Goldmann, Tzvetan Todorov, Nicolas Ruwet, Georges Poulet, Jean Hyppolite, etc. O pensamento crítico francês, agrupado sob a bandeira do estruturalismo, encontra-se então em seu apogeu e fascina os norte-americanos que se questionam sobre o que está acontecendo efetivamente nessa velha terra gaulesa. O colóquio é organizado por Richard Macksey e Eugenio Donato, os quais pretendiam dar a conhecer aos norte-americanos as mais recentes evoluções do pensamento francês. Essa é a ocasião do primeiro encontro entre Jacques Lacan e Derrida: "Foi necessário, portanto, esperar a chegada aqui e no exterior, para nosso encontro" — diz-lhe Lacan, de acordo com a lembrança de Derrida em "Pour l'amour de Lacan"[128] [Pelo amor de Lacan]. Em seguida, assiste-se a uma série de decepções. No jantar do dia seguinte, Lacan critica Derrida — aliás, como ele já havia feito com muitos outros — por este lhe ter roubado suas ideias. Convencido de ser a vedete desse colóquio, Lacan, cujo domínio do idioma inglês é apenas parcial, profere uma palestra de tal modo incompreensível que o tradutor joga a toalha na frente de um público desnorteado, enquanto o texto de Derrida aparece "como o mais importante do colóquio".[129] Essa intervenção é significativa da dupla posição de Derrida: estruturalista, mas buscando as vias de uma superação do paradigma; e, ao mesmo tempo, defensor do pensamento crítico, mas crítico da crítica. Sua palestra, intitulada "A estrutura, o signo e o jogo no discurso das ciências humanas", situa-se no interior da obra de Lévi-Strauss, mas tendo o objetivo de promover sua desconstrução. Se ele reconhece, no estruturalismo, um importante

---

127. Carta de Claude Lévi-Strauss, publicada por *Cahiers pour l'analyse*, n. 8, 1967, citada in PEETERS, op. cit., p. 225.
128. DERRIDA, 1996, p. 69.
129. PEETERS, op. cit., p. 210.

acontecimento de ruptura, nega qualquer referência a determinado centro: "[...] uma estrutura privada de qualquer centro representa o próprio impensável."[130] Ele ataca, portanto, o núcleo do pensamento estrutural e, por essa razão, é considerado como pós-estruturalista pelos norte-americanos.

Nessa segunda parte da década de 1960, a crítica derridiana converge para a necessidade de dinamizar e historicizar a ordem das estruturas: esse é o sentido do conceito de *différance* (com um *a*, em vez de *différence* [diferença]), introduzido por Derrida ao proferir uma conferência na Sociedade Francesa de Filosofia, em 27 de janeiro de 1968. Tal conceito torna-se o próprio instrumento da desconstrução por seu duplo sentido de diferença e de temporização — "Essa temporização", pensa ele, "é também temporalização e espaçamento, devir-tempo do espaço e devir-espaço do tempo"[131]; e do outro sentido de *différer* [diferir], mais comum, que remete ao não idêntico. A noção de *différance*, por seu duplo valor, permite a Derrida desempenhar idealmente o papel de indecidível que pretende desvelar sistematicamente qualquer ilusão do pensamento do ser, opondo-lhe o que na presença do presente nunca se apresenta. A noção reintroduz, além disso, o movimento que fazia falta à estrutura, dinamizando-a a partir do interior em um relançamento indefinido. A *différance* oferece, ainda, o exemplo de uma noção, cuja novidade é perceptível não ao ouvido[132], mas em sua originalidade unicamente gráfica, atenuando desse modo os postulados fonológicos do estruturalismo.

Ao afirmar que "o tema da *différance* é incompatível com o motivo estático, sincrônico, taxinômico, a-histórico, etc., do conceito de estrutura"[133], Derrida vai situá-lo, ao mesmo tempo, em continuidade com a orientação estruturalista: "O conceito de *différance* desenvolve, até mesmo, as exigências de princípio mais legítimas do estruturalismo."[134]

---

130. Derrida, "La Structure, le signe et le jeu dans le discours des sciences humaines", in idem, [1967c] 1995, p. 230.

131. Idem, [1968] 1980, p. 48.

132. Do ponto de vista fonológico, é impossível distinguir, em francês, *différence* de *différance*; aliás, este termo foi forjado por J. Derrida. [N.T.]

133. DERRIDA, [1972b] 2001, p. 33-34.

134. Ibidem, p. 34.

Se ele oferece, assim, uma possível reintrodução da historicidade, nem por isso adere à noção tradicional de história; em vez disso, apoia-se no anti-historicismo e na crítica do hegelianismo de Althusser. A história deve ser também desconstruída, e se a história total é devolvida ao papel ilusório do mito, ela continua sendo apreensível no plural: "[...] não existe uma história única, uma história geral, mas histórias diferentes em seu tipo, seu ritmo e seu modo de inscrição, histórias deslocadas, diferenciadas, etc.".[135] Multidimensional, desconstruída, tal história conduz a um devir prescrito e não passa do desenrolar do simulacro de um presente, ao mesmo tempo, inapreensível e estático. Nesse carnaval do tempo, não há nenhum ponto de estacionamento, menos ainda passarelas de um ponto para outro. Derrida situa-se, portanto, efetivamente do lado do estruturalismo, mas dando um maior incremento à remoção do sujeito e do referente, além de acrescentar-lhes a mobilidade de que carecem, o que se encontra sempre em uma lógica estruturalista nesses anos de glória da *French Theory*.

---

135. Ibidem, p. 65.

14

A virada crítica promovida pelo Concílio Vaticano II

Em meados da década de 1960, a Igreja católica passa por uma mutação histórica com o longo período da realização do Concílio Vaticano II[1]: nesse caso também, tinha chegado a hora da crítica e do distanciamento em relação à autoridade constituída da Cúria romana. A esse próposito, falou-se de "saída da era glacial", propondo-se a analogia com o bloco comunista, que corta as cadeias que o acorrentavam ao stalinismo. Em 25 de janeiro de 1959, o anúncio feito pelo papa João XXIII da convocação de um concílio não é de imediato percebida como um precursor de mudanças[2]; no entanto, a Igreja vai viver cinco anos de intensas reflexões coletivas, que irão resultar em dezesseis textos importantes — quatro constituições, nove decretos e três declarações —, cuja peça central é a constituição *Lumen gentium*, a qual, revisitando a tradição patrística, renova a problemática eclesiológica.[3] Trata-se de uma ruptura considerável com a abordagem estreitamente jurídica em uso até então: "Essa é a primeira vez na história" — confessam os professores universitários Roger Aubert e Claude Soetens — "que um Concílio dedica um capítulo específico aos leigos."[4]

---

1. Ver ALBERIGO (Org.), 1995-2001.
2. SCHLEGEL, 2012, p. 259.
3. AUBERT; SOETENS, 2000, p. 90.
4. Ibidem, p. 92.

A saída da era glacial

O Concílio Vaticano II torna-se, no início da década de 1960, o acontecimento do século para os católicos, a tal ponto que o próprio papa fala de *aggiornamento*, de "abertura das janelas" ao mundo e de "flor da primavera".[5] Esse Concílio tomará medidas para aproximar clérigos e leigos em nome da unidade do povo, enquanto outras vão questionar alguns dogmas desgastados: abandono da acusação de "deicídio" contra os judeus; aceitação da liberdade religiosa; reavaliação da importância das Sagradas Escrituras em relação à tradição; questionamento do dogma da infalibilidade papal; prossecução das pesquisas sobre a veracidade histórica dos Evangelhos; uso do vernáculo para celebrar a missa, já não "de costas para o povo", mas olhando-o de frente; abandono de um mobiliário que se tinha tornado inútil.

Os fiéis seguem com paixão os trabalhos do Concílio, os quais são retransmitidos já não unicamente nos boletins paroquiais, mas na imprensa de grande tiragem[6]: Henri Fesquet em *Le Monde*; Antoine Wenger no cotidiano católico parisiense *La Croix*; e René Laurentin em *Le Figaro*. Ao ler essas informações, fica a impressão equivocada de que o Concílio é, em primeiro lugar, um assunto francês, de tal modo o papel desempenhado pelos bispos e teólogos gauleses é colocado em destaque. Verdade seja dita que um grande número dos teólogos franceses, dominicanos ou jesuítas, que tinham tido problemas com Roma no pós-guerra, exercem então um papel ativo no âmago da instituição por ocasião desse *aggiornamento*; reformadores, vítimas das punições da Cúria romana, são convidados para a preparação do Concílio. É assim que o padre dominicano Yves Congar e o padre jesuíta Henri de Lubac são convocados a participar do Comitê Teológico Preparatório, na posição de consultores do Santo Ofício; em 1962, Jean Daniélou é nomeado perito junto de João XXIII, enquanto o dominicano Marie-Dominique Chenu exerce a função de especialista

---

5. SCHLEGEL, op. cit., p. 262.
6. PELLETIER, 2002, p. 19.

para a Conferência Episcopal Malgaxe. A importante presença francesa revela, na verdade, a escolha de um verdadeiro radicalismo na virada que o Vaticano pretende levar a cabo.

Esse acontecimento é uma fonte de esperança para uma geração inteira de jovens cristãos que o consideram como a possibilidade de um novo começo e de um interesse da instituição relativamente à modernidade. René Rémond confia que o vivenciou com uma intensidade "tanto maior pelo fato de que todos os aspectos de [su]a atividade eram levados em consideração".[7] Em 1965, ele envolve-se, como membro da direção da JEC, em uma queda de braço com a hierarquia que pretende restabelecer sua supremacia e cujo porta-voz é o bispo dom Pierre Veuillot, o qual leva a melhor temporariamente nessa disputa; mas, ao final de 1965, seu adversário, René Rémond, é nomeado presidente da CCIF. Nesse período conciliar, tal organismo — que já havia desempenhado um importante papel desde sua criação, em 1946, no confronto das teses entre cristãos e marxistas — prossegue as atividades de debate relativamente a questões que nunca haviam suscitado tamanha controvérsia; sua missão consiste em apreender o movimento das ideias e em constituir uma célula de reflexão livre de qualquer tipo de coerção. Esse centro, irá declarar ele bem mais tarde, "foi um dos artesãos da preparação conciliar, tendo contribuído consideravelmente para difundir o pensamento elaborado por teólogos, exegetas, filósofos e catequistas franceses. Assim, ele acabou enfrentando com o máximo de naturalidade possível a problemática do Concílio Vaticano II."[8] O balanço lavrado por Rémond a respeito do Concílio é amplamente positivo, na medida em que a realização do programa que lhe havia sido atribuído superou as expectativas, a tal ponto que os projetos iniciais foram substancialmente aperfeiçoados:

> Acho que a contribuição mais importante do Concílio é uma nova eclesiologia que pôs fim não só a distinções que chegavam a ser exasperantes, mas também a uma excessiva estratificação hierárquica: a espécie

---

7. RÉMOND, 1976, p. 123.
8. Ibidem, p. 161.

de revolução copernicana desencadeada pela definição da Igreja como povo de Deus.⁹

No dia 11 de outubro de 1962, a abertura do Concílio reúne, na Basílica de São Pedro de Roma, 2.506 bispos ou superiores de ordens religiosas, provenientes de 145 países. O acontecimento é seguido por milhões de telespectadores e por uma imprensa que o transmite ao vivo. A reforma espetacular promovida pelo Concílio Vaticano II estende-se desde o outono de 1962, sob o pontificado de João XXIII — o qual faleceu em 3 de junho de 1963 —, até 8 de dezembro de 1965, sob o pontificado de Paulo VI; as sessões que pontuam esses três anos trazem múltiplas mudanças. "A obra capital — escreve o historiador Jacques Prévotat — está contida nestas duas constituições dogmáticas: *Lumen gentium* [A luz dos povos] (21 de novembro de 1964), sobre a Igreja; e *Dei verbum* [A palavra de Deus] (18 de novembro de 1965), sobre a revelação divina."¹⁰ Essas constituições retomam, com efeito, as orientações inovadoras de Henri de Lubac, que retorna à patrística para responder aos desafios da modernidade. Sobre a questão da revelação divina, o lugar do Cristo como mediador é colocado no âmago do discurso eclesial, o que só pode constituir motivo de regozijo para aqueles que, à semelhança de Lubac, haviam focalizado na centralidade do mistério do Cristo. Quanto à constituição pastoral *Gaudium e spes* [As alegrias e as esperanças], promulgada em dezembro de 1965, ao final do Concílio, ela havia sido redigida, no essencial, por dom Pierre Haubtmann, com o qual trabalhou o padre jesuíta Jean-Yves Calvez. Essa constituição define o lugar da "Igreja no mundo atual" e exorta os cristãos a uma generosa abertura e ao compromisso na edificação de uma verdadeira paz.

A esse acontecimento — comemorado pelo general De Gaulle como o mais importante desde a guerra: "O Concílio é o único a levar em consideração o futuro de uma forma irreversível", disse ele¹¹ —, acrescenta-se um

---

9. Ibidem, p. 125.
10. Prévotat, 1998, p. 159.
11. Charles de Gaulle, citado in ibidem, p. 169.

novo sismo com a eleição do superior-geral da Companhia de Jesus, Pedro Arrupe, em 22 de maio de 1965.¹² Como escreve Jean Lacouture em sua história da Companhia de Jesus, "esse jesuíta basco, que havia dedicado metade de sua vida ao povo fulminado, à sua frente, em Hiroshima e, por isso mesmo, vivia em intimidade especial com o infortúnio das pessoas, encetou a reanimação da ordem inaciana".¹³ Essa eleição reforça a dinâmica desencadeada pelo Concílio e estabelece uma simbiose momentânea entre as orientações da Cúria romana e as da Companhia.¹⁴ A missão operária sente-se apoiada pelos convites no sentido de envolver-se no mundo moderno. Cinquenta sacerdotes da França, incluindo cinco jesuítas, são autorizados a assumir um emprego em tempo integral. O padre jesuíta Maurice Giuliani, supervisor da revista *Christus* convocado a Roma para assistir o novo superior-geral, vai evocar este último nos seguintes termos:

> Ele dirigia sempre um olhar positivo para todas as principais reivindicações da consciência moderna [...]. Seu sonho consistia em instalar-se com os pobres de Roma nas favelas de Via Appia. Sonho irrealizável — ele mesmo reconhecia —, mas não totalmente [...]. De qualquer modo, sua ação como superior-geral consistiu em abrir continuamente a Companhia a todas as formas de presença no mundo moderno.¹⁵

Na França, é o padre jesuíta Robert Rouquette (1905-1969)¹⁶ que acompanha o Concílio para a revista *Études*, em uma rubrica intitulada "Chronique d'actualité religieuse" [Crônica da atualidade religiosa]; mais

---

12. Nascido em Bilbao, em 1907, Pedro Arrupe abandona o estudo da medicina para ingressar na Companhia de Jesus. Em 1932, a dissolução da Ordem pelo governo da Segunda República Espanhola, obriga-o a prosseguir sua formação na Bélgica, na Holanda e nos Estados Unidos, antes de viajar, em 1938, como missionário para o Japão, país em que é nomeado provincial da Companhia.
13. LACOUTURE, 1992, p. 438.
14. DHÔTEL, 1987, p. 94.
15. Maurice Giuliani, citado in LACOUTURE, 1992, p. 445.
16. Ele ingressa na Companhia em 1929. Redator na revista *Construire* em 1943, torna-se redator regular em *Études* a partir de 1945.

tarde, esses textos foram reunidos em dois volumes.[17] Em 1965, no momento em que Arrupe assume as funções, a Ordem conta com 36 mil jesuítas e está no auge de sua irradiação; essa força chega, até mesmo, a fazer um pouco de sombra ao papa Paulo VI, que convoca Arrupe para exigir aos membros da Companhia uma obediência absoluta. O caráter liberal das decisões do Concílio desdobra-se, portanto, em um controle institucional. A suspeita reina, daí em diante, nos círculos do Vaticano sobre o ativismo de um superior-geral jesuíta que, por sua vez, defende vigorosamente sua autonomia.

Essa tensão, que cresce ao ritmo dos radicalismos emergentes, increve-se em um período marcado por uma crise profunda de vocações. Após o Concílio, esse declínio já manifesto irá acentuar-se ainda mais: o número de mil ordenações sacerdotais, por ano, cai para 567, em 1966, e 283, em 1971, para passar abaixo da centena, em 1977.[18] A Companhia está inexoravelmente envolvida nessa queda, de modo que o número de seus membros passa de 36 mil, em 1965, para 25.500, em 1985. Esse colapso é particularmente sensível na França, país que, por volta de 1967, não conta com mais de uma dezena de novos membros por ano. O envelhecimento resultante daí acentua o fosso entre as gerações e implica dificuldades na transmissão da cultura jesuíta em numerosos jovens que, na época, abandonam a Companhia. Arrupe, onipresente nos grandes combates do momento, escreve em 1967 aos padres jesuítas dos Estados Unidos para lembrar-lhes de que a causa dos negros norte-americanos não deve ser deixada para trás; além disso, torna-se o porta-voz dos pobres do continente latino-americano, manifestando sua afinidade com a Teologia da Libertação.

Michel de Certeau e a crise da Igreja católica

Se o Concílio Vaticano II reafirmou, de maneira vigorosa, a abertura ao mundo, mesmo assim a ruptura essencial que está em via de operar-se

---

17. ROUQUETTE, 1968.
18. Números reproduzidos de PELLETIER, 1997, p. 98.

em um universo cada vez mais secularizado é o incremento na crise das relações entre a Igreja e o mundo. O período é caracterizado pela penúria das vocações religiosas e pelo declínio da frequência da missa dominical, que passa, entre 1961 e 1966, de 34% para 24% dos fiéis, estabilizando--se em 13%, em torno de 1975. Ciente do desaparecimento progressivo de determinado tipo de relação com o religioso e da distorção crescente entre o dizer e o fazer, Michel de Certeau — que partilha com François Roustang a responsabilidade da revista *Christus* — acompanha o movimento de renovação, radicalizando-o para abrir a um maior grau de liberdade e ao pluralismo da fé. "Como será possível não nos questionar sobre a linguagem que, supostamente, explica nossa fé?", eis a questão que ele se formula.[19]

Certeau enfatiza o fosso progressivo que se tinha instaurado entre a experiência cristã de seus contemporâneos e o modo de expressão à sua disposição para transmiti-la. A linguagem da fé parece ter sido relegada a uma simples exterioridade, refletindo um passado fora de uso. Um sistema cultural, em seu conjunto, parece ter desabado e provocado uma crise da Igreja semelhante àquela que ela havia conhecido no início da época moderna. A maneira como Certeau entrevê uma resposta à crise geral da crença consiste em encontrar uma palavra que possa exprimir o mistério da fé, em vez de adotar um novo programa. Nessa proposta, identificamos seu horizonte místico, definido por ele como uma arte da fala, único em condições de articular o dizer e o fazer: "Cada fala do crente traz [...] em si a ferida de que sofre atualmente nossa linguagem de cristãos."[20] No seio de uma cultura dessacralizada incapaz de deixar ilesa a experiência religiosa que depende dela, Certeau insiste sobre o caráter plural da linguagem da fé — "Há apenas uma fé, um Senhor e um batismo, mas existem várias linguagens da fé"[21] —, além de lembrar a expressão, originalmente plural, da experiência cristã segundo Marcos, Lucas, João, etc.

---

19. CERTEAU, 1965, p. 147.
20. Ibidem, p. 158.
21. Ibidem, p. 163.

Em julho de 1966, a questão da crise da linguagem religiosa é retomada por Certeau em uma sessão organizada pelo Centro Católico Universitário de Grenoble diante de uma centena de estudantes. Ele chama a atenção do público para o paradoxo de uma religião do Livro baseada na tradição escrita a ponto de esquecer, às vezes, que sua mensagem situa-se em uma fala que faz irrupção e surge de um "dentro", confirmando uma experiência existencial. Ora, essa fala, que era interlocução, torna-se — no decorrer da mutação cultural contemporânea — fonte de inquietação e de obstáculo à comunicação. Nada além de uma verdadeira tomada de consciência a respeito da profundidade dessa crise pode inspirar uma renovação, com a condição de tirar daí uma lição de humildade e de despojamento em relação ao poder e ao saber porque o desencantamento afeta até mesmo os clérigos, os padres. "É, para Certeau, um desencantamento do saber religioso."[22]

No início de 1966, Certeau intervém diretamente a respeito da atualidade conciliar, em *Christus*.[23] Ele empenha-se em comentar o decreto promulgado em Roma, em 28 de outubro de 1965, que define os próprios princípios do *aggiornamento* anunciado pela Igreja. O religioso considera que a conversão empreendida por Roma é, de preferência, o ponto de partida de um processo por vir, em vez de um ponto culminante. Segundo ele, as diretrizes do Concílio "convocam um futuro que, por definição, não pode ser determinado".[24] A implementação das regras do discernimento inaciano conduz Certeau a privilegiar a parte de experiência proposta em vez de um *corpus* de verdades a serem aplicadas em todas as circunstâncias. O texto do Concílio revela uma tensão entre dois polos igualmente confirmados, apesar de antinômicos, representados, em uma extremidade, pelas "exigências do mundo atual" e, na outra, pela fidelidade exigida ao "espírito dos fundadores". Mas, de que maneira pensar e, sobretudo, viver essa tensão?

---

22. Idem, 1966b.
23. Idem, 1966a.
24. Ibidem, p. 102.

A via definida por Certeau não se satisfaz com algumas contemporizações externas à modernidade. A mutação a ser realizada consiste em passar de uma mudança imposta de fora para uma novidade vivenciada a partir de dentro, correspondente a uma necessidade interior. Essa renovação assume a forma de uma insistência no apostolado; assim, Certeau sublinha até que ponto o espírito apostólico é igualmente uma das diretrizes do decreto. Quanto à vida em comunidade, ela deve não só reservar um maior espaço à circulação da fala, às consultas e a outras discussões, mas também reduzir o lugar da hierarquia e conferir responsabilidades mais controladas aos superiores. Na relação instituída à tradição, ele pretende evitar qualquer argumento de autoridade em nome do passado porque, em sua opinião, a vida religiosa não pode ser deduzida de um passado. Ele entende, pelo contrário, que se deve afirmar a prevalência do presente, aliás, o único suscetível de se tornar fonte de criação: "A liberdade espiritual manifesta-se [...] sempre mediante uma ruptura com o passado imediato."[25] O retorno às fontes, tal como é praticado por seu mestre, Henri de Lubac, em relação à patrística, está na origem do movimento que permite um comparatismo com o presente: "[...] ele desarma o imobilismo"[26], para retomar sua expressão. Assim, as grandes lições do *aggiornamento* são as seguintes: em primeiro lugar, colocar a Igreja em movimento; em seguida, descobrir o pluralismo constitutivo de sua mensagem; e, por fim, interiorizar uma verdadeira renovação espiritual.

Quase um ano após o encerramento do Concílio, em outubro de 1966, Certeau define a tarefa cristã após o Vaticano II.[27] O principal deslocamento efetuado pelo Concílio, cuja amplitude convém avaliar, consiste em deixar de considerar a Igreja como uma instituição colocada face ao mundo, mas como totalmente imersa nele, o que determina certo estilo de ação cristã, concebida como discernimento condicionado por uma participação. O Concílio marca, nesse aspecto, uma ruptura instauradora na qual Certeau vê uma relativização do lugar singular de enunciação do

---

25. Ibidem, p. 117.
26. Ibidem.
27. Idem, 1966 c.

campo religioso. Daí, ele deduz que se impõe uma integração cada vez maior em lógicas específicas ao ser humano em geral, independentemente de suas convicções: "Esses textos recomendam-nos a abrir nossa porta para aprender fora o que está acontecendo, envolvendo-nos nas batalhas difíceis das pessoas."[28] O fato de levar em consideração as principais questões da modernidade — tais como a socialização, a urbanização ou os *mass media* — deixa de ter, desde então, necessidade das definições conciliares, visto que "é a ação, assim como a análise científica dos fatos, que nos mostra a importância e a complexidade dessas revoluções".[29] A relação da Igreja com o mundo, definida pelo Concílio, anuncia a maneira como o general De Gaulle há de tentar responder à crise de Maio de 68 pelo tema da "participação", o qual se encontra no cerne da reflexão conciliar.

Se o Concílio Vaticano II já tendia no sentido da elaboração de uma teologia da *praxis*, transbordando a eclesiologia clássica em favor de uma antropologia geral, Certeau convida, por sua vez, a uma verdadeira conversão pragmática a fim de que os compromissos deixem de ser deduzidos de uma doutrina. Daí em diante, é a própria *praxis* que deve permitir a elucidação doutrinal, redinamizando assim o pensamento ao enriquecê-lo com a travessia da experiência. Em 1966, ano "estrutural", Certeau chama a atenção, na contracorrente, para o lugar central do sujeito e do diálogo. Ele invoca a experiência de uma alteridade que suscita a alteração e, portanto, o movimento. Se por um lado se sente confirmado em sua posição crítica pelo Vaticano II, o qual sublinhou o seu papel "purificador", por outro não deixa de advertir contra a tendência do Concílio a instaurar o sujeito humano no lugar de Deus como epicentro e ápice da criação quando, afinal, as ciências humanas contestam sua validade: "As leis do inconsciente, as trocas econômicas ou da linguagem social relativizam singularmente essa liberdade e essa autonomia criativas que o Concílio nos atribui a todos de maneira tão generosa."[30]

---

28. Ibidem, p. 522.
29. Ibidem.
30. Ibidem, p. 533.

O terceiro homem

À semelhança de Michel de Certeau e de François Roustang, membros da Escola Freudiana de Paris, ou de Maurice Bellet, o qual, sem ser lacaniano, foi analisado por Robert Jessan, que trabalhou com Françoise Dolto no hospital Trousseau, a equipe dirigente de *Christus* é marcada amplamente pela psicanálise. A ebulição intelectual no seio dessa revista conduz a um ponto de ruptura cuja ocasião surge de maneira fortuita: no momento em que Roustang, o diretor da revista, prepara um número dedicado a "La vie politique des chrétiens" [A vida política dos cristãos], a ser publicado em outubro de 1966, ele constata a falta do texto solicitado a um responsável jesuíta chileno. Para completar o sumário, ele escreve de improviso, sob o título "Le troisième homme"[31] [O terceiro homem], meia dúzia de páginas que vão provocar um enorme impacto.

Sob essa retomada aparentemente inócua de uma expressão utilizada pelos primeiros cristãos para se situarem em relação aos judeus e aos pagãos, Roustang dá, com efeito, livre curso a uma crítica radical: ao denunciar como uma farsa a oposição entre conservadores e reformistas que havia marcado o Concílio Vaticano II, ele mostra que a maior parte dos cristãos se encontra entre esses dois campos, tendo adquirido tal liberdade pessoal a ponto de encarnarem esse "terceiro homem". O diretor de *Christus* distingue entre a fé em Deus e a fé na Igreja, julgando que a distância entre os dois polos continua crescendo: aqueles que encarnam a intensidade da fé sentem-se cada vez mais separados das instituições eclesiásticas e cada vez mais próximos dos leigos com os quais cruzam pelo caminho. "Um jovem casal" — escreve ele — "dizia-me que já não se dava bem conta do que distingue os valores cristãos dos valores simplesmente humanos."[32] Como Certeau, Roustang apresenta o Concílio Vaticano II não como o ponto culminante de um espírito reformador, mas como um ponto de partida para derrubar os formalismos e definir um novo tipo de relação

---

31. ROUSTANG, 1966.
32. Ibidem, p. 565.

entre a fé e as leis. Além disso, ele julga severamente o clero, que, em sua opinião, é incapaz de entender as mutações em curso e, portanto, está condenado a passar ao lado do "terceiro homem". Em última análise, ele é profético ao anunciar:

> Se não tomarmos as devidas providências e se nos recusarmos a ver o óbvio, o desprendimento em relação à Igreja, que já começou em larga escala, irá acentuar-se cada vez mais. Isso não assumirá, como no passado, a forma de uma oposição ou a de um abandono, mas de um desinteresse tranquilo a respeito, dizem eles, dessa montanha de esforços que acaba parindo incansavelmente um rato.[33]

Esse caso remonta até o papa Paulo VI, que lê o texto original em francês; furioso, este exige a Pedro Arrupe a demissão do diretor de *Christus*. Roustang não mostra a mínima surpresa diante da reação que ele havia suscitado. Expulso da revista, é imediatamente substituído pelo padre Jean-Marie Le Blond, ex-diretor da revista *Études*, que retornava de Roma. Na verdade, essa crise já estava em fermentação havia algum tempo. A partir de 1964, a nova orientação da revista vai posicioná-la, de preferência, no cerne da cultura contemporânea. Para a direção, está fora de questão reduzir os sumários a uma estrita linha inaciana e convém mergulhar no âmago das novas problemáticas e das pesquisas fundamentais empreendidas nas diversas disciplinas das ciências humanas: história, linguística, psicanálise e etnologia. Em 1966, um memorando interno, escrito por Roustang e Certeau e destinado aos provinciais, exprime perfeitamente essa inflexão: "Se não for possível encontrar homens para nos substituirem em *Christus*, propomos a supressão da revista para dedicarmos nossas forças à fundação de um centro de reflexão e de ação na área das ciências humanas."[34]

A expulsão de Roustang é motivo de escândalo. Com a manchete "Jésuites: le troisième homme n'a pas passé" [Jesuítas: o terceiro homem não passou], *Témoignage chrétien* indaga, no texto assinado por Claude-François

---

33. Ibidem, p. 567.
34. CERTEAU; ROUSTANG, 1966.

Jullien, se a liberdade de expressão ainda existe para os filhos de Deus. Diante da indignação geral suscitada em Roma, o provincial Philippe Laurent solicita à direção de *Christus* que suspenda imediatamente a venda do número condenado. Como é testemunhado por uma carta do núncio apostólico endereçada ao provincial de Paris, as pressões de Roma são particularmente severas: "Creio que meu dever consiste em insistir, como faço há alguns anos, sobre a necessidade de evitar esse tipo de artigos sem prejudicar — será que preciso dizer isso? — o desenvolvimento das ideias."[35]

Essa chamada à ordem vai acelerar o movimento de secularização de numerosos jovens jesuítas que abandonam a Companhia a fim de prosseguirem seu combate espiritual fora da instituição eclesiástica. Outros jesuítas, tais como Michel de Certeau, fazem a escolha da fidelidade, sem a mínima concessão relativamente a suas convicções pessoais, nem a sua liberdade de ação.

---

35. Núncio apostólico, carta ao provincial de Paris, Philippe Laurent, em 27 de outubro de 1966, in Archives de France de la Compagnie, Vanves.

15
A corrida das vanguardas

Tudo desmoronou a partir de 1966. Um amigo emprestou-me *As palavras e as coisas*, livro que abri de maneira irrefletida [...]. Em um ápice, deixei de lado Stendhal, Mendelstam e Rimbaud — como ocorre com alguém que, certo dia, deixa de fumar — para consumir as pessoas que Foucault nos apresentava: Freud, Saussure e Ricardo. Eu estava infectado pela peste. Esse estado febril não me deixava; aliás, eu me afeiçoei a essa peste. Eu evitava qualquer tratamento. Eu sentia orgulho de minha ciência como um piolho na cabeça do papa. Eu metia-me a discutir filosofia. Chamava-me estruturalista, mas não proclamava isso aos quatro ventos porque meu saber era ainda pouco desenvolvido, friável, e teria sido disperso por uma simples brisa. Utilizava as noites para aprender sozinho, às escondidas, os princípios da linguística e estava muito satisfeito [...]. Eu me empanturrava de sintagmas e de morfemas [...]. Se eu estivesse debatendo com um humanista, eu o esborrachava com um golpe de *episteme* [...]. Pronuncio, emocionado, com uma voz quase trêmula e, de preferência, nas noites de outono, os nomes de Derrida ou de Propp, como um ex-combatente da Primeira Guerra Mundial alisa as bandeiras capturadas do inimigo [...]. Jakobson é meu trópico ou meu equador; Benveniste, a minha Guadalupe, e o código proairético meu Club Méditerranée. Vejo Hjelmslev como uma estepe [...]. Parece-me que não sou o único a me extraviar nesse tipo de digressões.[1]

---

1. LAPOUGE, 1986, p. 30.

Com esses termos burlescos é que Gilles Lapouge descreve, vinte anos depois, o que havia sido a verdadeira febre desse ano de 1966 para uma reflexão que, na época, atinge seu ápice. Toda a efervescência das ciências humanas converge, nesse momento, para irradiar o horizonte das pesquisas e publicações que pretendem ser vanguardistas. O ano de 1966 é o "ponto de referência central [...]. Pode-se dizer que, ao menos no nível parisiense, houve nesse ano uma grande mescla, e provavelmente decisiva, dos temas mais candentes da pesquisa".[2] A vanguarda lança um desafio às humanidades clássicas, desencadeando disputas intelectuais na praça pública entre antigos e modernos.

Reivindicado amplamente em todas as áreas da expressão cultural, esse vanguardismo que se considera em marcha e à frente na progressão da humanidade deve o seu nome a uma metáfora militar que assumiu uma acepção totalmente diferente: no início do século XIX, ela designa os prolegômenos portadores de futuro para a expressão artística, antes de adquirir um gosto melancólico com a figura do gênio solitário, do artista maldito isolado do resto da sociedade, o que o converte em um eterno incompreendido. No início do século XX, a dialética entre vanguarda e massas assume em Lênin e nos bolcheviques uma acepção ainda diferente, desta vez, política. Na década de 1960, a busca vanguardista admite ainda outro sentido, mais cultural, adotando as vantagens da ambição científica.

"Deve-se queimar Barthes?"

O combate homérico mais revelador dos desafios desse período — o qual parece opor, ao menos para o público estudantil, a nova crítica e a velha Sorbonne — é efetivamente a disputa travada entre Roland Barthes e Raymond Picard a propósito de Racine, o clássico dos dramaturgos clássicos da França, que se tornou objeto de litígio e de escândalo. Nessa controvérsia, é possível discernir uma problemática frontal: será que a velha Sorbonne vai se deixar ser desapossada de seu patrimônio por aqueles que

---

2. BARTHES, [1964b] 1971, "Avant-propos", p. 7.

não estabelecem nenhuma distinção entre os borra-papéis de jornal e os principais representantes da literatura nacional? O confronto situa-se em um momento privilegiado, em meados da década de 1960, em um terreno de predileção — a tragédia —, tendo envolvido dois protagonistas, cujos *status* se opõem: Picard, da venerável Sorbonne, e Barthes, representante de uma instituição moderna e marginal. Todos os ingredientes estão reunidos para que o duelo retome a trama das grandes peças racinianas. Cada um dos campos abre a própria trincheira:

> Cada qual representante de um campo, os dois adversários [...] acabam envolvendo as pessoas à sua volta um pouco contra a vontade destas. Eles são impelidos a endurecer a respectiva posição para levá-la a corresponder ao conjunto dos dois grupos de que eles são oriundos.[3]

A realidade dos fatos é, no entanto, mais ambivalente e complexa do que possa parecer. Picard é apresentado como um velho antiquado quando, afinal, tem apenas dois anos a mais do que seu rival. Em 1960, Barthes publica *L'Homme racinien* [O homem raciniano] no Clube Francês do Livro, ainda em atividade, assim como um artigo sobre Racine na revista *Annales*.[4] Esses dois estudos — aos quais se acrescenta um terceiro, reunidos no volume *Sobre Racine*, publicado em 1963 pela Éditions du Seuil — obtêm um grande sucesso, sem terem suscitado a mínima reação de hostilidade por parte do professor da Sorbonne; será necessário esperar a publicação, em 1964, de uma nova coletânea, *Essais critiques*[5] [Ensaios críticos], para que Picard venha a perder as estribeiras. Barthes ataca frontalmente a tradição: "Se alguém pretende fazer história literária, deve renunciar ao indivíduo Racine."[6] Em busca da estrutura do homem raciniano, Barthes revela seu sentido mediante uma minuciosa dialética do espaço. Assim, ele opõe o espaço interior — o quarto de dormir [*chambre*], antro mítico

---

3. SAMOYAULT, op. cit., p. 403.
4. BARTHES, 1960.
5. Idem, [1964b] 1971.
6. Idem, [1963b] 1979, p. 157.

separado da sala que antecede esse aposento [*antichambre*], espaço cênico da comunicação — ao espaço exterior que contém três áreas: as da morte, da fuga e do acontecimento. "Em suma" — conclui ele —, "a topografia raciniana é convergente: tudo avança em direção ao lugar trágico, mas tudo fica aí enleado."[7] Nesse combate mítico entre a sombra e a luz que anima os heróis racinianos, desdobra-se uma verdadeira dialetização da lógica dos espaços em termos de contiguidade e de hierarquia. O herói raciniano deve manifestar-se por sua capacidade para a ruptura; ele emerge de sua infidelidade e advém, então, como criatura de Deus, produto da luta inexpiável entre o Pai e o Filho.

Picard fica chocado, sobretudo, pelos dois últimos artigos de *Essais critiques*, nos quais Barthes ataca a abordagem acadêmica. Em sua posição de professor, Picard sente-se atingido e começa por servir-se da imprensa para responder: "Atacar a universidade faz parte do conformismo de vanguarda, da qual o senhor Barthes é uma das figuras mais marcantes."[8] Se ele assume, de bom grado, sua função acadêmica, Picard não é, no entanto, a caricatura exibida por seus oponentes; à semelhança de Barthes, ele é parte integrante da nova crítica, e sua tese, publicada pela Gallimard, signo de modernismo, é considerada a útima palavra na matéria, sem deixar de ser bastante elogiada por seu caráter inovador.[9] Sendo igualmente o editor de *Racine* da reputada "Bibliothèque de la Pléiade", ele é amigo de bom número de autores da vanguarda literária: Jean Paulhan, Nathalie Sarraute, Claude Simon, etc. Aliás, quem lhe solicita a responder a Barthes é uma personalidade minimamente suspeita de academicismo, Jean-François Revel, então diretor da coleção panfletária "Libertés", na editora de Jean-Jacques Pauvert. Atraído pelo tom do artigo publicado em *Le Monde*, Revel está convencido de que ele estará em condições de orquestrar uma brilhante polêmica; pouco familiarizado com esse gênero literário, Picard deixa-se convencer e, em 1965, publica uma obra sob o

---

7. Ibidem, p. 13.
8. PICARD, 1964.
9. Idem, 1956.

título provocante de *Nouvelle critique ou nouvelle imposture* [Nova crítica ou nova impostura].

No essencial, a réplica de Picard incide sobre o espaço excessivo à decodificação psicanalítica, utilizado por Barthes para apresentar o teatro raciniano. Ele apressa-se em cobrir com um véu pudico os heróis cuja frustração relativamente a paixões secretas de natureza sexual é desvendada por Barthes: "Deve-se reler Racine para ficar convencido de que os seus personagens são, afinal de contas, diferentes daqueles de D. H. Lawrence [...]. Barthes decidiu descobrir uma sexualidade desenfreada."[10] Além de derrubar o sistematismo do procedimento de Barthes, Picard não só denuncia a confissão deste mediante a qual ele reconhece a própria incapacidade para falar de Racine, mas também nega-lhe o direito de dizer qualquer coisa sobre um autor de que não é especialista. Para Picard, Barthes é "o instrumento de uma crítica por impulso"[11] que se reveste com uma gíria pseudocientífica para enunciar inépcias e absurdos, tudo em nome do saber biológico, psicanalítico, filosófico, etc. Nesse procedimento crítico que embaralha as pistas, Picard denuncia a tendência para a generalização, além de considerar o caso concreto, singular, como uma categoria com vocação universal, em suma, uma verdadeira gesticulação teoricista apoiada em um hermetismo reprovado por ele: "Sua gíria é inútil, e ele é pretensioso ao anunciar um rigor desmentido por sua reflexão."[12]

Trata-se, portanto, de um perfeito contra-ataque lançado por Raymond Picard, que, sem ser visado pessoalmente por esse estudo de Barthes sobre Racine, torna-se o porta-voz de uma Sorbonne atormentada pela agitação estruturalista e que gostaria de ver, por um lado, seu ídolo — Barthes — exposto no pelourinho à execração pública, e, por outro, seus livros reduzidos a pó. Surpreendido pela violência da polêmica, Barthes vai atribuí-la ao desafio colocado pelos exames universitários das faculdades de letras. Nesse aspecto, a nova crítica é perigosa pelo fato de questionar o caráter intangível dos critérios adotados para a seleção de um saber

---

10. Idem, 1965, p. 30 e 34.
11. Ibidem, p. 52.
12. Ibidem, p. 57.

canonizado; para Barthes, a defesa desse saber, avaliado pela bitola de uma verdade estabelecida para sempre, é a razão profunda da condenação de seu procedimento.

A geração inteira dos estruturalistas posiciona-se fervorosamente a seu lado. Para Barthes, a resposta de Picard ilustra o enclausuramento do discurso acadêmico em si mesmo e demonstra a sua recusa em abrir-se para os novos questionamentos. Nesse momento, contudo, como sublinha Louis-Jean Calvet, Picard recebe o melhor acolhimento por parte da imprensa. Jacqueline Piatier toma sua defesa em *Le Monde* e evoca "as surpreendentes interpretações de Roland Barthes a propósito das tragédias de Racine"[13]. Por seu lado, *Le Journal de Genève* deleita-se com o contra-ataque: "Roland Barthes. Nocaute em 150 páginas."[14] Barthes, pouco propenso a entrar em polêmicas, acaba reagindo à acusação de impostura. Ele confidencia ao amigo Philippe Rebeyrol: "Preste atenção, o que escrevo é lúdico; então, se alguém me atacar, não há mais nada a fazer."[15] Barthes sente-se de tal modo atingido que não tem ânimo para responder; ele pede ao amigo Gérard Genette para lhe enviar esboços de cartas de resposta. Este há de lembrar-se desse episódio nos seguintes termos: "Alinhavei às pressas uns rascunhos considerados por ele, de maneira bastante sensata, como destituídos de qualquer valor. Mas isso serviu-lhe de incentivo para escrever."[16]

É nesse momento que o debate polêmico, tornado público por Picard, retorna feito bumerangue contra a velha Sorbonne. Quando Barthes responde a Picard com a publicação de *Crítica e verdade*, em 1966, no auge do paradigma estruturalista, uma geração de estudantes entusiasmados vislumbra tal incidente como a oportunidade para contestar o saber acadêmico. Ao ser lançado, o livro de Barthes é envolvido por uma cinta com esta frase estrepitosa: "Faut-il brûler Barthes?" [Deve-se queimar

---

13. Jacqueline Piatier, *Le Monde*, 23 de outubro de 1965, citada in CALVET, 1990, p. 187.
14. *Le Journal de Genève*, citado in ibidem, p. 188.
15. Philippe Rebeyrol, citado in ibidem.
16. Depoimento de Gérard Genette no seminário de Antoine Compagnon, no Collège de France, "1966: *Annus mirabilis*", 1º de fevereiro de 2011.

Barthes?] A dramatização é impelida ao extremo. Barthes reaparece no papel da donzela que desafia a fogueira para denunciar o "Estado literário".[17] Ele recebe a crítica de Picard como a expressão da história literária mais tradicional, agarrando-se à noção difusa do "crítico verossímil" que é algo evidente e, portanto, não tem necessidade de ser respaldado pela demonstração. Barthes atribui à história literária, constituída desse modo, o qualificativo de velha crítica.[18] Ao procedimento positivista, Barthes opõe o ato crítico como ato de escritura no pleno sentido do termo, enquanto trabalho sobre a linguagem. Ao juntar as duas figuras — a do escritor e a do crítico —, ele solapa os limites e as proibições que haviam servido de fundamento à constituição de diferentes gêneros de escrituras.

A linha de defesa barthesiana contra Picard é dupla: ele reivindica os direitos do crítico enquanto escritor, portador de sentido, verdadeiro criador da própria leitura ativa da obra; além disso, ele torna-se o representante de um discurso mais científico, que considera a escritura já não como formalidade, mas fonte de verdade. Nessa perspectiva, ele baseia-se em uma corrente estruturalista inteira e evoca os trabalhos de Jacques Lacan, Roman Jakobson, Claude Lévi-Strauss, etc. Barthes substitui a história da literatura tradicional por uma "ciência da literatura"[19], da qual se torna o porta-voz. Esta é definida como uma ciência não dos conteúdos, mas das condições do conteúdo, apoiando-se no trabalho de desconstrução das ciências humanas. Não será surpreendente constatar que Barthes encontra o modelo dessa ciência na linguística. A linguagem é o verdadeiro sujeito que toma o lugar da noção de autor. A busca de um sentido oculto e derradeiro da obra é uma tarefa inútil: "A literatura limita-se a enunciar sempre a ausência de sujeito."[20] Ao anunciar o surgimento de uma nova era histórica baseada na unidade e na verdade da escritura, Barthes exprime a ambição de uma geração inteira que considera a explosão do discurso crítico das ciências humanas como um modo de escritura que coincide

---

17. BARTHES, 1966, p. 13.
18. Ibidem, p. 35.
19. Ibidem, p. 56.
20. Ibidem, p. 71.

com a criação propriamente literária. Ao proceder assim, ele desestabiliza um discurso universitário que pretende permanecer surdo a uma palavra cada vez mais exigente. Para além desse ano de 1966, os ecos distantes dessas disputas hão de escutar-se ainda durante muito tempo, e a violência das afirmações de um René Pommier — em *Assez décodé* [Basta de decodificação] e, em seguida, *Roland Barthes, ras le bol!*[21] [Roland Barthes, chega!] — revela perfeitamente o estrago provocado com sucesso por Barthes no saber acadêmico, andorinha que anuncia a primavera de 1968.

Ao contrário do que poderia ser imaginado a respeito do destino dessa disputa intelectual, Picard leva a melhor no primeiro combate: seu panfleto é acolhido, quase em toda a parte, como o triunfo do bom senso, o que se confirma pela vendagem superior a cinquenta mil exemplares. Em *Le Monde*, Jacqueline Piatier escreve que ele esnoba Barthes ao recorrer à lógica do espírito; até mesmo em *Le Nouvel Observateur*, apesar de sua fervorosa defesa da nova crítica, Jean Duvignaud reserva uma acolhida favorável a Picard, considerando que se trata do último debate da vanguarda e de uma disputa interna entre dois rivais, ambos modernos, situando-os na filiação de Jean-Paul Sartre e de Lucien Goldmann. É reduzido o número daqueles que escrevem para apagar o fogo que ameaça queimar Barthes. Entre os raros advogados, Philippe Sollers, diretor da coleção em que foi publicado o livro *Critique et vérité*, tenta ridicularizar Picard: "A respeito desse texto, não seria um exagero dizer que ele é reacionário. Parece ser a materialização da própria ordem moral."[22] Mas se Picard ganha a batalha que se trava em 1965-1966, ele perderá a guerra que o opõe a Barthes, o qual tornar-se-á bem depressa a bandeira da juventude contestatária, da luta contra o mandarinato acadêmico, da abertura às ciências humanas e da vontade de encarnar uma nova crítica vanguardista. Algumas figuras da nova vanguarda literária fazem questão de escrever a Barthes para demonstrar-lhe apoio, como é o caso de Michel Butor: "Ao responder a ataques, é muito difícil não descer ao nível do oponente; você conseguiu

---

21. POMMIER, 1978 e 1987, respectivamente.
22. SOLLERS, 1966, p. 92.

sutilmente converter Picard em um simples pretexto, em um animálculo entre muitos outros no monturo parisiense."²³

Em *L'Express*, Renaud Matignon chega até mesmo a associar a posição da obra de Barthes na história do pensamento crítico àquela da Declaração dos Direitos Humanos na história da sociedade, acrescentando: "É o caso Dreyfus do mundo das letras; ele tinha também — com uma pequena alteração ortográfica — um Picard e acaba de publicar o seu 'J'accuse'."²⁴

O desejo de ruptura

Nas múltiplas trajetórias dos defensores do vanguardismo da década de 1960, existe este ponto comum: o fato de terem conseguido, no essencial, separar-se da universidade. Esse é o caso de Claude Lévi-Strauss, que naturalmente reconhece essa situação: "Foi, portanto, uma carreira universitária movimentada cuja característica mais marcante é, sem dúvida, o fato de que se desenrolou sempre fora da universidade propriamente dita."²⁵ Mas é também o caso de Roland Barthes, Algirdas Greimas, Louis Althusser, Georges Dumézil, Tzvetan Todorov, Jacques Lacan e muitos outros. Ao proceder à análise do programa dos cursos na Sorbonne em 1967, constata-se com espanto que, com a exceção de André Martinet, o ensino da linguística não é ministrado por nenhum dos pesquisadores cujo nome atualmente se conhece; naquele ano, não havia sequer um Departamento de Linguística na Sorbonne, mas um simples Instituto subjacente.

O peso das tradições e o conservadorismo cobriram a universidade francesa com uma chapa de chumbo, confinando-a em um imobilismo que acabou alimentando a revolta. Para encontrarem o próprio lugar, as ciências do signo tiveram de passar por cima da instituição e conseguir apoios maciços e eficazes. As vanguardas das diversas disciplinas aglutinaram-se em um combate comum, transformando a contestação latente em

---

23. Michel Butor, carta a Barthes, 17 de março de 1966, citada in SAMOYAULT, op. cit., p. 407.
24. MATIGNON, 1966.
25. LÉVI-STRAUSS, 1983.

desejo de revolução estética e científica. É nesse contexto que as referências a Nietzsche, Marx, Freud e Saussure vão tornar-se operatórias, verdadeiras armas da crítica antiacadêmica visando os defensores da ortodoxia do mandarinato.

Essa conjunção dá lugar ao período aúreo do paradigma crítico e de seus apoiadores, que tentam encarnar a vanguarda. O momento é propício para o exercício da crítica; além disso, é significativo que duas revistas que animam a vida intelectual desses anos têm o título de *Critique* e *La Nouvelle Critique*. O fato de pensar de forma diferente, na sequência de Auschwitz, é uma das explicações para esse desejo de ruptura, como já era sublinhado, desde 1947, por Georges Bataille, criador de *Critique*. Com efeito, ao dirigir-se a Jean-Paul Sartre e reagindo à publicação de seu livro *A questão judaica*, ele escreve o seguinte:

> Como vocês e eu, os responsáveis por Auschwitz tinham narinas, uma boca, uma voz, o uso da razão, eles podiam acoplar-se, ter filhos: à semelhança das pirâmides ou da Acrópole, Auschwitz deve-se ao homem, é seu signo. A imagem do homem é, daí em diante, inseparável de uma câmara de gás.[26]

Ao pretender encarar de frente o horror, Bataille lança o convite para imitá-lo, ou seja, "viver à altura da morte"; assim, ele torna-se, com *Critique*, um dos ícones do vanguardismo. Bataille frequentou os surrealistas com o rigor das novas ciências sociais, que iniciavam um processo de ruptura, e mergulhou na etnologia graças aos amigos Michel Leiris e Roger Caillois, na psicanálise lacaniana e em uma leitura de Hegel com a ajuda de Alexandre Kojève: "Escritor da transgressão e da ruptura" — comenta Rémy Rieffel —, "seu destino oscila entre essa vocação de explorador das margens e seu status de bibliotecário (em Paris e, depois, em Orléans), entre o escândalo e o sigilo."[27]

---

26. Bataille, [1947, 1988] 1992, p. 439.
27. Rieffel, 1993, pp. 375-376.

Em sua revista, Bataille está rodeado de pensadores afastados do academicismo, tais como Maurice Blanchot, Pierre Klossowski, Éric Weil, Alexandre Koyré e Alexandre Kojève: cada um dá visibilidade ao olhar cáustico que ganha, no decorrer dos decênios 1950-1960, uma legitimidade nos círculos intelectuais, apesar de a publicação ter começado com uma modesta tiragem de três mil exemplares em média. Se a primazia é dada à filosofia, a revista conta abrir-se à interdisciplinaridade; como princípio, ela serve-se do lançamento de obras como um pretexto para prolongações teóricas preconizadas pelo autor do artigo. O caráter vanguardista está dissimulado, no entanto, sob seu subtítulo: "Revue générale des publications françaises et étrangères" [Revista geral das publicações francesas e estrangeiras]. Se essa proclamação revela uma vontade enciclopédica, ela é efetivamente a do espírito moderno, evitando confinar-se ao pertencimento a um clã. A exigência de lucidez por parte de Bataille, de recusa da crença em um futuro radioso, leva-o a preferir o inútil ao útil, as despesas à capitalização, o presente ao futuro.[28] Hostil a qualquer forma de compromisso, Bataille converte-se em representante de uma hipermoral que inverte a oposição tradicional entre o Bem e o Mal, à maneira de Baudelaire em seu poema "Abel e Caim". "Bataille" — escreve Michel Surya — "liga o Mal radical ao poder e ao Estado, outra forma de poder entre as mais eficazes."[29] O caráter matricial de Auschwitz volta a encontrar-se não só na reflexão de Bataille, mas também na exigência crítica por parte dos colaboradores da revista: "Auschwitz é o signo 'decisivo, inquestionável, irredutível' dessa lei que se converteu, para uma nação inteira, naquela do Mal, do Mal radical."[30] A ausência de compromisso traduz-se pelo fato de que a revista não toma posição sobre a Hungria, nem sobre a Argélia, restringindo-se a uma forma de "indiferentismo político".[31]

Após o falecimento de Bataille, em julho de 1962, seu lugar é ocupado por Jean Piel. Diretor-adjunto de redação da revista na companhia de Éric

---

28. Bataille, 1949.
29. Surya, 1992, p. 527.
30. Ibidem.
31. Patron, 2000, p. 60.

Weil, no momento em que esta passa a ser publicada por Les Éditions de Minuit, em 1950, Piel é um excelente mediador e um descobridor de novos talentos; durante 25 anos, ele havia seguido uma carreira de alto funcionário na economia e no planejamento do território. Na revista, ele já havia promovido o *nouveau roman*, tendo acolhido textos de Alain Robbe-Grillet, Michel Butor e Roland Barthes.

Apesar de sua austeridade, *Critique* exerce um real magistério no seio da *intelligentsia* de vanguarda.[32] Em 1963, Piel integra Barthes, Michel Deguy e Michel Foucault ao comitê de redação, que ainda vai receber Pierre Charpentrat em 1965, Jacques Derrida em 1967 e Roger Errera em 1968. A revista desdobra-se em uma coleção epônima, na mesma editora, cujo primeiro título publicado é a obra de Jacques Derrida *Gramatologia*, em 1967.

Critique defende veementemente a vanguarda literária e teórica. Assim, Barthes torna-se o advogado apaixonado do livro de Foucault *História da loucura*, desde sua publicação, em 1961:

> Este livro, como é bem perceptível, é algo diferente de um livro de história, mesmo que esta tivesse sido concebida de maneira audaciosa, mesmo que esse livro, como é o caso, tivesse sido escrito por um filósofo. Então, o que é? Algo como uma pergunta catártica formulada ao saber, a todos os saberes, e não apenas àquele que fala de loucura.[33]

Desde o início da década de 1960, *Critique* torna-se o suporte da ruptura com o pensamento do *cogito* e com o existencialismo sartriano, apoiando e promovendo os mentores do pensamento crítico: Foucault, Lacan, Barthes, Derrida, Deleuze, Serres, etc. É ainda em suas colunas que Georges Canguilhem toma a defesa, contra Sartre, do livro de Foucault

---

32. Rieffel, 1993, p. 375; ver também PATRON, *op. cit.*
33. Barthes, 1961a, p. 920.

As palavras e as coisas.³⁴ Foucault, por sua vez, participa dos números dedicados a Bataille³⁵ e a Blanchot.³⁶

Do lado das revistas intelectuais comunistas, *Les Lettres françaises* e *La Nouvelle Critique* estão tentando um começo de *aggiornamento* após o período stalinista e abrem-se também às expressões vanguardistas. A segunda havia sido criada, em 1948, como se fosse uma máquina bélica para defender a URRS, no cerne da guerra fria, e para recrutar os intelectuais e os artistas em torno da estética a ser promovida, ou seja, o realismo socialista, e da teoria das duas ciências, proletária e burguesa.³⁷ Quanto à revista *Les Lettres françaises* — cuja tiragem semanal começa a aumentar em meados da década de 1960, com mais de 41 mil exemplares, ficando, no entanto, bem distante dos 190 mil alcançados no momento da Libertação —, ela se torna, sob a direção de Louis Aragon e de Pierre Daix, um dispositivo orientado para a promoção da modernidade. Daix, em particular, converte-se no defensor das teses estruturalistas, publicando textos de Roland Barthes e de Roman Jakobson, enquanto Aragon elogia Philippe Sollers, a revista *Tel Quel* e o cineasta Jean-Luc Godard. Em setembro de 1965, em um longo artigo intitulado "Qu'est-ce que l'art?" [O que é a arte?], Aragon — depois de ter assistido ao filme *O demônio das onze horas* — enaltece em tom entusiástico o cineasta que encarna a *nouvelle vague*. Ao compará-lo a Eugène Delacroix naquilo que este havia representado para o surgimento da pintura moderna, ele vai considerá-lo como a própria expressão do mundo contemporâneo: "A arte atual é Jean-Luc Godard."³⁸ Os defensores da nova crítica literária tornam-se colaboradores regulares de *Les Lettres françaises*; assim, nessa revista, é possível ler os artigos de Jean-Pierre Faye, Philippe Sollers, Marcelin Pleynet ou Denis Roche. A equipe de *Tel Quel*, que encarna na época o *must* do vanguardismo, é, como se vê, particularmente presente no órgão cultural do PCF. "A equipe de *TQ*" — escreve Daix — "trazia para os escritórios de *Les Lettres françaises*

---

34. CANGUILHEM, 1967.
35. FOUCAULT, 1963a.
36. Idem, 1966b.
37. Ver *supra*, capítulo 5, pp. 157 ss.
38. ARAGON, 1965, pp. 9-15.

a insolência, a irreverência [...]. Em suma, o que suscitava meu interesse era a subversão de *Tel Quel* relativamente à vulgata comunista."[39] Aragon, falando do *nouveau roman*, elogia sua expressão vanguardista, que, apesar disso, se encontrava em ruptura total com suas posições anteriores sobre o realismo socialista, como é explicado por Philippe Forest:

> A nova estratégia empreendida por Aragon não tem nada de misterioso uma vez que se encontra exposta, por extenso, em seu livro *J'abats mon jeu* [Mostro meu jogo], publicado em 1959, miscelânea de artigos, palestras e entrevistas, sem deixar de ter, no entanto, a indispensável coerência demonstrativa de um verdadeiro manifesto.[40]

Daí em diante, Aragon acompanha a renovação da literatura francesa com fervor, contentando-se em sublinhar que sua concepção do realismo socialista é aberta e atenta ao que emerge fora dele. Nas colunas de *Les Lettres françaises*, converte-se no defensor apaixonado de Michel Butor, assim como de Claude Simon, sem perder a esperança de reencontrar o magistério da época surrealista. Sob a rubrica "Qu'est-ce que la poésie en 1964" [O que é a poesia em 1964?], Aragon publica nessa revista um conjunto de jovens autores, tais como Jacques Roubaud, Maurice Regnault, Pierre Lartigue e Michel Deguy; esse é o momento em que Aragon se torna o poeta francês mais popular, graças à musicalização de seus poemas nas canções de Léo Ferré, Georges Brassens, Jean Ferrat e um grande número de outros autores. "Estima-se que se eleva a duzentos" — escreve Forest — "o número dos poemas musicalizados de Aragon e que foram cantados por uma centena de artistas."[41]

Por seu turno, *La Nouvelle Critique* começa a própria desestalinização ao questionar o culto à personalidade e ao abrir-se aos socialistas.[42] Enquanto *Les Lettres françaises* permanece dependente das posições oficiais do partido,

---

39. DAIX, 2001, pp. 427-428.
40. FOREST, 2015, p. 669.
41. Ibidem, p. 683.
42. Ver MATONTI, 2005.

defendidas pelo filósofo Roger Garaudy, membro do bureau político, *La Nouvelle Critique* abre suas colunas a Louis Althusser, o defensor do anti-humanismo teórico que propõe, nesses meados da década de 1960, uma leitura completamente nova de Marx; na disputa que divide o partido, essa revista posiciona-se claramente ao lado de Althusser e dos estudantes da rua d'Ulm. Um momento importante desse confronto ocorre na altura da reunião do Comitê Central, em Argenteuil — comuna do subúrbio noroeste de Paris —, em março de 1966, durante a qual foi abandonada oficialmente a linha lissenkista e jdanoviana, em favor de uma nova política de alianças e de abertura na direção dos intelectuais. O que emerge dos trabalhos desse Comitê Central — explica a cientista política Frédérique Matonti — permanece, no entanto, bastante ambivalente: "Se [a reunião de] Argenteuil constitui uma expansão das liberdades oficiais concedidas aos intelectuais [...], ela é também a oportunidade para restabelecer um controle mais estrito."[43] A resolução final redunda em um compromisso que reconhece a liberdade total de expressão para as ciências naturais, para a literatura e para as artes, mas que ainda limita essa liberdade para as ciências sociais e para a filosofia, além de chamar a atenção para a primazia da direção do partido em relação aos intelectuais em matéria política.

Colocado diante da alternativa Garaudy-Althusser, o Comitê Central de Argenteuil decide apoiar o primeiro e defende um "humanismo marxista". Mas essa tomada de posição não dissuade os modernistas, que se interessam, sobretudo, pela lufada de liberalismo que se fez sentir no partido quando este definiu seus vínculos com os intelectuais. O próprio Aragon, ardoroso apoiador de Garaudy, adiciona um posfácio a seu livro *Les Communistes* [Os comunistas], no qual promove um "realismo experimental" capaz de combinar um vanguardismo atento às descobertas da ciência e uma liberdade total no plano da criação ficcional, a qual não esgotou, sob a forma romanesca, suas potencialidades de inovação. Esse desejo de modernidade encontra-se na nova equipe de *La Nouvelle Critique*, que passa a ter de uma quinzena a uma trintena de colaboradores e se

---

43. Ibidem, p. 93.

abre aos intelectuais de renome, bons conhecedores das vanguardas[44]. De acordo com Matonti, é o caso "de Christine Buci-Glucksmann, oriunda da ENS de Fontenay, concursada como professora de filosofia, ou de Pierre Macherey, que havia seguido os seminários de Louis Althusser".[45] Essa liberdade está, com certeza, sob estrita vigilância, e a direção do partido continua controlando as eventuais derrapagens, mantendo a revista sob tutela pelo expediente de sua dependência financeira: com efeito, *La Nouvelle Critique* é estruturalmente deficitária, o que tem a ver com uma prática deliberada por parte dos dirigentes do partido.

A revista sabe, no entanto, servir-se do grau de autonomia que havia conquistado para abrir-se, à semelhança de *Les Lettres françaises*, à equipe de *Tel Quel*: assim, ela dedica, em 1967, uma grande entrevista àqueles que encarnam a vanguarda, sublinhando com fervor o papel de destaque desempenhado por *Tel Quel* na literatura contemporânea, notadamente pela introdução e difusão dos formalistas russos. Entre os novos colaboradores de *La Nouvelle Critique* que haviam fomentado tal aproximação, citemos Jean-Louis Houdebine e Guy Scarpetta, diretores da revista *Promesse*, fundada em 1961, e especialistas de poesia e de teoria literária, respectivamente. É também o caso de Buci-Glucksmann, que foi acolhida na revista por sua adesão às posições de Althusser. A aliança com *Tel Quel* acabará por promover vários colóquios comuns às duas revistas, tais como o de Cluny, em abril de 1968, dedicado ao tema "Literatura e linguística".

Se a filosofia continua sendo um domínio ainda muito restrito, no qual *La Nouvelle Critique* não pode se aventurar sem correr o risco de afastar-se da linha oficial garaudista, a situação é bastante diferente em muitas áreas em que ela tira todo o partido da liberdade sob controle que lhe é concedida, notadamente na história. Dois historiadores, François Hincker e Antoine Casanova, assumem sucessivamente a chefia da redação da revista, abrindo-a aos trabalhos inovadores da Escola dos *Annales*, a Fernand Braudel e a seus discípulos Georges Duby e Jacques Le Goff, assim

---

44. Eis os recém-chegados no comitê de redação: Gérard Bellouin, Christine Buci--Glucksmann, Gérard Chouchan, Patrice de Gainzbourg, Jacques Leclerc e Pierre Macherey (informações reproduzidas de MATONTI, op. cit., p. 110).
45. Ibidem, pp. 109-110.

como à antropologia histórica de Jean-Pierre Vernant. Estamos longe do artigo de Jacques Chambaz, que, em 1951, sob o pseudônimo de Jacques Blot, havia denunciado Lucien Febvre e Braudel como se fossem historiadores remunerados pelo imperialismo norte-americano.[46] A revista dos intelectuais do PCF também acolhe favoravelmente as novas disciplinas que haviam sido rejeitadas na década de 1950, tais como a psicanálise, a antropologia, a semiologia, etc. É, assim que o famoso artigo de Louis Althusser sobre "Freud e Lacan", porta-estandarte de uma geração rotulada rapidamente como "althussero-lacaniana", é reproduzido, em 1964, em *La Nouvelle Critique*.[47]

O *must* do vanguardismo

Em meados da década de 1950, Jean Cayrol lança, pela Éditions du Seuil — na época, um dos refúgios da vanguarda literária —, a revista *Écrire* e uma coleção epônima para publicar jovens autores desconhecidos e promissores. Em certo dia de dezembro de 1956, Cayrol recebe uma carta de um tal Philippe Joyaux (futuro Sollers), que, sem mediação, atira sua "garrafa ao mar":

> Entre as razões para lhe escrever, agrada-me escolher esta, a mais insignificante: tenho vinte anos e sou bordelês. Tudo bem, dirá o senhor, mas o que há nisso para justificar tal indiscrição? Infelizmente, tenho a desdita de não estar desavindo com a literatura e ter a meu desfavor um original informe (mas curto!) do qual eu gostaria de conhecer os pontos fracos.[48]

Intrigado, Cayrol responde rapidamente, e o texto de Joyaux é publicado sob o título *Le Défi* [O desafio], no número 3 de *Écrire*, em outubro de 1957. Como o autor ainda não usufrui da maioridade, Cayrol deve solicitar

---

46. BLOT, 1951.
47. ALTHUSSER, 1964-1965.
48. Philippe Sollers, carta a Jean Cayrol, 14 de dezembro de 1956, citada in FOREST, 1995, p. 18.

a aprovação dos pais para publicá-lo. Tendo esbarrado na recusa definitiva da mãe do autor, este contorna dita proibição escolhendo o pseudônimo de Sollers: combinação de *sollus* e *ars*, ou seja, "inteiramente arte". Assim, surgia um autor que permaneceria durante décadas no âmago das letras francesas. François Mauriac, também bordelês da gema e já seu conhecido, lhe franqueia a fama ao manifestar grande entusiasmo com seu "Bloc-notes":

> Eis portanto um rapaz de hoje, nascido em 1936. O autor de *Le Défi* chama-se Philippe Sollers. Devo ter sido o primeiro a escrever seu nome [...]. Essa casca de pinheiro com a qual, ainda criança, eu fazia um barquinho frágil e jogava no córrego Hune, deslizando no vale de nosso quintal, eu pensava que ela chegaria ao mar. E ainda acredito nisso.[49]

Sollers encontra o poeta Francis Ponge, tendo frequentado suas palestras, e trava com ele uma amizade baseada em admiração recíproca. Ponge apresenta Sollers como "um dos maiores escritores de sua geração".[50] Em 1958, quando Sollers publica o primeiro romance, *Estranha solidão*, é a vez de Louis Aragon exprimir, em um longo artigo em *Les Lettres françaises*, seu entusiasmo: "A sina para escrever está à sua frente, como uma admirável campina."[51] Em novembro de 1958, Sollers conhece Jean-Edern Hallier, cronista em *La Table ronde*, com a mesma idade e acalentando ambições literárias semelhantes às suas. Eles decidem reunir os respectivos clãs para criar uma nova revista, a ser lançada pela editora Seuil: assim, *Tel Quel* vem a lume na primavera de 1960[52] e torna-se a expressão de uma ambição sincrética, revelando muito bem a preocupação com a síntese da época, uma vez que esta não emana de nenhuma disciplina específica. Lançada

---

49. MAURIAC, F., 1958a, pp. 391-394.
50. PAULHAN; PONGE, 1986, p. 207.
51. ARAGON, 1958.
52. *Tel Quel*; secretário-geral e diretor, Jean-Edern Hallier; comitê de redação, Fernand du Boisrouvray, Jacques Coudol, Jean Edern Hallier, Jean-René Huguenin, Renaud Matignon e Philippe Sollers. Em 1963, o comitê de redação amplia-se com a admissão de Julia Kristeva, Jean Ricardou, Jean Thibaudeau, Michel Deguy, Denis Roche, Marcelin Pleynet, Jean-Pierre Faye, Jacqueline Risset, Michel Maxence e Gislhaine Meffre.

por escritores, visa o público intelectual de vanguarda. A respeito desse projeto, François Wahl teria declarado a Jean-Pierre Faye: "Ingressamos no Segundo Império (1852-1870), haverá um *nouveau Parnasse* [1864] e este tem de se exprimir, isso faz parte das leis da história: esse novo Parnaso será *Tel Quel*."[53] Como epígrafe, a revista reproduz uma fórmula de Nietzsche: "Quero o mundo e o quero tal e qual; e ainda o quero, e o quero para sempre."[54]

Como indica a declaração introdutória da revista, colocando a poesia "na posição mais elevada do intelecto"[55], o grupo tem um objetivo essencialmente literário, mas visa também apropriar-se de todas as formas de vanguarda a fim de promover uma nova escrita, daí o subtítulo bastante abrangente de *Tel Quel*: "Littérature — Philosophie — Science — Politique." A intenção consiste em influenciar a criação literária e em alterar o modo de escritura, respaldando a nova estilística mediante as contribuições do estruturalismo.

Tel Quel designa a história literária clássica do século XIX e do início do século XX como o adversário a derrubar; a revista pretende ser uma encruzilhada, mistura surpreendente e detonante de "lacano-althussero-barthesianismo". O privilégio concedido ao inconsciente e às estruturas formais serve de bomba-relógio para desencadear a explosão do psicologismo. *Tel quel* não está ligada a nenhuma instituição ou disciplina, garantindo uma posição vanguardista. Ao procurar a derrota do adversário, notadamente o mais próximo, e julgando ser objeto de uma perpétua conspiração, ela recorre de bom grado a um "terrorismo aterrorizante", bem resumido pela fórmula de Marcelin Pleynet segundo a qual "trata-se sempre de evitar o cerco sem saída".

Apesar de ter surgido em 1960, a revista não se manifesta em relação à Argélia quando, afinal, vai tornar-se rapidamente um núcleo pró-chinês. Sua história está repleta de rupturas, aberturas e mudanças de orientação, as quais acabam provocando a admissão ou a demissão de preciosos

---

53. FAYE, 1980, p. 68.
54. *Tel Quel*, n. 1, Éditions du Seuil.
55. "Déclaration", ibidem., p. 3.

colaboradores. Sua primeira abertura, operada pelas posições de Sollers em favor do *nouveau roman*, suscita a chegada de Jean Thibaudeau e de Jean Ricardou ao grupo; uma segunda abertura é a inclusão do campo poético, com a chegada de Denis Roche e de Marcelin Pleynet, o qual toma o lugar de secretário, vacante em 1962, pela expulsão ubuesca de Jean-Edern Hallier.

Em seus primeiros anos, de 1960 a 1963, *Tel Quel* abre suas colunas a Michel Butor, Claude Ollier, Robert Pinget, Nathalie Sarraute, Claude Simon e Alain Robbe-Grillet. A partir de 1963, esboça-se uma inflexão. Como sublinha Philippe Forest, "a revista transforma-se em movimento de vanguarda, dotado de um projeto estético próprio".[56] No evento que ela dedica — em Cerisy-la-Salle, de 31 de agosto a 10 de setembro de 1963 — à "nova literatura", é possível encontrar a fina flor da vanguarda sob todas as suas formas: "Houve a contribuição sucessiva de Gilbert Amy (sobre a música), Claude Ollier (sobre o cinema), Ludwig Harig (sobre a matemática), Edoardo Sanguineti (sobre a poesia italiana) e Jean Thibaudeau (sobre a expressão radiofônica)."[57]

Em vez de justapor as expressões mais modernas, trata-se sobretudo de virar a página do *nouveau roman*, considerado como ultrapassado por *Tel Quel*, o que não deixa de implicar novas rupturas e retratações. Ao deixar de lado o *nouveau roman*, Sollers pretende alinhar-se, em melhores condições, com a semiologia crescente, baseando-se em Roland Barthes e em seu amigo Gérard Genette, o qual escreve os primeiros artigos em *Les Lettres nouvelles, Critique* e *Tel Quel*. A pedido de Sollers, ele agrupa esses textos no livro *Figuras*, publicado em 1966 na coleção "Tel Quel" da Éditions du Seuil. No mesmo espírito, Tzvetan Todorov lança uma antologia dos formalistas russos na mesma coleção: prefaciada por Roman Jakobson, ela acabou por tornar-se um clássico.[58] Genette, respondendo em 1963 a uma pesquisa de *Tel Quel*, define perfeitamente o reviramento e o processo de simbiose que se operam entre literatura e crítica literária:

---

56. FOREST, 1995, p. 159.
57. Ibidem, p. 207.
58. TODOROV, 1965.

"A literatura manifesta um maior interesse à crítica do que a crítica à literatura, e seria possível, sem correr risco de erro, anunciar o momento em que a crítica deixará de ter a literatura como objeto porque esta terá assumido a crítica como objeto."[59]

Enquanto Barthes vê sua concepção da literatura objetal concretizar-se nos romances dos Robbe-Grillet e parceiros, ele afirma em 1964 que nunca havia sido favorável ao *nouveau roman*. Então, escreve, na revista *Critique*, uma das resenhas mais elogiosas do livro de Sollers *Drame* [Drama]: parece-lhe que este, pelo fato de assumir a linguagem como o verdadeiro sujeito de sua escrita, avança mais longe na remoção de qualquer subjetividade. Por seu turno, Sollers mostra-se severo para com a obra de Robbe-Grillet *Por um novo romance*, publicado no fim de 1963, apercebendo-se nesse texto de uma regressão do realismo objetivo para um realismo subjetivo: em seu entender, Robbe-Grillet não consegue deixar uma concepção estreitamente psicologista, condenada a conceder um privilégio inaceitável à maneira como o mundo exterior aparece à *psykhé*. E o autor, não sem alguma amargura, responde-lhe:

> Leio, por acaso, seu breve comentário sobre *Por um novo romance*. Olha só...! Já não liga para mim! Está alinhado com o amável Roland Barthes! Esquece o que foi dito sobre *Labyrinthe* e *L'Immortelle* (dois livros, no entanto, condenados por Barthes na época), o que foi comentado até mesmo sobre os principais ensaios contidos nessa coletânea! Mas deixa pra lá. Andamos juntos um trecho de estrada; resta-me apenas desejar-lhe boa viagem.[60]

De 1962 a 1967, *Tel Quel* alimenta-se com a maré crescente estruturalista, período qualificado *a posteriori* como "época formalista".[61] Barthes, que trava amizade com Sollers, aproxima-se também da revista,

---

59. GENETTE, 1963.
60. Alain Robbe-Grillet, carta a Philippe Sollers, 10 de janeiro de 1965, citada in FOREST, 1995, p. 176.
61. "Positions du Mouvement de juin 1971: chronologie", *Tel Quel*, n. 47, outono de 1971, p. 142.

seduzido por esse grupo que, em sua opinião, encarna a modernidade. Essa relação privilegiada é ainda reforçada pelo encontro com Julia Kristeva, uma jovem doutoranda búlgara recém-chegada a Paris, a qual solicita, no início de março de 1966, para trocar impressões com ele a respeito de suas pesquisas. "Por ocasião desse primeiro encontro" — escreve Tiphaine Samoyault —, "Barthes fica fascinado não só pela inteligência dessa moça de 24 anos, mas também por sua energia capaz de derrubar montanhas (ele irá tratá-la regularmente, mais tarde, como buldôzer)."[62] Kristeva desempenha, sobretudo, o papel de discípula de um autor, Mikhail Bakhtin, o qual levará a emergir um segundo Barthes[63], o da pluralização de sua grade de leitura crítica.

Esses laços de amizade são fortalecidos pelo fato de serem todos autores da Éditions du Seuil, editora da obra de Barthes, assim como de *Tel Quel*. Em 1966, é, aliás na, coleção "Tel Quel" que vem a lume o livro de Barthes *Crítica e verdade*. Sollers abre, então, a revista para questionamentos filosóficos, aproximando-se dos intelectuais mais inovadores nessa área. Assim, encontra Michel Foucault, de quem descobriu em 1961, com paixão, a tese sobre a loucura. Ele vai publicá-lo, em 1963[64], e Foucault, em troca, é o primeiro a destacar a coerência do trabalho sobre a escritura elaborado pela equipe de *Tel Quel*. Em um longo artigo publicado em *Critique*[65], sob o título "Distance, aspect, origine" [Distância, aspecto, origem], o mesmo Foucault comemora, simultaneamente, a publicação de *L'Intermédiaire* [O intermediário], de Sollers; de *Les Images* [As imagens], de Jean-Louis Baudry, e de *Paysages en deux: les lignes de la prose* [Paisagens em dupla: as linhas da prosa], de Marcelin Pleynet; assim como os primeiros quatorze números de *Tel Quel*, publicados entre 1960 e 1963. Na época, a proximidade entre Foucault e Sollers é tal que, em 1964, o segundo tenta convencer o primeiro, sem sucesso, a juntar-se a ele na Éditions du Seuil.

---

62. SAMOYAULT, op. cit., p. 411.
63. Ver DOSSE, 1992.
64. FOUCAULT, 1963b.
65. Idem, 1963c.

No fim de 1963, Derrida, entusiasmado com o novo romance de Sollers, *Drame*, aproxima-se dele: "Senti admiração" — será que isso é permitido? — "pelo escritor, a maravilhosa segurança que ele detém no exato momento em que se posiciona na primeira linha e no derradeiro perigo da escritura."[66] Por seu turno, Sollers solicita a seu novo amigo filósofo um estudo sobre Antonin Artaud, publicado no número de *Tel Quel* do inverno de 1965. Em 1966, a lua-de-mel prossegue entre Derrida e seu novo amigo, ao qual ele reconhece ter conceitualizado a virada de sua revista em direção à textualidade. No continente psicanalítico, Sollers também trava conhecimento com Jacques Lacan: o discurso lacaniano torna-se, desde então, onipresente na revista, em 1965 e 1966, com artigos do próprio Sollers e de Kristeva, ouvintes fiéis do seminário de Lacan, sem que tal proximidade tenha evitado alguns mal-entendidos. Por ocasião do lançamento de *Drame*, Sollers evoca o nome de Lacan junto ao de Freud. Encantado, Lacan convida Sollers para almoçar. Convencido de que estava diante de um grande conhecedor de sua obra, ele pressente uma útil caução filosófica. "Nada a ver", escreve Philippe Forest: "Sollers ignora praticamente tudo de uma obra" — o livro *Écrits* ainda não tinha sido publicado — "que se apresenta sob a forma de artigos dispersos e, às vezes, inencontráveis. Lacan propõe-lhe para fazer uma apresentação no âmbito de seu seminário. Sollers rejeita a proposta."[67] Nem por isso, Sollers deixa de converter-se em um fiel seminarista, assistindo semanalmente ao famoso espetáculo xamânico de Lacan, na companhia de Kristeva, Jean-Louis Baudry, Hubert Damisch, Jean-Joseph Goux e de um número cada vez maior de telquelianos.

O althusserianismo exerce também sua influência na releitura de Marx que prevalece nesse grupo, a que é atribuído familiarmente o qualificativo de TQ, em particular, por ocasião do diálogo entabulado com os intelectuais do PCF a partir de 1967; no momento da virada maoísta, Jean-Pierre Faye, que havia sido admitido na revista em 1963, rompe drasticamente com Sollers mediante uma enxurrada de xingamentos.

---

66. Jacques Derrida, carta a Philippe Sollers, 28 de fevereiro de 1965, citada in PEETERS, op. cit., p. 196.
67. FOREST, 1995, p. 202.

A *nouvelle vague*

Na tela das salas de cinema, surge uma nova estética que coincide com as posições do crítico André Bazin, o qual concebe o cinema como portador de uma dimensão ontológica. Ao contrário dos usos manipulatórios de que os regimes totalitários haviam abusado, Bazin privilegia a transmissão de uma verdade vivenciada. Como escreveu o professor universitário norte--americano Dudley Andrew, "todos os filmes que, em razão de sua posição filosófica, o haviam atraído eram, de uma forma ou de outra, do gênero 'documentário criativo'."[68] Eis o que soa um tanto como um oxímoro, mas define perfeitamente a elevada ambição que Bazin atribui ao cinema: estar enraizado na experiência real e, ao mesmo tempo, transcendê-la, fazendo aparecer uma realidade insuspeita. É em nome de tal concepção que ele defende ardorosamente os filmes de Jean Renoir — considerado por Bazin como "o maior diretor francês"[69] —, de Orson Welles e do neorrealista italiano Roberto Rossellini.

Para Bazin, a guerra e o trauma histórico daí resultante estão na origem de uma importante ruptura estética. Gilles Deleuze irá retomar essa ideia de um corte decisivo pelo qual, no pós-guerra, o cinema passou da imagem-movimento para a imagem-tempo, em dupla reação contra o cinema tanto totalitário quanto hollywoodiano.[70] Com o triunfo da barbárie nazista no âmago da Europa, o profundo sismo do Holocausto desestabilizou a relação com o mundo: deixou de ser possível conservar uma visão ingênua e linear de uma história que seria capaz de realizar, de acordo com uma linha de progresso contínua da espécie humana, o reinado da razão. Após a Segunda Guerra Mundial, uma ruptura radical efetua-se com o cinema enquanto imagem-movimento, questionando — como escreve o crítico de cinema Serge Daney — "as grandes encenações políticas, as propagandas de Estado que se tornaram quadros vivos, as primeiras

---

68. ANDREW, 1983, p. 111.
69. BAZIN, 1971, p. 78.
70. Ver DELEUZE, 1983 e 1985.

manipulações humanas de massa".[71] A política concentracionária e a obra cinematográfica que a acompanhou, tal como a de Leni Riefenstahl, hão de prevalecer aos sonhos de emancipação transmitidos pelo cinema. Em vez de ser a alavanca de uma renovação do pensamento, o cinema tornou-se o próprio espaço de sua asfixia. No momento em que se pensava ser possível transformar as massas em atores responsáveis pela própria história, o cinema terá contribuído para seu servilismo, para sua fascistização e para uma brutalização generalizada. À medida de sua modernização, a guerra promoveu sua própria encenação, cada vez mais sofisticada; tal empreitada consiste não tanto em ocultar, mas em exibir armadilhas. De acordo com Paul Virilio, Goebbels teria desejado, até o colapso final do Reich, competir com Hollywood; haveria, portanto, uma relação circular entre os dois mundos opostos no terreno militar, mas reunidos pela mesma imagem do pensamento.

No desfecho da guerra, estabelece-se uma nova aliança entre cinema e reflexão. Enquanto o totalitarismo tinha quebrado o evolucionismo progressista do Ocidente, desmorona o sonho norte-americano de uma sociedade fraterna. A evolução tecnológica, que fez proliferar as formas de imagens, alimenta uma crise generalizada da imagem em seu poder para encarnar o mundo. Vinte anos depois, um novo cinema norte-americano, personificado nos Robert Altman, Sidney Lumet ou John Cassavetes, faz desaparecer o herói em benefício de uma pluralidade de personagens não hierarquizados, em um "relato *patchwork*".[72] O mundo circundante tornou-se impensável, e a barbárie dissipou a expectativa de libertação. No momento em que já não se acredita no mundo, a nova função atribuída ao cinema é, de acordo com Daney, a de "induzir a crença em uma relação do homem com o mundo".[73] A finalidade do cinema já não consiste em ser o reflexo de uma suposta realidade, mas pode recuperar, pela ilusão e pelo reencantamento do mundo, a confiança na existência de uma base social da existência humana.

---

71. DANEY, 1983, p. 172.
72. Ibidem.
73. Idem, 1986, p. 222.

É a partir dessa ruptura estética que surge, em 1951, a revista *Les Cahiers du Cinéma*: criada por André Bazin, Jacques Doniol-Valcroze, Joseph-Marie Lo Duca e Léonide Keigel, essa revista carrega e defende um cinema de autor que eleva a sétima arte ao nível da criação literária. Em 1959, Jean-Luc Godard escreverá: "Nosso êxito consistiu em se admitir o princípio de que um filme de Hitchcock, por exemplo, é tão importante quanto um livro de Aragon ou um romance de Chateaubriand."[74]

O realismo tal como era entendido por Bazin, ou seja, como um meio de transubstanciação do real, graças à câmera e à tela, define a linha a ser promovida por uma geração inteira de cineastas a que logo será atribuído o qualificativo de "*nouvelle vague*", nova onda: François Truffaut, Jean-Luc Godard, Claude Chabrol, Éric Rohmer, Robert Bresson, Jacques Rivette e muitos outros. Na segunda metade da década de 1950, essa geração encarna uma nova maneira de filmar. "Não se trata de privilegiar a forma em relação ao fundo" — escreve, a esse respeito, o crítico e historiador do cinema Jean-Michel Frodon —, "e sim de superar essa velha e estéril divisão, a que levava a crítica a julgar, em primeiro lugar, se era uma boa história e, em seguida, se o filme era bem-feito. Trata-se de afirmar a unidade ética e estética do filme."[75] Em 1956, os espectadores descobrem *E Deus criou a mulher*, filme de Roger Vadim, um jovem diretor de 28 anos que converterá Brigitte Bardot em uma vedete por duas décadas. "B. B." tinha apenas 22 anos, mas sua irrupção na tela das salas de cinema encarna uma nova relação com o mundo, rompendo com as convenções: "O que ela revela, finalmente" — explica o historiador, crítico de cinema e de teatro Antoine de Baecque —, "é uma conduta liberada dos preceitos morais da sociedade francesa pós-guerra, afetando a família, o amor, a sexualidade [...]. Ela deixa de ter a noção de pecado."[76] Alguns órgãos da imprensa não se deixam ludibriar e tentam derrubar a força corrosiva e contestatária desse novo cinema: em *Le Figaro*, Louis Chauvet faz uma crítica severa contra um filme mediante o qual "se pretende aliciar determinado público,

---

74. GODARD, [1959] 1991, p. 25.
75. FRODON, 1995, p. 26; ver também idem, 2019.
76. BAECQUE (DE), Antoine, 1998, p. 24.

correndo o risco de escandalizar outros espectadores", enquanto Simone Dubreuilh, em *Libération*, denuncia um filme que "explora descaradamente tudo o que a indecência tem o direito de propor ao público sob o pretexto da decência-limite", culminando em um "híbrido bastante perverso".[77] O filme de Vadim mostra na tela a civilização do lazer no período dos *Trente Glorieuses*, de acordo com o comentário do especialista em história cultural e política Pascal Ory:

> Não é por acaso que a pequena bomba sensual do filme de Vadim acabou explodindo em Saint-Tropez: a França do crescimento recupera o gosto pelo hedonismo popular das "férias laborais remuneradas" [...]. Ela canta com Charles Trenet os encantos da rodovia *Nationale 7* e, ao mesmo tempo, lamenta o atraso na construção de sua malha rodoviária.[78]

Em 1959, o jovem François Truffaut, que tinha apenas 28 anos, é proclamado vencedor do Festival de Cannes com o filme *Os incompreendidos*. Seu ator-fetiche, Jean-Pierre Léaud, tinha apenas quatorze anos. O filme ganha o prêmio de melhor diretor e, nas salas de cinema, registra a presença de 450 mil espectadores. A imprensa saúda o fenômeno, e *Paris-Match* dedica-lhe quatro páginas sob o título: "Le festival des enfants prodiges" [O festival das crianças-prodígio]. No mesmo ano, são estreados os seguintes filmes: *Os primos*, de Claude Chabrol; *Hiroshima, meu amor*, de Alain Resnais, estrelado por Emmanuelle Riva, com base em um roteiro de Marguerite Duras; e *Acossado*, de Jean-Luc Godard. Cada um desses filmes apresenta uma estética feita de eliminação das transições, de planos fixos, de suspensão do movimento da imagem, de errâncias, de repetições, em suma, uma verdadeira gramática inédita em que a câmera é carregada no ombro, sem tomada de imagens em estúdio. A relação entre o som e a imagem também é apresentada de maneira diferente: "Os diálogos e as vozes pós-sincronizados e, às vezes, dessincronizados" — escreve Antoine

---

77. Citações in ibidem, p. 25.
78. ORY, 1989, p. 159.

de Baecque — "conferem à trilha sonora uma autonomia, tornando-a por si só um segundo relato."[79]

Esses filmes pretendem situar-se o mais perto possível da realidade social e exprimir o que há de mais autêntico e espontâneo nas aspirações da nova geração. A expressão genérica "*nouvelle vague*" — pela qual se cristaliza essa estética em ruptura com os cânones clássicos — não designa, inicialmente, um fenômeno peculiar ao cinema, mas qualifica, no texto de Françoise Giroud em *L'Express*, os resultados de uma investigação sobre a juventude. Em maio de 1959, essa *nouvelle vague* dá origem a um colóquio sobre a expressão cinematográfica, reunindo os jovens diretores Christophe Barratier, Claude Chabrol, Jean-Luc Godard, Louis Malle, Édouard Molinaro, Jacques Rozier, François Truffaut e Roger Vadim: "Temos aí" — comenta Antoine de Baecque —, "consagrada por uma fotografia de grupo tirada nos degraus do Château de la Napoule, palacete situado na baía de Cannes, a manifestação pública de um movimento coletivo e coerente."[80] A busca do efeito de verdade equipara o trabalho do cineasta ao do investigador, levando-o a abandonar os estúdios para privilegiar a filmagem ao ar livre com jovens atores desconhecidos. Jean-Luc Godard pede a seu diretor de fotografia, Raoul Coutard, para fazer as vezes de um repórter. A elaboração do roteiro é concebida à maneira da escrita de um romance, de modo que o efeito de realidade deve provir do uso de uma linguagem desteatralizada. Essa expressão cinematográfica participa plenamente da busca de ruptura vanguardista e da prevalência atribuída ao signo em relação ao sentido nas ciências humanas ou na literatura chamada objetal, do *nouveau roman*, assim como a uma forma assumida de desvinculação relativamente à política. Tal equiparação é, aliás, reivindicada por Truffaut, o qual atribui o qualificativo de "*cinéma de minuit*" [cinema de meia-noite], aos filmes de Alain Resnais, Agnès Varda e Chris Marker.

Para nos limitar ao ano de 1965, o público sedento de alimento cultural pode assistir ao mais recente filme de Jean-Luc Godard, *O demônio*

---

79. BAECQUE (DE), Antoine, 1998, p. 93.
80. Ibidem, p. 98.

das onze horas, estrelado por Jean-Paul Belmondo e Anna Karina, proibido para menores de dezoito anos sob a alegação de "anarquismo político e moral"; adquirir ingressos para *A sagração da primavera*, balé coreografado por Maurice Béjart e dirigido por Pierre Boulez; ler *Almoço nu*, de William S. Burroughs, que então acabava de ser lançado pela Gallimard, com o título de *Le Festin nu*; ou pode ouvir Léo Ferré cantar, na sala parisiense de espetáculos Bobino, suas "canções proibidas". Nesses anos, o cinema francês é investido como uma contracultura, tendo obtido um enorme sucesso: tratando-se de *Acossado*, de Godard, filme estrelado por Jean Seberg e Belmondo, ou de *Paris nos pertence*, de Rivette, esses filmes exprimem um desejo de renovação, um ideal diferente carregado pela juventude dos cineastas e dos atores, por novos recursos técnicos, por orçamentos modestos e por uma vontade de falar da sociedade contemporânea com total liberdade. Uma verdadeira cultura *nouvelle vague* é exibida, feita de conversíveis, velocidade, desinvoltura e de deambulações sem nenhum objetivo, ou seja, um cinema de anti-heróis, afetados apenas pelo que lhes está acontecendo: "É o vínculo entre o homem e o mundo" — escreve Gilles Deleuze — "que se rompe. Desde então, é esse vínculo que deve tornar-se objeto de crença [...]. O cinema deve filmar não o mundo, mas a crença neste mundo, nosso único vínculo."[81] Sem ser um filme de tese, *Pierrot le Fou* é uma crítica severa contra a sociedade de consumo: o herói encarnado por Belmondo foge do conformismo social e político ao qual parece condenado o jovem que, após um tempo de errância, deve finalmente entrar no molde da sociedade dos adultos, cujos valores não são adotados por ele. Os convidados do casal de heróis limitam-se a exprimir-se em termos publicitários, sob a forma de anúncios. A radicalização do discurso político ataca o regime gaullista que dificulta o elã vital da juventude e continua ocultando o uso da tortura na Guerra da Argélia. Esse cinema torna-se um dos modos de expressão de uma juventude escolarizada cada vez mais crítica, contestatária e em busca de uma ruptura não apenas estética, mas de natureza política.

---

81. Deleuze, [1985] 1990, p. 207.

A nova geração identifica-se tão fortemente com a busca de um *O demônio das onze horas* que esse novo cinema procede por meio de investigação, serve-se da linguagem da juventude e coloca em palavras e imagens suas aspirações, o seu desassossego e o seu mal-estar. Em *Masculino-feminino*, Godard dirige um filme feito de entrevistas com alguns jovens que fornecem o próprio material de sua montagem. Jean-Pierre Léaud, desempenhando o papel de um jovem sociólogo, empreende a investigação para conhecer o conteúdo do pensamento das mulheres jovens, em Paris, em 1965. Entre outras conversações, ele vai entrevistar, sem o saber, a vencedora de "Mademoiselle dix-neuf ans" [Moça de dezenove anos], dizendo-lhe que se trata de um simples treino antes da chegada de Godard, que, escondido, sugere em voz baixa a Léaud as perguntas a serem formuladas. Este procedimento acentua ainda mais o efeito de verdade na resposta a perguntas do tipo: "O socialismo terá ainda um futuro?"; "Você prefere viver à maneira americana ou ser socialista?"; "O que você acha do controle da natalidade?"; "Onde é que, neste momento, existe guerra?".

O *nouveau réalisme*

A ruptura de expressão é também evidente no campo da arte pictórica. Nessa década de 1960, os artistas de vanguarda concebem a própria obra como a expressão de uma aspiração política revolucionária.[82] Nesses tempos de progressão das lutas terceiro-mundistas e da oposição à guerra do Vietnã, muitos autores utilizam as artes plásticas como suporte de seu protesto, com frequência, sob a forma de *happenings*. Jean-Jacques Lebel introduz essa prática originária dos ambientes da cultura *underground* dos Estados Unidos. A partir de 1964, ele organiza um festival de livre expressão no Centro Cultural Norte-Americano de Paris que deixa a jornalista de *France-Soir* manifestamente cética: "Homens e mulheres seminus chafurdam em um amontoado de papéis e se lambuzam com tinta vermelha, verde e amarela. Em seguida, eles atiram-se cavalinhas e um frango sanguinolento. Enquanto

---

82. BERTRAND DORLÉAC, 2000, p. 228.

isso, um jato de água rotativo encharca os espectadores."[83] Os *happenings* esbarram rapidamente no poder instituído: quando Jean-Jacques Lebel organiza, em 27 de abril de 1966, no Théâtre de la Chimère, que havia servido de residência a André Breton, o *happening* de protesto *120 minutes dédiées au Divin Marquis* [120 minutos dedicados ao Divino Marquês] contra a proibição do filme *A religiosa*, de Jacques Rivette, inspirado no romance epônimo de Diderot, ele é preso e indiciado por "ultraje aos bons costumes", suscitando uma petição de protesto de uma centena de intelectuais e artistas.[84]

O Salão das Novas Realidades atrai anualmente um público interessado em acompanhar a atualidade das expressões mais modernistas. Artistas como Frank Kupka, Victor Vasarely ou François Morellet passam do abstrato para a abstração geométrica. Yves Klein impõe sua marca, a da pintura baseada na sensibilidade pictórica imaterial, a do pigmento azul ultramarino em seus monocromos batizados IKB (International Klein Blue). Em 1959, a Bienal de Paris oficializa esse novo movimento de pintores, agrupados sob a expressão "*nouveau réalisme*" [novo realismo], em ruptura com a arte abstrata: "Descobria-se aí a *Méta-matic 17* de Tinguely, elogio sarcástico da mecanização e da massificação, a qual expedia em três semanas quarenta mil desenhos abstratos."[85] Em 1960, Klein participa da criação do *nouveau réalisme* em companhia de Pierre Restany: este assina, em 27 de outubro, uma "Declaração constitutiva do *nouveau réalisme*". Crítico da arte abstrata que, até então, havia encarnado a vanguarda, Pierre Restany promove uma nova relação com a natureza que renuncia à plena liberdade usufruída na zona rural em favor da sociedade urbana e da usina da modernidade em ação no decorrer das *Trente Glorieuses*. Rompendo com a arte abstrata, Restany convida a reabilitar as produções "vulgares" em nome de um "humanismo tecnológico". O movimento é

---

83. Tessier, [1964] 2000, p. 231.
84. Assinada notadamente por Noël Arnaud, Philippe Audouin, Simone de Beauvoir, André Breton, Marcel Duchamp, Jean Duvignaud, Maurice Nadeau, José Pierre, Jacques Rivette, Christiane Rochefort, Éric Rohmer, Dominique de Roux, Jean-Paul Sartre e Barbet Schroeder (informações reproduzidas de Bertrand Dorléac, op. cit., p. 231).
85. Ibidem, p. 233.

adotado notadamente por Tinguely, Niki de Saint Phalle, César, Christo e Gérard Deschamps. A exposição organizada em 1960 pretende estabelecer o nexo entre criação pictórica e consumismo.

Nessa década de 1960, iniciativas ainda mais radicais são empreendidas, como aglomeração de objetos do cotidiano, de objetos embalados em plástico ou, ainda, de objetos de sucata. Tais criações pretendem ser manifestos contra a representação tradicional da arte e também se prestam à vontade de mostrar o choque entre um mundo em vias de desaparecer em favor da sociedade de consumo. Os artistas incluem em seu repertório, como material artístico, os resíduos industriais e domésticos, além de restos humanos, os quais tomam o lugar dos materiais nobres. Essas tentativas são aclamadas pela crítica como a própria expressão da modernidade. "Prevalece a ideia" — escreve o especialista polonês em história sociocultural Krzysztof Pomian — "de que todos os objetos podem ser elevados à dignidade de uma obra de arte pelo ato de um artista que o desvia de sua função original e o exibe com sua assinatura."[86] Mediante essa nova estética, torna-se possível servir-se da realidade por mais concreta e cotidiana que ela seja: é assim que, em 1962, Christo bloqueia a circulação de veículos na rua Visconti, em Paris, ao erigir uma barricada com cerca de quatro metros de altura, constituída por latas de óleo amontoadas umas em cima das outras. Em 1964, uma exposição no Museu de Arte Moderna da Cidade de Paris, cujo título *Mythologies quotidiennes* [Mitologias cotidianas] traz forçosamente à lembrança as figuras de Roland Barthes e de Claude Lévi-Strauss[87], mostra o que começa a ser designado como a "*nouvelle figuration*" [nova figuração]. Em 1966, é a vez de o Salão da Pintura dos Jovens promover a reunião dos novos nomes da pintura figurativa — como Gérard Fromanger, Gérard Schlosser, Gérard Tisserand ou Vladimir Veličković —, além dos adeptos da nova abstração.[88]

---

86. POMIAN, 2000, p. 116.
87. Essa exposição, organizada por Gérald Gassiot-Talabot, reúne obras de Pierre Bettencourt, Leonardo Cremonini, Dado, Öyvind Fahlström, Horst Egon Kalinowski, Jacques Monory, Bernard Rancillac, Martial Raysse, Bernard Réquichot, Niki de Saint Phalle e Hervé Télémaque.
88. Daniel Buren, Michel Parmentier, Niele Toroni, Vincent Bioulès, Jean-Michel Meurice, etc.

Nesse ano de 1964, a vanguarda artística francesa recebe um choque ao ter conhecimento de que o grande prêmio da Bienal de Veneza é atribuído a um norte-americano, Robert Rauschenberg, por sua *American Art Painting*; na tentativa de evitar ser destronada e relegada ao perder seu status de bolsa de valores da pintura mundial, Paris procura a salvação ao investir na expressão politizada, reivindicada no momento do Salão da Pintura dos Jovens, em 1965.[89] Paradoxalmente, a arte abstrata — a expressão mesma da vanguarda do pós-guerra — acaba sendo recuperada pelo sistema, que a converte em um objeto de consumo e de investimento frutífero, para não dizer "de prestígio", visto que alguns autores falam de uma arte oficial.[90] Os detratores da arte abstrata vão acusá-la pelo fato de essencializar sua relação com a natureza e de sucumbir ao academicismo.

Em meados da década de 1960, são os próprios *nouveaux realistes* [novos realistas] que atravessam um período de crise e de questionamento, o qual culmina em uma nova reconfiguração. O crítico e professor de história da arte contemporânea Eric de Chassey discerne três componentes principais nessa evolução: a primeira corrente, a que se atribui o nome de "*figuration narrative*" [figuração narrativa], pretende adaptar-se e, ao mesmo tempo, criticar a sociedade mercantil; seus artistas orientam-se em direção a uma pintura cada vez mais politizada, apoiando-se em algumas personalidades, tais como Frantz Fanon, Malcolm X e, até mesmo, o próprio Mao. A segunda corrente é representada por aqueles que, baseando-se na divisão do trabalho imposta pela sociedade capitalista, rejeitam a imagem; postura que resulta em uma mistura de crítica e abstração, de composição com novos materiais. Pierre Buraglio recorta e recompõe, assim, suas telas com outros objetos, tendo a intenção de converter a arte em algo subversivo não pela edulcoração da realidade, mas por sua sobrecarga. No Salão da Pintura dos Jovens de 1967, os pintores que pretendem sublinhar a despersonalização do mundo moderno envolvem-se em obras coletivas; nessa

---

89. BRILLANT, 2003, p. 52.
90. CHASSEY, 2011.

exposição, encontra-se notadamente o grupo BMPT[91], acrônimo de quatro pintores que expõem juntos, de dezembro de 1966 a dezembro de 1967. Quanto à terceira e última corrente, ela não pretende rejeitar a nova realidade mas enfrentá-la, mediante a mistura de subjetivismo e de despersonalização. Um de seus representantes é Simon Hantaï, cuja ambição consiste em destruir os automatismos do olhar por meio de um trabalho de dobra e de desdobramento da tela. Todos estes jovens pintores beneficiam-se tanto do apoio de Pierre Gaudibert — o qual cria, em 1967, no Museu de Arte Moderna da Cidade de Paris, o departamento dedicado à arte contemporânea, ARC (Animação, Pesquisa, Confronto) — quanto do efeito amplificador da revista *Opus International*[92], criada no mesmo ano.

No período subsequente Maio de 1968, a cristalização dessa efervescência modernista encontra a sua realização arquitetônica mais emblemática na construção do Centre Georges Pompidou: projeto iniciado em 1965 — quando o ensaísta e crítico de arte Gaëtan Picon havia sugerido transformar o Museu de Arte Moderna, acrescentando-lhe um centro de criação[93] —, ele é retomado em dezembro de 1969 pelo presidente da República, Georges Pompidou, que anuncia o lançamento e pretende acompanhar pessoalmente sua construção; tendo falecido em 1974, o seu desejo será realizado apenas em parte, uma vez que a inauguração do Beaubourg ocorrerá em 1977. Ao promover a construção, no centro de Paris, sobre o planalto de Beaubourg, de um espaço dedicado à arte contemporânea, mas comportando também uma grande biblioteca pública, Pompidou "empreende uma iniciativa oposta à obra de Malraux *Museu imaginário*".[94] Esse projeto recorre a uma concepção arquitetônica marcada pela utopia da transparência e do vidro, além de celebrar as cores vivas. Sua

---

91. Daniel Buren, Olivier Mosset, Michel Parmentier e Niele Toroni.
92. O comitê de redação dessa revista conta, entre outros colaboradores, com Gérald Gassiot-Talabot, Jean-Clarence Lambert, Jean-Jacques Lévêque, Raoul-Jean Moulin e Jean Jouffroy.
93. Ver CALLU, 2009, pp. 546-547.
94. MOLLARD, 1999, p. 139. [*Museu imaginário*, obra publicada entre 1952 e 1954, composta de três álbuns com várias centenas de imagens. N.T.]

aparência de "refinaria", objeto de tantas críticas, remete à modernidade tecnológica e ao "advento da vida mecânica", de que falava o pintor Fernand Léger, em 1923[95]; a essa filiação estética, convém acrescentar os efeitos da efervescência semiológica e do pensamento crítico da década de 1960.

Ao adotar o viés da modernidade e da encenação da pluralidade das práticas culturais na maior interdisciplinaridade, o Beaubourg pretende ser uma resposta global à crise cultural que, em 1968, havia fraturado o país. Esse local é concebido como um espaço de intercâmbios visando a criação em todas as áreas, e é efetivamente assim que Georges Pompidou o define, em 1972: "Eu gostaria com toda a minha paixão que Paris dispusesse de um centro cultural, como já foi criado nos Estados Unidos com um sucesso até aqui incomparável, que fosse museu e, ao mesmo tempo, centro de criação, em que as artes visuais ficassem ao lado da música, do cinema, dos livros e da pesquisa audiovisual."[96]

Para a inauguração, Françoise Giroud — na época, secretária de Estado da Cultura — acolhe o presidente Giscard d'Estaing em um clima de declínio das utopias e de ceticismo generalizado. Em *O efeito Beaubourg, implosão e dissuasão*, breve ensaio crítico, Jean Baudrillard anuncia, inclusive, a implosão do centro recém-aberto[97], além de atacar uma chamada máquina cultural "que serve apenas para distorcer a ficção humanista da cultura" quando, afinal, "é um verdadeiro trabalho da morte da cultura que se faz aí".[98] Segundo ele, esse microcosmo concentra, por si só, processos de implosão, de hiper-realismo, de simulação, assim como de semiotização cibernética e totalitária da experiência e do espaço. Ele chega mesmo a ver o Beaubourg "como um incinerador que absorve toda a energia cultural, devorando-a".[99] Quanto às multidões convidadas a homenagear esse anjo diabólico,

---

95. Fernand Léger, citado in Lauxerois, 1996, p. 33.
96. Pompidou, 1972.
97. Baudrillard, 1977.
98. Idem, [1977, 1981] 1991, p. 87.
99. Ibidem, p. 81.

elas precipitam-se para lá. Essa é a suprema ironia do Beaubourg: as massas precipitam-se para lá não porque salivem por essa cultura de que estariam privadas havia séculos, mas porque têm, pela primeira vez, a oportunidade de participar maciçamente desse imenso trabalho de luto de uma cultura que, no fundo, nunca haviam deixado de detestar.[100]

A cultura para todos, mas o campo musical para a elite

Nesse período gaulliano, a vanguarda é paradoxalmente personificada no topo do Estado por um intelectual incomparável, André Malraux: em julho de 1959, ele é nomeado ministro de Estado encarregado dos Assuntos Culturais. Grande amante de arte, ele pretende incentivar sua transmissão e difundir, para além das estruturas da instituição escolar e universitária, o gosto pela arte e a sensibilidade à inovação. Para Malraux, o encontro entre a arte e o público só pode ocorrer realmente por meio de um contato direto e sensível:

> Compete à universidade dar a conhecer Racine, mas é somente aos atores que representam suas peças que incumbe a tarefa de fazer com que estas sejam apreciadas. Nosso trabalho consiste em suscitar a afeição pelos gênios da humanidade — e, notadamente, os da França —, e não torná-los conhecidos. O conhecimento cabe à universidade, enquanto a afeição, talvez, tenha a ver conosco.[101]

Malraux consegue a colaboração de Gaëtan Picon, a quem oferece a Direção Geral das Artes e das Letras; este conteve-se a custo pelo fato de detestar as funções administrativas, mas aceita após um período de hesitação.[102] Determinado a tornar a arte ao alcance do público, Malraux

---

100. Ibidem, p. 87.
101. André Malraux, 8 de dezembro de 1959, citado in Todd, [2001] 2002, p. 621.
102. Ver Callu, op. cit., p. 435-448.

revela-se voluntarioso apesar da carestia dos meios à sua disposição. Tal insuficiência é compensada por grandes discursos líricos sem conseguir realmente um orçamento substancial: de 1959 a 1969, o montante afetado a seu ministério não vai além de 0,34% a 0,43% do orçamento do Estado, o que é efetivamente um ligeiro progresso em relação ao que era praticado sob a Quarta República (1944-1958), que havia limitado o orçamento da Cultura a 0,1% e nem sequer tinha um ministério específico. Mas, como deplora o dramaturgo Roger Planchon, tais recursos continuam sendo bem insuficientes: "Não vamos reclamar da soma de 0,4% que, se nossa informação está correta, será retomada durante numerosos anos: deixaram-nos a escolha entre chorar ou caçoar, o que é, aliás, o papel dos bobos da corte."[103] Em 1966, Malraux declara a uma Assembleia Nacional que, no entanto, permanece insensível a seus argumentos: "Será que os senhores têm a noção do que representam oitenta *maisons de la culture*? O custo de 25 quilômetros de rodovia."

Apesar dessa indiferença, Malraux consegue a façanha de construir sua rede de *maisons de la culture*. Para concretizar este objetivo, ele apoia-se em um construtor incomparável, Émile-Joseph Biasini[104], que se torna responsável pela Direção do Teatro e da Ação Cultural de 1961 a 1966 e define a função das casas de cultura: "fazer com que as principais obras da humanidade — e, em primeiro lugar, da França — se tornem acessíveis ao maior número possível de franceses; garantir a mais ampla audiência ao patrimônio cultural, e incentivar a criação de obras de arte e do espírito que o enriquecem."[105] A essa vocação criativa, as casas de cultura devem adicionar uma polivalência permitindo-lhes tornar-se um espaço de acolhimento para o teatro, assim como para a música, a literatura, o cinema, as artes plásticas ou as ciências.

Ao inaugurar a casa de cultura da cidade de Bourges, em 1964, Malraux é especialmente lírico. Em sua alocução pronunciada em um

---

103. Planchon, 1964.
104. Ver Biasini, 1995.
105. Idem, [1962] 1967, pp. 20-21.

tom encantatório, ele atribui uma missão quase metafísica a esses novos templos da cultura:

> A cultura é o conjunto das formas que resistiram à morte [...]. Deve ser proporcionado a todos os rapazes desta cidade um contato com o que é, pelo menos, tão valioso quanto o sexo e o sangue porque, talvez, haja uma imortalidade da noite, mas existe com toda a certeza uma imortalidade dos homens [...]. Recuperar o sentido do nosso país é desejar ser para todos o que fomos capazes de trazer em nós.[106]

Apesar dessa disseminação da ação cultural, as sondagens empreendidas junto ao público revelam o fracasso de uma democratização da prática cultural que se limita a beneficiar uma pequena elite, ampliada simplesmente à comunidade docente, sem atingir realmente o grande público popular. Antes mesmo dos acontecimentos de Maio de 68, denuncia-se cada vez mais abertamente o que aparece como uma mistificação no decorrer da qual a força da palavra não conseguiu derrubar as resistências. É sobretudo em torno do tema gaulliano da "grandeza da França" que Malraux concentra seus esforços, reservando o maior espaço às exposições, viagens e intercâmbios internacionais, graças aos quais ele se converteu no embaixador da cultura francesa no exterior e contribuiu para a irradiação de um país que, ao mesmo tempo, perdia os lustres de seu império.

A determinação em superar as fronteiras de classe que subsistem entre a elite social e o público em geral é a maior preocupação do ator e diretor Jean Vilar: ao fundar o TNP (Teatro Nacional Popular), em 1951, ele procura conciliar um repertório de alta cultura e a missão de entretenimento capaz de atrair para o teatro um novo público popular.[107] O desígnio de Vilar consiste em juntar aqueles que já têm um gosto e uma prática do teatro com aqueles que ainda não se beneficiam disso; para ele, o teatro "só adquire sua significação quando consegue agregar

---

106. André Malraux, discurso de inauguração da Maison de la culture da cidade de Bourges, abril de 1964, citado in Lacouture, [1976] 1996, p. 387.
107. Caune, 1999, p. 89.

e unir as pessoas".[108] Formula-se, então, a pergunta para saber qual é o melhor repertório para atingir esse público popular. A esse propósito, na década de 1950, desencadeia-se uma polêmica entre Jean-Paul Sartre e Vilar: o primeiro critica o segundo por usar um teatro burguês e defende a ideia de um teatro de tese, engajado politicamente em uma estratégia de ruptura ideológica. De maneira indireta, Vilar vai responder-lhe: "Para mim, teatro popular significa teatro universal."[109] A vontade de expandir o público é procurada por meio de um repertório já canonizado que contém uma dimensão considerável de entretenimento.

Vilar encontra fortuitamente o lugar ideal para realizar seu projeto, criando o Festival d'Avignon, que promove, anualmente, no mês de julho, as mais diversas manifestações teatrais; na mesma cidade, ele agrupa espaços de prestígio — tais como o pátio principal do Palácio dos Papas — e outros menos cerimoniosos, ocupados pelos espetáculos paralelos. Na origem desse festival, trata-se apenas de programar três peças de teatro para acompanhar uma exposição de artes plásticas, que deveria ocorrer em 1947. "Avignon torna-se, no imaginário da equipe do TNP, um berço, um trampolim, uma fonte da juventude", escrevem Emmanuelle Loyer e Antoine de Baecque.[110] O festival converte-se em um espaço privilegiado de experimentação, de aventura criativa, antes de apresentar-se ao público do Théâtre National de Chaillot, em Paris, o qual recebe as representações depois do verão.

Nesse período, atravessa-se também uma renovação radical da expressão teatral. Na década de 1950, o teatro do absurdo de Eugène Ionesco e Samuel Beckett já se tinha distanciado do psicologismo ao encenar o antirrelato e o questionamento da comunicação linguageira. Desta vez, o princípio do distanciamento de Bertolt Brecht torna-se um importante princípio de ruptura com as representações clássicas. Roland Barthes converte-se no ardente defensor desse distanciamento brechtiano, rompendo

---

108. VILAR, 1975, p. 144.
109. Idem, 1955.
110. LOYER; BAECQUE, 2007, p. 101.

com o método clássico da identificação.¹¹¹ Durante essa década de 1950, Barthes participa ativamente da revista *Théâtre Populaire*, na qual ele trava conhecimento com Jean Duvignaud, Guy Dumur, Bernard Dort e Morvan Lebesque. Em seus textos, defende o TNP de Jean Vilar e contribui para ampliar cada vez mais o público de seus espetáculos. É no contexto dessa atividade de crítica teatral que ele assiste, entusiasta, a uma representação pelo Berliner Ensemble de *Mãe Coragem e seus filhos*, de Brecht, no Théâtre des Nations¹¹², em 1955. Barthes vê em Brecht aquele que realiza no teatro o que ele ambiciona fazer na literatura; o distanciamento brechtiano e sua estética arrebatam a sua adesão total.¹¹³ Em seu teatro, Barthes percebe o esboço de uma nova ética da relação entre o dramaturgo e seu público, uma escola da responsabilidade, um deslocamento do *páthos* psicológico para a compreensão das situações. Essa dramaturgia mostra que, em vez de exprimir o real, convém sobretudo dar seu sentido; neste procedimento, ele vê a própria realização do método semiológico e crítico.

No plano musical, a busca de uma abordagem vanguardista manifesta-se no que se designa por "*musique concrète*", a qual experimenta os recursos mais modernos das músicas eletroacústicas. Com o GRM (Grupo de pesquisas musicais), essa vanguarda interfere no próprio seio da radiodifusão nacional. Uma segunda corrente, personificada em Pierre Boulez, cria em 1954 o campo musical para difundir as obras da música dodecafônica serial da Escola de Viena — Arnold Schönberg, Alban Berg e Anton Webern —, assim como as obras inspiradas por essa ruptura musical, as do próprio Boulez, maestro e compositor de *Marteau sans maître*, *Pli selon pli*, *Répons*, etc., mas também de Luciano Berio, Luigi Nono e Karlheinz Stockhausen, permitindo que jovens compositores divulguem seus trabalhos, como Gilbert Amy, Henri Pousseur ou André Boucourechliev.

Boulez alimenta-se de toda a efervescência estruturalista para renovar a linguagem musical:

---

111. BARTHES, [1955] 1981.
112. Atual Théâtre de la Ville. [N.T.]
113. Idem, [1964] 1971.

Impunha-se uma reflexão sobre a linguagem musical. Já não era possível contentar-nos em transformar simplesmente o que havíamos herdado. Daí, uma passagem pelo grau zero da escrita e um questionamento radical: o que é a escrita musical? Para que serve? Como manipulá-la?[114]

Tendo a pretensão de representar, por si só, a vanguarda, o que parecia destiná-lo a exercer as mais elevadas responsabilidades, ele fica irritado quando o ministro nomeia Marcel Landowski para a Direção da Música. Boulez escreve uma carta a Malraux para levá-lo a reconsiderar tal decisão, argumentando que a escolha fundamental situa-se entre o conservadorismo e a modernidade. Como essa carta não surtiu nenhum efeito, ele publica um artigo vingativo em *Le Nouvel Observateur*, criticando "a reviravolta de santo André [Malraux]"[115], além de anunciar que entra em greve relativamente a "tudo o que é organismo oficial da música no Estado [francês]"; ele deixa, então, a França para dirigir-se à Alemanha, país do qual retorna apenas em 1975 para fundar o Ircam (Instituto de Pesquisa e Coordenação Acústica/Música), no Centre Pompidou. Essa controvérsia acarreta a queda da dupla Biasini-Picon, ambos apoiadores de Boulez e, portanto, em desacordo com a escolha de Malraux.[116]

---

114. BOULEZ, 1988, p. 260.
115. Idem, 1966.
116. Ver CALLU, op. cit., pp. 625-633.

16
Uma juventude entre revolta e revolução

Entre 1945 e 1965, as crianças do que tem sido designado por *baby boom* cresceram e tornaram-se adultas, constituindo uma faixa etária bem numerosa, que, deixando de se identificar com a geração que a precedeu, aspira a afirmar valores próprios. Essa exigência faz-se sentir tanto mais intensamente que uma parcela crescente dessa juventude prossegue estudos universitários, fazendo assim perdurar esse tempo ambivalente de abandono da tutela parental sem usufruir, no entanto, de independência; no período de radicalização da década de 1960, ela não deseja contentar-se em exercer as funções de seus antecessores e pretende imprimir sua marca na sociedade, oscilando entre revolta e revolução.

Numerosos intelectuais tentam avaliar a amplitude desse fenômeno e a maneira como este desloca os valores no interior da sociedade francesa. Faz-se sentir a necessidade tanto de uma nova arte de viver, quanto de uma inovadora expressão artística e literária. Com essa juventude maciçamente escolarizada e, em parte, envolvida em cursos mais longos de estudos, surge também um maior número de intelectuais, mais jovens e exigentes. Na segunda metade da década de 1960, um sociólogo sensível às mutações sociais em curso, como Edgar Morin, apreende esse sopro da juventude no litoral californiano, retornando daí com um texto, *Diário da Califórnia*, publicado em 1970. Refletindo à distância sobre o que descrevera, ele reconhece ter ficado sob o fascínio da prodigiosa efervescência experimentada em Berkeley, entre 1963 e 1965: "Fiquei encantado, no sentido genuíno do termo, por esse impulso que arrasta não somente uma juventude inteira, mas também pessoas de todas as idades em direção a um maior grau de fraternidade, de amor, de liberdade e de autorrealização."[1] Morin sente imediatamente a transitoriedade desse entusiasmo, que já não é conectado por ele a uma perspectiva teleológica; essa onda de choque, que se desenrola em um contexto niilista, nem por isso deixa de ser vivenciada como um "êxtase da história".[2]

Do *baby boom* ao *cultural boom*

O fenômeno do *baby boom* toma um rumo ainda mais excepcional porque, na França, a taxa de natalidade ficou reduzida no período entreguerras, combinada com elevados picos de mortalidade por ocasião dos dois conflitos mundiais. Entre 1945 e 1958, a juventude escolarizada no ensino médio duplica e, entre 1959 e 1964, cresce ainda a uma taxa de 65%. Ao *baby boom*, segue-se um *cultural boom*. Desde 1962, o número de alunos que concluem com sucesso os estudos secundários aumenta de 15% a 20% por ano; em 1966, dois terços deles optam por estudos universitários nas faculdades de letras e de ciências humanas.

No livro *La Montée de la jeunesse*[3] [A progressão da juventude], Alfred Sauvy sublinha a defasagem entre esses dados estatísticos e a mentalidade de um país que não se tinha dado conta da amplitude da mutação demográfica em curso:

> Depois de ter feito o esforço necessário no sentido de aumentar a taxa de natalidade, compensando em parte a redução do número de componentes das famílias, a França ainda não compreendeu que já passou o tempo do entorpecimento e que tem de se pôr em marcha. Apegada ao passado, ela ainda olha para trás. Mas, à força de olhar nessa direção, acabaríamos por ser transformados em estátuas de sal![4]

---

1. MORIN, 2012, p. 774.
2. Ibidem.
3. SAUVY, 1959.
4. Ibidem, p. 249.

Nesse ano de 1959, Alfred Sauvy profetiza que as crianças do *baby boom* vão tornar-se alvo de comentários, não apenas por exprimirem suas necessidades, mas por difundirem as próprias ideias e ações. Ele interpela a geração dos mais velhos e, retomando o título do filme de Marcel Carné, rodado por jovens, *Os trapaceiros*, ele revira o seu argumento: "Os trapaceiros não são os adolescentes de hoje, mas os adultos que lhes fecham as portas e opõem-se, em seu egoísmo cego, a uma expansão do círculo econômico e social."[5] Para atender a uma demanda maciça de formação, o governo é forçado a recrutar um número crescente de professores para o ensino superior: de dois mil em 1945, eles passam para 25 mil em 1963.

A juventude torna-se fonte de questionamento; ela se transforma em um problema social que exige uma política específica.[6] Torna-se alvo de pesquisas, é dissecada para descobrir o que ela é realmente. No momento em que Georges Hourdin, empresário da imprensa católica, se questiona para saber se ela acredita em Deus[7], Madeleine Chapsal empreende uma pesquisa em *L'Express* sobre um eventual conflito de gerações. Esta sondagem efetuada junto à juventude mostra uma preocupação evidente de diferenciação relativamente à geração precedente: assim, 76% das moças respondem que elas se sentem em conflito ou em desacordo com os respectivos pais.[8] Alguns filmes ou publicações exprimem a sensação de mal-estar dessa juventude ávida por um maior grau de liberdade, pronta a transgredir as regras apresentadas como intangíveis, correndo o risco de provocar escândalo; eles mostram também a errância e o desassossego experimentados durante esse momento de passagem da infância para a idade adulta. Quanto aos estudantes, às vezes um tanto perdidos em estudos de letras sem finalidade específica, imersos na massa, o mal-estar pode tornar-se preocupante a tal ponto que, em 1956, são implantados os Bapu (Bureaux d'aide psychologique universitaires). O estudante torna-se uma categoria nosográfica a ser levada em consideração por psicólogos e

---

5. Ibidem, p. 250.
6. MALEVILLE, 1960.
7. HOURDIN, 1959.
8. Informações reproduzidas de BANTIGNY, 2007, p. 41.

psiquiatras. Uma pesquisa revela que um terço dos estudantes sofrem de dificuldades psicológicas, que um em trinta teria necessidade de tratamento e que 3% deveriam ser hospitalizados.[9]

Félix Guattari — na época, codiretor, ao lado de Jean Oury, da clínica psiquiátrica de La Borde — apresenta um relatório à MNEF (seguro de saúde destinado aos estudantes franceses): "Reflexões sobre a terapêutica institucional e os problemas de higiene mental no meio estudantil."[10] Ele observa que "o universo estudantil é marcado por *dimensões específicas de alienação*. O jovem, sujeito ou não a distúrbios mentais, que ingressa na universidade vê sua personalidade alterada em função das características patogênicas do conjunto desse ambiente".[11]

Os laureados com o prêmio literário Renaudot dos anos de 1963 (J. M. G. Le Clézio) e 1965 (Georges Perec) exprimem esse mal-estar. No primeiro romance de Le Clézio, *Le Procès-verbal* [O boletim de ocorrência], o herói, Adam Polo, deixou o mundo mecânico da urbanidade para viver recluso em simbiose com a natureza; ele observa minuciosamente em seu diário a evolução de suas reflexões metafísicas e proféticas. Estudante universitário no sul da França, constitui uma preocupação para os pais e acaba finalmente sendo internado em um manicômio; nesse local, recebe numerosas visitas de seus colegas, estudantes como ele, que não são nem mais nem menos loucos do que ele. Quanto ao romance de Perec *As coisas*, apresenta-se como "uma história dos anos 1960", mostrando o universo estudantil através de um casal, Jérôme e Sylvie: à semelhança de quase todos os seus colegas, estes "tinham-se tornado psicossociólogos por necessidade e não por escolha".[12] Eles empreendem estudos que de imediato abandonam, de tal modo se sentem imobilizados pela perspectiva de que seu insignificante diploma venha a proporcionar-lhes um emprego na periferia de Paris com baixo salário e sem futuro. Nada fazem além de perder tempo, ouvir música, frequentar as salas de cinema, ler a imprensa da

---

9. Resultados de uma sondagem, apresentados no seminário de Antoine Compagnon, no Collège de France, "1966: *Annus mirabilis*", em 11 de janeiro de 2011.
10. GUATTARI, [1964] 2003.
11. Ibidem, p. 66.
12. PEREC, [1965] 2014, p. 29.

moda e deambular sem nenhum objetivo. Perec descreve detalhadamente o estado anímico ambivalente dessa juventude ociosa: "O maior prazer deles era esquecer juntos, ou seja, se distrair. Amavam de paixão a bebida, e olha que eles bebiam muito, quase sempre juntos."[13] Apenas a sétima arte, o cinema, consegue exercer tal fascínio, a tal ponto que ambos se tornam cinéfilos sofisticados. Eles consideram com a máxima severidade o que julgam ser uma traição, ou seja, a inserção de um número cada vez maior de seus amigos no universo mercantil e publicitário: "Por seu intermédio, acreditavam descobrir o exato reverso de seu próprio mundo: aquele que justificava, em bloco, o dinheiro, o trabalho, a publicidade, as competências, um mundo que valorizava a experiência, um mundo que os negava, o mundo sério dos executivos, o mundo do poder."[14] Ainda sem diploma, eles vão ensinar na Tunísia, fugindo de seu ambiente, mas retornam decepcionados, não se sentindo bem em parte alguma. Vão acabar por se integrar depois de terem tentado vários caminhos sem encontrar o mínimo entusiasmo, mas "a refeição que lhes hão de servir será francamente insípida"[15] e não lhes restará mais do que as lembranças guarnecidas por uma cristalização do tipo stendhaliano.

O sucesso suscitado por essa juventude é ilustrado de maneira espetacular com o fenômeno Françoise Sagan. Uma tal Françoise Quoirez, estudante de dezoito anos, é reprovada, no verão de 1953, no exame de admissão à Sorbonne; assim, decide esquecer seus contratempos e superar o tédio dedicando o resto de seu tempo à escrita de um romance. Ele retrata a história de uma garota de dezessete anos, Cécile, que relata suas primeiras férias em uma casa de campo na Riviera com o pai, Raymond, viúvo abastado e sedutor, acompanhado da amante, Elsa. Órfã de mãe, Cécile sai de um convento, descobrindo a vida e suas primeiras efusões amorosas durante essas férias. Tudo parece sorrir ao sol desse verão iniciático quando o pai se apaixona verdadeiramente por uma mulher, Anne Larsen, alguém que ele já conhecia, com a qual pretende recomeçar a vida. A filha

---

13. Ibidem, p. 54.
14. Ibidem, p. 95.
15. Ibidem, p. 158.

devota-lhe um ciúme feroz e faz de tudo para não perder, de novo, o pai. O caso termina tragicamente com a morte acidental de Anne Larsen. A esse original, a autora dá o título *Bom dia, tristeza*, o qual soa como um oxímoro e remete a um poema de Éluard.[16] Em janeiro de 1954, ela bate na porta de vários editores, apresentando seu original datilografado de 170 páginas, sem acreditar realmente nessa iniciativa, uma vez que não conhecia ninguém dessa área, nem tinha nenhuma recomendação; no dia 6 desse mês, precisamente, ela apresenta-se na rua de l'Université, 30, e o entrega à recepção da Éditions Julliard. Já no dia seguinte, o diretor literário, Pierre Javet, começa a ler o original da jovem desconhecida, o qual lhe parece pouco consistente, sem deixar de ser seduzido pela primeira frase: "A respeito desse sentimento desconhecido, cujo tédio e cuja doçura me inquietam, hesito em usar o nome, o belo e profundo nome de tristeza." Ele pede, então, a François Le Grix, viga-mestra da casa, para lhe dar, o mais rapidamente possível, seu parecer. Em 8 de janeiro, chega o relatório mais do que favorável: "Autenticidade. Verdade total. Talento espontâneo. Tanto poema quanto romance. Nenhuma nota falsa." Como é costume, o caso remonta a René Julliard, que, na noite desse mesmo dia, toma conhecimento do original, que lhe causa profunda impressão e um sentimento de impaciência:

> Eu já tinha decidido publicá-lo, de modo que, tendo segurado um lápis, sublinhei alguns detalhes, algumas rebarbas. Ao amanhecer, marquei encontro, por telegrama, com Françoise Quoirez. Às 17 horas, ela entrava na minha biblioteca, magricela, tímida, como quem se questiona sobre o que está fazendo ali, e um tanto cética [...]. E, durante três horas, ela foi respondendo às minhas perguntas.[17]

Dotado de senso de presteza, Julliard não perde um minuto para propor um contrato, que é assinado em 21 de janeiro. Assim, entre a apresentação do original e a assinatura do contrato, passaram-se apenas

---

16. Trata-se do poema "À peine defigurée", que integra o volume *La Vie immédiate*, de 1932. [N.R.]
17. JULLIARD, 1958.

duas semanas, de tal modo que já é tarde demais quando o editor Robert Laffont pega o telefone para exprimir seu interesse em publicar aquela que será conhecida sob o nome de Françoise Sagan. Três mil exemplares são lançados também rapidamente em 15 de março de 1954, encontrando um público entusiasmado, que, nesse texto, vê a crônica de uma juventude atormentada pelas efusões de relacionamentos amorosos ainda reprimidos e submetidos a restrições nessa década de 1950. O livro é coroado pelo prêmio dos Críticos e, no 1º de junho, em manchete de *Le Figaro*, vem a lume a resenha assinada por François Mauriac que celebra a recém--chegada à literatura:

> O mérito literário desse texto brilha desde a primeira página e é indiscutível. Esse livro tem toda a naturalidade, toda a ousadia da juventude sem ser marcado pela mínima vulgaridade. Obviamente, a senhorita Sagan nada tem a ver com o alarido que desencadeia, e pode-se dizer que, entre nós, surgiu uma nova autora.

No fim de 1954, o conto de fadas transforma-se em negócio de sucesso comercial. Ainda impulsionado por ter sido incluído no Índex do Vaticano, verifica-se um recrudescimento tal de suas vendas que estas chegam a alcançar quinhentos mil exemplares; além disso, são assinados contratos de tradução em 21 idiomas. Sagan torna-se um fenômeno internacional, o que leva Maurice Nadeau a escrever em *Les Lettres nouvelles*:

> É certo que seu universo reflete um aspecto da juventude atual [...]. A falência de todos os ideais dos adultos, cuja desilusão é tão evidente, abre um vazio, um excedente de forças juvenis sem ponto de aplicação possível; daí esse tédio, esse desinteresse em relação ao mundo atual. Fazer amor é uma tentativa para preencher esse vazio.[18]

Logo depois, em 5 de agosto de 1955, a Éditions Julliard lança quinhentos exemplares de um livreto de poemas e de cartas de uma menina

---

18. NADEAU, [1954] 1998, p. 62.

de oito anos, Minou Drouet; esse texto, sem objetivo comercial, é enviado simplesmente para alguns críticos e amigos. Mas a revista *Paris-Match* imediatamente ecoa esse acontecimento, proclamando que Françoise Sagan havia envelhecido e fora ultrapassada por uma criança que ainda não tinha oito anos e já se destacava na escrita, cuja mãe era cartomante. Desencadeia-se uma polêmica, questionando a autenticidade desses poemas. Em janeiro de 1956, Julliard publica outra coletânea de poemas de Minou Drouet, *Arbre, mon ami* [Árvore, minha amiga]. No mesmo dia desse lançamento, *Paris-Match*, que dera o alerta, publica, em oito páginas ilustradas, uma pesquisa, trechos de poemas e um artigo que avaliam a amplitude do acontecimento. A publicação dessa nova coletânea é precedida por uma nota de Julliard que convida o leitor a julgar a polêmica em curso.[19] O caso, por si só, garante a repercussão dessa coletânea que se torna um best-seller, enquanto a sua autora converte-se em um fenômeno, embora efêmero, mas levado a sério a tal ponto que o papa recebe Minou Drouet em audiência privada, enquanto seu editor desfila a seu lado em eventos mundanos. Nesse mesmo ano de 1956, Françoise Sagan continua alimentando os lucros da Éditions Julliard; assim, como recompensa, seu editor eleva a porcentagem de seus direitos autorais, que passam de 12% para 16%.

Em relação ao cinema, o filme de Jean-Luc Godard *Masculino-feminino* faz uma pesquisa sobre os "filhos de Marx e da Coca-Cola", mostrando uma juventude que ingressa naturalmente na sociedade de consumo com uma insatisfação existencial que vai atraí-la em direção ao pensamento contestatário marxista. Algumas figuras heroicas projetadas nas salas de cinema servem como possíveis identificações para essa juventude, tais como James Dean. Como escreve a historiadora Ludivine Bantigny, "Dean poderia encarnar a revolta sem causa aparente, a não ser a rejeição confusa

---

19. "Estou publicando, portanto, os poemas e as cartas de Minou tais como eles me foram enviados ou entregues por seus destinatários. O leitor encarregar-se-á, se ele quiser, de ajuizar por si mesmo do que se trata [...]. Acrescento o seguinte, que é importante: a senhora Drouet foi acusada, entre outras coisas, de procurar obter dinheiro, atribuindo as próprias obras à filha ou forçando-a de maneira abusiva a escrever. Tal acusação era, até agora, infundada visto que a plaquete tinha sido oferecida e não vendida" (René Julliard, citado in LAMY, 1992, p. 229).

de determinada sociedade, a recusa de um mundo que confundia a felicidade com o consumo."[20] Na estreia de seu filme *Os trapaceiros*, em 1958, Marcel Carné consegue um triunfo imediato: "Tive a ideia de filmar *Os trapaceiros* porque eu lamentava o fato de não serem rodados, na França, filmes sobre a juventude. Explico-me: dedicados exclusivamente à juventude."[21] Carné encena, de maneira clássica ao contrário das realizações da *nouvelle vague*, a saga de jovens no bairro de Saint-Germain-des-Prés, passando por bares e festas dançantes, ao mesmo tempo frágeis, cínicos, arrogantes, desiludidos e volúveis, negando seus sentimentos a tal ponto que essa vida feita de pequenas trapaças com a autenticidade acabará por levá-los à tragédia. Esse é também o momento do sucesso fenomenal junto aos jovens do programa *Salut les copains*, da nova estação de rádio Europa nº 1, fundada em 1955: inaugurado em outubro de 1959 e dirigido por Daniel Filipacchi e Frank Ténot, esse programa reveza, simultaneamente, a chegada na França do *rock and roll*, com Elvis Presley e muitos outros, e também o que é designado como a música *pop* ié-ié-ié, que materializa sua versão francesa mais circunspecta, referendada pelo público jovem.

Esse sucesso encontra prolongamento na organização de uma grande manifestação musical na praça da Nation, em 22 de junho de 1963: os animadores estão à espera de trinta mil pessoas e deparam-se com a presença de 150 mil jovens que vêm assistir ao concerto de Johnny Hallyday. Para a juventude, esse é o grande momento de ídolos que, no dia a dia, se encontram com seu público. De Johnny Hallyday a Françoise Hardy, de Richard Antony a Salvatore Adamo, da banda de *rock and roll* Les Chaussettes Noires à banda Les Chats Sauvages, passando por Claude François, os estilos são diferentes, mas todos formam o fenômeno ié-ié-ié, que reúne, à volta dos rádios de pilha, jovens ouvintes de ambos os sexos, fiéis e felizes. Uma grande quantidade de vinis de 45 e de 33 rotações gira nos toca-discos, e essa paixão faz funcionar na capacidade máxima a indústria fonográfica: em 1961, a vendagem dos primeiros discos de Johnny Hallyday atinge a marca de dois milhões de exemplares. Os rádios

---

20. BANTIGNY, 2007, p. 44. Ver também GRALL, 1958.
21. CARNÉ, 1958.

de pilha favorecem uma sociabilidade específica aos jovens, que podem sair da casa dos pais e, ao mesmo tempo, desfrutar de sua música preferida.

A outra grande mutação em curso, nesses anos, é a introdução da TV nos domicílios: enquanto em 1958 apenas 9% das famílias possuíam um televisor, 42% das casas dispõem desse equipamento em 1965, no momento em que uma boa parte da primeira eleição presidencial por sufrágio universal vai definir-se pelo desempenho dos candidatos na telinha. Mesmo que, nesse caso, a juventude ainda não seja um desafio importante, uma vez que o direito de voto só é reconhecido aos maiores de 21 anos, os temas de rejuvenescimento da população — independentemente de serem apresentados por Jean Lecanuet, candidatura apoiada por diversos partidos centristas e democratas-cristãos que se opunham tanto à linha eurocética e populista seguida por De Gaulle, quanto ao candidato socialista, François Mitterrand — foram decisivos para impor o segundo turno ao candidato general De Gaulle, o qual havia acreditado em uma vitória fácil, desde o primeiro turno.

Essa juventude, presa fácil para os investidores que lisonjeiam seus gostos, constitui também um assunto de preocupação: enquanto os estudantes parecem deixar-se inflamar pelo pensamento revolucionário de um Marx, alguns jovens dos meios populares urbanos reúnem-se em bandos suscetíveis de exercer a violência e recebem o qualificativo de "*blousons noirs*" [jaquetas pretas]. "A delinquência juvenil" — escreve Bantigny — "foi percebida como uma ameaça que deveria ser afastada mediante o restabelecimento da ordem."[22] Tendo-se tornado um problema em escala nacional, essa juventude é alvo de uma política no mais elevado nível do Estado: Pierre Mendès France havia lançado as primeiras bases de um projeto de Ministério da Juventude, que passara a tomar a forma de um Comitê da Juventude, implementado por seu sucessor na presidência do Conselho de Ministros, Edgar Faure. Em 1958, é criado um alto comissariado para a Juventude e os Esportes, dependente do Ministério da Educação Nacional; tal função é entregue a Maurice Herzog, o "herói" do montanhismo que havia escalado o Annapurna, um dos picos do Himalaia. De acordo

---

22. BANTIGNY, op. cit., p. 123.

com Edgar Morin, pode-se falar, nessa década de 1960, da formação de uma verdadeira "faixa etária"[23]. Em seu estudo sobre a juventude[24], Morin defende a tese da emergência de uma nova catergoria social portadora de uma cultura "adolescente-juvenil" específica e ambivalente, integrada na sociedade de consumo que a havia tomado como alvo privilegiado e, ao mesmo tempo, que estabelecia uma ruptura com ela. Em 1963, o alto comissário para a Juventude e os Esportes converte-se em secretário de Estado, e seu sucessor, François Missoffe, beneficia-se de uma promoção suplementar ao tornar-se ministro, sinal da importância reconhecida aos problemas da juventude.

Depois de ter privilegiado o esporte como uma forma de apaziguar o mal-estar latente, a política da juventude orienta-se, a partir de meados da década de 1960, para uma política de controle e de acentuada vigilância a fim de evitar os excessos repetitivos que constituem matéria para as manchetes dos jornais e assustam os cidadãos. Em maio de 1966, o ministro anuncia o lançamento de uma grande consulta nacional sobre o assunto: essa pesquisa, cujos resultados acabaram sendo manifestamente subutilizados, dá lugar à publicação de um livro branco, o qual negligencia totalmente um dos principais problemas, além de ser aquele que suscita a maior contestação, notadamente nos *campi*: a questão da sexualidade em um contexto institucional ainda baseado amplamente na separação física entre moças e rapazes. Um pouco mais tarde, em janeiro de 1968, essa lacuna vai render a primeira hora de glória ao estudante da universidade de Nanterre Daniel Cohn-Bendit, no momento da inauguração pelo ministro François Missoffe da nova piscina do *campus*. Com a multiplicação dos incidentes a propósito do direito de visita entre moças e rapazes nas residências universitárias — apesar de tolerado, desde 1965, pelo ministro Christian Fouchet, no sentido da visita das moças aos rapazes —, esse direito já não é suficiente. Em 21 de março de 1967, o prédio das moças é ocupado pelos rapazes. Nesse contexto conturbado, François Missoffe, que está em Nanterre, em 8 de janeiro, é desafiado por Cohn-Bendit, na

---

23. MORIN, 1963.
24. Idem, 1962.

época, estudante de sociologia: "Li o seu livro branco. Seiscentas páginas de besteiras. O senhor nem chega a falar sobre os problemas sexuais dos jovens." Sem se desconcertar, o ministro responde: "Pela sua aparência, o senhor conhece certamente problemas desse tipo. Faço questão de aconselhá-lo a mergulhar na piscina." E Cohn-Bendit replica: "Eis uma resposta digna das Juventudes Hitleristas."[25]

O mal-estar atravessado por uma boa parte da juventude atinge também as numerosas crianças e adolescentes, filhos e filhas dos franceses repatriados da Argélia que, na época, recebem o qualificativo de "*pieds-noirs*" [pés negros], tendo retornado às pressas para a França metropolitana, em 1962. A ferida do exílio suscita em alguns deles um engajamento político contestatário: é o caso de Benjamin Stora, que irá dedicar à história da Guerra da Argélia seu trabalho como pesquisador, depois de ter pertencido, durante muito tempo, a uma das famílias trotskistas, os lambertistas da OCI (Organização Comunista Internacionalista), na qual será funcionário de 1973 a 1982. Ao desencadear-se o movimento de Maio de 68, Stora é um adolescente de dezessete anos que acalentava, desde sua saída de Argel, a sensação difusa de ter ficado do lado perdedor, o dos colonos, e de suscitar apenas desconfiança, na condição de *pied-noir*. "Naqueles anos" — de acordo com sua lembrança —, "havia também a vergonha não só por ter sofrido com a guerra e o exílio, mas por ter ficado do lado dos europeus da Argélia."[26]

Mal-estar entre os "novos intelectuais"

Em 1965, o número de estudantes aumenta consideravelmente até atingir 120 mil em Paris e 440 mil em todo o país. Essa progressão espetacular é acompanhada por um recrutamento acelerado de professores do ensino superior, o que irá refletir-se no que se entende por intelectual. Na obra *Les Nouveaux intellectuels* [Os novos intelectuais], publicada em 1966,

---

25. Diálogo reproduzido de HAMON; ROTMAN, 1987, p. 401.
26. STORA, 2003, p. 24.

Frédéric Bon e Michel-Antoine Burnier sugerem uma redefinição do grupo de intelectuais em função das mutações sociais em curso desde 1945[27]: impõe-se a necessidade de revisar as estruturas da universidade e de reformular os cursos para atender às demandas dessa massificação, além de propor perspectivas e oportunidades de emprego aos diversos titulares de diplomas universitários. Vários comitês reúnem-se para elaborar sugestões no âmbito do plano promovido por Christian Fouchet, ministro da Educação Nacional, com a participação de alguns intelectuais de renome, como os filósofos Jules Vuillemin e Michel Foucault. A partir de 1966, Fouchet baseia-se nesses trabalhos para implementar os IUT (Institutos Universitários de Tecnologia), a fim de proporcionar oportunidades realistas a um grande número de estudantes; ao mesmo tempo, o primeiro ano preparatório para o acesso à universidade, chamado propedêutico, é suprimido e substituído por um primeiro ciclo de dois anos antes da licenciatura. Essa maquiagem, sem profunda mudança estrutural, "não resolve o problema do crescimento do número dos estudantes no ensino superior".[28]

Por ocasião de um colóquio realizado na cidade de Caen, de 11 a 13 de novembro de 1966, a seleção encontra-se no cerne dos debates; nesse momento, reúnem-se trezentos professores universitários, decanos de faculdades e sindicalistas para discutir as perspectivas do ensino superior e da pesquisa. O discurso de abertura é pronunciado por Pierre Mendès France, na época sem cargo eletivo nem responsabilidade ministerial. Os debates sugerem a divisão entre o ensino superior de massa e a formação de uma elite para a pesquisa. André Lichnerowicz, matemático, professor no Collège de France e iniciador do colóquio na posição de presidente da Associação de Estudos para a Expansão das Pesquisas Científicas, propõe avançar no sentido de uma maior autonomia das universidades, as quais seriam posicionadas em uma situação de concorrência. Quanto a Marc Zamansky, também matemático e decano da Faculdade de Ciências de Paris, advoga por uma seleção que permita desobstruir a instituição universitária

---

27. BON; BURNIER, 1966.
28. DAMAMME et al. (Orgs.), 2008, p. 119.

e, ao mesmo tempo, por um exame final do ensino médio que já não daria direito de entrada para a universidade. Raymond Aron, Jacques Monod e Laurent Schwartz defendem também uma seleção mais rigorosa. Tais recomendações são objeto de debate entre intelectuais, políticos e jornalistas; já as deliberações sobre a reforma de Fouchet serão discutidas durante três dias na Assembleia Nacional, na presença do primeiro-ministro, Georges Pompidou, que garante um apoio inabalável a seu ministro.

Paul Ricœur — tão sensível ao mau funcionamento da máquina universitária francesa que chega a compará-la com o sistema norte-americano, no qual ele é professor durante alguns meses por ano — assume uma grande pesquisa empreendida por *Esprit* sobre a situação da universidade, cujos resultados são publicados em maio-junho de 1964. Esse dossiê empenha-se em analisar um mundo universitário submetido a uma considerável pressão e que suscita uma situação de crise cada vez mais explosiva, pelo fato de atender à crescente demanda por um ensino de massa; além disso, deve rever internamente a alocação dos recursos disponíveis no sentido de uma seleção dos melhores para permanecer eficiente e inovador, assim como para preservar o dinamismo da pesquisa. De acordo com Ricœur, "tais respostas denominam-se: *diferenciação, orientação e seleção*."[29] Ao recusar, em primeiro lugar, qualquer barreira seletiva adicional à entrada para a universidade, ele preconiza uma universidade capaz de atender às necessidades de uma sociedade cujo nível cultural é cada vez mais elevado; convém, em vez disso, romper com as práticas discriminatórias que tendem a opor um ensino nobre a cursos técnicos depreciados. As novas exigências já não permitem conservar o velho monolitismo do sistema francês: "Que todas as universidades sejam organizadas segundo o mesmo modelo, que sejam todas do mesmo nível e que todas preparem para os mesmos exames, eis o que há de tornar-se cada vez mais insustentável."[30] A nova universidade concebida por Ricœur deve oferecer, portanto, uma pluralidade de cursos de acordo com modalidades flexíveis que levem em conta a heterogeneidade dos objetivos e dos públicos, o que passa por

---

29. Ricœur, [1964b] 1991, p. 368.
30. Ibidem, p. 371.

uma descentralização efetiva das iniciativas. Tais reformas exigem sólidos recursos financeiros a fim de construir as estruturas de acolhimento necessárias e de afetar os numerosos postos de docentes para a supervisão do trabalho dos estudantes; elas exigem, além disso, um diálogo com os estudantes e uma participação mais ativa de sua parte na condução dos cursos.

Ricœur está bem ciente dos obstáculos para a realização de tais reformas, no entanto, indispensáveis: a rigidez, o centralismo e a uniformidade das estruturas administrativas das universidades são capazes de impedir a descentralização e a diversificação pretendidas. Esta mutação exige, por fim, a renúncia de determinados privilégios do corpo docente, tais como a possibilidade de não residir na região em que é ministrado o curso ou ainda a obtenção de um título sem o corolário de se dedicar à pesquisa. Este filósofo faz apelo, portanto, a um impulso voluntário dos representantes políticos da nação. Em uma conclusão profética, Ricœur chama a atenção dos responsáveis para a gravidade da situação quatro anos antes da irrupção dos acontecimentos de Maio de 68: "Se este país não regularizar, por uma escolha ponderada, o crescimento de sua universidade, ele irá sofrer a explosão escolar como um cataclismo nacional."[31] Nesse debate, Louis Althusser defende, curiosamente, uma universidade liberal capaz de opor um baluarte à colocação sob tutela de um ensino superior submetido aos imperativos da racionalização econômica e da rentabilidade; não se trata, em seu entender, de criticar a natureza individualista do trabalho universitário porque isso equivaleria a "alienar os professores universitários", o que "seria cometer um erro político".[32]

De todas estas contribuições para o debate sobre a crise universitária, emana um consenso difuso, para além das divergências de apreciação, em favor de um reforço dos meios de seleção dos estudantes e uma melhor adequação entre o número deles e as estruturas institucionais que permitem acolhê-los. Esta perspectiva acaba por ser objeto de preocupação para uma comunidade estudantil que, ao contrário, está em luta através de

---

31. Ibidem, p. 379.
32. ALTHUSSER, 1964, pp. 86-87.

seu sindicato, a Unef, por uma democratização cada vez maior do ensino superior. Através de sua ala mais radicalizada, tal combate inscreve-se como uma etapa na rejeição do sistema social existente: em vez de racionalizá-lo, trata-se de destruí-lo.

Novas vanguardas políticas

O estilhaçamento da UEC

Em 1963, a virada à esquerda da Unef, adicionada à autonomização da UEC [União dos Estudantes Comunistas] em relação à liderança do PCF, irá marcar a situação acadêmica com um duplo registro de radicalização política. Após a Guerra da Argélia, que havia mobilizado consideravelmente a comunidade estudantil, a Unef encontra-se em dificuldade: se a organização sindical conta ainda em suas fileiras com um estudante em dois, a concorrência com a FNEF (Federação Nacional dos Estudantes da França), implementada pelo governo gaullista, combinada com o cansaço dos veteranos, acarreta, por um lado, um relativo desinteresse pela organização e, por outro, em seu seio, o que convém designar como uma crise de apatia. Quando o Congresso da Unef abre suas portas na cidade de Dijon, na primavera de 1963, impõe-se um *aggiornamento*: os dirigentes da organização constatam, com amargura, que esta agrupa apenas um estudante em quatro. Nesse contexto um tanto deletério, emerge uma nova geração, ativa e contestatária, oriunda essencialmente das fileiras tanto da FGEL (Federação Geral dos Estudantes de Letras), presidida desde 1963 por Jean-Louis Péninou, quanto da Agemp (Associação Geral dos Estudantes de Medicina de Paris), cujo presidente é Jean-Claude Polack. Os porta-vozes dessas correntes contestatárias da esquerda sindical preconizam uma radicalização das lutas e consideram que a Unef não pode contentar-se em carregar um catálogo de reivindicações e deve integrá-las a uma crítica global da sociedade. Essa esquerda sindical é liderada por militantes da UEC, cuja autonomização em relação ao aparelho do PCF suscita uma dinâmica e uma influência crescentes entre os estudantes, notadamente entre os literários e os *carabins* (estudantes de medicina), ou seja, os dois pilares da esquerda sindical.

Criada pela direção do partido em 1958 para "destruir" a célula comunista de filosofia na Sorbonne, tendo-se tornado demasiado agitada e contestatária, a UEC é liderada por aqueles a quem, na época, é atribuído o qualificativo de "italianos" — Alain Forner, Pierre Kahn, Jean Schalit, etc. —, os quais têm em comum o fato de se inspirarem no PC italiano para facilitarem a desestalinização do partido. Seu jornal, *Clarté*, exprime esse desejo de renovação, abrindo suas colunas a autores menos diretamente políticos, que escrevem sobre a criação artística e o universo intelectual; assim, é possível ler textos sobre Alain Resnais, Maurice Béjart ou Samuel Beckett, os quais garantem a esse semanário da UEC uma ampla divulgação de 25 mil exemplares.[33] Com uma postura mais radical do que esses "italianos" da direção, algumas correntes heterogêneas de uma esquerda que pretende ser revolucionária desenvolvem-se internamente, em particular na área de letras; suas referências teóricas são uma mistura de Victor Serge, Lênin, Trótski, Rosa Luxemburgo e, para a análise da sociedade francesa, André Gorz. Essa mistura explosiva suscita uma esperança revolucionária, em que a contestação estudantil deveria desempenhar um papel de mola propulsora. "O condicionamento restrito da universidade" — declara Marc Kravetz, um dos líderes da FGEL — "confere um alcance nacional à ação universitária."[34] Essa corrente visa romper com o corporativismo sindical, além de mobilizar o movimento estudantil sobre as questões sociais e sobre os problemas específicos dos jovens, os quais não se identificam com a sociedade de consumo.

Outro sinal de radicalização da UEC ocorre em março de 1964, por ocasião do 7º Congresso, realizado em Palaiseau, comuna do subúrbio sudoeste de Paris. Tendo sido preparado com o máximo cuidado pelo aparelho do PCF, este espera beneficiar-se das divisões de seus contestadores de todos os matizes — "italianos", "trotskistas", "maoístas", "anarquistas", etc. — para reassumir a direção de sua organização estudantil: ele confia

---

33. Número citado in HAMON; ROTMAN, 1987, p. 128.
34. KRAVETZ, [1963] 1983, p. 150.

a Jean-Michel Catala e a Guy Hermier a missão de conduzir à batalha as tropas reunidas pela direção para esse congresso. Dominado, até então, pelos "italianos", o bureau nacional encontra-se, de repente, em uma situação amplamente minoritária e resta-lhe apenas a escolha de orientar-se no sentido de um compromisso com a direção do partido. Pierre Kahn, de 25 anos, indicado para substituir Alain Forner, prepara um relatório focalizado na denúncia das diversas alas esquerdistas. Em última análise, os "italianos", que representam apenas 20% dos mandatos, juntam-se à oposição de esquerda em uma moção final que contabiliza 180 votos, ou seja, um número igual ao dos votantes pela tendência ortodoxa do PCF. Diante desse empate, relatam Hervé Hamon e Patrick Rotman, a tensão é extrema:

> A sessão é retomada na manhã de domingo. Mas, desde a abertura, Marie--Noëlle Thibault corre para o microfone e, com a voz embargada pela emoção, revela que, durante a noite, havia sido concluído secretamente um acordo entre os "pró-partido" e os "italianos". Segundo seu relato, ela havia escutado acidentalmente uma conversa. Roland Leroy e Alain Forner compartilhavam os postos do Comitê Nacional; restam cinco lugares cedidos a cada uma das principais tendências e treze para a esquerda. A estupefação arrasa a assistência; paira, durante alguns segundos, um silêncio de chumbo, incrédulo.[35]

Os impropérios lançados por Pierre Goldman e Yves Janin contra Roland Leroy provocam tal desordem no topo do partido que a liderança, receando que seja questionado o acordo iníquo concluído a portas fechadas, encerra a sessão. A cortina fecha-se pudicamente no primeiro ato da retomada de controle, e os dois líderes que haviam trabalhado em favor da normalização, Guy Hermier e Jean-Michel Catala, ganham assentos no bureau nacional, reivindicando o controle de *Clarté* e, ao mesmo tempo, entregando a Pierre Kahn o desempenho de um papel meramente decorativo enquanto secretário-geral da UEC.

---

35. HAMON; ROTMAN, 1987, pp. 209-210.

Na Sorbonne, Michel Butel voltou a encontrar o amigo de infância Yves Janin, ainda mais brigão do que ele; em companhia do mais ativista dos ativistas, Pierre Goldman, responsável pelo SO (Serviço de Ordem) da UEC, eles formam um trio. Essa seleta equipe pretende efetivamente manter o controle do espaço correspondente ao Quartier Latin, diante das ameaças constantes das organizações de extrema direita. Tendo nascido em 1940, de uma mãe de ascendência judaica russo-polonesa, Butel está empenhado na luta contra a Guerra da Argélia. Refratário, refugia-se na Suíça, país em que ele entra em contato com as redes de apoio ao FLN. De volta a Paris, ele começa a estudar filosofia na Sorbonne e adere à UEC, na qual volta a encontrar o amigo Janin, sob o pseudônimo de Elseneur. Prisca Bachelet — a grande amiga do trio constituído pelos "anjos negros", Janin-Butel-Goldman — é também estudante de filosofia na Sorbonne e membro da Unef e da UEC. Mas a Sorbonne e a faculdade de medicina não são o único solo em que cresce a esquerda sindical radical; as ramificações estendem-se até a Faculdade de Direito, em um universo predominantemente hostil, assim como até o Instituto de Ciências Políticas de Paris. No início da década de 1960, a Faculdade de Direito de Assas tornou-se um território ocupado pelas organizações de extrema direita, cujo presidente honorário da Corpo (Association Corporative des Étudiants en Droit) [Associação Corporativa dos Estudantes de Direito] é ninguém menos que um certo Jean-Marie Le Pen: ou seja, é bem complicado ser de esquerda e, ainda pior, esquerdista nesse estabelecimento. Um pequeno reduto de resistência começa, no entanto, a organizar-se e toma o nome de Association Cujas, oásis de acolhimento para os estudantes de esquerda que estudam direito. Essa organização agrupa as mais diversas tendências de uma esquerda e de uma extrema esquerda solidárias com o antifascismo; suas atividades eram partilhadas por jovens tanto radicais quanto católicos de esquerda ou socialistas, tais como Pierre Guidoni, além de militantes da UEC.

No fim de 1963, a virada à esquerda operada pela Unef traduz-se por uma radicalização de suas posições. O aumento dos alugueis nas residências universitárias esbarra em uma frente de rejeição e suscita a criação da FÉRUF (Federação dos Estudantes em Residências Universitárias da

França), cisão da FRUF (Federação das Residências Universitárias da França). Em janeiro de 1964, o governo renuncia ao aumento de aluguel e anuncia a construção de uma nova universidade em Nanterre-la-Folie para descongestionar a Sorbonne. Tais concessões não conseguem desarmar um movimento estudantil que, pelo contrário, pretende acentuar a pressão sobre o poder público. Em 21 de fevereiro de 1964, Dia Internacional da Luta Anti-imperialista, havia sido agendada, por acaso, a visita oficial do presidente da Itália à Sorbonne: assim, desde a véspera, o local ficou sob a vigilância policial de modo que o presidente italiano, "acompanhado por Christian Fouchet, visita uma faculdade vazia".[36]

Uma nova frente de combate abre-se em 1965, por ocasião do Congresso da UEC, realizado no reduto stalinista que é a comuna de Montreuil, no subúrbio leste de Paris. Trata-se do segundo ato para a direção "pró-partido", cujo objetivo consiste em completar o *putsch* de 1964, apropriando-se desta vez da totalidade dos poderes na organização estudantil. Tendo sido escanteados pelos stalinistas, os "italianos" não têm a mínima ilusão sobre sua sina: a moção de Guy Hermier obtém 344 votos contra 145, propulsionando-o para a presidência da UEC. Além disso, a direção do partido acaba encontrando um aliado inesperado que oferece seus serviços, dos quais ela não tem realmente necessidade: trata-se da corrente maoísta, surgida na ENS da rua d'Ulm, que, no entanto, continua denunciando o "revisionismo", os "social-traidores" e outros "tigres de papel". Em seu discurso crítico, essa corrente inspira-se no trabalho teórico do filósofo Louis Althusser sobre Karl Marx. Entre seus líderes, é possível encontrar aqueles que Clément Rosset irá designar, não sem humor, como os Miney e Minet que fazem a corte à tia Louise (Althusser)[37], ou mais precisamente, Jacques-Alain Miller e Jean-Claude Milner. Estes estudantes da rua d'Ulm, valendo-se do prestígio da ENS e da autoridade intelectual de Althusser, procuram garantir "o triunfo da ciência", em aliança com a direção do PCF; a ambição deles consiste em levar à exclusão do elo mais fraco constituído pelas forças heteróclitas do esquerdismo no seio

---

36. MONCHABLON, 1983, p. 156.
37. ROSSET (sob o pseudônimo de Roger CRÉMANT), 1969. [Vale lembrar que o termo "*minet*" significa "gato" (em sentido próprio e figurado). N.T.]

da UEC. Ao decidirem aliar-se com Hermier e Catala, eles acalentam a expectativa de descartar as outras correntes da direção e, assim, de tomar assento em um bureau nacional saneado.

Esse expurgo põe termo às ilusões de uma possível autonomia da UEC em relação ao aparelho comunista. Em 1965-1966, o alinhamento à ortodoxia provoca a emergência de novas organizações: em primeiro lugar, trotskistas e, em seguida, maoístas. O apoio ao candidato socialista à presidência, François Mitterrand, suscita a oposição do setor das letras da UEC, que é dissolvido após as eleições de janeiro de 1966; os excluídos, agrupados em torno de Alain Krivine e de Henri Weber, criam o JCR (Juventude Comunista Revolucionária), de inspiração trotskista, que lança um jornal, *Avant-garde jeunesse*. Um ano depois, em março de 1967, a JCR realiza seu primeiro Congresso Constituinte. Após a exclusão dos trotskistas, a direção do PCF visa daí em diante a outra oposição, os maoístas, agrupados na ENC da rua de d'Ulm em torno de Louis Althusser. Tendo deixado o bureau nacional da UEC, estes evitam tomar a iniciativa de um abandono em massa. Intimados pelo 9º Congresso a deixar o partido, eles fazem ouvidos moucos: as células ficam, desde então, sob o controle do aparelho, e cresce o número de expulsões. Em dezembro de 1967, realiza-se o Congresso de Fundação da UJCML (União das Juventudes Comunistas Marxistas-Leninistas) anunciado pela publicação mensal *Garde rouge* sob o título "Une catastrophe pour le révisionnisme français; une grande victoire du marxisme-léninisme" [Uma catástrofe para o revisionismo francês; uma grande vitória para o marxismo-leninismo].[38]

Os "ulmards"

Na ENS [École Normale Supérieure], Louis Althusser é a figura tutelar da nova geração. Desde que havia passado no concurso para professor de filosofia [*agrégation*], em 1948, ele assumiu as responsabilidades de *caïman*, ou professor preparador, e de secretário da ENS, a qual, como expressão

---

38. *Garde rouge*, n. 2, dezembro de 1966, citado in BRILLANT, op. cit., p. 82.

da excelência, encarna a dupla vantagem da legitimidade acadêmica e do modernismo. Na época, as únicas ciências humanas consideradas "boas" não passam destas três: psicanálise, antropologia e linguística.

A primeira inovação do *caïman* da rua d'Ulm consistiu em integrar Marx ao *corpus* dos autores estudados no tabernáculo da reprodução das elites. Após ter publicado, em 1960, sua tradução de textos selecionados de Ludwig Feuerbach, sob o título, *Manifestes philosophiques*[39] [Manifestos filosóficos], Althusser começa, em 1961-1962, um seminário sobre o "Jovem Marx" a pedido dos estudantes, entre os quais é possível encontrar Pierre Macherey, Jean-Claude Milner, Roger Establet, Michel Pêcheux, François Regnault, Étienne Balibar, Christian Baudelot, Régis Debray, Yves Duroux, Jacques Rancière e Michel Tort. Ler os textos de Marx como se lê Aristóteles ou Platão era, para esses *normaliens*, estudantes da ENS, algo surpreendente na época, mesmo que o método literal da explicação do texto tivesse permanecido circunscrito a cânones bem conhecidos. Se essa relativa originalidade entusiasmava os discípulos de Althusser, a preocupação política de derrubar a linha de Garaudy estava também no cerne das tarefas a executar pelos *normaliens* em ruptura com a direção do PCF. Tal dimensão política era essencial para essa geração que militava também contra a Guerra da Argélia. O sentimento de comunhão era acentuado pelo contexto de intensa sociabilidade, oferecido pelo internato da École, na qual todo um arcabouço teórico comum era organizado como parte da preparação para o concurso destinado a recrutar professores para o ensino médio e para algumas faculdades.

Althusser dedica o ano letivo 1962-1963 às origens do pensamento estruturalista: assim, Jacques-Alain Miller trata da arqueologia do saber em Descartes, enquanto Pierre Macherey aborda as origens da linguagem.[40] Em 1964, com a colaboração dos estudantes, Althusser direciona o seminário para a leitura coletiva de *O capital*, de Marx. A mudança de orientação política que eles desejam por parte da direção do PCF deve passar pela ciência. O clima cientificista circundante acentua ainda mais

---

39. ALTHUSSER, 1960.
40. Informações reproduzidas de ROUDINESCO, 1986, t. II, p. 386.

o entusiasmo de uma geração que acredita ser capaz de realizar a síntese entre racionalidade moderna e problematização filosófica. Se os linguistas fazem a análise do homem e da obra, se os antropólogos e os psicanalistas contornam os modelos conscientes, os filósofos althusserianos, por sua vez, procedem à crítica do humanismo, enterrado com alegria e deleite como se se tratasse de um falso adereço datando dos tempos prescritos da burguesia triunfante. O homem é objeto de uma destituição: ele deve entregar os pontos, assim como sua alma, para deixar espaço às diversas lógicas de condicionamento de que ele é apenas uma das facetas de pouco valor.

Em 1963, Jacques Lacan — tendo declarado guerra à instituição psicanalítica da qual é objeto de censura —, é convidado para lecionar na ENS por um Louis Althusser que encontra nele um aliado de peso contra o humanismo e o psicologismo. Lacan constitui com Althusser uma parelha tão curiosa quanto fascinante, junto a uma geração que se torna parcialmente althussero-lacaniana. Numerosos althusserianos passam, então, de Marx para Freud, de Althusser para Lacan, de modo que a revista *Cahiers pour l'analyse* constitui o essencial da expressão desse lacanianismo ulmiano oriundo do althusserianismo: assim, os althusserianos encontram-se fracionados entre aqueles que, em uma estrita filiação ao mestre, permanecem no campo da filosofia — como Étienne Balibar, Pierre Macherey ou Jacques Rancière — e aqueles que se convertem à psicanálise, optando pelo exercício de uma prática social concreta. Uma corrente althussero-lacaniana irá identificar-se com uma posição chamada antirrevisionista: contra a revisão do marxismo, seja pelos soviéticos ou pela direção do PCF, e contra a revisão do freudismo pelos herdeiros oficiais da API. A simbiose entre as duas correntes é simultaneamente teórica e estratégica. Nesse período de meados da década de 1960, as multidões chinesas agitando *O pequeno livro vermelho* na Praça Tian'anmen representam para eles a esperança do fim do Velho Mundo; a figura do mestre irá assumir, em breve, o rosto de Mao, o timoneiro da nova China, saudando o surgimento do Novo Mundo. O sonho de uma osmose entre os intelectuais e os trabalhadores braçais atinge seu paroxismo, e, como sublinha o historiador Christian Delacroix, "é certo que esse fascínio e esse desejo de fusão nunca tinham provocado tal grau de compromisso radical, nem tal intensidade como nesses anos".[41] A ENS da rua d'Ulm é, então, o espaço por excelência da vanguarda política, com seu núcleo de estudantes comunistas da UEC em ruptura com o PCF para criar a UJCML, ala maoísta, cujos mentores são Robert Linhart, Benny Lévy ou Jacques Broyelle; eles criam uma revista, *Cahiers marxistes-léninistes*, que agrupa os apoiadores do maoísmo. Dessa corrente, surge em 1966 outra revista, *Cahiers pour l'analyse*[42]: lançada por Jacques-Alain Miller, genro de Lacan, como uma revista teórica althussero-lacaniana, ela tem o objetivo de questionar a cientificidade das disciplinas em uma perspectiva epistemológica.

Os *situs*

Em Paris, no período imediato do pós-guerra, um movimento que tomou o nome de Letrismo tinha sido constituído em torno de um imigrante judeu, nascido na Romênia, conhecido pelo nome de Isidore Isou: simultaneamente poeta, pintor, cineasta, dramaturgo e economista, ele fez sua primeira intervenção pública em janeiro de 1946 e recebeu o apoio do poeta Raymond Queneau e do crítico literário e editor Jean Paulhan; desde o fim da década de 1940 até o início de 1950, seguiu-se uma série de publicações que pretendiam promover, em nome da juventude, uma criatividade desenfreada e o conceito de *externidade*.

Esse movimento distinguia-se pela arte da distorção: a colagem de diversas formas de expressão cultural e o sarcasmo generalizado, tal como esse folheto que anuncia "*Finis les pieds plats*" [Acabaram-se os pés chatos] e que termina com "*Go Home Mister Chaplin*" [Vá para casa, senhor Chaplin]. A revista *Soulèvement de la jeunesse* publicava no primeiro número, em junho de 1952, um manifesto afirmando que "a juventude é a única garantia de um mundo novo". Era possível também ler aí uma falsa entrevista com o filósofo Jean Wahl, "La vraie histoire du festival de

---

41. DELACROIX et al. (orgs.), 2007, p. 125.
42. O comitê de redação de *Cahiers pour l'analyse* é composto de Jacques-Alain Miller, Jean-Claude Milner, Alain Badiou, Alain Grosrichard e François Regnault.

Cannes" [A verdadeira história do Festival de Cannes], assim como estas observações iconoclastas:

> Por que o estúpido *bebop*, desajeitado, saltitante, histérico, incompreensível? Por quê? [...] Não, já não gostamos do cinema discreto, das salas sombrias e iguais que estão aí [...]. Precisamos de valores novos, estúpidos, estrepitosos, multicoloridos, feios, seremos capazes de *vesti-los* e *educá-los* [...]. À literatura tranquila de agora, haveremos de preferir sempre a agitação, a desordem, o inacabado, a antibeleza provisória das artes insólitas.[43]

Em outra revista do movimento, *Ur*, dirigida por Maurice Lemaître, o número 2 (1951) tinha como subtítulo "La dictature lettriste" [A ditadura letrista], enquanto o do número 3 (1953) era "Cahiers du mouvement isouien" [Cadernos do movimento isouiano]. Em 1952, em Bruxelas, alguns letristas dissidentes[44] constituíam uma Internacional Letrista que se aproximava do marxismo revolucionário e do dadaísmo. Eles politizavam o discurso e juntavam-se a outros apoiadores da experimentação artística, tais como o dinamarquês Asger Jorn, pintor autodidata que, durante a guerra, tinha oferecido resistência ao nazismo e pretendia restaurar, após a guerra, a verdadeira dimensão do surrealismo, criando o movimento Cobra (COpenhague-BRuxelas-Amsterdã): "Nossa experimentação" — escreve ele na revista *Cobra* — "procura levar o pensamento a exprimir-se espontaneamente, fora de qualquer controle exercido pela razão."[45] A outra cabeça de ponte do que viria a tomar, em julho de 1957, o nome de Internacional Situacionista (IS) foi o pintor marxista holandês Constant Nieuwenhuys, que se exprimia assim na revista *Reflex*: "Após ter glorificado o poder dos imperadores e dos papas — do qual ela se empenhou em lisonjear a aparência —, a cultura ocidental pôs-se a serviço de um novo poder, a burguesia, tornando-se um meio de exaltação dos ideais desta

---

43. O., 1952.
44. Jean-Louis Aran, Guy-Ernest Debord, Serge Berna e Gil Joseph Wolman.
45. JORN, [1948] 1985, p. 69.

última."[46] O terceiro homem do movimento foi o francês Guy Debord: na década de 1950, este participava, em Paris, de uma sociabilidade singular de artistas marginais no bairro de Mabillon.

A IS pretende ser, em primeiro lugar e acima de tudo, uma vanguarda artística enraizada em uma abordagem marxista da cultura chamada burguesa. Uma virada radical ocorre com a saída de Nieuwenhuys, em 1960, e de Jorn, em 1961. Sob o impulso de Debord, a IS radicaliza sua dimensão política: "Em vez de colocar a poesia a serviço da revolução" — pode-se ler em *L'Internationale Situationniste* —, trata-se, de preferência, de colocar a revolução a serviço da poesia. É apenas assim que a revolução não atraiçoa seu projeto."[47] Tendo-se convertido em líder único, Debord experimenta o que há de tornar-se uma prática habitual da organização, ou seja, a prática das expulsões. Como escreve a historiadora do movimento, Anna Trespeuch-Berthelot: "O uso de obras de arte será, daí em diante, banido para 'destruir o espetáculo'. Na sequência dessa decisão, uma parte dos artistas recalcitrantes é excluída, em fevereiro de 1962."[48]

As teses desenvolvidas inspiram-se, em muitos aspectos, na crítica da vida cotidiana, operada pelo filósofo Henri Lefebvre, mas mantendo-se à distância dos intelectuais, todos odiados, sejam eles de esquerda ou de direita. Os Sartre, Ponge, Aragon ou Genet limitam-se a ser, no entender de Debord, a expressão da decomposição do sistema. Em 1961, Debord faz uma digressão pelos "sócio-bárbaros" (Socialismo ou Barbárie), mas vai abandonar rapidamente a associação, pelo fato de não suportar o magistério de Cornelius Castoriadis, o qual refreia seu desejo de poder. Nessa época, Debord, apesar de sua política de clausura das adesões para preservar o caráter elitista de seu grupo, agrega ao IS um jovem belga, Raoul Vaneigem, que há de tornar-se um dos arautos do movimento. Até mesmo Lefebvre — que era, no entanto, a exceção e cujas teses haviam sido saqueadas pelos situacionistas — torna-se a vítima dos insultos da IS: em fevereiro de 1963, esta distribui um folheto, acusando-o de plágio e

---

46. Nieuwenhuys, [1948] 1985, p. 31.
47. *L'Internationale situationniste*, n. 8, janeiro de 1963, p. 31.
48. Trespeuch-Berthelot, [2011] 2015, p. 119.

anunciando que o seu lugar é no "lixo da história". Debord está, sobretudo, preocupado em construir sua lenda e estátua, acumulando o prestígio da dupla crítica — a da cultura e a do radicalismo político — no pequeno cenáculo que é a Internacional Situacionista.

No contexto histórico da contestação generalizada de uma juventude escolarizada, notadamente a que frequentava o ensino superior, a IS dá-se a conhecer de repente, em 1966, em Estrasburgo, açambarcando o escritório da AFGES (Associação Federativa Geral dos Estudantes de Estrasburgo). A IS decide publicar um panfleto provocativo, e que permanecerá famoso, sob o título *De la misère en milieu étudiant considérée sous ses aspects économique, politique, psychologique, sexuel et notamment intellectuel et de quelques moyens pour y remédier* [Da miséria no ambiente estudantil considerada sob seus aspectos econômico, político, psicológico, sexual e notadamente intelectual, além de alguns meios para remediá-la situação]. Para amplificar cada vez mais a repercussão de suas teses, os situacionistas decidem preparar uma ação de grande efeito ao lançarem tomates na cerimônia de inauguração da cátedra de psicossociologia de Abraham Moles. "Acho que a centena de idiotas que estavam lá" — comenta Debord — "hão de falar por toda parte como se tratasse de um acontecimento, de qualquer forma, extraordinário."[49]

O movimento conhece uma verdadeira progressão, em 1967, com a publicação das obras *A sociedade do espetáculo*, de Debord, e *Traité de savoir-vivre à l'usage des jeunes générations* [Tratado de civilidade para uso das jovens gerações], de Vaneigem. A violência verbal do pequeno grupo de Debord não cessa de exprimir-se, inclusive contra o editor, François Maspero, o qual pede para distribuir o folheto *De la misère...* e recebe como única resposta: "Stalinista cafajeste, não é por acaso que você não vai publicar o nosso folheto. Você é um lixo."[50] Essa violência verbal duplica-se, às vezes, em violência física; por exemplo, na cena de pancadaria contra o livreiro-editor Georges Nataf, acusado por Debord

---

49. Guy Debord, carta a Mustapha Khayati, outubro de 1966, citada in Trespeuch-Berthelot, op. cit., p. 276.
50. Quelques refus aisément prévisibles, *L'Internationale situationniste*, n. 11, outubro de 1967, p. 56.

de "mitomania" por ter acreditado ser capaz de reeditar alguns textos da *Internationale situationniste*. "Eles saqueiam todos sua livraria" — comenta Trespeuch-Berthelot — "e carimbam todas as obras à venda para indicar sua deposição no índex de acordo com os critérios situacionistas."[51]

Uma nova conjuntura

Na França em plena mutação social da década de 1960, a modernização é favorecida pelo Mercado Comum, criado pelo Tratado de Roma em 1957. Tal acontecimento obriga o país a abandonar os contextos tradicionais rurais e agrícolas da década de 1950; além disso, em pouco tempo, graças ao período das *Trente Glorieuses*, o país urbaniza-se, assistindo à terceirização de sua população ativa e ao desaparecimento de seus camponeses.

Em 1967, o sociólogo Henri Mendras estabelece o atestado de óbito para o imenso campesinato francês, descrevendo perfeitamente essa reviravolta: "Os camponeses chamam cada vez mais a atenção dos etnólogos que já não se interessam unicamente pelos costumes estranhos dos povos selvagens."[52] Mendras chega inclusive a formular-se a questão angustiante de saber o que poderia ser um mundo sem camponeses; mais tarde, em 1988, ele irá qualificar esse fenômeno como mutação social, falando da segunda Revolução Francesa, não menos importante do que a primeira.[53] Desde a década de 1950, Jean Fourastié converte-se no apóstolo otimista do crescimento.[54] Mais tarde, ele vai falar de "revolução invisível"[55]: essa revolução, que realiza o sonho do Iluminismo, assegurando a modernização da sociedade francesa, permanece, no entanto, em seu entender, incompleta em seus fundamentos, deixando à margem a questão da harmonia social

---

51. TRESPEUCH-BERTHELOT, op. cit., p. 312.
52. MENDRAS, 1967, p. 29.
53. Idem, 1988.
54. FOURASTIÉ, 1949 e 1951.
55. O título completo de seu livro, publicado em 1979, é *Les Trente Glorieuses, ou La révolution invisible*. Foi este economista, com efeito, que forjou a expressão "*Trente Glorieuses*" [trinta anos gloriosos].

e da busca da felicidade. Longe de se realizar no ritmo da taxa de crescimento, a felicidade pressupõe condições reais e uma concepção coletiva coerente do mundo a construir. Se o século XIX confirmou a sua crença nas capacidades prometeicas do ser humano, o século XX, por sua vez, já não consegue carregar tal sonho, como é testemunhado com perspicácia pelos artistas:

> Sobretudo desde 1950, nossos artistas seriam não tanto o anúncio de uma próxima revolução de nossas concepções atuais do mundo, mas a expressão do desassossego em que soçobrou o homem médio, desde que ele é privado realmente das concepções do mundo tradicionais, que só hoje estão quase completamente destruídas.[56]

A sociedade de consumo surgida no decorrer desses anos volta-se cada vez mais em direção às atividades de lazer, a tal ponto que o sociólogo Joffre Dumazedier considera o fenômeno como sinal da emergência de uma nova civilização.[57] Em relação aos deveres profissionais, o lazer aparece como um ponto de ruptura suscetível "de provocar uma mudança capital na própria cultura".[58] O cadinho dessa civilização do lazer segue a progressão espetacular da difusão da televisão, da qual 80% do público, de acordo com uma sondagem empreendida em 1969, espera um acréscimo de descontração; aliás, esta expectativa é plenamente satisfeita com o cultuado programa de Guy Lux *Intervilles*, criado em 1962. A televisão é também o suporte privilegiado para assistir às principais competições esportivas, como a Copa do Mundo de Futebol, o Tour de France e os famosos duelos entre os ciclistas Jacques Anquetil e Raymond Poulidor, o torneio de rúgbi das Cinco Nações, ou as façanhas dos esquiadores Jean-Claude Killy e Marielle Goitschel. Além disso, o televisor — que transmite apenas um único canal em preto e branco até 1963 e, em seguida, dois até 1972, e cujas imagens coloridas surgem em 1967 — desenvolve uma ambição

---

56. FOURASTIÉ, 1979, p. 272.
57. DUMAZEDIER, [1962] 1972.
58. Ibidem, p. 235.

educacional. Alguns de seus programas conseguem tal impacto que hão de permanecer na lembrança dos espectadores como pertencentes à era dourada da televisão: por exemplo, a encenação por Jean Prat de *Os persas*, de Ésquilo, em 1961, ou o programa *La Caméra explore le temps*. O setor da reportagem está igualmente bem representado por *Cinq colonnes à la une*, de Pierre Desgraupes, Pierre Dumayet e Igor Barrère: a partir de 1965, esse programa desempenha um papel significativo na sensibilização crescente em relação à Guerra do Vietnã. A cultura do lazer também representa um peso cada vez maior nas despesas das famílias; além disso, o equipamento dos lares, sejam eletrodomésticos ou veículos motorizados, é impulsionado pela modernidade.[59]

Alguns pensadores adaptam suas análises a essas evoluções e, sem deixarem de preservar o olhar crítico e a postura revolucionária, questionam as categorias dogmáticas que já não correspondem ao estado social existente; encontram-se em sintonia com as preocupações do momento de uma juventude dividida entre revolta e revolução. Esse é o caso de Henri Lefebvre: tendo sido expulso do PCF, ele orienta sua reflexão em prol de uma crítica da vida cotidiana na sociedade moderna.[60] Na universidade de Nanterre, que vai se tornar o caldeirão da revolta de Maio de 68, Lefebvre ensina em 1967, em uma grande sala de aula, a sociologia do mundo moderno para dois mil estudantes. Além desse ensino teórico, ele convida os estudantes a observar atentamente o mundo em que estão imersos e, notadamente, o tecido urbano que desfila diante de seus olhos no trem que os leva da estação ferroviária parisiense de Saint-Lazare até a estação Nanterre-la-Folie. "Quando Lefebvre ensina que 'a obra do homem é ele próprio'" — escreve o sociólogo Rémi Hess —, "ele mostra, por exemplo, que existe uma estética, em vez de uma ética, a elaborar. A vida deve ser pensada como projeto, e o projeto como vida."[61] Lefebvre

---

59. Em 1954, 7,5% das famílias possuem um refrigerador, contra 50% em 1964, e 91% em 1975. Em 1954, 21% das famílias têm um automóvel, contra 61,1% em 1975 (RIOUX; SIRINELLI, 1998, p. 283).
60. LEFEBVRE, 1947-1962a; idem, 1962b e 1968.
61. HESS, op. cit., p. 230.

leva os estudantes a refletir sobre as relações entre o que é concebido e o que é vivenciado.

Nesse ano de 1967, Lefebvre publica um texto incendiário contra a tecnocratização da sociedade.[62] Daí prossegue uma leitura da historicidade que seria travada em uma luta sem tréguas entre antropos e cibernantropos: estes estariam em vias de levar a melhor, impondo o mesmo tipo de sociedade de consumo por toda parte no mundo, levando à uniformidade e secretando o próprio veneno.[63] Diante dessa lógica implacável, o antropos só consegue reagir mediante a criação, a inovação e a invenção. As revoluções técnicas em plena explosão afetam não unicamente o mundo do trabalho, mas também o da cotidianidade: "A alta tecnologia" — explica Lefebvre — "penetra no cotidiano sob a forma do *gadget*."[64] O mundo é dado em espetáculo para alimentar um consumo cada vez mais voraz, que subtrai o consumidor a uma participação social ativa.[65]

O pensamento crítico independente transmite-se também na França através da Escola de Frankfurt e, notadamente, por um de seus representantes que se tornou norte-americano, Herbert Marcuse, o qual tentou articular um marxismo aberto e a teoria psicanalítica de Freud ao romper com o pessimismo deste último.[66] Ao responder, em junho de 1968, a uma pergunta de *Le Nouvel Observateur*, Daniel Cohn-Bendit declara: "Marcuse: mas de quem se trata?" No entanto, essa piada, além de ecoar a declaração de Georges Séguy, secretário-geral da CGT — "Cohn-Bendit: mas de quem se trata?" —, demonstra a vontade de não reduzir o movimento de Maio de 68 a um suposto pai espiritual. Publicado em maio de 1968 por Les Éditions de Minuit, o livro *O homem unidimensional* é vendido ao ritmo de mil exemplares por semana.[67] Marcuse é, então, apresentado de forma exagerada como o guru dos estudantes contestatários. Se a data de publicação de *Eros e civilização* é 1955 e a de

---

62. LEFEBVRE, 1967.
63. Ibidem, p. 228.
64. Ibidem, p. 23.
65. Ibidem, p. 25.
66. MARCUSE, 1963a.
67. Informação in TREBITSCH, 2000, p. 71.

O homem unidimensional, 1964, esses livros só estavam disponíveis em inglês; ocorre que, em 1968, esse filósofo usufrui indiscutivelmente de uma reputação mundial e é considerado como inspirador de uma juventude norte-americana na vanguarda da contestação nos *campi*. Tornou-se também a referência dos contestatários alemães e amigo pessoal de Rudi Dutschke, líder da SDS (União Socialista Alemã dos Estudantes). Em numerosos países, os manifestantes gritam seu nome entre os três "M": "Marx, Mao, Marcuse". Na França, sua obra só é conhecida — como sublinha o historiador Michel Trebitsch — através de revistas que haviam publicado alguns de seus textos.[68]

A proximidade entre Lefebvre e Marcuse é impressionante: nas duas obras, encontra-se a mesma crítica contra a racionalidade técnica e da vida cotidiana, assim como a mesma vontade de revolução sexual. Os estudantes de Nanterre, escreve Trebitsch,

> estão preparados, do ponto de vista cultural, para se impregnarem de freudismo-marxismo e de Marcuse; no entanto, com certeza, não ignoram o curso de Lefebvre em 1966-1967 sobre "Sexualidade e sociedade".[69]

Na década de 1960, além do caso Marcuse, é a totalidade do pensamento crítico heterodoxo do marxismo que ganha visibilidade, notadamente graças aos textos da revista *Arguments*, de Edgar Morin, cuja continuidade é garantida pela coleção epônima, dirigida pelo filósofo grego-francês Kostas Axelos e publicada por Les Éditions de Minuit.[70]

As mutações sociais estão também na origem da renovação das análises oriundas de uma esquerda moderna que questiona a *doxa* marxista e faz emergir novas vias que, mais tarde, haveriam de ser qualificadas como a "segunda esquerda": entre seus principais representantes, podemos citar Serge Mallet, membro da UGS e, em seguida, do PSU, além de Alain

---

68. MARCUSE, 1956, 1960a, 1960b, 1962, 1963b, 1966a e 1966b.
69. TREBITSCH, op. cit., p. 86.
70. Por intermédio dessa coleção é que os leitores franceses tiveram oportunidade de descobrir os textos de Theodor Adorno, Wilhelm Reich, Karl Mannheim, Leszek Kołakowski, Milovan Djilas, Antonio Gramsci e György Lukács.

Touraine, membro do PSA e, depois, também do PSU, ambos colaboradores das revistas *Arguments* — a qual dedica um de seus números de 1959 a essa questão[71] — e *France Observateur*.[72] Esses sociólogos registram as modificações e a diversidade do trabalho operário: impacto nesse universo dos operários não qualificados; surgimento de novas formas de qualificação operária; presença de uma mão de obra estrangeira, sobretudo nos empregos menos qualificados. Eles assistem também à aparição de novas figuras sociais do operário, em particular, a do operário consumidor: este é — tanto para Bernard Mottez, assim como para Touraine, Mallet ou Collinet — um fator, para não dizer de integração social, ao menos, de ruptura do isolamento que reduz as fronteiras da especificidade operária. Todos constatam que não só os técnicos, em número crescente, mas também os engenheiros e os executivos desempenham o papel que, no passado, havia sido executado pelos operários não qualificados. Estamos, certamente, longe das análises do PCF sobre o empobrecimento da classe operária; no entanto, como sublinha Mottez, "o operário acaba tornando-se muito mais consciente da distância que o separa dos outros grupos sociais".[73] O aumento do número dos empregados e dos executivos na sociedade, assim como nas grandes empresas industriais, significa, em primeiro lugar, que a "proletarização" não se concretizou; além disso, o face a face entre operários e patrões tende a desaparecer. Para Touraine, se a burocratização tem por consequência dissolver ou, ao menos, descartar o confronto entre operários e patronato, ela acaba aproximando os operários dos empregados, membros da "classe média assalariada", cuja aliança com a classe operária deveria servir de fundamento social para a unificação da esquerda.[74]

---

71. COLETIVO, 1959, incluindo textos de Alain Touraine, Michel Collinet, Bernard Mottez, Michel Crozier, Jacques Doiny e Serge Mallet, assim como de três sindicalistas — Pierre Le Brun (CGT), André Barjonet e Albert Détraz (CFTC) —, além de um operário, membro do grupo Socialismo ou Barbárie, Daniel Mothé.
72. TOURAINE, 1977, p. 241.
73. MOTTEZ, 1959, p. 6.
74. TOURAINE, 1959, p. 12.

A preocupação em "dialetizar" reforma e revolução em função das mutações sociais é compartilhada por outro inspirador da segunda esquerda que é André Gorz, o qual se exprime regularmente em *Le Nouvel Observateur* sob o pseudônimo de Michel Bosquet: judeu de origem austríaca, nascido em 1923, em Viena, ele passa os anos da guerra na Suíça e, em 1943, entusiasma-se por *O ser e o nada*, de Sartre, pelo qual sente rapidamente afinidade. Gorz publica os primeiros extratos de sua autobiografia em *Les Temps modernes*, em 1961[75]; após o falecimento de Merleau-Ponty, integra o comitê de direção dessa revista, antes de se tornar, de fato, o diretor político, o que vai convertê-lo em um intelectual dos mais influentes. Atento às transformações do que ele qualifica como neocapitalismo, ele inspira-se em marxistas italianos, tais como Bruno Trentin ou Vittorio Foa, além de aproximar-se da CFDT (Confederação Francesa Democrática do Trabalho).[76] Em seu livro *O socialismo difícil*[77], Gorz tenta combinar reforma e revolução, mas sem acreditar em uma passagem insensível do capitalismo para o socialismo. Ele defende a ideia de uma fase preparatória suscetível de desencadear, graças a reformas de estrutura, um processo de transformação, permitindo oscilar em direção a outra lógica econômica e social[78]; além disso, preconiza de preferência a socialização progressiva das funções de direção e a autogestão, em vez da ação estatal.

Sob os efeitos da modernização, a sociedade é afetada por profundas mutações no exato momento em que a juventude aspira a tornar perceptível sua diferença, seja sob a forma da expressão musical ou da contestação das instituições; em decorrência disso, e durante um longo período, verifica-se uma dupla fissura na ordem tradicional.

---

75. Gorz, 1957 e 1958.
76. Fourel (Org.), 2009, p. 23.
77. Gorz, 1967.
78. Ibidem, p. 71.

17
O deslocamento do imaginário revolucionário

O ano de 1962 foi marcado pelo fim da Guerra da Argélia e pela estabilização das instituições pelo general De Gaulle, com a proclamação da Constituição da Quinta República (1958). A França pode lançar-se impetuosamente na modernização de suas estruturas econômicas e sociais. A jovem geração que havia abordado a política no decorrer das lutas do conflito argelino permanece em alerta. O que é conhecido sobre a realidade política do outro lado do que se tornou, em Berlim, um muro em 1961, não suscita nenhum entusiasmo. O sonho de revolução tinha-se volatilizado, mas a esperança por um mundo melhor encontra material para perpetuar-se sob a forma de uma nova força política, a qual tende a substituir o proletariado como o motor da história; aliás, desde 1952, ela havia sido batizada por Alfred Sauvy com a expressão "Terceiro Mundo". Na conclusão de um artigo em *L'Observateur*, esse demógrafo e economista tinha advertido os poderosos tanto do Ocidente quanto do Leste, parafraseando o político liberal do período da Revolução Francesa, o Abbé Sieyès: "Esse Terceiro Mundo explorado, menosprezado à semelhança do Terceiro Estado, deseja também ser alguma coisa."[1]

Uma nova frente de combate

Para muitos intelectuais decepcionados com os partidos tradicionais e em busca de novas referências, o imediato pós-Guerra da Argélia é um período

---

1. SAUVY, [1952] 1986.

de latência e de agrupamento em clubes de reflexão que surgem em todo o país. O mais famoso entre eles, o clube Jean-Moulin, é criado no rescaldo de maio de 1958. "De certa forma", escreve Pascal Ory, "o clube Jean-Moulin e mais de uma centena de outros clubes fundados naquela época — às vezes, no interior, tais como o Círculo de Tocqueville, em Lyon — foram também estruturas de retraimento para intelectuais desmobilizados, mas não desconectados do debate cívico."[2] O sucesso espetacular do gaullismo levou manifestamente a um retrocesso da influência intelectual, tornando inaudível a palavra de seus representantes, reduzidos à insignificância; a prática tradicional deles na promoção de petições é inoperante particularmente após 1962, traduzindo os progressos do consenso que o general De Gaulle consegue estabelecer em torno de sua pessoa e de sua política. Por suas convulsões, o Terceiro Mundo agrega, no entanto, as consciências revoltadas na luta contra o imperialismo.

Em meados da década de 1950, o etnólogo Georges Balandier tinha dirigido a publicação de uma obra coletiva, prefaciada por Alfred Sauvy, que sublinhava os efeitos desastrosos do comércio desigual e da distorção explosiva, nos países do Terceiro Mundo, entre crescimento demográfico e estagnação dos recursos.[3] Nesse texto, ele estabelecia uma estreita correlação dos riscos que ameaçavam os países industrializados ao deixarem perpetuar-se tais desequilíbrios: "É impossível que ainda persista a dúvida de que o futuro próximo dos países subdesenvolvidos não venha a determinar também nosso próprio futuro. A preocupação deles tornou-se nossa preocupação, na exata medida em que ela condiciona uma revolta que se dirige contra as nações privilegiadas."[4] Esse início de tomada de consciência ocorria pouco depois da famosa Conferência de Bandung (1955) e, em seguida, as do Cairo (1957) e de Belgrado (1961), as quais haviam contribuído consideravelmente para a expressão de uma terceira força

---

2. ORY; SIRINELLI, 1986, p. 205. [Tendo sido encarregado, no fim de 1941, pelo general De Gaulle de unificar os movimentos de resistência contra a Ocupação nazista, Jean Moulin cai nas mãos da Gestapo por traição; depois de torturado, morre durante a transferência para a Alemanha, em julho de 1943. N.T.]
3. BALANDIER, 1956.
4. Ibidem, p. 369.

internacional longe dos caminhos sinalizados pelas duas superpotências. As novas nações libertadas do jugo colonial e à procura de uma solidariedade entre si deram origem a uma estratégia de "não alinhamento", que podia assumir diversas formas, como o pan-arabismo, o pan-africanismo, o afro-asiatismo, etc. Esboçavam-se, assim, os contornos de um projeto chamado "tricontinental" dos países do Sul, que seria designado, com uma frequência cada vez maior, como o "Terceiro Mundo", mesmo que esse qualificativo abrangesse realidades nacionais bastante contrastantes. Em 1959, o geógrafo Yves Lacoste tinha publicado um livro na coleção "Que sais-je?" da Presses Universitaires de France (PUF), intitulado *Les Pays sous-développés* [Os países subdesenvolvidos], que se tornou rapidamente um best-seller e, em seguida, em 1965, uma *Géographie du sous-développement* [Geografia do subdesenvolvimento]. "Entre 1957 e 1965" — escreve o historiador Laurent Jalabert —, "é possível encontrar mais de cem títulos em francês sobre o Terceiro Mundo unicamente na área das ciências humanas."[5]

Uma geração inteira em ruptura com o PCF, marcada pelas desilusões de 1956, pelos combates em favor da independência da Argélia e pela dinâmica impulsionada pela Conferência de Bandung, transfere então para o Terceiro Mundo uma esperança de que a URSS deixara de ser portadora. "É assim que" — de acordo com o historiador da colonização Claude Liauzu — "o terceiro-mundismo acabou por tornar-se a última utopia para uma parte dessas camadas."[6] Nessa postura, Liauzu chega inclusive a ver a expressão de um "expediente intelectual" às voltas com os bloqueios da Quinta República, que suscita essa transferência das expectativas revolucionárias "para os três continentes, a substituição de um Billancourt desesperançado por novos *Condenados da terra*".[7] Há quem ande à procura de heróis nesses territórios longínquos. Em 1961, Jean Lacouture, repórter de *Le Monde* e de *Le Nouvel Observateur*, esboça os primeiros retratos bem pitorescos desses heróis da descolonização e do

---

5. JALABERT, 1997, p. 76.
6. LIAUZU, 1986, p. 75.
7. Ibidem.

não alinhamento que contestam a supremacia ocidental: Ho Chi Minh, Habib Bourguiba, Ferhat Abbas, Mohammed v e Sékou Touré.[8] Tendo iniciado com esse texto sua longa carreira de biógrafo, ele corrobora o sentimento de admiração da metrópole colonial para com aqueles que conquistaram a independência. Antes de enfrentar os monstros sagrados da literatura francesa, Lacouture publica, em 1967, a biografia de Ho Chi Minh e, em 1971, a de Nasser. Novos ícones entram assim no panteão dos intelectuais franceses e habitam o imaginário político da jovem geração que se identifica com sua luta. A mídia televisiva tem o efeito de precipitar tal identificação, conferindo ao combate desses líderes tropicais uma universalidade que se torna, a partir da década de 1960, não mais anticolonial, mas anti-imperialista. No contexto pós-colonial, os heróis da descolonização são substituídos por novas figuras de identificação, em que o primeiro lugar é ocupado por Fidel Castro, seguido por Ho Chi Minh, Mao Tsé-Tung e Che Guevara; carregando o sentido da História, eles aparecem como o valente Davi que desafia o poder de Golias. Essa heroicização é acompanhada pela descoberta de literaturas transmitidas por etnólogos, como Michel Leiris, o qual defende a causa dessas figuras, além de contribuir para tornar conhecido seu amigo Aimé Césaire, apresentado como "o mais evidente escritor negro".[9]

No seio da geração jovem comprometida com a esquerda e acalentando a expectativa de um mundo melhor nos trópicos, os cristãos de esquerda não se deixam ficar atrás: para eles, também, a idade de ouro do terceiro-mundismo prolonga a obra das missões e das associações de ajuda humanitária nos diversos continentes. De acordo com a historiadora Sabine Rousseau, "a maior parte dos movimentos de Ação Católica dispõe de um ramo internacional que multiplica os contatos com o ultramar".[10] "O militantismo terceiro-mundista dos católicos é fortalecido pelas tomadas de posição de Roma. A encíclica *Mater e magistra*, de 1961, preconiza efetivamente a solidariedade entre os povos. Nesse ano, o secretariado-geral

---

8. LACOUTURE, 1961.
9. LEIRIS, [1989] 1997, p. 616.
10. ROUSSEAU, 2012, p. 458.

da Ação Católica anuncia a criação de um CCFD (Comitê Católico contra a Fome e para o Desenvolvimento], o qual pretende mobilizar-se contra três formas de fome: material, cultural e espiritual. No momento em que se prepara e se realiza o Concílio Vaticano II, os sinais oriundos de Roma reforçam cada vez mais aqueles que estão empenhados em ajudar o Terceiro Mundo. Tal como é evocado por Sabine Rousseau, a ação pode apoiar-se, daí em diante, "nas encíclicas *Pacem in terris* (1963), para a paz entre os povos, e *Populorum progressio* (1967), para o desenvolvimento dos povos, assim como na constituição pastoral *Gaudium et spes* (1965), incentivando o apostolado dos leigos".[11] Para respaldar esse movimento, Georges Hourdin, responsável do grupo das Publications de la Vie catholique, cria em 1961 a revista mensal *Croissance des jeunes nations*. No início da década de 1960, a África — notadamente a África Negra, região em que os problemas de desnutrição são os mais revoltantes — torna-se uma terra de missões privilegiada; essa ajuda não deixa de mostrar rapidamente seus limites, restringindo-se a colmatar brechas, sem alterar a situação. Aqueles que denunciam as desigualdades entre Norte e Sul, definindo formas de saída do subdesenvolvimento, consideram que a solução não pode ser alcançada sem quebrar as cadeias de exploração imperialista para juntar-se às lutas pela emancipação dos povos. Dessa evolução, surge uma solidariedade em ação com os combates em curso, que, em breve, será designada como a Teologia da Libertação, ou seja, uma politização desse compromisso e um deslocamento geográfico em direção aos países da América Central e Latina. Pio XII e, em seguida, João XXIII convidam, aliás, a combater o subdesenvolvimento com determinação.

O percurso de Michel de Certeau é significativo desse estado de espírito. Tendo ingressado na Companhia de Jesus com o objetivo de ir para a China, ele vivencia a sina de Cristóvão Colombo, que, ao acreditar que se dirigia para o Oriente, acabou chegando à América. É com paixão que Certeau atravessa de lés a lés o continente latino-americano, deixando uma marca indelével em todos os lugares por onde havia passado. O terreno latino-americano tanto seduz o jesuíta que ele se encontra no cruzamento

---

11. Ibidem, pp. 462-463.

de uma modernidade que vai se implantando a uma velocidade impressionante em uma sociedade bastante religiosa, ainda não secularizada. O duplo compromisso — político e religioso — pode exprimir-se sem os procedimentos de ocultação necessários no Ocidente. A fé e a revolução, o hino da Internacional e os cânticos litúrgicos, o samba e as procissões religiosas podem combinar-se, proclamar-se em conjunto sem nenhuma forma de exclusão; acrescentemos as mil e uma miscigenações e todos os aportes oriundos das civilizações pré-colombianas que é possível encontrar no sincretismo do cristianismo latino-americano.

De 27 de outubro a 6 de novembro de 1966, Certeau envia para a revista *Études* o relato do Congresso da CLAR (Confederação Latino-Americana e Caribenha de Religiosos e Religiosas), que reúne os representantes das congregações e do episcopado brasileiro, no Rio de Janeiro. Ao servir-se da situação religiosa dos países latino-americanos como sujeito de reflexão sociológica e teológica, ele sublinha o lugar das congregações religiosas, incomparavelmente mais consistente do que aquele que se observa na Europa: o número de sacerdotes religiosos (dezenove mil) é mais elevado do que o de sacerdotes diocesanos (dezoito mil). Quanto ao número de religiosas, ele dobrou em vinte anos, passando de 58 mil em 1945 para 110 mil em 1965. Esse continente em plena mutação está submetido a tensões sociais dramáticas e a uma pauperização galopante, visível no próprio Rio de Janeiro, cidade em que ocorre o Congresso e na qual um terço dos habitantes vive em favelas, nos morros com vista para a baía, "excomungados dessa cidade resplandecente e também, segundo parece, da luz que envolve, durante a noite, o Cristo bem distante do Corcovado".[12]

Os delegados desse Congresso pretendem levar em conta essas disparidades crescentes; todos os debates giram em torno da noção de desenvolvimento, da necessidade de uma mudança radical de orientação e de uma mobilização efetiva contra a pobreza. Não basta a simples justaposição ineficaz das análises socioculturais e dos sistemas teológicos. No Rio, Certeau observa a missão católica, instalada no meio dos casebres.

---

12. CERTEAU, 1967a, p. 109.

Um verdadeiro trabalho de conscientização é realizado na Favela dos Cabritos para ajudar as mulheres a ganhar algum dinheiro, dando-lhes os rudimentos de uma profissão: "Nesse canto povoado por *biscateiros* (para os homens, não existem outros trabalhos, além de *biscates*), elas ganham dinheiro, cuidam das casas e criam as crianças que lhes foram impostas."[13] Esses esforços de promoção cultural permitem realizar pequenos milagres: apesar de serem apenas "gotas d'água no oceano"[14], são às vezes alternadas e amplificadas por ações políticas e por tentativas de reformas escolares e universitárias em maior escala. A extensão política da ação social é inevitável com um quinhão de tensões em relação ao poder porque "abstrair-se da política é aqui, praticamente, aceitar uma política, exatamente aquela que espera das autoridades morais um apoio, ao menos, tácito".[15] A Igreja é levada a tomar posição sobre a miséria social e o uso da tortura pelo regime militar, um pano de fundo social e político bastante presente na reflexão teológica realizada durante a Semana Internacional da Catequese de Medellín, na Colômbia, em agosto de 1968. As tarefas a realizar são imensas. O apostolado sacerdotal é obrigado a enfrentar, frequentemente, uma proliferação de experiências espirituais populares, consideradas em geral como simples arcaísmos a serem combatidos em nome do dogma, enquanto múltiplos trabalhos científicos percebem nesses messianismos uma preocupação social e a expressão de uma busca do mistério do homem em sua linguagem: "*Terra incognita*, essa imensa experiência religiosa, considerada durante muito tempo como 'aberrante', é a voz interior de um continente que, do ponto de vista cultural, permaneceu católico."[16]

O itinerário de um Certeau não é, no entanto, representativo do pensamento dominante dos intelectuais católicos, que se mantêm, quase sempre, longe do radicalismo. Aliás, desde 1960, o padre e teólogo jesuíta Gaston Fessard tinha tentado acertar as contas com esse "progressismo

---

13. Idem, 1967b, p. 344 [no original, os termos aparecem em português, grifados pelo autor (N.T.)]
14. Ibidem, p. 347.
15. Ibidem, p. 342.
16. Ibidem, p. 601.

cristão": "Pobreza, justiça, sentido da história, outras tantas palavras ambíguas através das quais se insinuou o veneno marxista."[17]

Cuba si!

Se existe um herói que desperta o entusiasmo dos intelectuais de esquerda no início da década de 1960, esse é efetivamente Fidel Castro. Às portas do Império americano, a pequena ilha de Cuba desafia a maior potência do mundo e parece definir um caminho diferente daquele que havia sido adotado pela URSS. A ameaça que paira sobre ela não tem nada de fantasmático, como é demonstrado pela operação fracassada da baía dos Porcos, em 1961. No ano seguinte, a crise dos mísseis, com a queda de braço entre Kennedy e Khrushchov, coloca o planeta à beira da Terceira Guerra Mundial e acentua ainda mais o papel heroico desempenhado por Castro em face do gigante norte-americano. Como será observado pelo historiador Robert Frank:

> O primeiro mito a constituir-se é Fidel Castro, que encarna o modelo de revolução romântica, inicialmente fracassada (1953) e, em seguida, bem-sucedida em Cuba (1959). Na época em que a descolonização propriamente dita está prestes a acabar, o castrismo evoca a luta da América Latina e, até mesmo, do Terceiro Mundo inteiro, contra o imperialismo norte-americano, a qual substitui o combate contra o colonialismo europeu.[18]

Esse momento corresponde também àquele em que os intelectuais se afastam da URSS — a qual, após ter cristalizado suas expectativas, limita-se a produzir desencantamento — e dirigem o olhar para essa revolução nos trópicos que suscita, "na França, em particular, esperança, entusiasmo e

---

17. FESSARD, 1960, p. 147.
18. FRANK, R., 2000, p. 37.

admiração".[19] Esse estorvo pertinaz para a América engendra curiosidade e paixão, a tal ponto que a viagem para Cuba vira rapidamente uma moda entre os intelectuais de esquerda.

Desde o início de 1960, Jean-Paul Sartre e Simone de Beauvoir tinham mostrado o caminho: convidados pelo semanário *Revolución*, eles encontram Fidel e Raúl Castro, assim como o ministro da Economia da época, Che Guevara. O casal recebe as homenagens da jovem revolução cubana; de acordo com Annie Cohen-Solal, biógrafa de Sartre, era "como se, apresentando-lhes oficialmente a criança na pia batismal, estivessem sugerindo ao casal para se tornarem padrinhos da aventura que está por começar [...]".[20] Sartre fica em êxtase diante da capacidade de trabalho dos responsáveis políticos, que marcam seus encontros às duas ou três horas da madrugada, na frente de milícias que lhe aparecem como o oposto de um Exército. As imagens dessa visita que circularão pelo mundo hão de manifestar o reconhecimento da Revolução Cubana por aquele que encarna a própria figura do intelectual universal: fascinado pela festa cubana e espantado por ter visto a eclosão de uma revolução romântica e heroica, Sartre multiplica as declarações eufóricas em seu retorno. Por sua vez, Simone de Beauvoir declara: "O fato de assistir à luta de seis milhões de homens contra a opressão, contra a fome, contra as favelas, contra o desemprego e contra o analfabetismo, de entender seus mecanismos e descobrir suas perspectivas constituiu uma experiência cativante."[21] Sob o título "Ouragan sur le sucre" [Furacão sobre o açúcar], Sartre publica em *France-Soir* uma reportagem cuja complacência chega inclusive a surpreender sua biógrafa.[22] Em seu texto para *France Observateur*, Simone de Beauvoir consegue ser ainda mais enfática: "Eu já tinha uma ideia extremamente favorável a respeito da Revolução Cubana, mas ao cabo de uma semana, de um mês, meu julgamento acabou sendo ainda mais favorável."[23]

---

19. VERDÈS-LEROUX, 1989, p. 208.
20. COHEN-SOLAL, op. cit., p. 508.
21. BEAUVOIR, 1963, p. 289.
22. SARTRE, [1960] in COHEN-SOLAL, op. cit., p. 511.
23. Simone de Beauvoir, citada in VERDÈS-LEROUX, 1989, p. 214.

Fidel Castro dá-se conta imediatamente do interesse em servir-se da ajuda dos intelectuais do mundo inteiro para tirar Cuba de seu isolamento; ele vai procurar e encontrar numerosos pontos de apoio, incumbindo Carlos Franqui — cubano de origem espanhola, torturado durante a ditadura de Batista — de organizar a vinda de artistas e de escritores reputados, com condições de representar uma caução para a opinião internacional. A partir de 1964, um grande número de estudantes da UEC fazem essa viagem, reforçando sua convicção revolucionária e a vontade de ruptura com o PCF; será possível encontrar muitos deles nas fileiras da JCR trotskista, notadamente Jean Schalit, Michèle Firk, Jeannette Pienkny, Bernard Kouchner ou Jean-Jacques Porchez. "Paris-Havana-Argel" — escrevem Hervé Hamon e Patrick Rotman — "Pouco importa a ordem das paradas. Todos os aprendizes revolucionários que haviam participado de passeatas em Paris acabam percorrendo esse triângulo, ou, no mínimo, sonham em percorrê-lo."[24] No verão de 1967, vários intelectuais e artistas franceses são convidados para o Congresso da OLAS (Organização Latino-Americana de Solidariedade) em Havana, incluindo Marguerite Duras, Pierre Guyotat, Alain Joufroy, Jean Schuster, Gérald Gassiot-Talabot e Michel Ragon.[25] Quanto à revista *Les Temps modernes*, ela está ao lado da Revolução Cubana e contribui para transmitir o mito do paraíso finalmente realizado. Em abril de 1959, Nicolás Guillén — poeta cubano que havia sido obrigado a fugir da ditadura de Batista, inicialmente para a França e, depois, para a Argentina — retorna ao país natal e comunica seu entusiasmo na revista de Sartre: "Nosso povo, apesar de ter sido subjugado por uma dupla tenaz — a tirania e o imperialismo norte-americano —, possui reservas de energia inesgotáveis."[26] Alguns anos mais tarde, no âmago da mobilização tricontinental terceiro-mundista, Régis Debray define, nas mesmas colunas de *Les Temps modernes*, o "castrismo"[27] como uma fonte de esperança para um modelo singular de socialismo que deve amotinar a América Latina

---

24. HAMON; ROTMAN, 1987, p. 226.
25. Informações reproduzidas de BRILLANT, op. cit., p. 92.
26. GUILLÉN, 1959, p. 1627.
27. DEBRAY, 1965.

inteira. Nesse texto, ele distingue duas estratégias: aquela conhecida como o *foco*, que se apoia no amplo apoio de operários rurais e urbanos; e aquela do blanquismo, que se limita a promover a tomada do Estado.[28]

É através do pintor cubano residente na França Wifredo Lam que Michel Leiris recebe um convite para passar três semanas na ilha. Sua caução é tanto mais procurada porque, estando engajado na esquerda, ele se tornou o etnólogo especialista das raízes africanas da cultura do Caribe. Durante essa estada, encontra-se na companhia de um grupo de intelectuais, escritores e artistas, incluindo Maurice Nadeau, Georges Limbour, Roland Penrose, Guillaume Corneille, Valerio Adami, Erró, Eduardo Arroyo, César, Gilles Aillaud, Antonio Recalcati, Jean Schuster, Dionys Mascolo, Marguerite Duras, Alejo Carpentier e José Pierre.[29]

De sua viagem cubana, Michel Leiris traz fragmentos de uma escritura poética.[30] Depois de sua deambulação por toda a ilha, ele é acordado com os amigos às duas horas da madrugada porque Fidel Castro deseja conversar com eles. Apesar da hora pouco habitual para esse tipo de encontro oficial, o encantamento prevalece pelo fato de ter achado o líder cubano afável e desprovido de arrogância, tendo praticamente "a voz monocórdica, com um espanhol bastante melodioso e claramente articulado".[31] Leiris é incumbido pelo novo poder cubano de organizar uma grande reunião internacional em Havana, convidando as mais importantes personalidades do mundo intelectual. Tendo retornado a Paris, acaba renunciando à viagem que devia fazer à Irlanda em companhia de Limbour e de Sonia Orwell para dedicar-se a essa tarefa; ele tenta convencer Picasso e obter a aceitação de Aimé Césaire, apesar de sua forte relutância, para fazer parte do Comitê de Honra. É assim que, em janeiro de 1968, se reúne em Havana um grande congresso de escritores, artistas e intelectuais oriundos de setenta países; a delegação francesa inclui setenta personalidades.[32] Se alguns in-

---

28. Ibidem, p. 1.237.
29. ARMEL, 1997, p. 635.
30. LEIRIS, 1978.
31. Ibidem, p. 152.
32. Entre os quais, Aimé Césaire, Jean-Pierre Faye, Pierre Jalée, Alain Jouffroy, Michel Leiris, André Pieyre de Mandiargues, Dionys Mascolo, Pierre Naville, Hélène

cidentes contribuem para abrir os olhos de Leiris em relação aos limites impostos às liberdades por parte do regime, ele não deixa de prosseguir seu engajamento pró-castrista e, de volta a Paris, aceita presidir a associação internacional dos Amigos da Revolução Cubana, apoiada por uma imponente delegação francesa.[33] Ao final do congresso, esses intelectuais têm direito a um discurso interminável de Fidel Castro, exortando-os a organizarem o boicote aos Estados Unidos e a empenharem-se cada vez mais firmemente na luta contra o imperialismo. De retorno aos respectivos países, esses intelectuais serão os melhores propagandistas de um regime apresentado como a terra prometida. Como enviado especial a Havana, André Gorz escreve em *Le Nouvel Observateur*:

> Pela primeira vez na história do socialismo — se excetuarmos o período leninista da Revolução Soviética —, um país socialista, no décimo ano de sua revolução, apresenta-se e é aceito pelos intelectuais do mundo inteiro [...] como um país de liberdade.[34]

O editor François Maspero torna-se, desde o fim da Guerra da Argélia, o epicentro da sensibilização ao Terceiro Mundo; nesse início da década de 1960, ele está também fascinado pela Revolução Cubana. Em janeiro de 1966, assiste em Havana a uma conferência da OSPAAAL (Organização de Solidariedade dos Povos da Ásia, da África e da América Latina), organizada pelo político marroquino Mehdi Ben Barka, que reúne 82 delegações. Portador dos ideais da Resistência ao ocupante nazista, Maspero chegou a ter vergonha, depois da Guerra da Argélia, de ser francês e compensa então esse sentimento voltando a atenção para esse pequeno país que havia tido o atrevimento de insurgir-se contra o mundo dividido em dois blocos, às portas do gigante norte-americano. Sua editora faz-se eco das obras que dão testemunho dos combates latino-americanos: na

---

Parmelin, Jean-Pierre Vigier e Georges Waysand.
33. Jean-Pierre Faye, Alain Geismar, Dionys Mascolo, Maurice Nadeau, Hélène Parmelin, Jean Schuster e Jean-Pierre Vigier.
34. BOSQUET, 1968.

coleção "La Joie de lire", é possível encontrar os textos tanto de Guevara quanto de Castro, e até mesmo do diário cubano *Granma*. Maspero faz duas viagens à Bolívia para defender Régis Debray, do qual publicou, em 1967, *Revolução na revolução*. Aluno [*agrégation*] da ENS, tendo feito o concurso para professor de filosofia [*agrégation*], Debray foi participar da revolução na América Latina. Em 19 de abril de 1967, no momento em que adere à guerrilha de Che Guevara, ele é detido pelo Exército boliviano na aldeia de Muyupampa. O poder boliviano vai designá-lo como um dos responsáveis pela luta armada, e alguns vão até a reivindicar sua condenação à morte, o que desencadeia um amplo movimento de apoio por parte dos intelectuais na França. Em 10 de maio, um telegrama é enviado ao chefe de Estado boliviano, o general René Barrientos Ortuño, pedindo-lhe para respeitar os direitos da defesa. A impressionante lista de peticionários transcende as divisões políticas e agrupa personalidades intelectuais de horizontes bastante diferentes.[35] Jean-François Sirinelli, ao sublinhar a eficácia dessa campanha junto às autoridades bolivianas — que, finalmente, vão ceder —, lembra a campanha de 1924 em favor de André Malraux, o qual estava também preso

---

35. Informações reproduzidas de Sirinelli, [1990] 1996, pp. 370-371: "Entre outros, encontramos aí os nomes de François Mauriac, André François-Poncet, o pastor protestante Boegner, Jacques Rueff, Pierre-Henri Simon, Jean Guéhenno, Jacques Chastenet, Marcel Achard, Maurice Genevoix, René Clair — dez membros da Academia Francesa —, René Poirier, Henri de Lubac, Adrien Dansette, Pierre Clarac, Étienne Souriau, Gabriel Marcel, Louis Martin-Chauffier, Gabriel Le Bras, Henri Gouhier, Édouard Bonnefous, Maurice Baumont, Edmond Giscard d'Estaing, Robert Garric, Victor-Lucien Tapié, Marcel Dunan, Jean-Jacques Chevallier, René Cassin, Robert Debré; o primeiro presidente do Tribunal de Última Instância de Paris Marcel Rousselet; o rabino-chefe da França Jacob Kaplan; Raymond Aron, e mais de vinte membros das outras academias do Institut de France; os professores prêmio Nobel François Jacob, Jacques Monod e Alfred Kastler; os professores de direito Georges Vedel, André Hauriou, Georges Lavau, Jean Rivero, e Jean-Claude Colliard, assim como Bertrand de Jouvenel, Emmanuel d'Astier de La Vigerie, Jean Vilar, Hervé Bazin, Jean-Louis Barrault, Jean-Pierre Faye, Philippe Sollers, Georges Perec, Léo Hamon, Pierre Emmanuel, Daniel Mayer, David Rousset, Edmonde Charles-Roux e Françoise Sagan." Em 12 de maio, vieram juntar-se outras personalidades, entre as quais Dom Feltin, Dom Charles, Louis Aragon, Georges Friedmann, Jean Cassou, Jean-Marie Domenach, Vladimir Jankélévitch, Jorge Semprún, Alfred Grosser, Pierre Vidal-Naquet, Georges Canguilhem, Laurent Schwartz, Roland Barthes e Jacques Lacan.

e em situação bastante crítica. Ele observa, com ironia, "a capacidade da intelectualidade para cerrar fileiras quando um deles está envolvido em algum problema. A esse respeito, o caso Debray, em sua vertente francesa, é antes de tudo um fenômeno *endógeno*, interno ao círculo intelectual".[36] Olivier Todd escreve em *Le Nouvel Observateur*: "Ao falar com raiva que vai 'fuzilar' Régis Debray, o general Barrientos pretende fuzilar uma ideia: a da revolução na América Latina."[37] François Maspero, seu editor, anuncia a constituição de uma comissão de inquérito, composta dos advogados Roland Dumas, Georges Pinet e Roger Lallemand; ele próprio é enviado para La Paz por um comitê de defesa que inclui notadamente Jean-Paul Sartre e François Mauriac.[38] Em outubro de 1967, Debray é condenado a uma pena de trinta anos de prisão na cidade de Camiri, na Bolívia; mas, ao fim de quatro anos, em 1971, é posto em liberdade.

No momento do veredicto, uma fotografia sob a forma de cartaz dá a volta ao mundo, a de Che Guevara, a figura mais emblemática do combate anti-imperialista para toda a geração jovem; feita em 1960, por ocasião de um comício, ela se torna famosa apenas em 1967, quando o editor italiano Giangiacomo Feltrinelli, bastante engajado à esquerda à semelhança de Maspero, vai transformá-la em um cartaz que cristaliza o novo fervor terceiro-mundista. A descoberta do corpo do herói, morto na selva boliviana, seminu, executado após ter sido torturado pelo Exército, converte-o em um mártir de dimensão crística.

Entre os cristãos comprometidos à esquerda, Michel de Certeau é, como muitos outros, bastante afetado por esses acontecimentos dramáticos e dedica uma homenagem a essas duas figuras entrecruzadas do engajamento.[39] A morte do Che tem, para ele, um alcance considerável porque seu desaparecimento vai transformá-lo em mito: "Sua imagem aparece no céu do Terceiro Mundo como um sinal para os rebeldes de cada país."[40] Essa encenação da morte é também fonte de um reviramento político concreto,

---

36. Sirinelli, [1990] 1996, p. 373.
37. Todd, 1967.
38. Brillant, op. cit., p. 91.
39. Certeau, 1967c.
40. Ibidem, p. 625.

de uma mudança radical de rumo na linha de defesa do prisioneiro de Camiri. Debray declara aos carcereiros ter pretendido assumir seu lugar no combate dos guerrilheiros, mas foi demovido dessa ideia por Guevara; por isso, nega-se a ser um prisioneiro excepcional, mesmo que usufrua, enquanto aluno francês da ENS, de uma notoriedade internacional.

Nesse ano de 1967, a esperança revolucionária encontra, na América Latina, sua prolongação na Teologia da Libertação. Certeau termina a homenagem com uma analogia entre a figura do militante (Guevara) e a do teórico (Debray) através da relação estabelecida entre a figura de Jesus e o cristianismo: "O vínculo entre o militante morto em combate e o teórico que se declara solidário com o companheiro remete-nos a algo essencial (e *distinto*) na revelação cristã."[41] Essa analogia com o Cristo é retomada pelo crítico de arte John Berger, o qual publica em 1968 uma obra em que compara a fotografia do cadáver de Guevara à tela *Lamentação sobre o Cristo morto*, de Mantegna.[42] Morto com as armas na mão, Guevara dispõe de todos os trunfos para ser um mito: ele não deixou de esforçar-se em favor de uma solidariedade dos povos por sua emancipação e sacrificou a vida por essa causa, conferindo-lhe uma ênfase altamente romântica que acaba mostrando uma analogia com um lorde Byron, que foi apoiar a causa grega no início do século XIX com o sacrifício de sua vida, em 19 de abril de 1824.[43] Ele suscita vocações entre os jovens intelectuais politizados, tais como Pierre Goldman, segundo o qual seria, "finalmente, possível lutar com amor e não apenas com o ódio da indiferença".[44] Se a teoria do *foco* acaba sendo um fracasso acachapante, Guevara terá deixado, de acordo com Robert Frank, uma mensagem *post mortem*: "A palavra de ordem que, alguns meses antes, ele havia dirigido aos camaradas cubanos tornou-se então popular: 'Criar dois, três Vietnã.' Esse slogan permite completar a estatura internacional do Che."[45] O desaparecimento do revolucionário carismático suscita uma intensa emoção coletiva, como

---

41. Ibidem, p. 629.
42. BERGER, 1968.
43. Ver MAZUREL, 2013.
44. GOLDMAN, 1978, p. 27.
45. FRANK, R., op. cit., p. 43.

é testemunhado pelo sucesso da cerimônia fúnebre noturna organizada pela JCR, em 19 de outubro, na sala da Mutualité, com a participação de Maurice Nadeau.

François Maspero publica numerosas obras que se tornam referências na luta contra o imperialismo; além disso, a revista *Partisans*, criada por ele em 1961, em plena Guerra da Argélia, constitui um dos suportes dessa luta terceiro-mundista. Em 1967, a revista *Tricontinental* garante o revezamento a *Partisans*, cuja existência mantém-se, no entanto, até 1972.[46] A editora dá um novo impulso para revelar e difundir uma literatura proveniente dos países desse Terceiro Mundo.

O culto a Mao

Se 1967 é o ano cubano para alguns — notadamente aqueles que hão de aderir, durante algum tempo, ao trotskismo —, outros dirigem o olhar para o Leste, um Oriente vermelho como a revolução maoísta, que desafia o revisionismo soviético e envolve-se com o que ela designa como a Grande Revolução Cultural Proletária. Já evocamos os efeitos do "pensamento Mao Tsé-tung" na rua d'Ulm e nos círculos althusserianos, ambiente em que surge a publicação *Cahiers marxistes-léninistes*. Como já foi mencionado no capítulo 16[47], os pró-chineses abandonam o UEC em 1967, para constituir o UJCML. Mao torna-se, então, um verdadeiro ícone, que se opõe, simultaneamente, ao poder soviético e ao imperialismo norte-americano, este sendo qualificado como "tigre de papel", e pretende dispor de uma mensagem universal que deve revivificar um internacionalismo expandido a todos os povos proletários do mundo.

Entre meados da década de 1950 e o fim da década de 1960, o fascínio exercido pela China transborda amplamente as fileiras dos militantes maoístas franceses. Já em 1953, a nova China é tema do artigo de Claude

---

46. HAGE, 2008, p. 90.
47. Ver p. 581.

Roy[48] publicado em *Les Temps modernes*; aliás, esta revista vai dedicar um número especial à temática, em 1956.[49] Entrementes, de 6 de setembro a 6 de outubro de 1955, Sartre e Beauvoir tinham sido recebidos oficialmente na República Popular: após um mês de visitas para admirar as "realizações" do comunismo chinês, eles retornaram entusiastas — aliás, de acordo com o que havia sido previsto pelo poder maoísta. Sartre exprimiu seu entusiasmo em programas de rádio e nas colunas de *France Observateur*, enquanto Beauvoir publicou o relato de sua viagem à China.[50] Na época, ainda não se punha em questão a ruptura sino-soviética, e o casal manteve até 1956 uma grande afinidade com o PCF. O general De Gaulle foi o primeiro a reconhecer a legitimidade do poder de Mao, e Malraux fez a viagem para a China em 1965; o gaullista Alain Peyrefitte foi incapaz de dissimular sua admiração. Como indica, no entanto, Bernard Brillant[51], numerosos intelectuais decepcionados pela experiência soviética mostravam-se mais cautelosos: assim, em 1961, Edgar Morin observava a falta de informações sobre o que estava realmente acontecendo nesse vasto país, e afirmava que não deveria ser conferido mais valor aos relatos das visitas à China do que àqueles dos "viajantes da Rússia de Stálin, da Hungria de Mátyás Rákosi, os quais relata[va]m visões encantadas e cifras eloquentes".[52]

No entanto, muitas dessas prevenções foram descartadas durante a Revolução Cultural, que teve início em meados da década de 1960: apresentada como uma "revolução sem fuzil", ela exerce ainda mais fascínio. Mao dava a impressão de pretender realizar a simbiose entre os intelectuais e o povo, tendo a coragem de enfrentar os privilégios adquiridos, o mandarinato e as perversões burocráticas. Tratava-se — ficaremos sabendo disso mais tarde — de um canto da sereia. Entretanto, o mito obteve um enorme sucesso, além de ter sido reforçado pelo filme de Jean-Luc Godard *A chinesa*, estreado em 1967, ainda que este tenha sido vilipendiado pelos maoístas franceses, que o consideraram uma provocação fascista. Na

---

48. Roy, C., 1953.
49. Coletivo, 1956.
50. Beauvoir, 1957.
51. Brillant, op. cit., p. 96.
52. Morin, 1961, p. 3.

época, dá prova de bom gosto quem usa uma gola Mao, recita excertos de *O pequeno livro vermelho* e aprecia a sopa de Pequim, particularmente picante para o paladar ocidental.

Em 1967, sob circunstâncias rocambolescas, a Éditions du Seuil publica a tradução francesa *Le Petit livre rouge des citations du président Mao*. Considerando que a China não havia assinado a Convenção Internacional sobre os Direitos Autorais, o best-seller de Mao está isento do pagamento de direitos. A questão de sua eventual publicação é discutida no comitê de leitura dessa editora: metade de seus membros, liderada por Luc Estang, estrangula-se de raiva contra tal edição, enquanto a outra metade considera como um dever da editora tornar conhecido do público aquilo que se encontra na boca de todo o mundo, o que não implica nenhuma adesão às teses do Grande Timoneiro. Os ânimos esquentam e, no momento em que a atmosfera poderia degenerar, Jean Bardet desaparece, levando o texto para a gráfica. Essa decisão tomada à força culmina na divulgação de 170 mil exemplares do livro, e o consenso é reconstituído rapidamente em torno da direção. Em *Le Nouvel Observateur*, cuja tiragem é então estimada em cem mil exemplares, K. S. Karol relata com fervor fatos e ações da Revolução Cultural, enquanto Jules Roy, após uma viagem à China, exprime sua desilusão: "É verdade que acabei perdendo minha fé; tendo chegado à China enlouquecido de amor e admiração, voltei desse país amargurado e aterrorizado."[53]

Contra a Guerra do Vietnã

O recrudescimento do interesse e da mobilização pelos países do Terceiro Mundo é alimentado, em grande parte, por uma guerra que suscita as paixões e assume de novo, para a juventude, um valor exemplar: aquela que opõe um pequeno país da Indochina, o Vietnã do Norte, à superpotência norte-americana. Neste caso, não se trata de simples ameaças e de bloqueio, mas, a partir de 1965, de um bombardeio sistemático e

---

53. Roy, J., [1965] 1982, p. 171.

cotidiano do país pelos B-52 das Forças Armadas estadunidenses. "Nos anos de 1965 a 1968" — escreve o historiador Nicolas Pas —, "o Vietnã desempenhou na França, assim como em outros países ocidentais, um papel de catalisador das revoltas que já existiam no contexto cultural da década de 1960."[54] A figura daquele que foi capaz de descolonizar o próprio país, Ho Chi Minh, impõe o respeito, a simpatia e a admiração. Jean Lacouture, que escreve a primeira biografia do líder vietnamita, em 1970, evoca uma

> personalidade múltipla, cintilante, tipo de comunista romanesco e pitoresco de quem, segundo parece, Karl Radek e Victor Serge tinham apreendido o segredo [...]. Encenador constante de si mesmo [...] mescla de comédia, sedução e urbanidade, [ele] dá mostras de uma personalidade talvez mais chinesa do que vietnamita [...]. No entanto, por mais artista que seja, um encenador nem sempre consegue exprimir seu temperamento profundo.[55]

Sua determinação, sua alcunha de "Tio Ho", sua austeridade, a simplicidade da roupa com a sua "túnica de algodão cru" e os "dedos dos pés enfiados em suas famosas sandálias recortadas de pneus usados"[56] vão convertê-lo no herói sonhado; além disso, ele combina o apoio ativo de todo o movimento comunista internacional, tanto moscovita quanto chinês, com o de uma extrema esquerda em via de surgir à esquerda do PCF. Após a Guerra da Argélia, a juventude contestatária que irá exprimir-se no Maio de 68 exibe-se pela primeira vez, em público, na luta contra a Guerra do Vietnã, que em meados da década de 1960 conhece uma virada dramática. A causa vietnamita, antes de se tornar internacional, é objeto de uma feroz batalha interna nos Estados Unidos. A contestação não cessa de crescer nos *campi* norte-americanos a partir do momento em que Lyndon Johnson envolve o país, em 1965, em bombardeios sistemáticos

---

54. Pas, 2000, p. 158.
55. Lacouture, 1970, pp. 178-180.
56. Rouge, 1969, citado in Frank, R., op. cit., p. 38.

do Vietnã do Norte. Assiste-se, então, ao desenvolvimento de uma nova prática, o *teach-in*, a qual reúne professores universitários e estudantes em assembleias de protesto; aliás, essa contestação é alimentada pelo recrutamento cada vez mais maciço de jovens norte-americanos para a guerra.[57] A maior parte desses jovens passíveis de serem convocados tenta escapar dessa mobilização sem infringir a legislação: muitos prolongam o pedido de dispensa de serviço militar até os 26 anos, idade em que já não é possível ser recrutado. Outros ingressam na Guarda Nacional ou nas unidades de reservistas, sabendo que os integrantes dessas corporações não vivem sob a ameaça de serem enviados para o Vietnã:

> A utilização desses expedientes legais e sem risco mostra claramente a ambivalência de um grande número de norte-americanos em relação ao problema vietnamita. Eles não estão dispostos a arriscar a vida nesse combate, tampouco favorecem a humilhação do país, tanto mais que se recusam a contribuir diretamente para essa operação.[58]

Os mais radicais, em menor número, queimam o próprio certificado de alistamento militar em público; a esses, acrescentam-se os desertores, que expressamente recusam a convocação para prestar serviço no Vietnã, cujo número é estimado em aproximadamente doze mil. Em Washington, as passeatas ocorrem com uma frequência cada vez maior; além disso, ao ser difundida a notícia do uso do napalm, uma parcela mais ampla da opinião pública estadunidense manifesta indignação.

Entre os quinhentos mil soldados americanos enviados para o Vietnã, cinco mil são mortos em 1966. Nesse ano, o general De Gaulle aproveita uma viagem a Phnom Penh para condenar a política empreendida na base da força pelos Estados Unidos. Os serviços de segurança vão dispersar violentamente uma marcha em direção ao Pentágono com mais de cem mil pessoas. Bob Dylan, Joan Baez, Jimi Hendrix e muitos outros artistas acompanham esse movimento de rejeição da guerra ao musicalizarem

---

57. DREYFUS-ARMAND; Portes, 2000, p. 51.
58. PORTES, 2008, p. 181.

textos de protesto. Em fevereiro de 1968, parece evidente o fracasso da estratégia dos EUA quando a FNL (Frente Nacional de Libertação) lança a Ofensiva do Tet, que desestabiliza as Forças Armadas norte-americanas até mesmo nas cidades do Vietnã do Sul e na embaixada americana em Saigon, cujos jardins serviram de emboscada para *snipers* do Vietcongue. Na noite de 30 para 31 de janeiro, o Vietcongue lança uma ofensiva generalizada: das 44 capitais de província, 36 são atacadas, e Huê — antiga sede imperial situada no centro do país — é ocupada durante quase um mês. Apesar de ter sido um fracasso militar para os vietcongues, que esperavam uma adesão maciça por parte das populações urbanas quando, afinal, estas permanecem na expectativa, essa ofensiva constitui um sucesso junto à opinião pública internacional: o Vietnã do Norte e os vietcongues mostraram uma determinação inabalável, apesar das declarações do Estado-Maior das Forças Armadas norte-americanas, que proclamavam, mês após mês, uma vitória iminente.

O vento da contestação sopra do Oeste para Leste e atinge a França, país onde os intelectuais, os estudantes e a juventude escolarizada vão sentir-se cada vez mais envolvidos nesse conflito. Sartre, convidado em 1965 pela Universidade Cornell, recusa-se a viajar para os Estados Unidos, o que o obrigaria a pedir um visto.[59] Uma série de iniciativas são tomadas para manifestar a oposição crescente à guerra liderada pelos americanos. Desde fevereiro de 1965, uma primeira iniciativa do Movimento da Paz, publicada em *Le Monde*, reúne personalidades[60] das quais apenas algumas pertecem ao PCF. À semelhança da postura adotada por ocasião da Guerra da Argélia, *Le Nouvel Observateur* vai apoiar o povo vietnamita: seu repórter Olivier Todd percorre o país a fim de denunciar os crimes perpetrados pelos americanos. O número com a data de 18 de fevereiro de 1965 dedica um dossiê crítico a "L'Engrenage de la guerre" [A engrenagem da guerra], com artigos de Jean Lacouture, Claude Krief e David Halberstam, correspondente do *New York Times* em Saigon. Em

---

59. SARTRE, 1965.
60. Entre as quais, Simone de Beauvoir, Claude Autant-Lara, Henri Caillavet, Pierre Cot, François Perroux e Jean-Paul Sartre (informações reproduzidas de SIRINELLI, [1990] 1996, p. 400).

julho de 1965, o director da publicação, Jean Daniel, dá ao editorial o título "Hiroshima au Vietnam" [Hiroshima no Vietnã] e, no fim do ano, este semanário publica uma reportagem de James Pickerell, ilustrada com fotografias que confirmam o uso da tortura no Vietnã.

A Unef, que realiza seu Congresso em abril de 1965, aprova por unanimidade uma moção na qual "reafirma as posições de total solidariedade dos estudantes franceses com a justa causa dos estudantes e do povo sul-vietnamitas, que lutam heroicamente sob a liderança do FNL". Em junho de 1965, o sindicato estudantil lança um "Apelo para a realização de uma Jornada Internacional Universitária contra a Guerra do Vietnã", assinado por alguns intelectuais, incluindo Jean Chesneaux, Jean Dresch, Laurent Schwartz, Paul Ricœur, Jean Orcel e André Hauriou.[61]

Em novembro do mesmo ano, os sindicatos dos professores do ensino superior e o sindicato dos pesquisadores é que organizam uma "Semana Internacional contra a Guerra do Vietnã", que termina com uma passeata apoiada por numerosos intelectuais.[62] Ao mesmo tempo, o físico Alfred Kastler vai exigir a saída das tropas norte-americanas do Vietnã e o reconhecimento da FNL como o único interlocutor legítimo.[63] Quanto aos trotskistas da JCR, cuja organização acabava de ser criada em abril de 1966, eles envolvem-se no que lhes parece ser o combate prioritário:

> A luta contra a Guerra do Vietnã será, nos próximos meses, um dos principais eixos de nosso combate; nessa área, a JCR deve assumir a liderança em todas as iniciativas destinadas a explicar e denunciar a agressão norte-americana, além de popularizar o caráter da revolução vietnamita.[64]

---

61. Informações reproduzidas de JALABERT, op. cit., p. 70.
62. Entre os quais, Simone de Beauvoir, Arthur Adamov, Jean-Louis Bory, Armand Gatti, Jean Mercure, Alain Resnais, Jean-Paul Sartre e Vercors (*Le Monde*, 26 de novembro de 1965).
63. KASTLER [1965] in BRILLANT, op. cit., p. 103.
64. Editorial, *Avant-garde jeunesse*, órgão das JCR, n. 1, mai.-jun. 1966, p. 2.

Com a publicação em *Le Monde*, em 14 de maio de 1966, de um novo apelo de personalidades, essa frente de combate pela causa anti-guerra consegue a adesão de setenta representantes de um amplo espectro, que vai dos comunistas até os gaullistas e os cristãos de esquerda: eles denunciam um "verdadeiro genocídio" e convocam à constituição de "comitês de apoio".⁶⁵ Certamente, em relação ao conflito vietnamita não existe unanimidade entre os intelectuais, de modo que é possível ler, no mesmo número de *Le Monde*, um apelo que se ergue contra "a agressão comunista" no Sul e convoca todo o mundo livre para posicionar-se ao lado da "corajosa resistência do Vietnã"; no entanto, a lista dos signatários é pouco expressiva relativamente a sua rival e revela que, se é que isso era necessário, em meados da década de 1960, a esquerda domina nos círculos intelectuais. Entre esses dois polos, a posição de Raymond Aron é, por enquanto, dificilmente audível: ele recusa-se a escolher entre dois males, mas afirma que a causa do Vietnã do Sul, defendida pelos norte-americanos, continua sendo "preferível ao totalitarismo do Norte".⁶⁶ A partir de 1965, ele publica um grande número de artigos sobre a Guerra do Vietnã em *Le Figaro*, opondo a lógica dos bombardeiros à dos guerrilheiros, como se se tratasse de uma partição ao mesmo tempo trágica e absurda. Essa tomada de posição do "espectador engajado" não contribui, naquele momento, para sua influência intelectual, ao contrário de Sartre, que adota os sentimentos da maior parte da juventude. Em vez disso, Aron acentua seu déficit de esteta frio: "O homem e sua imagem são, neste caso, obnubilados duplamente pelo acúmulo do 'efeito B-52' e do 'efeito Che', acumulação que, pelo contrário, converte Sartre em um rebelde."⁶⁷

---

65. Esse apelo é assinado, entre outros, par Colette Audry, Claude Aveline, Maurice Blanchot, André Blumel, Claude Bourdet, Jean Cassou, François Châtelet, Maurice Chavardès, Bernard Clavel, Georges Conchon, René Dumont, Marguerite Duras, Jean Effel, Jean-Pierre Faye, Robert Gallimard, Vladimir Jankélévitch, Yves Jouffa, Ernest Labrousse, Armand Lanoux, Michel Leiris, Dionys Mascolo, Gustave Monod, Théodore Monod, Maurice Nadeau, Hélène Parmelin, Édouard Pignon, Jean-François Revel, Paul Ricœur, Gérard Rosenthal, David Rousset, Laurent Schwartz, Siné, Pierre Vidal-Naquet, Charles Vildrac, Louis de Villefosse (informações reproduzidas de SIRINELLI, [1990] 1996, p. 408).

66. ARON, 2010, p. 621, citado in CHEBEL D'APPOLLONIA, 1999, p. 353.

67. Ibidem, p. 355.

Alguns intelectuais que já tinham sido muito ativos contra a Guerra da Argélia colocam sua experiência militante a serviço da causa vietnamita. Encontramos, entre os organizadores da mobilização, o matemático Laurent Schwartz, ex-trotskista, signatário do "Manifesto dos 121" e membro do PSU[68], além da historiadora Madeleine Rebérioux, na época membro do PCF, que estava envolvida com o Comitê Audin; eles consideram que o Movimento da Paz se limita a organizar um apoio intermitente a partir de uma palavra de ordem inadequada — "Paz para o Vietnã" —, enquanto, para eles, trata-se de "uma guerra de independência bastante análoga à da Guerra da Argélia, já não contra o ex-colonizador francês, mas contra uma agressão do imperialismo norte-americano".[69] Schwartz torna-se o defensor do slogan mais radical de "*FNL vaincra*" [A FNL vencerá]. Inicialmente, ele tenta preservar a unidade entre as forças política, sindical e intelectual suscetíveis de ajudarem a causa vietnamita, e estabelece estreita relação com a diretora do Coletivo Universitário Intersindical de Luta pela Paz no Vietnã. Em 26 de maio de 1966, é organizado um momento espetacular da mobilização com um grande comício, as "Seis horas para o Vietnã", na sala da Mutualité. Para prepará-lo, Schwartz conecta o pequeno grupo liderado por ele, por Pierre Vidal-Naquet e por Alfred Kastler, com o mencionado Coletivo Universitário Intersindical, o Movimento da Paz e o PCF:

> Madeleine Rebérioux, que dirigia um "coletivo universitário" contra a Guerra do Vietnã, despendeu esforços desesperados para manter a unidade do movimento. Ela chegou a ser alvo dos insultos de Georges Marchais [secretário-geral do PCF] e ela impôs a presença dos trotskistas, as "Juventudes Comunistas Revolucionárias" de Alain Krivine.[70]

---

68. SCHWARTZ, 1997.
69. Ibidem, p. 432.
70. VIDAL-NAQUET, [1998] 2007, p. 278.

Em 10 de outubro de 1966, a assembleia geral desse comitê decide organizar um apoio internacional, reunindo voluntários — médicos, professores e técnicos — para prestarem assistência ao povo vietnamita.

A ruptura com o PCF, que já não suporta ser ultrapassado à sua esquerda, ocorre em novembro de 1966; o partido multiplica as expulsões de seus membros envolvidos em iniciativas não controladas pela direção. Para continuar a mobilização sem o aparelho do PC e preservar seu caráter unitário, um pequeno grupo de cinco intelectuais — Laurent Schwartz, Pierre Vidal-Naquet, Alfred Kastler, Jean-Paul Sartre e Henri Bartoli — convoca a organização de um novo comício, que é realizado em 28 de novembro na sala da Mutualité, e dá origem à constituição de um CVN (Comitê Vietnã Nacional). Apesar da ausência do PCF, cinco mil pessoas participam do acontecimento, que se propaga visto que a fórmula das "Seis horas" é retomada em outras cidades, tanto em Estrasburgo quanto em Marselha ou Rouen. De acordo com Schwartz, "a ruptura entre o Partido Comunista e os intelectuais, consumada amplamente durante a Guerra da Argélia, alarga-se consideravelmente no decorrer da Guerra do Vietnã".[71] Na tribuna, Schwartz convoca a juventude a implementar por toda parte comitês pró-Vietnã; Kastler, laureado com o prêmio Nobel de física, denuncia o ataque do Vietnã do Norte pelas Forças Armadas norte-americanas, mas não está em consonância com o público ao afirmar que espera uma solução de compromisso. Por outro lado, Sartre suscita a adesão do público ao rejeitar qualquer forma de concessão: "Queremos a paz no Vietnã, mas não qualquer tipo de paz. Essa paz deve traduzir-se no reconhecimento da independência e da soberania do Vietnã."[72] A posição radical defendida por ele na tribuna não agrada a Schwartz porque descarta, por princípio, todos aqueles que viessem a comprometer-se junto aos vietnamitas por causas estritamente morais: "Os combatentes contra a Guerra do Vietnã unicamente por razões humanitárias, considerando o fato de que há bombardeio de crianças, não têm lugar entre nós."[73]

---

71. SCHWARTZ, op. cit., p. 435.
72. Jean-Paul Sartre, citado in *Le Monde*, 30 de novembro de 1966.
73. Idem, citado in SCHWARTZ, op. cit., p. 438.

Schwartz implementa, então, um Comitê Francês para o Apoio ao Povo Vietnamita, que conta com numerosas personalidades de diversas tendências.[74] Em outubro de 1966, os intelectuais estão ainda envolvidos no apoio a uma operação chamada "Um Bilhão para o Vietnã", cujo objetivo consiste em coletar essa soma de francos para entregá-la aos responsáveis da Cruz Vermelha norte-vietnamita por ocasião do Ano Novo lunar, em 9 de fevereiro de 1967.[75] No fim de 1966, Schwartz recebe um telegrama de Ho Chi Minh com seus agradecimentos pessoais e felicitando o CVN por sua ação de apoio:

> Não me dei conta, à primeira vista, de sua importância e o guardei para mim; e só falei disso com Alain Krivine por ocasião de um telefonema sobre outra coisa. Ele exclamou: "Mas você está louco, isso é muito importante e deve ser publicado imediatamente em nossa revista do CVN." Tratava-se, com efeito, do reconhecimento oficial do papel do CVN na luta contra a guerra.[76]

Em maio de 1967, Robert Antelme toma a iniciativa de um apelo internacional para uma ruptura, "En vue de la défaite américaine" [Com vistas à derrota norte-americana]".[77]

---

74. É possível encontrar aí, entre outros, Henri Laugier, ex-secretário-geral adjunto da ONU; Jean-Paul Sartre; Gustave e Théodore Monod; René Dumont; Vladimir Jankélévitch; o padre Avril; o pastor protestante Casalis; o doutor Rousset; Claude Roy; Jean Schapira; Claude Bourdet; Édouard Pignon; Haroun Tazieff; Alain Resnais, e Roger Blin (informações reproduzidas de BRILLANT, op. cit., p. 105).

75. Operação que recebe o apoio, notadamente, de Claude Bourdet, Laurent Schwartz, Emmanuel d'Astier de La Vigerie e André Philip.

76. SCHWARTZ, op. cit., p. 438.

77. Eis os nomes dos primeiros signatários: Maurice Blanchot, Vincent Bounoure, Marguerite Duras, Dionys Mascolo, Jean Schuster e Geneviève Serreau. Publicado em *Les Lettres nouvelles* em julho de 1967, o apelo coleta um grande número de outras assinaturas, entre as quais, de Roger Blin, Jean-Louis Bory, François Châtelet, Maurice Chavardès, Louis-René des Forêts, Jacques Derrida, Jean Douassot (Fred Deux), Étiemble, Jean-Pierre Faye, Carlos Fuentes, Jean-Luc Godard, Daniel Guérin, Henri Guillemin, Juan Goytisolo, Alain Jouffroy, Jean-Claude Lambert, Jean-Jacques Lebel, André Pieyre de Mandiargues, Marcel Péju, Jérôme Peignot, Georges Perec, Paule Thévenin e Charles Vildrac (informações reproduzidas de *Lignes*, n. 33, março de 1998).

Na direção do CVN, além de Schwartz, encontram-se Jean Schalit — que havia sido expulso do PCF por ter participado das "Six Heures" de 28 de novembro —, Bernard Kouchner e Alain Krivine, o líder das JCR que haviam rompido com a UEC, em 1965. Muito rapidamente, as forças militantes oficiais, recrutadas nas universidades e nos estabelecimentos de ensino médio, são dominadas pelos trotskistas, de acordo com um processo de "transbordamento" descrito perfeitamente por Bernard Brillant[78], o qual acaba assustando Schwartz e Pierre Vidal-Naquet.[79] Por conta dos intelectuais e dos artistas, multiplicam-se as iniciativas fora dos partidos políticos tradicionais. Exposições, filmes e peças de teatro vêm apoiar a causa vietnamita. Armand Gatti monta *V comme Vietnam*, e André Benedetto, *Napalm*. Chris Marker supervisiona *Longe do Vietnã*, um filme coletivo dirigido por Alain Resnais, William Klein, Joris Ivens, Agnès Varda, Claude Lelouch e Jean-Luc Godard; estreada em 1967, a produção ganhou a palma de prata no Festival de Leipzig. Um sarau chamado "Cem artistas em favor do Vietnã" é organizado em 28 de junho de 1967, com um texto de apresentação escrito por Sartre, o qual retorna pouco depois para apresentar a exposição *Fotografias do Vietnã em guerra*, promovida por Roger Pic, em julho de 1967. Nesta ocasião, Colette Magny canta "Vietnam 67" ao lado de Barbara, Mouloudji, Catherine Sauvage, Léo Campion e um grande número de outros cantores.[80] O CVN organiza também espetáculos noturnos de *free jazz*, em junho de 1967, com a participação de *jazzmen* promissores e politizados, tais como Jean-Louis Chautemps, Bernard Vitet, François Tusques, Bernard Jean Wilen, Eddy Louiss e Jean-François Jenny-Clarke.

Durante o ano letivo 1966-1967, uma nova organização de apoio aos vietnamitas é criada por maoístas sob o nome de CVB (Comitês Vietnã de Base). Em 21 de fevereiro de 1967, estes fazem uma demonstração de força depois de um apelo de Tiennot Grumbach publicado em *Garde rouge*: "Trabalhadores franceses, trabalhadores imigrantes, estudantes,

---

78. BRILLANT, op. cit., p. 108.
79. SCHWARTZ, op. cit., p. 440.
80. Informações reproduzidas de PAS, op. cit., p. 170.

secundaristas, transformemos juntos o dia 21 de fevereiro em uma jornada de ação contra o imperialismo."[81] A rivalidade entre trotskistas e maoístas, mas também socialistas do PSU, tem o efeito de multiplicar as iniciativas para garantir a liderança em uma atividade na qual os intelectuais se tinham tornado os verdadeiros pilares.

Esta efervescência duplica-se com uma campanha de condenação moral liderada pelo Tribunal Russell, criado pelo filósofo e matemático Bertrand Russell, em novembro de 1966, e presidido por Jean-Paul Sartre. Inspirado no Tribunal de Nuremberg para julgar os crimes de guerra perpetrados pelos norte-americanos no Vietnã, o filósofo francês envia comissões de inquérito para o Vietnã, consegue documentação fornecida pela esquerda estadunidense e organiza um processo em que alguns "juízes" hão de apreciar os fatos e pronunciar um veredicto. O objetivo consiste em impressionar a opinião pública internacional e, em particular, a opinião norte-americana.[82] Ao lado de Russell e de Sartre, encontra-se Vladimir Dedijer, presidente das sessões, e Laurent Schwartz, copresidente.[83] Em 1967, um texto coletivo enuncia publicamente as ambições desse tribunal:

> Apesar de não termos sido investidos em nossas funções por nenhuma organização oficial, aceitamos tal responsabilidade no interesse da humanidade e para salvaguardar a civilização. Agimos por iniciativa própria [...] com a firme convicção de que estamos exprimindo a profunda

---

81. "Appel à la journée d'action anti-impérialiste" [Apelo para a jornada de ação antiimperialista], 21 de fevereiro, *Garde rouge*, n. 3, jan. 1967.
82. BEAUVOIR, 1972, pp. 376-377.
83. Em seguida, por ordem alfabética, Günther Anders (escritor alemão), Mehmet Ali Aybar (professor de direito na Universidade de Istambul, parlamentar turco), Lelio Basso (professor de sociologia na Universidade de Roma, deputado socialista italiano), Simone de Beauvoir, Lázaro Cárdenas (filho do presidente do México, que não assiste às sessões do tribunal), Lawrence Daly (sindicalista britânico), Dave Dellinger (célebre pacifista norte-americano), Isaac Deutscher (historiador inglês, autor de uma interessante biografia de Trótski), Melba Hernandez, Mahmud Ali Kasuri (advogado no Supremo Tribunal do Paquistão), Kinju Morikawa (jurista japonês), Carl Oglesby (escritor norte-americano), Soichi Sakata (professor de física na Universidade de Nagoya), Laurent Schwartz, Peter Weiss (escritor sueco). O escritor alemão Abendroth é substituído por Sara Lidman e Stokely Carmichael, por Courtland Cox (informações reproduzidas de SCHWARTZ, op. cit., p. 444).

angústia e os remorsos experimentados por um grande número de nossos semelhantes em muitos países. Estamos convencidos de que ajudaremos a despertar a consciência dos povos.[84]

Para não ser manipulado pelos representantes do Vietnã do Norte, o Tribunal Russell é assessorado por especialistas, incluindo os advogados Léo Matarasso, Joë Nordmann, Gisèle Halimi e Yves Jouffa, e os médicos Jean-Michel Krivine, Abraham Béhar, Marcel-Francis Kahn e Alexandre Minkowski, além dos historiadores Jean Chesneaux e Gabriel Kolko. Os cineastas Roger Pic e Joris Ivens estão na rua para tirar fotos e rodar documentários. Sartre solicita ao general De Gaulle a autorização para realizar uma sessão do Tribunal em Paris; ao negar tal pedido, o presidente não deixa de atribuir a Sartre o qualificativo de "Meu querido mestre". Sartre manifesta sua ira nas colunas de *Le Nouvel Observateur*:

> Sou "mestre" apenas para os garçons de bar que sabem que escrevo [...]. [Se o presidente da República se dignou chamar-me assim] é justamente para indicar, creio eu, que ele pretende dirigir-se ao escritor e não ao presidente de um tribunal que ele se recusa a reconhecer.[85]

Em maio de 1967, a sessão do Tribunal Russell ocorre, portanto, em Estocolmo, em vez de Paris, para ouvir os relatores de sua Comissão Jurídica, assim como as testemunhas das Comissões de Inquérito. Em 10 de maio, ele pronuncia seu veredicto respondendo "sim" a duas das cinco questões formuladas. Os Estados Unidos são declarados efetivamente culpados de atos de "agressão segundo o direito internacional" e de bombardeios de alvos civis de tal magnitude que caem sob a categoria jurídica dos "crimes contra a humanidade": "Alguns dias depois, Sartre"— de acordo com Bernard Brillant — "comentará esse 'veredicto' em *Le Nouvel Observateur*, especificando que a unanimidade sobre o veredicto era suficiente

---

84. Tribunal Russell, 1967, pp. 16-17.
85. Sartre, [1967] 1985, p. 583.

para mostrar a legitimidade do 'Tribunal'."⁸⁶ Em novembro do mesmo ano, esse tribunal toma assento na Dinamarca, em Roskilde, dando uma resposta positiva às outras três questões, mediante uma condenação que chega inclusive à qualificação jurídica de "genocídio", adotada por unanimidade, para classificar a política norte-americana. "Ainda hoje sinto-me incomodado diante dessa resposta" — há de confessar Schwartz — "e não sei o que pensar a esse respeito. Pierre Vidal-Naquet telefonou-me propositalmente de Paris, implorando-me para responder não. Teria ele razão? Nós, membros do tribunal, os únicos a ver e ouvir tudo, tínhamos ficado profundamente afetados."⁸⁷

Os intelectuais cristãos não permaneceram indiferentes à mobilização contra a Guerra do Vietnã. No embalo de seu desejo de mudança, manifestado durante a preparação do Concílio Vaticano II, além de seu envolvimento em diversas missões nos países do Terceiro Mundo, eles desempenham sua função no apoio ao povo vietnamita. Muitos participam dos protestos das organizações sindicais ou políticas, tais como Nicolas Boulte, presidente da Juventude Universitária Cristã, ou Jules Jézéquel, protestante, dirigente da Alliance des Équipes Unionistes, reunião dos movimentos de juventude protestantes na França. Por iniciativa de *Témoignage chrétien* e de *Christianisme social* — ou seja, revistas de católicos e de protestantes, respectivamente —, vigílias são organizadas em Paris e em Lyon. Parece que a visita à França do capelão da Universidade de Yale, William Sloane Coffin, teve um impacto importante na mobilização dos círculos cristãos contra a guerra: tendo sido convidado pelo CCIF, em janeiro de 1966, para proferir uma conferência intitulada "As Igrejas nos Estados Unidos diante da Guerra do Vietnã", ele pede aos cristãos franceses para pressionarem o governo norte-americano; tal petição é atendida pelas duas revistas mencionadas, que publicam uma carta dirigida pessoalmente ao presidente Lyndon Johnson para que ele ponha fim à Guerra do Vietnã. Essa carta é patrocinada por um comitê restrito de 45 personalidades.⁸⁸

---

86. BRILLANT, op. cit., p. 117.
87. SCHWARTZ, op. cit., p. 451.
88. A maior parte de seus membros é constituída pelos líderes de *Témoignage chrétien*, tais como Georges Montaron, Jean-Pierre Dubois-Dumée, Jean Baboulène e Bernard

No total, são 22 mil cartas pessoais que são enviadas, durante o verão de 1966, para o presidente estadunidense. Outra iniciativa de umas quarenta organizações cristãs convoca, para o fim do ano de 1966, uma vigília pela paz na sala da Mutualité. John Hau, secretário nacional de *Pax Christi*, e Robert de Montvalon, diretor de redação de *Terre entière*, são incumbidos dos contatos com os diversos movimentos cristãos.

Nesse Natal de 1966, o arcebispo de Nova York, cardeal Spellman, declara em Saigon: "A Guerra do Vietnã é, creio eu, uma guerra para a defesa da civilização. É certo que não buscamos esta guerra, ela nos foi imposta e não nos compete colaborar com a tirania."[89] Sentindo-se desqualificados em seu compromisso, numerosos cristãos franceses ficam escandalizados; *Pax Christi* publica um comunicado para condenar a postura do arcebispo, e dois cardeais franceses, dom Joseph-Marie Martin e Jean-Marie Villot, tornam pública sua desaprovação. Com a intensificação tanto da guerra quanto do movimento de contestação, uma nova iniciativa é lançada em junho de 1967, conjuntamente pelo dominicano Philippe Roqueplo e pelo teólogo protestante Georges Casalis, consistindo em um apelo ecumênico dos clérigos franceses aos clérigos norte-americanos; assinado por 61 padres e 26 pastores, esse texto recusa "a justificativa norte-americana da luta contra o comunismo, reconhecendo uma legitimidade à guerra revolucionária travada pelos vietnamitas contra uma ordem estabelecida injusta que os Estados Unidos procuram preservar em seu proveito".[90] A carta assinada por três mil clérigos franceses é enviada, no início de agosto, para os clérigos estadunidenses. No começo de 1968, no entanto, a unidade dos cristãos será desfeita na sequência de duas iniciativas que não obtêm consenso: o *Bateau pour le Vietnam* [Navio para o Vietnã], lançado pelo Movimento da Paz e, portanto, pelos comunistas; e o apelo

---

Schreiner. Além disso, figuram os protestantes Roger Mehl, Étienne Trocmé, Georges Casalis, Étienne Mathiot, Pierre Ducros, Théodor Monod, Paul Ricœur e Jacques Lochard; os dominicanos Yves Congar, Bruno Carra de Vaux, François Biot e Pierre-André Liégé; assim como jornalistas, escritores, ex-deputados, etc. (informações reproduzidas de ROUSSEAU, 2002, p. 160).

89. Cardeal Spellman, citado in ibidem, p. 169.
90. Ibidem, p. 181.

de *Pax Christi* em favor "da paz e nada além da paz", rejeitando "o recurso às armas seja de que lado for."[91]

✧

No decorrer dos anos que separam a Libertação dos acontecimentos de Maio de 68, os choques sucessivos das tragédias da história alimentam um progressivo desencantamento. Em cada circunstância, no entanto, como a natureza tem horror ao vazio, os intelectuais dissimulam suas desilusões mediante compromissos de substituição: o Terceiro Mundo, em vez da classe operária que não realiza a revolução esperada; e os trópicos, objeto de uma fantasia tanto maior pelo fato de estarem tão distantes, em vez do Velho Mundo. Essa fuga para a frente enverga uma postura intelectual de saliência crítica visando desmistificar o senso comum. Essa grade crítica fornece à jovem geração as armas de uma contestação cada vez mais radical. Sob a ilusão de manhãs calmas, as brasas desse protesto nada exigem além de uma lufada de ar para voltarem a incendiar-se. Eis o que ocorrerá em Maio de 68.

A história parecia ter-se deslocado para as terras remotas da Ásia e da América Latina quando o jornalista e ex-membro da Resistência Pierre Viansson-Ponté escreve, no início de 1968, que "a França está entediada", aliás, diagnóstico desmentido imediatamente pela explosão ocorrida no mês de maio. Abrindo uma nova página da história dos intelectuais franceses, essa "tomada da palavra" — como havia sido designada por Michel de Certeau em analogia com a tomada da Bastilha — reposiciona na boca de cena a esperança escatológica e a divinização da história. Seria o último sobressalto de um século de decepções ou uma nova época?

---

91. Declaração de 23 de fevereiro de 1968, arquivos PX, citados in ibidem, p. 196.

APÊNDICES

Fontes citadas

ADLER, Laure. *Marguerite Duras*. Paris: Gallimard, 1998.

AFFAIRE *Henri Martin (L)*. *Commentaire de Jean-Paul Sartre*. Textos de Hervé Bazin, Marc Beigbeder, Jean-Marie Domenach, Francis Jeanson, Michel Leiris, Jacques Madaule, Marcel Ner, Jean Painlevé, Roger Pinto, Jacques Prévert, Roland de Pury, Jean-Henri Roy, Vercors e Louis de Villefosse. Paris: Gallimard, 1953.

AGERON, Charles-Robert. *La Décolonisation française*. Paris: Armand Colin, 1994.

AJCHENBAUM, Yves-Marc. *À la vie, à la mort. Histoire du journal* Combat, *1941- -1974*. Paris: Le Monde Éditions, 1994.

ALBERIGO, Giuseppe (Org.). *Storia del Concilio Vaticano II*. 5 vols. I. Il *cattolicesimo verso una nuova stagione. L'annuncio e la preparazione (gennaio 1959 – settembre 1962)*; II. *La formazione della coscienza conciliare. Il primo periodo e la prima intersessione (ottobre 1962 – settembre 1963)*; III. *Il concilio adulto. Il secondo periodo e la seconda intersessione (settembre 1963 – settembre 1964)*; IV. *La chiesa come comunione. Il terzo periodo e la terza intersessione (settembre 1964 – settembre 1965)*; V. *Il quarto periodo e la conclusione del Concilio (1965)*. Bolonha: Ed. Il Mulino, 1995-2001. [Ed. bras.: ALBERIGO, Giuseppe; BEOZZO, José Oscar (Orgs.). *História do Concílio Vaticano II*. Trad. João Rezende Costa. I. *O catolicismo rumo à nova era. O anúncio e a preparação do Vaticano II (janeiro de 1959 a outubro de 1962)*, 1995. II. *A formação da ciência conciliar, o primeiro período e a primeira intercessão (outubro de 1962 a setembro de 1963)*. Petrópolis: Vozes, col. "História do Concílio Vaticano II", 2000.]

ALLEG, Henri. *La Question*. Paris: Éditions de Minuit, 1958.

ALTHUSSER, Louis. Trad. de *Manifestes philosophiques*, de Ludwig Feuerbach. Paris: PUF, 1960.

_____. Problèmes étudiants. *La Nouvelle Critique*, n. 152, jan. 1964.

_____. Freud et Lacan. *La Nouvelle Critique*, n. 161-162, dez.-jan. 1964-1965.

_____. *Pour Marx* [1965]. Paris: Maspero, 1969.

ALTHUSSER, Louis; BALIBAR, Étienne. *Lire "Le capital"*. 2 vols. Paris: Maspero, 1968; 1971. [Ed. bras.: ALTHUSSER, Louis; RANCIÈRE, Jacques; MACHEREY, Pierre. *Ler "O capital"*, vol. 1. Trad. Nathanael C. Caixeiro. Rio de Janeiro: Zahar Editores, 1979. ALTHUSSER, Louis; BALIBAR, Étienne; ESTABLET, Roger. *Ler "O capital"*, vol. 2. Trad. Nathanael C. Caixeiro. Rio de Janeiro: Zahar Editores, 1980.]

ANDERSSON, Nils. "Le Front éditorial". In: BARKAT, Sidi Mohammed (Org.). *Des Français contre la terreur d'État (Algérie 1954-1962)*. Paris: Éd. Reflex, 2002, pp. 123-142.

ANDREU, Pierre; GROVER, Frédéric. *Drieu la Rochelle*. Paris: Hachette, 1979.

ANDREW, Dudley. *André Bazin*. Paris: Éd. de l'Étoile, 1983.

ARAGON, Louis. La Confusion sert les traîtres. *Les Étoiles*, n. 13, nov. 1943.

_____. *L'Homme communiste*. 2 vols. Paris: Gallimard, t. I, 1946.

_____. De la libre discussion des idées. *Europe*, out. 1948a.

_____. Jdanov et nous. *Les Lettres françaises*, 9 set. 1948b.

_____. Un perpétuel printemps. *Les Lettres françaises*, 20 nov. 1958.

_____. Qu'est-ce que l'art? *Les Lettres françaises*, n. 1.096, set. 1965.

_____. *Fernand Seguin rencontre Louis Aragon*. Montréal: Éd. de l'homme, 1969.

_____. "Dessins de Fougeron". In: *Écrits sur l'art moderne*. Paris: Flammarion, 2011.

ARIÈS, Philippe. Les Réprouvés. *Nation française*, 3 mai. 1961.

_____. Les nouveaux Versaillais. *Nation française*, 28 mar. 1962.

_____. *Un historien du dimanche. Entretiens avec Michel Winock*. Paris: Éd. du Seuil, 1980.

ARMEL, Aliette. *Michel Leiris*. Paris: Fayard, 1997.

ARON, Raymond. Maintenir. *Combat*, n. 22-23, dez. 1946.

_____. *Le grand schisme*. Paris: Gallimard, 1948a.

_____. Les Alternances de la paix belliqueuse. *Le Figaro*, 26 jan. 1948b.

_____. *Les Guerres en chaîne*. Paris: Gallimard, 1951.

_____. Signification d'une guerre. *Le Figaro*, 16 nov. 1953.

_____. *L'Opium des intellectuels*. Paris: Calmann-Lévy, 1955a. [Ed. bras.: *O ópio dos intelectuais*. São Paulo: Editora Três Estrelas, 2016.]

_____. L'Ethnologue entre les primitifs et la civilisation. *Le Figaro littéraire*, 24 dez. 1955b.

_____. *La Tragédie algérienne*. Paris: Plon, 1957.

_____. *L'Algérie et la République*. Paris: Plon, 1958.

_____. Discours à Harvard (12 jun. 1958); reproduzido in *Commentaire*, n. 28-29, inverno 1985.

_____. Adieu au gaullisme. *Preuves*, n. 93, out. 1961; reproduzido in ARON, R., 2010.

_____. "Théorie du développement et philosophie évolutionniste". In: *Le Développement social* [1965]; reproduzido in *Études sociologiques*. Paris: PUF, 1988.

_____. "Entretien" [1980]. In: COHEN-SOLAL, 1985.

_____. *Le Spectateur engagé*. Paris: Julliard, 1981.

_____. *Mémoires*. Paris: Robert Laffont, col. "Bouquins", 2010.

ARON, Robert. *Histoire de l'épuration*, t. III, vol. 2 — *Le Monde de la presse, des arts, des lettres, 1944-1953*. Paris: Fayard, 1975.

ARONSON, Ronald. *Camus et Sartre. Amitié et Combat*. Paris: Alvik Éditions, 2005.

ARTIÈRES, Philippe; ZANCARINI-FOURNEL, Michelle (Orgs.). *68. Une histoire collective (1962-1981)*. Paris: La Découverte, 2008.

ASSOULINE, Pierre. *Gaston Gallimard. Un demi-siècle d'édition française* [1984]. Paris: Gallimard, col. "Folio", 2006.

_____. *L'Épuration des intellectuels*. Bruxelas: Complexe, 1990.

ASTIER DE LA VIGERIE (D'), Emmanuel. Arrachez la victime au bourreau. *Caliban*, n. 15, abr.1948.

AUBERT, Roger; SOETENS, Claude. "Le Temps de l'*aggiornamento*". In: MAYEUR, Jean-Marie et al. (Orgs.). *Histoire du christianisme des origines à nos jours — XIII. Crise et renouveau, de 1958 à nos jours*. Paris: Desclée de Brouwer, 2000.

AUDRY, Colette, *Le Deuxième Sexe* et la presse: livre très lu, mal lu et mal compris. *Combat*, 22 dez. 1949.

_____. Colette Audry explique sa collection Femme. *Femmes diplômées*, n. 51, 3º trimestre, 1964, pp. 126-127; citado in LIATARD, 2010.

_____. (Org.). *Pour et contre l'existentialisme*. Paris: Éd. Atlas, 1948.

AXELOS, Kostas, Le Jeu de l'autocritique. *Arguments*, n. 27-28, jul.-dez. 1962.

_____. *Arguments*: trente ans après (entrevistas). *La Revue des revues*, n. 4, outono 1987.

BAECQUE (DE), André. *Les Maisons de la culture*. Paris: Seghers, 1967.

BAECQUE (DE), Antoine. *La nouvelle vague. Portrait d'une jeunesse*. Paris: Flammarion, 1998.

_____. "*La Chinoise* de Jean-Luc Godard". In: ARTIÈRES; ZANCARINI-FOURNEL (Orgs.), 2008.

_____. *Les Cahiers du Cinéma. Histoire d'une revue*, I. *À L'Assaut du cinéma, 1951-1959*. Paris: Éd. Cahiers du cinéma, 1991.

BAIR, Deirdre. *Simone de Beauvoir*. Paris: Fayard, 1990.

BALANDIER, Georges. *Histoire d'autres*. Paris: Stock, 1977.

_____. *Conjugaisons*. Paris: Fayard, 1997.

_____. (Org.). *Le "Tiers-Monde". Sous-développement et développement*. Paris: PUF, 1956.

BANTIGNY, Ludivine. *Le Plus bel âge? Jeunes et jeunesse en France de l'aube des "Trente Glorieuses" à la guerre d'Algérie*. Paris: Fayard, 2007.

BARD, Christine; MOSSUZ-LAVAU, Janine (Orgs.). *Le Planning familial: histoire et mémoire 1956-2006*. Rennes: PUR, 2006.

BARILIER, Étienne. *Les Petits camarades, sur Sartre et Aron*. Paris: Julliard, 1987.

BARTHES, Roland. *Le Degré zéro de l'écriture*. Paris: Éd. du Seuil, 1953; nova ed.: col. "Points", 1972. [Ed. bras.: *O grau zero da escrita* seguido de *Novos ensaios críticos*. Trad. Mario Laranjeira. São Paulo: Martins Fontes, 2004.]

_____. Littérature objective: Alain Robbe-Grillet, *Les Gommes* et *Le Chemin du retour* (inédito). *Critique*, n. 86-87, jul.-ago. 1954.

_____. Éditorial. *Théâtre populaire*, n. 11, jan.-fev. 1955; reproduzido in *Essais critiques*, sob o título "La Révolution brechtienne". Paris: Éd. du Seuil, col. "Points", 1981. [Ed. bras.: "A revolução brechtiana", cf. *Crítica e verdade*, 2007, pp. 129-131].

_____. *Mythologies*. Paris: Éd. du Seuil, 1957. [Ed. bras.: *Mitologias*. Trad. Rita Buongermino e Pedro de Souza. 11ª ed. Rio de Janeiro: Bertrand Brasil, 2001.]

_____. Histoire et littérature: à propos de Racine. *Annales ESC*, vol. XV, n. 3, mai.-jun. 1960, pp. 524-537.

_____. Savoir et folie. *Critique*, n. 174, nov. 1961a.

_____. De part et d'autre. *Critique*, n. 17, 1961b, pp. 915-922; reproduzido in BARTHES [1964] 1971. [Ed. bras.: "De um lado e do outro". n: *Crítica e verdade*, 2007, pp. 139-147.]

_____. Sociologie et socio-logique. *Informations sur les sciences sociales*, n. 4, dez. 1962.

_____. L'Activité structuraliste. *Les Lettres nouvelles*, 1963a; reproduzido in BARTHES [1964] 1971. [Ed. bras.: "A atividade estruturalista". n: *Crítica e verdade*, 2007, pp. 39-46.]

_____. *Sur Racine*. Paris: Éd. du Seuil, 1963b; nova ed.: col. "Points", 1979. [Ed. bras.: *Sobre Racine*. Porto Alegre: L&PM, 1987.]

_____. Éléments de sémiologie. *Communications*, n. 4, 1964a.

_____. *Essais critiques*. Paris: Éd. du Seuil, 1964b; nova ed.: col. "Points", 1971. [Ed. bras.: Seleção de textos, cf. *Crítica e verdade*, 2007.]

_____. *Critique et vérité*. Paris: Éd. du Seuil, 1966. [Ed. bras.: *Crítica e verdade*. Trad. Leyla Perrone-Moisés. São Paulo: Perspectiva, 1970; 3ª ed., 2007.]

_____. Entretiens avec Georges Charbonnier. Estação de rádio France Culture, dez. 1967a.

_____. De la science à la littérature. *Times Literary Supplement*, 28 set. 1967b. [Orig.: *Le Bruissement de la langue*. Paris: Éd. du Seuil, 1984; ed. bras.: "Da ciência à literatura", pp. 3-12. n: *O rumor da língua*. Trad. Mario Laranjeira. 2ª ed. São Paulo: Martins Fontes, 2004.]

_____. Archives du XXᵉ siècle: Roland Barthes. Entrevista concedida a Jean-José Marchand, 23-24 nov. 1970 e 14 mai. 1971; difusão no programa *Océaniques*, canal de televisão FR3, 27 jan. 1988.

_____. Réponses. *Tel quel*, n. 47, outono 1971; reproduzido in BARTHES, R. *Œuvres complètes*, t. III. *1968-1971*. Paris: Éd. du Seuil, 2002.

_____. *L'Aventure sémiologique*. Paris: Éd. du Seuil, 1985. [Ed. bras.: *A aventura semiológica*. São Paulo: Martins Fontes, 2002.]

BARTOLI, Henri. Les Chrétiens vers une civilisation du travail. *Esprit*, jul.1952.

BASTIDE, François-Régis. Les Aventures d'un nouveau Chateaubriand. Adieu sauvages! Adieu voyages! *Demain*, 27 jan. 1956.

BATAILLE, Georges. Réflexions sur la question juive de Jean-Paul Sartre. *Critique*, n. 12, mai. 1947, pp. 471-472; reproduzido in BATAILLE, G. *Œuvres complètes*, t. XI. *Articles 1 (1944-1949)*. Paris: Gallimard, 1988, p. 226.

_____. *La Part maudite*. Paris: Éd. de Minuit, 1949. [Ed. bras: *A parte maldita*, precedida de *A noção de dispêndio*. Trad. Júlio Castañon Guimarães. Belo Horizonte: Autêntica Editora, col. "Filô", 2013.]

_____. L'Inceste et le passage de l'animal à l'homme. *Critique*, n. 44, jan. 1951, pp. 43-61; reproduzido in BATAILLE, G. *L'Érotisme*. Paris: Éd. de Minuit, 1957. [Ed. bras.: *O erotismo*. Trad. Fernando Scheibe. Belo Horizonte: Autêntica Editora, col. "Filô", 2013.]

_____. Un livre humain, un grand libre. *Critique*, n. 115, fev. 1956.

_____. *Œuvres complètes*, t. XI. *Articles 1 (1944-1949)*. Paris: Gallimard, 1988.

BAUDRILLARD, Jean. "O efeito Beaubourg, implosão e dissuasão", pp. 81-96. n: *Simulacros e simulação*. Trad. Maria João da Costa Pereira. Lisboa: Relógio d'Água, 1991. [Orig.: *L'Effet Beaubourg, implosion et dissuasion*. Paris: Galilée, 1977; reproduzido in *Simulacres et simulations*. Paris: Galilée, 1981.]

BAVEREZ, Nicolas. *Raymond Aron*. Paris: Perrin, col. "Tempus", 2006.

BAZIN, André. *Jean Renoir*. Paris: Champ Libre, 1971.

BEAUVOIR (DE), Simone. *O segundo sexo*, vol. 1 — *Fatos e mitos*; vol. 2 — *A experiência vivida*. Trad. Sérgio Milliet. Rio de Janeiro: Nova Fronteira, 2019. [Orig.: *Le Deuxième sexe*, 2 vols. — t. I, *Les faits et les mythes*; t. II, *L'expérience vécue*. Paris: Gallimard, 1949a.]

_____. Les Structures élémentaires de la parenté. *Les Temps modernes*, n. 49, nov. 1949b, pp. 943-949.

_____. Merleau-Ponty et le pseudo-sartrisme. *Les Temps modernes*, n. 114-115, jun.-jul. 1955, pp. 2.072-2.122.

_____. *La Longue Marche*. Paris: Gallimard, 1957.

_____. Pour Djamila Boupacha. *Le Monde*, 2 jun. 1960.

_____. *La Force des choses*. Paris: Gallimard, 1963; nova ed.: col. "Folio", 1982. [Ed. bras.: *A força das coisas*. Trad. Maria Helena Franco Martins. 2ª ed. Rio de Janeiro: Nova Fronteira, 2009.]

_____. *Tout compte fait*. Paris: Gallimard, 1972. [Ed. bras.: *Balanço final*. Rio de Janeiro: Nova Fronteira, 1983.]

_____. *A cerimônia do adeus* seguido de *Entrevistas com Jean-Paul Sartre, agosto-setembro de 1974*. Trad. Rita Braga. Rio de Janeiro: Nova Fronteira, 1982. [Orig.: *La Cérémonie des adieux*, seguido de *Entretiens avec Jean-Paul Sartre*. Paris: Gallimard, 1981.]

BECKER, Jean-Jacques. *Un soir de l'été 1942... Souvenirs d'un historien*. Paris: Larousse, 2009.

BECQUEMONT, Daniel, "La Confrontation avec le structuralisme: signe et sens". In: DELACROIX; DOSSE; GARCIA (Orgs.), 2007.

BÉGUIN, Albert. Les Flammes de Budapest. *Esprit*, dez. 1956.

BENDA, Julien. *La Trahison des clercs*. Paris: Éditions Grasset, 1927; col. "Les Cahiers Rouges", 2003. [Ed. bras.: *A traição dos intelectuais*. Trad. Paulo Neves. São Paulo: Peixoto Neto, 2007.]

BENOT, Yves. *Massacres coloniaux. 1944-1950: la IVᵉ République et la mise au pas des colonies françaises*. Paris: La Découverte-poche, 2001.

BERGER, John. *Che Guevara mort. Écrivains de Cuba*. Paris: Denoël, 1968.

BERQUE, Jacques. *Mémoires des deux rives*. Paris: Éd. du Seuil, 1989.

BERRÉBY, Gérard (Org.). *Documents relatifs à la fondation de l'Internationale situationniste*. Paris: Allia, 1985.

BERTAUX, Pierre. Amitiés normaliennes. *Commentaire*, n. 28-29, *Raymond Aron 1905-1983. Histoire et politique*, 1985.

BERTHOLET, Denis. *Claude Lévi-Strauss*. Paris: Plon, 2003.

BERTRAND DORLÉAC, Laurence. "Les Artistes et la revolution". In: DREYFUS-ARMAND et al. (Orgs.), 2000.

Beuve-Méry, Hubert. Une œuvre virile. *Le Monde*, 31 jan. 1951a.

_____. Un procès manqué — l'Affaire Gilson. *Le Monde*, 10 mar. 1951b.

_____. Sommes-nous les "vaincus de Hitler"? *Le Monde*, 13 mar. 1957.

_____. Éditorial. *Le Monde*, 25 set. 1958.

Biasini, Émile. *L'Action culturelle an I, 1961-1962*. Paris: Ministère d'État, Affaires culturelles, 1962; citado in Baecque (de), André, 1967.

_____. *Grands travaux. De l'Afrique au Louvre*. Paris: Odile Jacob, 1995.

Biondi, Jean-Pierre. *Les Anticolonialistes (1881-1962)*. Paris: Robert Laffont, 1992.

Birchall, Ian. *Sartre et l'extrême gauche française. Cinquante ans de relations tumultueuses*. Paris: La Fabrique, 2011.

Blanchard, Pascal; Lemaire, Sandrine (Orgs.). *Culture impériale 1931-1961*. Paris: Autrement, 2004.

Blanchot, Maurice. L'Oubli, la déraison. *La Nouvelle Revue française*, n. 106, out. 1961, pp. 676-686; reproduzido in *L'Entretien infini*. Paris: Gallimard, 1969.

_____. Les Intellectuels en question: ébauche d'une réflexion. *Le Débat*, n. 29, mar. 1984.

Blandin, Claire. *Le Figaro littéraire. Vie d'un hebdomadaire politique et culturel (1946-1971)*. Paris: Nouveau Monde Éditions, 2010.

Blot, Jacques. Le Révisionnisme en histoire ou l'école des *Annales*. *La Nouvelle Critique*, n. 30, nov. 1951.

Bocquet, Jérôme. "Un Dreyfusisme chrétien face à la guerre d'Algérie". In: Pelletier; Schlegel (Orgs.), 2012.

Boisset, Jean et al. *Le Problème de la philosophie chrétienne*. Paris: PUF, 1949.

Bon, Frédéric; Burnier, Michel-Antoine. *Les Nouveaux Intellectuels*. Paris: Éd. Cujas, 1966.

Bondy, François. "Postface". In: *Preuves, une revue européenne à Paris*. Apresentação, seleção e notas de Pierre Grémion. Paris: Julliard, 1989.

Bonnafé, Alphonse; Follin, Sven; Kestemberg, Évelyne e Jean; Lebovici, Serge; Le Guillant, Louis; Monnerot, Jules; Shentoub, Salem. La Psychanalyse, une idéologie réactionnaire. *La Nouvelle Critique*, n. 7, jun. 1949.

Bonnaud, Robert. La Paix des Nementchas. *Esprit*, abr. 1957.

Bordes, François. "Désespérer du faux. Histoire d'une critique du communisme soviétique: Michel Collinet, Papaïoannou et les anticommunistes de gauche en France de 1944 à 1972". Tese de doutorado sob a direção de Jean-François Sirinelli, IEP, 2008.

_____. *Kostas Papaïoannou. Les idées contre le néant*. Paris: Éd. La Bibliothèque, 2015.

Bosquet, Michel. Castro ouvre un nouveau front. *Le Nouvel Observateur*, 24-30 jan. 1968.

Boudic, Goulven. *Esprit, 1944-1982. Les Métamorphoses d'une revue*. Paris: Éd. de l'IMEC, 2005.

Boulez, Pierre. Pourquoi je dis non à Malraux. *Le Nouvel Observateur*, 25 mai. 1966.

_____. Du Domaine musical à l'Ircam. Entrevista com Pierre-Michel Menger. *Le Débat*, n. 50, mai-ago. 1988.

Bourdet, Claude. Au Carrefour du Maghreb. *France Observateur*, 4 nov. 1954.

_____. Votre Gestapo d'Algérie. *France Observateur*, 13 jan. 1955a.

_____. Vers la guerre d'Algérie. *France Observateur*, 26 mai. 1955b.

_____. Disponible, quel sursis? *France Observateur*, 29 mar. 1956.

_____. Melouza: crimes et fautes. *France Observateur*, 6 jun. 1957.

_____. Nous ne capitulerons jamais. *France Observateur*, 29 mai. 1958.

Bourdieu, Pierre. *Coisas ditas*. Trad. Cássia R. da Silveira e Denise Moreno Pegorim. São Paulo: Brasiliense, 1990; 2004. [Orig.: *Choses dites*. Paris: Éd. de Minuit, 1987.]

Braudel, Fernand. Histoire et sciences sociales: la longue durée. *Annales ESC*, vol. XIII, n. 4, out.-dez. 1958, pp. 725-753; reproduzido in *Escritos sobre a história*. São Paulo, Perspectiva, 1978. [Orig.: *Écrits pour l'histoire*. Paris: Flammarion, 1969.]

Brillant, Bernard. *Les Clercs de 68*. Paris: PUF, 2003.

Brisson, Pierre. Vu de Paris. *Le Figaro*, 22 nov. 1954.

Bruhat, Jean. Élections et démocratie en URSS. *Démocratie nouvelle*, mar. 1947.

_____. *Il n'est jamais trop tard. Souvenirs*. Paris: Albin Michel, 1983.

Brune, Jean. *Cette haine qui ressemble à de l'amour*. Paris: La Table ronde, 1961.

Burnier, Michel-Antoine. *Les Existentialistes et la politique*. Paris: Gallimard, col. "Idées", 1966.

Cabanel, Patrick, "Lieux et moments de la contestation protestante". In: Pelletier; Schlegel (Orgs.), 2012.

Cachin, Marcel. Pour une presse libre. *L'Humanité*, 29 ago. 1944.

Caillois, Roger. Illusions à rebours. *La Nouvelle Revue française*, n. 24, dez. 1954, pp. 1.010-1.024, e n. 25, jan. 1955, pp. 58-70.

_____. "La réponse de R. Caillois", *Le Monde*, 28 jun. 1974.

CALLU, Agnès. "Gaëtan Picon (1915-1976)". Tese de doutorado sob a orientação de Jean-François Sirinelli, IEP, 2009.

CALVET, Louis-Jean. *Roland Barthes*. Paris: Flammarion, 1990. [Ed. bras.: *Roland Barthes — uma biografia*. São Paulo. Siciliano, 1993.]

CAMUS, Albert. De la Résistance à la Révolution. *Combat*, 24 ago. 1944a.

_____. La nuit de la vérité. *Combat*, 25 ago. 1944b.

_____. Le temps du mépris. *Combat*, 30 ago. 1944c.

_____. Le mouvement national de liberation. *Combat*, 19 set. 1944d.

_____. Éditorial. *Combat*, 25 out. 1944e.

_____. De la trahison du gouvernement de Vichy. *Combat*, 2 nov. 1944f.

_____. Au sujet de l'épuration post-Libération. *Combat*, 5 jan. 1945a.

_____. Justice et charité. *Combat*, 11 jan. 1945b.

_____. Ce mot d'épuration était déjà assez pénible en lui-même: la chose est devenue odieuse. *Combat*, 30 ago. 1945c.

_____. Non, je ne suis pas existentialiste. Entrevista com Jeanine Delpech. *Les Nouvelles littéraires*, n. 954, 15 nov. 1945d; reproduzida in CAMUS. *Œuvres complètes*, II. *1944-1948*. Paris: Gallimard, 2006.

_____. Entrevista à revista *Servir*, 20 dez. 1945e; reproduzida in CAMUS. *Théâtre, récits, nouvelles*. Paris: Gallimard, col. "Bibliothèque de la Pléiade", 1985.

_____. *L'Homme révolté* [1951]. Paris: Gallimard, col. "Folio", 2013. [Ed. bras.: *O homem revoltado*. Trad. Virginia Mota. 5ª ed. São Paulo: Record, 2003.]

_____. Révolte et servitude. *Les Temps modernes*, n. 82, ago. 1952; reproduzido in CAMUS. *Œuvres complètes*, III. *1949-1956*. Paris: Gallimard, 2008.

_____. *La Chute* [1956]. Paris: Gallimard, col. "Folio", 1997. [Ed. bras.: *A queda*. Trad. Valerie Rumjanek. Rio de Janeiro: Best Bolso-Record, 2007.]

_____. Discours de réception du prix Nobel. *Le Monde*, 14 dez. 1957a.

_____. *Discours de Suède* [1957b]. Paris: Gallimard, col. "Folio", 1997.

_____. *L'Envers et l'Endroit*. Paris: Gallimard, 1958. [Ed. bras.: *O avesso e o direito*. Trad. Valerie Rumjanek. Rio de Janeiro: Record, 1999.]

_____. *Essais*. Paris: Gallimard, col. "Bibliothèque de la Pléiade", 1984.

CANGUILHEM, Georges. Mort de l'homme ou épuisement du cogito? *Critique*, n. 242, jul. 1967.

CARNÉ, Marcel. Le point de vue de Marcel Carné. *Le Monde*, 14 out. 1958.

CASANOVA, Laurent. *Le Parti communiste, les intellectuels et la nation*. Paris: Éditions sociales, 1949a.

_____. *Responsabilités de l'intellectuel communiste*. Paris: Éd. du PCF, 1949b.

Cassou, Jean. *Une vie pour la liberté.* Paris: Robert Laffont, 1981.

Castel, Robert. *Le Psychanalysme.* Paris: Maspero, 1973; nova ed.: 10/18, 1976.

_____. Les aventures de la pratique. *Le Débat,* n. 41, set.-nov. 1986.

Castoriadis, Cornelius. Marxisme et théorie révolutionnaire. *Socialisme ou barbarie,* n. 36, abr. 1964, pp. 1-25; n. 37, jul. 1964, pp. 18-53; n. 38, out. 1964, pp. 44-86; n. 39, mar. 1965, pp. 16-66; n. 40, jun. 1965, pp. 37-55; reproduzido in Castoriadis, *L'Institution imaginaire de la société.* Paris: Éd. du Seuil, 1975, pp. 13-229.

_____. "La suspension de la publication de *Socialisme ou barbarie*". Circular dirigida aos assinantes e leitores, junho de 1967; reproduzida in Castoriadis, 1974, t. II.

_____. *La Société bureaucratique.* Paris: 10/18, 1973; nova ed.: Paris: Christian Bourgois, 1990. [Ed. port.: *A sociedade burocrática 1: as relações de produção na Rússia.* Trad. Margarida Portel. Porto: Edições Afrontamento, 1979.]

_____. "Introduction". In: Castoriadis, 1973.

_____. *L'Expérience du mouvement ouvrier.* Paris: 10/18, 1974. [Ed. bras: *A experiência do movimento operário.* Trad. de uma seleção de textos por Carlos Nelson Coutinho. São Paulo: Brasiliense, 1985.]

_____. Les divertisseurs. *Le Nouvel Observateur,* 20 jun. 1977; reproduzido in Castoriadis, *Quelle démocratie?* Paris: Éd. du Sandre, 2013, t. I.

_____. *La Société française.* Paris: 10/18, 1979.

_____. *La Question du mouvement ouvrier. Écrits politiques, 1945-1997.* 2 vols. Paris: Éd. du Sandre, 2012.

_____ (sob o pseudônimo de Paul Cardan). Le Mouvement révolutionnaire sous le capitalisme moderne. *Socialisme ou barbarie,* n. 31, dez. 1960-fev. 1961, pp. 51-81; n. 32, abr.-jun. 1961, pp. 84-111; n. 33, dez. 1961-feb.1962, pp. 60-85; reproduzido in Castoriadis, 2012, t. II.

_____ (sob o pseudônimo de Pierre Chaulieu). *Socialisme ou barbarie,* n. 1, mar. 1949; reproduzido in Castoriadis, 2012a, t. I.

_____. Les Rapports de production en Russie. *Socialisme ou barbarie,* n. 2, mai. 1949; reproduzido in Castoriadis, 2012b, t. I.

_____. Sartre, le stalinisme et les ouvriers. *Socialisme ou barbarie,* n. 12, ago. 1953; reproduzido in Castoriadis, 2012, t. I.

_____. La Révolution prolétarienne. *Socialisme ou barbarie,* n. 20, dez. 1956.

_____. L'Insurrection hongroise: questions aux militants du PCF. *Socialisme ou barbarie,* n. 20, dez. 1956; reproduzido in Castoriadis, 1973.

_____. Perspectives de la crise française. *Socialisme ou barbarie,* n. 25, jul. 1958; reproduzido in Castoriadis, 1979.

_____. Bilan. *Socialisme ou barbarie*, n. 26, nov. 1958; reproduzido in Castoriadis, 2012, t. II.

Caune, Jean. *La Culture en action. De Vilar à Lang: le sens perdu*. Grenoble: Presses universitaires de Grenoble, 1999.

Caute, David. *Le Communisme et les intellectuels français, 1914-1966*. Paris: Gallimard, 1964.

Certeau (de), Michel. Expérience chrétienne et langage de la foi. *Christus*, vol. XII, n. 46, 1965.

_____. La Rénovation de la vie religieuse. *Christus*, vol. XIII, n. 49, jan. 1966a, pp. 101-119.

_____. "La Crise du langage religieux". In: *Langages de l'athéisme et de la foi*, Session de Currière, texto datilografado. Vanves: Archives de la Compagnie, jul. 1966b.

_____. De la participation au discernement. *Christus*, vol. XIII, n. 52, out. 1966c, pp. 518-537.

_____. La Vie religieuse en Amérique latine. *Études*, jan. 1967a.

_____. Amérique latine: Ancien ou Nouveau Monde? Notes de Voyage. *Christus*, vol. XIV, n. 55, jul. 1967b.

_____. "Che" Guevara et Régis Debray, la révolution entre sa légende et sa vérité. *Études*, dez. 1967c, pp. 624-629.

_____. Prendre la parole. *Études*, jun. 1968; reproduzido in Certeau. *La Prise de parole*. Paris: DDB, 1968.

_____. Roustang, François. Note sur *Christus* aux Pères provinciaux. Vanves: Archives de France de la Compagnie, 10 jun. 1966.

_____, Julia, Dominique; Revel, Jacques. La Beauté du mort: le concept de "culture populaire". *Politique aujourd'hui*, dez. 1970, pp. 3-23; reproduzido in Certeau. *La Culture au pluriel*. Paris: Éd. du Seuil, col. "Points", 1993, pp. 45-72. [Ed. port.: "A beleza do morto: o conceito de cultura popular". In: Revel, Jacques. *A invenção da sociedade*. Lisboa: Difel, 1989, p. 49-75.]

Champenoix, Jean. L'Hérédité n'est pas commandée par de mystérieux facteurs: le savant soviétique Lyssenko porte un coup droit aux théories antidarwiniennes. *Les Lettres françaises*, 26 ago. 1948.

Chaperon, Sylvie. *Les Années Beauvoir, 1945-1970*. Paris: Fayard, 2000.

_____. "Beauvoir à la croisée de l'histoire des femmes et des intellectuels". In: Racine; Trebitsch (Orgs.), 2004.

_____. "Le MFPF face au féminisme (1956-1970)". In Bard; Mossuz-Lavau (Orgs.), 2006.

CHAPSAL, Madeleine. Le Livre de la semaine: *Tristes tropiques*. *L'Express*, 24 fev. 1956.

_____. Le jeune roman. *L'Express*, 12 jan. 1961; reproduzido in CHAPSAL, *Ces voix que j'entends encore*. Paris: Fayard, 2011, pp. 119-134.

_____. *Envoyez la petite musique...* Paris: Grasset, 1984; nova ed.: Paris: Hachette, col. "Biblio Essais", 1987.

CHAR, René. *Feuillets d'Hypnos* [1946]. Paris: Gallimard, col. "Folio", 2007.

_____. L'Affaire Kravchenko. *Combat*, 25 fev. 1949.

_____. Lettre à Marcel Bisiaux; citada in GREILSAMER, 2004.

CHARBONNIER, Georges. *Entretiens avec Claude Lévi-Strauss* [1961]. Paris: 10/18, 1969.

CHARDONNE, Jacques. *Le Ciel de Nieflheim* [1943], nova ed.: Paris: Bucarest, 1991.

CHASSEY (DE), Éric. "Peinture critique/peinture politique", 15 mar. 2011. Conferência no Seminário de Antoine Compagnon, Collège de France, no âmbito de seu curso sobre "L'Année 1966".

CHEBEL D'APPOLLONIA, Ariane. *L'Extrême droite en France de Maurras à Le Pen*. Bruxelas: Complexe, 1988.

_____. *Histoire politique des intellectuels en France, 1944-1954*. 2 vols. Bruxelas: Complexe, 1991 e 1999.

CLÉMENT, Catherine. *Vies et légendes de Jacques Lacan*. Paris: Grasset, 1981.

COHEN, Francis. L'Ouvrier mort. *L'Humanité*, 5 jul.1952.

COHEN, Francis et al. *Science bourgeoise et science prolétarienne*. Paris: Nouvelle critique, 1950.

COHEN-SOLAL, Annie. *Sartre (1905-1980)*. Trad. Milton Persson. Porto Alegre: L&PM Editores, col. "Biografias", 1986. [Orig.: *Sartre (1905-1980)*. Paris: Gallimard, 1985.]

COLETIVO. Chine d'hier et d'aujourd'hui. *Les Temps modernes*, n. 127-128, set.-out. 1956.

_____. Qu'est-ce que la classe ouvrière française? *Arguments*, n. 12-13, jan.-fev.-mar. 1959.

_____. Ouverture d'un débat: marxisme et humanisme. *La Nouvelle Critique*, n. 164, mar. 1965.

COLLINET, Michel, *J'ai choisi la liberté!* par Victor Kravchenko. *Paru*, n. 34, set. 1947.

_____. *Tragédie du marxisme. Du "Manifeste Communiste" à la stratégie totalitaire, essai critique*. Paris: Calmann-Lévy, 1948.

_____. Les Mythes modernes. *Évidences*, n. 50, ago.-set. 1955.

_____. *Du bolchevisme. Évolution et variations du marxisme-léninisme.* Paris: Amiot-Dumont, 1957.

COLOMBEL, Jeannette (nascida PRENANT). Les trois "K" de la démocratie occidentale: à propos de Simone de Beauvoir et de quelques autres. *La Nouvelle Critique*, n. 25, abr. 1951.

COURTADE, Pierre. L'Entreprise Tito. *L'Humanité*, 10 jun. 1950.

CRONAN, Christine. *Petit catéchisme de l'existentialisme pour les profanes.* Paris: Jean Dumoulin, 1948.

DAIX, Pierre. Une discussion au service de la paix. *Les Lettres françaises*, 4 nov. 1948.

_____. *J'ai cru au matin.* Paris: Robert Laffont, 1976.

_____. *Tout mon temps.* Paris: Fayard, 2001.

_____. *Aragon. Un destin français*, II. *L'Atlantide, 1939-1982.* Paris: La Martinière, 2013.

DAMAMME, Dominique; GOBILLE, Boris; MATONTI, Frédérique; PUDAL, Bernard (Orgs.). *Mai-Juin 68.* Paris: Éd. de l'Atelier, 2008.

DANEY, Serge. *La Rampe: Cahier critique, 1970-1982.* Paris: Gallimard, 1983. [Ed. bras.: *A rampa: Cahiers du cinéma, 1970-1982.* São Paulo: Cosac Naify, 2007.]

_____. *Ciné journal: 1981-1986.* Prefácio de Gilles Deleuze. Paris: Cahiers du cinéma, 1986.

DANIEL, Jean. *Œuvres autobiographiques.* Paris: Grasset, 2002.

DEBAENE, Vincent. "Préface". In: LÉVI-STRAUSS, 2008a.

_____. "Lévi-Strauss, homme de lettres". In: JOULIA, Émilie. *Lévi-Strauss. L'homme derrière l'œuvre.* Paris: Jean-Claude Lattès, 2008b.

_____. *L'Adieu au voyage. L'ethnologie française entre science et littérature.* Paris: Gallimard, 2010.

DEBRAY, Régis. Le Castrisme: la longue marche de l'Amérique latine. *Les Temps modernes*, n. 224, jan. 1965, pp. 1.172-1.237.

_____. *Critique de la raison politique.* Paris: Gallimard, 1981.

DEBRÉ, Michel. "Deux hommes politiques parlent de Mauriac". In: *François Mauriac.* Paris: Fayard, col. "Les Cahiers de L'Herne" (n. 48), 2000.

DEBÛ-BRIDEL. Jacques. *La Résistance intellectuelle.* Paris: Julliard, 1970.

DELACROIX, Christian; DOSSE, François; GARCIA, Patrick (Orgs.). *Paul Ricœur et les sciences humaines.* Paris: La Découverte, 2007.

DELACROIX, Christian; TREBITSCH, Michel (Orgs.). *Michel de Certeau. Les chemins d'histoire.* Bruxelas: Complexe, 2002.

DELANNOI, Gil, "Crise intellectuelle et tentative de fondation d'une politique de l'homme: *Arguments*, Morin, Sartre". Tese de doutorado, IEP, 1982.

_____. *Arguments*, 1956-1962, ou la parenthèse de l'ouverture. *Revue française de science politique*, vol. XXXIV, n. 1, fev. 1984.

DELAVIGNETTE, Robert. L'Union française: à l'échelle du monde, à la mesure de l'homme. *Esprit*, jul.1945.

DELEUZE, Gilles. Cours à Paris VIII. Archives audiovisuelles de la BNF, 4 mai. 1982.

_____. *Cinema 1: A imagem-movimento*. Trad. Stella Senra. São Paulo: Editora Brasiliense, 1985; nova ed.: Editora 34, col. "Trans", 2018. [Orig.: *Cinéma, 1. L'Image-mouvement*. Paris: Éd. de Minuit, 1983.]

_____. *Cinema 2: A imagem-tempo*. Trad. Eloísa de Araujo Ribeiro. São Paulo: Editora Brasiliense, 1990; nova ed.: Editora 34, col. "Trans", 2018. [Orig.: *Cinéma, 2. L'Image-temps*. Paris: Éd. de Minuit, 1985.]

DELEUZE, Gilles; GUATTARI, Félix. *O que é a filosofia?* Trad. Bento Prado Jr. e Alberto Alonso Munoz. São Paulo: Editora 34, col. "Trans", 1992. [Orig.: *Qu'est-ce que la philosophie?* Paris: Éd. de Minuit, 1991.]

DELPHY, Christine; CHAPERON, Sylvie (Orgs.). *Cinquantenaire du "Deuxième Sexe"*. Paris: Syllepse, 2002.

DERRIDA, Jacques. "Introduction". In: HUSSERL, 1962.

_____. Cogito et histoire de la folie. *Revue de métaphysique et de morale*, n. 4, out.-dez. 1963a; reproduzido in DERRIDA, 1967c. [Ed. bras.: "*Cogito* e história da loucura". Trad. Pedro Leite Lopes. In: *A escritura e a diferença*. São Paulo: Perspectiva, ed. revista e ampliada, 2009, pp. 43-90.]

_____. Force et signification. *Critique*, n. 193-194, jun.-jul. 1963b; reproduzido in DERRIDA, 1967c.

_____. *Gramatologia*. Trad. Miriam Schnaiderman e Renato Janine Ribeiro. São Paulo: Perspectiva/Edusp, 1973. [Orig.: *De la grammatologie*. Paris: Éd. de Minuit, 1967a.]

_____. *La Voix et le Phénomène. Introduction au problème du signe dans la phénoménologie de Husserl*. Paris: PUF, 1967b. [Ed. bras.: *A voz e o fenômeno: introdução ao problema do signo na fenomenologia de Husserl*. Trad. Lucy Magalhães. Rio de Janeiro: Jorge Zahar, 1994.]

_____. *A escritura e a diferença*. Trad. Maria Beatriz M. N. da Silva. 2ª ed. São Paulo: Editora Perspectiva, 1995. [Orig.: *L'Écriture et la Différence*. Paris: Éd. du Seuil, col. "Points", 1967c.]

_____. "La Structure, le signe et le jeu dans le discours des sciences humaines". In: DERRIDA, 1967c.

_____. "La différance". Conferência pronunciada na ENS, em 27 jan.1968; reproduzida in FOUCAULT; BARTHES; DERRIDA, 1980.

_____. *Marges*. Paris: Éd. de Minuit, 1972a. [Ed. bras.: *Margens da filosofia*. Trad. Joaquim Torres Costa e António M. Magalhães. Campinas: Papirus, 1991.]

_____. *Posições*. Trad. Tomaz Tadeu da Silva. Belo Horizonte: Autêntica, 2001. [Orig.: *Positions*. Paris: Éd. de Minuit, 1972b.]

_____. *Limited Inc.* Paris: Galilée, 1990. [Ed. bras.: *Limited inc.* Trad. Constança Marcondes Cesar. Campinas: Papirus, 1991.]

_____. "Pour l'amour de Lacan". In: DERRIDA, 1996.

_____. *Résistances de la psychanalyse*. Paris: Galilée, 1996.

DESANTI, Dominique. *Les Staliniens. Une expérience politique, 1944-1956*. Paris: Fayard, 1975; nova ed.: Paris: Marabout, 1985.

_____. *Les Clés d'Elsa*. Paris: Ramsay, 1983.

DESANTI, Jean-Toussaint. "La Science, idéologie historiquement relative". In: COHEN et al., 1950.

DESCOMBES, Vincent. *Le Même et l'autre*. Paris: Éd. de Minuit, 1979.

_____. "Vers une crise d'identité en philosophie française". In: *Enjeux philosophiques des années 50 (Les)*, 1989.

DESTREMAU, Christian; MONCELON, Jean. *Louis Massignon*. Paris: Plon, 1994.

DHÔTEL, Jean-Claude. *Les Jésuites de France*. Paris: Desclée de Brouwer, 1987.

DILTHEY, Wilhelm. *L'Édification du monde historique dans les sciences de l'esprit*. Paris: Éd. du Cerf, 1988. [Orig.: *Der Aufbau der geschichtlichen Welt in den Geisteswissenschaften*, 1910; ed. bras.: *A construção do mundo histórico nas ciências humanas*. São Paulo: Unesp, 2010.]

DOMENACH, Jean-Marie. Le procès Angeli. *Esprit*, jan. 1945.

_____. Y a-t-il une justice en France? *Esprit*, ago. 1947.

_____. Culpabilité collective. *Esprit*, out. 1957.

_____. Pourquoi non. *Esprit*, set. 1958.

_____. Résistances. *Esprit*, mai. 1960.

_____. Notre affaire Tillon. *Esprit*, jun. 1971.

_____. "Le Requiem structuraliste. In: DOMENACH, J.-M. *Le Sauvage et l'ordinateur*. Paris: Éd. du Seuil, 1976.

_____. *Ce que je crois*. Paris: Grasset, 1978.

DOR, Joël. *Introduction à la lecture de Lacan*. Paris: Denoël, 1985.

DOSSE, François. "Lorsque Julia Kristeva donna naissance au second Barthes". In: DOSSE, F. *Histoire du structuralisme*, II. *Le chant du cygne, 1967 à nos jours*.

Paris: La Découverte, 1992, pp. 75-89. [Ed. bras.: *História do estruturalismo*. 3 vols. Campinas: Editora da Unicamp, 1993.]

_____. *L'Empire du sens. L'humanisation des sciences humaines*. Paris: La Découverte, 1995; nova ed.: Paris: La Découverte-poche, 1997.

_____. *Pierre Nora. Homo historicus*. Paris: Perrin, 2011.

_____. *Castoriadis. Une vie*. Paris: La Découverte, 2014.

DREYFUS, Alfred. *Diários completos do capitão Dreyfus*. Org. e apres. de Alberto Dines. Rio de Janeiro: Imago, 1995.

DREYFUS-ARMAND, Geneviève; PORTES, Jacques. "Les Interactions internationales de la guerre du Viêt-nam et Mai 1968". In: DREYFUS-ARMAND et al. (Orgs.), 2000.

DREYFUS-ARMAND, Geneviève; FRANK, Robert; LÉVY, Marie-Françoise; ZANCARINI-FOURNEL, Michelle (Orgs.). *Les Années 68. Le temps de la contestation*. Bruxelas: Complexe, 2000; nova ed.: 2008.

DROIT, Michel. *La Coupe est pleine*. Paris: France-Empire, 1975; citado in PAUVERT, 2004.

DUFAY, François. *Le Soufre et le Moisi. La droite littéraire après 1945* [2006]. Paris: Perrin, col. "Tempus", 2010.

DUMAZEDIER, Joffre. *Vers une Civilisation du loisir?* Paris: Éd. du Seuil, 1962; nova ed.: col. "Points", 1972.

DUVERGER, Maurice. *Le Grand Schisme* ou *Croisade sans croix? Le Monde*, 8 out. 1948.

_____. Les deux trahisons. *Le Monde*, 27 abr. 1960.

DUVIGNAUD, Jean. Idéologies de somnambules. *Arguments*, n. 8, jun. 1958.

_____. *Chebika*. Paris: Gallimard, 1968.

_____. *Le Langage perdu*. Paris: PUF, 1973.

_____. *Le ça perché*. Paris: Stock, 1976.

_____. "Après le fonctionnalisme et le structuralisme, quoi?" In: *Une anthropologie des turbulences. Hommage à G. Balandier*. Paris: Berg International, 1985.

EGNEL, Claude. *Le Planning familial*, n. 9, mar. 1966.

ELUARD, Paul. Les vendeurs d'indulgence. *Les Lettres françaises*, 1ª página, 17 mar. 1945.

_____. *Poèmes politiques*. Paris: Éditions sociales, 1948.

EMMANUEL, Pierre. L'Amérique impériale. *Le Monde*, 25 out. 1949.

Enjeux philosophiques des années 50 (Les). Seminário de 16 a 18 de março de 1988. Paris: Éd. du centre Georges-Pompidou, 1989.

ÉRIBON, Didier. *Michel Foucault, 1926-1984*. Trad. Hildegard Feist. São Paulo: Companhia das Letras, 1990. [Orig.: *Michel Foucault*. Paris: Flammarion, 1989.]

ESTIER, Claude. *Journalistes engagés*. Paris: Cherche-Midi, 2011.

ÉTIEMBLE, René. "De l'engagement" [1946]. In: ÉTIEMBLE. R. *Hygiène des lettres*, II. *Littérature dégagée (1942-1953)*. Paris: Gallimard, 1955.

_____. "Justice pour les collabos" [1952]. In: ÉTIEMBLE. R., 1955.

_____. Des tarahumaras aux nambikwara. *Évidences*, n. 56, abr. 1956.

FABIANI, Jean-Louis. "Sociologie et histoire des idées", cf. *Enjeux philosophiques des années 50 (Les)*, 1989.

FABRE, Henri (Org.). *La Maternité consciente*. Paris: Denoël, 1960.

FAYE, Jean-Pierre. *Commencement d'une figure en mouvement*. Paris: Stock, 1980.

FEJTÖ, François. L'Affaire Rajk est une affaire Dreyfus internationale. *Esprit*, nov. 1949.

_____. *La Tragédie hongroise*. Paris: Pierre Horay, 1957.

_____. *Mémoires. De Budapest à Paris*. Paris: Calmann-Lévy, 1986.

_____. *Où va le temps qui passe?* Paris: Balland, 1991.

FELGINE, Odile. *Roger Caillois*. Paris: Stock, 1994.

FERRER, Mathilde (Org.). *Groupes, mouvements, tendances de l'art contemporain depuis 1945*. Paris: École nationale supérieure des beaux-arts, 2001.

FERRO, Marc. *Mes histoires parallèles. Entretiens avec Isabelle Veyrat-Masson*. Paris: Carnets Nord, 2011.

FESSARD, Gaston. *Progressisme chrétien et apostolat ouvrier*. Paris: Desclée de Brouwer, 1960.

FEUERBACH, Ludwig. *Manifestes philosophiques*. Trad. Louis Althusser. Paris: PUF, 1960.

FIGUÈRES, Léo. Le Pape n'a pas tout dit devant les sages-femmes. *La Nouvelle Critique*, n. 35, abr. 1952.

FISCHER, Didier. *L'Histoire des étudiants en France de 1945 à nos jours*. Paris: Flammarion, 2000.

FITCH, Brian T. *Le Sentiment d'étrangeté chez Malraux, Sartre, Camus, S. de Beauvoir*. Paris: Minard, 1964.

FONTAINE, André. *Histoire de la guerre froide*. II. *De la guerre de Corée à la crise des alliances, 1950-1963*. Paris: Éd. du Seuil, 1983.

FOREST, Philippe. *Histoire de Tel Quel, 1960-1982*. Paris: Éd. du Seuil, 1995.

_____. *Aragon*. Paris: Gallimard, 2015.

FOUCAULT, Michel. *Folie et déraison. Histoire de la folie à l'âge classique*. Paris: Plon, 1961a. [Ed. bras.: *História da loucura na idade clássica*. Trad. José Teixeira Coelho Netto (correspondente ao texto publicado em 1972 pela editora Gallimard). São Paulo: Perspectiva, 1978.]

_____. La Folie n'existe que dans une société. *Le Monde*, 22 jul. 1961b.

_____. Préface à la Transgression. *Critique*, n. 195-196, ago.-set. 1963a, pp. 751-769.

_____. Le langage à l'infini. *Tel Quel*, n. 15, outono 1963b, pp. 44-53.

_____. Distance, aspect, origine. *Critique*, n. 198, nov. 1963c, pp. 931-945.

_____. *Les Mots et les choses*. Paris: Gallimard, 1966a. [Ed. port./bras.: *As palavras e as coisas — Uma arqueologia das ciências humanas*. Trad. António Ramos Rosa. São Paulo: Martins Fontes Editora, 1967.]

_____. La Pensée du dehors. *Critique*, n. 229, jun. 1966b, pp. 523-546.

_____. Lectures pour tous. ORTF, 1966c; republicado in FOUCAULT [1977b], 1988.

_____. Nietzsche, Marx, Freud. *Cahiers de Royaumont*, t. VI. Paris: Éd. de Minuit, 1967; reproduzido in FOUCAULT, 1994, t. I.

_____. Mon corps, ce papier, ce feu. *Paideia*, set. 1971; reproduzido in FOUCAULT, M. *L'Histoire de la folie*. Paris: Gallimard, 1972.

_____. "Nietzsche, la généalogie, l'histoire". In: *Hommage à Jean Hyppolite*. Paris: PUF, 1971, pp. 145-172; reproduzido in FOUCAULT, 1994, t. II.

_____. L'Extension sociale de la norme. Entrevista com Pascale Werner. *Politique-Hebdo*, 4 mar. 1976.

_____. Vérité et pouvoir: entretien avec M. Fontana. *L'Arc*, n. 70, 1977a.

_____. Documento INA (Institut national de l'audiovisuel), gravado em Vézelay, na casa de Maurice Clavel, em 1977b; difusão no programa *Océaniques*, do canal FR3, em 13 de janeiro de 1988.

_____. Colloquio con Michel Foucault [1978]. Entrevista com Duccio Trombadori. *Il Contributo*, jan.-mar. 1980; reproduzido in FOUCAULT, 1994, t. IV.

_____. Structuralism and Post-structuralism. Entrevista com Georges Raulet. *Telos*, vol. XVI, 1983, pp. 195-211.

_____. Le Souci de l'autre. *France Culture*, 30 jun. 1984.

_____. La Vie: l'expérience et la Science. *Revue de métaphysique et de morale*, vol. XC, n. 1, jan.-mar. 1985, pp. 3-14; reproduzido in FOUCAULT, 1994, t. IV.

_____. *Dits et écrits*. 4 vols. Paris: Gallimard, 1994; nova ed.: col. "Quarto", 2 vols., 2001. [Ed. bras.: *Ditos e escritos*, vol. I a X. Org. de Manoel Barros da Motta. Trad. Vera Lúcia Avelar Ribeiro. Rio de Janeiro: Forense Universitária, 1999-2014.]

Foucault, Michel; Barthes, Roland; Derrida, Jacques. *Théorie d'ensemble*. Paris: Éd. du Seuil, col. "Tel Quel", 1968; nova ed.: col. "Points", 1980.

Fouché, Pascal, "L'Édition 1914-1992". In: sirinelli (Org.) [1992] 2012, t. II.

_____ (Org.). *L'Édition française depuis 1945*. Paris: Cercle de la librairie, 1998.

Fouilloux, Étienne. Intellectuels catholiques et guerre d'Algérie (1954-1962). *Les Cahiers de l'IHTP* (Institut d'Histoire du Temps Présent), n. 10, nov. 1988.

Fourastié, Jean. *Le Grand Espoir du XXe siècle. Progrès technique, progrès économique, progrès social*. Paris: PUF, 1949.

_____. *Machinisme et bien-être*. Paris: Éd. de Minuit, 1951.

_____. *Les Trente Glorieuses, ou La révolution invisible*. Paris: Fayard, 1979.

Fourel, Christophe (Org.). *André Gorz. Un passeur pour le XXIe siècle*. Paris: La Découverte, 2009.

Frank, Bernard. La Dernière Victime du Général. *Le Nouvel Observateur*, 19 nov. 1964.

Frank, Robert. "Imaginaire politique et figures symboliques internationales: Castro, Hô, Mao et le Che". In: Dreyfus-Armand et al. (Orgs.), 2000.

Frodon, Jean-Michel. *L'Âge moderne du cinéma français. De la nouvelle vague à nos jours*. Paris: Flammarion, 1995.

_____. Entrevista a Daniel Feix: Nunca se viram tantos filmes. Essa é a grande notícia. *GaúchaZH*, 8 mai. 2019. Disponível em: https://gauchazh.clicrbs.com.br/cultura-e-lazer/cinema/noticia/2019/05/nunca-se-viram-tantos-filmes-essa-e-a-grande-noticia-diz-critico-frances-jean-michel-frodon-cjve5hnhl01p101maoki9inm6.html

Fukuyama, Francis. *The End of History and the Last Man*. Nova York: Free Press, 1992. [Ed. bras.: *O fim da história e o último homem*. Rio de Janeiro: Rocco, 1992.]

Galster, Ingrid. "Les Chemins du féminisme entre la France et les États-Unis (1947-2000)". In: Racine; Trebitsch (Dirs.), 2004.

Galtier-Boissière, Jean. *Mon Journal depuis la Libération*. Paris: La Jeune Parque, 1945.

Garaudy, Roger. Sur une philosophie réactionnaire. Un faux prophète: Jean-Paul Sartre. *Les Lettres françaises*, 28 dcz. 1945.

_____. Artistes sans uniformes. *Arts de France*, n. 9, nov. 1946.

_____. Transcrição datilografada dos debates da Assemblée des philosophes [Assembleia dos Filósofos], Choisy-le-Roi, 22-23 jan. 1966. Arquivos do Partido Comunista, fundo Waldeck-Rochet, 1893-2005, 314 J 38, pp. 125, 128 e 148; citado in Verdès-Leroux, 1987, p. 296.

Gaulle (de), Charles. *Mémoires de guerre*. I. *L'Appel: 1940-1942*. Paris: Plon, 1954; Pocket, 1999; nova ed.: 2007.

_____. *Mémoires d'espoir*. I. *Le renouveau, 1958-1962*. Paris: Plon, 1970.

Genette, Gérard. Enquête sur la critique. *Tel Quel*, n. 14, verão 1963, pp. 68-91.

George, Natacha; George, François (Orgs.). *Staline à Paris*. Paris: Ramsay, 1982.

Gide, André. *Les Faux-monnayeurs*. Paris: NRF, 1925. [Ed. bras.: *Os moedeiros falsos*. Trad. Mário Laranjeira. São Paulo: Estação Liberdade, 2009.]

Gil, Marie. *Roland Barthes. Au lieu de la vie*. Paris: Flammarion, 2012.

Gilson, Étienne. *L'Être et l'Essence*. Paris: Vrin, 1948. [Ed. bras.: *O ser e a essência*. São Paulo: Paulus, col. "Filosofia medieval", 2016.]

_____. L'Alternative. *Le Monde*, 2 mar. 1949.

Girardet, Raoul. *Singulièrement libre. Entretiens avec Pierre Assouline*. Paris: Perrin, 1990.

Giroud, Françoise. *Si je mens...* Paris: Stock, 1972.

Godard, Jean-Luc, Un cinéaste, c'est aussi un visionnaire. *Arts*, 1º abr. 1959; citado in Baecque (de), Antoine, 1991.

Goldman, Pierre. *Souvenirs obscurs d'un juif polonais né en France*. Paris: Éd. du Seuil, 1978.

Gorz, André. Le Traître. *Les Temps modernes*, n. 144, dez. 1957, e n. 145, mar. 1958.

_____. *Le Socialisme difficile*. Paris: Éd. du Seuil, 1967. [Ed. bras.: *O socialismo difícil*. Trad. Maria Helena Kuhner. Rio de Janeiro: Zahar, 1968.]

Gottraux, Philippe. *"Socialisme ou Barbarie". Un engagement politique et intellectuel dans la France de l'après-guerre*. Lausanne: Payot, 1997.

Grall, Xavier. *James Dean et notre jeunesse*. Paris: Éd. du Cerf, 1958.

Granjon, Marie-Christine. Raymond Aron, Jean-Paul Sartre et le conflit algérien. *Les Cahiers de l'IHTP* (Institut d'Histoire du Temps Présent), n. 10, nov. 1988.

Grégoire, Ménie. La Force des choses: le prix d'une révolte. *Esprit*, mar. 1964.

_____. *Telle que je suis*. Paris: Robert Laffont, 1976.

_____ (Org.). La Femme au travail. *Esprit*, mai. 1961.

Greilsamer, Laurent. *L'Éclair au front. La vie de René Char*. Paris: Fayard, 2004.

_____. *L'Homme du Monde. La vie d'Hubert Beuve-Méry*. Paris: Perrin, col. "Tempus", 2010.

Greimas, Algirdas Julien. L'Actualité du saussurisme. *Le Français moderne*, n. 24, 1956.

Grémion, Pierre. *Intelligence de l'anticommunisme. Le Congrès pour la liberté de la culture à Paris (1950-1975)*. Paris: Fayard, 1995.

GRENIER, Roger. *Albert Camus. Soleil et ombre* [1987]. Paris: Gallimard, col. "Folio", 1991.

GROS, Guillaume. *Philippe Ariès. Un traditionaliste non-conformiste — de l'Action française à l'École des hautes études en sciences sociales, 1914-1984*. Villeneuve d'Ascq: Presses Universitaires du Septentrion, 2008.

GUATTARI, Félix. "Réflexions sur la thérapeutique institutionnelle et les problèmes d'hygiène mentale en milieu étudiant". Relatório publicado in *Recherches universitaires*, 1964; reproduzido in *Psychanalyse et transversalité*. Paris: Maspero, 1972; nova ed.: Paris: La Découverte, 2003.

GUÉHENNO, Jean. La Révolte humaine: mais non, la vie n'est pas absurde. *Le Figaro littéraire*, 24 nov. 1951.

GUENANCIA, Pierre; SYLVESTRE, Jean-Pierre (Orgs.). *Claude Lévi-Strauss et ses contemporains*. Paris: PUF, 2012.

GUÉRIN, Jean-Yves. *Camus. Portrait de l'artiste en citoyen*. Paris: François Bourin, 1993.

GUGELOT, Frédéric. "Intellectuels chrétiens entre marxisme et Évangile". In: PELLETIER; SCHLEGEL (Orgs.), 2012.

GUILLEBAUD, Jean-Claude. *Les Années orphelines*. Paris: Éd. du Seuil, 1978.

GUILLÉN, Nicolás. Cuba 1959. *Les Temps modernes*, n. 158, abr. 1959.

GURVITCH, Georges. Le Concept de structure sociale. *Cahiers internationaux de sociologie*, vol. XIX, 1955.

HAGE, Julien, "Sur les chemins du tiers-monde en lutte: partisans, révolution, Tricontinentale (1961-1973)". In: ARTIÈRES; ZANCARINI-FOURNEL (Orgs.), 2008.

_____. *Feltrinelli, Maspero, Wagenbach. Une nouvelle génération d'éditeurs politiques d'extrême gauche en Europe occidentale, 1955-1982: histoire comparée, histoire croisée*. Tese de doutorado, sob a orientação de Jean-Yves Mollier. Saint-Quentin-en-Yvelines, 2010.

HALIMI, Gisèle. *Le Lait de l'oranger*. Paris: Gallimard, 1988.

_____. "Simone de Beauvoir, une femme engagée: de la guerre d'Algérie au procès de Bobigny". In DELPHY; CHAPERON (Dirs.), 2002.

HAMON, Hervé; ROTMAN, Patrick. *Les Porteurs de valises. La résistance française à la guerre d'Algérie* [1979]. Paris: Éd. du Seuil, col. "Points", 1982.

_____. *Génération*. 2 vols. I. *Les années de rêve*; II. *Les années de poudre*. Paris: Éd. du Seuil, 1987-1988.

HAMON, Léo. *Vivre ses choix*. Paris: Robert Laffont, 1991.

HAMY, Cécile. *Georges Montaron, le roman d'une vie*. Paris: Ramsay, 1996.

HARTOG, François. *Régimes d'historicité. Présentisme et expériences du temps*. Paris: Éd. du Seuil, 2003. [Ed. bras.: *Regimes de historicidade: presentismo e experiências do tempo*. Belo Horizonte: Autêntica Editora, col. "História e Historiografia", 2013.]

HAZAREESINGH, Sudhir. *Ce pays qui aime les idées. Histoire d'une passion française*. Paris: Flammarion, 2015.

HÉDUY, Philippe. *Au Lieutenant des Taglaïts*. Paris: La Table ronde, 1961.

HÉMERY, Daniel. "Décoloniser la France: le syndrome indochinois". In: BLANCHARD; LEMAIRE (Dirs.), 2004.

HERVÉ, Pierre. La Clique de ceux qui ont rejeté en bloc la révolution. *L'Humanité*, 15 dez. 1948.

HESS, Rémi. *Henri Lefebvre et l'aventure du siècle*. Paris: A.-M. Métailié, 1988.

HEURGON, Marc. *Histoire du PSU*. Paris: La Découverte, 1994.

HINCKER, Monique. Pour Simone de Beauvoir. *La Nouvelle Critique*, n. 163, fev. 1965.

HOFFMANN, Stanley. *Le Mouvement Poujade*. Paris: Armand Colin, 1956.

HOURDIN, Georges. *La nouvelle vague croit-elle en Dieu?* Paris: Éd. du Cerf, 1959.

_____. *Simone de Beauvoir et la liberté*. Paris: Éd. du Cerf, 1962.

HUSSERL, Edmund. *L'Origine de la géométrie* [1936]. Trad. e Introdução de J. Derrida. Paris: PUF, 1962.

HYPPOLITE, Jean. Commentaire parlé sur la *Verneinung* de Freud (Seminário de técnica freudiana, 10 de fevereiro de 1954). *Psychanalyse. Revue de la Société française de psychanalyse*, vol. I, 1956, pp. 29-39.

JAKOBSON, Roman. *Six Leçons sur le son et le sens*. Paris: Éd. de Minuit, 1976. [Ed. port./bras.: *Seis lições sobre o som e o sentido*. Prefácio de Claude Lévi-Strauss. Trad. Luís Miguel Cintra. Lisboa: Moraes; São Paulo: Martins Fontes, 1977.]

JALABERT, Laurent. Aux origines de la génération 1968: les étudiants français et la guerre du Vietnam. *Vingtième siècle. Revue d'histoire*, n. 55, jul.-set. 1997.

JAMET, Michel. *Les Défis de "L'Express"*. Paris: Éd. du Cerf, 1981.

_____. L'Algérie française de Raymond Bourguine. *Les Cahiers de l'IHTP* (Institut d'Histoire du Temps Présent), n. 10, novembre 1988.

JAMIN, Jean. "L'Anthropologie et ses acteurs", cf. *Enjeux philosophiques des années 50 (Les)*, 1989.

JASPERS, Karl. *Philosophie. 3 Metaphysik*. Berlim: Springer, 1956.

JDANOV, Andrei. *Sur la littérature, la philosophie et la musique*. Paris: Éd. de la Nouvelle Critique, 1950.

JEANPIERRE, Laurent. Une opposition structurante pour l'anthropologie structurale: Lévi-Strauss contre Gurvitch, la guerre des deux exilés français aux États-Unis. *Revue d'histoire des sciences humaines*, n. 11, 2004.

JEANSON, Francis. Cette Algérie conquise et pacifiée... *Esprit*, abr. 1950a.

_____. Une pensée combattante. *Esprit*, dez. 1950b.

_____. Albert Camus ou l'âme révoltée. *Les Temps modernes*, n. 79, mai. 1952a.

_____. Pour tout vous dire. *Les Temps modernes*, n. 82, ago. 1952b, pp. 354-383.

_____. *L'Algérie hors-la-loi*. Paris: Éd. du Seuil, 1955.

_____. *Un quidam nommé Sartre*. Paris: Éd. du Seuil, 1966.

_____. *Notre guerre*. Texto apresentado e anotado por Robert Belot. Paris: Berg International Éditeurs, 2001.

JONAS, Hans. *O princípio Responsabilidade*. Rio de Janeiro: Contraponto Editora, 2006. [Orig.: *Das Prinzip Verantwortung. Versuch einer Ethik für die technologische Zivilisation*. Frankfurt s/ Meno: Suhrkamp, 1979.]

JORN, Asger. Discours aux pingouins. *Cobra*, n. 1, 1948; citado in BERRÉBY (Org.), 1985.

JUDT, Tony. *Passado imperfeito — Um olhar crítico sobre a intelectualidade francesa no pós-guerra*. Rio de Janeiro: Nova Fronteira, 2008. [Orig.: *Past Imperfect: French Intellectuals, 1944-1956*. Oakland, University of California Press, 1992.]

JULLIARD, René. René Julliard, ou le rendez-vous avec la jeunesse. *Réalités*, n. 146, mar. 1958.

JUQUIN, Pierre. *Aragon. Un destin français, 1939-1982*. Paris: La Martinière, 2013.

KANAPA, Jean. *L'Existentialisme n'est pas un humanisme*. Paris: Éd. Nagel, 1947.

_____. À propos d'une enquête sur l'abjection. *La Nouvelle Critique*, n. 8, jul.-ago. 1949a.

_____. Éditorial. *La Nouvelle Critique*, n. 11, décembre 1949b.

KASTLER, Alfred. Les Universitaires devant l'escalade. *Le Monde*, 20 nov. 1965; citado in BRILLANT, 2003.

KECK, Frédéric. L'Aventure de l'ordinaire chez Sartre et Lévi-Strauss: *La Nausée* et *Tristes tropiques*, une lecture croisée. *Les Temps modernes*, n. 632-634, jul.-out. 2005.

KŒSTLER, Arthur. *O zero e o infinito*. Trad. Juvenal Jacinto. Rio de Janeiro: Editora Globo, 1987. [Orig.: *Sonnenfinsternis* [título alemão]; *Darkness at Noon*. Londres: Scribner, 1941].

KOFMAN, Sarah. *Lectures de Derrida*. Paris: Galilée, 1984.

KRAVETZ, Marc. Quelle Sorbonne? La crise de structure. *Cahiers de l'Unef*, Paris, PUF, dez. 1963; citado in MONCHABLON, 1983.

KRIEGEL, Annie. *Ce que j'ai cru comprendre*. Paris: Robert Laffont, 1991.

_____ (sob o nome de Annie BESSE). Sur l'humanité socialiste. *La Nouvelle Critique*, n. 45, abr.-mai. 1945.

_____. L'Action contre la décrépitude de l'enseignement officiel. *L'Humanité*, 10 mar. 1949.

KRISTEVA, Julia. Le Sens et la mode. *Critique*, n. 247, dez. de 1967.

_____. Mémoire. *L'Infini*, n. 1, inverno 1983.

LACAN, Jacques. "Função e campo da fala e da linguagem em psicanálise". In: *Escritos*, 1998, cap. IV, p. 238-324. [Orig.: "Fonction et champ de la parole et du langage en psychanalyse", 1953; reproduzido in LACAN, Jacques. *Écrits I*. Paris: Éd. du Seuil, col. "Points", 1971.]

_____. "Introdução ao comentário de Jean Hyppolite sobre a *Verneinung* de Freud". In: *Escritos*, 1998, cap. IV, p. 370-382. [Orig.: Introduction au commentaire de Jean Hyppolite sur la *Verneinung* (Seminário de técnica freudiana, 10 de fevereiro de 1954). *Psychanalyse. Revue de la Société française de psychanalyse*, vol. I, 1956, pp. 17-28; reproduzido in LACAN, 1966, pp. 369-380, 879-887.]

_____. *Escritos*. Trad. Vera Ribeiro. Rio de Janeiro: Jorge Zahar, col. "Campo freudiano no Brasil", 1998. [Orig.: *Écrits*. Paris: Éd. du Seuil, 1966.]

_____. L'Excommunication. *Ornicar?*, suplemento ao n. 8, 1977.

LACOUTURE, Jean. *Cinq hommes et la France*. Paris: Éd. du Seuil, 1961.

_____. *Hô Chi Minh*. Paris: Éd. du Seuil, 1970.

_____. *Malraux. Une vie dans le siècle* [1976]. Paris: Éd. du Seuil, col. "Points", 1996.

_____. *François Mauriac. II. Un citoyen du siècle, 1933-1970* [1980]. Paris: Éd. du Seuil, col. "Points", 1990.

_____. *Jésuites. II. Les revenants*. Paris: Éd. du Seuil, 1992.

_____. *Le Témoignage est un combat. Biographie de Germaine Tillion*. Paris: Éd. du Seuil, 2000.

_____. *Paul Flamand, éditeur. La grande aventure des Éditions du Seuil*. Paris: Les Arènes, 2010.

LACOUTURE, Jean; CHAGNOLLAUD, Dominique. *Le Désempire. Figures et thèmes de l'anticolonialisme*. Paris: Denoël, 1993.

LACROIX, Jean. Charité chrétienne et justice politique. *Esprit*, fev. 1945a.

_____. Socialisme humaniste. *Esprit*, mai. 1945b.

LAGROUA WEILL-HALLÉ, Marie-Andrée. *La Grand'Peur d'aimer*. Paris: Julliard, 1960.

_____. Mise au point. *La Maternité heureuse*, n. 20, mar. 1962.

LAMY, Jean-Claude. *René Julliard*. Paris: Julliard, 1992.

LAPOUGE, Gilles. Encore un effort et j'aurai épousé mon temps. *La Quinzaine littéraire*, n. 459, 16-30 mar. 1986.

LAUDENBACH, Roland. Sur un malentendu. *Cahiers Roger Nimier*, n. 1, primavera 1980.

LAURENT, Jacques. *Histoire égoïste*. Paris: La Table ronde, 1976.

LAUXEROIS, Jean. *L'Utopie Beaubourg vingt ans après*. Paris: Éd. du Centre Georges-Pompidou, 1996.

LECLAIRE, Serge. "L'Objet a dans la cure". Congresso de Aix-en-Provence, 20-23 maio de 1971. *Lettres* de l'École freudienne, n. 9, dez. 1972, pp. 422-430; reproduzido in LECLAIRE, S. *Rompre les charmes. Recueil pour des enchantés de la psychanalyse*. Paris: InterÉditions, 1981.

LECLERC, Guy. Les Chiens de garde de l'anticommunisme. *L'Humanité*, 4 abr. 1947.

LECOURT, Dominique. "L'Affaire Lyssenko". In: *Lyssenko. Histoire réelle d'une "science prolétarienne"*. Paris: Maspero, 1976; nova ed.: Paris: PUF, col. "Quadrige", 1995.

LEDUC, Victor. *Les Tribulations d'un ideologue*. Paris: Syros, 1985.

LEFEBVRE, Henri. *Critique de la vie quotidienne*, t. I. Paris: Grasset, 1947; t. II, *Fondements d'une sociologie de la quotidienneté*. Paris: L'Arche, 1962a.

_____. *La Somme et le Reste*. 2 vol. La Nef de Paris éditions, 1959; nova ed., Paris: Bélibaste, 1973.

_____. *Introduction à la modernité*. Paris: Éd. de Minuit, 1962b. [Ed. bras.: *Introdução à modernidade*. Rio de Janeiro: Editora Paz e Terra, 1969.]

_____. *Position: contre les technocrates*. Paris: Gonthier, 1967. [Ed. bras.: *Posição: Contra os tecnocratas*. São Paulo: Nova Crítica, 1969.]

_____. *La Vie quotidienne dans le monde moderne*. Paris: Gallimard, col. "Idées", 1968. [Ed. bras.: *A vida cotidiana no mundo moderno*. São Paulo: Editora Ática, 1991.]

LEFORT, Claude. L'Échange et la lutte des hommes. *Les Temps modernes*, n. 64, fev. 1951.

_____. Le marxisme de Sartre. *Les Temps modernes*, n. 89, abr. 1953, pp. 1.541-1.570.

_____. Le Totalitarisme sans Staline — L'U.R.S.S. dans une nouvelle phase. *Socialisme ou barbarie*, n. 19, 1956.

_____. L'Insurrection hongroise. *Socialisme ou barbarie*, n. 20, 1957.

LE GENDRE, Bertrand. *De Gaulle et Mauriac. Le dialogue oublié*. Paris: Fayard, 2015.

Leiris, Michel. *L'Afrique fantôme*. Paris: Gallimard, 1934. [Ed. bras.: *A África fantasma*. Trad. André Pinto Pacheco. São Paulo: Cosac Naify, 2007.]

_____. *L'Âge d'homme*. Paris: Gallimard, 1939. [Ed. bras.: *A idade viril*. Trad. Paulo Neves. São Paulo: Cosac Naify, 2004.]

_____. *Frêle bruit*. Paris: Gallimard, 1978.

_____. Michel Leiris. Entrevista com Gérard-Henri Durand e Véronique Holl, *Le Théâtre d'Aimé Césaire*, "Les mardis du théâtre", INA, Radio France, difusão em 26 de setembro de 1989; citada in Armel, 1997.

Lemaire, Anika. *Jacques Lacan*. Bruxelas: Mardaga, 1977.

Le Roy Ladurie, Emmanuel. *Paris-Montpellier PC-PSU. 1945-1963*. Paris: Gallimard, 1982.

Lestringant, Frank. *André Gide l'inquiéteur*. II. *Le Sel de la terre ou l'inquiétude assumée, 1919-1951*. Paris: Flammarion, 2012.

Lévi-Strauss, Claude. *La Vie familiale et sociale des indiens nambikwara*. Paris: Société des américanistes, 1948.

_____. *Les Structures élémentaires de la parenté*. Paris: PUF, 1949a. [Ed. bras.: *As estruturas elementares do parentesco*. Trad. Mariano Ferreira. Petrópolis: Vozes, 1982.]

_____. Histoire et ethnologie. *Revue de métaphysique et de morale*, n. 34, 1949b, pp. 3-4; reproduzido in Lévi-Strauss, 1958. [Ed. bras.: História e etnologia, cf. *Antropologia estrutural* — 1, cap. I, 2008.]

_____. *Race et histoire*. Paris: Unesco, 1952; reproduzido in Lévi-Strauss, 1973. [Ed. bras.: "Raça e história". In: *Antropologia estrutural dois*. Trad. Chaim Samuel Katz. Paris: Unesco, col. "La question raciale devant la science moderne", [1952] 1976, cap. XVIII, p. 328-366.]

_____. Diogène couché. *Les Temps modernes*, n. 195, mar. 1955a, pp. 1.187-1.221.

_____. "Des Indiens et leur ethnographe". Extratos de *Tristes tropiques* à paraître. *Les Temps modernes*, n. 116, ago. 1955b.

_____. Entrevista com Jean-José Marchand. *Arts*, 28 dez. 1955c.

_____. "La Structure des mythes" [1955d]; reproduzido in Lévi-Strauss, 1958, pp. 227-256. [Ed. bras.: "A estrutura dos mitos", cf. *Antropologia estrutural* — 1, cap. XI.]

_____. *Tristes trópicos*. Trad. de Wilson Martins, revista pelo autor. São Paulo: Editora Anhembi, 1957. [Orig.: *Tristes tropiques*. Paris: Plon, 1955e.]

_____. Le droit au voyage. *L'Express*, 21 set. 1956.

_____. *Anthropologie structurale*, 1958. [Ed. bras.: *Antropologia estrutural dois*. Trad. Beatriz Perrone-Moisés. São Paulo: Cosac Naify, 2008.]

_____. "Leçon inaugurale au Collège de France", 5 jan. 1960; reproduzida in LÉVI-STRAUSS, 1973. [Ed. bras.: "Campo da antropologia" — Aula inaugural da cadeira de antropologia social dada no Collège de France, na terça-feira, 5 de janeiro de 1960. Trad. Sonia Wolosker, in *Antropologia estrutural dois*, 1976, cap. I, p. 11-40.]

_____. *La Pensée sauvage*. Paris: Plon, 1962. [Ed. bras.: *O pensamento selvagem*. Trad. Tânia Pellegrini. Campinas: Papirus, 1997.]

_____. "Jean-Jacques Rousseau, fondateur des sciences de l'homme", Genebra, 1962; conferência reproduzida in LÉVI-STRAUSS, 1973. [Ed. bras.: "Jean--Jacques Rousseau, fundador das ciências do homem". Trad. Tania Jatobá. In: *Antropologia estrutural dois*, 1976, cap. II, p. 41-51.]

_____. *L'Homme nu*. Paris: Plon, 1971 [ed. bras.: *O homem nu*. Mitológicas IV. Trad. Beatriz Perrone-Moisés. São Paulo: Cosac & Naify, 2011].

_____. *Anthropologie structurale deux*, 1973. [Ed. bras.: *Antropologia estrutural dois*. Trad. Maria do Carmo Pandolfo. Rio de Janeiro: Tempo Brasileiro, 1976.]

_____. "Préface" in JAKOBSON, 1976; reproduzido in LÉVI-STRAUSS, C. *Le Regard éloigné*, sob o título "Les Leçons de la linguistique". Paris: Plon, 1983. [Ed. port.: "As lições de linguística", cap. IX, pp. 201-212, cf. *O olhar distanciado*. Trad. Carmen de Carvalho. Lisboa: Edições 70, 1986.]

_____. Entrevista. *Libération*, 2 jun. 1983.

_____. *Parole donnée*. Paris: Plon, 1984. [Ed. bras.: *Minhas palavras*. Trad. Carlos Nelson Coutinho. São Paulo: Brasiliense, 1987.]

_____. *De perto e de longe* (entrevistas a Didier Eribon). Trad. Léa Mello e Julieta Leite. Rio de Janeiro: Nova Fronteira, 1990. [Orig.: *De près et de loin*. Paris: Odile Jacob, 1988.]

_____. L'Homme de *L'Homme*. *L'Homme*, vol. XXXVII, n. 143, jul.-set. 1997.

_____. *Œuvres*. Paris: Gallimard, col. "Bibliothèque de la Pléiade", 2008.

LIATARD, Séverine. *Colette Audry 1906-1990. Engagements et identités d'une intellectuelle*. Rennes: PUR, 2010.

LIAUZU, Claude. Le Tiers-mondisme des intellectuels en accusation. *Vingtième siècle. Revue d'histoire*, n. 12, out.-dez. 1986.

LINDENBERG, Daniel. *Le Marxisme introuvable*. Paris: Calmann-Lévy, 1975; nova ed.: Paris: 10/18, 1979.

LONDON, Géo. Georges Suarez devant ses juges. *Carrefour*, 28 out. 1944; citado in ASSOULINE, 1990.

LOTTMAN, Herbert R. *La Rive Gauche. Du Front populaire à la guerre froide*. Paris: Éd. du Seuil, 1981 [ed. bras.: *A Rive Gauche — Escritores, artistas e políticos em Paris 1934-1953*. Rio de Janeiro: José Olympio, 2009.]

_____. *L'Épuration, 1943-1953*. Paris: Fayard, 1986.

_____. *Camus*. Paris: Cherche Midi, 2013.

Louis, Patrick. *La Table ronde. Une aventure singulière*. Paris: La Table ronde, 1992.

Loyer, Emmanuelle. *Le Théâtre citoyen de Jean Vilar. Une utopie d'après-guerre*. Paris: PUF, 1997.

_____. "Les Maisons de la culture entre sanctuarisation culturelle et messianisme politique". In: Artières; Zancarini-Fournel (Orgs.), 2008.

_____. *Lévi-Strauss*. Paris: Flammarion, 2015. [Ed. bras.: *Lévi-Strauss*. Trad. André Telles. São Paulo: Edições Sesc, 2018.]

Loyer, Emmanuelle; Baecque (de), Antoine. *Histoire du Festival d'Avignon*. Paris: Gallimard, 2007.

Lyotard, Jean-François. Le Contenu social de la lutte algérienne. *Socialisme ou barbarie*, n. 29, dez. 1959-fev. 1960; reproduzido in *Socialisme ou barbarie, Anthologie*. La Bussière: Éd. Acratie, 2007.

_____. Tombeau de l'intellectuel. *Le Monde*, 8 out. 1983; reproduzido in *Tombeau de l'intellectuel et autres papiers*. Paris: Galilée, 1984.

_____. *La Guerre des Algériens*. Paris: Galilée, 1989.

Macherey, Pierre. Marxisme et humanisme. *La Nouvelle Critique*, n. 166, mai. 1965.

Madaule, Jacques. Pour Henri Martin. *La Quinzaine*, 1º fev. 1952.

_____. "Pourquoi faire grâce". In: *Affaire Henri Martin (L)*, 1953.

Malaurie, Guillaume. *L'Affaire Kravchenko, Paris 1949. Le Goulag en correctionnelle*. Paris: Robert Laffont, 1982.

Maleville, Georges. *Une politique sociale de la jeunesse*. Paris: Robert Laffont, 1960.

Mallet-Joris, Françoise. *Le Rempart des Béguines*. Paris: Julliard, 1951.

Malraux, André. *Antimémoires*. Paris: Gallimard, 1967.

Mandouze, André. Impossibilités algériennes ou le mythe des trois départements. *Esprit*, jul. 1947.

_____. Le Dilemme algérien: suicide ou salut public. *Esprit*, out. 1948.

_____. *Mémoires d'outre-siècle — I. D'une résistance à l'autre*. Paris: Viviane Hamy, 1998.

Mandrou, Robert. Trois clés pour comprendre la folie à l'époque classique. *Annales ESC*, vol. XVII, n. 4, jul.-ago. 1962, pp. 761-771.

Marcabru, Pierre. Nekrassov: farce en huit tableaux de J.-P. Sartre. *Arts*, 15-21 jun. 1955.

MARCUSE, Herbert. La Théorie des instincts et la socialization. *La Table ronde*, n. 106, 1956, pp. 97-110.

_____. De l'ontologie à la technique: les tendances de la société industrielle. *Arguments*, n. 18, 2º trimestre 1960a, pp. 54-59.

_____. Actualité de la dialectique. *Diogène*, n. 31, jul.-set. 1960b, pp. 89-98.

_____. Idéologie et société industrielle avancée. *Médiations*, n. 5, verão 1962, pp. 57-71.

_____. *Éros et civilisation*. Paris: Éd. de Minuit, 1963a. [Orig.: *Eros and Civilization*, 1955; ed. bras.: *Eros e civilização*. Trad. Álvaro Cabral. 8ª ed. Rio de Janeiro: LTC Editora, 1999.]

_____. Dynamismes de la société industrielle. *Annales ESC*, vol. XVIII, 1963b, pp. 906-932.

_____. Sommes-nous déjà des hommes? *Partisans*, n. 28, abr. 1966a, pp. 21-29.

_____. Le vieillissement de la psychanalyse. *Partisans*, n. 32-33, out.-nov. 1966b, pp. 21-29.

MARROU, Henri-Irénée. "Les Droits de l'homme au musée Galliera. *Esprit*, nov. 1949.

_____. France ma patrie. *Le Monde*, 5 abr. 1956.

MARTIN, Roger. *Georges Arnaud. Vie d'un rebelle*. Paris: Calmann-Lévy, 1993.

MARTINET, Gilles. *Cassandre et les tueurs. Cinquante ans d'une histoire française*. Paris: Grasset, 1986.

MARTY, André. *L'Affaire Marty*. Paris: Éd. des Deux-Rives, 1955.

MASCHINO, Maurice. *Le Refus. Récit*. Paris: Maspero, 1960.

MASCOLO, Dionys. Pour l'abolition du colonialisme [1956]; reproduzido in *Lignes*, n. 33, mar. 1998.

MASPERO, François. *Les Abeilles et la Guêpe*. Paris: Éd. du Seuil, 2002.

MATIGNON, Renaud. L'Affaire Dreyfus du monde des Lettres. *L'Express*, 2 mai. 1966.

MATONTI, Frédérique. *Intellectuels communistes. Essai sur l'obéissance politique: la nouvelle critique (1967-1980)*. Paris: La Découverte, 2005.

MATTÉI, Georges M. *Disponibles. Roman*. Paris: Maspero, 1961.

MAURIAC, Claude. *Le Temps immobile. 5. Aimer de Gaulle*. Paris: Grasset, 1978; nova ed.: Le Livre de poche, 1988.

_____. *Le Temps immobile, pages choisies et commentées par José Cabanis*. Paris: Grasset, 1993.

MAURIAC, François. Ce reste de fierté. *Le Figaro*, 29 jun. 1940a.

_____. Le dernier coup. *Le Figaro*, 15 jul. 1940b.

_____. La Nation française a une âme. *Les Lettres françaises*, 9 set. 1944.

_____. Autour d'un verdict. *Le Figaro*, 4 jan. 1945a.

_____. Le Mépris de la charité. *Le Figaro*, 7-8 jan. 1945b.

_____. *Le Cahier noir* [1943]. Paris: Éd. de Minuit, 1947.

_____. La Vocation des chrétiens dans l'Union française. *Le Figaro*, 13 jan. 1953.

_____. La Paix en Indochine: un voeu? Non! Une exigence. *Témoignage chrétien*, 8 jan. 1954a.

_____. Bloc-notes. *L'Express*, 7 jul. 1954b.

_____. "Le Christ aussi est un homme" [13 nov. 1954c]; reproduzido in *L'Imitation des bourreaux de Jésus-Christ*. Paris: Desclée de Brouwer, 1984.

_____. *Bloc-notes, 1952-1957*. Paris: Flammarion, 1958a.

_____. La Bataille des bulletins blancs. *Le Figaro*, 21 jun. 1958b.

_____. Bloc-notes. *L'Express*, 25 jun. 1959.

_____. Bloc-notes. *L'Express*, 30 jan. 1960a.

_____. Bloc-notes. *L'Express*, 4 fev. 1960b.

_____. Bloc-notes. *L'Express*, 5 jan. 1961.

_____. *De Gaulle*. Paris: Grasset, 1964.

_____. Bloc-notes. *Le Figaro littéraire*, 16-22 out. 1967.

MAZUREL, Hervé. *Vertiges de la guerre. Byron, les philhellènes et le mirage grec*. Paris: Les Belles Lettres, 2013.

MENDÈS FRANCE, Pierre. *Pour une République moderne*. Paris: Gallimard, 1962.

MENDRAS, Henri. *La Fin des paysans*. Paris: SEDEIS. (Société d'Études et de documentation économiques, industrielles et sociales), col. "Futuribles", 6, 1967.

_____. *La Seconde Révolution française, 1965-1984*. Paris: Gallimard, 1988.

MERLEAU-PONTY, Maurice. *Structure du comportement*. Paris: PUF, 1942. [Ed. bras.: *A estrutura do comportamento*. Trad. J. Corrêa. Belo Horizonte: Interlivros, 1975.]

_____. La Guerre a eu lieu. *Les Temps modernes*, n. 1, octobre 1945a.

_____. *Phénoménologie de la perception*. Paris: Gallimard, 1945b [ed. bras.: *Fenomenologia da percepção*. Trad. C. Moura. 2ª ed. São Paulo: Martins Fontes, 1999].

_____. *Humanisme et Terreur*. Paris: Gallimard, 1947. [Ed. bras.: *Humanismo e terror: ensaio sobre o problema comunista*. Rio de Janeiro: Tempo Brasileiro, 1968.]

_____. *Sens et non-sens*. Paris: Nagel, 1948.

_____. Éditorial. *Les Temps modernes*, n. 51, jan. 1950.

_____. Le Philosophe et la sociologie. *Cahiers internationaux de sociologie*, 10, 1951, pp. 50-69; reproduzido in MERLEAU-PONTY [1960] 1991, cap. III.

_____. "Sur la phénoménologie du langage". Participação no 1º Colóquio Internacional de Fenomenologia. Bruxelas, 1951; reproduzido in MERLEAU--PONTY [1960] 1991, cap. II.

_____. "Sartre et l'ultra-bolchévisme", pp. 142-295, in MERLEAU-PONTY, 1955.

_____. *Les Aventures de la dialectique* [1955]. Paris: Gallimard, col. "Idées", 1977. [Ed. bras.: *As aventuras da dialética*. São Paulo: Martins Fontes, 2006.]

_____. "De Mauss à Claude Lévi-Strauss" [1958]; reproduzido in MERLEAU--PONTY, [1960] 1991, cap. IV.

_____. *Signos*. Trad. Maria Ermantina Galvão Gomes Pereira. São Paulo: Martins Fontes, 1991. [Orig.: *Signes*. Paris: Gallimard, 1960.]

_____. *Parcours deux, 1951-1961*. Paris: Verdier, 2000.

MÉTRAUX, Alfred. *L'Île de Pâques*. Paris: Gallimard, 1941; 2ª ed., 1956.

MILLER, Jacques-Alain. Encyclopédie. *Ornicar?*, n. 24, 1981.

MIŁOSZ, Czesław. L'Interlocuteur fraternel. *Preuves*, n. 110, abr. 1960.

MINC, Alain. *Une histoire politique des intellectuels*. Paris: Grasset, 2010.

MITTERRAND, François. *Le Coup d'État permanent*. Paris: Plon, 1964.

MOI, Toril. *Simone de Beauvoir. Conflits d'une intellectuelle*. Paris: Diderot Éditeur, 1995.

MOLLARD, Claude. *Le Cinquième Pouvoir. La culture de l'État, de Malraux à Lang*. Paris: Armand Colin, 1999.

MONCHABLON, Alain. *Histoire de l'Unef de 1956 à 1968*. Paris: PUF, 1983.

MONGIN, Olivier. *Face au Scepticisme. Les mutations du paysage intellectual*. Paris: La Découverte, 1994.

MONTAGNE, Robert. *Révolution au Maroc*. Paris: France Empire, 1951.

MORGAN, Claude. Il serait temps d'être sérieux. *Les Lettres françaises*, 7 out. 1944.

_____. Fascisme pas mort! *Les Lettres françaises*, 27 jan.1945a.

_____. Droit d'injustice. *Les Lettres françaises*, 1º set. 1945b.

MORIN, Edgar. La crise française. *Arguments*, n. 8, jun. 1958.

_____. Que faire? *Arguments*, n. 16, 4º trimestre, 1959a.

_____. *Autocritique* [1959b]. Paris: Éd. du Seuil, 1975; 2012.

_____. "Du mythe chinois". *Arguments*, n. 23, 3º trimestre 1961.

_____. *L'Esprit du temps*. Paris: Grasset, 1962. [Ed. port.: *O espírito do tempo*. Trad. João Paz. Lisboa: Edições Instituto Piaget, col. "Epistemologia e Sociedade", 2015.]

_____. Salut les copains — 1. Une nouvelle classe d'âge. *Le Monde*, 6 jul. 1963.

_____. Arguments, trente ans après [entrevistas]. *La Revue des revues*, n. 4, outono 1987.

_____. "Réintroduction: quatorze ans après". In: MORIN, Edgar. *Journal de Californie*; reproduzido in *Journal, 1962-1987*. Paris: Éd. du Seuil, 2012.

MOTTEZ, Bernard. La condition ouvrière: quelques données. *Arguments*, n. 12--13, jan.-fev.-mar. 1959.

MOUILLIÉ, Jean-Marc. *Sartre. Conscience, ego et psyche*. Paris: PUF, 2000.

MOUNIER, Emmanuel. Suite française aux maladies infantiles des revolutions. *Esprit*, dez. 1944.

_____. Le Casse-cou occidental. *Esprit*, nov. 1945.

_____. *Introduction aux existentialismes*. Paris: Denoël, Paris, 1946. [Ed. bras.: *Introdução aos existencialismos*. São Paulo: Duas cidades, 1963.]

_____. Communistes chrétiens? *Esprit*, jul. 1947.

_____. La Paix est déclarée? *Esprit*, jan. 1949a.

_____. La Condition humaine. Simone de Beauvoir: *Le Deuxième Sexe*. *Esprit*, 17 dez. 1949b.

_____. *Mounier et sa génération. Lettres, carnets et inédits*. Paris: Éd. du Seuil, 1957.

MOUTOT, Lionel. *Biographie de la revue "Diogène". Les "sciences diagonales" selon Roger Caillois*. Paris: L'Harmattan, 2006.

MUS, Paul. "Non, pas ça". *Témoignage chrétien*, 12 ago. 1949.

NADEAU, Maurice. *Histoire du surréalisme*. Paris: Éd. du Seuil, 1945a. [Ed. bras.: *História do Surrealismo*. Trad. Geraldo Gerson de Souza. São Paulo: Perspectiva, 1985.]

_____. Trop de Monde pour écouter Jean-Paul Sartre. *Combat*, 30 out. 1945b.

_____. *Les Lettres nouvelles*, 1954; citado in BAECQUE (DE), Antoine, 1998.

_____. *Le Chemin de la vie. Entretiens avec Laure Adler*. Paris: Verdier, 2011.

NAGY, Imre. *Un Communisme qui n'oublie pas l'homme*. Paris: Plon, 1957.

NANTET, Jacques. Ce qu'est le Cercle ouvert. *Paris-Lettres*, n. 2, 1957.

NAUDIER, Delphine, "La Reconnaissance sociale et littéraire des femmes écrivains depuis les années 1950". In: RACINE; TREBITSCH (Orgs.), 2004.

NICOLET, Claude. "Une certaine jeunesse". In: *Pierre Mendès France, ou Le métier de Cassandre*. Paris: Julliard, 1959.

NIEUWENHUYS, Constant. Manifeste. *Reflex*, n. 1, 1948; citado in BERRÉBY (Org.), 1985.

NIMIER, Roger. Un déjeuner de Bernanos. *Arts*, 23-29 jun. 1954.

NIZAN, Paul. *Aden Arabie*. Paris: Maspero, 1960. [Ed. bras.: *Aden, Arabia*. Prefácio de Jean-Paul Sartre. Trad. Bernardette Lyra. São Paulo: Estação Liberdade, 2003.]

NORA, Pierre, J'étais professeur en Algérie. *France Observateur*, 27 out. 1960; reproduzido in NORA, P. *Historien public*. Paris: Gallimard, 2011.

_____. *Les Français d'Algérie* [1961]. Paris: Christian Bourgois, 2012.

_____. "Que peuvent les intellectuels?", *Le Débat*, mai 1980, n. 1.

_____. Entre mémoria e história: a problemética dos lugares. *Projeto História*, São Paulo, v. 10, tema: História e Cultura, "Traduções", jul.-dez. 1993, pp. 7-28. Disponível em: https://revistas.pucsp.br/revph/article/view/12101/8763. [Orig.: –, (Org.). *Les lieux de mémoire*. I: *La République*. Paris: Gallimard, 1984, pp. XVIII-XLII.]

_____. "Aliénation", *Le Débat*, n. 50, mai-ago. 1988.

_____. "Préface". In: LÉVI-STRAUSS, C. *Tristes tropiques* [1958b]; nova ed.: Paris: France Loisirs, 1990.

_____. Pour une histoire au second degré. *Le Débat*, n. 122, nov.-dez. 2002; reproduzido in *Présent, nation, mémoire*. Paris: Gallimard, 2011.

NOURISSIER, François. La Femme rompue. *Les Nouvelles littéraires*, 27 jan. 1968.

NOVICK, Peter. *L'Épuration française, 1944-1949* [1985]. Paris: Éd. du Seuil, col. "Points", 1991.

O., Marc. L'Anti-Beauté est la beauté neuve. *Soulèvement de la jeunesse*, n. 1, jun. 1952.

OGILVIE, Bertrand. *Lacan, la formation du concept de sujet, 1932-1949*. Paris: PUF, 1987.

ORY, Pascal. *L'Aventure culturelle française (1945-1989)*. Paris: Flammarion, 1989.

_____; SIRINELLI, Jean-François. *Les Intellectuels en France, de l'affaire Dreyfus à nos jours*. Paris: Armand Colin, 1986; nova ed.: Paris: Perrin, col. "Tempus", 2004.

PANOFF, Michel. *Les Frères ennemis. Roger Caillois et Claude Lévi-Strauss*. Paris: Payot, 1993.

_____. "L'affaire du relativisme culturel". In: GUENANCIA; SYLVESTRE (Orgs.), 2012.

PAPAÏOANNOU, Kostas. *L'Idéologie froide Essai sur le dépérissement du marxisme*. Paris: Jean-Jacques Pauvert, 1967.

Paquot, Thierry. *Le Monde des villes*. Bruxelas: Complexe, 1996.

Parmelin, Hélène (sob o pseudônimo de Léopold Durand). L'Amérique dégrade aussi l'esprit. *L'Humanité*, 24 out. 1947.

Pas, Nicolas. Six Heures pour le Vietnam: histoire des comités Vietnam français, 1965-1968. *Revue historique*, n. 613, jan.-mar. 2000.

Patron, Sylvie. *Critique, 1946-1996. Une encyclopédie de l'esprit moderne*. Paris: Éd. IMEC (Institut mémoire de l'édition contemporaine), 2000.

Paulhan, Jean. *De la paille et du grain*. Paris: Gallimard, 1948.

_____. *Œuvres complètes*, t. V. Paris: Cercle du livre précieux, 1970.

Paulhan, Jean; Ponge, Francis. *Correspondance, II. 1946-1968*. Paris: Gallimard, 1986.

Pauvert, Jean-Jacques. *Nouveaux (et moins nouveaux) visages de la censure*. Paris: Les Belles Lettres, 1994.

_____. *La Traversée du livre*. Paris: Viviane Hamy, 2004.

Peeters, Benoît. *Derrida*. Paris: Flammarion, 2010. [Ed. bras.: *Derrida: biografia*. Trad. André Telles. Rio de Janeiro: Civilização Brasileira, 2013.]

Pelletier, Denis. *Les Catholiques en France depuis 1815*. Paris: La Découverte, 1997.

_____. *La Crise catholique*. Paris: Payot, 2002.

Pelletier, Denis; Schlegel, Jean-Louis (Orgs.). *À la gauche du Christ. Les chrétiens de gauche en France de 1945 à nos jours*. Paris: Éd. du Seuil, 2012.

Penchenier, Georges. La Guerre impitoyable. *Le Monde*, 25 ago. 1955.

Perec, Georges. *Les Choses*. Paris: Julliard, 1965; nova ed.: col. "Pocket", 2014. [Ed. bras.: *As coisas — Uma estória dos anos sessenta*. Trad. Rosa Freire d'Aguiar. São Paulo: Companhia das Letras, 2012.]

Peretti (de), André. Prévenons la Guerre d'Afrique du Nord: l'indépendance marocaine et la France. *Esprit*, abr. 1947.

Perrone-Moisés, Leyla. *Barthes: o saber com sabor*. São Paulo: Brasiliense, 1983.

Philip, André. *Le Socialisme trahi*. Paris: Plon, 1957.

Picard, Raymond. *La Carrière de Jean Racine*. Paris: Gallimard, 1956.

_____. M. Barthes et la critique universitaire. *Le Monde*, 14 mar. 1964.

_____. *Nouvelle Critique ou nouvelle imposture*. Paris: Jean-Jacques Pauvert, col. "Libertés" (27), 1965.

Piel, Jean. La Fonction sociale du critique. *Critique*, n. 80, jan. 1954.

_____. *La Rencontre et la Différence*. Paris: Fayard, 1982.

Pierrat, Emmanuel; Sfez, Aurélie. *100 chansons censurées*. Paris: Éditions Hoëbeke, 2014.

Pigenet, Michel. *Au coeur de l'activisme communiste des années de guerre froide. "La manifestation Ridgway"*. Paris: L'Harmattan, 1990.

Pinto, Louis. *La Philosophie entre le lycée et l'avant-garde*. Paris: L'Harmattan, 1987.

Planchon, Roger. Éditorial. *Cité Panorama*, fev. 1964.

Pomian, Krzysztof. La Querelle de l'"art moderne". *Le Débat*, n. 110, mai-ago. 2000, pp. 113-121.

Pommier, René. *Assez décodé*. Paris: Éd. Roblot, 1978.

_____. *R. Barthes, ras le bol!* Paris: Éd. Roblot, 1987.

Pompidou, Georges. Déclaration de Georges Pompidou, président de la République, sur l'art et l'architecture. *Le Monde*, 17 out. 1972.

Poncet, Charles. *Camus et l'impossible trêve civile*. Paris: Gallimard, 2015.

Portes, Jacques. *Les États-Unis et la guerre du Vietnam*. Bruxelas: Complexe, 2008.

Pouillon, Jean. Éditorial. *Les Temps modernes*, n. 15, dez. 1946.

_____. L'Œuvre de Claude Lévi-Strauss. *Les Temps modernes*, n. 126, jul.1956; reproduzido in *Fétiches sans fétichisme*. Paris: Maspero, 1975.

Prenant, Jeannette. Ver Colombel.

Prenant, Marcel. *Toute une Vie à gauche*. Paris: Éd. Encre, 1980.

Prévotat, Jacques. *Être Chrétien en France au XXe siècle*. Paris: Éd. du Seuil, 1998.

Racine, Nicole; Trebitsch, Michel (Orgs.). *Intellectuelles. Du genre en histoire des intellectuels*. Bruxelas: Complexe, 2004.

Rebatet, Lucien. *Les Décombres*. Paris: Denoël, 1942.

Rémond, René. *Vivre notre histoire. Aimé Savard interroge R. Rémond*. Paris: Le Centurion, 1976.

Renou, Corinne. Caliban: une revue de vulgarisation culturelle? *Vingtième siècle. Revue d'histoire*, n. 40, out.-dez. 1993, pp. 75-85.

Revel, Jean-François. *Pourquoi des philosophes?* Paris: Julliard, 1957.

_____. *La Cabale des dévots*. Paris: Julliard, 1962; reproduzido in *Pourquoi des philosophes*, seguido de *La Cabale des dévots*, e precedido por um estudo inédito sobre *La Philosophie depuis 1960*. Paris: Robert Laffont, 1976.

_____. Le rat et la mode. *L'Express*, 22 mai. 1967.

Revel, Judith. *Foucault, une pensée du discontinu*. Paris: Mille et une nuits, 2010.

Riché, Pierre. *Henri Irénée Marrou, historien engagé*. Prefácio de René Rémond. Paris: Éd. du Cerf, 2003.

Ricœur, Paul. *Gabriel Marcel et Karl Jaspers*. Paris: Éd. du Temps présent, 1947a.

_____. La Question colonial. *Réforme*, 20 set. 1947b.

_____. "Pour un christianisme prophétique". In: RICŒUR, P. et al. *Les Chrétiens et la Politique*. Paris: Éd. du Temps présent, 1948.

_____. "Le Renouvellement du problème de la philosophie chrétienne par les philosophies de l'existence". In: BOISSET et al., 1949.

_____. Travail et Parole. *Esprit*, jan. 1953; reproduzido in RICŒUR, 1964a, pp. 210-233.

_____. Le Paradoxe politique. *Esprit*, mai. 1957; reproduzido in RICŒUR, 1964a, pp. 260-285.

_____. L'Insoumission. *Christianisme social*, n. 7-9, 1960.

_____. Réponses à quelques questions. *Esprit*, nov. 1963.

_____. *Histoire et vérité*. Paris: Éd. du Seuil, 1964a. [Ed. bras.: *História e verdade*. Rio de Janeiro: Forense, 1968.]

_____. Faire l'université. *Esprit*, mai.-jun. 1964b; reproduzido in *Lectures 1. Autour du politique*. Paris: Éd. du Seuil, 1991. [Ed. bras.: *Leituras — 1. Em torno ao político*, 1995; 2. *A região dos filósofos*, 1996; 3. *Nas fronteiras da filosofia*. São Paulo: Loyola, 1996.]

_____. *De l'interprétation. Essai sur Freud*. Paris: Éd. du Seuil, 1965. [Ed. bras.: *Da interpretação — ensaio sobre Freud*. Rio de Janeiro: Imago, 1977.]

_____. "Le Philosophe". In: SAUVY et al., 1971.

RIEFFEL, Rémy. *Intellectuels et passions françaises*. Paris: Gallimard, col. "Folio", 1990; nova ed.: col. "Folio", 1996.

_____. *La Tribu des clercs. Les intellectuels sous la Ve République*. Paris: Calmann-Lévy, 1993.

_____. "L'Édition en sciences humaines et sociales". In: FOUCHÉ (Dir.), 1998.

RIOUX, Jean-Pierre. L'Épuration en France, *L'Histoire*, n. 5, out. 1978; reproduzido in *L'Histoire. Études sur la France de 1939 à nos jours*. Paris: Éd. du Seuil, col. "Points", 1985.

_____. "Des clandestins aux activistes (1945-1965)". In: WINOCK (Dir.), 1993.

RIOUX, Jean-Pierre; SIRINELLI, Jean-François (Dirs.). *Histoire culturelle de la France — IV. Le Temps des masses. Le XXe siècle*. Paris: Éd. du Seuil, 1998.

RIOUX, Lucien. *Le Nouvel Observateur des bons et des mauvais jours*. Paris: Hachette, 1982.

RIVET, Daniel. Consciences inquiètes, militants politiques et experts coloniaux: des intellectuels face à la crise franco-marocaine (dez. 1952-1954). *Cahiers de l'IHTP* (Institut d'Histoire du Temps Présent), n. 38, dez. 1997.

ROCHE, Anne (Dir.). *Boris Souvarine et la critique sociale*. Paris: La Découverte, 1990.

ROCHEFORT, Christiane. *Le Repos du guerrier*. Paris: Grasset, 1958.

Rochefort, Florence. "Le Rôle laïcisateur du Planning familial 1956-1968". In: Bard; Mossuz-Lavau (Dirs.), 2006.

Rodinson, Maxime. Marxisme et civilization. *La Nouvelle Critique*, n. 66, 1º jun. 1955a.

_____. Ethnographie et relativisme. *La Nouvelle Critique*, n. 69, 1º nov. 1955b.

Rohmer, Éric. Solitude et liberté d'un cineaste. Entrevista com Serge Toubiana. *Le Débat*, n. 50, mai.-ago. 1988.

Romains, Jules. Indochine. *L'Aurore*, 29 out. 1953.

Rosset, Clément (sob o pseudônimo de Roger Crémant). *Les Matinées structuralistes*. Paris: Robert Laffont, 1969.

Roudinesco, Élisabeth. *Histoire de la psychanalyse en France*. 2 vols. Paris: Éd. du Seuil, 1986. [Ed. bras.: *História da psicanálise na França*. 2 vols. Rio de Janeiro: Jorge Zahar Editor, 1988-1989.]

Rouge, Michel. Sur la mort d'un vieux lutteur. *Journal de la paix*, out. 1969; citado in Frank, R., 2000.

Rougemont (de), Denis. "Le Sens de nos vies ou l'Europe". *Preuves*, n. 16, jun. 1952.

_____. Pour répondre à l'appel de détresse des écrivains hongrois. *Le Figaro littéraire*, 10 nov. 1956.

Rouquette, Robert. *Vatican II, la fin d'une chrétienté*. Paris: Éd. du Cerf, 1968.

Rousseau, Sabine. *La Colombe et le Napalm. Des Chrétiens français contre la guerre d'Indochine et du Vietnam, 1945-1975*. Paris: CNRS Éditions, 2002.

_____. "Le Tiers-Mondisme chrétien". In: Pelletier; Schlegel (Orgs.), 2012.

Rousso, Henry. L'Épuration en France: une histoire inachevée. *Vingtième siècle. Revue d'histoire*, n. 33, jan.-mar. 1992.

_____. *La Dernière Catastrophe. L'histoire, le présent, le contemporain*. Paris: Gallimard, 2012.

Roustang, François. Le Troisième Homme. *Christus*, vol. XIII, n. 52, out. 1966, pp. 561-567.

Rovan, Joseph. Liberté indivisible: la France devant l'Indochine. *Esprit*, nov. 1945.

Roy, Claude. Clefs pour la Chine. *Les Temps modernes*, n. 89, abr. 1953.

_____. Un grand livre civilisé: *La Pensée sauvage*. *Libération*, 19 jun. 1962.

_____. *Moi je*. Paris: Gallimard, 1969.

_____. *Nous. Essai autobiographique*. Paris: Gallimard, 1972.

Roy, Jules. "Retour de Chine". *Le Nouvel Observateur*, 6 out. 1965; citado in rioux, L., 1982.

RUPP-EISENREICH, Britta. *Histoire de l'anthropologie, XVIᵉ-XIXᵉ siècles*. Paris: Klincksieck, 1984.

RUSCIO, Alain. "Le Monde politique français et la révolution vietnamienne (ago.-dez. 1945)". In: *Les Chemins de la décolonisation de l'Empire français 1936-1956*. Colóquio organizado por l'IHTP (Institut d'Histoire du Temps Présent), 4-5 out. de 1984. Paris: CNRS Éditions, 1986.

_____. Les Intellectuels français et la guerre d'Indochine: une répétition générale? *Les Cahiers de l'IHTP*, n. 34, jun. 1996.

SAGAN, Françoise. *Bom dia, tristeza*. Trad. Sieni Maria Campos. São Paulo: BestBolso, 2007. [Orig.: *Bonjour tristesse*. Paris: Julliard, 1954.]

SAMOYAULT, Tiphaine. *Roland Barthes*. Paris: Éd. du Seuil, 2015.

SAPIRO, Gisèle. *La Guerre des écrivains 1940-1953*. Paris: Fayard, 1999.

SARTRE, Jean-Paul. *La Nausée*. Paris: Gallimard, 1938. [Ed. bras.: *A náusea*. Trad. Rita Braga. Rio de Janeiro: Nova Fronteira, col. "50 anos", 1983.]

_____. *O ser e o nada — Ensaio de ontologia fenomenológica*. Trad. Paulo Perdigão. 24ª ed. Petrópolis: Vozes, 2015; 1ª reimp., 2016. [Orig.: *L'Être et le Néant*. Paris: Gallimard, 1943.]

_____. Présentation des *Temps modernes*. *Les Temps modernes*, n. 1, out. 1945; reproduzido in *Situations II*. Paris: Gallimard, 1948.

_____. *O existencialismo é um humanismo*. Trad. João Batista Kreuch. 4ª ed. Petrópolis: Vozes, 2014. [Orig.: *L'Existentialisme est un humanisme* [1946]. Paris: Gallimard, col. "Folio", 2008.]

_____. "Explication de *L'Étranger*", in *Situations I*. Paris: Gallimard, 1947; nova ed.: col. "Folio", 1993 [ed. bras.: *Situações — I. Crítica literária*. Trad. Cristina Prado. São Paulo: Cosac Naify, 2005].

_____. "J.-P. Sartre répond à ses détracteurs", citado in AUDRY (Org.), 1948a.

_____. *Que é a literatura?* Trad. Carlos Felipe Moisés. 3ª ed. São Paulo: Editora Ática, 2004. [Orig.: *Qu'est-ce que la littérature?* In: *Situations II*. Paris: Gallimard, 1948b; nova ed.: 1964 e col. "Folio", 1986.]

_____. "Orphée noir" [1948c]; reproduzido in *Situations III*. Paris: Gallimard, 1949. [Ed. port.: *Situações — III*. Lisboa: Europa-América, 1971.]

_____. "La Fin de la guerre" [1949]. In: *Situations III*. Paris: Gallimard, 1949. [Ed. port.: *Situações — III*. Lisboa: Europa-América, 1971.]

_____. Les Jours de notre vie (Editorial). *Les Temps modernes*, n. 51, jan. 1950.

_____. Les Communistes et la paix. *Les Temps modernes*, n. 81, jul. 1952a, n. 84-85, out.-nov. 1952a, e n. 101, abr. 1954; reproduzidos in *Situations VI*. Paris: Gallimard, 1964. [Ed. port.: *Situações — VI. Problemas do marxismo 1*. Lisboa: Europa-América, 1975.]

_____. Réponse à Albert Camus. *Les Temps modernes*, n. 82, ago. 1952b.

_____. Réponse à Lefort. *Les Temps modernes*, n. 89, abr. 1953.

_____. La Liberté de critique est totale en URSS. *Libération*, 15 jul. 1954.

_____. Nekrassov n'est pas une pièce à clef, mais... *Libération*, 7 jun. 1955.

_____. Après Budapest, Sartre parle. *L'Express*, 9 nov. 1956.

_____. Ces grenouilles qui demandent un roi. *L'Express*, 25 set. 1958.

_____. "Préface". In: Nizan, 1960.

_____. "Ouragan sur le sucre", *France-Soir*, 10-11 juillet 1960. [Ed. bras.: *Furacão sobre Cuba*. Rio de Janeiro: Editora do Autor, 1960]; citado in Cohen-Solal, 1985.

_____. "Merleau-Ponty vivant", *Les Temps modernes*, n. 184-185, out. 1961a.

_____. "Préface". In: Fanon, 1961b.

_____. Manifeste de la Ligue d'Action pour le Rassemblement Antifasciste. *France Observateur*, 1º fev. 1962.

_____. *As palavras*. Trad. J. Guinsburg. 6ª ed. Rio de Janeiro: Nova Fronteira, 1984. [Orig.: *Les Mots*. Paris: Gallimard, 1964; col. "Folio", 1980.]

_____. *Situations IV*. Paris: Gallimard, 1964. [Ed. port.: *Situações — IV*. Lisboa: Europa-América, 1972.]

_____. Il n'y a plus de dialogue possible. *Le Nouvel Observateur*, 1-7 abr. 1965.

_____. Jean-Paul Sartre répond. *L'Arc*, n. 30, 1966.

_____. Entretien avec Jean-Paul Sartre. *Le Nouvel Observateur*, 26 abr.-3 mai. 1967; citado in Cohen-Solal, 1985.

_____. Merleau-Ponty. *Revue internationale de philosophie*, vol. XXXIX, n. 152-153, 1985.

Sauvy, Alfred. Tiers Mondes, une planète. *L'Observateur*, 14 ago. 1952; reproduzido in *Vingtième siècle. Revue d'histoire*, vol. XII, 1986, pp. 81-83.

_____. *La Montée de la jeunesse*. Paris: Calmann-Lévy, 1959.

Sauvy, Alfred et al. *Bilan de la France, 1945-1970*. Colóquio da Association de la presse étrangère. Paris: Plon, 1971.

Schelgel, Jean-Louis. "Changer l'Église en changeant la société". In: Pelletier; Schlegel (Orgs.), 2012.

Schwartz, Laurent. *Un mathématicien aux prises avec le siècle*. Paris: Odile Jacob, 1997.

Secrétan, Philibert. *Vérité et pouvoir*. Lausanne: L'Âge d'homme, 1968.

Semprún, Jorge. "Radioscopie". France Inter, 16 nov. 1976; citado in Rosanvallon, Pierre; Viveret, Patrick. *Pour une nouvelle culture politique*. Paris: Éd. du Seuil, 1977.

SENGHOR, Léopold Sédar. Défense de l'Afrique noire. *Esprit*, jul. 1945.

SÉRIGNY (DE), Alain. *Un procès*. Paris: La Table ronde, 1961.

SERRES, Michel. Géométrie de la folie. *Mercure de France*, n. 1.188, ago. 1962, pp. 683-696, e n. 1.189, set. 1962, pp. 63-81; reproduzido in *Hermès ou la communication*. Paris: Éd. de Minuit, 1968.

SERVAN-SCHREIBER, Jean-Jacques. *Lieutenant en Algérie*. Paris: Julliard, 1957.

_____. Face aux légionnaires. *L'Express*, 29 mai. 1958.

_____. Un homme dans l'espace. *L'Express*, 13 abr. 1961a.

_____. Adieu à François Mauriac. *L'Express*, 20 abr. 1961b.

SIEGFRIED, André. Casse-cou. *Le Figaro*, 3 jan. 1950.

SIMON, Michel. Marxisme et humanisme. *La Nouvelle Critique*, n. 165, abr. 1965.

SIMON, Pierre-Henri. *Contre la torture*. Éd. du Seuil, 1957.

SIRINELLI, Jean-François. "Les Intellectuels et Pierre Mendès France: un phénomène de génération?" In: BÉDARIDA, François; RIOUX, Jean-Pierre (Orgs.). *Pierre Mendès France et le mendésisme*. Paris: Fayard, 1985, pp. 87-100.

_____. *Génération intellectuelle. Khâgneux et normaliens dans l'entre-deux-guerres*. Paris: Fayard, 1988.

_____. "Les Intellectuels dans la mêlée". In: RIOUX, Jean-Pierre (Orgs.). *La Guerre d'Algérie et les français*. Paris: Fayard, 1990.

_____. *Intellectuels et passions françaises. manifestes et pétitions au XXe siècle*. Paris: Fayard, 1990; nova ed.: Gallimard, col. "Folio histoire", 1996.

_____. *Sartre et Aron, deux intellectuels dans le siècle*. Paris: Fayard, 1995; nova ed.: Hachette, col. "Pluriel", 1999.

_____. "Les Élites culturelles". In: RIOUX, Jean-Pierre; SIRINELLI, Jean-François (Orgs.), *Pour une histoire culturelle*. Paris: Éd. du Seuil, 1997.

_____. (Orgs.), *Histoire des droites en France*. 3 vols. Paris: Gallimard, col. "NRF Essais", 1992; nova ed.: col. "Tel", 2012.

SLAMA, Alain-Gérard. *Les Chasseurs d'absolu. Genèse de la gauche et de la droite*. Paris: Grasset, 1980.

SOLLERS, Philippe. Picard, cheval de bataille. *Tel Quel*, n. 24, inverno 1966.

SOMMER, René. *La France dans la guerre froide. Paix et Liberté (1950-1956)*. Dissertação de DEA, 1979-1980, IEP, p. 94; citado in CHEBEL D'APPOLLONIA, 1999.

STÉPHANE, Roger. *Tout est bien. Chronique*. Paris: Quai Voltaire, 1989.

STERNHELL, Zeev. *Ni droite, ni gauche. L'idéologie fasciste en France*. Paris: Éd. du Seuil, 1983.

STIL, André. "Le Cadeau à Staline". In: *La Seine a pris la mer (et six autres histoires pour la paix)*. Paris: Éd. Français réunis, 1950.

STOCKING, George W. "Qu'est-ce qui est en jeu dans un nom?". In: RUPP-EISENREICH, 1984, pp. 421-431.

STOCZKOWSKI, Wiktor. *Anthropologie rédemptrice. Le monde selon Lévi-Strauss*. Paris: Hermann, 2008.

STORA, Benjamin. *La Dernière génération d'Octobre*. Paris: Stock, 2003.

SULLEROT, Évelyne. *La Presse féminine*. Paris: Armand Colin, 1966.

SURYA, Michel. *Georges Bataille, la mort à l'oeuvre*. Paris: Gallimard, 1992.

TESSIER, Carmen, Sachez tout sur le *happening*, "art total" qui vient d'être découvert à Paris. *France-soir*, 3 jun. 1964; citado in BERTRAND DORLÉAC, 2000.

TÉTART, Philippe. *Histoire politique et culturelle de France Observateur, 1950--1964*. Paris: L'Harmattan, 2000.

THEIS, Laurent; RATTE, Philippe. *La Guerre d'Algérie, ou Le temps des méprises*. Paris: Éd. Mame, 1974.

THÉNAULT, Sylvie. *Une drôle de justice. Les magistrats dans la guerre d'Algérie*. Paris: La Découverte, 2001.

THÉOLLEYRE, Jean-Marc. Le procès du réseau Jeanson. *Le Monde*, 22 set. 1960.

THIBAUD, Paul. Jean-Paul Sartre: un magistère? *Esprit*, jul.-ago. 1980; reproduzido in *Traversées du XXe siècle*. Paris: La Découverte, 1988.

THOREZ, Maurice. Pourquoi Lyssenko a-t-il révolutionné la biologie? *L'Humanité*, 15 nov. 1948.

TILLION, Germaine. *L'Algérie en 1957*. Paris: Éd. de Minuit, 1957.

_____. *Ravensbrück*. Paris: Éd. du Seuil, 1973; nova ed.: col. "Points", 1997.

TILLON, Charles. *On chantait rouge*. Paris: Robert Laffont, 1977.

TINGUELY, Jean, "Für Statik". Panfleto de 4 de março de 1959; citado in *1960. Les Nouveaux Réalistes*. MAM, Musée d'Art moderne de la ville de Paris, 1986.

TODA, Michel. *Henri Massis. Un témoin de la droite intellectuelle*. Paris: La Table ronde, 1987.

TODD, Olivier. Fusilleront-ils Régis Debray? *Le Nouvel Observateur*, 24-30 mai. 1967.

_____. *Albert Camus: uma vida*. Trad. Monica Stahel. Rio de Janeiro: Record, 1998. [Orig.: *Albert Camus. Une vie*. Paris: Gallimard, 1996; nova ed.: col. "Folio", 1999.]

_____. *André Malraux. Une vie* [2001]. Paris: Gallimard, col. "Folio", 2002.

Todorov, Tzvetan. *Théorie de la littérature. Textes des Formalistes russes*. Paris: Éd. du Seuil, 1965. [Ed. bras.: *Teoria da literatura: Textos dos formalistas russos*. Trad. Roberto Leal Ferreira. São Paulo: Editora Unesp, 2013.]

Touraine, Alain. Situation du mouvement ouvrier. *Arguments*, n. 12-13, jan.-fev.-mar. 1959.

_____. *Un désir d'histoire*. Paris: Stock, 1977.

Tournès, Ludovic. *New Orleans sur Seine. Histoire du jazz en France*. Paris: Fayard, 1999.

Tran van Tung. *L'Annam, pays du rêve et de la poésie*. Paris: Éd. J. Susse, 1945.

Trebitsch, Michel. "Voyages autour de la révolution: les circulations de la pensée critique de 1956 à 1968". In: Dreyfus-Armand et al. (Org.), 2000.

_____. "Henri Lefebvre en regard de Michel de Certeau: critique de la vie quotidienne". In: Delacroix; Dosse;-Garcia; Trebitsch (Orgs.), 2002, p. 140-156.

Treiner, Sandrine. "La Revue *Arguments*, 1956-1962: un lieu de rencontre d'itinéraires intellectuels et politiques". DEA d'histoire, IEP, 1986-1987.

Trespeuch-Berthelot, Anna. "Des situationnistes aux situationnismes. Genèse, circulation et réception d'une théorie critique en Occident (1948--2009)". Tese de doutorado em história, Paris I, 2011, p. 58; publicada sob o título *L'Internationale situationniste. De l'histoire au mythe (1948-2013)*. Paris: PUF, 2015.

Tribunal Russell. *Le Jugement de Stockholm*. Paris: Gallimard, 1967.

Triolet, Elsa. *L'Écrivain et le livre, ou La suite dans les idées*. Paris: Éditions sociales, 1948.

Ullmann, André (sob o pseudônimo de Sim Thomas). "Comment fut fabriqué Kravchenko". *Les Lettres françaises*, 13 nov. 1947.

Ulloa, Marie-Pierre. *Francis Jeanson. Un intellectuel en dissidence, de la Résistance à la guerre d'Algérie*. Paris: Berg International, 2001.

Valabrègue, Catherine. *Contrôle des naissances et planning familial*. Paris: La Table ronde, 1960.

Vercors. *Les Nouveaux Jours. Esquisse d'une Europe. Briand l'oublié. 1942-1962 — Cent ans d'histoire de la France. 3*. Paris: Plon, 1984.

Verdès-Leroux, Jeannine. *Au service du Parti. Le parti communiste, les intellectuels et la culture (1944-1956)*. Paris: Fayard/Éd. de Minuit, 1983.

_____. *Le Réveil des somnambules. Le parti communiste, les intellectuels et la culture, 1956-1985*. Paris: Fayard, 1987.

_____. La guerre d'Algérie dans la trajectoire des intellectuels communistes. *Les Cahiers de l'IHTP* (Institut d'Histoire du Temps Présent), n. 10, nov. 1988.

_____. *La Lune et le Caudillo. Le rêve des intellectuels et le régime cubain, 1959--1971*. Paris: Gallimard, 1989.

VERRET, Michel. Marxisme et humanisme. *La Nouvelle Critique*, n. 168, jul.-ago. 1965.

VERSTRAETEN, Pierre. *Les Temps modernes*, n. 206, jul. 1963.

VIANSSON-PONTÉ, Pierre. In: PAUGAM, Jacques. *Génération perdue*. Paris: Robert Laffont, 1977.

VICTOR, Éliane. *Les Femmes aussi*. Paris: Mercure de France, 1973.

VIDAL-NAQUET, Pierre. *L'Affaire Audin*. Paris: Éd. de Minuit, 1958.

_____. *Mémoires*, II. *Le trouble et la lumière (1955-1998)*. Paris: Éd. du Seuil, 1998; nova ed.: col. "Points", 2007.

VIET, Jean. *Les Méthodes structuralistes dans les sciences sociales*. Paris: Mouton, 1965.

VILAR, Jean. Jean Vilar s'explique. *Bref*, out. 1955.

_____. *Le Théâtre service public*. Paris: Gallimard, 1975.

VIOLEAU, Jean-Louis. "Les Architectes et le mythe de Mai 1968". In: DREYFUS--ARMAND et al. (Orgs.) [2000], 2008.

WEBER, Max, *Economia e sociedade: fundamentos da sociologia compreensiva*, vol. 1. Trad. Regis Barbosa e Karen Elsabe Barbosa. 3ª ed. Brasília: Editora Universidade de Brasília, 2000. [Orig.: *Wirtschaft und Gesellschaft*. Tübingen: Mohr, 1956; 1972.]

WERNER, Éric. *De la violence au totalitarisme. Essai sur la pensée de Camus et Sartre*. Paris: Calmann-Lévy, 1972.

WINOCK, Michel. *Histoire politique de la revue "Esprit", 1930-1950*. Paris: Éd. du Seuil, 1975a.

_____. *Esprit. Des intellectuels dans la cité. 1930-1950*. Paris: Éd. du Seuil, 1975b; nova ed.: col, "Points", 1996.

_____. *La Republique se meurt, 1956-1958*. Paris: Éd. du Seuil, 1978; nova ed.: Gallimard, col. "Folio", 1985.

_____ (Org.). *Histoire de l'extreme droite en France*. Paris: Éd. du Seuil, 1993.

_____. *Le Siècle des intellectuels*. Paris: Éd. du Seuil, 1997; nova ed.: col. "Points", 1999. [Ed. bras.: *O século dos intelectuais*. Rio de Janeiro: Bertrand Brasil, 2000.]

WURMSER, André. "D'un amour lucide...". *La Nouvelle Critique*, n. 11, dez. 1949.

_____. "Proust ou les sortilèges éventés". *Les Lettres françaises*, 11-18 e 18-25, jul. 1952.

Índice onomástico

A

Abbas, Ferhat: 415, 598
Achard, Marcel: 331
Acheson, Dean Gooderham: 240
Adami, Valerio: 605
Adamo, Salvatore: 569
Adamov, Arthur (Arthur Adamian, conhecido como): 277
Adès, Lucien: 275
Adler, Alfred: 407, 443
Adler, Laure (nome de nascimento: Laure Clauzet): 57, 217, 374, 467
Adorno, Theodor Wiesengrund: 27, 300
Adrey, Maurice: 275
Agulhon, Maurice: 208
Aillaud, Gilles: 605
Ailleret, Charles (general): 398
Ajchenbaum, Yves-Marc: 86
Akhmátova, Anna (Anna Andreïevna Gorenko, conhecida como): 187
Alain (pseudônimo de Émile Chartier): 70
Albaric, Maurice: 360
Algarron, André: 96
Algren, Nelson (Nelson Ahlgren Abraham, conhecido como): 170
Allais, Maurice: 314
Alleg, Henri (Harry Salem, conhecido como): 378-380, 399
Althusser, Louis: 209, 450-452, 475-482, 494-495, 504, 527, 533-535, 575, 580-583
Altman, Georges: 267, 272
Altman, Robert: 543
Amrouche, Jean: 330
Amy, Gilbert: 538, 558
Andersch, Alfred: 265
Andersson, Nils (Frédy-Nils Andersson): 386
Andrieu, René: 400
Angeli, Alexandre: 95
Anouilh, Jean: 247
Anquetil, Jacques: 589
Antelme, Robert: 215-217, 298, 401, 620

Antony, Richard (Ibrahim Richard Btesh, conhecido como): 569

Aragon, Louis: 49-52, 88, 90-92, 94, 96-97, 104, 177, 182-185, 187-189, 191-194, 200, 204, 206, 216, 225, 531-533, 536, 544, 586

Arendt, Hannah (nome de nascimento: Johanna Arendt): 243, 314

Argenlieu, Thierry d' (almirante): 352, 355

Ariès, Philippe: 409-411, 488

Aristóteles: 312, 582

Armel, Aliette: 39

Arnaud, Georges (Henri Girard, conhecido como): 383

Arnoux, Alexandre: 99

Aron, Raymond: 23, 39, 70-73, 88, 113-121, 127, 231, 235-245, 273, 286-288, 314-316, 318, 339-341, 356, 360-361, 416--418, 427, 450, 574, 617

Aron, Robert: 79, 88, 99

Aron, Suzanne: 119

Aronson, Ronald: 126, 132, 140-141

Arroyo, Eduardo: 605

Arrupe, Pedro (superior-geral jesuíta): 509-510, 516

Artaud, Antonin: 44, 264, 460, 541

Assouline, Pierre: 105

Astier de La Vigerie (d'), Emmanuel: 68, 78, 276

Astorg (d'), Bertrand: 265, 355

Aubert, Roger: 505

Audiberti, Jacques: 57

Audin, Maurice: 378-379, 392, 400, 618

Audry, Colette: 158, 164-165, 172, 174, 300, 393

Augé, Marc: 433-434

Agostinho (santo): 375

Auriol, Vincent: 89, 109, 360

Aveline, Claude (Eugen Avtsine, conhecido como): 200

Axelos, Kostas: 285, 301-302, 592

Aymé, Marcel: 105, 250

B

Baboulène, Jean: 269

Bachelard, Gaston: 450, 452, 480

Bachelet, Prisca: 579

Baecque, Antoine de: 544, 546, 557

Baez, Joan (Joan Chandos Baez): 615

Baillot, Louis: 182

Bair, Deirdre: 162, 170

Bakhtin, Mikhail Mikhailovitch: 540

Balandier, Georges: 431-434, 596

Balibar, Étienne: 479, 582-583

Balzac, Honoré de: 34

Bao Dai (último imperador do Vietnã): 355

Barbara (Monique Serf, conhecida como): 621

Bardet, Jean: 66, 264, 266, 612

Bardot, Brigitte: 544

Barilier, Étienne: 41, 121

Barillon, Raymond: 338
Barrat, Robert: 331, 364-365, 367, 381, 388
Barratier, Christophe: 546
Barrault, Jean-Louis: 265
Barrère, Igor: 173, 590
Barrès, Maurice: 193, 246
Barrientos Ortuño, René (general): 607-608
Barth, Karl (pastor protestante): 63-65
Barthes, Roland: 17-18, 228, 265, 453-464, 466, 489, 491, 497, 502, 520-527, 530-531, 538-540, 550, 557-558
Bartoli, Henri: 270-271, 619
Barton, Paul: 317
Bastide, François-Régis: 427
Bastide, Roger: 432
Bastien-Thiry, Gabriel: 411
Bataille, Georges: 243, 264, 427-428, 436, 455, 460, 468, 528-529
Bataille, Sylvia (nome de solteira: Sylvia Maklès): 468
Batista, Fulgencio (Rubén Fulgencio Batista y Zaldívar): 604
Baudelaire, Charles: 129, 529
Baudelot, Christian: 582
Baudrillard, Jean: 553
Baudry, Jean-Louis: 540-541
Baumel, Jacques: 69
Baverez, Nicolas: 70-71, 118, 236-237
Bayet, Albert: 237, 444

Bazaine, Jean: 44
Bazin, André: 278, 542, 544
Beau de Loménie, Emmanuel: 417
Beaufret, Jean: 36
Beauvoir, Simone de: 32, 38-40, 106, 114, 119, 123-124, 126-127, 151, 156, 161-170, 172, 174, 176, 216, 219, 304, 338, 360, 392, 398-399, 446-447, 603, 611
Becker, Annie, *ver* Kriegel, Annie
Becker, Jean-Jacques: 199, 207, 293
Beckett, Samuel: 277-278, 557, 577
Bedel, Jean: 227
Béguin, Albert: 43, 212, 271, 277, 310-311
Béhar, Abraham: 623
Béjart, Maurice (Maurice-Jean Berger, conhecido como): 547, 577
Belamich, André: 275
Bellefroid, Jacques: 488
Bellet, Maurice: 515
Belmondo, Jean-Paul: 547
Ben Barka, Mehdi: 606
Ben Bella, Ahmed: 389
Benda, Julien: 97, 103, 213, 222
Benedetto, André: 621
Benjamin, Walter: 23
Benoit, Pierre: 98
Bénouville, Pierre Guillain de (Pierre de Bénouville, conhecido como): 109, 119-120
Bensaïd, Norbert: 275

Benveniste, Émile: 434, 444, 519
Béraud, Henri: 82, 96, 101, 107
Berg, Alban: 558
Berger, Denis: 406
Berger, Gaston: 450
Berger, John: 609
Beria, Lavrenti Pavlovitch: 290
Berio, Luciano: 558
Berl, Emmanuel: 78
Bernanos, Georges: 97, 179, 255
Bernard, Jacques: 88
Bernard, Tristan (Paul Bernard, conhecido como): 97
Bernstein, Daniel: 275
Berque, Jacques: 399
Berrar, Émile (Abbé): 365
Berryer, Jean-Claude: 429
Bertucelli, Jean-Louis: 434
Besse, Annie, *ver* Kriegel, Annie
Besse, Guy: 46, 478
Beuve-Méry, Hubert: 87, 236, 257--262, 337-339, 357, 391-392, 404
Biasini, Émile-Joseph: 555, 559
Bidault, Georges: 72, 341, 363, 411, 417
Billetdoux, François: 250
Billotte, Pierre: 264
Billoux, François: 182, 192
Biondi, Jean-Pierre: 358, 360
Birchall, Ian: 35, 180
Bisiaux, Marcel: 110
Blachère, Régis: 365-367

Blanchot, Maurice: 278, 392-393, 489, 529, 531
Blanzat, Jean: 102
Blignières, Hervé de (coronel Hervé Le Barbier de Blignières): 410
Blin, Roger: 278
Bloch, Jean-Richard (Jean Bloch): 184-185
Bloncourt, Élie: 406
Blondin, Antoine: 252-253, 396, 409
Blum, Léon: 57, 73, 82, 276
Blumel, André: 211
Boccara, Pierre: 478
Bœgner, Marc (pastor protestante): 64
Bohr, Aage: 206
Boisanger, Nicole de: 172
Boisdeffre, Pierre de (Pierre Jules Marie Raoul Néraud Le Mouton de Boisdeffre): 163
Böll, Heinrich: 265
Bon, Frédéric: 573
Bonaparte (família): 71
Bonardi, Pierre: 107
Bondy, François: 241-243, 287
Bonnafé, Alphonse: 119
Bonnard, Abel: 96-97, 246
Bonnard, Pierre: 44
Bonnaud, Robert: 377-378
Bordes, François: 285-286, 317
Boris, Georges: 337
Borkenau, Franz: 243
Borne, Étienne: 417

Bost, Jacques-Laurent: 128, 216
Bottigelli, Émile: 292, 294
Boucourechliev, André: 558
Boudic, Goulven: 66-67, 268
Bouhired, Djamila: 383-384
Bouissounouse, Janine: 305
Boulez, Pierre: 458, 547, 558-559
Boulte, Nicolas: 624
Boupacha, Djamila: 398-399
Bourdet, Claude: 68, 125, 134, 201, 213, 218, 272, 278-280, 300, 305, 328-329, 338, 360, 362, 368, 373, 388-389
Bourdieu, Pierre: 451
Bourgès-Maunoury, Maurice: 371, 391
Bourget, Paul: 74, 251
Bourgois, Christian: 386-387
Bourguiba, Habib ibn Ali: 369, 598
Bousquet, Joë: 90-91
Boutang, Pierre: 248, 409
Boutelleau, Gérard: 246
Bouvier, Jean: 183
Brasillach, Robert: 78, 80-81, 93, 95, 105-108, 246
Brassens, Georges: 532
Braudel, Fernand: 207-208, 297, 441-442, 475, 534-535
Brecht, Bertolt: 557-558
Bresson, Robert: 544
Breton, André: 44, 133, 214, 262--263, 323, 468, 549
Briey, Martin de (René Martin, conhecido como): 96
Brillant, Bernard: 611, 621, 624

Brisson, Pierre: 88, 235, 262, 368
Brisville, Jean-Claude: 132
Brøndal, Viggo: 454
Broyelle, Jacques: 584
Bruhat, Jean: 180, 183, 186, 201, 294
Brumelle, Lucien: 294
Brummel, Pierre: 96
Brune, Jean: 409
Brunschwig, Jeanne: 294
Buber-Neumann, Margarete: 210-213
Büchner, Georg: 196
Buci-Glucksmann, Christine: 534
Bunau-Varilla, Maurice: 83
Burnier, Michel-Antoine: 41, 573
Buron, Robert: 314
Burroughs, William S.: 547
Butel, Michel: 407, 579
Butor, Michel: 458, 465, 526, 530, 532, 538
Byrnes, James L.: 73
Byron (lorde), (George Gordon Byron, 6º barão Byron, conhecido como): 609

C

Cabanel, Patrick: 65
Cachin, Françoise: 387
Cachin, Marcel: 81
Cachin, Yves: 406
Caillois, Roger: 314, 437-440, 528
Calas, Jean: 250
Calvet, Louis-Jean: 457, 524

Calvez, Jean-Yves (padre jesuíta): 508

Campion, Léo (Léon Campion): 621

Camus, Albert: 29, 31, 42-43, 85-87, 90, 93, 95, 100-102, 105-107, 111, 114, 122-142, 155, 179-180, 212, 251, 262-263, 267, 275-277, 281, 306-307, 316, 344, 360, 369, 390, 414-415, 431

Camus, Francine: 140

Canguilhem, Georges: 114, 450, 452, 486-487, 530

Čapek, Karel: 265

Capitant, René: 264, 381, 399

Carat, Jacques (Jacques Henri Karaimsky, conhecido como): 243

Carco, Francis (François Carcopino-Tusoli, conhecido como): 99

Carné, Marcel: 563, 569

Carpentier, Alejo (Alejo Carpentier y Valmont): 605

Carta, Jacques: 287

Cartry, Michel: 406-407, 443

Casalis, Georges (pastor protestante): 64, 625

Casanova, Antoine: 534

Casanova, Laurent: 178, 181-184, 189, 192, 205-206, 215-217, 222-223, 292, 294, 401

Casarès, Maria (María Victoria Casares Pérez): 276

Cassavetes, John: 543

Cassin, René: 264

Cassou, Jean: 44, 200-201, 213, 264, 269, 307, 328

Castel, Robert: 471, 490

Castoriadis, Cornelius (sob o pseudônimo de Pierre Chaulieu): 20, 143, 147-149, 156, 212, 283-285, 296, 307-309, 325-327, 586

Castro, Fidel (Fidel Alejandro Castro Ruz): 598, 602-607

Castro, Raúl (Raúl Castro Ruz): 603

Catala, Jean-Michel: 578, 581

Catroux, Georges (general): 367

Cau, Jean: 164

Cavaillès, Jean: 450, 452

Caveing, Maurice: 60, 198, 294

Cayrol, Jean: 265, 535

Céline, Louis-Ferdinand (Louis Ferdinand Destouches): 78, 80, 89, 107, 250

Certeau (de), Michel (Michel Jean Emmanuel de La Barge de Certeau, padre jesuíta): 16, 510-517, 599-601, 608-609, 626

Césaire, Aimé: 292, 315, 430-431, 598, 605

César (César Baldaccini, escultor): 550, 605

César, Júlio: 147

Chaban-Delmas, Jacques: 70, 232, 331

Chabaud, Jacqueline: 175

Chabrol, Claude: 544-546

Chack, Paul (comandante): 83

Chagall, Marc (Moïche Zakharovitch Chagalov, conhecido como): 44
Chaillet, Pierre (padre jesuíta): 60, 63
Chambaz, Jacques: 207, 535
Champenoix, Jean: 202
Chamson, André: 200
Chancel, Jacques (Joseph Crampes, conhecido como): 13
Chaperon, Sylvie: 166, 170, 174
Chapsal, Madeleine: 250, 319, 427, 465, 563
Char, René: 15, 43, 110, 128-129, 139, 212, 277, 306
Chardonne, Jacques (Jacques Boutelleau, conhecido como): 79, 104, 108-109, 245-246, 250, 253, 319-320
Charpentrat, Pierre: 530
Chassey, Éric de (Éric de Buretel de Chassey, conhecido como): 551
Chastenet, Jacques: 87
Chateaubriand, François René, visconde de: 427, 544
Châteaubriant, Alphonse de: 96, 110
Châtelet, François: 376, 406, 494
Chautemps, Jean-Louis: 621
Chauveau, Jean: 233
Chauvet, Louis: 544
Chebel d'Appollonia, Ariane: 187, 202, 412
Chegaray, Jacques: 355
Chenu, Marie-Dominique (padre dominicano): 61, 266, 270, 506
Chesneaux, Jean: 616, 623

Christo (Christo Javacheff): 550
Churchill, Winston (Sir Winston Leonard Spencer Churchill): 73, 199
Clamence, Jean-Baptiste: 141
Clarke, Kenny (Kenneth Spearman, conhecido como): 38
Clastres, Pierre: 407, 443
Claudel, Paul: 97, 105, 247, 361
Claudius-Petit, Eugène: 69
Clément, Catherine: 475
Cocteau, Jean: 105, 228, 360
Coffin, William Sloane: 624
Cogniot, Georges: 93, 182, 184, 206-207, 294
Cohen, Francis: 190, 204
Cohen, Jean: 376, 419
Cohen-Solal, Annie: 33, 115, 226--227, 603
Cohn-Bendit, Daniel: 407, 571--572, 591
Cohn-Bendit, Gaby: 407
Colette (Sidonie Gabrielle Colette, conhecida como): 105
Collinet, Michel: 243, 286-287, 314, 317, 593
Colombel, Jeannette (nome de nascimento: Jeannette Prenant): 164
Colombo, Cristóvão: 599
Combelle, Lucien: 83, 96
Comte, Auguste: 423
Condorcet, Marie Jean Antoine Nicolas de Caritat, marquês de: 423

679

Congar, Yves (padre dominicano): 506
Conti, Lydia: 44
Cooper, David: 490
Cordier, Daniel (Daniel Bouyjou, conhecido como): 324
Corneille, Guillaume (Guillaume Cornelis Beverloo, conhecido como): 605
Coty, René: 384
Courtade, Pierre: 157, 185, 199, 214, 216
Courtin, René: 87, 261
Coutard, Raoul: 546
Crevel, René: 468
Cronan, Christine: 33
Crouzet, Michel: 294, 373, 378

D

Daix, Pierre: 48, 50, 180-182, 184, 191, 205, 217, 531
Daladier, Édouard: 322
Dalí, Salvador: 468
Dalmas, Louis: 213
Damisch, Hubert: 541
Daney, Serge: 542-543
Daniel, Jean (Jean Bensaïd, conhecido como): 19, 275, 329, 377, 390-391, 393, 417, 616
Daniélou, Jean (padre jesuíta, cardeal): 62, 506
Daquin, Louis: 183
Darwin, Charles: 493
Davezies, Robert: 404
David, Jean-Paul: 254

David, Robert: 461
Davis, Garry: 262-263
Davy, Georges: 444
Debaene, Vincent: 428
Debord, Guy: 586-588
Debray, Régis: 433, 582, 604, 607-609
Debré, Michel: 231-232, 321, 346, 409
Debrosse (coronel): 410
Debû-Bridel, Jacques: 93, 264
Decour, Jacques: 53, 92
Dedijer, Vladimir: 622
Defferre, Gaston: 335
Deguy, Michel: 532
Delacroix, Christian: 584
Delacroix, Eugène: 531
Delavignette, Robert: 353
Delay, Jean: 488
Deleuze, Gilles: 450, 455, 530, 542, 547
Delion de Launois, André: 96
Demarquet, Jean-Maurice: 412
Denoël, Robert: 88-89
Déon, Michel (Édouard Michel, conhecido como): 252-253, 342
Depierre, André (padre): 63
Derrida, Jacques: 17, 451, 456, 494-504, 519, 530, 541
Déry, Tibor: 307
Desanti, Dominique: 46, 191-192, 195, 198, 218, 222, 224, 292, 305
Desanti, Jean-Toussaint: 157, 180, 204, 206, 292

Descartes, René: 36, 498-500, 582
Deschamps, Ève: 389
Deschamps, Gérard: 550
Descombes, Vincent: 471, 496
Desgraupes, Pierre: 590
Desroches, Henri-Charles (padre dominicano): 61
Deutscher, Isaac: 318
Devillers, Philippe (Philippe Mullender): 361
Diderot, Denis: 549
Dietrich, Marlene (Maria Magdalena, conhecida como): 248
Dilthey, Wilhelm: 118, 237
Diógenes, o Cínico: 439
Diop, Alioune: 431
Djaidir, Tayeb: 419
Dolto, Françoise: 515
Domenach, Jean-Marie: 95, 166, 201, 223, 263, 266-267, 269--271, 307, 315, 328, 355, 358, 360, 365, 373, 377-378, 381, 404
Domerc, Marcel: 275
Dommanget, Maurice: 287
Donato, Eugenio: 502
Doniol-Valcroze, Jacques: 278, 544
Dorgelès, Roland (Roland Lecavelé, conhecido como): 99, 396, 408
Doriot, Jacques: 107
Dort, Bernard: 558
Dostoiévski, Fiódor Mikhailovitch: 129, 248
Dresch, Jean: 616

Dreyfus, Alfred: 77, 94, 214, 229, 359, 371, 373, 375, 377, 379, 383, 527
Drieu la Rochelle, Pierre: 77-78, 90, 110, 246, 320
Droit, Michel: 331
Drouet, Minou (Marie-Noëlle Drouet, conhecida como): 568
Druon, Maurice: 360
Dubarle, Dominique (padre dominicano): 314
Dubreuilh, Simone: 545
Dubuffet, Jean: 374
Duby, Georges: 534
Duchêne, Laurence: 174
Duclos, Jacques: 158, 192, 213, 220-221, 225-226, 292, 302
Ducolonné, Guy: 294
Dufay, François: 108, 246, 251, 253, 319
Duhamel, Georges: 97, 103, 222
Dullin, Charles: 265
Dumas, Alexandre: 252
Dumas, André (pastor protestante): 64
Dumas, Roland: 381, 402, 608
Dumayet, Pierre: 491, 590
Dumézil, Georges: 486, 488, 491, 527
Dumur, Guy: 558
Duras, Marguerite (Marguerite Donnadieu, conhecida como): 57, 215-217, 305, 323, 374, 393, 466-467, 545, 604-605
Durkheim, Émile: 208, 210

Duroux, Yves: 582

Duthuit, Georges: 286

Dutourd, Jean: 408

Dutschke, Rudi (Alfred Willi Rudolf Dutschke, conhecido como): 592

Duval, Léon-Étienne (cardeal): 376, 380

Duverger, Maurice: 238, 261, 318, 404

Duvignaud, Jean: 56, 58, 216, 299, 301-302, 325, 432, 434, 526, 558

Dylan, Bob (pseudônimo de Robert Allen Zimmerman): 615

E

Eaubonne, Françoise d' (nome de nascimento: Françoise Marie--Thérèse Piston d'Eaubonne): 166

Ehrenburg, Ilia Grigorievitch: 196, 222

Eisenhower, Dwight David: 229

Eisenstein, Serguei Mikhailovitch: 188

El Glaoui, Thami (paxá): 366

Eliot, T. S. (Thomas Stearns): 222, 265, 307

Elizabeth II (rainha da Inglaterra): 333

Ellul, Jacques: 314

Éluard, Paul (Eugène Émile Paul Grindel, conhecido como): 49, 74, 93-94, 97, 177, 190, 214, 216, 222, 360, 566

Emmanuel, Pierre (Noël Jean Mathieu, conhecido como): 261, 306

Engels, Friedrich: 145, 197, 382

Errera, Roger: 530

Erró (Gudmundur Gudmundsson Ferró, conhecido como): 605

Erval, François (François Emmanuel, conhecido como): 158

Escarra, Jean: 444

Espinas, Alfred: 435

Espinosa, Baruch: 474

Ésquilo: 590

Establet, Roger: 479, 582

Estang, Luc (Lucien Bastard, conhecido como): 612

Ester Borrás, José: 276

Estier, Claude (Claude Ezratty, conhecido como): 329, 338, 362, 388-389

Étiemble (René Étiemble, conhecido como): 41, 107, 143, 275, 428

Eyquem, Marie-Thérèse: 172

F

Fabre-Luce, Alfred: 412

Fadeiev, Alexander Alexandrovitch: 181, 188, 196, 222, 303

Fajon, Étienne: 400

Falloix, Bernard de: 250

Fanon, Frantz: 382, 385, 551

Farge, Yves: 223

Fargue, Léon-Paul: 97

Faure, Edgar: 570
Fautrier, Jean: 374
Faux, Claude: 387
Faye, Jean-Pierre: 297, 531, 537, 541
Febvre, Lucien: 238, 427, 535
Feix, Léon: 400
Fejtö, François: 201, 213-214, 269, 304, 310, 315-316
Feltrinelli, Giangiacomo: 608
Fernandez, Ramon: 104
Ferrat, Jean (Jean Tenenbaum, conhecido como): 532
Ferré, Léo: 49, 532, 547
Ferro, Marc: 418-419
Fesquet, Henri: 506
Fessard, Gaston (padre jesuíta): 601
Figuères, Léo (Léopold Figuères): 220, 294
Filipacchi, Daniel: 569
Finet, Albert (pastor protestante): 65
Firk, Michèle: 604
Fitch, Brian T.: 29, 31
Flamand, Paul: 65-66, 264-266, 307, 403
Foa, Vittorio: 594
Foccart, Jacques: 232
Fontaine, André: 224
Forest, Philippe: 49, 194, 532, 538, 541
Forêts, Louis-René des (Louis-René Pineau des Forêts): 401
Forner, Alain: 577-578
Fortini, Franco: 299

Foucauld, Charles de (Charles Eugène de Foucauld de Pontbriand, visconde e, em seguida, trapista): 364
Foucault, Michel: 16-17, 296, 436, 450, 452, 454, 456, 480, 482--494, 498-501, 519, 530-531, 540, 573
Fouché, Pascal: 246
Fouchet, Christian: 232, 331, 571, 573-574, 580
Fougeron, André: 183, 189, 192
Fougeyrollas, Pierre: 295-296, 301-302
Fourastié, Jean: 588
Fraigneau, André: 246
Fraisse, Paul: 272, 274
Franco, Francisco (general): 134, 276
François, Claude: 569
Frank, Bernard: 252, 320, 335, 342
Franqui, Carlos: 604
Freud, Sigmund: 23, 168-169, 209, 450, 468, 471-473, 476, 493, 519, 528, 535, 541, 583, 591
Fréville, Jean (Eugène Schkaff, conhecido como): 180, 294
Frey, Roger: 232
Friedmann, Georges (Georges Philippe Friedmann): 198, 200, 208
Frodon, Jean-Michel (Jean-Michel Billard, conhecido como): 544
Fromanger, Gérard: 550
Frossard, André: 383
Funck-Brentano, Christian: 87
Furet, François: 180, 305, 309, 329

G

Gacon, Jean: 183

Galard, Hector de: 278, 329, 337, 388

Gallimard, Gaston: 85, 90-91, 124, 140, 246-247, 307

Gallimard, Michel: 124

Galster, Ingrid: 167

Galtier-Boissière, Jean: 84

Gandillac, Maurice de (Maurice Patronnier de Gandillac): 59, 286, 487

Garaudy, Roger: 51, 62, 188, 204, 293, 477-479, 533, 582

45, 54, 165, 179, 259, 424-426, 475, 520.

Garçon, Maurice: 98

Garosci, Aldo: 314

Gassiot-Talabot, Gérald: 604

Gatti, Armand (Dante Sauveur Gatti, conhecido como): 621

Gaucheron, Jacques: 58

Gaucheron, Suzanne: 58

Gaudez, Pierre: 397, 402

Gaudibert, Pierre: 552

Gaulle (de), Charles: 14, 67-69, 71, 73, 75-76, 83, 87, 97-98, 100--102, 105, 107, 111, 119-120, 231-232, 235, 239, 254, 257, 321-334, 336-344, 351, 385-386, 399-400, 413, 417, 449, 508, 514, 570, 595-596, 611, 614, 623

Gautier, Jean-Jacques: 255

Gaxotte, Pierre: 98, 396

Genet, Jean: 89, 586

Genette, Gérard: 296, 502, 524, 538

Genevoix, Maurice: 331

Georges-Picot, Léone: 281

Gide, André: 54-55, 90, 97, 227

Gillespie, Dizzy (John Birks Gillespie, conhecido como): 38

Gilson, Étienne: 259-261

Giono, Jean: 94, 247

Girard, Philippe: 407

Girardet, Raoul: 314, 321, 409-410

Giraud, Henri (general): 71

Giroud, Françoise (nome de nascimento: Lea France Gourdji): 20, 280, 282, 303, 363, 368-369, 391, 414, 546, 553

Giscard d'Estaing, Valéry: 553

Giuliani, Maurice (padre jesuíta): 509

Glodek, René: 294

Godard, Jean-Luc: 531, 544-548, 568, 612, 621

Goebbels, Joseph Paul: 108, 110, 246, 543

Goguel, François: 67

Goitschel, Marielle: 590

Goldman, Pierre: 578-579, 609

Goldmann, Lucien: 502, 526

Goldstein, Kurt: 150

Gombrowicz, Witold: 242

Gomułka, Władysław: 297

Gorz, André (Gérard Horst, conhecido como), tendo utilizado o pseudônimo de Michel Bosquet: 577, 594, 606

Gouhier, Henri: 487
Gourou, Pierre: 434
Goux, Jean-Joseph: 541
Gracq, Julien (Louis Poirier, conhecido como): 43, 162, 429
Granjon, Marie-Christine: 418
Grass, Günter: 265
Grasset, Bernard: 89, 109
Greco (El) (Dhomínikos Theotokópoulos, conhecido como): 74
Green, Julien: 331
Greene, Graham: 249
Grégoire, Ménie (nome nascimento: Marie Laurentin): 162, 165-
-166, 171
Greilsamer, Laurent: 43, 260, 262, 391
Greimas, Algirdas Julien: 454, 461-
-462, 464, 527
Grémion, Pierre: 307, 314, 316
Grenier, Jean: 132
Grenier, Roger: 128, 133
Griaule, Marcel: 430, 436, 444
Groethuysen, Bernard: 90
Grosclaude, Pierre (general): 396
Grosser, Alfred: 263
Gruber, Francis: 45
Grumbach, Tiennot: 622
Guattari, Pierre Félix: 406-407, 564
Guéhenno, Jean (Marcel Guéhenno, conhecido como): 102, 133, 275
Guevara, Che (Ernesto Guevara de la Serna, conhecido como): 598, 603, 607-609

Gugelot, Frédéric: 61
Guichard, Alain: 338
Guidoni, Pierre: 579
Guillaume, Augustin Léon (general): 368
Guillaume, Philippe: 285
Guille, Pierre: 114
Guillén, Nicolás (Nicolás Cristóbal Guillén Batista): 604
Guilloux, Louis: 275
Gurian, Waldemar: 260
Gurvitch, Georges (Guéorgui Davidovitch Gourvitch, conhecido como): 208, 237, 432
Guy, Claude: 75
Guyot, Raymond: 293
Guyotat, Pierre: 604

H

Hached, Ferhat: 364
Halberstam, David: 616
Halévy, Daniel: 260, 409
Halimi, Gisèle (nome de nascimento: Zeiza Gisèle Élise Taïeb): 176, 398, 403, 623
Hallier, Jean-Edern: 536, 538
Hallyday, Johnny (Jean-Philippe Smet, conhecido como): 569-570
Hamon, Hervé: 403-404, 578, 604
Hamon, Léo: 263-264, 331
Hantaï, Simon (Simon Handl, conhecido como): 552
Hardy, Françoise: 569

Harig, Ludwig: 538
Härtling, Peter: 265
Hartmann, Jacques: 185, 214
Hartung, Hans: 44
Hau, Jean: 625
Haubtmann, Pierre (bispo): 508
Hauriou, André: 616
Hazareesingh, Sudhir: 15
Hecquet, Stephen: 250
Héduy, Philippe: 250, 411
Hegel, Georg Wilhelm Friedrich: 14, 116, 135, 145-147, 312, 423, 468, 471-472, 477, 481, 528
Heidegger, Martin: 36-37, 43, 290, 301, 443, 472-473, 494-496
Heisenberg, Werner Karl: 206
Heller, Gerhard (tenente): 77
Hendrix, Jimi (James Marshall Hendrix): 615
Henriot, Émile: 465
Hériat, Philippe: 99
Hermant, Abel: 97
Hermier, Guy: 578, 580-581
Hernu, Charles: 403
Herriot, Édouard: 98
Hersch, Jeanne: 243
Hervé, Pierre: 62, 157, 188, 248, 273, 295, 315
Herzog, Maurice: 571
Hess, Rémi: 197, 295-296, 590
Hessel, Stéphane: 324
Heusch, Luc de: 430
Himmler, Heinrich: 199

Hincker, François: 534
Hincker, Monique: 174
Hitler, Adolf: 70, 91, 110, 119-120, 210, 238, 324
Hjelmslev, Louis Trolle: 457, 462, 519
Ho Chi Minh (Nguyên Tat Thanh, conhecido como): 352, 362, 598, 613, 620
Hobbes, Thomas: 142
Hoche, Lazare (general): 69
Hook, Sidney: 317
Houdebine, Jean-Louis: 534
Houphouët-Boigny, Félix: 432
Hourdin, Georges: 174, 563
Hubert-Lacombe, Patricia: 73
Hurst, Jean-Louis: 384
Husserl, Edmund: 36, 43, 118, 150, 157, 494
Huxley, Aldous: 223
Hyppolite, Jean: 432, 471, 487, 502

I

Ibsen, Henrik: 210
Ionesco, Eugène (Eugen Ionescu): 277, 557
Isorni, Jacques: 80
Isou, Isidor (Jean-Isidore Isou Goldstein, conhecido como): 584
Ivã IV, o Terrível (grão-príncipe e, em seguida, tsar da Rússia): 188
Ivens, Joris (Georg Henri Anton Ivens, conhecido como): 621, 623
Izard, Georges: 210, 246, 267, 366

J

Jacob, Max: 264
Jacquet, Marc: 364
Jakobson, Roman: 445, 455, 462, 519, 525, 531, 538
Jamet, Michel: 281
Janin, Yves: 578-579
Jaspers, Karl: 43, 59-60, 243, 249, 307, 315
Jdanov, Andrei Aleksandrovitch: 179, 186-188, 190, 197, 215
Jeanneney, Jean-Noël: 433
Jeanson, Colette: 403
Jeanson, Francis: 134-141, 164, 383-384, 403-405
Jeantet, Claude: 107
Jeantet, Gabriel: 342
Jelenski, Konstanty, conhecido como Kot: 317
Jenny-Clarke, Jean-François: 621
Jessan, Robert: 515
Jézéquel, Jules (pastor protestante): 624
Joannès, Victor: 179
João XXIII (papa): 505-506, 508, 599
Johnson, Lyndon Baines: 614, 625
Joliot-Curie, Frédéric: 222, 242
Joliot-Curie, Irène: 162, 223
Jomaron, Jacqueline de: 294
Jomaron, Romuald de: 294
Jorn, Asger (Asger Oluf Jørgensen, conhecido como): 585-586
Jouffa, Yves: 623
Joufroy, Alain: 604

Jouhandeau, Marcel: 104, 110
Jouvenel, Bertrand de (Bertrand de Jouvenel des Ursins, conhecido como): 314
Joxe, Louis: 275-276
Joyce, James: 491
Judt, Tony: 21-22
Juillet, Jacques: 413
Julien, Charles-André: 365-366, 420
Julien, Claude: 366
Julliard, René: 386-388, 392, 566-568
Jullien, Claude-François: 516-517
Juquin, Pierre: 50, 193

K

Kádár, János: 306-307
Kahane, Ernest: 204
Kahn, Marcel-Francis: 623
Kahn, Pierre: 577-579
Kanapa, Jean: 51, 54-55, 164, 178--182, 189, 198-199, 206, 208, 215-216, 218, 274, 295
Kandinsky, Vassily: 44
Kant, Emmanuel: 14, 117
Karina, Anna (Hanne Karin Bayer, conhecida como): 547
Karol, K. S. (Karol Kewes, conhecido como): 612
Kast, Pierre: 216
Kastler, Alfred: 616, 618-619
Kayanakis, Nicolas: 411
Kayser, Jacques: 328
Keck, Frédéric: 429

Keigel, Léonide: 544
Kemenov, Vladimir Semenovitch: 242
Kennedy, John Fitzgerald: 602
Khaldi (Dr.): 415
Khrushchov, Nikita Sergueievitch: 289-291, 294-295, 298, 318, 443, 602
Kieffé, Suzanne: 173
Kierkegaard, Søren Aabye: 43, 59
Killy, Jean-Claude: 589-590
Kinsey, Alfred Charles: 170
Klein, William: 621
Klein, Yves: 549
Klossowski, Pierre: 209, 265, 529
Kœstler, Arthur (Artúr Kösztler): 127, 151, 241, 287
Köhler, Wolfgang: 150
Kojève, Alexandre (Aleksandr Kojevnikov, conhecido como): 140, 468, 528-529
Kolarz, Walter: 317
Kolko, Gabriel Morris: 623
Kopp, Anatole: 294, 406
Korsch, Karl: 300
Kotarbiński, Tadeusz: 222
Kouchner, Bernard: 604, 621
Koyré, Alexandre: 452, 529
Kravetz, Marc: 577
Kravchenko, Viktor Andreievitch: 198, 209-212, 287
Krief, Claude: 616
Kriegel, Annie (nome de nascimento: Becker; nome de casada, Besse; e, em seguida, Kriegel): 46-47, 62, 179-182, 185, 199, 207, 214, 218-219, 292
Kriegel, Arthur: 185
Kriegel-Valrimont, Maurice: 401
Kristeva, Julia: 464, 540-541
Krivine, Alain: 581, 619-621
Krivine, Jean-Michel: 623
Kupka, Frank (František Kupka, conhecido como): 549

L

La Baume, Solange de (baronesa): 172
La Fontaine, Jean de: 324
La Gorce, Paul-Marie de: 329
Labarthe, André: 71
Labin, Suzanne (nome de nascimento: Suzanne Devoyon): 315
Labriola, Antonio: 354
Labrousse, Ernest: 207
Lacan, Jacques: 18, 209, 443, 450-452, 454, 467-476, 479--480, 482, 489, 491, 494, 497, 502, 525, 527, 530, 535, 541, 583-584
Lacoste, Yves: 597
Lacouture, Jean: 68, 73-74, 364--365, 509, 597-598, 613, 616
Lacroix, Jean: 61, 66, 95, 270-271
Laffont, Robert: 109, 567
Lafitte, Victor (Lazar Katz, conhecido como André Victor e, também, como): 208

Lagache, Daniel: 116, 487
Lagroua Weill-Hallé, Marie-Andrée: 172-174
Laing, Ronald David: 490
Lakhlifi, Abderrahmane: 386
Lallemand, Roger: 608
Lalou, Étienne: 103, 173
Laloy, Jean: 67
Lam, Wifredo (Wifredo Óscar de la Concepción Lam y Castilla, conhecido como): 605
Landowski, Marcel: 559
Laniel, Joseph: 363
Lapeyre, Roger: 277
Laplanche, Jean: 285
Lapouge, Gilles: 520
Lartigue, Pierre: 532
Lasserre, Georges: 360
Laudenbach, Roland: 246-247, 252, 342, 409-411
Laurent, Jacques (Jacques Laurent-Cély, conhecido como), tendo utilizado o pseudônimo de Cecil Saint-Laurent: 250-253, 342-343, 396, 409
Laurent, Jeanne: 255
Laurent, Philippe (provincial jesuíta): 517
Laurentin, René: 506
Lautréamont (Isidore Ducasse, conhecido como o conde de): 133
Lauzanne, Stéphane: 83
Laval, Pierre: 95, 108, 245
Lavisse, Ernest: 14

Lawrence, D. H. (David Herbert): 248, 523
Lazareff, Pierre: 228, 384
Le Blond, Jean-Marie (padre jesuíta): 516
Le Clézio, J.M.G. (Jean-Marie Gustave Le Clézio): 564
Le Goff, Jacques: 534
Le Grix, François: 566
Le Pen, Jean-Marie: 412, 579
Le Roy Ladurie, Emmanuel: 305, 309-310
Leach, Edmund (Sir): 433
Léaud, Jean-Pierre: 545, 548
Lebel, Jean-Jacques: 548-549
Lebesque, Morvan (Maurice Lebesque): 558
Lebovici, Serge: 208
Lecanuet, Jean: 331, 570
Leclerc, Guy: 53
Lecœur, Auguste: 189, 192, 194
Leduc, Victor (Vladimir Nechtstein, conhecido como): 57, 180, 182-183, 190, 292-295, 406
Leenhardt, Maurice: 461
Lefebvre, Henri: 52-53, 180-181, 197-198, 208, 292, 294-296, 406, 586, 590-592
Lefort, Claude (nome de nascimento: Claude Cohen, também Claude Montal): 143--148, 154-155, 158, 212, 283, 285, 296, 298, 307-310, 325
Léger, Fernand: 359, 553
Léger, Jean: 285

Lehr-Spławiński, Tadeusz: 222
Leiris, Michel: 39-40, 114, 123, 243, 360, 431-432, 435-436, 446, 528, 598, 605-606
Lelouch, Claude: 621
Lemaire, Anika: 470
Lemaître, Maurice (Moïse Maurice Bismuth, conhecido como): 585
Lênin (pseudônimo de Vladimir Ilitch Ulianov): 155, 202, 233, 242-243, 284, 294, 317, 520, 577
Lentin, Albert-Paul: 275
Lepenies, Wolf: 450
Leroy, Roland: 578
Lesort, Paul-André: 266
Lestapis, Stanislas (padre): 174
Lestringant, Frank: 54
Levi, Primo: 27
Levinas, Emmanuel: 23
Lévis-Mirepoix, Antoine de (duque): 98
Lévi-Strauss, Claude: 17-18, 349, 393, 421-430, 433-441, 443-447, 451, 454-455, 462-463, 472-473, 482, 485, 488-489, 491-493, 500-501, 503, 525, 527, 550
Lévy, Benny: 584
Lévy, Yves: 287
Lévy-Bruhl, Lucien: 436
Liatard, Séverine: 165
Liauzu, Claude: 597
Lichnerowicz, André: 573
Limbour, Georges: 605

Lindon, Jérôme: 307, 378-380, 383-384, 386, 404, 465-467
Linhart, Robert: 584
Lo Duca, Joseph-Marie: 544
Longchambon, Henri: 432
Lottman, Herbert R.: 86, 97, 123, 127, 179
Louanchi, Salah: 403
Louis, Patrick: 246, 248, 252
Louiss, Eddy: 621
Loviton, Jeanne: 89
Loyer, Emmanuelle: 196, 445, 557
Lubac, Henri de (Henri Marie Joseph Sonier de Lubac, padre jesuíta): 266, 506, 508, 513
Luchaire, Jean: 784
Lukács, Georg: 300
Lumet, Sidney: 543
Lurçat, Jean: 359
Lux, Guy (Maurice Guy, conhecido como): 589
Luxemburgo, Rosa: 175, 577
Lyon-Caen, Léon: 377
Lyons, Eugène: 210
Lyotard, Jean-François: 296, 407
Lissenko, Trofim Denissovitch: 186, 198, 201-205, 296

M

Macherey, Pierre: 478-479, 534, 582-583
Macksey, Richard A.: 502
Magny, Claude-Edmonde (Edmonde Vinel, conhecida como): 265

Magny, Colette: 621
Mahdad, Abdelkader: 376
Malaurie, Guillaume: 210
Malcolm X (Malcolm Little, conhecido como): 551
Mallarmé, Stéphane (Étienne Mallarmé, conhecido como): 54, 455, 497
Malle, Louis: 546
Mallet, Serge: 301, 305, 329, 593
Mallet-Joris, Françoise (Françoise Lilar, conhecida como): 398
Malraux, André: 67-70, 76, 90, 97, 133, 179-180, 222, 231-236, 281, 334, 343-346, 360, 552, 554-556, 559, 608, 611
Malraux, Clara (nome de nascimento: Clara Goldschmidt): 172, 175
Mamy, Georges: 338
Man, Paul de: 379
Mandela, Nelson: 434
Mandouze, André: 60-62, 371, 374, 376-377
Manessier, Alfred: 44
Mann, Thomas: 249
Mannoni, Maud: 175, 217
Mao, Tsé-Tung: 551, 583, 592, 598, 610-612
Maquiavel, Nicolau: 332-333
Marcabru, Pierre: 228
Marcel, Gabriel: 59, 103, 255, 409
Marchais, Georges: 292, 618-619
Marchand, André: 45
Marcuse, Herbert: 300, 591-592

Marion, Paul: 250
Maritain, Jacques: 97
Marker, Chris (Christian Bouche--Villeneuve): 546, 621
Marrou, Henri-Irénée: 269, 371, 374-375, 377
Marshall, George Catlett (general): 177, 268
Martin du Gard, Roger: 97, 344
Martin, Henri: 358-360
Martin, Joseph-Marie (cardeal): 625
Martin-Chauffier, Louis: 88, 200, 275, 304
Martinet, André: 462, 527
Martinet, Gilles: 272, 278-280, 300, 305, 328-329, 337, 362, 388, 402
Marty, André: 220-221
Marty-Capgras, Andrée: 173
Marx, Karl: 14, 23, 51, 61, 69, 130, 135, 146, 154, 197-198, 284, 286, 311, 423, 450, 453, 476--481, 494, 528, 533, 541, 568, 570, 580, 582-583, 592
Maschino, Maurice: 404
Mascolo, Dionys: 57, 215-217, 298, 323, 392-393, 401-402, 605
Maspero, François: 385-386, 479, 587, 606-608, 610
Massignon, Louis: 365-368, 371, 377, 413
Massis, Henri: 98, 396
Masson, Loys: 184
Massu, Jacques (general): 321, 330, 338, 342, 413

Matarasso, Léo: 379, 623
Mathieu, Georges: 44
Matisse, Henri: 44
Matonti, Frédérique: 533-534
Maugis-Brasillach, Marguerite: 107
Maulnier, Thierry (Jacques Louis Talagrand, conhecido como): 98, 243, 246-247, 250, 255, 396, 408
Mauriac, Claude: 75, 97, 105, 232-233, 236, 247, 277, 337
Mauriac, François: 73-76, 82, 92-93, 95, 97-98, 100-102, 104-105, 107-108, 162, 166, 177, 180, 231, 236, 245-251, 253, 260, 277, 281, 330-335, 337-338, 340, 342-344, 346, 360, 363-368, 371-372, 377, 390, 399-400, 536, 567, 608
Maurras, Charles: 93, 97-98, 103
Maury, Pierre (pastor protestante): 64
Mauss, Marcel: 435-436
Mauvais, Léon: 221
Mayaud, Monique: 388
Mayer, Daniel: 272, 397
Mazeaud, Henri: 396
McCarthy, Joseph: 228, 439
Mehl, Roger (pastor protestante): 64
Meister, Guido: 43
Melville, Herman: 43
Mendel, Johann (no convento: Gregor): 202
Mendelstam, Ossip Emilievitch: 519

Mendès France, Pierre: 262, 280-282, 322, 330, 335, 353, 362-363, 373, 389-390, 414, 418, 432, 570, 573
Mendras, Henri: 588
Mengin, Robert: 342
Merleau-Ponty, Maurice: 39-40, 53, 57, 114, 127-128, 141, 143, 150-158, 216, 267, 281, 356, 393, 434-436, 446, 452, 594
Messali Hadj, Ahmed: 369
Messmer, Pierre: 398
Métraux, Alfred: 431, 436, 440
Michel, Andrée: 165
Michelet, Edmond: 263-264, 330-331, 418
Michelet, Jules: 14
Millau, Christian: 250
Miller, Henry: 178, 222, 249
Miller, Jacques-Alain: 580, 582, 584
Milner, Jean-Claude: 461, 580, 582
Miłosz, Czesław: 242, 306, 317
Mimouni, Abdelkader: 376
Minc, Alain: 322
Minkowski, Alexandre: 623
Mirabeau, Honoré Gabriel Riqueti, conde de: 69
Missoffe, François: 571-572
Michúrin, Ivan Vladimirovitch: 202, 204
Mitterrand, François: 167, 322, 331, 336, 384, 570, 581
Mohammed V (Sidi Mohammed, rei do Marrocos sob o nome de): 366, 368

Moiroud, Marcel: 60

Moles, Abraham: 587

Molinaro, Édouard: 546

Mollet, Guy: 272, 322, 346, 373, 389-390, 415, 417, 419

Mondrian, Piet (Pieter Cornelis Mondriaan): 459

Mongin, Olivier: 22

Monnerot, Jules: 243, 409

Monod, Jacques: 204-206, 574

Montagne, Robert: 365

Montaron, Georges: 62

Monteil, Vincent: 413

Montesquieu, Charles de Secondat, barão de La Brède e de: 23

Montherlant, Henry de (Henry Millon de Montherlant): 94, 109, 245, 247, 438

Montuclard, Maurice (padre dominicano): 61

Montvalon, Robert de: 625

Morand, Paul: 98, 108, 245, 250, 253-254, 319-320

Moravia, Alberto (Alberto Pincherle, conhecido como): 249

Morazé, Charles: 314

Moré, Marcel: 264

Morellet, François: 549

Morgan, Claude (Claude Lecomte, conhecido como): 92-93, 184, 209-210, 212, 292

Morgan, Thomas Hunt: 202

Morin, Edgar: 45, 57, 198, 215--216, 218-219, 229, 280, 295, 298-302, 315, 325, 393, 401, 461, 561-562, 571, 592, 611

Morin, Violette: 461

Mottez, Bernard: 593

Mouloudji (Marcel André Mouloudji, conhecido como): 621

Mounier, Emmanuel: 59, 65-67, 166, 200, 213-214, 259, 262--263, 266-270, 272, 310, 312, 358, 374

Moureaux, Robert: 83

Mouton, Roger: 246

Müller, Hermann Joseph: 204

Muller, Jean: 380

Mury, Gilbert: 478

Mus, Paul: 355, 361

Musil, Robert: 265

Mussolini, Benito: 199

N

Nacht, Sacha: 472

Nadeau, Maurice: 33, 44, 134, 164, 212, 265, 392-393, 456, 567, 605, 610

Nagy, Imre: 291, 297, 316

Nantet, Jacques: 300

Nataf, Georges: 588

Nathan, Monique: 265

Naudier, Delphine: 171

Naville, Pierre: 35, 279, 286, 388

Nepveu-Degas, Jean: 278

Neumann, Heinz: 210

Neuwirth, Lucien: 173

Nicolet, Claude: 282

Nietzsche, Friedrich: 23, 69, 130, 290, 443, 450, 453, 482-483, 486, 528, 537
Nieuwenhuys, Constant Anton: 585-586
Nimier, Roger: 163, 248-250, 252--254, 277, 319, 396, 408-409
Nizan, Henriette: 52
Nizan, Paul: 52-53, 114, 198
Nkruma, Kwame: 432
Noirot, Paul: 224
Nono, Luigi: 558
Nora, Pierre: 350, 387, 418-420, 428, 449, 485, 491
Nora, Simon: 281, 418
Nord, Pierre (André Brouillard, conhecido como): 408
Nordmann, Joë: 623
Nourissier, François: 161, 250, 266, 331
Novick, Peter: 81, 84
Numeach, Jean: 294

O

Ollier, Claude: 538
Ollivier, Albert: 39, 73, 114, 127, 233
Orcel, Jean: 616
Oriol, Michel: 398
Ormesson, Jean d' (Jean Lefèvre d'Ormesson): 437
Ormesson, Wladimir d' (Wladimir Lefèvre d'Ormesson, conde): 97
Ortiz, Joseph: 412
Orwell, George (Eric Arthur Blair, conhecido como): 243, 287
Orwell, Sonia (Sonia Mary Brownell, conhecida como): 605
Ory, Pascal: 44, 243, 545, 596
Ostrovski, Nikolai Alekseievitch: 196
Oury, Jean: 406, 564
Ozouf, Mona: 309

P

Pablo, Michel (Michalis N. Raptis, conhecido como): 405
Pachet, Pierre: 407
Palewski, Gaston: 87, 97, 232
Panigel, Jacques: 378
Papaïoannou, Kostas: 285-286, 318
Papon, Maurice: 385
Parain, Brice: 78, 488
Paret, Roger: 329, 331, 388-389
Parisot, Paul: 287
Parker, Charlie (Charles Christopher Parker): 40
Parmelin, Hélène: 178, 293-294, 359, 400
Pascal, Pierre: 287
Patri, Aimé: 286-287
Paulhan, Jean: 39, 78, 90, 92, 97, 102-105, 108, 114, 246, 263, 266, 522, 584
Paulo VI: 508, 510, 516
Pauvert, Jean-Jacques (Jean-Albert Pauvert): 522
Pauwels, Louis: 396, 409
Paz, Octavio: 286
Pêcheux, Michel: 582

Peeters, Benoît: 494
Péguy, Charles: 95, 359
Péju, Marcel: 405
Pelletier, Denis: 63
Penchenier, Georges: 391
Péninou, Jean-Louis: 576
Penrose, Roland: 605
Perec, Georges: 564-565
Peretti, André de: 365, 367
Péri, Gabriel: 51
Perrault, Charles: 181
Pétain, Philippe (marechal): 61, 73, 92, 97-98, 100, 109, 120, 366
Peyrefitte, Alain: 611
Pflimlin, Pierre: 321, 326
Philip, André: 243, 314, 328, 360, 377, 379
Pia, Pascal (Pierre Durand, conhecido como): 85-86, 100, 233, 417
Piatier, Jacqueline: 524, 526
Pic, Roger (Roger Pinard, conhecido como): 621, 623
Picard, Gilbert: 396
Picard, Raymond: 520-527
Picasso, Pablo Ruiz: 44, 191-192, 216, 222, 242, 254, 293, 359, 374, 605
Pickerell, James: 616
Picon, Gaëtan: 552, 554, 559
Piel, Jean: 455-456, 466, 529-530
Pienkny, Jeannette (pseudônimo mais utilizado: Janette Habel): 604
Pierre, José: 605

Pignon, Édouard: 45, 190, 400
Pinay, Antoine: 235
Pinet, Georges: 608
Pingaud, Bernard: 248
Pinget, Robert: 538
Pio XII (papa): 229, 271, 599
Piovene, Guido: 306
Pivert, Marceau: 286
Planchon, Roger: 555
Platão: 147, 473, 497, 582
Pleynet, Marcelin: 531, 537-538, 540
Polack, Jean-Claude: 576
Pommier, René: 526
Pompidou, Georges: 232, 331, 552-553, 574
Poncelet, François: 264
Ponge, Francis: 123, 299, 536, 586
Pons, Alain: 286
Pons, Maurice: 387
Pontalis, J.-B. (Jean-Bertrand Lefèvre-Pontalis): 158
Poperen, Jean: 305
Porchez, Jean-Jacques: 604
Pouillon, Jean: 164, 392
Poujol, Pierre: 360
Poulet, Georges: 502
Poulidor, Raymond: 589
Pousseur, Henri: 558
Prat, Jean: 590
Prenant, Marcel (Eugène Marcel Prenant): 164, 202-205
Presley, Elvis: 569
Prévert, Jacques: 360

Prévost, Jean: 53
Prokofiev, Serguei Sergueievitch: 188
Pronteau, Jean: 401
Propp, Vladimir Iakovlevitch: 519
Proust, Marcel: 193

Q
Queffélec, Henri: 269
Queneau, Raymond: 57, 90, 93, 123, 216, 243, 584
Quentin, Pol: 255
Quoirez, Françoise, *ver* Sagan, Françoise

R
Rabelais, François: 265
Racine, Jean: 520-521, 522-523, 554
Radek, Karl Berngardovitch (Karol Sobelsohn, conhecido como): 613
Ragon, Michel: 604
Rajk, László: 198, 213-214, 263, 269, 305, 315
Rákosi, Mátyás: 611
Rancière, Jacques: 479, 582-583
Rauschenberg, Robert: 551
Raymond, Henri: 294
Rebatet, Lucien: 74, 89
Rebérioux, Madeleine: 294, 400, 403, 618
Rebeyrol, Philippe: 524
Reboul, Marcel: 80
Recalcati, Antonio: 605

Regnault, François: 582
Regnault, Maurice: 532
Rémond, René: 381, 507
Rémy, coronel (pseudônimo de Gilbert Renault): 260
Renoir, Jean: 542
Resnais, Alain: 545-546, 577, 621
Restany, Pierre: 549
Revault d'Allonnes, Olivier: 296
Revel, Jean-François: 387, 463, 522
Revel, Judith: 482-483
Rey, Roger: 406
Ricardo, David: 479, 519
Ricardou, Jean: 538
Richet, Denis: 180, 309
Rickert, Heinrich: 237
Ricœur, Paul: 23, 59, 64, 263, 269-271, 310-313, 381, 397, 476, 494, 574-575, 616
Ridgway, Matthew Bunker (general): 158, 225
Riefenstahl, Leni: 543
Rieffel, Rémy: 19, 528
Rimbaud, Arthur: 103, 460, 519
Rioux, Jean-Pierre: 73, 99, 111, 408
Ristitch (ou Ristić), Marko: 220
Riva, Emmanuelle (Paulette Riva, conhecida como): 545
Rivet, Paul: 213, 421, 436, 445
Rivette, Jacques: 544, 547, 549
Roach, Max (Maxwell Lemuel Roach): 40
Robbe-Grillet, Alain: 331, 465-466, 494, 530, 538-539

Roblès, Emmanuel: 414
Robrieux, Philippe: 294, 401
Roche, Denis: 531, 538
Rochefort, Florence: 172
Rochet, Waldeck: 322
Rodinson, Maxime: 294, 439
Rohmer, Éric (Jean Marie Maurice Schérer, conhecido como): 544
Rolland, Jacques-Francis: 292, 305
Rolland, Jean-François: 216
Rolland, Romain: 103
Romains, Jules (Louis Henri Jean Farigoule, conhecido como): 97, 360, 408
Rontchevsky, Rémy: 263
Roqueplo, Philippe (padre dominicano): 625
Rosenberg, Ethel: 228-229, 279
Rosenberg, Julius: 228-229, 279
Rosenthal, Gérard: 272
Rossellini, Roberto: 542
Rosset, Clément: 580
Rostand, Jean: 204
Rotman, Patrick: 403-404, 578, 604
Roubaud, Jacques: 532
Roudy, Yvette: 167
Rougemont, Denis de: 243-245, 315
Rouquette, Robert (padre jesuíta): 509
Rous, Jean: 272, 274
Rousseau, Jean-Jacques: 142, 147, 312, 424, 497, 501
Rousseau, Sabine: 355, 598-599

Rousset, David: 138, 180, 272-274, 287, 315, 386
Rousso, Henry: 111
Roustang, François: 511, 515-516
Rouzé, Michel (Michel Kokoczynski, conhecido como): 294
Rovan, Joseph: 264, 354
Roy, Claude: 47, 49, 57, 188, 198, 215-216, 291-292, 305
Roy, Jules: 306, 387, 612
Rozier, Jacques: 546
Russell, Bertrand Arthur William, 3º conde: 622
Ruwet, Nicolas: 502

S

Sade, Donatien Alphonse François de (marquês): 129, 265
Sagan, Françoise (Françoise Quoirez, conhecida como): 171, 398, 565, 567-568
Saint Phalle, Niki de (Catherine Marie-Agnès Fal de Saint Phalle): 550
Saint-Pierre, Michel de (Michel de Grosourdy de Saint-Pierre): 408
Salacrou, Armand: 99
Samoyault, Tiphaine: 455, 540
Sandier, Gilles (Georges Sallet, conhecido como): 228
Sanguineti, Edoardo: 538
Sapiro, Gisèle: 99
Sarraute, Nathalie (nome de nascimento Natalia Ilinitchna Tcherniak): 465, 522, 538

Sartre, Jean-Paul: 29-43, 51-53, 56, 59, 68, 90, 92-93, 113-128, 131-132, 134, 136-159, 161-162, 168-169, 179-180, 201, 216, 222-229, 248-249, 251, 267, 272, 274-275, 281, 302-305, 323-324, 328, 330, 356, 360, 369, 373, 380-383, 387, 392, 405, 407, 418, 427, 429-430, 432, 434, 439, 451-452, 491, 494, 526, 528, 530, 557, 586, 594, 603-604, 608, 611, 615, 617-619, 621-624

Saussure, Ferdinand de: 453-454, 457, 470, 472, 500-501, 519, 528

Sauvage, Catherine (nome de nascimento: Jeanine Marcelle Saunier): 621

Sauvy, Alfred: 174, 281, 314, 390, 425, 562-563, 595-596

Scarpetta, Guy: 534

Schalit, Jean: 577, 604, 621

Schallück, Paul: 265

Schlegel, Jean-Louis: 63

Schlosser, Gérard: 550

Schlumberger, Jean: 97, 103

Schönberg, Arnold: 558

Schumann, Maurice: 73, 418

Schuster, Jean: 323, 392, 604-605

Schwartz, Laurent: 378, 574, 616, 618-622, 624

Sebag, Lucien: 292, 407, 443

Seberg, Jean: 547

Secrétain, Roger: 95

Séguy, Georges: 591

Semprún, Jorge: 13, 217, 477-478

Senghor, Léopold Sédar: 354, 421, 430, 432

Serge, Victor (Viktor Lvovitch Kibaltchitch, conhecido como): 577, 613

Sergent, Pierre (capitão): 410-411

Sérigny, Alain de: 411

Serres, Michel: 530

Servan-Schreiber, Jean-Jacques: 20, 280, 333, 335, 368, 387, 390-391, 402, 414-415

Servin, Marcel: 401

Seton-Watson, Hugh: 315

Seurel, Jean: 285

Sève, Lucien: 478

Shostakóvitch, Dmitri Dmitrievitch: 188

Sidi Mohammed ben Youssef (sultão): 366, 368

Siegfried, André: 98, 254, 361

Sieyès, Emmanuel Joseph (Abbé): 595

Silone, Ignazio (Secondo Tranquilli, conhecido como): 243, 306-307

Simiand, François: 440, 442

Simmel, Georg: 118, 237

Simon, Claude: 465, 467, 522, 532, 538

Simon, Donald: 285

Simon, Michel: 477

Simon, Pierre-Henri: 377

Sirinelli, Jean-François: 73, 243, 396, 399, 607

Slama, Alain-Gérard: 30

Slánský, Rudolf: 220-221
Smadja, Henri: 278, 409
Smith, Adam: 479
Soetens, Claude: 505
Sollers, Philippe (Philippe Joyaux, conhecido como): 526, 531, 535--536, 538-541
Sommet, Jacques (padre jesuíta): 61
Soriano, Marc: 181
Soulages, Pierre: 44
Souquières, André: 401
Soustelle, Jacques: 231, 374, 413, 436
Souvarine, Boris (Boris Lifchitz, em seguida, Souvart, conhecido como): 262, 286, 317-318, 468
Souyri, Pierre: 407
Spellman, Francis Joseph (cardeal): 625
Sperber, Dan: 434
Sperber, Manès: 127, 243, 245, 306, 314
Spitzer, Gérard: 404, 406
Stálin, Josef (Iossif Vissarionovitch Djugachvili, conhecido como): 52, 152, 179, 181, 183, 191-192, 194, 196, 199, 201-202, 210, 221, 238, 242-243, 279, 289, 290-291, 293, 295, 305, 310, 317-318, 371, 381, 443, 486, 611
Stendhal (pseudônimo de Henri Beyle): 519
Stéphane, Roger (Roger Worms, conhecido como): 278, 280, 336--337, 358, 360, 367
Sternhell, Zeev: 22
Stibbe, Pierre: 329
Stil, André: 52, 183-184, 194, 303
Stockhausen, Karlheinz: 558
Stoczkowski, Wiktor: 426
Stora, Benjamin: 572
Strindberg, August: 265
Stülpnagel, Carl Friedrich Hermann von: 108
Suarez, Georges: 83, 94
Suffert, Georges: 377
Sullerot, Évelyne: 165, 171-172, 175
Susini, Jean-Jacques: 411
Susini, Marie: 275

T

Tal-Coat, Pierre (Pierre Jacob, conhecido como): 44
Tanguy-Prigent, François: 402
Tapié, Michel (Michel Tapié de Céleyran): 44
Tardieu, Charles: 83
Tardieu, Jean: 74
Teilhard de Chardin, Pierre (padre jesuíta): 266
Teitgen, Paul: 392
Teitgen, Pierre-Henri: 87
Ténot, Frank: 569
Terracini, Jeanne: 139
Terray, Emmanuel: 433
Terrenoire, Louis: 417
Tersen, Émile: 183
Tétart, Philippe: 278-279
Texier, Jean: 478
Thälmann, Ernst: 210

699

Theis, Édouard (pastor protestante): 65
Théolleyre, Jean-Marc: 405
Thibaud, Paul: 33
Thibaudeau, Jean: 538
Thibault, Marie-Noëlle: 578
Thomas, Édith: 213
Thorez, Maurice: 50, 52, 94, 181--182, 188, 192-194, 196, 204, 219-220, 225, 401, 479
Tillion, Germaine: 383, 413
Tillon, Charles: 220-221
Tinguely, Jean: 549-550
Tisserand, Gérard: 550
Tito (Josip Broz, conhecido como): 186, 198-201, 213, 221, 269, 284, 290
Tocqueville, Charles Alexis Henri Clérel de: 23, 596
Todd, Olivier: 68-69, 124, 128, 134, 234, 345, 608, 615
Todorov, Tzvetan: 502, 527, 538
Torrès, Henry: 119-120
Tort, Michel: 582
Tosquelles, François: 385
Touchard, Pierre-Aimé: 265, 267
Touraine, Alain: 325, 593
Touré, Sékou (Ahmed Sékou Touré): 432, 598
Tousseul, Sylvain: 218
Tran Duc Thao: 356
Tran Van Tung: 361
Trebitsch, Michel: 592
Treiner, Sandrine: 301
Trentin, Bruno: 594

Trespeuch-Berthelot, Anna: 586, 588
Triolet, Elsa (nome de nascimento: Ella Kagan): 49, 89, 96, 98, 183, 191-192, 195
Trocmé, André (pastor protestante): 65
Trótski (Lev Davidovitch Bronstein, conhecido como): 35, 234, 243, 577
Troyat, Henri (Lev Asslanovitch Tarassov, conhecido como): 247
Truffaut, François: 544-546
Tusques, François: 621

U

Ullin, Claude: 175
Ulmann, André: 209
Unamuno, Miguel de: 265
Uri, Pierre: 314

V

Vadim, Roger (Roger Vladimir Plemiannikov, conhecido como): 544-546
Vagne, Jean: 43, 277
Vailland, Roger: 291-292, 295, 305
Valabrègue, Catherine: 175
Valéry, Paul: 90, 105
Vallon, Louis: 264, 300
Vaneigem, Raoul: 586-587
Varda, Agnès (nome de nascimento: Arlette Varda): 546, 621
Vasarely, Victor (Győző Vásárhelyi, conhecido como): 549
Vedrès, Nicole: 265

Veličković, Vladimir: 550
Vercors (Jean Bruller, conhecido como): 81, 263, 269, 292, 360
Verdès-Leroux, Jeannine: 55, 206, 291-292
Vergès, Jacques: 383
Verlhac, Jean: 60
Vermeersch-Thorez, Jeannette: 173, 219-220
Vernant, Jean-Pierre: 182, 294, 451, 502, 535
Verny, Françoise: 181, 334, 342
Verret, Michel: 478
Veuillot, Pierre-Marie-Joseph (cardeal): 507
Vian, Boris: 33, 38, 127
Viannay, Philippe: 69, 324
Viansson-Ponté, Pierre: 281, 626
Vico, Giambattista: 423
Victor, Éliane: 174
Vidal-Naquet, Pierre: 377-378, 384, 392, 404, 410, 618-619, 621, 624
Viet, Jean: 451
Vigier, Jean-Pierre: 400-401
Vilar, Jean: 196, 255, 556-558
Villefosse, Louis de (Louis Héron de Villefosse): 304-305, 307
Villot, Jean-Marie (cardeal): 625
Virilio, Paul: 543
Vitet, Bernard: 621
Vittorini, Elio: 215-216
Voge, Maurice (pastor protestante): 360
Voguet, André: 182

Voillaume, René (padre): 364
Vuillemin, Jules: 573

W

Wahl, François: 475, 491, 537
Wahl, Jean: 42, 59, 498, 585
Wallon, Henri: 294, 469
Weber, Max: 55, 118, 237
Weber, Henri: 581
Webern, Anton: 558
Weil, Éric: 455, 529-530
Weil, Simone: 243
Weiss, Pierre: 265
Welles, Orson: 542
Wenger, Antoine: 506
Werner, Éric: 140, 142
Wilen, Bernard Jean (conhecido como Barney Wilen): 621
Willard, Claude: 183
Willard, Germaine: 183
Winock, Michel: 266, 269, 282, 374, 380
Woolf, Virginia: 175
Wright, Richard: 262
Wurmser, André: 52, 193, 201, 210, 212, 291

Z

Zamansky, Marc: 573-574
Zochtchenko, Mikhail Mihailovitch: 187
Zola, Émile: 379

ESTE LIVRO FOI COMPOSTO EM ADOBE GARAMOND PRO
CORPO 11,6 POR 15,6 E IMPRESSO SOBRE PAPEL AVENA
70 g/m² NAS OFICINAS DA RETTEC ARTES GRÁFICAS E
EDITORA, SÃO PAULO — SP, EM JUNHO DE 2021